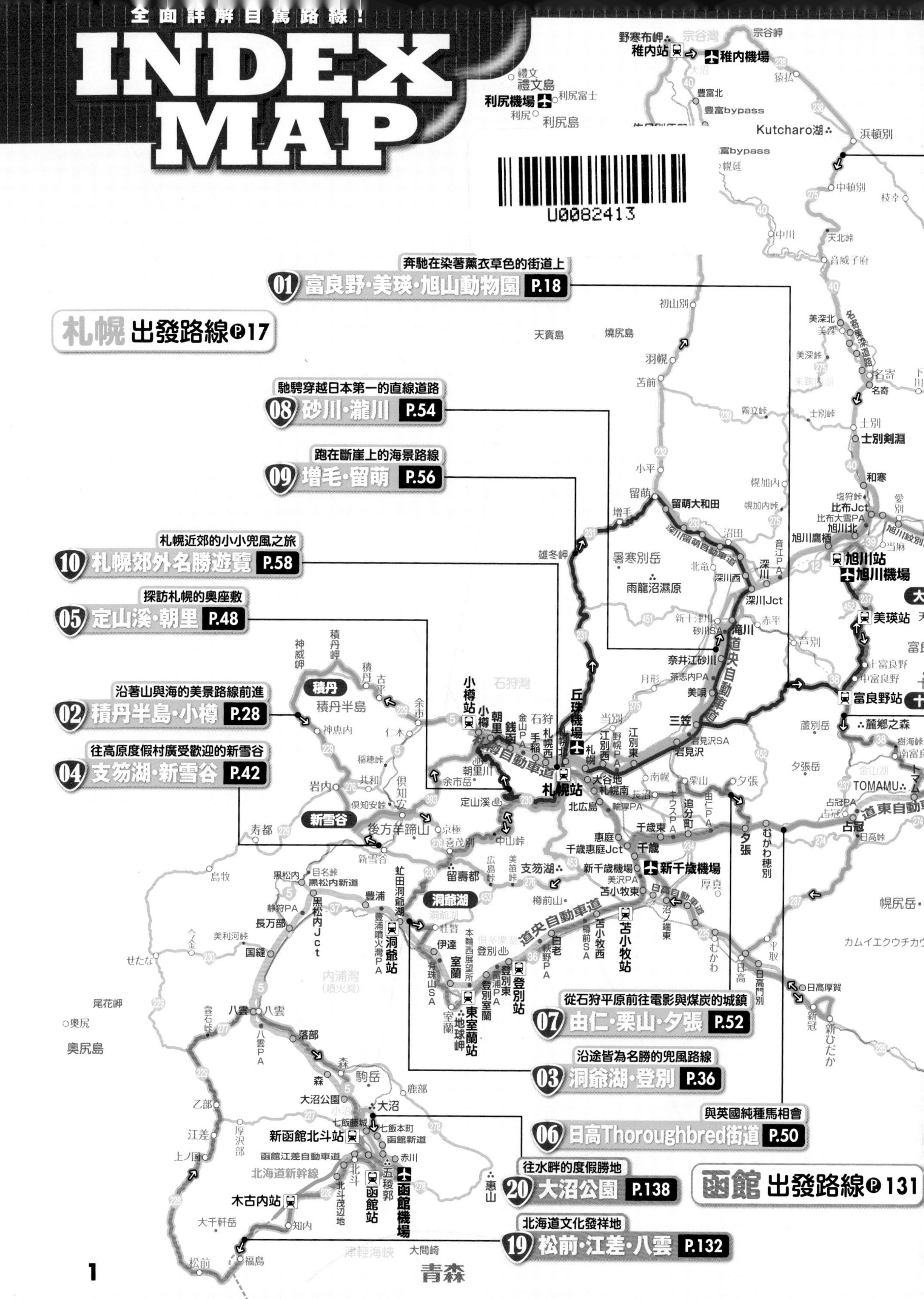

全面詳解自駕路線！
INDEX MAP
奔馳在染著薰衣草色的街道上
01 富良野·美瑛·旭山動物園 P.18
札幌 出發路線 P17
馳騁穿越日本第一的直線道路
08 砂川·瀧川 P.54
跑在斷崖上的海景路線
09 增毛·留萌 P.56
札幌近郊的小小兜風之旅
10 札幌郊外名勝遊覽 P.58
探訪札幌的奧座敷
05 定山溪·朝里 P.48
沿著山與海的美景路線前進
02 積丹半島·小樽 P.28
往高原度假村廣受歡迎的新雪谷
04 支笏湖·新雪谷 P.42
從石狩平原前往電影與煤炭的城鎮
07 由仁·栗山·夕張 P.52
沿途皆為名勝的兜風路線
03 洞爺湖·登別 P.36
與英國純種馬相會
06 日高Thoroughbred街道 P.50
往水畔的度假勝地
20 大沼公園 P.138
函館 出發路線 P 131
北海道文化發祥地
19 松前·江差·八雲 P.132
稚內站
稚內機場
禮文島
利尻機場
利尻島
宗谷岬
Kutcharo湖
留萌
增毛
深川
旭川站
旭川機場
美瑛站
富良野站
滝川
小樽站
札幌站
丘珠機場
新千歲機場
苫小牧站
洞爺站
登別站
東室蘭站
新函館北斗站
函館站
函館機場
木古内站
積丹半島
新雪谷
洞爺湖
支笏湖
定山溪
夕張
千歲
大沼
八雲
江差
松前
奧尻島
道央自動車道
北海道新幹線
青森

日本海
石狩灣
北海道
鄂霍次克海
太平洋
根室海峽
禮文島
利尻島
天賣島
燒尻島
佐呂別原野
稚內
野寒布岬
わっかない 178C-1
宗谷岬
さるふつ公園 179F-2
☆ロマン街道しょさんべつ 174C-1
風Wとままえ 174C-3
てしお 178D-4
富士見 178D-5
おびら鰊番屋 174C-4
ほっと・はぼろ 174C-2
なかがわ 179E-5
BENIYA原生花園
Kutcharo湖
石狩「あいろーど厚田」 168B-3
雨龍沼濕原
ピンネシリ 179F-4
おといねっぷ 179F-5
サンフラワー北竜 168D-1
北欧の風 とうべつ 168B-4
田園の里うりゅう 168D-1
鐘のなるまち・ちっぷべつ 168D-1
森と湖の里ほろかない 175E-4
びふか 175F-1
マリーンアイランド岡島 179G-4
つるぬま 168D-3
しんしのつ 168C-4
ハウスヤルビ奈井江 168D-3
たきかわ 168D-2
ライスランドふかがわ 169E-1
もち米の里☆なよろ 175F-3
絵本の里けんぶち 175F-4
三笠 168D-4
うたしないチロルの湯 168D-2
道央自動車道
おうむ 176A-1
スタープラザ芦別 169E-2
あさひかわ 169F-1
にしおこっぺ花夢 175H-2
とうま 175F-5
ひがしかわ「道草館」 169G-1
おこっぺ 176A-2
びえい「丘のくら」 169F-2
香りの里たきのうえ 176A-3
大雪山
夕張メロード 169E-5
夕張岳
オホーツク紋別 176B-2
KOMUKE原生花園
自然体感しむかっぷ 169F-5
十勝岳
層雲峽
しらたき 176A-5
まるせっぷ 176B-4
かみゆうべつ温泉チューリップの湯 176C-3
佐呂間湖原生花園
南ふらの 169G-4
TOMAMU
北海道
樹海ロード日高 163F-1
湯根湯溫泉
おんねゆ温泉 170C-1
愛ランド湧別 176D-4
サロマ湖 176D-4
佐呂間湖
WAKKA原生花園
うりまく 170A-4
然別湖
糠平湖
しかおい 170A-5
十勝オホーツク自動車道
北見
ピア21しほろ 170B-4
あしょろ銀河ホール21 170C-4
オーロラタウン93りくべつ 170D-2
流氷街道網走 177F-4
足寄湖 170C-4
おとふけ 170B-5
しほろ温泉 170B-4
メルヘンの丘めまんべつ 177F-5
ノンキーランド ひがしもこと 177F-5
ぐるっとパノラマ美幌峠 171F-1
あいおい 171E-2
はなやか(葉菜野花)小清水 177G-5
なかさつない 164B-2
阿寒
屈斜路湖
パパスランドさっつる 171G-1
しゃり 173E-5
知床
ステラ★ほんべつ 170C-4
さらべつ 164B-2
うとろ・シリエトク 173G-4
知床五湖
知床半島
摩周湖
忠類 164B-3
コスモール大樹 164B-3
阿寒丹頂の里 171F-4
摩周温泉 171G-2
知床・らうす 173H-4
うらほろ 164D-1
晚成海岸原生花園
しらぬか恋問 171F-5
釧路濕原
尾岱沼
おだいとう 172C-2
國後島
厚岸グルメパーク 172A-5
霧多布
スワン44ねむろ 172D-4
納沙布岬
齒舞群島
色丹島

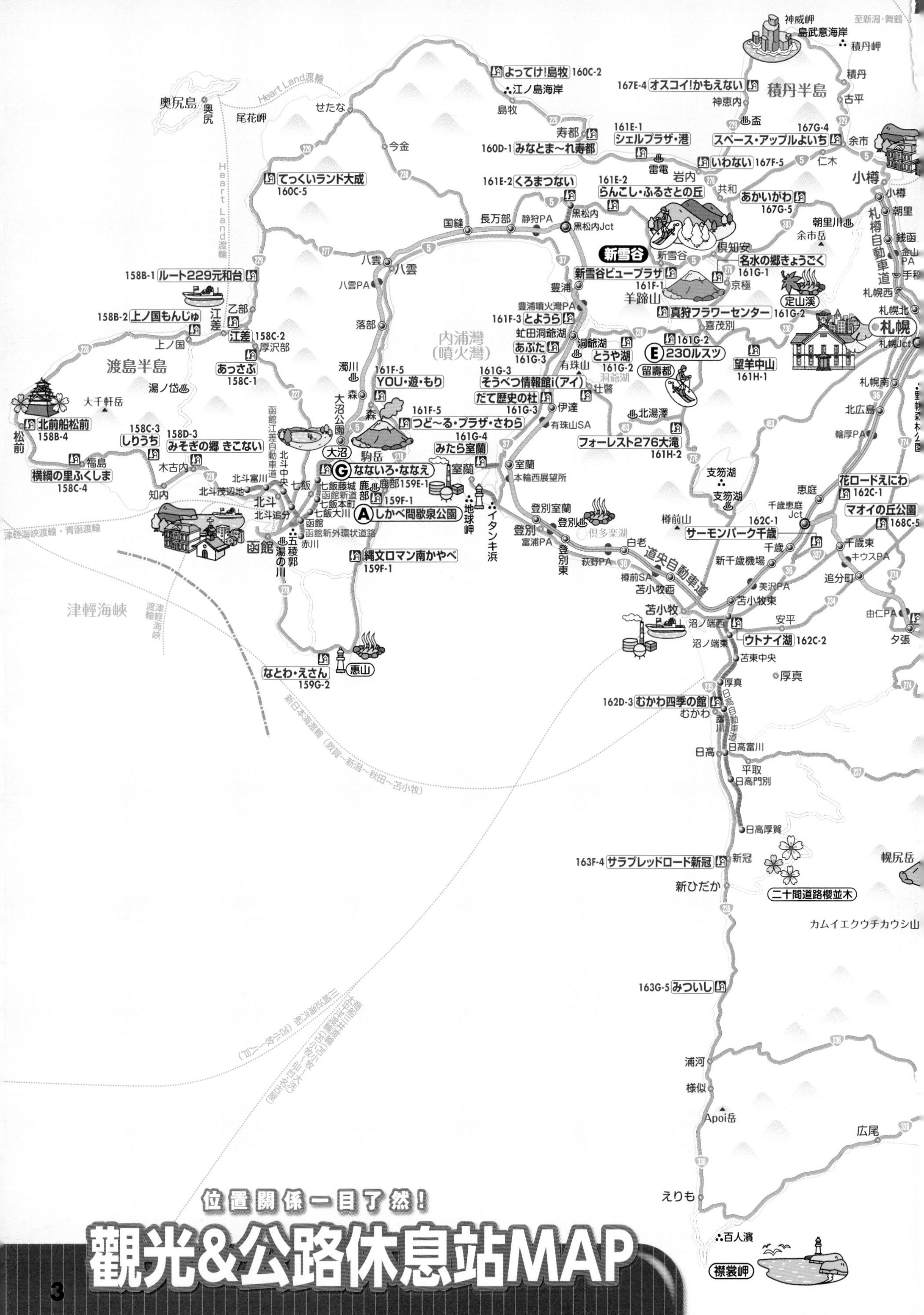
位置關係一目了然！
觀光&公路休息站MAP
至新潟·舞鶴
神威岬
島武意海岸
積丹岬
積丹
積丹半島
古平
余市
仁木
小樽
小樽
朝里
札樽自動車道
銭函
手稲
札幌西
札幌北
札幌
札幌Jct
札幌南
北広島
輪厚PA
恵庭
千歳恵庭Jct
千歳東
キウスPA
千歳
新千歳機場
美沢PA
追分町
由仁PA
夕張
苫小牧東
苫小牧
沼ノ端西
沼ノ端東
安平
苫東中央
厚真
厚真
むかわ
鵡川
日高自動車道
日高
日高富川
平取
日高門別
日高厚賀
新冠
新ひだか
幌尻岳
カムイエクウチカウシ山
浦河
様似
Apoi岳
広尾
えりも
百人濱
襟裳岬
二十間道路櫻並木
167E-4 オスコイ!かもえない
神恵内
盃
167G-4 スペース・アップルよいち
いわない 167F-5
岩内
共和
あかいがわ 167G-5
朝里川
余市岳
倶知安
名水の郷きょうごく 161G-1
京極
定山渓
161E-1 シェルプラザ・港
雷電
161E-2 らんこし・ふるさとの丘
新雪谷
新雪谷
新雪谷ビュープラザ
161F-1
羊蹄山
真狩フラワーセンター 161G-2
喜茂別
161G-2 230ルスツ
留壽都
望羊中山 161H-1
北湯澤
フォーレスト276大滝 161H-2
支笏湖
支笏湖
樽前山
162C-1 サーモンパーク千歳
花ロードえにわ 162C-1
マオイの丘公園
168C-5
ウトナイ湖 162C-2
162D-3 むかわ四季の館
163F-4 サラブレッドロード新冠
163G-5 みついし
よってけ!島牧 160C-2
江ノ島海岸
島牧
寿都
160D-1 みなとま～れ寿都
161E-2 くろまつない
黒松内
黒松内Jct
静狩PA
長万部
国縫
八雲
八雲
八雲PA
落部
豊浦
豊浦噴火灣PA
161F-3 とようら
虻田洞爺湖
あぷた 161G-3
洞爺湖
とうや湖
有珠山
161G-2
洞爺湖
161G-3 そうべつ情報館i(アイ)
壮瞥
だて歴史の杜 161G-3
伊達
有珠山SA
161G-4 みたら室蘭
室蘭
室蘭
本輪西展望所
地球岬
イタンキ浜
登別室蘭
登別
登別
富浦PA
登別東
倶多楽湖
白老
萩野PA
樽前SA
苫小牧西
道央自動車道
内浦灣（噴火灣）
奥尻島
奥尻
尾花岬
せたな
今金
Heart Land渡輪
てっくいランド大成 160C-5
158B-1 ルート229元和台
158B-2 上ノ国もんじゅ
乙部
江差
江差 158C-2
厚沢部
上ノ国
渡島半島
あっさぶ 158C-1
湯ノ岱
大千軒岳
北前船松前 158B-4
松前
158C-3 しりうち
158D-3 みそぎの郷 きこない
福島
横綱の里ふくしま 158C-4
木古内
知内
函館江差自動車道
北斗富川
北斗茂辺地
北斗
北斗追分
北斗中央
七飯
七飯藤城
函館新道
七飯本町
七飯大川
函館
函館新外環状道路
赤川
五稜郭
湯の川
函館
161F-5 YOU・遊・もり
濁川
森
大沼公園
大沼
森
駒岳
161F-5 つど～る・プラザ・さわら
G なないろ・ななえ
鹿部
鹿部 159E-1
159F-1
A しかべ間歇泉公園
縄文ロマン南かやべ 159F-1
なとわ・えさん 159G-2
恵山
津輕海峽
津輕海峽渡輪·青函渡輪
渡津輕海峽
新日本海渡輪（敦賀～新潟～秋田～苫小牧）

翻開這裡就是

位置關係一目了然的「觀光&公路休息站MAP」

旭川 出發路線 P 67

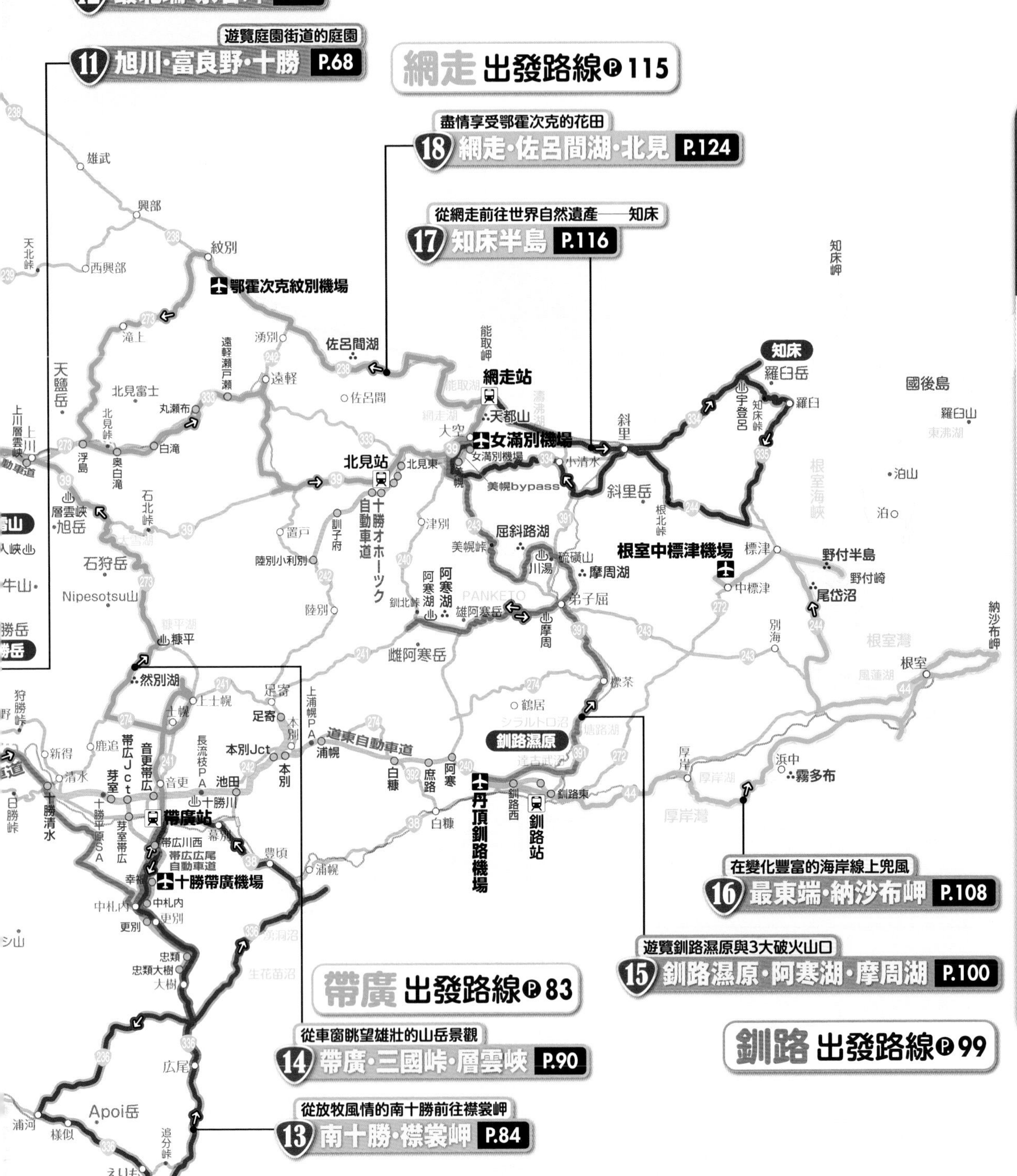

翻開這裡就是公路休息站MAP搭配CHECK!

公路休息站資訊
…道路資訊 EV…電動汽車·充電站 …住宿設施 …溫泉·浴池 …餐廳 …商店 …產地直賣所 …自行車租借

PICK UP!

話題的公路休息站

兜風途中想順道一遊的公路休息站，樂趣多多！現在就從多達122家的公路休息站中，為大家介紹擁有美食、溫泉、購物，以及受注目的新開幕休息站！

品嘗此處自豪的美食

運用溫泉熱蒸烤當地食材

Ⓐ しかべ間歇泉公園
しかべかんけつせんこうえん

到這裡一定要看看每隔約10分噴出高15m，約100度的間歇泉。有溫泉蒸鍋、浜のかあさん食堂等，使用特產與當地食材製作的豐富美食。還有讓人沉浸在溫泉氣氛的足湯。

✆01372-7-5655 L 8:30～18:00（10～3月為9:00～17:00）、溫泉蒸煮處為8:30～16:30（10～3月為9:00～15:30）、浜のかあさん食堂為11:00～14:00（閉店，有可能售完打烊） 休 無休（10～3月為每月第4週一休，逢假日則後天休） P 49輛 所 鹿部町鹿部18-1

MAP 159 F-1

↑在溫泉蒸煮處能夠自己蒸烤牡丹蝦（600日圓）、北海道蔬菜與日駒豬套餐（600日圓）

↑浜のかあさん食堂的超值鱈魚子御膳（1000日圓）

➡公園內的間歇泉會噴發高達15m、103度的溫泉（參觀費300日圓）

Ⓑ 厚岸グルメパーク
あっけしぐるめぱーく

好好享受厚岸特產——牡蠣

這裡有販售厚岸海鮮的市場、炭火燒烤區、餐廳，能充分享受到新鮮的海味。

✆0153-52-4139 L 9:00～21:00（11、12月為10:00～19:00、1～3月為10:00～18:00） 休 週一（逢假日則翌日休） P 104輛 所 厚岸町住の江2-2

MAP 172 A-5

↑可以享受自己燒烤買好的生牡蠣

從小吃到正餐皆有

↑梅光軒的鮭節拉麵（860日圓）

➡ベーカリー＆カフェDAPAS的麵包，可以外帶（120日圓～）

Ⓒ あさひかわ

從旭川拉麵到市內人氣店家的美味料理，在美食區都吃得到。此外，這裡也備齊了特產及伴手禮品。

✆0166-61-2283
L 10:00～17:00、商店為9:00～19:00、美食區為11:00～19:30
休 不定休
P 108輛
所 旭川市神楽4条6-1-12

MAP 169 F-1

享受溫泉天堂

Ⓓ かみゆうべつ温泉チューリップの湯
かみゆうべつおんせんちゅーりっぷのゆ

泡完湯肌膚變得光滑稚嫩

↑除了露天浴池，還有溫泉水柱、寢湯等多種浴池

緊鄰溫泉特徵為弱鹼性且觸感滑順細緻的潔淨溫泉設施。

✆01586-4-1126 L 10:00～21:30、餐廳為11:00～21:00 休 10月第2或第3週為檢查期間休 ¥ 入浴費500日圓 P 94輛 所 湧別町中湧別中町3020-1

MAP 176 C-3

產直為夏季週六、日限定

在產直市場GET蔬菜

Ⓔ 230ルスツ
にいさんまるるすつ

位於可眺望羊蹄山的位置，在直賣所售有留壽都產的新鮮蔬菜。

✆0136-47-2068
L 9:00～18:00（11～3月為～17:00） 休 無休 P 95輛
所 留寿都村留寿都127

MAP 161 G-2

販售留壽都產的新鮮蔬菜

↑買到以特產山藥為代表的早上現採蔬菜

往新的休息站！

2018.4.27開幕

以俯視日本海的景觀為傲

↑開在沿著國道231號線的厚田公園內

➡也備齊使用特產：鮭魚所製作的菜單

Ⓕ 石狩「あいろーど厚田」
いしかりあいろーどあつた

以俯視日本海為傲的公路休息站。在這裡能吃到使用捕獲自厚田的鮭魚所製作的鮭魚蕎麥麵等料理。也一併設置能讓人了解厚田自然與歷史的展示區。

✆0133-78-2300
L 有季節性變動 休 無休
P 200輛 所 石狩市厚田区厚田98-2

MAP 168 B-3

2018.3.23開幕

充滿七飯町的美食魅力

↑位於峠下地區

➡部分建築使用當地產的道南杉

Ⓖ なないろ·ななえ

七飯町為西洋農法的發祥地，設有能享受其美食的咖啡廳和商店，限定的瓜拉那霜淇淋一定要吃看看。還有能學習七飯町歷史與文化的區域。

✆0138-86-5195
L 9:00～18:00（有季節性變動）
休 無休 P 148輛
所 七飯町峠下380-2

MAP 159 E-1

僅有咖啡廳

MAPPLE まっぷる 北海道自駕遊

哈日情報誌

CONTENTS

全面詳解自駕路線！ INDEX MAP …… 1

位置關係一目了然！ 觀光&公路休息站MAP …… 3

PICK UP！話題的公路休息站 …… 5

讀者限定的免費APP!!「DIG JAPAN」 …… 6

本書的閱覽&使用方式 …… 8

書前特輯 北海道 戲劇性的兜風自駕 …… 10

從輕鬆的當日來回到充實的2天1夜

憧憬的20條兜風路線!!

札幌出發路線 SAPPORO …… 17

路線01 2天1夜 富良野·美瑛·旭山動物園 …… 18

路線02 2天1夜 積丹半島·小樽 …… 28

路線03 2天1夜 洞爺湖·登別 …… 36

路線04 2天1夜 支笏湖·新雪谷 …… 42

路線05 當天來回 定山溪·朝里 …… 48

路線06 當天來回 日高Thoroughbred街道 …… 50

路線07 當天來回 由仁·栗山·夕張 …… 52

路線08 當天來回 砂川·瀧川 …… 54

路線09 當天來回 增毛·留萌 …… 56

路線10 當天來回 札幌郊外名勝遊覽 …… 58

休閒導覽 不管來幾次都不會膩！旭川市旭山動物園 …… 24

札幌市區1day plan …… 62

美食導覽 富良野、美瑛的自然食咖啡廳&餐廳 …… 26

小樽的壽司、海鮮蓋飯 …… 34 札幌5大名物美食 …… 64

旭川出發路線 ASAHIKAWA …… 67

路線11 2天1夜 旭川·富良野·十勝 …… 68

路線12 2天1夜 最北端·宗谷岬 …… 74

休閒導覽 前往離島GO！利尻·禮文 …… 80

美食導覽 在老店品嘗旭川拉麵 …… 82

帶廣出發路線 OBIHIRO …… 83

路線13 2天1夜 南十勝·襟裳岬 …… 84

路線14 2天1夜 帶廣·三國峠·層雲峽 …… 90

美食導覽 帶廣3大名物美食 …… 96

休閒導覽 也能品嘗到十勝美食 輓曳十勝 …… 98

釧路出發路線 KUSHIRO …… 99

路線15 2天1夜 釧路濕原·阿寒湖·摩周湖 …… 100

路線16 2天1夜 最東端·納沙布岬 …… 108

休閒導覽 日本最遼闊 釧路濕原 …… 106

美食導覽 釧路的3大名物美食 …… 114

網走出發路線 ABASHIRI …… 115

路線17 2天1夜 知床半島 …… 116

路線18 2天1夜 網走·佐呂間湖·北見 …… 124

休閒導覽 宇登呂 羅臼 知床五湖漫步 搭船遊覽大自然 …… 122

美食導覽 網走的「現撈紋」鮮魚美食 …… 130

函館出發路線 HAKODATE …… 131

路線19 2天1夜 松前·江差·八雲 …… 132

路線20 當天來回 大沼公園 …… 138

休閒導覽 函館·元町 復古風情散步 …… 140

美食導覽 函館3大名物美食 …… 142

北海道兜風的自駕基本概念

[STEP 1] 計劃的訣竅 …… 144

[STEP 2] 北海道全年概況指南 …… 146

[STEP 3] 從日本各地往北海道的交通指南 148

[STEP 4] 北海道的行車方式 …… 150

[STEP 5] 北海道的租車方法 …… 152

[STEP 6] 北海道的10項道路須知 …… 154

北海道路線MAP …… 156

INDEX …… 180

封面照片圖案：富田農場(中富良野町)

北海道自駕遊

本書的閱覽&使用方式

地圖與指南合一 終極的自駕導覽

用方便閱覽的區域地圖與景點指南，介紹嚴選的北海道20條自駕路線。分為6個出發區域，能簡單挑選出從各個出發地前往各個方向的自駕路線。

行程

能配合行程挑選路線

經典路線會標示出從各出發地前往的標準建議行程（住宿天數）。還有標示對應路線的總行車距離與行車時間，因此參考這些資訊就能選擇出有效率、不操勞的自駕路線。

當天來回
行車距離
約111km
行車時間
約2小時40分

路線圖

依照路順排列，清楚易懂

各路線從起點到終點，能依序瀏覽歷經道路與中途必看的景點。在內文中介紹的景點之間，除了會標示出所需時間、區間距離之外，還會列出兩者之間的順路餐飲店、伴手禮店等。此外，所需時間是以平均時速一般道路40km、高速公路80km來計算的。由於所需時間會受諸多條件影響而有所變動，敬請作為參考使用。不管怎樣，移動時間還是事先安排得充裕一點，會比較安心。

5 國道

1 道道

一般道路

高速道路・汽車專用道

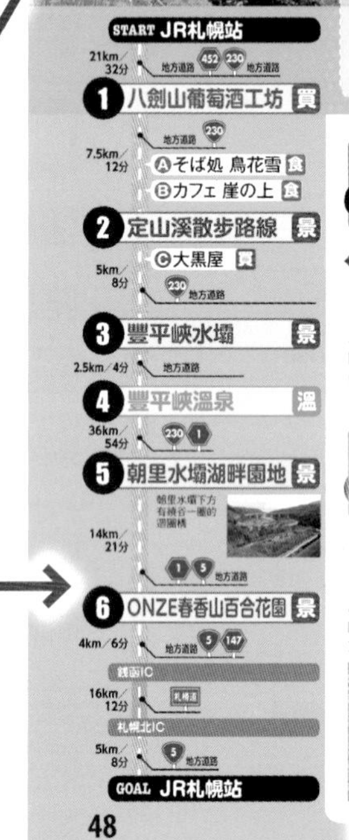

推薦景點

簡潔明瞭地記載該處魅力

路線上有的觀光名勝、風景區、伴手禮店、溫泉等，介紹您一定要順道一遊的推薦景點。尤其是風景優美的地方，會刊登大張美麗的照片。而自然景觀等參觀的季節與時段可能會受限，因此請多加注意。此外，也簡潔地刊載出營業時間、公休日、費用、所需時間等資料。詳細資訊請於出發前洽詢各景點。

景點資訊

標示出該景點是怎樣的地方，以及參觀所需的概略時間。

買 生產個性豐富的地產葡萄酒 【30分】

1 八劍山葡萄酒工坊

はっけんざんわいなりー

位於北海道百座名山之一……葡萄酒工坊。此釀造場的宗旨……

請閱覽書末

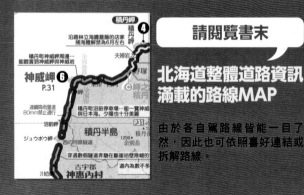

北海道整體道路資訊滿載的路線MAP

由於各自駕路線皆能一目了然，因此也可依照喜好連結或拆解路線。

本書的閱覽&使用方式

Attention 購書前需知
使用時的注意事項

本書刊載的內容為2017年12月～2018年2月採訪、調查時的資訊。

本書出版後，餐飲店菜單、營運內容、費用等各項資料可能會有所變動，也可能會因季節變動、臨時公休等情況而無法使用。使用時請再次事先確認。此外，因本書刊載內容所造成的糾紛、損害等，敝公司無法提供賠償，請於確認此點後再購買使用。

■各類資料以下列基準刊登

✆…電話號碼　本書刊載的是各設施的洽詢用號碼，因此可能會出現非當地號碼的情況。使用衛星導航等設備搜尋位置時，可能會顯示出與當地停車場地址不同的位置，還請多加注意。

L…營業時間・開館時間
關於營業時間，基本上刊載一般時期可入場的時間。餐飲店為最後點餐時間。有可能視情況變更。

休…公休日　原則上刊載公休日。可能會有刊載之外的臨時公休。此外，盂蘭盆節與過年期間的公休日期基本上皆省略。

¥…費用　關於門票等費用，基本刊載一般時期成人的費用。有視季節、活動等變更的情況。此外，視設施不同，費用有未含稅的情況。

P…停車場　標示停車場的停車輛數，需付費的話則會標示收費。

所…所在地　標示市町村以下的地址。

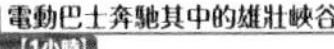

路線資訊　滿滿的實用資訊

道路概要、壅塞狀況、應注意的重點、能愉快兜風的路段等，在該頁除了介紹兜風路線之外，也整理出需先了解的「兜風自駕小建議」，看過後再出發的話，兜風之旅應該會變得更加愉快。此外，配合小建議，介紹兜風路線的最佳造訪季節、區域內舉辦的相關活動資訊。請活用這些資訊，作為決定出發兜風時節的參考。也列出路線中介紹景點的各市町村之觀光洽詢處，因此若有想問的事情，就試著詢問看看吧。

季節 夏～秋
適兜風路線，但百合
的紅葉也值得一看。

PICK UP!　諸多有用的小訊息

未能在路線中介紹的景點事物，或是雖然會繞點路但仍想推薦的事物等，許多開車前想事先知道的好康資訊，都收錄在這個專欄中。內容多元，塞滿大量採訪中獲得的小訊息，也有不少小道消息，因此也推薦您在出發前先讀一遍，便可在兜風旅途中為同行者導覽解說。

路線MAP　依照路順排列，清楚易懂

刊載詳細的行車路線地圖。在推薦的路線上會清楚明白地以顏色標示道路，畫有箭頭的汽車標誌表示行進的方向，照標示方向走的話，就能依序遊覽書中介紹的景點。此外，地圖中也有刊載本書中尚未介紹的觀光景點，因此在兜風時能自由自在地增添變換行程。

依顏色分類景點

撿來的家 P.20 …景點
四季彩之丘 P.22 …玩樂
LUMBER HOUSE P.138 …美食
美瑛選果 P.23 …購物
阿寒湖溫泉 P.103 …溫泉
RV Park つどい農園 P.145 …住宿

在本書中以顏色分類介紹景點，只要看文字顏色便可一目了然其所屬類別。在地圖中也以相同顏色分類，相當清楚易懂。各顏色對應的類別如上所示。

順道一遊景點　用A、B、C表示

此區是介紹使用當地食材的餐飲店、伴手禮店等，推薦兜風中可稍作休息的休憩景點。此外，在此也會介紹稍微偏離路線的景點，若有餘力的話，可順道一遊。還有，本書中所標示的所需時間，並未包含順道前往此專欄中景點的時間，因此如果有多處想順道一去的地方，就要拉長整體行程時間，或是刪減部分本欲前往參觀的景點，花點工夫調整時間吧。

好想看！好想吃！好想逛！

北海道 戲劇性的兜風

「這裡真的是日本嗎？」在寬廣的北海道有這樣令人驚艷的景色等著我們。隨風搖曳的薰衣草、懸崖與湛藍之海、神秘的森林等知名景點就不用說了，就連車窗外的景色都很戲劇性。在路上能遇見的美食也同樣地令人期待。好，就讓我們奔馳在舒爽的自駕路線，前去與絕景、美食相會吧！

道北

初夏的富良野代名詞 整面的薰衣草地毯

中富良野 ふぁーむとみた

富田農場 路線01 →P.20

富田農場可說是薰衣草觀光的先驅。在7月的開花季節會充滿大批觀光客相當熱鬧。

正如其名 令人吃驚的巨大高低落差

上富良野 じぇっとこーすたーのみち

雲霄飛車之路 路線01 →P.22

總長達2.5km上下劇烈起伏的直線道路。真的有如跑在雲霄飛車的軌道上！

稚內 そうやみさき

宗谷岬 路線12 →P.78

位於日本最北的海岬。突出的尖端上立有「日本最北端之地碑」，一定要和地碑一起拍下紀念照。

一定要去的日本最北端！

自駕

枯立的林木與
青色的水面營造出神秘光景

美瑛 しろがねあおいいけ
白金 青池

路線01 ➲P.23

位置處於美瑛川中游的池塘。是由枯立的庫頁冷杉加上滿溢的寧靜青色池水所構成的神秘景點。

在道北 好想吃！美食

旭川
旭川拉麵 ➲P.82

以醬油口味為主，特徵為多油脂的濃厚湯頭。就算在冬天也不易降溫，能美味品嘗的拉麵。

在寒～冷城鎮誕生的獨特口味

➲「梅光軒 本店」(P.82)的醬油拉麵

鮮甜滋味滿溢外觀也色彩繽紛的蔬菜

富良野·美瑛
蔬菜料理 ➲P.26

在溫差大的富良野、美瑛出產的蔬菜，是大地的恩惠，能讓人確實地品嘗到蔬菜原本的鮮甜滋味。

➲「ファームレストラン あぜ道より道」(P.26)的法式蔬菜燉肉湯

稚內
宗谷黑牛 ➲P.79

宗谷黑牛飼養於靠近宗谷岬的宗谷丘陵。在這裡能品嘗到使用優質牛肉製作的牛排及漢堡排。

生長於宗谷丘陵的高級黑牛

➲「ゲストハウス アルメリア」(P.79)的燉宗谷黑牛漢堡排套餐

北海道 戲劇性的兜風自駕

道央

多達3000株櫻花盛開綻放、精采絕倫的林蔭道路

湖心浮出小島的破火山口湖

洞爺 とうやこ

洞爺湖

路線03 ➲P.38

周長約43km的破火山口湖，為日本第3大的湖泊。背後聳立著火山，湖畔林立著溫泉旅館。也可搭乘遊覽船享受一下水上散步（P.39）。

靜內 しずないにじゅっけんどうろさくらなみき

靜內二十間道路櫻並木

路線06 ➲P.51

直線延綿約7km的櫻花林蔭大道，更獲選為「日本道路100選」。賞景時期為5月上旬～中旬。

北龍 ほくりゅうひまわりのさと

北龍向日葵之里

路線09 ➲P.57

約150萬株向日葵綻放的景色展現眼前。歷年的賞景時期為7月下旬～8月中旬。在此時期也會有巨大向日葵迷宮登場。

到處都是接連盛開的向日葵

「日本海岸百選」之一
積丹藍的美麗海岸

積丹 しまむいかいがん
島武意海岸
路線 ➲P.31 02

以奇石連綿的斷崖與積丹藍獲得好評的深藍色海洋，其所形成的對比景象，是只有在積丹才有的美景。從展望台延伸的階梯往下走，可以更近地看見清澈的海洋。對體力有自信的人，穿著方便活動的服裝來嘗試看看吧。

立有克拉克博士雕像，
並可眺望札幌市區

札幌 さっぽろひつじがおかてんぼうだい
札幌羊之丘展望台
路線 ➲P.58 10

展望台設立了與札幌有淵源的人物──克拉克博士的銅像，在此迎接來客。能一覽在眼前寬廣的牧草地上悠閒吃草的羊兒、札幌市區，就連遠處的石狩平原也能望見。

在道央 好想吃！美食

中粗捲麵充分吸附湯汁

札幌
札幌拉麵
➲P.64

湯頭以濃厚的味噌口味為代表，加上容易吸附湯汁的捲麵為其特徵。札幌是從老店到新店齊聚一堂的拉麵激戰區。

「麵屋 彩未」(P.64)的味噌拉麵

和蔬菜一起烤得滋滋作響！

札幌
蒙古烤肉 ➲P.65

在成吉思汗鍋上燒烤滿滿的蔬菜與羊肉來吃。有啤酒的話，就是最棒的啦！

「成吉思汗 だるま本店」(P.65)的蒙古烤肉

在「壽司街」品嘗職人使出渾身解數的一貫

「魚真」(P.35)的魚真握壽司

小樽
壽司 ➲P.34

小樽有條「壽司街」聚集著多家壽司店。一定要品嘗用小樽港新鮮現撈食材捏製的壽司。

北海道戲劇性的兜風自駕

道東

弟子屈 摩周湖 ましゅうこ
路線15 ➲P.104

有著純淨透明的藍色湖水，但常年被霧氣環繞，很少能看到湖的全貌，神秘感十足。

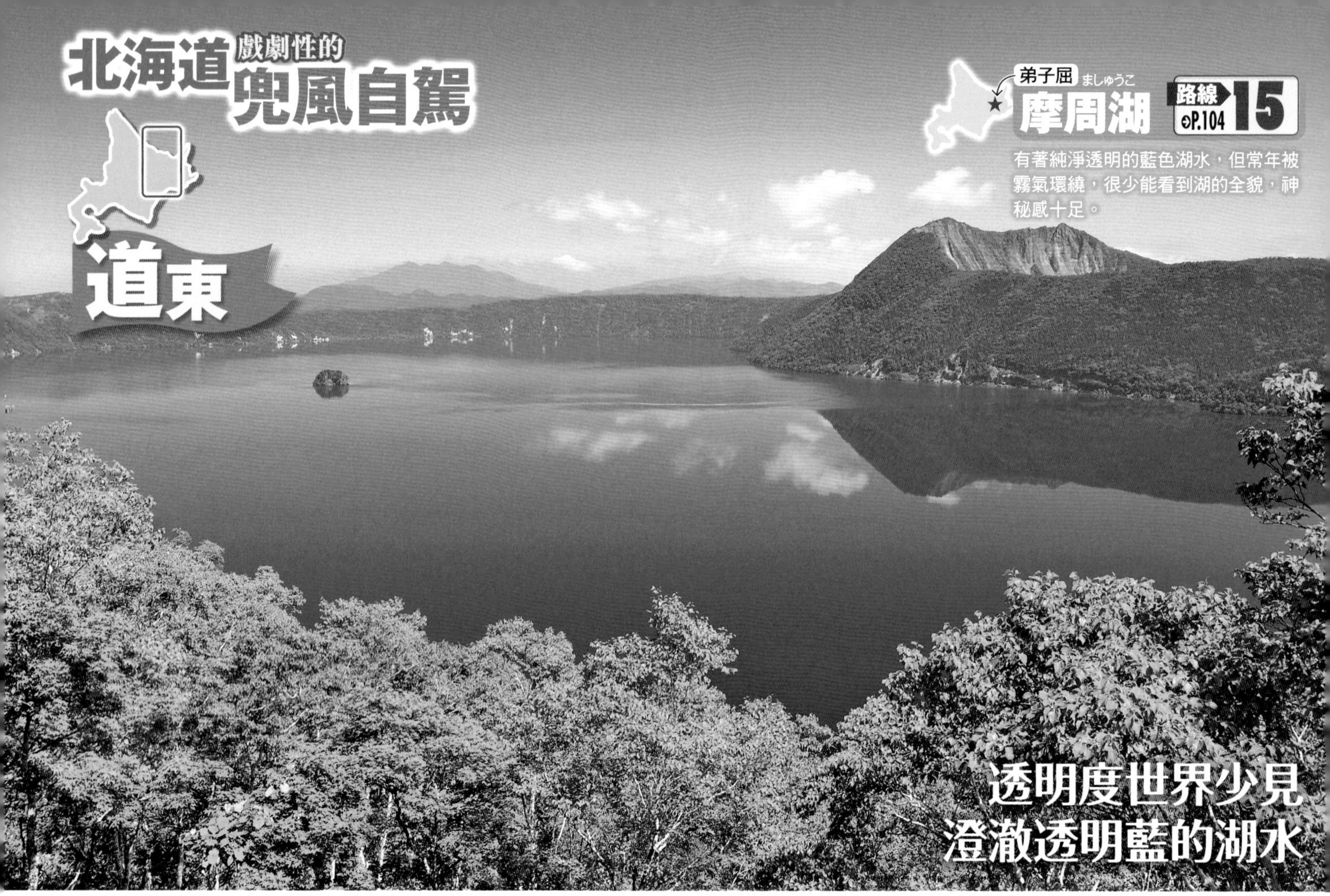

透明度世界少見
澄澈透明藍的湖水

上川～上士幌 三國峠 みくにとうげ
路線14 ➲P.94

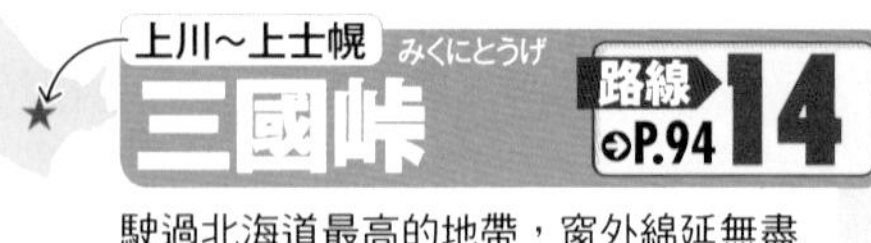

駛過北海道最高的地帶，窗外綿延無盡的樹海之美令人屏息。秋天的紅葉也如風景般優美。

在北海道最高的地方奔馳
駛過壯闊的峠道

大空 童話之丘 めるへんのおか
路線15 ➲P.105

不同季節有不同的田園風光，美景如此怪不得黑澤明導演曾在此拍攝《夢》的外景。

隨四季變換如詩如畫
的田園風光

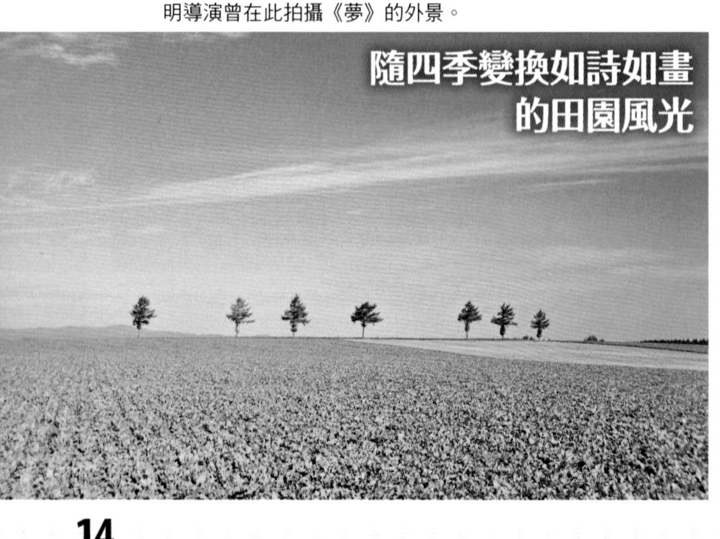

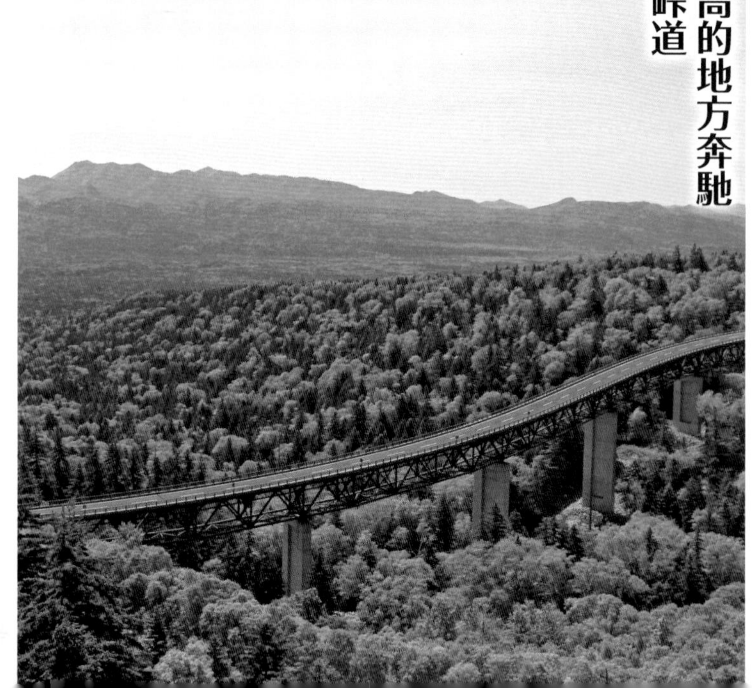

整片山坡鋪上粉紅色的花毯

瀧上 しばざくらたきのうえこうえん

芝櫻瀧上公園

路線18 ➡P.128

粉紅色的芝櫻綿延10萬㎡，走在參觀步道上，還聞得到甜美的香氣，讓人身心都享受在賞花的樂趣中。5月上旬～6月上旬是花季。

在道東 好想吃！美食

豬肉、白飯、鹹甜醬汁打造出知名美食

帶廣 ➡P.96

豬肉蓋飯

↑「元祖豚丼のぱんちょう」(P.96)的豬肉蓋飯(梅)

這道美食將帶廣名產豬肉的魅力發揮得淋漓盡致，每家店的醬汁及烤法都各有其獨到之處。

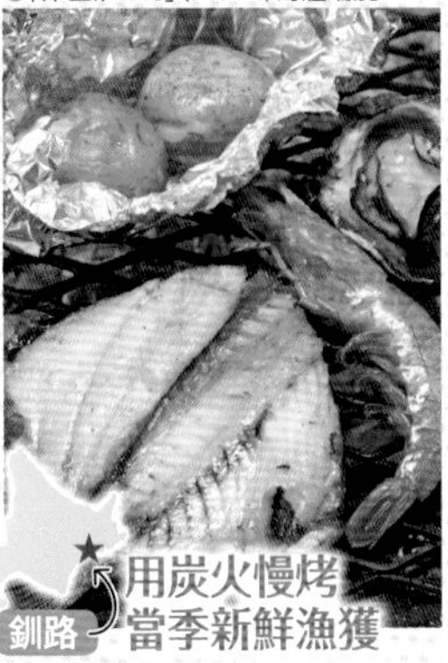

↓「岸壁炉ばた」(P.114)的爐端燒

用炭火慢烤當季新鮮漁獲

釧路

爐端燒

➡P.114

爐端燒就源自釧路，先在食材區選擇喜歡的新鮮漁獲，拿到生好炭火的烤台，有些店家會提供代烤服務。

根室發跡的當地洋食料理

↓「ニューモンブラン」(P.111)的豬排奶油飯

根室

豬排奶油飯

➡P.111

薄切炸豬排鋪在奶油飯上，再淋上法式多蜜醬汁，就是在當地半世紀以來深受歡迎的知名料理。

簡直是熱帶草原！日本最大的濕原

釧路 くしろしつげん

釧路濕原

路線15 ➡P.106

濕原的景象讓人彷彿身處非洲大草原般，登上細岡展望台更能感受廣闊濕原帶來的震撼。濕原的玩法很多，還有划獨木舟等活動，可以順著釧路川蜿蜒穿過濕原。

北海道 戲劇性的 兜風自駕

道南

奇特的地形描繪出夢幻般的百萬夜景

函館 はこだてやまのやけい

函館山夜景

路線 19·20 距離約14km

函館山夜景有「百萬夜景」之稱。從傍晚轉換至夜幕的日落10～20分後為最佳的賞景時間。據說與喜歡的人一同找出隱藏在夜景中的ハート（愛心），願望就會成真。

七飯 おおぬまこうえん

大沼公園

路線 20 ➲P.138

大沼可算是新日本三景之一。這裡有遊覽船、獨木舟、騎馬等豐富的活動，能盡情享受周邊的自然風光。

能享受參觀步道與水上運動，涵蓋森林與水畔的度假勝地

北斗 とうだいのせいぼとらぴすとしゅうどういん

特拉普派男子修道院

路線 19 ➲P.135

日本第一間男子修道院，館內僅開放男性參觀，而資料展示室則可自由參觀。腹地內的商店也有販售廣受歡迎的霜淇淋。

面對林蔭道路佇立的日本第一間男子修道院

在道南 好想吃！美食

➲「麵廚房あじさい本店」（P.142）的味彩鹽拉麵

受到廣泛世代喜愛，風味簡單又深奧的一碗

函館

函館拉麵 ➲P.142

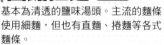

基本為清透的鹽味湯頭。主流的麵條使用細麵，但也有直麵、捲麵等各式麵條。

函館

B級美食 ➲P.143

LUCKY PIERROT與Hasegawa Store為僅開於函館市內及近郊的連鎖店。一定要吃一次極品漢堡和原創便當。

函館的美食之子們格外喜愛的滋味

➲➲「LUCKY PIERROT」（P.143）的中華雞肉漢堡，以及「Hasegawa Store」（P.143）的烤雞肉串便當

札幌出發路線

紅屋頂之家(美瑛町／P.23)

稚內機場
鄂霍次克紋別機場
JR網走站
女滿別機場
旭川機場
JR旭川站
根室中標津機場
JR帶廣站
丹頂釧路機場
JR釧路站
JR札幌站
新千歲機場
十勝帶廣機場
JR新函館北斗站
函館機場
JR函館站
路線01 路線02 路線03 路線04 路線05 路線06 路線07 路線08 路線09 路線10

路線MAP

新千歲機場 → 札幌市中心區

約59km
(經由道央道・5)

自駕路線

2天1夜 路線01 富良野・美瑛・旭山動物園…P.18
2天1夜 路線02 積丹半島・小樽 …………P.28
2天1夜 路線03 洞爺湖・登別 …………P.36
2天1夜 路線04 支笏湖・新雪谷 …………P.42
當天來回 路線05 定山溪・朝里 …………P.48
當天來回 路線06 日高Thoroughbred街道 P.50
當天來回 路線07 由仁・栗山・夕張 …………P.52
當天來回 路線08 砂川・瀧川 …………P.54
當天來回 路線09 增毛・留萌 …………P.56
當天來回 路線10 札幌郊外名勝遊覽………P.58
休閒導覽 旭川市旭山動物園………………P.24
美食導覽 自然食咖啡廳&餐廳 …………P.26
美食導覽 小樽的壽司・海鮮蓋飯 …………P.34
休閒導覽 札幌市區1day plan ……………P.62
美食導覽 札幌5大名物美食 ………………P.64

札幌的平均氣溫、降水量、最深積雪量平年值(每月)

月	1月	2月	3月	4月	5月	6月
平均氣溫(℃)	-3.6	-3.1	0.6	7.1	12.4	16.7
降水量(mm)	113.6	94	77.8	56.8	53.1	46.8
最深積雪(cm)	77	97	81	22	---	---
月	7月	8月	9月	10月	11月	12月
平均氣溫(℃)	20.5	22.3	18.1	11.8	4.9	-0.9
降水量(mm)	81	123.8	135.2	108.7	104.1	111.7
最深積雪(cm)	---	---	---	1	12	46

※平均氣溫、降水量、最深積雪量的資料為札幌1981～2010年的平均資料(氣象廳)。

支笏湖(千歲市／P.44)

路線 01

奔馳在染著薰衣草色的「花人街道237」上！

富良野・美瑛・旭山動物園

ふらの・びえい・あさひやまどうぶつえん

2天1夜

行車距離 約245km

行車時間 約5小時35分

超級推薦 10 拼布之路（ぱっちわーくのみち） 美瑛

出現在廣告中如畫的樹木，四處散布。此處還有視野良好的山丘。P.22

第1天首先逛逛日劇《來自北國》的舞台——富良野。此處保有諸多劇中登場的建築，尤其是麓鄉，完全跟劇中一模一樣。接著前往薰衣草園的先驅——富田農場。第2天上午走花人街道237北上探訪花田後，前往遊覽已故攝影師——前田真三喜愛拍攝的美瑛之丘。最後參觀旭川市旭山動物園作為結尾。

兜風自駕小建議

薰衣草開花期為7～8月，其他的花在6～8月也是觀賞時期。由於薰衣草季時，主要觀光地區周邊會相當壅塞，所以開車要特別注意。此外，美瑛之丘每季的風景各異其趣，是不管哪個季節來都能愉快享受的地方。

最佳造訪季節 夏～秋

以薰衣草為首的賞花時期為7～8月左右。秋天的美瑛之丘染上金黃顏色的模樣堪稱絕景。

相關活動

7月中旬
中富良野薰衣草節&煙火大會

7月下旬
北海肚臍祭

9月上旬
富良野葡萄酒祭

觀光洽詢處

- 富良野觀光協會 0167-23-3388
- 中富良野觀光協會 0167-39-3033
- 美瑛町觀光協會 0166-92-4378
- 旭川觀光會議協會 0166-23-0090

超級推薦 6 富田農場（ふぁーむとみた） 中富良野

帶動富良野薰衣草觀光風潮的觀光農園。在此除了賞花之外，也有各式各樣的設施。P.20

超級推薦 9 全景之路（パノラマロード） 美瑛

在交疊的丘陵中央可望見紅屋頂之家。這景色也收藏在前田真三（已故）的相機之中，可說是最具美瑛風情的風景。P.23

超級推薦 12 旭川市旭山動物園（あさひかわしあさひやまどうぶつえん） 旭川

日本現今最有活力的動物園。隨著行動展示的方式，能見到動物們朝氣蓬勃的模樣。P.23

札幌出發

路線01 富良野・美瑛・旭山動物園

2天1夜

旭川出發

帶廣出發

釧路出發

網走出發

函館出發

路線MAP

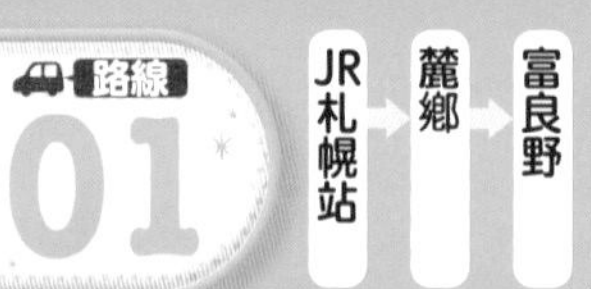

JR札幌站 → 麓鄉 → 富良野

第1天

穿過日劇《來自北國》的世界
前往道內第一的薰衣草花田

人氣伴手禮CHECK

3種泡澡劑1組的夏之回憶A389日圓

美味小吃CHECK

4月下旬～10月中旬販售的薰衣草蜂蜜布丁320日圓（左）和薰衣草可爾必思果凍260日圓（右）

第1天　行車距離 約177km　行車時間 約3小時50分

START JR札幌站

5km／8分　地方道路 5

札幌北IC

49km／37分　札樽道 道央道

三笠IC

81km／2小時2分　116 452 135 38 544

Ⓐ富良野 とみ川　食

1 撿來的家　景

4km／6分　地方道路

2 五郎的石屋　景

4km／6分　地方道路

3 麓鄉之森　景

24km／36分　地方道路 253

4 唯我独尊　食

即到　地方道路

5 FURANO MARCHE1／FURANO MARCHE2　買

Ⓑ菓子工房Furano Délice　買

10km／15分

Ⓒ山香食堂　食

38 237 地方道路

6 富田農場　玩

富田農場的陽傘座位，最適合小憩一下

第2天往P.22

玩　薰衣草觀光的發祥地

【1小時】　MAP19

6 富田農場

ふぁーむとみた

此觀光農園擁有以薰衣草為中心的廣大花田。在這裡不僅提供賞花，還有販售薰衣草商品，和使用當地產食材的咖哩、霜淇淋等。也有能學習富田農場歷史的資料館，以及能看見摘取香料模樣的設施。➲P.10

☎0167-39-3939　🕒8:30～18:00（5、6、9月為～17:00、10、11月為9:00～16:30、有可能變動）　休無休　¥免費入園　P500輛　所中富良野町基線北15号

各色花朵繽紛綻放的花田

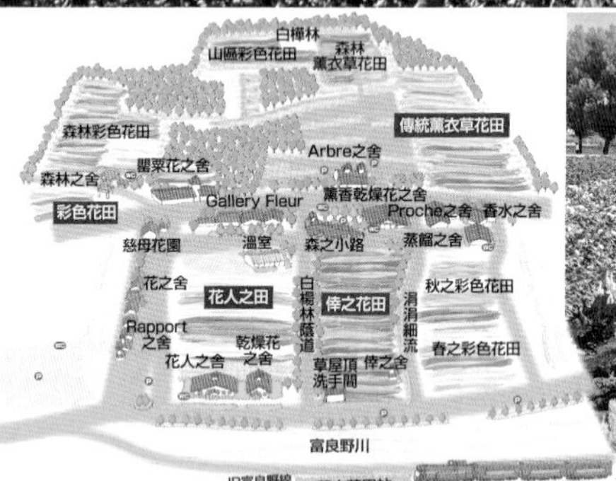

從春天到秋天，諸多花朵燦爛綻放的花人之田

景　利用廢材建成的日劇拍攝處

【1小時】　MAP19

1 撿來的家

ひろってきたいえ

在日劇《來自北國 2002遺言》中，主角黑板五郎建造的房子。據說是實際使用滑雪場無法再用的纜車車廂等廢材打造而成的。

☎0167-23-3388（富良野觀光協會）　🕒9:30～17:30（視時節而異，11月下旬～4月中旬為10:00～15:30）　休無休　¥門票500日圓　P150輛　所富良野市麓鄉市街地

建於腹地中央的雪子之家。奇特的外觀相當吸睛

景 有如五郎現今仍居住在此一般

【1小時】 MAP 19

2 五郎的石屋

●ごろうのいしのいえ

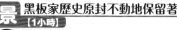

在《來自北國》中，黑板五郎（田中邦衛）生活過的房子。並且是在《2002遺言》中持續居住的石屋，也有連續劇第1集登場的最初的家。

0167-23-3388（富良野觀光協會） 4月下旬～11月的9:30～18:00（10月起為～15:30） 休期間中無休 ¥門票500日圓 P100輛 所富良野市東麓鄉1

令人印象深刻的紅色風車與紅色屋頂

裡頭至今仍保留著《2002遺言》的最後拍攝場景

景 黑板家歷史原封不動地保留著

【1小時】 MAP 19

3 麓鄉之森

●ろくごうのもり

《來自北國》的粉絲聖地。因火災燒毀的丸太小屋、使用純所製作的風力發電裝置的房屋等，保存攝影當時的狀態，裡面也有開放參觀。

0167-23-3388（富良野觀光協會） 4月中旬～9月30日的9:30～17:00、10月1日～11月下旬為～15:30

休期間中無休

¥商店、咖啡廳免費入場；外景設施門票500日圓，3項設施聯票1200日圓 P150輛

所富良野市東麓鄉1-1

《來自北國'84夏》中燒毀的丸太小屋也仍保留著

黑板家第3個家。屋頂上裝設著純自製的風力發電機。

根室本線 北斗町 美瑛站 中富良野 瀧川站 綠峰高 運動中心 綜合運動公園 花園町 開發局 農業開発事業所 陸上競技場 759 桂木町 237 富良野·美瑛廣域觀光中心 位於富良野站旁。有豐富的富良野區域的觀光手冊、折價券等。 富良野市 ふらの西病院 桂木町 錦町 税務署 朝日會館 富良野変電所 西中 本町6 朝日町 富良野病院 富良野西中 JA 富良野站 新富町 朝日町4 駅前 新得站 P.21 唯我独尊 日の出町 瀧川 ホーマック 富良野郵局 本通3 サンフラトン てっぱん・お好み焼 まさ屋 若松町15 富良野小 公設卸売市場 弥生町 237 本通5 若松町 FURANO MARCHE1 FURANO MARCHE2 38 幸町 文化會館 P.21 榮町 富良野市公所 フラノ・マルシェ 末広町8 ラルズ 富良野中心區 末広町 富良野高前 富良野署 周邊圖P.19·69 保健所 1:20,000 0 200m 富良野高 山部 若葉町7 253

食 富良野咖哩店的先驅

【1小時】 MAP 21

4 唯我独尊

●ゆいがどくそん

使用山櫻木燻製的自製香腸，以及準備要3天，製作就要花上1天才能完成的咖哩醬，是餐廳引以為傲的一品。店面也有販售可做伴手禮用的咖哩醬與香腸。

0167-23-4784 11:00～20:30（視時節而異）

休週一（逢假日則翌日休，7、8月為不定休）

P16輛 所富良野市日の出町11-8

人氣第一的香腸咖哩1150日圓

買 富良野好吃食品大集合

【1小時】 MAP 21

5 FURANO MARCHE 1／FURANO MARCHE2

●ふらのまるしぇわん ふらのまるしぇつー

當地農產品與加工品，推廣只有富良野才有的美食魅力。腹地內也有農產品直賣所，以及陳列現烤麵包、原創飲品的咖啡廳。隔壁還有以餐飲店為主的FURANO MARCHE2。

0167-22-1001 10:00～19:00（6月23日～9月24日為9:00～）

休11月26日～11月30日（設施保養）

P131輛

所富良野市幸町13-1

尖峰時間陳列有40～50種富良野產的蔬菜

FURANO MARCHE2也有拉麵店跟披薩店

備有豐富的品項，方便一次買齊伴手禮

7層樓中的1樓為FURANO MARCHE2

順道一遊景點

A 食 1 即到

●ふらのとみかわ

富良野 とみ川

用石臼將富良野產小麥磨製出的全麥麵粉，加上當地的櫻花雞蛋所揉製出的石磨麵為其特色的拉麵店。在碗中能飽嘗到富良野大地的氛圍。

DATA MAP 19

0167-29-2666 11:00～15:00（週六日、假日為至16:00） 休週三（7、8月無休） P8輛 所富良野市麓鄉市街地5

B 買 5 距離約3km

●かしこうぼうふらのでりす

菓子工房Furano Délice

使用富良野產牛奶及雞蛋製作的生菓子、烤點心廣受好評。以超人氣的富良野牛奶布丁324日圓和雙重起司蛋糕為主，店內總是陳列有20種以上的蛋糕。

DATA MAP 19

0167-22-8005 10:00～18:00（視時節而異） 休週一、二（每月1日、假日除外） P20輛 所富良野市下御料2156-1

C 食 5 距離約1.5km

●やまかしょくどう

山香食堂

在當地長期受到愛戴的定食店。以供應講求當地食材的富良野新當地美食──富良野咖哩蛋包飯而聞名。此外，也備齊了蓋飯類、麵類等的菜色。

DATA MAP 19

0167-22-1045 11:00～14:30、17:00～19:30 休週日（7～9月無休） P15輛 所富良野市緑町9-20

曾風靡一時的廣告拍攝地，奔馳穿越美瑛之丘！

第2天 行車距離 約68km 行車時間 約1小時45分

銜接P.20的第1天

14km／21分 地方道路 237 地方道路

7 雲霄飛車之路 景

6km／9分 237 地方道路

8 四季彩之丘 玩

地方道路

即到 D Lunch&Café 風 食

9 全景之路 景

9km／14分 地方道路 213 地方道路

E ファミリーレストランだいまる 食

10 拼布之路 景

用在七星香菸包裝上的七星之樹(MAP 19)

即到 F FERME LA TERRE美瑛 食

地方道路 237

11 美瑛選果 買

25km／38分 237 地方道路 68 37 295

12 旭川市旭山動物園 景

人氣超群的北極熊

14km／21分 295 37 68

GOAL 旭川機場

景 遊逛有名字的樹木與丘陵

【2小時】 MAP 19

10 拼布之路

ぱっちわーくのみち

美瑛西北地區有廣大的丘陵地。在這裡能觀賞到在汽車廣告中登場的Ken & Mery之樹、香菸包裝上的七星之樹等美瑛的代表風景。由於道路狹窄，附近的農家也要使用到此路，所以別把車停在路上哦。

0166-92-4378(美瑛町観光協會)

自由參觀(禁止進入農地等處) P無 所美瑛町

見 起伏急劇、直線延綿的道路

【10分】 MAP 19

7 雲霄飛車之路

じぇっとこーすたーのみち

沿著無數交錯層疊的丘陵起伏，筆直延綿的道路。正如其名，開車跑在此路就宛如搭乘雲霄飛車一般。雖然這條道路會想讓人試著邊開邊眺望著周圍景色，不過不要開太快，而且還要注意周圍的交通狀況。 P.10

0167-45-3150(上富良野十勝岳観光協會) 自由通行 P無

所上富良野町西11線

全長2.5km。高低落差如此之大的直線道路在道內甚是罕見

隔著花田，美瑛之丘處處延綿

玩 隔著丘陵眺望十勝岳連峰的花田

【30分】 MAP 19

8 四季彩之丘

しきさいのおか

利用丘陵的廣大花田中，以薰衣草為主，盛開著約30種的花卉。園內也有商店，能品嘗到使用美瑛產生乳製作的霜淇淋。擁有療癒系動物——羊駝的牧場也非常受歡迎。

0166-95-2758 8:30～18:00(視時節而異)

休無休(11月～3月僅餐廳週三休) ¥免費入園(羊駝牧場門票500日圓) P300輛 所美瑛町新星第3

朝天生長的白楊樹是讓人印象深刻的Ken & Mery之樹

景 色彩繽紛的丘陵美麗地交錯層疊

【2小時】 MAP 19

9 全景之路

●パノラマロード

位於美瑛東南方，往東方可眺望十勝岳連峰。雖然沒有什麼有名字的樹及丘陵，但非常推薦這裡給單純想享受風景的人前來。因為這裡是沒有停車場的景點，所以在享受風景的時候，要特別注意來往的車輛。

☎0166-92-4378(美瑛町觀光協會)

🕒自由參觀(禁止進入農地等處) P無 所美瑛町

⊙被稱為最具美瑛風情景色的紅屋頂之家

買 美瑛產蔬菜的特產直銷商店

【30分】 MAP 23

11 美瑛選果

●びえいせんか

講求鮮度及品質，販售美麗的美瑛大地所孕育的當季農產品。以選果市場、選果工房、餐廳、小麥工房四種型態，宣傳美瑛魅力的設施。

☎0166-92-4400

🕒9:30～17:00（6～8月有延長。視設施而異）

休無休（需洽詢）

P66輛

所美瑛町大町2

⊙農產品直賣所「選果市場」。也有試吃區

景 以獨特的展示方式吸引人氣

【2小時】 MAP 19

12 旭川市旭山動物園

●あさひかわしあさひやまどうぶつえん

日本最北的動物園，曾一度陷入關園危機，但啟用行動展示法之後，躍升為全國知名的動物園。能見到動物們生氣勃勃的模樣。

☎0166-36-1104 🕒2019年4月27日～10月15日的9:30～16:00（17:15閉園）、10月16日～11月3日為～16:00（16:30閉園）、11月11日～2020年4月7日為10:30～15:00（15:30閉園）休2019年4月8日～26日、11月4日～10日、12月30日～2020年1月1日 ¥門票820日圓 P700輛 所旭川市東旭川町倉沼11-18

詳細請見P.24

⊙在紅毛猩猩舍可見到牠們在鏈繩、吊床等玩耍的模樣

PICK UP! 來走走「Refresh Line」吧！

從美瑛町市區往白金溫泉方向的路線。近年有以能量景點受到矚目的美瑛神社，還能觀賞神秘的青池與白鬚瀑布的風景。

白金 青池 MAP 19 ➲P.11

⊙水面閃著青藍的池塘。枯立的落葉松相當夢幻

⊙落差30m的瀑布會流向鈷藍色的美瑛川

白鬚瀑布 MAP 19

美瑛神社 MAP 19

⊙境內到處都有心形的裝飾，也是非常有人氣的求姻緣景點

順道一遊景點

D 食 8即到

●らんちあんどかふぇふう

Lunch&Café 風

在此能品嘗到用神戶牛與自家栽種的新鮮蔬菜所製作的餐點。從露天座可以一覽十勝岳連峰和富良野岳等，視野良好。

DATA MAP 19

☎0166-95-2102

🕒11:00～17:00(11～3月為～16:00)

休週二(11～3月為不定休)

P10輛 所美瑛町新星第三

E 食 9即到

ファミリーレストランだいまる

從話題的美瑛咖哩烏龍麵到拉麵、定食皆有提供。小麥、蔬菜、豬肉都使用美瑛的食材。觀光客當然不用說，也很受當地人歡迎。

DATA MAP 23

☎0166-92-3114

🕒11:00～15:00、17:00～19:30 休週三 P15輛

所美瑛町中町1-7-2

F 食 10即到

●ふぇるむらてーるびえい

FERME LA TERRE 美瑛

在這裡除了能享受到使用美瑛町產的小麥製作的甜點、麵包，還有使用北海道產食材製作的各式料理。露臺座位能一覽在麥稈捆或電影中出現的木造房屋。

DATA MAP 19

☎0166-74-4417 🕒午餐11:00～15:00、咖啡廳10:00～17:00、晚餐17:00～20:00(10～4月僅有午餐及咖啡廳) 休週一(10～4月為週一、二，逢假日則翌日休)

P36輛 所美瑛町大村村山

休閒導覽

日本現在最有趣的動物園!

旭川市 旭山動物園

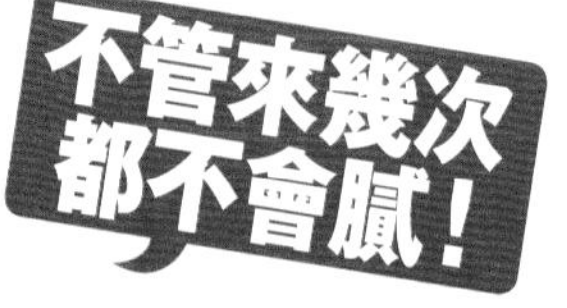

位於日本最北端，為日本活力第一的動物園。以獨特的行動展示方式，讓人看見動物們生氣勃勃的模樣，是此動物園廣受歡迎的秘密。也別忘了買些各種伴手禮名物帶回去吧。

攻略重點

旭山動物園內斜坡較多，因此規劃出有效率的路線再開始逛吧。入園後，一開始先檢視「餵食秀」的時程表。推薦以想看的餵食秀時間為主，空檔時間再前去看看其他動物。還有，休憩設施、商店等處也先事先確認好吧。

位於東門旁的紀念碑。最適合拍紀念照了!

至今未有的各種展示環境是人氣的秘密

旭山動物園是日本最北端的動物園，建立於昭和42（1967）年，過去也因來客持續減少而曾考慮關園，不過因為園方採用了「行動展示」概念的方針，風向就大大改變。現在不僅是當地，還從全國各地湧來參觀人潮。此外，園方每年都會推出新設施。轉變為不管來幾次都能快樂遊玩的動物園。P.23

MAP 19

0166-36-1104 2019年4月27日～10月15日的9:30～16:00(閉園為17:15)、10月16日～11月3日為～16:00(閉園為16:30)、11月11日～2020年4月7日為10:30～15:00(閉園為15:30)
休2019年4月8日～26日、11月4日～10日、12月30日～2020年1月1日
¥門票820日圓 P700輛 所旭川市東旭川町倉沼11-18

絕對要先逛的 人氣施設Best5

A 海豹館

精彩看點

野生斑海豹頻繁地上下移動。圓柱水槽與大水槽相連，斑海豹會不停地來回游動。

在圓柱水槽上下移動、在水面悠游、隨地躺臥在仿造的岩石區，在這裡能愉快觀賞海豹的各種行動。室外造型以漁港為形象。在此也能一併見到白尾海雕等動物。

圓柱水槽的大小可供2隻海豹寬裕地錯身游過

Check!

確認餵食秀的時間!

可以看見動物被餵食飼料的餵食秀，為了讓大家能看到各種不同動物，實施時間是錯開的。由於園方當天早上才會決定出場餵食秀的動物，所以入園後，就先確認一下設置在各個出入口的告示牌吧。在園內的支援服務中心也可確認。

也可能因動物狀況及天氣等情況臨時取消

B 北極熊館

能以海豹眼為透明的膠囊窗，以海豹的視角近距離觀看北極熊

熱門觀察地點是從館內觀賞的巨大水池，以及從北極熊腳邊觀賞的海豹眼。由於北極熊是居住於北國的動物，在夏天炎熱的時節，大多都是呈睡覺的狀態，不過在冬季就會變得活躍，會在雪上繞跑等，能見到牠原本的模樣。

精彩看點

餵食秀時會將飼料投入大水槽中，北極熊可能會潛入水中來吃飼料。其姿態相當有氣勢!

餵食秀時間等人多擁擠時，會改為輪流參觀的方式

特色是能從四面八方觀察水中河馬的動作

精彩看點

能從各種角度觀察河馬的室內放養區。從正旁觀察水深3m的水池，還能看見河馬有如在天空飛翔的泳姿。

C 長頸鹿舍·河馬館

能以前所未見的角度觀察河馬、網紋長頸鹿。在網紋長頸鹿的飼料台，看看牠們靈活運用長頸與舌頭吃飼料的模樣吧。

能在地面以和長頸鹿相同視線高度的位置觀察牠們

D 企鵝館

館內飼養著4種企鵝。參觀時是走在設置於水槽內的隧道中觀賞，而在室外放養區，則可看到企鵝從水中爬上岩石區的模樣，還有在陸地上移動的樣子等姿態。

室外放養區重現企鵝生活的岩石區

精彩看點

在水中隧道可360度一覽水槽內部。企鵝的泳姿快到人類眼睛跟不上的地步，宛如在天空飛舞一般。

因企鵝種類不同，游泳的方式也不一樣，非常有趣

E 紅毛猩猩舍‧紅毛猩猩館

室外、室內皆設置仿木與繩索，紅毛猩猩會運用強大的握力和強韌的腕力，自由自在地移動。因為牠們怕冷，所以冬天會飼養在室內。

精彩看點

餵食秀的空中散步相當有人氣。紅毛猩猩會為了要吃到飼育員放置的飼料，靈活運用手腳攀渡架設在16m高的繩索。

能否看到空中散步得視當天情況而定

掛滿攀岩用的繩索等，沒有柵欄、玻璃，為開放性空間

還有還有！人氣設施

F 狼之森

以100年前北海道的森林為形象，展示東加拿大狼。也有能以雪兔的視線觀察狼群的機關。

G 猛獸區

透過玻璃近距離參觀西伯利亞虎，從突出圍欄的正下方觀察雪豹等猛獸，震撼力十足。

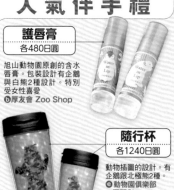

積雪時登場的企鵝散步超級受歡迎！

第2兒童牧場 兒童牧場
孔雀舍
動物圖書館
長頸鹿舍‧河馬館 C
f 動物園俱樂部東門Shop
往旭川站 旭川機場方向 巴士站
西門
a ASAHIYAMA Farm ZOO（僅夏季）
海豹館 猴山
中央食堂 d A
B 北極熊館
黑猩猩森林‧黑猩猩館
b 厚友會 Zoo Shop
蜘蛛猴‧水豚館
ZOO Kitchen Co.Co.Lo 商店 c
北海道原產動物區
小獸區
e 動物園俱樂部正門Shop
東門
企鵝館 D
兩棲類‧爬蟲類館
猴館
正門
紅鶴 鳥禽村
長臂猿館
猛獸區 G
丹頂鶴舍
E 紅毛猩猩舍‧紅毛猩猩館
Tail'n Tail
F
毛腿魚鴞舍
蝦夷鹿之森
狼之森
支援服務中心
小熊貓的吊橋

照片提供：旭川市旭川動物園

午餐好想吃 園內美食

農場的番茄咖哩 600日圓

甜味咖哩使用大量自家農場精心栽培的自豪番茄

a ASAHIYAMA Farm ZOO

旭川醬油拉麵 680日圓

海苔上印有海豹的可愛圖樣，是正宗口味的拉麵

d 中央食堂

大雪成吉思汗烤肉飯 850日圓

浸漬於原創鹹甜醬汁的成吉思汗烤肉，鋪在白飯上

c ZOO Kitchen Co‧Co‧Lo

動物鬆餅 400日圓

印有海豹插圖的蓬軟鬆餅。推薦當成點心吃

d 中央食堂

官方模型扭蛋 ZOO 1個500日圓

巧妙地捕捉動物瞬間動作與表情的行動展示模型。作為動物園初次官方製作的模型，從發售以來廣受歡迎。可在設置於正門、東門、中央休息處的扭蛋機購得

e 動物園俱樂部正門Shop

旅行紀念的 人氣伴手禮

護唇膏 各480日圓

旭山動物園原創的含水唇膏。包裝設計有企鵝與白熊2種設計。特別受女性喜愛

b 厚友會 Zoo Shop

隨行杯 各1240日圓

動物插圖的設計。有企鵝跟北極熊2種。

e 動物園俱樂部正門Shop

f 動物園俱樂部東門Shop

請品嘗地產地消美食

美食導覽

富良野・美瑛的自然食咖啡廳&餐廳

冷熱溫差大的富良野、美瑛所產的蔬菜充滿甜味，在能品嘗到當地採收、新鮮蔬菜的店家稍作休息吧。因為有許多店也以店內望出的景觀自豪，所以能一同享受風景。

富良野・美瑛的當地食材在這裡！

以蔬菜、肉品、小麥等產量為日本全國數一數二為傲的富良野、美瑛。讓我們先來認識一下這裡主要生產的食材吧！

紅蘿蔔
季 8月中旬～11月上旬
活用涼爽的氣候產出優質的紅蘿蔔

玉米
季 7月下旬～9月中旬
品種大多為甜玉米。沿路的商店會販售早上摘取的玉米

洋蔥
季 8月～4月中旬
富良野洋蔥的優良品質也是日本全國有名

蘆筍
季 5月中旬～7月上旬
講究整土，栽培出的蘆筍又胖又多汁

馬鈴薯
季 7月中旬～10月中旬
盆地特有的冷熱溫差孕育出香甜的馬鈴薯

邊眺望丘陵風景
邊享用優質的料理

美瑛 bi.blé
●びぶれ MAP19

札幌的法國料理名店「Molière」所開的餐廳。經營理念為「能共享品嘗的家庭料理」。在這裡能品嘗到使用道產小麥與大量近郊蔬菜所製作的料理全餐。餐廳內供應的麵包也有另作販售。

☎0166-92-8100
營11:00～14:30、17:30～19:30（麵包工房為10:00～18:00，麵包售完打烊）
休週二（7月下旬～8月無休）、（11～3月週一～週四休，逢假日則營業）
P30輛 所美瑛町北瑛第2

地產地消美食
午餐全餐
3400日圓
包含以美瑛之丘為形象的前菜（丘之高地）、炸物、湯品等7種料理。附有用石窯烘烤的麵包

平緩延綿的美瑛之丘風景展現於大窗戶外

店家使用的當地食材
店家使用的花椰菜等，都是來自半徑10km內的美瑛產蔬菜

地產地消美食
和風法式蔬菜燉肉湯定食
1400日圓
放入薑、香菇，做成和風口味的定食。附有機栽培胚芽米飯、大豆醃菜、蔬菜天婦羅等

富良野 どこか農場たまごカフェ
●どこかのうじょうたまごかふぇ MAP19

飄盪懷舊氛圍的咖啡廳&農場民宿

使用採自自家農園的米、蔬菜、雞蛋、莓果等新鮮食材，提供來客暖心料理。腹地內也附設有能體驗採收10種以上莓果的觀光農園。能悠閒地盡情享受鄉間的空氣。

☎0167-44-4220 營6月上旬～10月下旬為10:00～16:00（午餐為11:00～15:00） 休期間中週四 P10輛 所中富良野町東9線北13

店內有柴火壁爐與古鐘

店家使用的當地食材
南瓜、番茄、玉米、馬鈴薯、豌豆等無農藥蔬菜

農家媽媽們製作的蔬菜滿滿料理

店家使用的當地食材
玉米、夏南瓜、南瓜、根莖類、青花筍、紅蘿蔔等。視季節變換

地產地消美食
法式蔬菜燉肉湯（附沙拉）
1000日圓
使用手作培根與大量新鮮蔬菜，以鹽巴與高湯簡單調味。每日限定10份

富良野 ファームレストラン あぜ道より道
●ふぁーむれすとらんあぜみちよりみち MAP19

5位農家媽媽所開的餐廳。以新鮮蔬菜料理和居家氛圍廣受歡迎，聽說也有許多人不知不覺就在這裡待很久呢。處於田園地區的中央位置，從大片窗戶可望見十勝岳連峰。

☎0167-45-3060 營10:30～15:30（食材用完打烊，視時節而異） 休週三 P20輛 所上富良野町東6線北16

位於寬廣的田園地區，周圍視野良好

具開放感的2樓挑高部分，也很受歡迎

使用當地食材的洋食

把當地美味食材進一步料理成美味佳餚，在絕佳的洋食餐廳，品嘗看看大地的恩惠吧。

燉牛肉蛋包飯 1300日圓

富良野

レストラン ORIKA

れすとらんおりか MAP19

位於富良野ORIKA度假村內的餐廳。能在具開放感的氛圍中用餐。

0167-44-3000(富良野ORIKA度假村)
L4月29日～10月為11:30～14:00、18:00～20:00(需預約) 休10月21日 P162輛
所中富良野町西2線北17号

香蒜鯷魚熱沾醬 1080日圓

富良野

ダイニング Chèvre

ダイニング シェーブル MAP19

能以視覺享受當地美味食材，使用新鮮食材的餐廳。擺盤美麗且味道細膩是店家受歡迎的秘密。

0167-44-4966 L11:30～14:30、18:00～20:00 休週日(夏季為不定休)
P無 所中富良野町南町7-35

奶油燉小栗南瓜(M) 1200日圓～
※8月上旬～10月1日限定10份

美瑛

caferest 木のいいなかま

かふぇれすときのいいなかま MAP19

講究使用當地產食材，使用當天購自合作農家的朝採蔬菜。小木屋的店內有著寧靜的氛圍。

0166-92-2008 L3～11月中旬的11:30～14:30 休期間中週一，第1、3週二 P8輛
所美瑛町丸山2-5-21

能品嘗到蔬菜最美味的瞬間

美瑛

Caferestaurant BIRCH

カフェレストラン バーチ MAP19

地產地消美食

生番茄披薩 800日圓
※約至10月為止的限定菜單

玉米濃湯 600日圓

能享受蔬菜的新鮮水嫩與濃厚滋味

田中的小餐廳，講究使用當地蔬菜，在此能品嘗到簡單且溫醇的菜色。夏天使用近郊農家採收的多汁番茄，推出以細心料理方式所製作的餐點。也有販售手作果醬及餅乾等商品。

0166-92-1120
L11:00～16:45 休週三(11～4月為週三～週五休) P10輛 所美瑛町美沢美生

店家使用的當地食材

番茄、高麗菜、小黃瓜等。使用不同的番茄品種製作沙拉與義大利麵。

圓麵包1個80日圓，餅乾每袋各150日圓

滿溢木頭溫暖氛圍的木屋

富良野

cafe restaurant & gallery 木かげ

かふぇれすとらんあんどぎゃらりーこかげ MAP19

面朝視野景觀良好的大片窗戶，設有吧檯座與餐桌座

咖啡廳&餐廳建於從中富良野町街道向下俯視的北星山小高丘上。在這裡能一邊享受十勝岳連峰、蘆別岳、中富良野街道與田園風景，一邊品嘗使用當地食材的菜單，因此相當有人氣。

0167-44-2329
L11:00～日落(7、8月為～19:00) 休週三(逢假日則營業，7～9月為無休) P30輛 所中富良野町福原農場

店家使用的當地食材

依季節不同選用當季蔬菜。夏天使用富良野周邊產的小番茄與夏南瓜

地產地消美食

一盤午餐 980日圓

使用上富良野產豬肉製作的茄汁豬排，配上中富良野佐佐木農場的夢之美米所煮出的白飯，附有季節蔬菜的盤餐

與超群景觀一同品嘗的當地食材菜單

美瑛產小麥與美瑛食材的絕品義大利麵

美瑛

自家製パスタ専門店 だぐらすふぁ～。

じかせいぱすたせんもんてんだぐらすふぁ～ MAP19

在此人氣店家能品嘗到使用美瑛產農產品製作的料理。義大利麵使用美瑛產的小麥製作。使用自家蔬菜的季節限定菜單，及旭川養雞場雞蛋製作的自製雞蛋麵也相當受歡迎。

0166-92-1806
L4月上旬～11月上旬為11:00～15:00(義大利麵用完打烊) 休期間中週四(逢假日則營業)
P8輛 所美瑛町美沢美瑛共和

地產地消美食

新男爵馬鈴薯與生奶油鱈魚子+B套餐
1300日圓(單點1050日圓)

使用美瑛產男爵馬鈴薯的人氣餐點。麵條使用自製的義大利寬麵。附沙拉及飲料

店家使用的當地食材

夏南瓜、馬鈴薯、紫芋、番茄、青椒等全部都是採收自店家周圍的庭院

店內能感覺到木頭的溫暖。裝潢為老闆親自手作

路線 02

沿著傳說中的海岬、奇岩，海與山的路線

積丹半島・小樽

しゃこたんはんとう・おたる

2天1夜

行車距離 約313km

行車時間 約7小時10分

超級推薦 6 かむいみさき 神威岬 積丹

從海岬前端俯視位於下方的神威岩，據說是佇立於清澄透徹海洋的少女之化身。➲P.31

最佳造訪季節 春～秋

積丹半島周邊以及新雪谷超廣角觀景之路，毋庸置疑地以春～夏的景色最美。初秋，國道393號的紅葉景色也很不賴。

第1天從札幌穿過小樽，經由余市前往積丹半島，奔馳在這條奇岩峭壁連綿的沿海路線。第2天跑積丹半島的西側海岸線——カブトライン，順著駛入新雪谷超廣角觀景之路。這條掠過新雪谷安努普利的山麓的道路，誠如其名，擁有遼闊的絕美景色。接著走國道393號往小樽市區。超廣角觀景之路～小樽市區是相當受歡迎的良好兜風路線。盡情享受兜風吧。

相關活動

4月下旬～5月下旬 DOKKOI積丹櫻鱒節

6月下旬 積丹索朗味覺祭

9月下旬 味覺的祭典「よいち大好きフェスティバル」

觀光洽詢處

- 余市觀光協會… 0135-22-4115
- 積丹觀光協會… 0135-44-3715
- 共和町商工觀光股 0135-73-2011
- 岩內觀光協會… 0135-63-1155
- JR新雪谷站觀光服務處 0136-44-2468
- 蘭越町觀光協會 0136-57-5111
- 小樽觀光協會… 0134-33-2510

兜風自駕小建議

整條路線難開的地方較少，但由於是風景優美的路線，邊開邊觀賞風景時要多加小心注意。只有新雪谷超廣角觀景之路與國道393號例外，因為有不好開的連續彎道，所以千萬要注意速度，絕對不可超速。不過，留心提醒自己不焦急、保持行車距離小心駕駛的話，還是有能享受開車樂趣的路段。

超級推薦 9 しんせんぬま 神仙沼 共和

超廣角景觀之路途中的沼澤。據說是散落在新雪谷山系間的沼澤中，最美的一座。➲P.33

超級推薦 4 しまむいかいがん 積丹 島武意海岸
從停車場朝展望台走，出了隧道就能遇見正藍的積丹藍海岸。➲P.31
超級推薦 1 にっかういすきーよいちじょうりゅうしょ 余市 日果威士忌余市蒸餾所
成為NHK連續劇小說《阿政與愛莉》的舞台，歷史悠久的釀酒廠。就算是不喝酒的人也能享受這頗具風情的建築設施。➲P.30
超級推薦 10 おおゆぬま 蘭越 大湯沼
籠罩在蒸氣與硫磺味之中的熱泉之沼。➲P.33
F 小樽洋菓子舗 LeTAO本店 P.33
12 堺町通 P.33
13 小樽運河 P.33
小樽 P.35
日果威士忌余市蒸餾所 1 P.30
2 ELRA PLAZA P.30
P.31 柿崎商店 A
P.33 公路休息站 E あかいがわ
D レストラン 雪庭 P.33
スペース・アップルよいち
START&GOAL JR札幌站
P.60 札幌中心區
P.49 定山溪溫泉
セタカムイ道路防災紀念公園…能欣賞到奇岩セタカムイ與海岸線的景色
連續降雨達80mm禁止通行
富極部洞窟…洞窟遺跡的岩壁上留有繩文時代的壁畫
海水浴季節特別壅塞
水果街道是通過余市市區與國道5號的道路
一覽小樽市區
通過札幌市區的路線。無加油站、民宅
共和町小澤周邊…邊眺望羊蹄山邊奔馳在森林之中
倶知安町倶知安新雪谷線…穿過倶知安往五色溫泉方向。途中路幅較窄，需多加注意
主地道78號 千歲市奧潭～美笛之間 禁止通行
石狩「あいろーど厚田」
北欧の風 公路休息站 とうべつ
ニセコ ビュープラザ
230ルスツ
フォーレスト276大滝
とうや湖
中山峠
余市町
小樽市
仁木町
赤井川村
倶知安町
新雪谷町
京極町
喜茂別町
真狩村
留壽都村
伊達市
石狩市
札幌市
苫小牧市
北區
東區
西區
中央區
南區
豐平區
清田區
手稲區
支笏湖

第1天

全速奔馳在海岸線上 前往日本的蘇格蘭——余市

穿過美麗的石造正門，蒸餾所廣大的腹地展現在眼前

人氣伴手禮CHECK

原創的蘋果酒白巧克力（120g）780日圓

第1天 行車距離 約116km 行車時間 約2小時35分

START JR札幌站
5km／8分 地方道路 5
札幌北IC
31km／24分 札樽道
小樽IC
17 454 820 5
23km／35分 Ⓐ柿崎商店 食
229
1 日果威士忌余市蒸餾所 景
即到 229
2 ELRA PLAZA 景
24km／36分 229 地方道路
3 水中展望船 新積丹號 玩
229
18km／27分 Ⓑふじ鮨 積丹本店 食
229 913
4 島武意海岸 景
2.5km／4分 913
5 お食事処みさき 食
12.5km／19分 913 229 Ⓒ岬之湯積丹 溫
6 神威岬 景

第2天往P.32

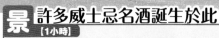

景 許多威士忌名酒誕生於此

【1小時】 MAP 29

1 日果威士忌余市蒸餾所

にっかういすきーよいちじょうりゅうしょ

威士忌博物館入口的蒸餾器也非常漂亮

發酵、蒸餾、熟成等，在這裡能參觀威士忌的製造過程，參觀後還能免費試喝（有為駕駛準備的無酒精飲品）。腹地內的威士忌博物館，為大家解說日本國產威士忌的製造歷史。

0135-23-3131 9:00～16:45（導覽的最晚服務時間為15:30）
休12月25日～1月7日 ¥免費參觀 P40輛 所余市町黒川町7-6

景 買余市特產作為伴手禮

【30分】 MAP 29

2 ELRA PLAZA

エルラプラザ

備齊豐富當地特產的觀光物產中心。100%使用余市產原料的葡萄酒、店家原創的蘋果彈珠汽水等都相當受歡迎。也有讚揚余市出身的跳台滑雪選手功績的展示室。

0135-22-1515（余市振興公社） 9:00～18:00
休無休（冬季為週一，逢假日則翌日休）
P無 所余市町黒川町5-43

地點緊靠JR余市站，相當好找

供應熱騰騰、農家製作的蘋果派320日圓

玩 來趟沐浴在涼爽海風中的海上散步

【40分】 MAP 28

3 水中展望船 新積丹號

●すいちゅうてんぼうせんにゅーしゃこたんごう

此觀光船沿著散布奇岩與巨石的多個海灣、斷崖峭壁延綿的海岸線航行。從裝設玻璃窗的船底，能看見清澈美麗的海底。所需時間約40分。

0135-44-2455(積丹觀光振興公社)
4月中旬～10月下旬的8:30～16:30(視季節而異) 休天候不佳時休
¥乘船費1400日圓 P50輛 所積丹町美国町美国漁港內

⊙從船內透過玻璃能眺望自然景觀

⊙被日本海怒濤侵蝕的岸壁。從展望台往下俯瞰的海岸獲選為「日本海岸百選」

景 要飽覽積丹藍的海景就要來這裡！

【30分】 MAP 28

4 島武意海岸

●しまむいかいがん

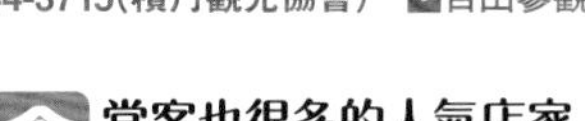

從停車場穿過行人專用的隧道，正藍的海洋瞬間就展現在眼前。據說有許多觀光客會為這極美的絕景不禁發出歡呼聲。被稱為積丹藍的海洋，以及綿延的奇岩與斷崖，來欣賞這些有著積丹獨特風情的景觀吧。➲P.13

0135-44-3715(積丹觀光協會) 自由參觀 P70輛 所積丹町入舸町

食 常客也很多的人氣店家

【1小時】 MAP 28

5 お食事処みさき

●おしょくじどころみさき

位積丹岬往神威岬的道道913號旁，可品嘗海鮮料理的店家。店老闆也是漁夫，在前濱捕獲的海膽做成帶殼生吃的活海膽，還有生海膽蓋飯、生魚片定食，樣樣鮮度超群。

0135-45-6547
4月中旬～10月底的9:45～15:45 休每月第1、3週為不定休；第2、4週為週三休 P20輛 所積丹町日司町236

⊙口感入口即化的生海膽蓋飯2800日圓廣受歡迎

景 初夏會有盛開綻放的北萱草

【1小時】 MAP 28

6 神威岬

●かむいみさき

⊙停車場旁的しゃこたんみやげと食事処カムイ番屋的積丹藍霜淇淋廣受歡迎

從積丹半島西北部往日本海突出的海岬。從女人禁制之門往海岬前端有需走約20分的步道。步道的風勁強大，景色荒涼。初夏時北萱草會在此盛開綻放，可欣賞到精彩的景觀。

0135-44-3715(積丹觀光協會)
8:00～18:00(視季節而異)
休期間中無休(有因天候而關閉的情況) P300輛
所積丹町神岬

⊙從海岬前端能望見神威岩

⊙這沿海一帶是過去曾被稱為「只有神進入過」的險峻之地

PICK UP! 在積丹吃海膽吧

受到積丹半島周邊優質海藻的恩惠，吃這海藻長大的海膽，味道格外美味。6月起的捕海膽季是積丹的夏日風景。來吃剛捕獲、入口即化的海膽吧。

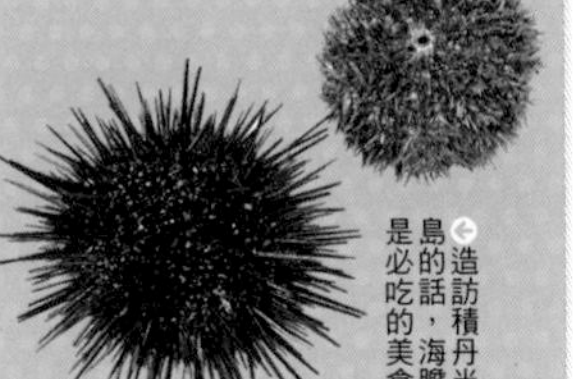

⊙造訪積丹半島的話，海膽是必吃的美食

順道一遊景點

A 食 1即到

●かきざきしょうてん

柿崎商店

十分受觀光客歡迎的食堂。能以實惠的價格品嚐甜蝦、海膽、烏賊等海鮮，海鮮蓋飯1270日圓等很有人氣。創業超過70年的老店，1樓也有販售當地海鮮與蔬菜。

DATA MAP 29
0135-22-3354 10:00～19:00 休不定休
P50輛 所余市町黒川町7-25

B 食 3即到

●ふじずしゃこたんほんてん

ふじ鮨 積丹本店

大量使用前濱的海鮮。除了壽司，還有烤海膽、塩辛烏賊等單點料理，也有拉麵、蕎麥麵、蓋飯類等。季節握壽司(12貫)3218日圓。如在產季還能品嘗到有著透明感的朝烏賊。

DATA MAP 28
0135-44-2016 11:00～20:30(冬季為～20:00)
休不定休 P50輛
所積丹町美国船澗120-6

C 溫 5距離約3km

●みさきのゆしゃこたん

岬之湯積丹

此不住宿溫泉位於可俯視日本海的山丘上。以能眺望絕景的露天浴池為傲。也有泡泡浴池、三溫暖等完善的室內溫泉設備，並設有食堂。

DATA MAP 28
0135-47-2050 10:00～20:30(11～3月為11:00～20:00)
休週三(逢假日則營業；7、8月為無休；11～3月為週三、四休)
¥入浴費610日圓 P170輛
所積丹町野塚町212-1

馳騁於美景連綿不絕的海岸線、山岳道路上
從神秘的水畔前往小樽

第2天 行車距離 約197km 行車時間 約4小時35分

銜接P.30的第1天

38.5km／58分 229
7 カブトライン 景
25.5km／38分 229
8 新雪谷超廣角觀景之路 景
4.5km／7分 66
9 神仙沼 景
9km／14分 66
10 大湯沼 景
即到
11 蘭越町交流促進中心 雪秩父 溫
66 58 5 276 393
81km／2小時
D レストラン 雪庭 食
E 公路休息站 あかいがわ 買
393 697 17
12 堺町通 買
即到
F 小樽洋菓子舗LeTAO本店 食
13 小樽運河 景
2.5km／4分 17
小樽IC
31km／24分 札樽道
札幌北IC
5km／8分 5 地方道路
GOAL JR札幌站

景 奇岩連綿的絶景路線
【1小時】 MAP 28

7 カブトライン

泊村海岸線一帶，奇岩與斷崖峭壁延綿不絕，其美景美到被選定為後志十景。若想眺望風景，位在柏村中心點、村公所後方山丘的「TOMARI KABUTO LINE PARK」是最佳地點。

✆0135-75-2101(泊村產業課) 自由通行 P30輛(TOMARI KABUTO LINE PARK) 所泊村茅沼臼別191-7(TOMARI KABUTO LINE PARK)

連續有跨過海上的橋樑與長隧道，能享受到舒適的海岸兜風

景 高原、濕地等變化豐富的景觀非常有魅力
【1小時】 MAP 28

8 新雪谷超廣角觀景之路

●ニセコパノラマライン

道道66號中，從岩內到JR新雪谷站的路段被稱為新雪谷超廣角觀景之路，能一邊眺望著新雪谷連峰和下方的風景，一邊舒爽地享受兜風。

✆0136-43-2051(公路休息站ニセコビュープラザ)
自由通行 P利用神仙沼的停車場等 所ニセコ町、蘭越町、共和町、岩內町の道道66号

神仙沼～大湯沼之間，夾在林多努普利與棲舍努普利之間的峠附近最為精彩

景 以新雪谷山系中的第一美景為傲
【1小時】 MAP 28

9 神仙沼
●しんせんぬま

據說是散布在新雪谷山系的沼澤中，最為神秘的一個。沿著道道66號有停車場，位於木棧道走20分左右的地方。高山植物綻放的6月下旬到7月下旬，以及紅葉的10月上旬特別美麗。
☎0135-73-2011(共和町商工觀光股)
L6～10月自由散步 P80輛 所共和町前田

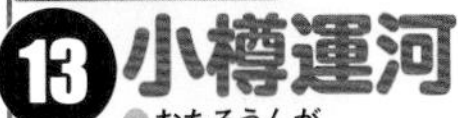
神仙沼濕原上池塘散布，周邊為高山植物的寶庫

景 能從步道近距離觀察
【30分】 MAP 28

10 大湯沼
●おおゆぬま

湖水因從湖底噴出高溫的火山瓦斯而變熱，此熱溫泉湖沼也是新雪谷湯本溫泉的源泉。表面浮有學術上也頗為罕見的黃色球狀硫磺。在蒸氣與硫磺味道的籠罩下散發獨特的氛圍。
☎0136-58-2328(蘭越町交流促進中心雪秩父)
L自由散步 P30輛 所蘭越町湯里680

為整片大湖沼散發出濛濛白色蒸汽的光景所震撼

溫 硫磺溫泉的源泉為大湯沼
【1小時】 MAP 28

11 蘭越町交流促進中心 雪秩父
●らんこしちょうこうりゅうそくしんせんたーゆきちちぶ

在溫泉設施豐富的新雪谷區域中，以人氣第一為傲的不住宿專門溫泉設施。優良的泉質就不用說了，此設施以將大湯沼、林多努普利盡收眼底的露天浴池之位置自豪。
☎0136-58-2328 L10:00～20:00
休週二(逢假日則翌日休；過年期間、GW則營業) ¥入浴費500日圓
P30輛 所蘭越町湯里680

為壯麗風景包圍的露天浴池

買 個性豐富的店鋪林立
【1小時】 MAP 35

12 堺町通
●さかいまちどおり

由北方華爾街往童話交叉路口延伸長約900m的街道。玻璃工藝店、音樂盒店、甜點店等，擁有許多代表小樽的個性店家。也非常適合在此尋找伴手禮。
☎0134-32-4111(小樽市觀光振興室) L自由散步
P無 所小樽市堺町

許多購物遊客來來往往，十分熱鬧

景 石造倉庫映照在水面上
【30分】 MAP 35

13 小樽運河
●おたるうんが

大正時代填海建造、全長約1140m的運河。以前為開拓北海道的玄關口，諸多物資聚集在此。運河旁設有步道，因有許多觀光客而非常熱鬧。
☎0134-32-4111(小樽市觀光振興室)
L自由散步 P無 所小樽市港町

運河旁的步道，有許多拍攝紀念照等前來遊玩的人們

夜晚會點亮步道上的瓦斯燈，環繞著夢幻氛圍

順道一遊景點

D 食 11 距離約20km
●れすとらんゆきてい
レストラン 雪庭

能品嘗到使用特產男爵馬鈴薯，以及羊蹄山湧泉所製作的倶知安町名物「豪雪烏龍麵」。菜單約有20種左右，分類使用粗麵、細麵、圓麵、扁麵來料理。

DATA MAP 29
☎0136-22-1158 L11:30～15:00、17:30～20:30(週六日、假日為11:30～20:30) 休無休 P200輛 所倶知安町南3西2-13 Hotel第一會館1F

E 買 11 距離約48km
●みちのえきあかいがわ
公路休息站 あかいがわ

位於連接小樽與新雪谷區域的國道393號中間。使用當地食材製作的現烤麵包和義式冰淇淋相當受歡迎。也設有蔬菜水果、農產加工品的直賣所。

DATA MAP 29
☎0135-34-6699 L8:30～19:00(10～4月為9:00～17:00) 休無休(10～4月為每月第1、3週三休) P60輛 所赤井川村都190-16

F 食 12 即到
●おたるようがしほるたおほんてん
小樽洋菓子舗LeTAO本店

位於童話交叉路口的洋菓子店。2樓為咖啡廳，3樓也設有觀景室，備有如蛋糕、烤點心等60種甜點。

DATA MAP 35
☎0134-40-5480 L9:00～18:00(咖啡廳為～17:30，視時節而異) 休無休
P使用合作停車場
所小樽市堺町7-16

美食導覽

小樽的壽司・海鮮蓋飯

當季海鮮透過職人手藝完成

因為小樽的壽司店與食堂能採買到近海便宜又新鮮的海產，所以能提供高品質的壽司跟海鮮蓋飯。盡情享受當季的美味吧。

壽司屋通周邊擠滿了多達20家以上的壽司店

壽司店的激戰區 小樽壽司街

在小樽市北部高島漁港捕獲的海鮮，會馬上在附近的漁市喊價拍賣，一早送往壽司店。因此店家能購得近海便宜又新鮮的海鮮，所以能提供客人高品質的壽司。

堺町通 万次郎

●まんじろう MAP35

大概預算 日1000日圓 夜2000日圓

在這裡能品嘗到10種以上分量十足的定食以及海鮮料理，也有豐富的生魚片、炸物、烤魚等單點料理。可從烏賊、螃蟹等選出3種食材的三色蓋飯也很受歡迎。

☎0134-23-1891 L 11:00～19:00(售完打烊) 休 不定休 P 使用合作停車場 所 小樽市堺町2-15

價格經濟實惠，也很受小樽市民的歡迎。店鋪位於從小樽運河步行5分左右的距離

便宜又好吃！分量十足的海鮮蓋飯

這個也大受歡迎

海鮮蓋飯…1000日圓
裝盛著烏賊、鮭魚、蒸海膽的蓋飯，淋上店家自製的芝麻醬汁後開動

鮭魚親子蓋飯 2500日圓
使用新鮮的鮭魚肉，把自製的醬油漬鮭魚卵四周包圍起來的逸品！

在玻璃容器中，盛盤美麗、味道濃厚鮮美的壽司

盡是北海 4500日圓
能品嘗到時鮭、海膽、螃蟹等具有北海道風味的5種海鮮，每種各2貫

壽司屋通 握 群来膳

●にぎりくきぜん MAP35

大概預算 日5000日圓～ 夜5000日圓～

在北海道捕獲的天然海鮮，每一種都色澤良好又肥美。小分量的米飯使用的是道產稻米。用玻璃容器裝盛，營造出小樽風情也是本店特色。

☎0134-27-2888

L 11:30～14:30、17:30～21:00 休 週二、每月第3週三 P 使用合作停車場(1小時免費) 所 小樽市東雲町2-4 VISTA東雲1F

這個也大受歡迎

無菜單料理…時價
除了壽司之外，還附有使用當季海鮮製作的生魚片等菜色。僅晚餐供應，需預約

位於三角市場內的名物食堂 鮮魚店的便宜好吃蓋飯

三色蓋飯 1500日圓
滿滿的甜蝦、生帆立貝、飛魚卵。可追加喜歡的海鮮200日圓起。附味噌湯

小樽站周邊 味処 たけだ

●あじどころたけだ MAP35

大概預算 日1000日圓～

武田鮮魚店直營的食堂位三角市場內。除了1200日圓起就能嘗到的海鮮蓋飯之外，也備有生魚片、炙燒等單品料理。

☎0134-22-9652

L 7:00～16:00 休 無休(12月為不定休)

P 無 所 小樽市稲穂3-10-16 三角市場內

這個也大受歡迎

螃蟹味噌湯…500日圓
不惜成本，放入滿滿的鱈場蟹、毛蟹的蟹腳

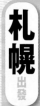

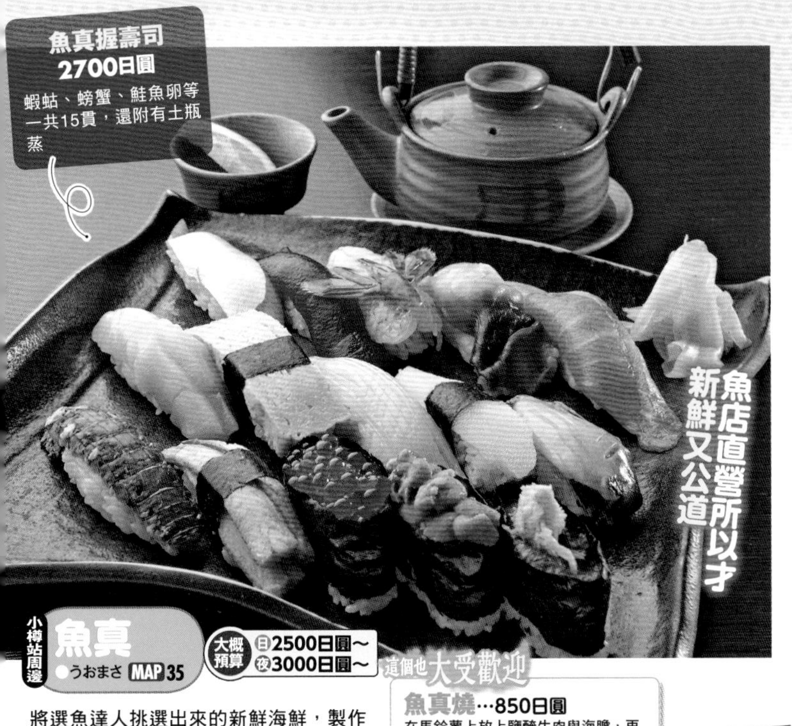

魚真握壽司
2700日圓
蝦蛄、螃蟹、鮭魚卵等一共15貫，還附有土瓶蒸
魚店直營所以才新鮮又公道

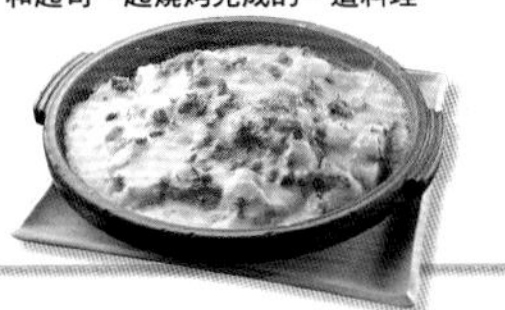

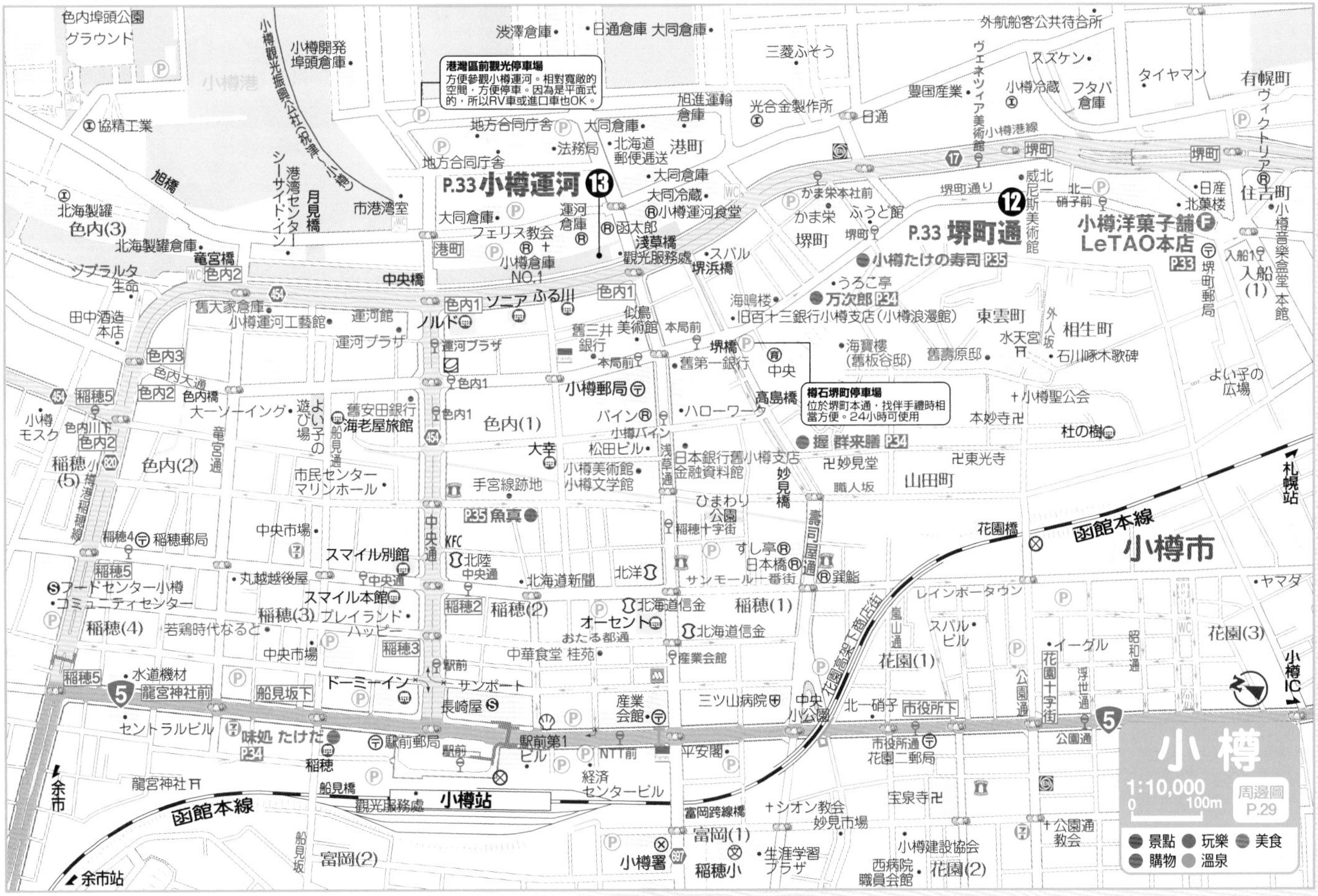

堺町通

小樽たけの寿司

●おたるたけのすし MAP 35

大概預算 日2000日圓 夜2500日圓

在這裡，能以合理的價格享受到在小樽近海，以及北海道沿岸捕獲的新鮮海鮮所製作的握壽司與蓋飯。米、醋、鹽等所使用的食材都一一經過資深壽司師傅的嚴選。

☎0134-25-1505

營 11:00～15:00、17:00～21:00（週六、日為11:00～20:00，壽司食材用完打烊） 休 週四 P 無

所 小樽市堺町2-22

這個也大受歡迎

札幌握壽司…2268日圓

可品嘗到包含螃蟹、鮭魚卵等高級食材在內的9貫壽司

以合理的價格提供技術純熟細緻的美味

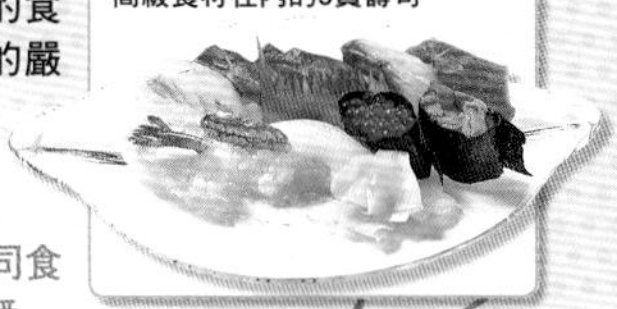

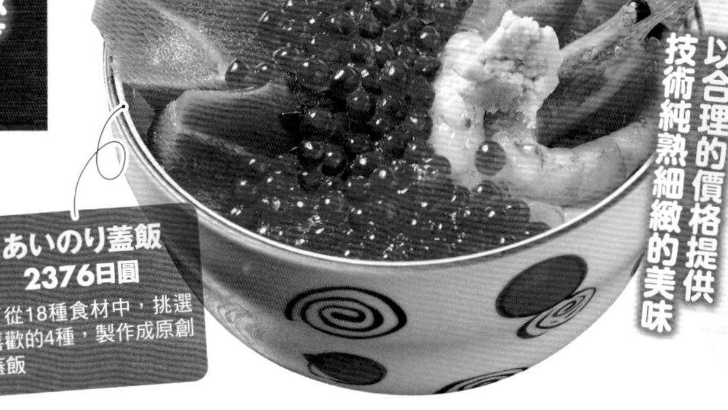

あいのり蓋飯
2376日圓

可從18種食材中，挑選喜歡的4種，製作成原創蓋飯

小樽站周邊

魚真

●うおまさ MAP 35

大概預算 日2500日圓～ 夜3000日圓～

將選魚達人挑選出來的新鮮海鮮，製作成壽司、燒烤類、天婦羅等，在本店能以公道的價格品嘗到這些料理。本店的特色是不論哪道料理，分量都多到令人吃驚，壽司料也非常大塊。

☎0134-22-0456

營 12:00～14:00、16:00～21:30 休 週日

所 小樽市稲穂2-5-11 P 10輛

這個也大受歡迎

魚真燒…850日圓

在馬鈴薯上放上鹽醃牛肉與海膽，再和起司一起燒烤完成的一道料理

港灣區前觀光停車場
方便參觀小樽運河。相對寬敞的空間，方便停車。因為是平面式的，所以RV車或進口車也OK。
樽石堺町停車場
位於堺町本通，找停手續時相同當方便。24小時可使用
P.33 小樽運河 13
P.33 堺町通 12
小樽たけの寿司 P35
小樽洋菓子舗 LeTAO本店 P33
P35 魚真
万次郎 P34
握 群来膳 P34
味処 たけだ P34
小樽站
小樽市
函館本線
札幌站
余市站
小樽IC
小 樽
1:10,000
100m
周邊圖 P.29
景點 玩樂 美食 購物 溫泉

03

接觸地球的震動，盡情享受道內最強的溫泉！

洞爺湖・登別

とうやこ・のぼりべつ

2天1夜

行車距離 約327km

行車時間 約7小時10分

超級推薦 5 有珠山纜車（うすざんろーぷうぇい） 壯瞥

從山頂站旁的展望台，能俯瞰昭和新山與洞爺湖。而且，再走7分左右，就有能看見噴火口的展望台。➲P.39

羊蹄山、洞爺湖等，是條良好景觀不斷的絕景道路。首先從札幌經過中山峠前往洞爺湖。享受有珠山噴火遺跡和遊覽船後，經由國道37號前往室蘭的地球岬。第2天以在登別溫泉周邊與白老觀光為主。能和地獄谷、大湯沼，諸多平常罕見的風景相會。這天只有從地球岬到登別之間的移動距離最大。回去走道央自動車道，一口氣朝札幌前進吧。

最佳造訪季節 春～秋

4月下旬～10月在洞爺湖溫泉街會舉辦長期煙火大會。秋天映照在洞爺湖湖水上的紅葉也非常值得一見。

相關活動

7月下旬～8月中旬 洞爺湖溫泉夏日祭典

7月下旬(預定) 室蘭港祭

8月下旬 登別地獄祭

兜風自駕小建議

國道230號的札幌～喜茂別之間的交通量不小，但一過留壽都就會變得特別好開，一下子就會到洞爺湖。洞爺湖～室蘭之間的道路也是容易行駛的路段。室蘭～白老之間有很多加油站和便利商店，不愁沒有休息場所。

觀光洽詢處

- 壯瞥町商工觀光課 ……… ✆0142-66-4200
- 洞爺湖町觀光振興課 ……… ✆0142-75-4400
- 登別市觀光振興集團 ……… ✆0143-83-5301
- 室蘭市觀光課 ……… ✆0143-25-3320

超級推薦 4 洞爺湖遊覽船（とうやこゆうらんせん） 洞爺湖

往返浮於洞爺湖中央的中島，享受約1小時的船之旅。從船上眺望洞爺湖周邊、隨四季變換的風景吧。➲P.39

超級推薦 1 SAIRO展望台（さいろてんぼうだい） 洞爺湖

從洞爺湖溫泉街對岸，俯瞰整個洞爺湖的展望台。連有珠山、昭和新山都能一覽無遺。➲P.38

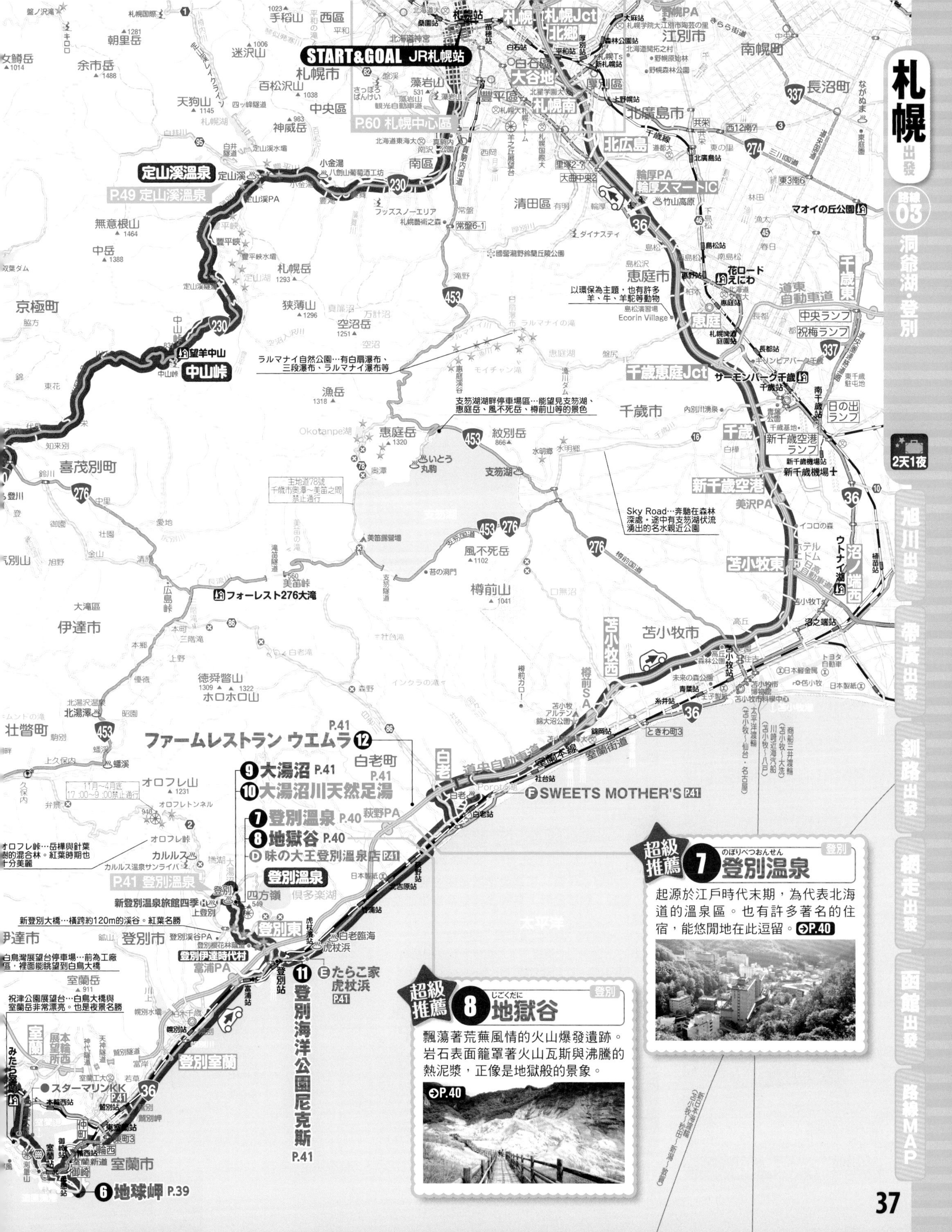

START&GOAL JR札幌站
札幌
札幌Jct
北鄉
大谷地
厚別區
札幌南
北廣島市
北広島
豐平區
中央區
南區
清田區
P.60 札幌中心區
定山溪溫泉
P.49 定山溪溫泉
定山溪PA
豐平峽
札幌岳
無意根山
中岳
空沼岳
漁岳
惠庭岳
紋別岳
風不死岳
樽前山
京極町
喜茂別町
伊達市
壯瞥町
中山峠
望羊中山
恵庭市
恵庭
千歳市
千歲東
千歳惠庭Jct
輪厚PA
輪厚スマートIC
マオイの丘公園
花ロードえにわ
以環保為主題，也有許多羊、牛、羊駝等動物
Ecorin Village
サーモンパーク千歳
中央ランプ
祝梅ランプ
日の出ランプ
新千歳空港ランプ
新千歲機場
新千歳空港
美沢PA
苫小牧東
沼ノ端西
苫小牧市
苫小牧西
樽前SA
ラルマナイ自然公園…有白扇瀑布、三段瀑布、ラルマナイ瀑布等
支笏湖湖畔停車場區…能望見支笏湖、惠庭岳、風不死岳、樽前山等的景色
支笏湖
いとう丸駒
Sky Road…奔馳在森林深處。途中有支笏湖伏流湧出的名水親近公園
主地道78號 千歲市奧潭～美笛之間禁止通行
フォーレスト276大滝
徳舜瞥山
ホロホロ山
オロフレ山
オロフレ峠…岳樺與針葉樹的混合林。紅葉時期也十分美麗
11月～4月底 17:00～9:00禁止通行
白老
白老町
ファームレストラン ウエムラ P.41
大湯沼 P.41
大湯沼川天然足湯 P.41
登別溫泉 P.40
地獄谷 P.40
味の大王登別温泉店 P.41
萩野PA
SWEETS MOTHER'S P.41
登別溫泉
P.41 登別溫泉
新登別溫泉旅館四季
新登別大橋…橫跨約120m的溪谷。紅葉名勝
登別市
登別東
登別伊達時代村
富浦PA
白鳥灣展望台停車場…前為工廠區，裡面能眺望到白鳥大橋
たらこ家虎杖浜 P.41
登別海洋公園尼克斯 P.41
祝津公園展望台…白鳥大橋與室蘭岳非常漂亮。也是夜景名勝
室蘭岳
登別室蘭
室蘭
スターマリンKK P.41
室蘭市
地球岬 P.39
太平洋
超級推薦
7 登別溫泉
起源於江戶時代末期，為代表北海道的溫泉區。也有許多著名的住宿，能悠閒地在此逗留。→P.40
超級推薦
8 地獄谷
飄蕩著荒蕪風情的火山爆發遺跡。岩石表面籠罩著火山瓦斯與沸騰的熱泥漿，正像是地獄般的景象。
→P.40

越過中山峠，目標是爽朗的湖岸
前往日本首屈一指的溫泉區

第1天

第1天 行車距離 約163km 行車時間 約4小時10分

START JR札幌站
93km／2小時20分 地方道路 452 230
Ⓐ Lake-Hill Farm 食
1 SAIRO展望台 景
7km／11分 230 地方道路
2 洞爺溫莎度假酒店&Spa 玩
16km／24分 地方道路 230 2 地方道路
3 西山山麓火口步道 景
3km／5分 地方道路 2
4 洞爺湖遊覽船 玩
Ⓑわかさいも本舗 買
6km／9分 Ⓒ望羊蹄 食
2 703 地方道路
5 有珠山纜車 景
38km／57分 703 453 37 699 919 地方道路

纜車站附設昭和新山火山村。售有伴手禮等商品（MAP 36）

6 地球岬 景

第2天往P.40

景 將洞爺湖、有珠山、昭和新山盡收眼底
【30分】 MAP 36

1 SAIRO展望台
●さいろてんぼうだい

位於洞爺湖溫泉街對岸，是洞爺湖、有珠山、昭和新山等超大全景皆展現於眼前的絕景景點。1樓的商店售有人氣牧場的乳製品及若狹地瓜等伴手禮的種類相當廣泛。只在這裡才有的洞爺湖焦糖布丁也非常受歡迎。

☎0142-87-2221 🕒8:30～18:00（11～4月為～17:00） 休無休 ¥免費入場 P50輛 所洞爺湖町成香3-5

↑使用伊達牛乳製作，口味濃厚而廣受歡迎。莓果飲（左、500ml）669日圓；原味優酪乳（右、500ml）561日圓

←洞爺湖的湛藍與翠綠森林形成鮮明對比

玩 洞爺湖、內浦灣的超大全景展現眼前
【1小時】 MAP 36

2 洞爺溫莎度假酒店&Spa
●ざうぃんざーほてるとうやりぞーとあんどすぱ

雖然主要經營住宿，不過像是販售飯店製麵包的商店、餐廳、咖啡廳等，有許多非住宿者也能使用的設施。

☎0120-290-500 🕒視設施而異 休無休 ¥視設施而異（G8北海道洞爺湖高峰會紀念公園為自由參觀） P241輛 所洞爺湖町清水336

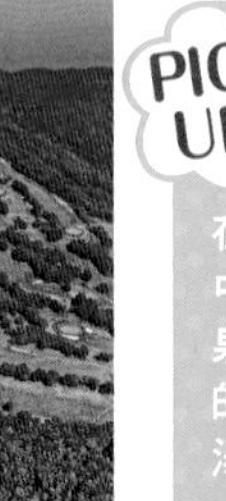

↑麵包基本經過長時間發酵，並活用北海道產小麥、裸麥的原味來製作

↑在大廳休息處「Cafe Z」的寬敞優雅氛圍中，能讓人忘卻時間、悠閒放鬆

↑位於洞爺湖與內浦灣之間的山上，能享受到超群的景觀

PICK UP!
前往湖畔度假村 洞爺湖溫泉

在洞爺湖南岸的溫泉區以湖岸為中心，林立著大小20家左右的溫泉旅館。在溫泉街，飯店或旅館的玄關前等處有10處手湯及2處足湯，到處都可享受溫泉。

←手湯、足湯不管哪個都能免費使用

→住宿設施林立在湖山相稱的美景之中

包含有珠山、昭和新山在內的洞爺湖周邊，於2009年獲得世界地質公園認證。散布在各處的山雖冒著噴煙，另一方面，村落卻呈現柔和溫暖的樣貌。洞爺湖溫泉也是有名的名湯

景 實際感受有珠山噴發的威力 【1小時】 MAP 36

3 西山山麓火口步道

にしやまさんろくかこうさんさくろ

步道設置在2000年3月噴發的有珠山西山山麓的火山口群。剛踏入步道，馬上就能見到電線桿、道路標誌沉在池底，還有開口非常大的火山口，可參觀受災民宅、工廠等處。

0142-75-4400（洞爺湖町觀光振興課）
4月中旬～11月中旬的7:00～18:00（視時節而異）
休期間中無休 ¥免費入場 P300輛 所洞爺湖町泉

將火山爆發的可怕之處傳達至今

玩 搭上如城堡般的遊覽船前往中島 【1小時】 MAP 36

4 洞爺湖遊覽船

とうやこゆうらんせん

搭乘參考中古世紀城堡為形象的希望號等遊覽船，到浮於湖中央的中島為止，享受往返約1小時的船之旅。

0142-75-2137 8:00～16:30（冬季為9:00～16:00，煙火觀賞船為4月下旬～10月的20:30左右航行） 休無休 ¥遊覽船費用1420日圓；煙火觀賞船費用1600日圓 P150輛 所洞爺湖町洞爺湖溫泉29

夏季每30分，冬季每1小時航行一班。在中島下船的話，要轉搭30分後出發的船班

景 從山頂將噴火灣與洞爺湖盡收眼底 【1小時】 MAP 36

5 有珠山纜車

うすざんろーぷうぇい

位於山頂站附近的洞爺湖展望台。能俯望位於下方的洞爺湖與昭和新山

從昭和新山停車場延伸至有珠山的空中纜車。從山頂站右邊的展望台望去，洞爺湖與昭和新山的超大全景展現於眼下。朝反方向走約7分左右的話，也有火口原展望台，可近距離靠近有珠山的舊火山口。

0142-75-2401（WAKASA RESORT有珠山事業部） 8:15～17:30（視時節而異）
休1月11～20日（保養檢查停駛） ¥票價（來回）1500日圓 P400輛（1日500日圓） 所壯瞥町昭和新山184-5

PICK UP! 湖畔的煙火大會備受矚目

在水面展開扇形的水中煙火

洞爺湖溫泉街，每年4月下旬到10月底會舉辦煙火大會。每天施放20分鐘，約450發的煙火。

洞爺湖長期煙火大會 MAP 36
0142-75-2446（洞爺湖溫泉觀光協會）
4月下旬～10月的20:45～21:05
休期間中無休（天候不佳時中止）
P200輛 所洞爺湖町洞爺湖溫泉洞爺湖畔

元旦時會有許多想看日出的觀光客來訪 藍色太平洋與白色燈塔形成的對比十分美麗

景 位於斷崖上，能實際感受地球圓度的海岬 【30分】 MAP 37

6 地球岬

ちきゅうみさき

0143-23-0102（室蘭觀光協會）
自由參觀 P40輛
所室蘭市母恋南町4

獲選為「新日本觀光地100選」及「北海道自然100選」的人氣觀景之地。完全無遮蔽物，圓弧水平線就展現眼前的觀景景點。前端的大型燈塔也獲選為「日本燈塔50選」。

順道一遊景點

A 食 距離約2km

レークヒル・ファーム

Lake-Hill Farm

位於廣大的牧場中，能品嘗到使用自家牛乳製作的義式冰淇淋410日圓（雙種口味），約有20種口味。也有使用牧場蔬菜製作的餐點。

DATA MAP 36
0142-83-3376
9:00～19:00（10～4月為～17:00）
休無休 P50輛
所洞爺湖町花和127

B 買 4 即到

わかさいもほんぽ

わかさいも本舗

洞爺湖經典伴手禮若狭地瓜的直營店。在白豆沙中加入當作地瓜纖維的昆布，外觀有如烤地瓜的模樣。972日圓（9個入）。2樓為能品嘗到當地料理的和食餐廳。

DATA MAP 36
0142-75-4111
9:00～19:00（視時節而異）
休無休
P100輛
所洞爺湖町洞爺湖溫泉144

C 食 4 距離約1km

ぼうようてい

望羊蹄

於昭和21（1946）年開幕的復古餐廳。從以前到現在味道都沒改變的洋食菜單，每一道都百吃不膩。其中，淋滿特製醬汁的茄汁豬排十分受歡迎。

DATA MAP 36
0142-75-2311
11:00～15:00、17:00～20:30
休不定休 P18輛
所洞爺湖町洞爺湖溫泉36-12

泡完名湯之後，盡情享受絶品牛肉
在一大溫泉區 親身感受地球的脈動

地獄谷也可說是登別的象徵。位於從溫泉街能穿著浴衣前往的地點

第2天 行車距離 約164km 行車時間 約3小時

衔接P.38的第1天

33km／50分 地方道路 36 2 350

7 登別溫泉 溫

350

即到 D味の大王登別溫泉店 食

8 地獄谷 景

1.5km／3分 350 地方道路

9 大湯沼 景

即到

10 大湯沼川天然足湯 溫

9.5km／15分 地方道路 350 2 36

11 登別海洋公園尼克斯 景

19km／29分 36 86 地方道路

E たらこ家虎杖浜 買

12 ファームレストランウエムラ 食

F SWEETS MOTHER'S 買

7km／11分 地方道路 86

白老IC

88.5km／1小時7分 道央道 札樽道

札幌北IC

5km／8分 5 地方道路

GOAL JR札幌站

景 翻湧的溫泉煙霧為登別的象徵

【20分】 MAP41

8 地獄谷

●じごくだに

位於登別溫泉東北處，長約450m的噴發火山口遺跡。可邊欣賞被稱為昭和地獄、鉛地獄、龍卷地獄等處，邊走一圈約需20分的步道。5～10月的話，還有免費的觀光志工駐點。

0143-84-3311(登別國際觀光會議協會)

自由散步 P165輛(1次500日圓) 所登別市登別溫泉町

點亮地板照明燈的夜晚景色也值得一見

溫 代表北海道的一大溫泉區

【1小時】 MAP41

7 登別溫泉

●のぼりべつおんせん

這裡的溫泉以1天總湧出量約1萬t的豐沛泉量，多種泉質而聞名世界。1858年開湯以來，接連順利地進行開發，至今作為代表北海道的溫泉區，吸引道內外大批的觀光客聚集。

0143-84-3311(登別國際觀光會議協會) 自由散步

P165輛(1次500日圓) 所登別市登別溫泉町

大型飯店林立於山谷之間

景 恰如其名為巨大的溫泉湖沼

【30分】 MAP41

9 大湯沼

●おおゆぬま

熱泉積蓄於地獄谷的噴發火山口遺跡所形成的湯沼，周圍約1km左右。灰黑色的水面溫度為40度，底部則會湧出130度的熱泉。從位於南邊的大湯沼展望台，可一覽湖沼的全貌。

☎0143-84-3311(登別國際觀光會議協會)
自由散步 P20輛(1次500日圓、冬季不可使用)
所登別市登別溫泉町

周圍作為紅葉名勝也相當有名

溫 在溫泉流淌的河川足湯獲得療癒

【1小時】 MAP41

10 大湯沼川天然足湯

●おおゆぬまがわてんねんあしゆ

此天然足湯，處於從大湯沼旁的車道往大正地獄步行5分左右的位置。流淌著溫泉的河畔鋪有板架，能自由地享受足湯。夏天最熱時，水溫會達到50度左右，因此需小心注意。別忘了帶擦腳的毛巾去喔。

☎0143-84-3311(登別國際觀光會議協會)
自由入浴 P使用大湯沼的停車場(1次500日圓、冬季不可使用) 所登別市登別溫泉

還能用河底的石頭按摩腳底！

景 海水隧道與有趣的表演秀魅力十足

【2小時】 MAP37

11 登別海洋公園尼克斯

●のぼりべつまりんぱーくにくす

JR登別站旁的水族館。在此能享受到以尼克斯城為中心的北歐城鎮，以及夢幻的海洋世界。尼克斯城是仿造真實存在的城堡打造而成的，最精彩的地方是寒流與暖流2座海底隧道。海豚與海獅的表演秀，以及全年實施的企鵝遊行也廣受好評。

☎0143-83-3800 9:00～16:30 休無休(4月8～12日維修保養休館) ¥門票2450日圓
P750輛(1次500日圓) 所登別市登別東町1-22

仿造城堡打造的館內，宛如童話故事中的國度。在抬頭可見大型水槽的海水隧道中來趟海底散步吧

PICK UP! 必看！

室蘭的工廠夜景

有如將港灣包圍一般，聚集大量工廠的工業都市——室蘭市。工廠區到了夜晚，便會呈現出美麗的夜景。從海上眺望工廠夜景的夜間巡航，近年來的人氣特別高漲。

スターマリンKK MAP37

☎0143-27-2870 4～11月的9:00～18:00受理(完全預約制，有可能因天候不佳等因素無法出航) 休期間中不定休 ¥乘船費用3000日圓 P有 所室蘭市絵鞆町4-2-17むろらん屋輀村(受理)

從海上望見的製油所夜景，簡單地說就是非常夢幻

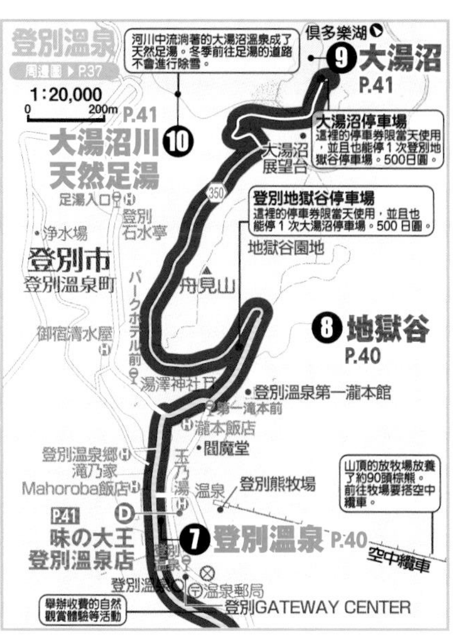

食 生產業者直營才能品嘗到白老牛的鮮美滋味

【1小時】 MAP37

12 ファームレストランウエムラ

由一貫生產黑毛和牛的牧場所直營的餐廳。從漢堡排、牛排，到僅供外帶的漢堡等，透過各式各樣的菜單，能盡情地品嘗白老牛的鮮美滋味。

☎0144-83-4929
11:00～18:00
休無休 P100輛
所白老町石山109-20

白老牛鐵板燒牛排3種5400日圓

順道一遊景點

D 食 7 即到

●あじのだいおうのぼりべつおんせんてん

味の大王登別溫泉店

以紅色湯頭的地獄拉麵為名物的店家。0丁目是普通辣度，而每增加1丁目，辣度也隨之提升。據說最高紀錄為62丁目。也有供應味噌、鹽味等基本口味。

DATA MAP41
☎0143-84-2415
11:30～14:50 休週二
P無 所登別市登別溫泉町29-9

E 買 11 距離約2.5km

●たらこやこじょうはま

たらこ家虎杖浜

從大正時代就製造並販售使用前濱產的阿拉斯加鱈魚製作的鱈魚子。備齊講究的無色素鱈魚子等。在店內的飲食區可品嘗到使用鱈魚子製作的蓋飯。

DATA MAP37
☎0144-87-3892
9:00～17:00(餐廳為11:00～16:00) 休不定休 P20輛 所白老町虎杖浜185

F 買 12 距離約2km

●スイーツマザーズ

SWEETS MOTHER'S

由養雞農場直營的甜點店。使用剛產出的新鮮雞蛋，並以講究的製作方式所製出的泡芙與布丁，活用了雞蛋的風味，溫醇的滋味十分有魅力。

DATA MAP37
☎0144-82-6786
10:00～18:00 休週二(逢假日則營業) P80輛
所白老町社台289-8

路線 04

以新雪谷連峰包圍的高原為目標!

支笏湖・新雪谷

しこつこ・にせこ

2天1夜

行車距離 約290km

行車時間 約7小時25分

超級推薦 6 にせこたかはしぼくじょうみるくこうぼう ニセコ高橋牧場 ミルク工房 新雪谷

牛奶工房位於能一覽羊蹄山的開闊場地。使用自家牧場生產牛乳所製作出的甜點，能品嘗到牛乳原本的風味，因而廣受好評。➔P.45

以擁有日本全國數一數二透明度為傲的支笏湖，還有戶外運動備受歡迎的新雪谷為目標的路線。第1天從札幌出發，在支笏湖周邊享受湖上、湖畔散步之後，走車流量也不多的舒暢奔馳路徑——國道276號，往西朝新雪谷區域前進。第2天首先先體驗動態活動，之後再去購物、泡溫泉、吃美食等，盡情享受只有在新雪谷才有的樂趣。最後從國道230號經中山峠一口氣回到札幌吧。

兜風自駕小建議

大札幌近郊的旅遊聖地如大型連休、暑假期間中的週末會湧進大批人潮。從札幌往支笏湖方向的國道453號，以及從新雪谷區域往札幌的國道230號，交通流量會變差，因此出發時要把時間抓得寬鬆一些。

最佳造訪季節 春~秋

推薦能享受戶外活動、不會感到寒冷的溫暖季節來訪。在新雪谷，10月上旬左右開始是紅葉的賞景時期。

相關活動

6月下旬
支笏湖湖水祭

7月中旬~10月中旬(預定)
Niseko Festival

10月中旬
支笏湖紅葉祭

觀光洽詢處

- 千歲觀光聯盟……… 0123-24-8818
- 真狩村產業課……… 0136-45-3615
- 京極町企劃振興課……… 0136-42-2111
- 倶知安町觀光課……… 0136-23-3388
- 新雪谷町商工觀光課……… 0136-44-2121

超級推薦 7 なっくにせこあどべんちゃーせんたー NAC Niseko Adventure Centre 倶知安

泛舟、充氣式獨木舟，以及穿梭山間的MTB等，一整年企劃舉辦了各種戶外行程。➔P.46

超級推薦 9 ごしきおんせんりょかん 五色溫泉旅館 新雪谷

從創業以來，便以秘湯住宿聚集人氣的謐靜旅館。旅館的名物為眺望著周圍群山、景觀良好的露天浴池。➔P.46

1:280,000 地圖上的1cm為2.8km

範例 ●景點 ●玩樂 ●美食 ●購物 ●溫泉

周邊圖 P.161・162・168

超級推薦
1 しこつこかんこうせん 支笏湖觀光船 千歳
在能觀察支笏湖水中的遊覽船，盡情享受神秘的湖泊——支笏湖。也可租借腳踏船。
P.44
超級推薦
3 きょぼくのもり 巨木之森 千歳
美麗的自然森林中，聳立著樹齡超過300年的桂木、水楢之大樹。當地人們相信有森之精靈棲息於此。
P.45
START&GOAL JR札幌站
定山溪溫泉
中山峠
12 公路休息站 望羊中山 P.47
4 名水公園 P.45
お菓子のふじい P.45
名水の郷 きょうごく
Ⓐ 丸駒溫泉旅館 P.45
P.44 支笏湖觀光船 1
P.44 支笏湖遊客中心 2
P.45 巨木之森 3
Ⓑ フォーレスト276大滝 きのこ王国本店 P.45
230ルスツ
主地道78號 千歲市奧潭～美笛之間 禁止通行
北欧の風 公路休息站 とうべつ
日本海
小樽市
余市町
赤井川村
札幌市
石狩市
当別町
京極町
留壽都村
喜茂別町
伊達市
千歲市
苫小牧市
恵庭市
北廣島市
白老町
真狩村
札幌
出發
路線04
支笏湖・新雪谷
2天1夜
旭川出發
帶廣出發
釧路出發
網走出發
函館出發
路線MAP

穿過市區前往爽朗的湖岸
兜風的目的地為高原的度假村

1日目
行車距離 約147km
行車時間 約3小時45分

START JR札幌站

50km／1小時15分 地方道路 5 地方道路 453

Ⓐ丸駒溫泉旅館 溫

1 支笏湖觀光船 玩

即到

2 支笏湖遊客中心 景

23km／35分 453 276 78

3 巨木之森 景

49km／1小時14分 78 276 478

Ⓑきのこ王国本店 食

4 名水公園 玩

18km／27分 478 5 631

Ⓒお菓子のふじい 買

5 NISEKO Grand HIRAFU Summer Gondola 玩

7km／11分 631 343

6 ニセコ高橋牧場ミルク工房 買

位於能一覽羊蹄山美麗山景的好地點

第2天往P.46

玩 盡情享受美麗的鈷藍色支笏湖

【1小時】 MAP43

1 支笏湖觀光船

●しこつこかんこうせん

以水中遊覽船為首，還能享受到馬達快艇式的高速艇，以及用腳推動的腳踏船。其中，水中遊覽船可從船底的窗戶觀察水中的模樣，能享受到有如水中散步的氣氛。

✆0123-25-2031(支笏湖觀光運輸) 🅛4月中旬～11月上旬的8:40～17:10(每隔30分一班，視時節而異) 休期間中無休 ¥水中遊覽船1620日圓、高速艇10分行程5000日圓～、腳踏船30分2000日圓 P使用支笏湖畔的停車場 所千歲市支笏湖溫泉

⊙從船底的窗戶可觀察水中的模樣

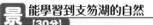

景 能學習到支笏湖的自然

【30分】 MAP43

2 支笏湖遊客中心

●しこつこびじたーせんたー

運用立體透視模型、展示壁板等，清楚易懂地解說有關支笏湖與其周邊自然的設施。實物大的苔之洞門圖片，以及從大螢幕觀看精彩影片等非常有趣。

✆0123-25-2404 🅛9:00～17:30(12～3月為9:30～16:30) 休無休(12～3月為週二，逢假日則翌日休) ¥免費入館 P620輛(1次410日圓) 所千歲市支笏湖溫泉

⊙苔之洞門的實物大圖片。仰望的高度充滿了震撼力

水中遊覽船所需時間30分。每30分鐘一班

景 茂盛生長的巨樹氣勢磅礡 【30分】 MAP43

3 巨木之森

きょぼくのもり

在自然豐盛的支笏湖周邊，也保有特別原始的自然林。樹齡300年以上的桂木與水楢等大樹佇立，散步其中會有種好像能遇見森林精靈的氛圍。

0123-24-8818(千歲觀光聯盟)
自由參觀 P無
所千歲市美笛

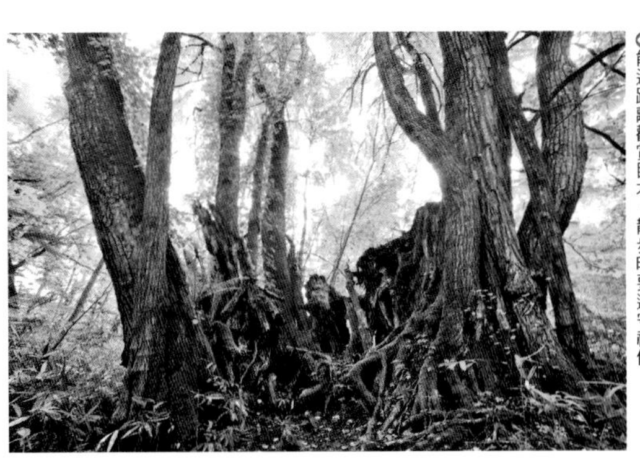
能近距離觀賞巨木。散步時要遵守禮儀

玩 獲選為名水百選的名水之鄉 【30分】 MAP43

4 名水公園

ふきだしこうえん

源源不絕湧出的羊蹄名水所形成的池塘，周圍分布有涼亭、休息中心、溫泉等設施的公園。在公園裡能親身感受經年湧出的冰涼泉水。

0136-42-2111(京極町企劃振興課)
自由入園 P298輛
所京極町川西45

以羊蹄山作為背景，來感受一下湧泉之惠吧

玩 能欣賞大全景 【1小時】 MAP42

5 NISEKO Grand HIRAFU Summer Gondola

ニセコグランヒラフサマーゴンドラ

纜車山頂標高820m，是能將羊蹄山、有珠山等盡收眼底的絕佳地點。山頂有供應輕食等的休息中心，眺望絕景的同時也能好好放鬆。

0136-22-1105(二世谷阿爾卑斯山飯店)
7月14日～9月24日的9:00～16:00(8月10～16日為8:30～17:00) 休期間中無休 ¥纜車(來回)1100日圓 P200輛 所俱知安町山田204

盡情享受新雪谷安努普利山腰的大自然！

買 霜淇淋跟甜點在這裡！ 【30分】 MAP42

6 ニセコ高橋牧場 ミルク工房

にせこたかはしぼくじょうみるくこうぼう

使用自家牧場的牛乳所製作的各類甜點相當受歡迎。在咖啡廳能夠將這些甜點配上飲料作為套餐享用。在腹地內，還有以使用新鮮蔬菜的自助式午餐而廣受歡迎的餐廳——PRATIVO。

0136-44-3734
9:30～18:00(冬季為17:30) 休無休
P230輛 所ニセコ町曽我888-1

在咖啡廳能一次品嘗到冰淇淋、瑞士蛋糕卷等人氣甜點的雙人SET1340日圓

展現新雪谷區域首屈一指的熱鬧景象

味道清爽的霜淇淋290日圓

順道一遊景點

A 溫 1 距離約11.5km

まるこまおんせんりょかん

丸駒溫泉旅館

飄蕩著秘湯情懷。可一覽支笏湖的景觀露天浴池很有人氣，在這裡能度過奢華的時光。運用與湖相連的水門調整溫度，也有滿溢野趣的天然露天浴池。

DATA MAP43
0123-25-2341
10:00～15:00 休無休
¥入浴費1000日圓 P70輛
所千歲市幌美內7

B 食 3 距離約15km

きのこおうこくほんてん

きのこ王国本店

在這裡能品嘗到鴻喜菇、香菇、滑菇等，大量放入大瀧地區菇類的名物——香菇味噌湯。除此之外，這裡也有直售新鮮香菇、伴手禮和蔬菜。

DATA MAP43
0142-68-6270
9:00～18:00 休無休
P120輛 所伊達市大滝区三階滝町637-1

C 買 5 距離約9.5km

おかしのふじい

お菓子のふじい

本店的名物是在點購時才會將鮮奶油擠入現烤外皮的現烤泡芙180日圓。為了能享受到外皮酥酥脆脆的口感，建議在1小時內食用完畢。

DATA MAP43
0136-22-0050
8:30～19:00 休週二(逢假日則翌日休) P有
所俱知安町北1西3-4

景觀、溫泉、自然散步、美食…
愉快奔馳在樂趣滿滿的羊蹄山麓！

玩 以萬全的安全對策為傲的活動
【4小時】 MAP 42

7 NAC Niseko Adventure Centre

●なっくにせこあどべんちゃーせんたー

泛舟、充氣式獨木舟與登山自行車，擁有廣泛的體驗項目。備受歡迎的泛舟於4月上旬～11月上旬實施。事先仔細確認參加條件，預約之後再出發吧。

✆0136-23-2093 L8:00～20:00(泛舟、充氣式獨木舟為預約制)
休無休 ¥泛舟(半天)6150日圓 P100輛 所倶知安町山田179-53

買 拓展全國的人氣茶品專賣店所開的熟食店
【1小時】 MAP 42

8 Villa LUPICIA Boutique

●ヴィラルピシアブティック

使用大量道產當季食材製作，提供外帶的熟食菜品。在工房手製的火腿、維也納香腸、調味料等，這裡也備齊了只有在此處才買得到的原創商品。也一併設有正統的餐廳。

✆0136-21-6818 L10:00~17:00(視時節而異，請見http://villa.lupicia.co.jp/參照) 休週三(視時節而異，請見HP) P50輛 所倶知安町樺山58-5

⊙陳列著現烤麵包、原創加工製品，以及種類豐富的熟食菜品

溫 享受樸質自然的露天浴池
【1小時】 MAP 42

9 五色溫泉旅館

●ごしきおんせんりょかん

位於山間的謐靜溫泉旅館。五色溫泉的名字由來是因為溫泉的顏色會隨日變換出五種顏色，旅館以100%源泉的泉質自豪。新雪谷安努普利展現在眼前，能眺望著高山植物泡湯的露天浴池是旅館的名物。

✆0136-58-2707 L8:00～20:00(12～4月為10:00～19:00)
休不定休 ¥入浴費700日圓 P50輛 所ニセコ町ニセコ510

⊙壯麗的風景展現眼前，充滿開放感的露天浴池

買 能買到新雪谷產的新鮮蔬菜與伴手禮

【30分】 MAP 42

10 公路休息站 ニセコビュープラザ

●みちのえきにせこびゅーぷらざ

位於道道66號與國道5號的交叉口。除了能買到很便宜的新雪谷農產品之外，這裡也有販售特產品、霜淇淋、可樂餅和香腸等的外帶區。

✆0136-43-2051 ⏰情報プラザ棟9:00～18:00、フリースペース棟(農產品販售等)8:30～18:00(11～4月為9:00～17:00) 休無休 P101輛 所ニセコ町元町77-10

⊙新鮮蔬菜直賣所，有時從一早就很熱鬧

景 湧出大量冰涼的泉水

【30分】 MAP 42

11 羊蹄山湧泉

●ようていざんのわきみず

羊蹄山自然公園的入口在道道66號旁，此處湧出的泉水，過去被愛奴人們稱為神之水。從札幌等處前來取水的人也相當多，總是非常熱鬧。一旁也有販售特產的商店，以及販售用名水製作的豆腐之商店。

✆0136-45-2736(横内観光農園) ⏰自由參觀 P30輛 所真狩村社215

⊙雖然在當場能飲用泉水，但如果想要帶回家的話，就要帶儲水桶來喔

買 大啖點心名物──炸馬鈴薯

【30分】 MAP 43

12 公路休息站 望羊中山

●みちのえきぼうようなかやま

此公路休息站位於連接札幌與道南要衝的中山峠。一整年都有觀光客到來，相當熱鬧，商店非常多。除了名物的炸馬鈴薯350日圓之外，在使用當地產食材的餐廳用餐，或是陳列著羊蹄山麓採收新鮮蔬菜的市場也都很有人氣。

✆0136-33-2671 ⏰8:30～17:30(餐廳為10:30～15:30) 休無休 P214輛 所喜茂別町川上345

⊙天氣好時還能望見羊蹄山

⊙備受歡迎的炸馬鈴薯350日圓

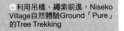

往下落或跨越急流的時候，要全員一同合力。非常刺激

PICK UP! 在新雪谷享受戶外活動吧

戶外運動蓬勃的新雪谷區域，散布著許多體驗設施。種類也相當多元，夏天泛舟、獨木舟，冬天滑雪，配合著季節實施各種活動。有能輕鬆享受的熱氣球繫留體驗，也有正統的登山健行等，難易度有很多樣化。視體驗項目而定，有的要事先準備必須物品，有些會有附帶參加條件，因此先事先確認一下吧。

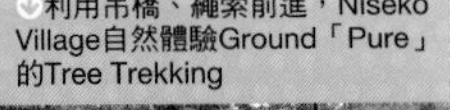

⊙利用吊橋、繩索前進，Niseko Village自然體驗Ground「Pure」的Tree Trekking

主要的戶外活動辦公室

Niseko HANAZONO Resort MAP 42
✆0136-21-3333 ¥溪降6600日圓

NOASC MAP 42
✆0136-23-1688 ¥泛舟(半天)5800日圓

Niseko Village自然體驗Ground「Pure」 MAP 42
✆0136-44-2211 ¥Tree Trekking 2300日圓

Hokkaido Lion Adventure MAP 42
✆0136-43-2882 ¥新雪谷清流順流遊覽～ECORAFT～(1小時30分)4860日圓

⊙搭上2人座的橡皮艇，順著急流往下的充氣式獨木舟

順道一遊景點

D 買 距離8約6km

●にせこちーずこうぼう

Niseko Cheese Factory

販售使用新雪谷自然孕育的優質食材所製作的起司。也備齊了在Cheese Contest獲獎的起司。也一併設有能品嘗到霜淇淋（僅夏季）等的咖啡廳。

DATA MAP 42
✆0136-44-2188 ⏰10:00～17:00(11～4月為～16:00) 休週二、三(7～10月為週二、11～4月為週二～四) P15輛 所ニセコ町曽我263-14

E 食 距離10約2.5km

●さぼうぬぷり

茶房ヌプリ

位於JR新雪谷車站建築內的復古咖啡廳。餐桌為古早縫紉機改造而成，牆上並排掛著懷舊的壁鐘。推薦使用當地食材製作的咖哩。蛋糕與咖啡也很受歡迎。

DATA MAP 42
✆0136-44-2619 ⏰11:00～18:50 休週三(逢假日則改日補休) P40輛 所ニセコ町中央通JRニセコ站構内

F 景 距離10約2.5km

●ありしまきねんかん

有島紀念館

館內介紹了大正時代文豪──有島武郎的生涯、文學，以及他在新雪谷地方解放農場的經過。能一覽羊蹄山與新雪谷連峰的書籍咖啡廳也大受歡迎。

DATA MAP 42
✆0136-44-3245 ⏰9:00～16:30 休週一(逢假日則翌日休，5～9月為無休) ¥門票500日圓 P50輛 所ニセコ町有島57

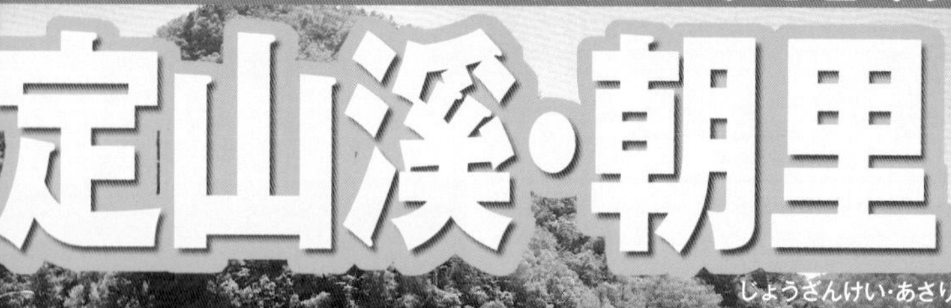

路線05 森林、湖泊、溫泉，札幌近郊的奢華路線

定山溪·朝里

じょうざんけい·あさり

當天來回

行車距離 約111km

行車時間 約2小時40分

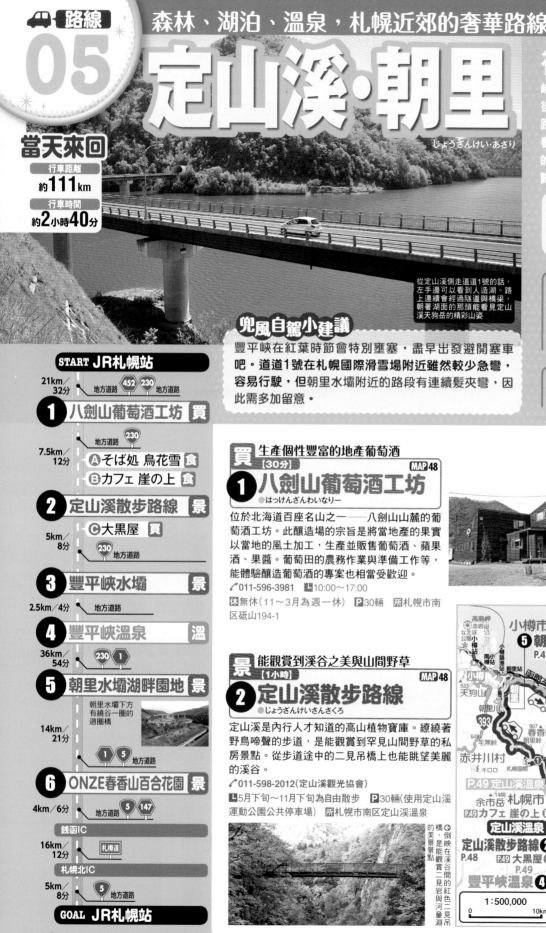

往札幌市南部走，先在葡萄酒工坊購物。接著在定山溪、豐平峽區域巡遊泡湯或散步，享受一番之後，從那裡開始行駛在山林曲折的道路之中，展開爽朗的山間兜風。以從春香山的高地眺望美麗的花田與廣闊的海面作為結尾，走上高速公路踏上歸途吧。

從定山溪側走道道1號的話，左手邊可以看到人造湖。路上連續會經過隧道與橋梁，朝著湖面的那頭能看見定山溪天狗岳的精彩山姿

最佳造訪季節 夏～秋

可以欣賞融雪的舒適兜風路線，但百合花開的夏天，秋天的紅葉也值得一看。

相關活動

4月中旬～5月上旬
定山溪溫泉溪流鯉魚旗

8月上旬
Riverside Festival in ASARI

觀光洽詢處

●定山溪觀光協會……… 011-598-2012
●小樽市觀光振興室……… 0134-32-4111

兜風自駕小建議

豐平峽在紅葉時節會特別壅塞，盡早出發避開塞車吧。道道1號在札幌國際滑雪場附近雖然較少急彎，容易行駛，但朝里水壩附近的路段有連續髮夾彎，因此需多加留意。

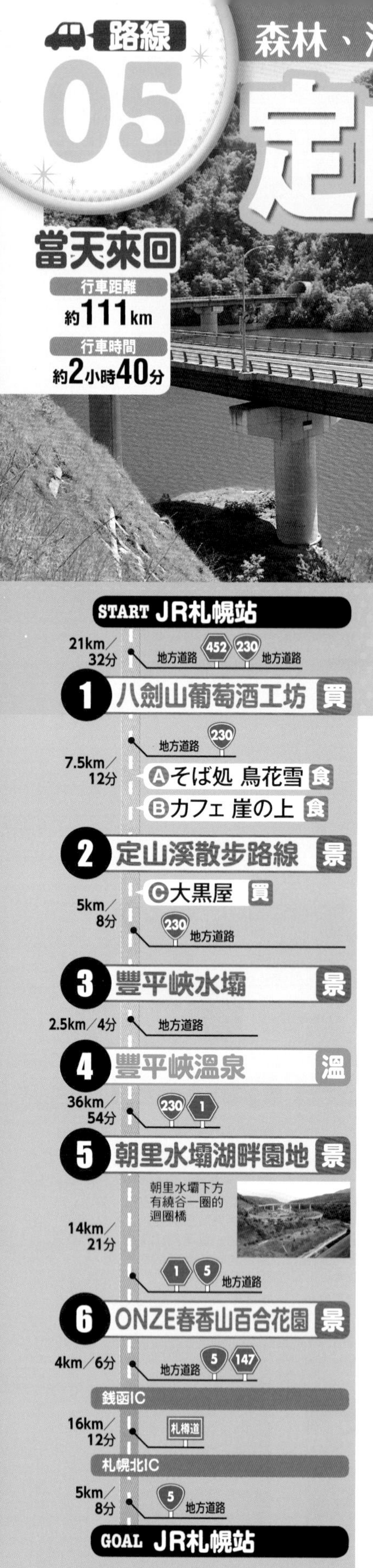

買 生產個性豐富的地產葡萄酒

【30分】 MAP48

1 八劍山葡萄酒工坊

はっけんざんわいなりー

位於北海道百座名山之一——八劍山山麓的葡萄酒工坊。此釀造場的宗旨是將當地產的果實以當地的風土加工，生產並販售葡萄酒、蘋果酒、果醬。葡萄田的農務作業與準備工作等，能體驗釀造葡萄酒的專案也相當受歡迎。

011-596-3981 10:00～17:00
休無休（11～3月為週一休） P30輛 所札幌市南區砥山194-1

也能欣賞釀造場展望露臺的景觀

札幌地產葡萄酒Kanonz·Seibel 2376日圓

八劍山果醬 各380日圓

景 能觀賞到溪谷之美與山間野草

【1小時】 MAP48

2 定山溪散步路線

じょうざんけいさんさくろ

定山溪是內行人才知道的高山植物寶庫。繚繞著野鳥啼聲的步道，是能觀賞到罕見山間野草的私房景點。從步道途中的二見吊橋上也能眺望美麗的溪谷。

011-598-2012（定山溪觀光協會）
5月下旬～11月下旬為自由散步 P30輛（使用定山溪運動公園公共停車場） 所札幌市南区定山溪溫泉

倒映在溪谷間的紅色二見吊橋，是能觀賞二見岩與河童淵的美景景點

景 電動巴士奔馳其中的雄壯峽谷

【1小時】 MAP 48

3 豐平峽水壩

●ほうへいきょうだむ

⊙從以前就以紅葉名勝聞名，擁有許多觀光遊客，十分熱鬧

供應札幌市50%以上需水量的豐平峽水壩。雖以紅葉名勝廣為人知，但夏季的綠意也相當值得一見，並且還會實施觀光放水。為保護環境，前往水壩側需從停車場搭乘油電混合的電動巴士移動。展望台的景觀非常精彩。

☎011-598-3452(豐平峽電氣自動車) 🕒5月上旬～11月上旬(預定) 休期間中無休 ¥電動巴士620日圓(來回停車場～水壩側，8:45～16:00) P250輛 所札幌市南区定山渓840

⊙距離水壩2km左右的入口處有停車場，從這裡轉乘照片上的油電混合電動巴士

⊙作為札幌的奧座敷，從以前就受到市民的喜愛。陡峭的地形與巨大水壩，定山湖的景觀相當精彩。

景 一覽巨大的水壩與迴圈橋

【30分】 MAP 48

5 朝里水壩湖畔園地

●あさりだむこはんえんち

此公園整建在於1993年完成的朝里水壩周邊。從展望台能眺望水壩圍堵住的Otarunai 湖整體和迴圈橋，右手邊遠處還能看到日本海。

☎0134-32-4111(小樽市觀光振興室) 🕒4月下旬～11月上旬為自由參觀 P40輛 所小樽市朝里川溫泉

⊙晴天時往左手邊越過湖面望去，能清楚地看見朝里岳平緩的稜線

溫 名物為咖哩的源泉放流溫泉

【1小時】 MAP 48

4 豐平峽溫泉

●ほうへいきょうおんせん

位於支笏洞爺國家公園的森林之中，以能飽覽四季流轉之景觀的大型露天浴池自豪。使用直接放流的源泉溫泉，也可飲用。能品嘗到正統印度咖哩的ONSEN食堂也廣受歡迎。

☎011-598-2410 🕒10:00～21:45(視設施而異) 休無休 ¥入浴費1000日圓 P200輛 所札幌市南区定山渓608-2

⊙在露天浴池泡著湯，享受自然的環繞

⊙開朗的尼泊爾主廚製作的正統口味，也受到當地居民的好評

⊙在併設的ONSEN食堂能品嘗到正統咖哩。馬薩拉雞950日圓

景 從山腰能將百合花與石狩灣一覽無遺

【1小時】 MAP 48

6 ONZE春香山百合花園

●おーんずはるかやまゆりえん

位於滑雪場——SNOW CRUISE ONZE內，僅限定夏季開放。北海道最大規模的百合花園，有213萬株百合花盛開綻放。從山腰能將百合花園對面的石狩灣盡收眼底。

☎0134-62-2228 🕒7月中旬～8月中旬的9:00～17:00 休期間中無休 ¥需洽詢 P700輛 所小樽市春香町357

⊙設有成就戀愛願望的幸福之鐘

PICK UP!

不住宿也可泡湯的飯店

定山溪溫泉中有許多可不住宿泡湯的溫泉旅館。推薦大家在兜風途中來泡一下湯。

下川溫之宿飯店 MAP 49
☎011-598-2345
🕒12:00～14:30 休不定休 ¥入浴費1100日圓

定山溪山溪苑飯店 MAP 49
☎011-211-5678
🕒13:00～21:30 休無休(需確認) ¥入浴費800日圓

⊙下川溫之宿飯店的展望露天大浴場繚繞山林綠意，景色優美

順道一遊景點

A 食 1 距離約6km

●そばどころとりはなゆき

そば処 鳥花雪

手打製成的蕎麥麵，揉入海苔製作出風味豐富的味道。蔬菜天婦羅蕎麥麵(850日圓)上的大塊炸蔬菜口感酥酥脆脆，真是絕品。

DATA MAP 49
☎011-598-5755
🕒11:00～售完打烊 休不定休 P10輛 所札幌市南区定山渓温泉東2-94-1

B 食 2 距離約1.5km

●かふぇがけのうえ

カフェ 崖の上

正如店名，這是一家蓋在崖上邊緣的獨特咖啡廳。在這裡能品嘗到店老闆細心用虹吸式塞風壺沖泡的咖啡，以及手作甜點。

DATA MAP 49
☎011-598-2077
🕒10:00～18:00
休週一(逢假日則翌日休)
P7輛
所札幌市南区定山渓567-36

C 買 2 即到

●だいこくや

大黑屋

販售自家製的定山溪溫泉饅頭，是創業於昭和6（1931）年的老字號店家。不使用添加物，一直堅守著古早的味道，現蒸的美味廣受好評。9個入648日圓～。

DATA MAP 49
☎011-598-2043
🕒8:00～18:00 休週三 P10輛
所札幌市南区定山渓温泉東4-319

路線 06

與奔馳在牧場的英國純種馬相會之旅

日高Thoroughbred街道

ひたかさらぶれっとかいどう

當天來回

行車距離 約400km

行車時間 約7小時40分

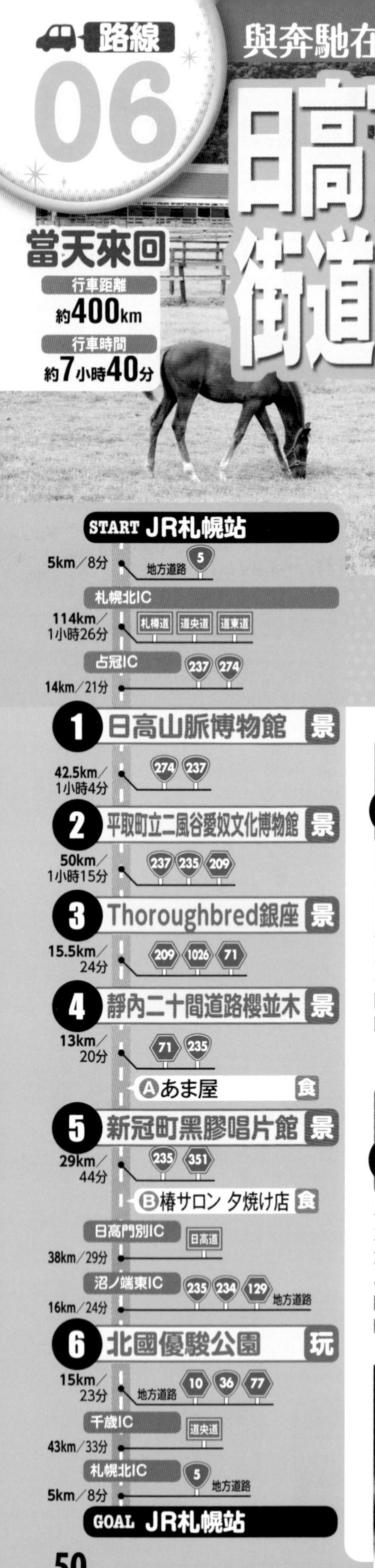

在國道235號，沿途可看到賽馬牧場。在春天到初夏有許多親子馬，看了心情也會變得柔和。

行程目標為道東道的日高本町，參觀能看到北海道獨有展示品之博物館。之後，經由富川疾馳在國道235號的優駿浪漫街道上。在道路兩旁能景到放牧中的英國純種馬。回程順道前往千歲的北國優駿公園和馬兒們接觸，接著再踏上歸途吧。

最佳造訪季節 春～夏

無雪時節能舒適地享受兜風，推薦春天的成排櫻花樹，以及能看見賽馬親子生活的夏季前來一遊。

相關活動

5月上旬 靜內櫻花祭

7月下旬 新日高夏日慶典

觀光洽詢處

- 日高町觀光協會⋯⋯⋯⋯ ☎01457-6-2211
- 平取町產業課⋯⋯⋯⋯⋯ ☎01457-2-2223
- 新冠町產業課⋯⋯⋯⋯⋯ ☎0146-47-2183
- 新日高町商工勞働觀光課⋯ ☎0146-43-2111

兜風自駕小建議

由於路線中的主要路段是走高速與自動車道，所以行車距離造成的開車負擔較少。日高本町～富川之間的道路，是有著連續適度彎道的舒適山路。從靜內到日高門別IC為太平洋岸的無叉路道路，交通流量大，因此絕對不可強行超車。

景 鄰接公路休息站的山岳博物館

【30分】 MAP 51

1 日高山脈博物館

ひだかさんみゃくはくぶつかん

日高山脈位於北海道中央南部，從狩勝峠到襟裳岬南北延伸約達150km。此博物館從壯烈的登山史、地質與岩石等觀點來介紹聳立於日高町背後、有著雄壯自然景觀的日高山脈。其中必看的有日高翡翠原石，以及日高山脈的立體模型。

☎01457-6-9033 L10:00～16:30(11～3月為～15:00)
休週一(逢假日、補休日則開館，翌日休)
¥門票200日圓 P133輛 所日高町本町東1-297-12

鄰接公路休息站樹海ロード日高。也有便利商店，地點便利

景 能感受愛奴民族的氣息

【1小時】 MAP 51

2 平取町立二風谷愛奴文化博物館

びらとりちょうりつにぶたにあいぬぶんかはくぶつかん

以正確傳承貴重的愛奴文化為理念而建的博物館。透過別出心裁的展示方式與影像資料，清楚易懂地解說沙流川流域的愛奴民族傳統文化與生活。

☎01457-2-2892 L1月16日～12月15日的9:00～16:30
休期間中無休(冬季為週一休) ¥門票400日圓 P50輛
所平取町二風谷55

展示愛奴人用於交通、運輸的圓獨木舟實物

PICK UP! 日高名產 來吃山女魚吧

日高町名產之一的山女魚，味道清爽且高雅，人氣非常之高。在日高町內也有提供各式各樣山女魚料理的店家，能享受到只有日高才有的美味。

MAP 51

壽司·天ぷら 日本橋

☎01457-6-3385 L11:00～21:00 休週一 P133輛
所日高町本町東1-298-11

山女魚天婦羅定食1300日圓

景 沿路成排的賽馬生產牧場
【30分】 MAP51

3 Thoroughbred銀座

●さらぶれっどぎんざ

國道235號往山區約8km的路段上，有著成排生產英國純種馬的牧場，從車窗也能眺望到美麗的馬兒們。位於國道旁的Thoroughbred銀座停車公園，也獲選為日高地區的美景景點，設置有能一覽牧場的展望輛、馬蹄形的長凳、休息中心等。

✆0146-45-7300(新冠町觀光協會) 自由參觀
P7輛(Thoroughbred銀座停車公園) 所新冠町高江周辺

能近距離觀賞被稱為奔馳的寶石——英國純種馬

景 延綿7km長的絕美櫻花林蔭道
【1小時】 MAP51

4 靜內二十間道路櫻並木

●しずないにじゅっけんどうろさくらなみき

因左右道路寬幅有二十間（約36m）而得此名。以蝦夷山櫻為主，在長約7km的直線道路兩旁，約有3000棵櫻花路樹延綿佇立。最佳觀景時期為舉辦櫻花祭的5月上旬～中旬。➔P.12

✆0146-42-1000(新日高觀光協會)
自由參觀(櫻花會在5月上旬～中旬開花) P僅於櫻花祭期間中約300輛 所新ひだか町静内田原～静内御園

筆直延伸的櫻花林蔭道。也獲選為「櫻花名勝100選」，開花時期會有約20萬人造訪，相當熱鬧

景 能用最棒的喇叭聽那張有名的唱片
【1小時】 MAP51

5 新冠町黑膠唱片館

●にいかっぷちょうれこーどかん

開館邁向20年的黑膠唱片博物館。獲贈的唱片在2017年達到100萬張。擁有能忠實重現唱片音質的喇叭，以及介紹唱片發明歷史的博物館。從展望塔望見的放牧風景也非常棒。

✆0146-45-7833
10:00～17:00 休週一(逢假日則翌日休，GW、暑假期間為無休) ¥門票300日圓 P100輛 所新冠町中央町1-4

愛迪生的留聲機等，特別展示室裡展示著世界級的貴重機器

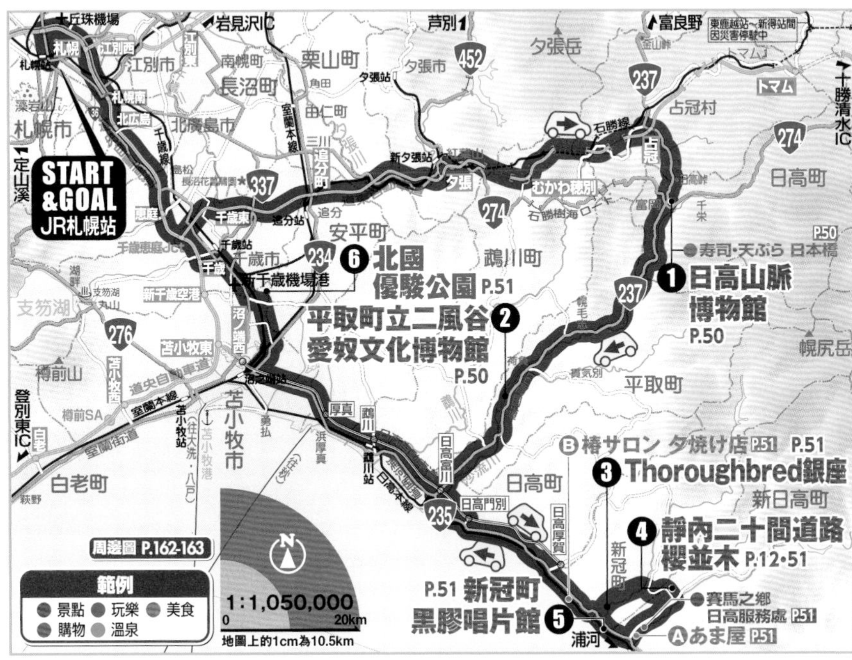

玩 能一家人一起和馬兒接觸的主題公園
【1小時】 MAP51

6 北國優駿公園

●ノーザンホースパーク

在大自然中能夠體驗到騎馬體驗、馬車、自行車、公園高爾夫等多元的活動。在餐廳也能飽享使用北海道產食材的料理。

✆0144-58-2116 夏季的9:00～17:00(7、8月為～18:00)；冬季的10:00～16:00 休4月10～14日 ¥門票800日圓(16:00～為免費、11月6日～4月9日為免費) P500輛 所苫小牧市美沢114-7

日本首見的小馬秀，每日舉辦（免費觀賞）

PICK UP!

要造訪名馬的話，先來這裡

日本輕種馬協會經營的服務處。介紹有關從賽馬界引退回到牧場的全國賽馬，牠們目前所在的飼養處、參觀方式與時間等資訊。從夏天到秋天能參觀的牧場較多。不過，這裡因觀光目地能臨時造訪的牧場並不多，所以要特別注意。道內除了這裡，在幕別町、白老町兩處也有服務處。

MAP51

賽馬之鄉日高服務處

✆0146-43-2121 9:00～17:00(公休日前日為～12:00) 休週二(10～3月為週日、假日休) P50輛 所新ひだか町静内神森175-2

參觀名馬與一般的觀光不同，因此要特別注意

順道一遊景點

A 食 5 距離約5.4km

●あまや

あま屋

備有當地食材的料理。推薦放入大量春海膽和當地海鮮的「春海膽玉手箱」，還有只在這裡才吃得到的日高熟成蝦夷鹿肉的番茄涮涮鍋。

DATA MAP51
✆0146-42-7545 11:30～13:30、17:00～21:00(11～2月僅夜晚營業) 休週二、每月第2、4週三 P18輛 所新ひだか町静内御幸町2

B 食 5 距離約8.5km

●つばきさろんゆうやけてん

椿サロン 夕焼け店

位於國道235號旁，白色牆壁令人印象深刻的咖啡廳。眺望太平洋的景觀十分精彩，尤其是夕陽西下的時段，非常浪漫。也能品嘗到三明治、輕食及甜點。

DATA MAP51
✆0146-47-6888
11:00～日落 休無休
P9輛 所新冠町大狩部77-1

路線 07

奔馳穿過石狩平原，前往電影與煤炭的城鎮

由仁·栗山·夕張

ゆに・くりやま・ゆうばり

當天來回

行車距離 約190km

行車時間 約3小時45分

從札幌經北廣島往東南方前進。過了長沼，再越過馬追丘陵之後，就是第一個景點——由仁花園了。再往前到夕張為止都是緩坡山路。整體來說此路線有許多便利商店、加油站等，應該能毫無後顧之憂地愉快兜風。

幸福的黃手帕回憶廣場位於高地，舊煤礦住宅與隨風搖曳的黃色手帕，令人印象深刻

兜風自駕小建議

從札幌到栗山，一路悠閒奔馳在田園地區。沿路有許多便利商店和加油站，雖然也很方便休息，但這裡的交通流量較大。進入夕張前有個小小的山嶺，不過路不難開，是個整體跑起來相當舒適的路線。

最佳造訪季節 春～秋

此路線有許多可以在無雪時節遊玩的設施，在由仁花園最有人氣的姬金魚草，最佳觀賞時期為6月下旬～7月中旬左右。

相關活動

6月下旬(預定) 復活！夕張哈密瓜祭

10月上旬(預定) 復活！夕張紅葉祭

觀光洽詢處

●長沼町產業振興課……… ✆0123-88-2111

●由仁町總務社區總體營造課……… ✆0123-83-2112

●栗山町栗山品牌推進室… ✆0123-72-1111

●夕張市社區總體營造企劃室……… ✆0123-52-3128

START JR札幌站

41km／1小時2分 18 12 地方道路 3 274 3 地方道路

Ⓐ一軒茶屋 Schwein 食

1 由仁花園 景

11km／17分 地方道路 3 447 694 地方道路 45

ⒷHARVEST 食

2 小林酒造 景

即到 地方道路

3 錦水庵 食

23.5km／36分 45 234 3 38 地方道路

4 幸福的黃手帕回憶廣場 景

7.5km／11分 地方道路 38 地方道路

5 石炭博物館 景

21.5km／32分 地方道路 38 452 274

夕張IC

80km／1小時 道東道 道央道 札樽道

札幌北IC

5km／8分 5 地方道路

GOAL JR札幌站

景 庭園文化人務必一見的美麗庭園【1小時】 MAP53

1 由仁花園

●ゆにガーデン

以擁有國內最大規模的英國風庭園自豪。春天的櫻花與油菜花、初夏的姬金魚草、夏天的百合花、秋天的大波斯菊等，隨著季節變換，能欣賞到不同的花之景色。此外，咖啡廳的霜淇淋，以及餐廳使用大量當地蔬菜的健康自助式午餐也廣受好評。

✆0123-82-2001

L4月下旬～10月中旬的10:00～17:00(開園期間中的週六日、假日為9:00～) 休期間中無休 ¥門票620日圓（4、5、10月為310日圓） P800輛 所由仁町伏景134-2

紫色、粉色的姬金魚草。6月下旬～7月中旬為最佳觀賞時期

景 栗山町引以為傲、道央第一的釀酒廠【1小時】 MAP53

2 小林酒造

●こばやししゅぞう

釀造出將米之鮮美滋味與香氣發揮到十二分的清酒，以及北之錦秘藏純米酒等的釀酒廠。從只有在現場才買得到的限定商品為首，在這裡能買到多種的日本酒。也參觀一下腹地內的工廠和紀念館吧。

✆0123-76-9292

L紀念館為10:00～17:00(冬季為～16:00、參觀酒廠需10名以上並採預約制) 休無休 ¥免費參觀 P50輛 所栗山町錦3-109

北之錦紀念館。在有著濃濃昭和氣息的建築物裡，也有直銷商店

紀念館內的直銷商店。幾乎都是小林酒造釀製的名品，還有許多只有在這裡才買得到的限定商品。冠上北海道日本火腿鬥士栗山教練之名的酒也很有人氣

食 在古風的日本民宅品嘗手打蕎麥麵
【1小時】 MAP 53

3 錦水庵
きんすいあん

將建於昭和元（1926）年的日本民宅翻新為店鋪，營造出祥和空間。以使用道產蕎麥粉手打製成的蕎麥麵為首，在這裡還能品嘗到蕎麥糕、蕎麥雜炊粥等單點料理，以及蕎麥糕紅豆湯等甜點。

☎0123-73-7171 L11:00～16:00(食材用完打烊)
休週二 P50輛 所栗山町錦3-93 小林酒造内

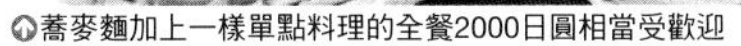
蕎麥麵加上一樣單點料理的全餐2000日圓相當受歡迎

此建築原本為小林酒造的員工宿舍

景 名作中的拍攝地仍保留原樣相當受歡迎
【30分】 MAP 53

4 幸福的黃手帕回憶廣場
しあわせのきいろいはんかちおもいでひろば

昭和52（1977）年上映的山田洋次導演電影《幸福的黃手帕》拍攝地。在電影中，用來作為主角島勇作（高倉健）與妻子光枝（倍賞千惠子）之家的舊煤礦住宅對外開放參觀。

☎0123-57-7652(NPO法人YUBARI FANTA)
L4月28日～11月4日的9:00～17:00(視時節而異)
休期間中無休 ¥門票540日圓 P20輛 所夕張市日吉5-1

也展示了武田鐵矢在電影中開的FAMILIA

外景地的煤礦住宅建築饒富韻味

景 全面了解被稱為黑鑽石的煤炭
【1小時】 MAP 53

5 石炭博物館
せきたんはくぶつかん

以日本最大規模自豪的煤炭礦為主題的博物館。戴著帽燈在實際的煤炭礦坑道一邊探索一邊走著的「黑漆漆探險」相當有人氣。經整修後於2018年度重新開幕。

☎0123-52-3166(夕張市教育委員會)
L4～9月為10:00～17:00，10月～3月為～16:00
休週二（逢黃金週則開館） ¥國中生以上1080日圓
P30輛 所夕張市高松7-1

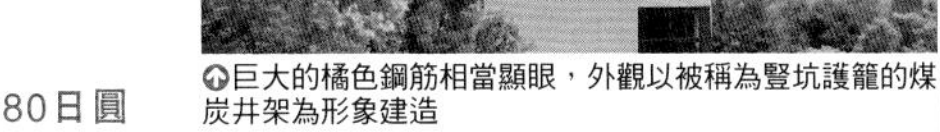
巨大的橘色鋼筋相當顯眼，外觀以被稱為豎坑護籠的煤炭井架為形象建造

依賴帽燈實際參觀坑道與煤炭層的「黑漆漆探險」也超級受兒童歡迎

順道一遊景點

A 食 1 距離 即到
いっけんちゃやしゅばいん

一軒茶屋 Schwein

翻修屋齡約60年的農家而成的咖啡廳。每早烘烤的自家製麵包，以及歐風家庭料理很受歡迎。招牌菜單的德國酸菜是必吃美食。

DATA MAP 53
☎090-4732-0159
L4～11月的11:00～17:00
休期間中週二、三
P10輛
所由仁町伏見83-1

B 食 2 距離 約6km
ハーベスト

HARVEST

農家直營的農場餐廳。能享受到使用當地產蔬菜、水果等所製作的料理。能品嘗2種馬鈴薯的料理——農園馬鈴薯套餐1150日圓很有人氣。

DATA MAP 53
☎0123-89-2822
L11:00～17:00(週六日、假日為～20:00) 休週四(12～2月為第1、3週三、四休) P50輛 所長沼町東4線北13

路線 08

穿過日本第一長的直線道路，前往空知的花田

砂川·瀧川

すながわ·たきかわ

當天來回
行車距離 約237km
行車時間 約4小時50分

走國道12號——擁有全長長達29.2km的日本第一長的直線路段一路北上，朝瀧川前進。路途上有釀酒廠、室外藝廊等各式各樣的景點，不怕沒得玩。在瀧川丸加高原的美麗花田好好放鬆，回程走道央道舒適地奔馳至札幌吧。

以日本第一美自豪的油菜花田。花田與殘雪的暑寒別岳之對比堪稱絕景

兜風自駕小建議

由於主要跑的路程大多為直線國道，所以駕駛的負擔不大。不過，國道12號的交通流量較大，絕對嚴禁超速及強行超車。

最佳造訪季節 春～秋

瀧川的油菜花田最佳觀賞時期為5月下旬～6月上旬；丸加高原的大波斯菊則是10月中旬～下旬。

相關活動

- 5月下旬 瀧川油菜花節
- 9月上旬 空知Wine & Wine Festa

觀光洽詢處

- 江別市經濟部商工勞働課…☎011-381-1023
- 岩見澤市觀光協會………☎0126-22-3470
- 美唄市商工交流部觀光交流課…☎0126-63-0112
- 砂川市商工勞働觀光課…☎0125-54-2121
- 瀧川市商業觀光課………☎0125-23-1234

買 使用自家公司的乳製品很有人氣

【30分】 MAP 55

1 町村農場Milk Garden

まちむらのうじょうみるくがーでん

位於町村農場總公司腹地內。使用自家公司生產的牛奶所製作的甜甜圈、霜淇淋等甜點，以及乳製品非常受歡迎。也有齊全的Milk Garden限定商品。

☎011-375-1920 ⏰9:30～17:30(11～3月為10:00～16:30) 休不定休 P30輛 所江別市篠津183

店內也有內用區

食 大啖新鮮蔬菜餐點與巴西烤肉

【1小時】 MAP 55

2 FARM RESTAURANT「大地のテラス」

ふぁーむれすとらんだいちのてらす

農家直營的農場餐廳。在這裡能品嘗到用大量新鮮蔬菜入菜的自助餐，以及主廚下功夫製作的正統巴西烤肉。也設有農產品的直賣所。

☎0126-33-2020 ⏰11:00～14:00(週六日、假日為～15:30)、18:00～19:00 休無休 ¥自助式午餐90分1620日圓、自助式午餐+巴西烤肉吃到飽90分2700日圓 P40輛 所岩見沢市栗沢町上幌2203

能享受到約20種料理的自助式午餐
使用專用烤爐燒烤的正統巴西烤肉

買 活用雪之惠澤的香濃葡萄酒

【30分】 MAP 55

3 HOUSUI WINERY

ほうすいわいなりー

使用雪國獨有的栽培暨釀造法，製造出自家品牌的葡萄酒RICCA。4月下旬～11上旬也有販售加了葡萄汁的霜淇淋。

☎0126-20-1810 ⏰10:00～17:00 休無休(1～3月為週三休) P50輛 所岩見沢市宝水町364-3

依季節不同，備有各種不同的葡萄酒

景 能接觸到與自然融合的雕刻作品

【1小時】 MAP 55

4 安田侃雕刻美術館 Arte Piazza美唄

●やすだかんちょうこくびじゅつかんあるてぴあっつぁびばい

由出身美唄市的雕刻家——安田侃與美唄市攜手營造的美術空間。重新利用廢校的小學，在廣大的腹地內展示約40件雕刻作品。

✆0126-63-3137

🅛9:00～17:00(咖啡廳為10:00～、12～3月的平日為10:00～16:00) 休週二、假日翌日(假日翌日為週日時則開館) ¥免費(隨意樂捐) P172輛 所美唄市落合町栄町

↑鋪設白色大理石的池子與流徑給人鮮明的印象

↑在舊小學的教室及體育館內也有展示作品

買 馬具製造廠的皮件品牌

【30分】 MAP 55

5 SOMES SADDLE SUNAGAWA FACTORY

●そめすさどるすながわふぁくとりー

日本唯一製造騎馬用具等的馬具製造廠。活用製作馬具所培養出的技術，親手製作出的皮革製品能用一輩子，因此廣受歡迎。

✆0125-53-5111

🅛10:00～18:00 休無休

P110輛 所砂川市北光237-6

↑除了皮包之外還有各種產品，全部都是細心手作製成的

↑工廠兼店鋪位於砂川近郊的田園地帶

景 春天時能一覽廣大油菜花田

【1小時】 MAP 55

6 丸加高原

●まるかこうげん

在放牧牛羊的廣大腹地，也有可能見到野鳥、松鼠等動物。這裡也有著豐富自然的汽車露營場，在傳習館也有舉辦使用洋蔥皮的草木染體驗等活動（需預約）。

✆0125-75-5451(丸加高原傳習館)

🅛自由參觀(丸加高原傳習館為9:00～17:00) 休丸加高原傳習館為無休

P100輛 所滝川市江部乙町3949-14

↓周邊的丘陵地5～6月會有油菜花盛開綻放

PICK UP! 來逛看看空知的葡萄酒釀酒廠區吧

釀造用葡萄的產量以日本第一為傲的北海道。其中在空知地區，散布著擁有廣大腹地的葡萄酒釀酒廠，以及釀造量少但高品質的葡萄酒釀酒廠。在國內外擁有諸多實績的著名葡萄酒釀酒師移住至此等，此處是以新葡萄酒產地而備受矚目的區域。

→擁有447公頃廣大農園的北海道葡萄酒的鶴沼葡萄酒釀酒廠

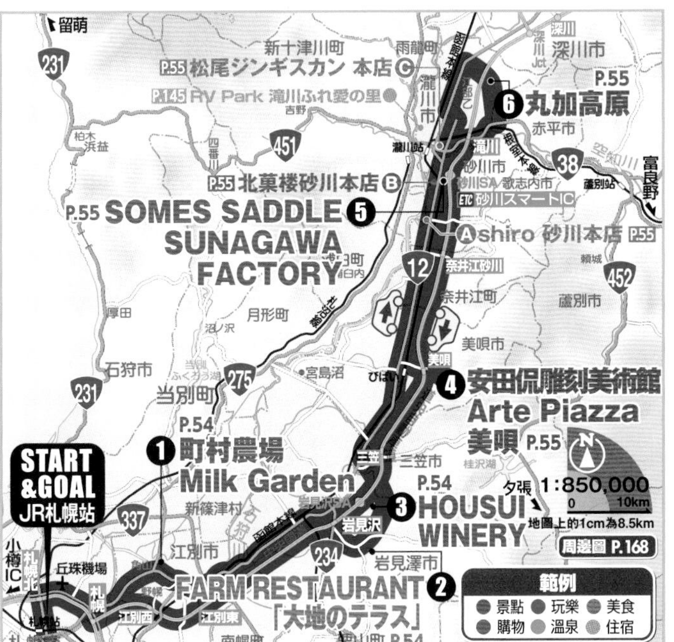

順道一遊景點

A 食 5 距離約4.8km

●しろすながわほんてん

shiro 砂川本店

化妝品品牌「shiro」的直營店。1樓為咖啡廳，2樓則販售化妝品、護膚、香氛等商品。咖啡廳也將使用在護膚產品上的食材，納入菜單之中。

DATA MAP 55

✆0125-52-9646

🅛10:00～19:30 休週四(逢假日則翌日休) P12輛

所砂川市西1南5-1-4

B 買 5 即到

●きたかろうすながわほんてん

北菓楼砂川本店

使用嚴選食材製作並販售點心。除了商店之外，還有咖啡廳和洋風庭園，擁有能令人悠閒放鬆的氛圍。在咖啡廳可品嘗到蛋糕、午餐等。

DATA MAP 55

✆0125-53-1515

🅛9:00～19:00(咖啡廳為～16:30) 休無休 P50輛

所砂川市西1北19-2-1

C 食 5 距離約5km

●まつおじんぎすかんほんてん

松尾ジンギスカン 本店

本店可說是北海道風味蒙古烤肉專賣店先驅。人氣的秘密是不使用任何防腐劑，只用天然材料的秘傳醬汁。就算只有一個人也能輕鬆前來用餐的氛圍也是其魅力之一。

DATA MAP 55

✆0125-22-2989

🅛10:00～21:30 休無休

P100輛 所滝川市明神町3-5-12

路線 09

有當地美酒，還有斷崖的海線兜風

增毛・留萌

ましけ・るもい

當天來回

行車距離 約305km

行車時間 約6小時10分

舊增毛站前能景到飄蕩著古早風情的風景。左邊的建築物原為旅館

走國道231號往北過了石狩川視野景觀會變得寬敞，能舒適地兜風到厚田。厚田～增毛之間有連續的斷崖與隧道，而接近留萌時，地形會變得平坦，交通流量也會增加。在北龍觀賞向日葵之後，走深川留萌道～道央道，一口氣回到札幌吧。

最佳造訪季節 春～夏

春天開始，享受到舒適的海岸線兜風。向日葵開花時期為8月上旬的盛夏。

相關活動

- 5月下旬 增毛鮮蝦與地酒節
- 7月下旬(預定) 留萌吞濤祭
- 7月中旬～8月下旬 北龍町向日葵祭

觀光洽詢處

- 留萌市經濟港灣課觀光物產股……0164-42-1840
- 增毛町商工觀光課……0164-53-3332
- 石狩觀光協會……0133-62-4611

兜風自駕小建議

從札幌到留萌沿途有著隧道交織、變化豐富的海岸線。從石狩之後的區域只有像厚田、濱益才有大型村落，所以。要加油、上廁所休息都需多加留意喔。從留萌回來時也可舒適地走高速，但交通流量較大。

START JR札幌站

46km／1小時10分 地方道路 5 231

1 戀人聖地／厚田公園展望台 景

45km／1小時7分 231 地方道路

2 雄冬岬展望台 景

23km／35分 地方道路 231 301

3 國稀釀酒廠 買

即到

4 舊商家丸一本間家 景

Ⓐ寿司のまつくら 食

17km／25分 301 231 22

5 黃金岬 景

39km／59分 22 231 233 275

Ⓑ田中青果 留萌本店 買

6 北龍向日葵之里 景

8.5km／13分 275

沼田IC

20km／15分 深川留萌道

深川JCT

101km／1小時16分 道央道 札樽道

札幌北IC

5km／8分 5 地方道路

GOAL JR札幌站

景 戀人們聚集的厚田名勝

【15分】 MAP 57

1 戀人聖地／厚田公園展望台

こいびとのせいちあつたこうえんてんぼうだい

展望台位於國道231號旁，非常方便的地點。在這裡幾乎能將石狩灣盡收眼底，由於此處榮獲指定為戀人聖地，所以不分晝夜都會有騎士、情侶到此一遊相當熱鬧。在這裡還能看到沉入日本海的美麗夕陽。

0133-78-2300(株式会社あい風) 自由參觀
休 無休(積雪時不定休) P 200輛 所 石狩市厚田区厚田

展望台位於山坡上，立有紀念碑，也一併設有公路休息站（P.5）

景 建於坡道上的展望塔

【30分】 MAP 57

2 雄冬岬展望台

おふゆみさきてんぼうだい

在此展望台可一覽受怒濤侵蝕的峭壁與奇岩。岩石上設有樓梯，空氣清晰時，天賣島、燒尻島就不用說了，就連利尻島都看得到。

0164-53-3332(增毛町商工觀光課)
4月下旬～10月的8:00～20:00(4、5、9、10月的9:00～18:00) 休 期間中無休 P 50輛 所 增毛町雄冬795-1

沿著國道的入口有小招牌，不要錯過囉

買 受豐富水源之惠的銘酒酒廠

【30分】 MAP 57

3 國稀釀酒廠

くにまれしゅぞう

活用南部杜氏的古早技術，使用暑寒別岳連峰地下水製作的地酒廣受好評。要買伴手禮的話，推薦純米酒「暑寒しずく」等，使用北海道產酒造好適米──吟風釀造的當地限定商品。

0164-53-1050(週六日為0164-53-9355) 9:00～17:00
休 無休 P 40輛 所 增毛町稲葉町1-17

展示室內陳列著製作準備用的工具和酒器，全部都是人工作業時代留下來的

景 代表增毛的復古建築商家

【30分】 MAP 57

4 舊商家丸一本間家

●きゅうしょうかまるいちほんまけ

明治8（1875）年開始於町內經營的雜貨店。曾一度遭遇大火，之後又再重建。館內展示本間家收藏的日常用品、備品等。也受指定為國家重要文化財。

✆0164-53-1511 營4月20日～11月7日的10:00～16:30
休期間中週四(逢假日則前日休，7～8月無休)
¥門票400日圓 P無 所增毛町弁天町1

●屋瓦刻有家紋，牆面採用西式裝飾

景 一望無際的向日葵花田精采絕倫

【1小時】 MAP 57

6 北龍向日葵之里

●ほくりゅうひまわりのさと

約23公頃的廣大腹地中，多達約150萬株的向日葵綻放之風景，真的是精彩萬分。每年的最佳賞景時期為7月下旬～8月中旬。此時期的花田旁也會設置觀光中心、向日葵迷宮、展望台等設施，並舉辦各種活動。➔P.12

✆0164-34-2111(北龍町向日葵觀光協會)
營7月中旬～8月中旬為自由入園 休期間中無休
P500輛 所北竜町板谷143-2

●朝著相同方位綻放的黃色向日葵與湛藍天空形成美麗的對比

●位於田地旁的公路休息站サンフラワー北竜。荷蘭風的建築物非常獨特

景 名字來自太平洋鯡魚閃耀的光輝

【1小時】 MAP 57

5 黃金岬

●おうごんみさき

黃金岬也獲選為「日本夕陽百選」之一，為留萌港附近的觀景景點。黃金岬的命名由來，據說是因為很久前有大批的太平洋鯡魚受夕陽的光輝照映，海面因而閃耀著金黃色而來。

✆0164-43-6817(留萌觀光協會) 營自由參觀
P60輛 所留萌市大町

●建於黃金岬上的「海的故鄉館」。也備有展望休息室

●據說在過去捕太平洋鯡魚的時代，會在此處觀察魚群

順道一遊景點

A 食 4 即到

●すしのまつくら

寿司のまつくら

鋪上13種食材的特上生散壽司2620日圓，分量、鮮度皆足，是非常完美的一道料理。也能品嘗到在增毛當地捕獲的甜蝦等海鮮。

DATA MAP 57
✆0164-53-2446
營11:00～19:30(食材用完打烊)
休不定休 P10輛
所增毛町弁天1-22

B 買 5 距離約2.4km

●たなかせいかるもいほんてん

田中青果 留萌本店

以前在北海道製作用來過冬保存的「醃鯡魚」為招牌商品。用麴醃製白蘿蔔、高麗菜和處理過的鯡魚，完整地將蔬菜與鯡魚的鮮美滋味濃縮起來。

DATA MAP 57
✆0164-42-0858
營10:00～17:30(週六日、假日為9:00～18:00) 休不定休
P無 所留萌市栄町2-4-24

路線 10

用一天逛逛離中心區不遠的景點!

札幌郊外名勝遊覽

さっぽろこうがいめいしょめぐり

從JR札幌站出發，遊覽郊外的人氣景點路線。路徑所到之處都有能眺望市內的景點，可從各個角度觀賞札幌市區也蠻好玩的呢。

當天來回

行車距離 約53km

行車時間 約1小時20分

鮮綠牧草地與藍天形成的對比非常美麗。閃著銀色光芒的是札幌巨蛋

最佳造訪季節 春～秋

雖然每個參觀景點整年都能前往玩玩，但交通流量大的冬天道路開車負擔頗大，因此推薦春～秋來訪。

相關活動

- 5月中旬～下旬 札幌丁香節
- 6月上旬 YOSAKOI索朗祭
- 7月下旬～8月中旬 札幌夏季歡樂節

觀光洽詢處

- 札幌市觀光企劃課……… ✆011-211-2376
- 札幌觀光協會…………… ✆011-211-3341

兜風自駕小建議

雖在札幌市內大範圍移動，但中間也有幾處會走高速公路，所以駕駛負擔不大。不過，市內有些地方交通流量較大，要留心注意行車安全喔。

START JR札幌站

11km／17分 地方道路 5 36 82

1 札幌羊之丘展望台 景

11km／17分 82 36 地方道路 3 地方道路

2 札幌花園公園 景

5km／8分 地方道路 273 5

札幌北IC

2.5km／3分 札樽道

新川IC

4km／6分 5 124

啤酒園的成吉思汗蒙古烤肉為名物

3 白色戀人公園 玩

7km／11分 124 82 地方道路 89 地方道路

Ⓐメルカードキッチンまる 食

4 札幌大倉山展望台 景

2km／3分 地方道路

5 札幌市圓山動物園 景

4km／6分 地方道路 89

Ⓑ凡の風 食

6 藻岩山空中纜車山頂展望台 景

6km／9分 89 230 452 地方道路

ⒸATELIER Morihiko 食

GOAL JR札幌站

景 從克拉克博士像所在的山丘上眺望札幌市區

【1小時】 MAP 61 E-5

1 札幌羊之丘展望台

●さっぽろひつじがおかてんぼうだい

立有與札幌有關的人物──克拉克博士銅像的有名觀光景點。位於能將札幌市區及石狩平原一覽無遺的山丘上，設施內還有休息中心、咖啡廳、足湯和伴手禮店。➲P.13

✆011-851-3080(管理事務所)

營9:00～17:00(視時節而異，最晚入場為15分前) 休無休 ¥門票520日圓 P100輛

所札幌市豊平区羊ケ丘1

➲休息中心後面有一片薰衣草花田

景 還有日本唯一的啤酒博物館

【2小時】 MAP 60 D-2

2 札幌花園公園

●サッポロガーデンパーク

腹地內除了主要的札幌啤酒博物館、札幌啤酒園之外，還有大型購物中心Ario札幌等設施散布其中。商店內也有販售當成伴手禮大受歡迎的啤酒相關商品。

✆011-748-1876(週二～日的10:00～17:00) 營休視店鋪而異

¥博物館為免費入館 P200輛 所札幌市東区北7東9

➲利用札幌製糖會社的工廠建築，改造成的札幌啤酒博物館

➲說到啤酒園，最受歡迎的是成吉思汗蒙古烤肉吃到飽

➲在札幌啤酒園可品嘗到工廠直送、剛做好的生啤酒

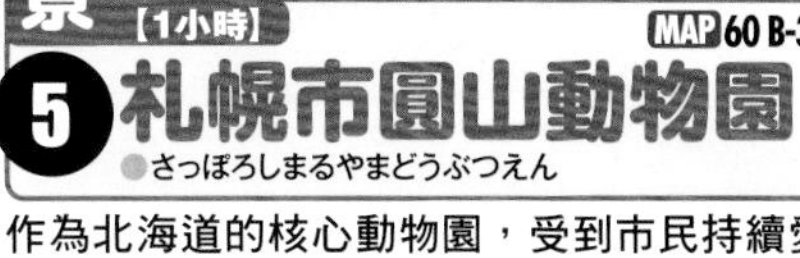

玩 代表北海道的點心主題公園
【1小時】 MAP 60 A-1

3 白色戀人公園
●しろいこいびとぱーく

景點、美食、玩樂，三者兼具的點心主題公園。白色戀人的生產線，以及能品嘗甜點的咖啡廳等，有許許多多值得參觀的地方。在甜點製作體驗工房能輕鬆體驗製作約14cm心型白色戀人等甜點的樂趣。

☎011-666-1481 🕒9:00～17:00(18:00閉館，皮卡迪利商店、拉博糖果店為～19:00) 休無休 ¥工廠參觀行程門票600日圓 P450輛 所札幌市西区宮の沢2-2-11-36

※2019年5月底，因生產線施工，製造過程之參觀將以放映影像的方式進行

⊙古典玫瑰與季節花朵綻放盛開的玫瑰花園

景 北海道規模最大的動物園
【1小時】 MAP 60 B-3

5 札幌市圓山動物園
●さっぽろしまるやまどうぶつえん

作為北海道的核心動物園，受到市民持續愛戴有半世紀以上的時間了。現在園內飼養約170種900隻的動物。也蓋了各式各樣的新設施，能夠更近距離地觀賞動物。

☎011-621-1426 🕒9:30～16:30 (11～2月為～16:00) 休每月第2、4週三 (逢假日則翌日休，4月9～13日、11月12～16日、12月29～31日休) ¥門票600日圓 P959輛 所札幌市中央区宮ヶ丘3-1

⊙於2018年春天開幕的新設施「北極熊館」在水中隧道能見到北極熊與海豹的泳姿

景 以跳台滑雪選手的心情一覽札幌
【1小時】 MAP 60 A-3

4 札幌大倉山展望台
●さっぽろおおくらやまてんぼうだい

現今也舉辦諸多大會的高跳台。能搭乘吊椅纜車往上到標高約307m的展望休息室。

☎011-641-8585(大倉山綜合服務) 🕒8:30～18:00(11月4日～4月28日為9:00～17:00) 休4月上旬～中旬，舉辦跳台大會、官方練習時 ¥吊椅纜車(來回)500日圓 P113輛 所札幌市中央区宮の森1274

⊙還有札幌奧運博物館和LAMB DINING大倉山

⊙展望台位於山頂，設有紀念碑
⊙有如寶石散落的札幌市夜景，也獲選為日本新三大夜景之一

⊙以札幌市區為首，能一覽雄壯的石狩平原與石狩灣美景

景 190萬人的都市夜景，有前來一見的價值！
【1小時】 MAP 60 C-4

6 藻岩山空中纜車山頂展望台
●もいわやまろーぷうぇいさんちょうてんぼうだい

從標高531km的展望台，可將札幌市區與寬廣的石狩平原盡收眼底。搭乘空中纜車和MORISU-CAR前往山頂，享受空中散步的氣氛。

☎011-561-8177(札幌藻岩山空中纜車) 🕒10:30～22:00(12～3月為11:00～；空中纜車最終班次為21:30) 休天候不佳時(4月、11月有例行保養維護公休，日期需於HP確認) ¥空中纜車+MORISU-CAR(來回)1700日圓 P山麓站120輛 所札幌市中央区伏見5-3-7

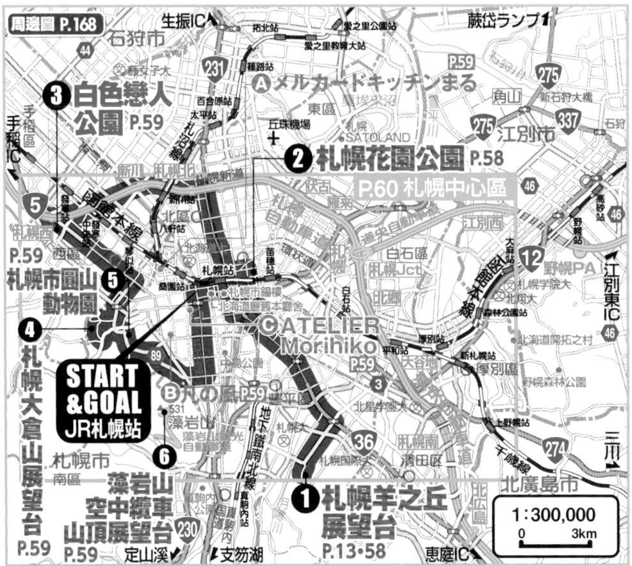

順道一遊景點

A 食 4 距離約5km
メルカードキッチンまる

2樓有販售銘菓、海產品的伴手禮店。以經濟實惠的價格提供附有數樣小菜的海鮮蓋飯與定食。最有人氣的是鋪著馬糞海膽的海膽鮭魚卵蓋飯2400日圓。

DATA MAP 60 C-2
☎011-641-2721(丸市 岡田商店) 🕒9:00～13:30 休無休 P使用場外市場停車場 所札幌市中央区北11西21-2-1 札幌市中央卸売市場場外市場

B 食 6 距離約2.5km
●ぼんのかぜ
凡の風

以創意洋溢的菜單廣受歡迎的拉麵店。特色是店家會依照各口味調配變化雞骨、海鮮、豚骨3種湯頭。

DATA MAP 60 C-3
☎011-512-2002 🕒11:00～15:40、18:00～20:40(週六日、假日為11:00～15:40、17:00～20:00) 休週三 P8輛 所札幌市中央区南8西15-1-1 ブランノワールAMJ815 1F

C 食 6 距離約4km
●あとりえもりひこ
ATELIER Morihiko

圓山的人氣咖啡廳「森彥」的2號店。在以白色為基調，裝潢舒適的店內，能夠品嘗到自家烘焙的咖啡。還有甜點師傅手作的烘焙點心。

DATA MAP 60 C-3
☎011-231-4883 🕒8:00～21:30(週六日、假日為11:00～) 休無休 P5輛 所札幌市中央区南1西12-4-182 ASビル1F

A
B
C
D
1
2
3
4
5
手稻區
稻積公園站
新琴似站
麻生
石狩
榮町
札幌新道
札樽自動車道
札幌北IC
新川IC
札幌西IC
宮之澤
白色戀人 3
P.59 公園
北區
西區
中央區
南區
札幌市
北海道大學
P.63 北海道大學
P.66 海鮮食堂 北のグルメ亭
P.59 メルカードキッチンまる A
札幌市中央批發市場場外市場
場外市場
桑園站
札幌站
P.65 札幌啤酒園
P.58 札幌花園公園 2
從地下鐵環狀通東站的巴士總站有開往莫埃來沼公園的路線巴士。
P.63 雪印パーラー本店
P.62 紅磚露台
P.66 鮨棗 紅磚露台
P.62 北海道廳舊本廳舍
P.63 北大植物園
札幌市鐘樓 P.63
サッポロファクトリー
P.63 札幌大通西4ビル ISHIYA SHOP
P.66 かきと旬鮮料理とおそば 開(ひらく)
ATELIER Morihiko C
P.59
P.62 大通公園
札幌電視塔 P.63
どんぶり茶屋 二条市場
SoupCurry GARAKU P.65
soup curry Suage+ P.65
回転寿司ぱさーる P.66
すみれ 札幌 薄野店 P.66
海味八誠 本店 P.66
P.65 成吉思汗 だるま本店
P.64 らーめん信玄 南6条店
薄野站
P.59 凡の風 B
圓山公園
圓山
P.59
札幌大倉山展望台 4
大倉山
荒井山
三角山
P.59 札幌市圓山動物園 5
宮之森跳台
昭和47（1972）年冬季奧運中舉辦70m級跳台競技的場地。
幌見嶺展望停車場
從7月上旬到8月上旬，高地上整面都是美麗盛開的紫色薰衣草。到了夜晚，在展望停車場能從車內眺望有如寶石散落的札幌市區夜景。
藻岩山麓站（空中纜車搭乘處）
藻岩山原始林
P.59 藻岩山空中纜車 6 山頂展望台
藻岩山腰站（MORISU-CAR搭乘處）
MORISU-CAR
藻岩山
是非常有人氣的夜景景點。
藻岩山觀光自動車道
滿滿浮著的油脂令人上癮。午餐時要有排隊的覺悟。
HIRAGISHI BASE
SOUP CURRY KING
盤溪滑雪場
NOVEL MOUNTAIN PARK
砥石山
飼育並展示鮭科魚類。館方也會進行採卵、孵化，以及魚苗放流。10～11月可在室外觀察池參觀鮭魚產卵。
鮭魚科學館
巧克力蒙布朗發祥店。2樓有咖啡廳區。
ケーキハウス ステラ★マリス
定山溪溫泉
支笏湖
真駒內

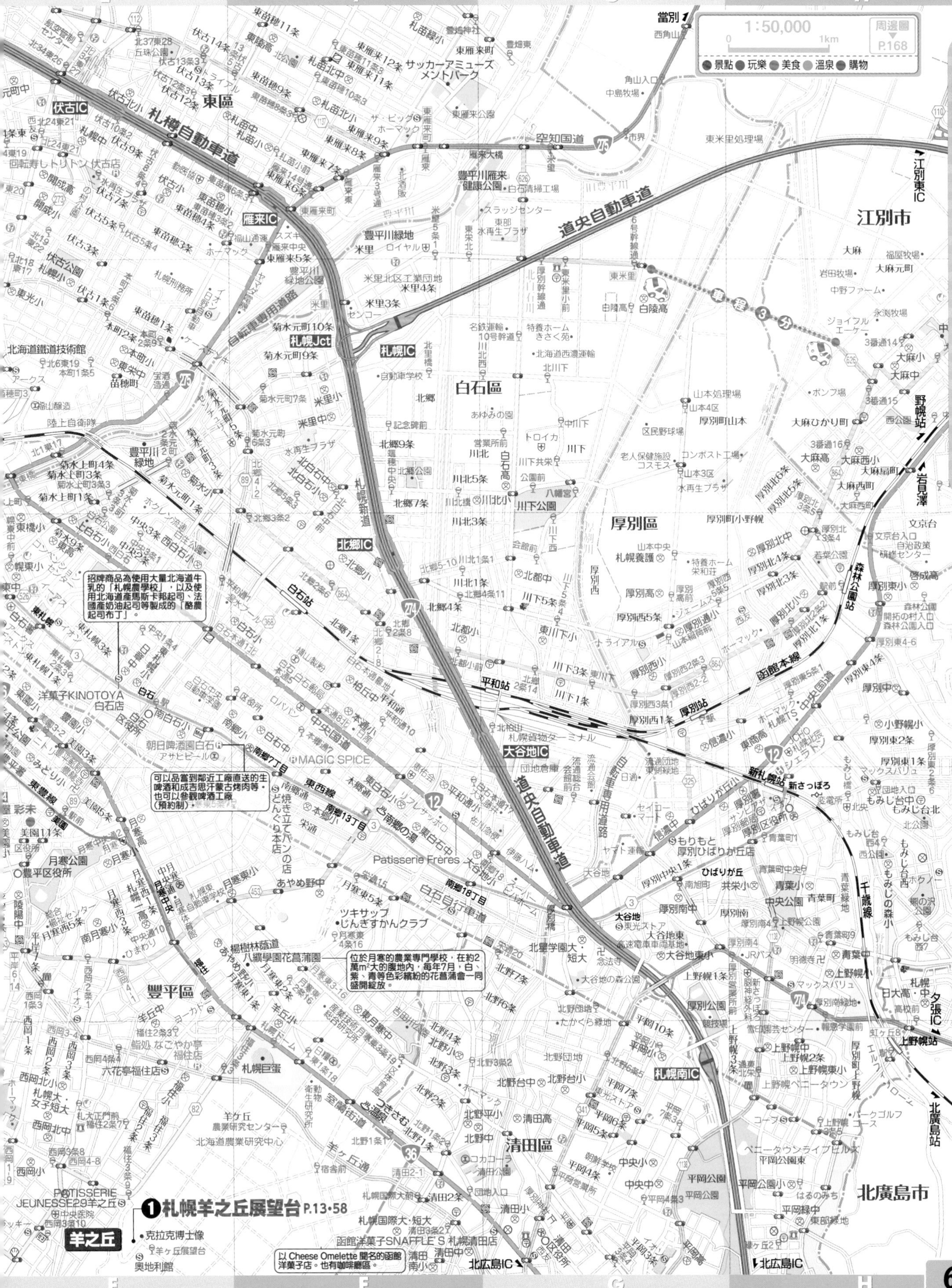

1:50,000 0 1km 周邊圖 P.168

景點 玩樂 美食 溫泉 購物

札幌中心區MAP
旭川出發
帶廣出發
釧路出發
網走出發
函館出發
路線MAP

東區　白石區　厚別區　豊平區　清田區　江別市　北廣島市

札樽自動車道　道央自動車道　札幌新道　函館本線　千歳線

伏古IC　雁来IC　札幌Jct　札幌IC　北郷IC　大谷地IC　札幌南IC　北広島IC　江別東IC　夕張IC

白石站　平和站　厚別站　新札幌站　森林公園站　野幌站　上野幌站　北廣島站

洋菓子KINOTOYA 白石店

招牌商品為使用大量北海道牛乳的「札幌農學校」，以及使用北海道產馬斯卡邦起司、法國產奶油起司等製成的「酪農起司布丁」。

朝日啤酒園白石

可以品嘗到鄰近工廠直送的生啤酒和成吉思汗蒙古烤肉等。也可以參觀啤酒工廠（預約制）。

八紘學園花菖蒲園

位於月寒的農業專門學校，在約2萬m²大的腹地內，每年7月，白、紫、青等色彩繽紛的花菖蒲會一同盛開綻放。

❶札幌羊之丘展望台 P.13・58

羊之丘　克拉克博士像　羊ヶ丘展望台　奥地利館

函館洋菓子SNAFFLE'S 札幌清田店

以Cheese Omelette聞名的函館洋菓子店。也有咖啡廳區。

[休閒導覽] 停車下來走走逛逛吧！

札幌市區 1day plan

紀念攝影SPOT
花圃前
建築物與人物都能漂亮地入鏡。推薦在廳舍前的花圃前面攝影。想凸顯建築物的氣勢，就從側邊斜著拍攝吧。

北海道廳舊本廳舍、札幌市鐘樓、大通公園等主要觀光景點都位於市內中心區，在札幌站的步行範圍內。從札幌駅前通邊往南走邊觀光是基本的遊覽方式。

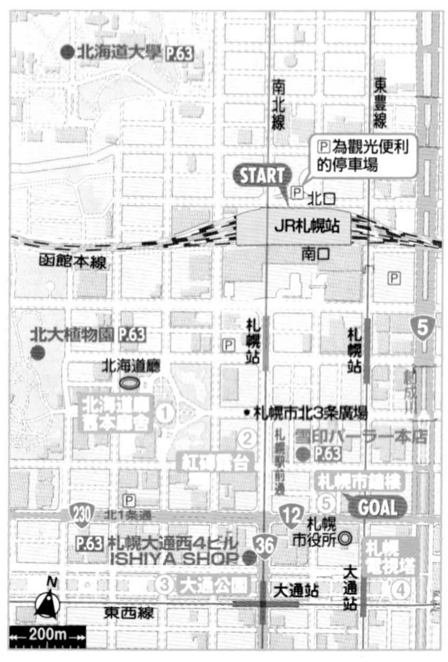

刻劃著開拓歷史的歷史建築

1 北海道廳舊本廳舍
ほっかいどうちょうきゅうほんちょうしゃ

MAP 60 D-2

漂亮的美式風格新巴洛克式建築，獲受指定為國家的重要文化財。明治21（1888）年以開拓使札幌本廳舍為範本建造，明治42（1909）年內部燒毀。現在的建築是昭和43（1968）年復原創建當時的建築模樣。

011-204-5019（北海道總務部總務課，週六日、假日為011-204-5000〈北海道廳中央司令室〉）
8:45～18:00（點燈為日落～21:00）
休無休 ¥免費入館
P無 所札幌市中央區北3西6

文獻館展示室
能見到開拓期的照片與圖畫，最吸睛的是松浦武四郎的地圖設計圖原大小的複製品

前庭
保有東北紅豆杉、春榆樹等約100種種類、約1000棵樹木。四季花朵在此綻放

紀念室 有歷代長官、知事工作的房間，門框、窗緣有唐草花紋的雕刻

位於市內中心區的"札幌中庭"

2 紅磚露台
あかれんがてらす

MAP 60 D-2

其概念為「與新感性相遇的札幌中庭」，以餐飲店為中心，一共有27家店鋪。活用札幌市北3条廣場與紅磚廳舍等的周邊環境，呈現舒適的空間。

011-211-6200（紅磚露台營運中心）
視店鋪而異
休無休 P56輛
所札幌市中央區北2西4-1

1F「Péché Grand」的蛋糕套餐864日圓

3F「BISTRO JAPONAIS けやき」味噌拉麵820日圓

3F「中国料理布袋」布袋午餐B890日圓（午餐時間限定）

建構札幌市區的基礎點 同時也是活動會場

3 大通公園
おおどおりこうえん

MAP 60 D-3

從西1丁目～西12丁目延綿1.5km長的綠化帶。也有許多在草地與長凳上放鬆的人們，是都市的綠洲。

011-251-0438（大通公園管理事務所）自由入園 P無
所札幌市中央區大通西1～12

玉米1根300日圓。黑寶紫糯米玉米1根300日圓也很受歡迎

大通公園的名物——玉米攤車

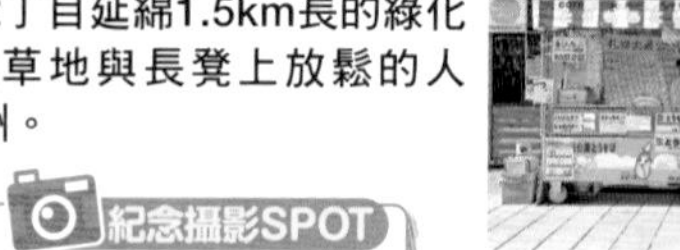

紀念攝影SPOT
西3丁目噴水池前
在泉之像的花圃前，預計4月下旬～秋天，期間限定放置大通公園名字的文字字牌

玉米攤車TOUKIBI WAGON官方吉祥物Kibicchi

從展望台眺望大通公園吧！

4 札幌電視塔

●さっぽろてれびとう

MAP 60 D-3

位於大通公園東側，為將街道分為東西南北的基準點。高約90m處有展望台，從這裡眺望的札幌市區非常美麗。館內也有餐廳和伴手禮店。3樓有展望台參觀者專用的休息室等設施。

☎011-241-1131
L 9:00~22:00 休 不定休
¥ 展望台票價720日圓 P 無
所 札幌市中央区大通西1

紀念攝影SPOT
從西1丁目
從離電視塔很近的西1丁目仰角拍攝GOOD。站在前方將人一起入鏡也不錯

展望台 90.38m
展望台望出的景觀
在電視或雜誌上看到的熟悉風景就是從這裡拍的

高度 147.2m

3F 22.9m

3F 位於東側的紀念品店

可邊瞭望著大通公園邊好好放鬆的休息室

持續運轉130年以上的日本最古老鐘樓

5 札幌市鐘樓

●さっぽろしとけいだい

MAP 60 D-2

依札幌農學校（北海道大學前身）克拉克博士的提議，於明治11（1878）年建造的練武場，用來作為軍訓和體育活動的場所。維持原貌運作的鐘樓，是日本最古早的鐘樓。在這135年以上的光陰裡，刻算著時間，持續地響起鐘聲。

☎011-231-0838
L 8:45～17:00
休 無休
¥ 票價200日圓
P 無
所 札幌市中央区北1西2

紀念攝影SPOT

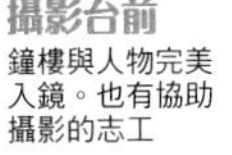

從紀念攝影台前
鐘樓與人物完美入鏡。也有協助攝影的志工

鐘樓大廳
重現（1899）明治32年舉行的博士學位授予祝賀會。裡面有和鐘樓同款的機械時鐘

大展示室
用模型、照片、壁板等解說鐘樓與札幌農學校的歷史

夜晚點燈更添美感

到了夜晚，被點燈照得美美的鐘樓。採用的照明設備是LED燈，減少電力消耗達7成，也是札幌市的省電象徵。

夜晚照映的燈光，更加凸顯白牆的美麗

順道一遊景點

景 ●はくだいしょくぶつえん
北大植物園

因札幌農學校（現北海道大學）克拉克博士提議，而建造的日本第一座近代植物園。園內種植各式各樣的植物。其中也有博物館。

DATA MAP 60 C-2
☎011-221-0066 L 9:00～16:00(視時節而異，11月4日～4月28日僅可參觀溫室)
休 週一(逢假日則翌日休，11月4日～4月28日為週日、假日休)
¥ 門票420日圓(冬季的溫室為120日圓) P 無
所 札幌市中央区北3西8

買 ●さっぽろおおどおりにしよんびるいしやしょっぷ
札幌大通西4ビル ISHIYA SHOP

能一片一片購買到「白色戀人」和「美冬」的店家。也可挑選各種喜歡的點心製作成專屬禮品。白色戀人霜淇淋308日圓也很有人氣。

DATA MAP 60 D-3
☎011-231-1483
L 10:00～19:00 休 無休
P 無 所 札幌市中央区大通西4-6-1札幌大通西4ビル1F

食 ●ゆきじるしぱーらーほんてん
雪印パーラー本店

使用特製鮮奶油與冰淇淋的聖代，種類豐富。Snow Royal濃縮咖啡聖代1430日圓（右），以及生起司聖代1010日圓（左）廣受好評。店內也一併設有伴手禮店。

DATA MAP 60 D-2
☎011-251-7530
L 10:00～20:30 休 無休
P 無 所 札幌市中央区北2西3 太陽生命札幌ビル1F

景 ●ほっかいどうだいがく
北海道大學

前身為明治9（1876）年開校的札幌農學校。腹地內以白楊林蔭道為主，有著豐富的自然環境。許多如札幌農學校第2農場等值得一訪的地方。

DATA MAP 60 C-2
☎011-716-2111(代表號)
L 自由散步 P 無
所 札幌市北区北8西5

美食導覽

北海道美食齊聚的街道

札幌5大名物美食

札幌齊聚了拉麵、成吉思汗蒙古烤肉、湯咖哩還有海鮮等各式各樣的料理。在此介紹當地員工嚴選的各菜單之代表店！

札幌拉麵

當地美食代表！盡情享用捲麵加上味噌湯頭的正宗札幌拉麵！

排隊美食！品嘗札幌拉麵第一名的味噌拉麵

味噌拉麵
780日圓
薑泥配料帶出清爽的餘味

美園 麵屋 彩未

●めんやさいみ MAP 61 E-4

這些也推薦
醬油拉麵…780日圓
鹽味拉麵…780日圓

好吃到一定會出現在各大媒體排行榜前幾名的人氣店家。味噌拉麵的豬骨湯底加上海鮮熬製的香濃高湯，融合出絕妙的滋味。

☎011-820-6511 L 11:00～15:15、17:00～19:30 休 週一 P 20輛 所 札幌市豊平区美園10-5-3-12

➲排隊隊伍常常絡繹不絕的人氣店家，但店家會事先詢問餐點，翻桌率很快

味噌拉麵
900日圓
散發小麥香氣的特別訂製麵條和湯頭非常對味。依喜好加點柚子胡椒也很好吃

在當地長期受到愛戴的傳統美味

薄野 すみれ 札幌 薄野店

●すみれざっぽろ薄野てん MAP 60 D-3

昭和39（1964）年創業的老字號名店。招牌餐點的味噌拉麵湯頭融合蔬菜的鮮甜滋味，味道豐富且濃厚。

☎011-200-4567 L、休 所

這些也推薦
醬油拉麵…800日圓
鹽味拉麵…800日圓

➲店內為活用木頭溫暖質感的時尚空間

為什麼是味噌口味？

「味の三平」創辦人——已故的大宮守人，因為味噌對身體有好處，所以用味噌湯為主軸下了層層工夫，充分考量後推出。昭和28（1953）年，因獲《生活手帖》總編——已故的花森安治在雜誌連載中介紹，而一夕成名。

5秒了解札幌拉麵

- 一般使用較粗且富有嚼勁的捲麵
- 讓豬骨湯底充分發揮豬油美味的高湯
- 炒豆芽菜與洋蔥為基本配料

濃醇湯頭廣受好評 石狩發祥的隱藏名店

信州濃醇味噌
760日圓
味道溫醇且濃厚的湯頭，白味噌的濃醇與甜味在口中四溢蔓延。像是要化開般的叉燒令人難以抗拒

薄野 らーめん信玄 南6条店

●らーめんしんげんみなみろくじょうてん MAP 60 D-3

花費48小時以上熬製的高湯，有著溫醇的美味。鹽味與醬油兩種拉麵的湯頭有濃厚或清爽2種可選。

☎011-530-5002 L 烊 休 所

➲儘管離薄野中心區有段距離，客人仍接踵而至

這些也推薦
越後辛味噌…760日圓
水戶濃厚醬油…760日圓

成吉思汗蒙古烤肉

圍著烤鍋，一手啤酒一手把肉烤得滋滋作響吧！

名物KING 吃到飽(120分)4212日圓
盡享兩種鮮肉與蔬菜，並附有札幌生啤酒等免費飲品

生啤酒為工廠直送！也能享受到單品料理與海鮮！

苗穗 札幌啤酒園

●さっぽろびーるえん　MAP 60 D-2

成吉思汗蒙古烤肉與工廠直送生啤酒吃喝到飽為本店名物。總計備有2000個以上的座位，活用明治時代的紅磚建築，復古的氛圍也很有魅力。

✆0120-150-550（綜合預約中心）
L 休 P 所

挑高的空間備有520個座位，龐大的規模令人震撼

把建來做為製糖工廠的紅磚建築，改造成開拓使館

這個也推薦
札幌生啤酒〈黑標〉樽生…907日圓（中杯）

薄野 成吉思汗 だるま本店

●じんぎすかんだるまほんてん　MAP 60 D-3

昭和29（1954）年創業以來，就對新鮮羊肉十分講究的老字號店家。小心仔細地手切每天開店前送達的肉品。秘傳的醬汁帶出肉品的鮮美滋味。

✆011-552-6013
L 休 P 所

吧檯排列著炭爐，用炭火燒烤出熱呼呼的美味

這個也推薦
泡菜…378日圓
老闆娘定期準備，每天會送到店裡。只有手作才有的美味

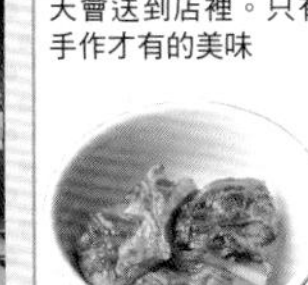

絕品生羊肉與決不外傳的秘傳醬汁！

成吉思汗蒙古烤肉 918日圓
瘦肉與肩里肌切成方便食用的大小。也有數量限定的上等肉和腰里肌肉（各1242日圓）

湯咖哩

選擇配料、辣度，組合出自己喜歡的一碗！

大通 SoupCurry GARAKU

●すーぷかれーがらく　MAP 60 D-3

以雞骨、雞腳、雞腿、豬骨和辛香蔬菜為底，加入洋蔥、全熟番茄等的湯頭，調製出的和風高湯有著溫潤的味道。

✆011-233-5568 L、烊 休 P 所

店內裝潢以美式殖民風為概念

人氣配料
炙燒起司（on米飯）…110日圓
りょうばあちゃん的炸雞塊…350日圓

上富良野薰衣草豬的涮豬肉與7種菇類之森 1250日圓
富有高雅甜味的豬肉加上菇類風味，相當對味的一品。口感清脆的水菜更加凸顯料理的美味

濃厚美味×秘傳香料×和風高湯

人氣配料
炸麻糬…90日圓
起司on the米飯…90日圓

脆皮知床雞與蔬菜 1150日圓
放入用炭火烤得香噴噴的知床雞，是很有人氣的招牌菜單

不裹麵衣炸的道產食材與溫潤咖哩湯廣受好評

薄野 soup curry Suage+

●すーぷかれーすあげぷらす　MAP 60 D-3

將道產食材不裹麵衣直接油炸，把美味鎖住的絕佳滋味。除了有著濃醇與香甜的滋味的清爽湯頭之外，還有用了墨魚汁的溫潤湯頭也廣受好評。

✆011-233-2911 L 休 P 所

位於靠近薄野交叉路口的大樓2樓。附近也有分店

美食導覽 札幌5大名物美食

壽司

大啖職人手藝料理的季節海鮮！

深根當地的正統派迴轉壽司

薄野 回転寿司ぱさーる
●かいてんずしぱさーる MAP 60 D-3

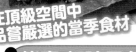

使用道產的每日直送新鮮海鮮，在客人面前現做的正統派迴轉壽司。有1貫1貫口味分開點的服務，若有同價格的食材，可為客人捏製一盤2貫不同口味的壽司。

✆011-242-5567
L 17:00～23:30 休週日 P無 所札幌市中央区南4西2 南4西2ビル1F

(上)牡丹蝦560日圓、(下)活北寄貝460日圓

這個也推薦
いかゴロルイベ…230日圓
調味過的烏賊內臟，以冷凍狀態食用的一道料理。配酒吃最對味

棗 3240日圓
午餐菜單。握壽司10貫，附有迷你沙拉、味噌湯、茶碗蒸

這個也推薦
迷你生散壽司與迷你鮭魚卵、螃蟹蓋飯套餐…2300日圓
絕對讓你超滿足的划算套餐。午餐限定

在頂級空間中品嘗嚴選的當季食材

札幌站 鮨棗 紅磚露台店
●すしなつめあかれんがてらすてん MAP 60 C-2

薄野首屈一指的人氣壽司店之2號店。以「高品質、低門檻」為標語，職人運用熟練的手藝捏製從全國精選的當季食材。經濟實惠的午餐套餐也廣受好評。

✆011-205-0010 L 11:30～14:30、17:00～22:00
休無休 P使用紅磚露台停車場
所札幌市中央区北2西4-1 札幌三井JPビル3F

海鮮料理

從經典料理到店家自創的菜單，享受繽紛的北海道海鮮

豪邁品嘗北海道各地的海產吧

薄野 海味 八協本店
●うみはちきょうほんてん MAP 60 D-3

此居酒屋備有每日從北海道各地直送的新鮮海鮮。在漁村小屋風裝潢的店內，能飽享北海道產的嚴選食材。在充滿朝氣的店裡，品嘗北海道的當季海鮮吧。

✆011-222-8940
L 18:00～24:00(週日、假日為17:00～23:00)
休無休 P無
所札幌市中央区南3西3 都ビル1F

這個也推薦
𩸽魚一夜干…2800日圓～
在浮游生物豐富的低溫海域中長大的羅臼產𩸽魚，油脂含量特別高

元祖魚子醬扣飯(驚人的鮭魚卵蓋飯)
中·2490日圓
八協名物，滿滿像小山的鮭魚卵蓋飯。裝盛鮭魚卵表演也務必一見！

生牡蠣 1個378日圓
厚岸直送鮮度超群的生牡蠣。也有許多客人都是「先來一道這個！」

來品嘗使用厚岸直送牡蠣製作的多種餐點

大通 かきと旬鮮料理とおそば 開(ひらく)
●かきとしゅんせんりょうりとおそばひらく MAP 60 D-3

能享受到奢侈使用從厚岸直送的新鮮牡蠣所製作的菜色。生吃或燒烤就不用說了，還有鍋物、天婦羅等，料理方式相當多元。牡蠣的味道會依季節變化，據說初春時會特別香甜。

✆011-241-6166 L 17:00～22:00 休週日(假日為不定休) P無 所札幌市中央区南1西5-17-2 プレジデント松井ビル2F

這個也推薦
山藥牡蠣蕎麥麵…1680日圓
十勝芽室產山藥的甜味與黏性，配上牡蠣的風味，美味精彩融合的一碗

來品嘗把北海道的「季節」裝入的名物每日海鮮蓋飯吧

老闆娘的特選蓋飯(每日替換)2680日圓
推薦盛滿了當天季節食材，非常受歡迎的海鮮蓋飯

二条市場 どんぶり茶屋 二条市場店
●どんぶりちゃやにじょういちばてん MAP 60 D-3

購自北海道各地的新鮮季節魚類，每日備有約30種的蓋飯。推薦的每日海鮮蓋飯、季節炙燒料理、湯品也相當受矚目。

✆011-558-1012
L 7:30～17:00 休無休 P無
所札幌市中央区南3東1-7

這些也推薦
漁場蓋飯…1380日圓
丸鮮蓋飯…3480日圓

只有在市場才有的款待，及北方漁村小屋氛圍滿溢的店內

場外市場 海鮮食堂 北のグルメ亭
●かいせんしょくどうきたのぐるめてい MAP 60 C-2

在店家數量諸多的場外市場中，規模相當大的老店中的老店。種類豐富的海鮮蓋飯有著超群的鮮度，每塊食材都很大，相當有分量。

✆011-621-3545
L 7:00～14:30 休無休
所札幌市中央区北11西22-4-1 P15輛

這些也推薦
鮭魚卵蓋飯…2680日圓
鮪魚三色蓋飯…3480日圓

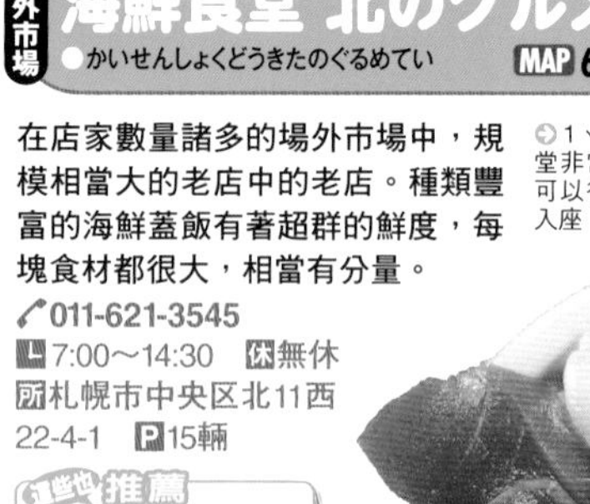

1、2樓的食堂非常寬廣，可以很順利地入座

海鮮蓋飯 3210日圓
鋪有道產鮭魚卵、貝類等約10種海鮮，是最有人氣的蓋飯

用料大塊又新鮮！也常出現在美食節目的店家

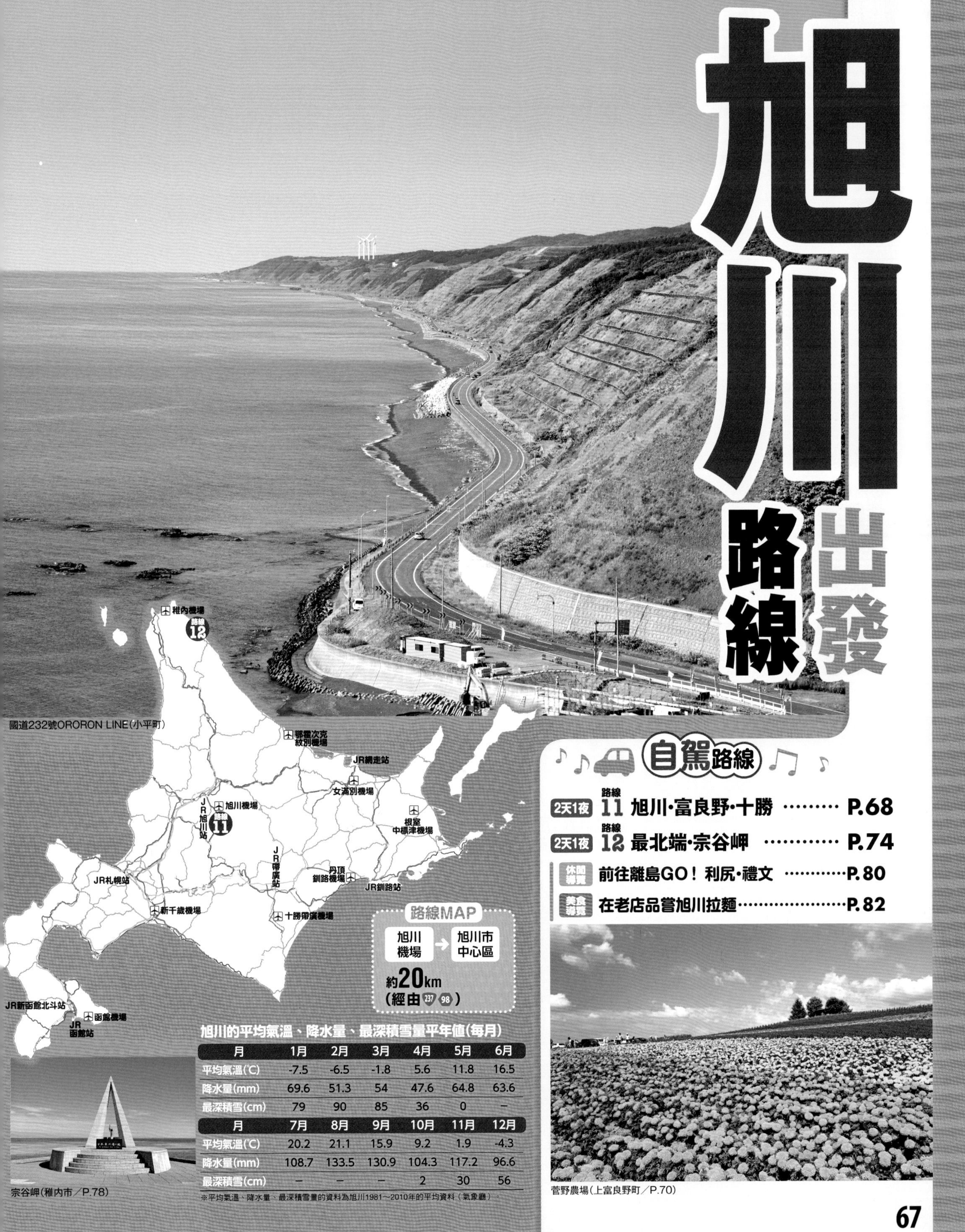

旭川出發路線

國道232號ORORON LINE(小平町)

自駕路線

2天1夜 路線11 旭川‧富良野‧十勝 ……… P.68

2天1夜 路線12 最北端‧宗谷岬 ……… P.74

休閒導覽 前往離島GO！利尻‧禮文 ……… P.80

美食導覽 在老店品嘗旭川拉麵 ……… P.82

路線MAP

旭川機場 → 旭川市中心區

約20km（經由237 98）

旭川的平均氣溫、降水量、最深積雪量平年值(每月)

月	1月	2月	3月	4月	5月	6月
平均氣溫(℃)	-7.5	-6.5	-1.8	5.6	11.8	16.5
降水量(mm)	69.6	51.3	54	47.6	64.8	63.6
最深積雪(cm)	79	90	85	36	0	–
月	**7月**	**8月**	**9月**	**10月**	**11月**	**12月**
平均氣溫(℃)	20.2	21.1	15.9	9.2	1.9	-4.3
降水量(mm)	108.7	133.5	130.9	104.3	117.2	96.6
最深積雪(cm)	–	–	–	2	30	56

※平均氣溫、降水量、最深積雪量的資料為旭川1981～2010年的平均資料（氣象廳）

宗谷岬(稚內市／P.78)

菅野農場(上富良野町／P.70)

路線 11

遊覽色彩鮮艷的花田與個性滿溢的庭園

旭川·富良野·十勝

あさひかわ·ふらの·とかち

2天1夜

行車距離 約278km

行車時間 約6小時45分

超級推薦 8 とかちせんねんのもり 十勝千年之森 清水

以想要讓森林留存至1000年之後的未來，而創立的庭園。用賽格威在園內散步的行程也很受歡迎。➲P.72

此路線遊覽從旭川經由富良野，一直延伸到十勝的北海道庭園街道之庭園，以及各地的美麗花田。第1天走國道237號南下。享受薰衣草園和摩天輪的景色，接著前往富良野市區。第2天前往TOMAMU，目標是清早的雲海，之後再往十勝前進。從TOMAMU那走國道38號雖然也是可以，但狩勝峠夏天容易起濃霧，所以從トマムIC走高速公路較好。

兜風自駕小建議

第1天的旭川～富良野之間，因為主要是直線道路、容易行駛的國道，所以要注意交通流量，還有速度不要過快。從富良野到トマムIC之間的國道38號彎道多且交通流量大，因此開車途中要記得適度休息哦。之後走高速公路，進入十勝就大多是好開的直線道路，駕駛的負擔應該也會較小。

最佳造訪季節 夏～秋

各地花田的美景巔峰時期為6～9月。秋天從摩天輪眺望的富良野、美瑛之景色也很漂亮。

相關活動

8月中旬 勝每煙火大會

9月下旬 新得新蕎麥祭

10月上旬 池田町秋天葡萄酒節

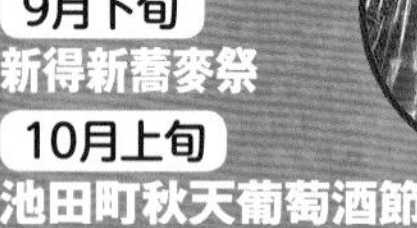

觀光洽詢處

- 旭川觀光會議協會 ☎0166-23-0090
- 美瑛町觀光協會 ☎0166-92-4378
- 中富良野觀光協會 ☎0167-39-3033
- 富良野觀光協會 ☎0167-23-3388
- 十勝觀光聯盟 ☎0155-22-1370
- 帶廣觀光會議協會 ☎0155-22-8600

超級推薦 2 かんのファーム 菅野農場 上富良野

國道237號旁的整面丘陵上有著色彩繽紛的美麗花田。從丘陵上的涼亭也能眺望美馬牛地區的景觀。➲P.70

超級推薦 4 ひのでこうえんらべんだーえん 日之出公園薰衣草園 上富良野

位於丘陵上的廣大薰衣草花田，從展望台能享受到360度的景觀，還能一覽上富良野市區和十勝岳連峰。➲P.71

超級推薦 10 しちくがーでん 紫竹庭園 帶廣

在1萬8000坪的土地上，盛開綻放著多達2500種花朵的庭園。腹地內也有能吃到甜點和豬肉蓋飯的餐廳。➲P.73

超級推薦
1 うえのふぁーむ 上野農場 旭川
上野砂由紀一家花費心力活用北海道環境打造的庭園，日劇《風之花園》中的庭園也是上野砂由紀製作的。糧倉改造的咖啡廳也很受歡迎。➲P.70
START JR旭川站
1 上野農場 P.70
P.82 旭川中心區
旭川市
東川町
ひがしかわ「道草館」
旭川機場
東神樂町
びえい「丘のくら」
るうのぱいん A P.71
P.23 美瑛中心區
2 菅野農場 P.70
P.71 摩天輪 3 十勝岳
4 日之出公園 薰衣草園 P.71
上富良野町
5 富田農場 薰衣草東部 P.71
中富良野町
C Campana 六花亭 P.71
B FB FURANO BURGER P.71
P.21 富良野中心區
6 風之花園 P.71
富良野市
南富良野町
狩勝峠
TOMAMU
P.73 星野TOMAMU度假村 7 雲海平台
占冠村
自然体感しむかっぷ
樹海ロード日高
日高町
平取町
十勝清水
清水町
展望レストラン とかち亭 D P.73
P.72 十勝千年之森 8
P.73 ファミリーとんかつの店 あかずきん E
P.73 ますやパン 麦音 F
真鍋庭園 11 P.73
P.73 新嵐山SKY PARK 9
P.73 紫竹庭園 10
芽室町
帯廣市
中札内村
なかさつない
GOAL JR帶廣站
12 TOKACHI HILLS P.73
P.96 帶廣中心區
幕別町
池田町
音更町
鹿追町
士幌町
上士幌町
しかおい
うりまく
ピア21しほろ
しほろ温泉
然別湖
ナイタイ山
ぬかびら温泉郷
R273無加油站。請注意油量
大雪山
層雲峡
上川～瀧之湯・糠平之間只有這裡才有加油站
紅葉時很有人氣。冬季關閉
連續降雨達100mm禁止通行
連續降雨量達50mm禁止通行
兩側是美麗的白樺林
糠平三股林道…進入林道須要向上士幌町市區的森林管理署（六日休）申請借得閘門的鑰匙。或是參加各種行程
能享受到 4 種泉質。混浴（有女湯）
十勝岳
富良野岳
ニペソツ山
トムラウシ
十勝帶廣機場
1:500,000
0 10km
地圖上的1cm為5km
範例
景點 玩樂 美食 購物 溫泉
周邊圖 P.163・164・169・175
札幌出發
旭川出發
路線 11
旭川・富良野・十勝
2天1夜
帶廣出發
釧路出發
網走出發
函館出發
路線MAP

第1天

從旭川走國道237號南下 一邊遊覽花田 一邊朝著富良野前進

第1天 行車距離 約90km 行車時間 約2小時15分

START JR旭川站
15km／23分 地方道路 39 37 地方道路
1 上野農場 景
35.5km／53分 地方道路 140 地方道路 37 68 237
Ⓐあるうのぱいん 食
2 菅野農場 景
3km／5分 237
3 摩天輪 十勝岳ART VIEW 玩
8km／12分 237 291 地方道路
4 日之出公園薰衣草園 景
10km／15分 地方道路 299 237 地方道路
5 富田農場 薰衣草東部 景
地方道路 237
18km／27分
ⒷFB FURANO BURGER 食
ⒸCampana六花亭 買
237 38 地方道路
6 風之花園 景

日劇《風之花園》中登場的英式庭園

第2天往P.72

景 活用氣候的庭園 【1小時】 MAP69

1 上野農場

うえのふぁーむ

上野砂由紀一家花費心力打造的庭園，而日劇《風之花園》中登場的庭園也是上野砂由紀製作出來的。腹地內也有舊糧倉改造的咖啡廳（不須入園門票），能品嘗到使用道產食材製作的輕食與甜點。

0166-47-8741 4月21日～10月14日的10:00～16:30（咖啡廳全年營業，閉園期間中為11:00～）休庭園開園中為無休（閉園中的咖啡廳為週一休） ¥門票800日圓 P80輛 所旭川市永山町16-186

9月，秋天也有許多花朵綻放

運用舊糧倉原本的氛圍，改裝為NAYA café

滿是蔬菜的庭園風塔可飯1050日圓

樸素的北海道野草，以及池邊綻放著繽紛花朵的地精的庭園

景 丘陵上的花田展現在花人街道旁 【1小時】 MAP69

2 菅野農場

かんのふぁーむ

國道237號旁的丘陵開滿了鮮豔的花朵。這裡是薰衣草的販售出貨，以及園藝花草種子採收的花田，不過也有開放一般民眾參觀。有多達60種以上的花朵品種。還有販售蔬菜與輕食。

0167-45-9528 6月中旬～10月中旬的9:00～18:00（視天候而異） 休期間中無休 ¥免費入園 P100輛 所上富良野町西12線北36 美馬牛峠

腹地內的商店「きんこんかんの」

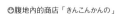

販售溫暖的手作商品、霜淇淋等

罕見品種的白玉米──PURE WHITE

五彩繽紛的花朵，將整個丘陵淹沒的景色精采絕倫

美味小吃 CHECK
酪農製作的爽口霜淇淋和微苦的生牛奶糖醬汁，組成非常有人氣的生牛奶糖霜淇淋380日圓
人氣伴手禮 CHECK
印有原創商標的麻布香氛包735日圓等很受歡迎

玩 從50m的高處眺望富良野、美瑛
【30分】 MAP69

3 摩天輪 十勝岳ART VIEW

●かんらんしゃとかちだけあーとびゅー

高50m的摩天輪位於上富良野町和美瑛町交界附近的深山峠。能用和至今不同的視線眺望美瑛之丘、十勝岳連峰和富良野的田園風景。

✆0167-45-6667（深山峠ART PARK） 🅛4月下旬～10月下旬的9:00～17:00（視時節而異）
休期間中無休（有視天候停運） ¥搭乘票價600日圓
P200輛 所上富良野町西8線北33号 深山峠

享受一趟約11分的空中散步吧

也推薦北側（美瑛、旭川）方向的景觀

位於山丘上的愛之鐘相當受情侶歡迎

景 一覽薰衣草花田和上富良野市區
【30分】 MAP69

4 日之出公園薰衣草園

●ひのでこうえんらべんだーえん

展望台西側可眺望薰衣草花田，東側則能望見十勝岳連峰。山頂有愛之鐘紀念碑，飄蕩著羅曼蒂克的氣氛。

✆0167-45-6983（上富良野町企劃商工觀光課） 🅛自由入園 P60輛
所上富良野町東1線北27号

景 眺望整面的薰衣草與雄壯的山巒
【1小時】 MAP69

5 富田農場 薰衣草東部

●ふぁーむとみたらべんだーいーすと

展現在薰衣草花田深處的是十勝岳連峰、夕張山地的美麗山巒。商店內售有富田農場的原創商品、霜淇淋等。

✆0167-39-3939（富田農場） 🅛7月的8:30～17:00
休期間中無休 P57輛 ¥免費入園
所上富良野町東6線北16号

也有繞園內一圈的牽引機巴士200日圓

景 多達450種花朵盛開綻放
【1小時】 MAP69

6 風之花園

●かぜのがーでん

日劇《風之花園》中，白鳥貞三（緒形拳）、琉衣（黑木梅沙）、岳（神木隆之介）種植花兒們的庭園。據說為此戲劇，花了約2年打造這座庭園。

✆0167-22-1111（新富良野王子大飯店）
🅛4月28日～10月14日的8:00～17:30（有季節性變動） 休期間中無休
¥門票800日圓（附從風之花園接待處的接送） P390輛
所富良野市中御料

保留著曾為日劇舞台的庭園

順道一遊景點

A 食 2 距離約9km あるうのぱいん

除了販售手作麵包之外，在店內也能品嘗到將麵包中心挖空，倒入起司的起司鍋套餐1500日圓。麵包的味道樸質，有著小麥的香氣。

DATA MAP69
✆0166-92-3229 🅛5～10月的11:00～16:00（售完打烊，不可預約） 休期間中週四、五（5、6、10月有不定休） P10輛 所美瑛町大村村山

B 食 5 距離約9km FB FURANO BURGER

●えふびーふらのばーがー

富良野牧場直營的漢堡店。使用姊妹店FURANO BAKERY製作的小圓麵包，以及新鮮的當地產蔬菜。培根和香腸相當多汁，並提引出肉質的鮮美滋味。

DATA MAP69
✆0167-23-1418 🅛4月底～10月底的11:00～17:30 休不定休（4～6月為週一；7、8月為無休；9、10月為週四休） P30輛 所富良野市東鳥沼1

C 買 6 距離約7.5km Campana 六花亭

●かんぱーなろっかてい

在帶廣有據點的六花亭分店。店鋪、咖啡廳和美術展示空間的大片窗戶面對著十勝岳連峰，展現在周圍的葡萄園也非常美麗。腹地內也有專賣成吉思汗蒙古烤肉的白樺富良野店。

DATA MAP69
✆0120-12-6666（客服中心）🅛4月下旬～11月上旬的9:00～17:00 休期間中無休 P200輛 所富良野市清水山

TOMAMU→十勝→JR帶廣站

目標是清晨TOMAMU的雲海 遊覽十勝的個性庭園

第2天
行車距離 約188km
行車時間 約4小時30分

銜接P.70的第1天

68km／1小時42分 地方道路 985 706 38 / 1117 136 地方道路

7km／11分 地方道路 136

トマムIC

22km／17分 道東道

十勝清水

274

10.5km／16分 D展望レストラン とかち亭 食

55 地方道路

8 十勝千年之森 玩

25km／38分 地方道路 55

Eファミリーとんかつの店 あかずきん 食

9 新嵐山SKY PARK 景

20km／30分 55 240

10 紫竹庭園 景

18km／27分 240 62 236

Fますやパン 麦音 買

11 真鍋庭園 景

6.5km／10分 地方道路 238

12 TOKACHI HILLS 玩

11km／17分 238 地方道路 236 地方道路

GOAL JR帶廣站

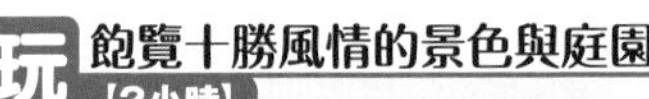

【2小時】 MAP 69

8 十勝千年之森

●とかちせんねんのもり

以草原為形象的野花庭園等，廣大的腹地中擴展了4個庭園。賽格威的導覽團也很受歡迎。園內也有商店及起司工房，以及各式各樣的戶外活動。

☎0156-63-3000(賽格威預約為☎0156-63-3311)
L4月28日～10月21日的9:30～17:00(視時節而異)
休期間中無休 ¥門票1000日圓（賽格威導覽團含門票為8800日圓，需預約） P200輛 所清水町羽帯南10線

透過接觸森林與農業，致力於各式各樣的環境貢獻活動

騎乘賽格威在廣大的腹地中散步的行程相當受歡迎

PICK UP! 挑戰製作起司

能夠吃到用自己做的莫札瑞拉起司所製作的披薩。4月28日～10月21日的10:00、13:30，1天實施2次。體驗費用為3800日圓（含門票，需預約）

玩 早起的話就能享受到夢幻般的風景
【2小時】 MAP69

7 星野TOMAMU度假村 雲海平台
●ほしのりぞーとtとまむうんかいてらす

在標高1088m的雲上平台，能一邊觀賞展現在眼下的壯麗景色，一邊品嘗早晨咖啡。只有在氣象條件俱全的清晨才能見到這一生僅有一次的絕景。

☎0167-58-1111(星野TOMAMU度假村) L5月13日～10月16日的5:00～7:00(上行纜車的最終搭乘時間，視時節而異) 休天候不佳時 ¥纜車(來回)1900日圓 P1500輛 所占冠村中トマム

設計成有如要往山間突出的雲海平台。能享受到雄壯的景色

景 一覽展現於眼下，廣大的十勝平原！
【30分】 MAP69

9 新嵐山SKY PARK
●しんあらしやますかいぱーく

在此展望台能夠眺望有如拼布般的田園風景。由於標高較低且接近市區，所以能夠近距離地感受到風光明媚的農村風景。夜晚也能望見滿天的星斗。

☎0155-65-2121(國民宿舍 新嵐山莊)
L自由參觀(12～4月的積雪期間中關閉)
P20輛 所芽室町中美生2線42

◐眺望遠方，東側有雌阿寒岳，北側有大雪、十勝連山，西側則有壯麗的日高山脈

景 在庭園街道備受矚目的庭園
【1小時】 MAP69

10 紫竹庭園
●しちくがーでん

女主人在30年之間持續打造，有著「紫竹婆婆的庭園」暱稱的花田。園內餐廳提供的「在花田早餐」廣受好評（需預約）。

☎0155-60-2377 L4月15日～11月30日的8:00～18:00 休期間中無休(冬季餐廳需預約)
¥門票800日圓 P50輛 所帯広市美栄町西4-107

◐精心整理，每年還會變更設計的庭園，相當值得一訪

景 植物生產者打造的主題庭園
【1小時】 MAP69

11 真鍋庭園
●まなべていえん

位於帶廣市郊外的觀光庭園。生產庭園用樹的業者於昭和41（1966）年開設兼做樣本的庭園。除了日本庭園、西洋庭園、風景式庭園之外，也有ReverseBorder和Monster庭園等原創區域，從春天到秋天都能愉快享受。

☎0155-48-2120 L4月下旬～12月上旬的8:00～日落(6～8月為～18:00) 休期間中無休 ¥門票800日圓 P30輛 所帯広市稲田町東2-6

◐廣大的園內佔地達2萬5000坪

◐使用十勝食材的匈牙利料理 ◐可一覽帶廣市區的小高丘上，有著庭園與田地

玩 展現於丘陵的花、農、食之主題公園
【1小時】 MAP69

12 TOKACHI HILLS
●とかちひるず

展現於十勝丘陵的花、農、食之主題公園。擁有被甜蜜香氣包圍的玫瑰庭園、咖啡廳露臺等的庭園設施。餐廳的午餐顧客以女性為主，相當受歡迎。

☎0155-56-1111 L4月22日～10月下旬的9:00～18:00 休期間中無休(視設施而異) ¥門票800日圓 P150輛 所幕別町日新13-5

順道一遊景點

D 食 8 距離約13km
●てんぼうれすとらんとかちてい

展望レストランとかち亭

進入新當地美食大賞北海道之殿堂的十勝清水牛排雞蛋蓋飯980日圓，以及連續2年榮獲全國當地蓋飯選手權第3名的生牛絞肉蓋飯930日圓，都很受歡迎。

DATA MAP69
☎0156-62-4121
L8:00～18:00(11～4月為～17:00) 休無休 P100輛
所清水町清水437-5

E 食 8 距離約13km
●ふぁみりーとんかつのみせあかずきん

ファミリーとんかつの店あかずきん

本店豬肉全都是使用北海道產SPF豬肉。甜玉米產量日本第一的——芽室町的當地美食玉米炒飯920日圓，還有說到十勝就是豬肉蓋飯等的料理都非常推薦。

DATA MAP69
☎0155-62-2139
L11:00～20:30 休不定休
P15輛 所芽室町東2-2-4

F 買 11 距離約1.6km
●ますやぱんむぎおと

ますやパン 麦音

為帶廣市民熟悉的ますやパン之旗艦店。以融化起司麵包（1個）250日圓為首，店內陳列種類豐富、講求100%使用十勝產小麥的現烤麵包。也有咖啡廳區，午餐限定的菜單等備受好評。

DATA MAP69
☎0155-67-4659
L6:55～20:00 休無休
P100輛
所帯広市稲田町南8線西16-43

路線 12

奔馳在海岸線上，目標是最北端的海岬

最北端・宗谷岬

さいほくたん・そうやみさき

2天1夜

行車距離 約610km

行車時間 約13小時55分

超級推薦 7 宗谷岬 そうやみさき 稚內

北緯45度31分22秒，位於稚內市區北部的日本本土最北端之地。日本最北端之地碑是絕佳的攝影景點。→P.78

從旭川往北海道西岸側的留萌，再從留萌走沿著海岸的國道232號——ORORON LINE北上，就能與北海道風情的景色相遇。順道一遊佐呂別原生花園之後，朝野寒布岬前進吧。第2天，經由稚內中心區，以日本最北端的海岬——宗谷岬為目標前進。之後從宗谷岬穿過位於北海道東岸的絕景直線道路——ESANUKA LINE。接著走國道40號，從內陸回到旭川。

兜風自駕小建議

大多是跑視野良好的國道，駕駛負擔較小，但要注意速度不要過快。此外，由於路況變化不大，中間最好要適當地休息一下。還有要先留意的是這條路的加油站不多。可能會發生油量不足時，找不到加油站的情況，所以開車時要多留意油量表哦。

最佳造訪季節 夏～秋

稚內的海膽季節為6～9月。此外，在佐呂別原野6～7月時會有北萱草在此盛開綻放。

相關活動

8月上旬
稚內港南極節

9月中旬
北方的惠澤 食之市集

觀光洽詢處

- 觀光洽詢處……… ✆0164-43-6817
- 豐富町商工觀光課……… ✆0162-82-1001
- 稚內市觀光交流課……… ✆0162-23-6468
- 美深町商工觀光集團……… ✆01656-2-1617
- 名寄觀光城市建設協會…… ✆01654-9-6711
- 士別市商工勞働觀光課…… ✆0165-23-3121

超級推薦 3 佐呂別濕原 さろべつしつげん 豐富

佐呂別在愛奴語中是「無限大」的意思。從初夏到秋天會有各式各樣的植物與花朵點綴其中。園內也有休息中心。→P.77

超級推薦 4 野寒布岬 のしゃっぷみさき 稚內

野寒布在愛奴語中是「海浪破碎之地」的意思。老天爺賞光的話，還能遠遠看見庫頁島的形狀。→P.77

超級推薦 12 道立SUNPILLAR PARK どうりつさんぴらーぱーく 名寄

室外遊樂設施、花田等齊聚各種樂趣的大型公園。夏天整面黃色的向日葵花田，非常亮眼吸睛。→P.79

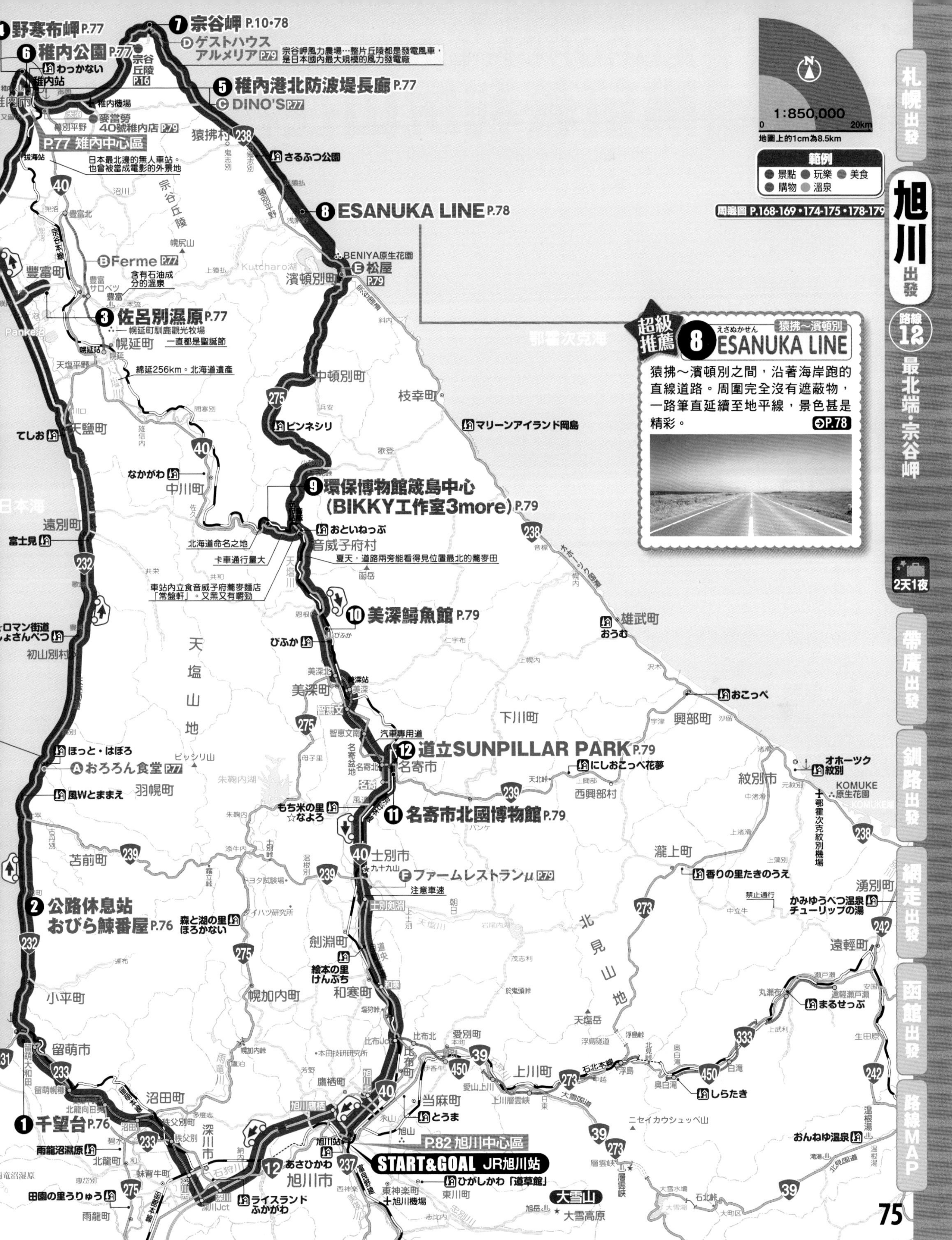

旭川出發
路線12
最北端・宗谷岬
札幌出發
帶廣出發
釧路出發
網走出發
函館出發
路線MAP
2天1夜
1:850,000
地圖上的1cm為8.5km
範例
景點 玩樂 美食
購物 溫泉
周邊圖 P.168-169・174-175・178-179
超級推薦
8 ESANUKA LINE
猿拂～濱頓別
猿拂～濱頓別之間，沿著海岸跑的直線道路。周圍完全沒有遮蔽物，一路筆直延續至地平線，景色甚是精彩。
➔P.78
7 宗谷岬 P.10・78
D ゲストハウス アルメリア P.79
宗谷岬風力農場…整片丘陵都是發電風車，是日本國內最大規模的風力發電廠
野寒布岬 P.77
6 稚內公園 P.77
わっかない
稚內站
宗谷丘陵 P.16
5 稚內港北防波堤長廊 P.77
C DINO'S P.77
稚內機場
麥當勞 40號稚內店 P.79
P.77 雉內中心區
猿拂村
さるふつ公園
拔海站
日本最北邊的無人車站。也曾被當成電影的外景地
8 ESANUKA LINE P.78
BENIYA原生花園
E 松屋 P.79
濱頓別町
B Ferme P.77
豐富町
含有石油成分的溫泉
3 佐呂別濕原 P.77
幌延町馴鹿觀光牧場
幌延町
一直都是聖誕節
綿延256km。北海道遺產
鄂霍次克海
中頓別町
枝幸町
ピンネシリ
マリーンアイランド岡島
てしお
天鹽町
なかがわ
中川町
日本海
9 環保博物館巰島中心 (BIKKY工作室3more) P.79
おといねっぷ
音威子府村
北海道命名之地
卡車通行量大
夏天，道路兩旁能看得見位置最北的蕎麥田
車站內立食音威子府蕎麥麵店「常盤軒」。又黑又有嚼勁
遠別町
富士見
10 美深鱒魚館 P.79
びふか
雄武町
おうむ
ロマン街道 しょさんべつ
初山別村
天塩山地
美深町
おこっぺ
下川町
興部町
ほっと・はぼろ
A おろろん食堂 P.77
12 道立SUNPILLAR PARK P.79
名寄市
にしおこっぺ花夢
オホーツク紋別
紋別市
KOMUKE原生花園
鄂霍次克紋別機場
風Wとままえ
羽幌町
西興部村
もち米の里☆なよろ
11 名寄市北國博物館 P.79
苫前町
士別市
F ファームレストランμ P.79
注意車速
瀧上町
香りの里たきのうえ
2 公路休息站 おびら鰊番屋 P.76
森と湖の里ほろかない
北見山地
かみゆうべつ温泉チューリップの湯
湧別町
遠輕町
剣淵町
絵本の里けんぶち
幌加内町
和寒町
小平町
丸瀬布
まるせっぷ
留萌市
愛別町
上川町
しらたき
1 千望台 P.76
沼田町
鷹栖町
当麻町
とうま
雨龍沼濕原
北龍町
深川市
P.82 旭川中心區
START&GOAL JR旭川站
あさひかわ
旭川市
ひがしかわ「道草館」
旭川機場
東川町
田園の里うりゅう
ライスランド ふかがわ
雨龍町
大雪山
大雪高原
おんねゆ温泉

走ORORON LINE北上
眺望著利尻山往稚內前進

第1天 行車距離 約300km 行車時間 約6小時35分

START JR旭川站
7km／10分 20 39 12 地方道路 1124 12
旭川鷹栖IC
78km／59分 道央道 深川留萌道
留萌大和田IC
9km／14分 233 231 地方道路
1 千望台 景
27km／41分 地方道路 231 232
2 公路休息站 おびら鰊番屋 玩
232
120km／3小時 Ⓐおろろん食堂 食
232 106 444
3 佐呂別濕原 景
ⒷFerme 食
52km／1小時18分 444 106 254 地方道路
4 野寒布岬 景
4.5km／7分 地方道路 254 地方道路
5 稚內港北防波堤長廊 景
2km／3分 地方道路 254 地方道路
6 稚內公園 玩
ⒸDINO'S 食

第2天往P.78

景 一覽位於眼下的港都
【30分】 MAP75

1 千望台
せんぼうだい

位於留萌市區南側的展望台。標高僅有180m，卻能從留萌市區將日本海盡收眼底。天氣好時，可望見天賣島和燒尻島，若條件俱全，還可能看見利尻富士。

☎0164-42-0569(休息中心) L4月下旬～10月中旬的9:00～18:00 休期間中週二 P15輛 所留萌市礼受町

腹地內也有休息中心

玩 小平町觀光交流中心全新附設
【1小時】 MAP75

2 公路休息站 おびら鰊番屋
みちのえきおびらにしんばんや

腹地內附設了小平町觀光交流中心的公路休息站，其中也有特產販售區、歷史文化保存展示廳等，是個不僅能休息和購物，還能參觀欣賞的設施。

☎0164-56-1828
L9:00～18:00(12～3月為10:00～17:00) 休無休(視設施而異) P81輛 所小平町鬼鹿広富

交流展示空間裡裝飾著大漁旗，營造出漁場的氛圍

景 高山植物綻放的平地濕原

【30分】 MAP75

3 佐呂別濕原

●さろべつしつげん

跨越豐富町及幌延町，占地約2萬4000公頃的廣大濕原，為利尻禮文佐呂別國家公園的一部分。 設有1周約1km的木棧步道，推薦在北萱草綻放盛開的6月下旬到7月上旬來此散步。

☎0162-82-3232(佐呂別濕原中心)

營10:00～16:00(5、8～10月為9:00～17:00，6、7月為8:30～17:30) 休5～10月為無休(11～4月為週一休) P62輛 ¥免費 所豐富町西豐富

↑在展示室清楚易懂地解說關於佐呂別濕原的形成經過和動植物

景 一覽利尻島、禮文島、庫頁島

【30分】 MAP75

4 野寒布岬

●のしゃっぷみさき

野寒布在愛奴語是「海浪破碎之地」的意思。從這裡往東方能眺望到宗谷岬，西方是禮文島、西南有利尻島，北方遠處則是庫頁島，特別是夕陽西下時景色尤其美麗。周邊有水族館、科學館、餐廳、商店等。

☎0162-23-6468(稚內市觀光交流課)

營自由參觀 P18輛 所稚內市ノシャップ

↑7～8月的清晨還能看見採收利尻昆布的景象

景 令人聯想到羅馬建築的巨大防波堤

【15分】 MAP77

5 稚內港北防波堤長廊

●わっかないこうきたぼうはていどーむ

總長約427m，半拱形的水泥建築，也是世界少見的防波堤。為防強風與巨浪所建，一列並排的圓柱像是遺跡般。獲指定為北海道遺產。

☎0162-23-6468(稚內市觀光交流課) 營自由參觀 P無 所稚內市開運

↑昭和11（1936）年完工，與潮騷散步道相連

從濱勇知園地再往北一些的拔海海岸。從佐呂別原生花園走道道444號，接道道106號（日本海ORORON LINE）北上，往左手邊就能看到利尻山

玩 海拔240m的展望台有著360度的大全景

【30分】 MAP77

6 稚內公園

●わっかないこうえん

位於稚內市西側的高地，能將日本海一覽無遺的公園。公園內以應該可稱為市內象徵的冰雪之門為首，還有展望設施與鄉土資料館合一的開基百年紀念塔、森林公園露營場等。

☎0162-23-6468(稚內市觀光交流課) 營春～秋為自由入園 P70輛 所稚內市中央1

↑因日劇《南極大陸》而廣為人知的樺太犬紀念碑

↑建於公園內的開基百年紀念塔，從展望台能360度飽覽四周的風景

順道一遊景點

A 食 2 距離約28km

●おろろんしょくどう

おろろん食堂

在此食堂能品嘗到鮮度超群的當地海產。身為漁貨經銷商的店老闆，自行採購優質的食材，基本上不使用冷凍食材。位於公路休息站ほっと·はぼろ對面。

DATA MAP75

☎0164-62-4815

營4月中旬～11月中旬的9:00～15:00

休期間中不定休 P40輛

所羽幌町北4-1

B 食 3 距離約7.5km

●フェルム

Ferme

使用當地牧場牛乳製作成的輕食與甜點，擁有種類豐富的菜單。牛奶感滿溢的霜淇淋200日圓～、牛奶義大利麵700日圓，以及牛奶拉麵800日圓等相當有人氣。也有許多雜貨。

DATA MAP75

☎0162-73-0808

營10:00～18:00(10～4月為11:00～17:00) 休週二

P10輛 所豐富町大通9

C 食 6 距離約2km

●デノーズ

DINO'S

由曾為美軍基地的廚師所創作出的特大漢堡為名物。淋上番茄肉醬和起司，盛放在熱鐵板上的漢堡──Sloppy Joe 1030日圓，非常受歡迎。

DATA MAP77

☎0162-22-6910

營11:00～18:30(視情況變更)

休不定休 P6輛

所稚內市中央2-11

最北端・宗谷岬出發，前往ESANUKA LINE
走道北內陸南下 朝旭川前進

日本最北端の地

第2天 行車距離 約310km 行車時間 約7小時20分

銜接P.76的第1天

33km／50分 地方道路 254 106 40 238

7 宗谷岬 景

D ゲストハウス アルメリア 食

46.5km／59分 238 地方道路

8 ESANUKA LINE 景

地方道路 275

81km／2小時15分 E 松屋 買

275 40 地方道路

9 環保博物館筬島中心(BIKKY工作室3more) 景

28.5km／43分 地方道路 40

10 美深鱘魚館 景

33.5km／51分 40 538 地方道路

11 名寄市北國博物館 景

5km／8分 地方道路 538 540 939 地方道路

12 道立 SUNPILLAR PARK 玩

34km／51分 地方道路 939 540 538 40

F ファームレストランμ 食

士別剣淵IC

37km／28分 道央道

旭川北IC

11km／17分 37 40 地方道路 20

GOAL JR旭川站

景 要排隊拍紀念照的日本最北之地

【1小時】 MAP 75

7 宗谷岬
●そうやみさき

位於北緯45度31分22秒的海岬，為日本最北端。前端立有「日本最北端之地碑」，旁邊就是探險家間宮林藏的雕像與多個紀念碑，點燈營造出的夜景也十分夢幻。➲P.10

✆0162-23-6468(稚內市觀光交流課)

L 自由參觀　P 200輛　所 稚內市宗谷岬

⊙日本最北端之地碑非常有人氣，拍攝紀念照的人潮絡繹不絕

景 有如用尺畫出的筆直絕景道路不絕

【30分】 MAP 75

8 ESANUKA LINE
●えさぬかせん

位於猿拂村～濱頓別町之間，比國道238號更靠海邊，被ESANUKA原生花園夾在中間的直線道路。距離雖然只有約17km左右，但周圍完全沒有障礙物，朝著地平線筆直延伸的景觀，十分精彩。這裡會讓人忘了身在日本，能體驗到非日常的感覺。

✆01635-2-2211(猿拂村觀光協會)　所 猿払村浅茅野台地

⊙地平線那端，天際與道路難以區別，看來就像是道路消失在盡頭一般

景 鑑賞砂澤BIKKY的藝術作品

【30分】 MAP75

9 環保博物館筬島中心（BIKKY工作室3more）

えこみゅーじあむおさしませんたーびっきあとりえさんもあ

北海道的代表性雕刻家砂澤BIKKY以獨特風格聞名。用了10年的時間，將工作室兼住家的舊筬島小學改造成藝廊＆咖啡廳。還有將砂澤用心裝潢的札幌酒吧，依照原樣移築的區域。

☎01656-5-3980 L4月26日～10月31日的9:30～16:30 休期間中週一（逢假日則翌日休） ¥門票200日圓 P20輛 所音威子府村物満内55

曾是學校的教室，也用來作為展示室使用

景 以鱘魚為主的稀有水族館

【30分】 MAP75

10 美深鱘魚館

びふかちょうざめかん

被稱為活化石的鱘魚從1億數千萬年前生存至今，過去曾棲息於天鹽川，在此水族館可觀察牠的成長過程。在隔壁美深溫泉內的餐廳能吃到的鱘魚料理也廣受好評（需事先電話確認）。

☎01656-2-2595 L9:00～17:00 休週一 ¥免費入館 P10輛 所美深町紋穂内 森林公園びふかアイランド内

鱘魚過去也曾棲息在流經美深町的天鹽川中。泳姿相當有震撼力

景 展示關於名寄的自然與歷史之資料

【1小時】 MAP75

11 名寄市北國博物館

なよろしきたぐにはくぶつかん

以冬、雪、寒為主題，展示關於名寄嚴峻美麗的自然與歷史之資料。戶外也有展示日本唯一留存的SL排雪列車Kimaroki。

☎01654-3-2575 L9:00～16:30 休週一 ¥門票200日圓 P25輛 所名寄市緑丘222

Kimaroki是在大雪地區編制出來，活躍於鐵路除雪工作的車輛名稱

日本最北端之地碑，是以北極星的一稜為範本，組合了表示北的「N」，以及表示平穩與協調的底座設計而成。距離對岸的俄羅斯聯邦薩哈林州約43km

玩 有很多能玩的大型公園

【1小時】 MAP75

12 道立SUNPILLAR PARK

どうりつさんぴらーぱーく

擁有戶外遊具設施與花田等的綜合公園。園內的飄飄彈翻床等遊具，以及噴水廣場也非常受歡迎。夏天也會被用來當成電影外景地的整片向日葵花田十分漂亮。

☎01654-3-9826 L9:00～18:00（4月為～17:00、11～3月為10:00～22:00） 休無休 ¥免費入園 P100輛 所名寄市日進

於公園內花田盛開綻放的向日葵，最佳觀賞時期為7月下旬～8月中旬

PICK UP! 在人氣漢堡的最北端分店，拍張紀念照！

稚內市內的潮見地區，有家麥當勞 40號稚內店（MAP 75）。店外有最北紀念碑，能愉快地和麥當勞叔叔拍張紀念照。很少店家會擺設拍紀念照用的麥當勞叔叔，因此相當受觀光客歡迎。

麥當勞叔叔旁邊的最北紀念碑上，也有標註稚內的緯度

順道一遊景點

D 食 7 即到 ゲストハウス アルメリア

在此餐廳能品嘗到使用名物宗谷黑牛製作的牛排與燉牛肉，以及鄂霍次克海的新鮮海鮮。因為也附設販賣道產品的商店，可以在此買伴手禮。

DATA MAP75
☎0162-76-2636 L4月中旬～10月中旬的9:00～18:00（視時節而異） 休期間中不定休 P50輛 所稚内市宗谷岬

E 買 8 距離約21.5km 松屋

まつや

昭和8（1933）年創業的老字號和菓子店。長銷的松果最中、牛乳最中各155日圓，特別受歡迎。隱藏版商品的冷凍泡芙蛋糕也廣受好評。

DATA MAP75
☎01634-2-2002 L9:00～19:00（12～2月為～18:00、週日為～17:00） 休無休 P無 所浜頓別町大通2-3

F 食 12 距離約30km ファームレストランμ

ふぁーむれすとらんみゅー

使用自家公司農場飼育的薩福克羊、無腥味的成吉思汗蒙古烤肉，以及100%羊骨湯頭的特製味噌拉麵，非常有人氣。也有雞排和牛排。

DATA MAP75
☎0165-22-4545 L11:30～14:00（晚餐為18:00～19:30、最晚需前日預約） 休午餐為11～3月休 P20輛 所士別市東4-21-473-103

休閒導覽

前往自然美滿溢的2座浮島

前往離島GO!

利尻・禮文

りしり　れぶん

從海面聳立著利尻山（利尻富士）的利尻島，以及高山植物茂盛生長，形象溫和的禮文島。到了稚內的話，也很推薦稍微再走遠一些，到利尻、禮文這裡走走看看。

在利尻、禮文租車

利尻、禮文都有當地企業經營的租車公司，能租到較便宜的車子。建議在旅遊高峰季節要早點預約。

利尻 Maruzen租車
0163-82-2295
¥輕型汽車（3小時）4980日圓～
所利尻富士町鴛泊栄町227-5 Maruzen Pension RERA MOSIR內

禮文 礼文観光レンタカー
0163-86-1360
¥需事先洽詢
所禮文町香深村ワウシ

眺望對岸雄壯的利尻富士之姿

利尻島 環島兜風

利尻島富有魅力的觀光名勝大多在沿海處。下了鴛泊港之後就來租車，愉快地繞島兜風一周吧。

利尻島的最佳遊覽方式

開車跑一圈利尻島所需時間2小時30分。觀光名勝幾乎都在海邊沿岸或是近海處，因此大約6小時就能逛完利尻島。要在島內租車觀光時，因車數有限，所以要盡早預約。

佇立於利尻富士山邊的神秘水畔

1 姫沼

ひめぬま

MAP 80

位於原生林中，圓周1km左右的湖沼。從這裡看見的利尻山，山腰有著大型山谷的切口，展現與秀麗的富士之姿不同的山貌。

0163-82-1114(利尻富士町產業振興課商工觀光股)　L自由參觀　P20輛　所利尻富士町鴛泊

約20km

日本最北端的名水

4 甘露泉水

かんろせんすい

MAP 80

在利尻富士的鴛泊登山路徑的3合目附近湧出。在當地從古早就以「清甜之水」受人喜愛，是日本名水百選之中位置最北端的泉水。

0163-82-1114(利尻富士町產業振興課商工觀光股)　L自由參觀　P20輛　所利尻富士町鴛泊

富含礦物質，代表利尻山麓的湧泉

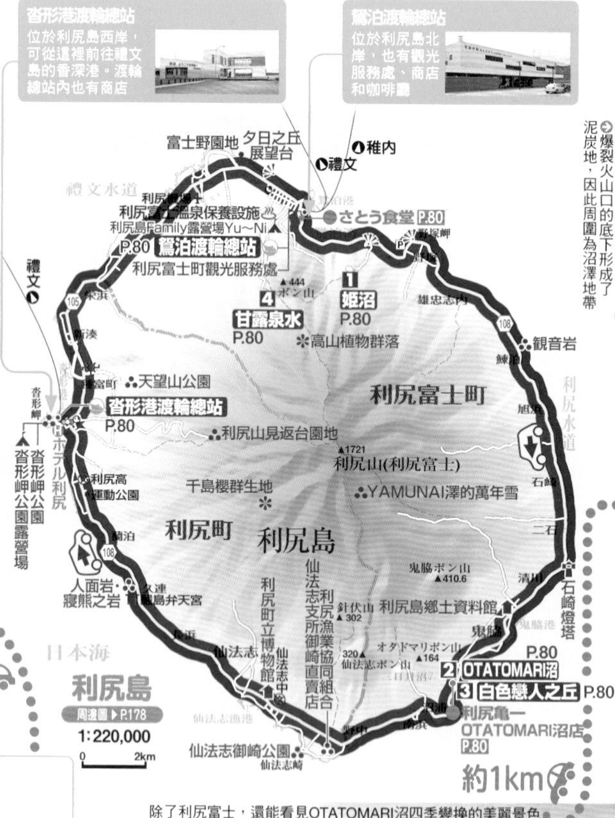

約35km

來去看國內外有名的「那個風景」吧

3 白色戀人之丘

しろいこいびとのおか

MAP 80

從山丘上，能望見出現在銘菓「白色戀人」外包裝照片上的那座知名利尻富士。利尻富士町觀光協會，會發送以「白色戀人」為形象的求婚證明書，給在此求婚的情侶。

0163-82-1114(利尻富士町產業振興課商工觀光股)
L自由參觀　P10輛　所利尻富士町鬼脇沼浦

除了利尻富士，還能看見OTATOMARI沼四季變換的美麗景色

約1km

隨四季變換的花朵在水畔盛開綻放

爆裂火山口的底下形成了泥炭地，因此周圍為沼澤地帶

2 OTATOMARI沼

おたとまりぬま

MAP 80

展現在周圍的是日本最北的紅蝦夷松原生林。也有能一邊眺望利尻山，一邊散步約20分鐘的步道。7月初旬能欣賞到北萱草等原生花。

0163-82-1114(利尻富士町產業振興課商工觀光股)
L自由參觀　P50輛　所利尻富士町鬼脇沼浦

順道一遊景點

食 さとう食堂

さとうしょくどう

使用新鮮利尻海膽的海膽蓋飯相當受歡迎。由於海膽有因天氣而無法提供的情況，所以請事先確認一下吧。

DATA　MAP 80
0163-82-1314
L4月下旬～10月下旬的8:30～17:00(視時節而異)
休期間中無休　P無
所利尻富士町鴛泊港町

※照片為參考

食 利尻亀一OTATOMARI沼店

りしりかめいちおたとまりぬまてん

一併設有工廠直營的伴手禮店，是能大啖生海膽壽司、生海膽蓋飯的餐廳。限定的利尻子香鬆也十分受歡迎。

DATA　MAP 80
0163-83-1446
L4月中旬～11月上旬的8:30～17:30　休期間中無休　P30輛　所利尻富士町鬼脇オタトマリ沼

禮文島環島兜風

從禮文島最北端的須古頓海角，經禮文町高山植物園，跑至能看見美麗夕陽的元地海岸、地藏岩的自駕路線。由於禮文島無法開車完整繞島外圍一周，所以推薦這條路線。

這個海角也是遊覽島嶼的散步路徑起始點

1 禮文最北邊的草原 須古頓海角

すことんみさき

MAP81

位於禮文島最北邊的海角，天氣好的話，能遠遠望見庫頁島。草原狀的海角，充分展現最北端的風情。

0163-86-2655（禮文島觀光服務處，4～10月）
自由參觀
P30輛 所礼文町船泊村須古頓

約9km

2 以海洋透明度超群自豪 澄海海角

すかいみさき

MAP81

被西北部斷崖包圍的小海灣。清澄的海洋宛如寶石般展現於眼下，是秘境中的秘境。

0163-86-2655(禮文島觀光服務處，4～10月)
自由參觀 P10輛 所礼文町船泊村西上泊

斷崖峭壁的海灣、海角，奇岩、怪石、美麗景色並列的觀景點

約8km

3 網羅島內的高山植物 禮文町 高山植物園

れぶんちょうこうざんしょくぶつえん

MAP81

30種約2萬株的高山植物，會隨著季節依序綻放。遊客中心內展示著高山植物的相關資料。

0163-87-2941（高山植物培養中心）
5月1日～9月30日的9:00～16:30 休期間中無休(9月為週日休) ¥300日圓（9月中為免費）
P10輛 所礼文町船泊村高山

5～9月之間能見到各種不同的高山植物

能見到禮文敦盛草

5月下旬～8月中旬，能見到受低溫管理的禮文敦盛草。推薦給想輕鬆觀賞高山植物的人。

禮文島
周邊圖▶P178
1:170,000

海驢島：禮文島的最北邊。屬無人島的海驢島，也能望見對岸的金田海角跟庫頁島

1 須古頓海角 P.81
有WC、電話、商店
Gorota海角、須古頓海角是由堅硬的火成岩——玄武岩所形成的，在此也能觀察其柱狀節理的結構
Gorota離島
久種湖畔露營場
禮文機場（暫停營運～2020年3月底）
P.81 禮文町高山植物園 3
4小時路線終點 有WC、電話
禮文敦盛草群生地
P.81 澄海海角 2
海水透明度高，能直望海底
禮文町
禮文島
禮文岳 490
禮文薄雪草群生地
禮文林道分歧
香深井林道口
宇遠內～元地之間，由於有落石滑落或天候不佳時的巨浪等，過於危險，因此有禁止通行的看板
P.81 元地海岸、地藏岩 4
桃岩展望台
桃台貓台
元地燈塔
高山植物群落
禮文島觀光服務處
花れぶん
稚內
利尻
渡輪總站～知床 搭宗谷巴士13分
北方的金絲雀公園
香深港渡輪總站 P.81
炉ばたちどり P.81
礼文おみやげセンター P.81

禮文島的最佳遊覽方式

開車遊覽時，可用渡輪載車過來，或是在島上租車。香深港渡輪總站前有店家可租借。要在島內租車觀光時，因車數有限，所以要盡早預約。

香深港渡輪總站

禮文島唯一的出入口。全年有通往稚內港與鴛泊港的渡輪，而往杳形港的航班則是夏季才有。

4 美景與夕陽的名勝 元地海岸、地藏岩

もとちかいがんじぞういわ

MAP81

這裡也有能撿到瑪瑙原石的瑪瑙海灘。朝向大海陡峭而立的奇岩——地藏岩，能看出宛如雙手合十的模樣。

0163-86-2655(禮文島觀光服務處，4～10月)
自由參觀 P10輛
所礼文町香深村元地

地藏岩的由來，除了看起來像是地藏的形狀之外，還有各種說法

約20km

順道一遊景點

食 炉ばたちどり

ろばたちどり

能品嘗到使用當季海鮮製作的料理。鋪上特製味噌燒烤的𩸽魚鏘鏘燒為名物。

DATA MAP81
0163-86-2130
11:00～21:30
休不定休(7、8月為無休)
P4輛
所礼文町香深村香深

買 礼文おみやげセンター

れぶんおみやげせんたー

渡輪總站對面的商店群。其中一間——中島商店的瓶裝海膽，是捕獲當天便瓶裝起來的，鮮度超群。

DATA MAP81
0163-86-2161(中島商店)
4月中旬～10月中旬的7:00～19:00 休期間中無休
P100輛 所礼文町香深

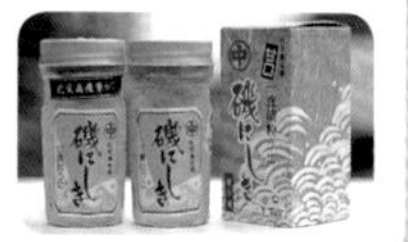

美食導覽

網羅必吃名店！

在老店品嘗 旭川拉麵

以北海道3大拉麵之一聞名的旭川拉麵。
這裡嚴選了在拉麵激戰區的旭川市之中，絕對美味的老字號名店！

What's 旭川拉麵?

湯頭一般是以豬骨為湯底，活用海鮮風味的醬油口味。許多店家都是使用低含水量的中細捲麵。

盡情享受海鮮的風味與豬油芳香

旭川站周邊

ラーメンの蜂屋 5条創業店

●らーめんのはちやごじょうそうぎょうてん MAP 82

昭和22（1947）年創業。麵與湯搭配得恰到好處，守著從上一代繼承下來的味道。口感Q彈有嚼勁的煎餃也十分受歡迎。

☎0166-22-3343 L10:30～19:50（8～9月中旬為～20:50） 休週四（需洽詢） P5輛 所旭川市5条通7右6

《也有這樣的拉麵！》
●叉燒拉麵…950日圓
●蔬菜拉麵…950日圓

醬油拉麵 750日圓
使用豬骨、竹筴魚乾等製作的湯頭，配上自家製的低含水量中粗捲麵，獨特的香濃豬油焦香風味為其特徵

有2處入口，分別在大馬路旁與小巷邊

旭川站周邊

梅光軒 本店

●ばいこうけんほんてん MAP 82

位於平和通買物公園旁

昭和44（1969）年創業。精心使用豬骨、雞骨、海鮮熬煮的雙重湯頭，雖滋味濃厚，但入口的餘味卻清爽無比。不加雞蛋製作的特製中細捲麵有著絕佳嚼勁，也非常美味。

☎0166-24-4575 L11:00～20:30（週日、假日為～20:00） 休不定休 P無 所旭川市2条通8右1 ピアザビル B1

無論是誰都會認可的旭川拉麵巔峰

醬油拉麵 730日圓
以豬骨、雞骨為湯底，加上蔬菜、海鮮鮮美滋味的秘傳高湯，與特別訂製的中細捲麵，兩者相互交織出店家自豪的一碗

《也有這樣的拉麵！》
●蔬菜拉麵(各口味)…930日圓
●奶油玉米拉麵(各口味)…830日圓～

九成客人都點的名物餐點

旭川中心區

生姜ラーメンみづの

●しょうがらーめんみづの MAP 82

昭和41（1966）年創業。上一代店主精心推出的生薑拉麵十分受歡迎。薑泥與豬骨的湯頭超級對味，簡單又溫和的美味。

☎0166-22-5637 L10:30～14:00、17:00～18:30（週日為11:00～17:00，需事先洽詢） 休不定休 P無 所旭川市常盤通2

生薑拉麵 630日圓
生薑泥的味道不會過重，加入的分量恰到好處。就算在寒冷的季節裡，也能確實地暖和身體的名物菜單

傳統拉麵店的氛圍

《也有這樣的拉麵！》
●醬油拉麵…530日圓
●月見拉麵(各口味)…600日圓～

這些也推薦！旭川的B級美食

鹽味內臟

使用鹽味醬汁調味的新鮮內臟324日圓，用炭火燒烤來吃。越嚼越在口中散發鮮美的滋味。

旭川站周邊

塩ホルモン専門 炭や 旭川店

●しおほるもんせんもんすみやあさひかわてん MAP 82

☎0166-26-4303 L17:00～23:00（週日、假日為16:00～22:00） 休週一 P無 所旭川市5条通8 あかしや小路

新子燒

用炭火燒烤半隻生的伊達產嫩雞（含雞翅）1490日圓，浸了秘傳醬汁的逸品。從創業當時起就是名物。

旭川站周邊

焼鳥専門 ぎんねこ

●やきとりせんもんぎんねこ MAP 82

☎0166-22-4604 L13:00～22:00（不可預約座位） 休週一 P無 所旭川市5条通7 5·7小路ふらりーと

帶廣路線出發

NAITAI高原牧場（上士幌町／P.92）

三國峠（上士幌町／P.94）

路線MAP
十勝帶廣機場 → 帶廣市中心區
約28km
（經由帯広広尾自動車道・236）

帶廣的平均氣溫、降水量、最深積雪量平年值（每月）

月	1月	2月	3月	4月	5月	6月
平均氣溫(℃)	-7.5	-6.2	-1	5.8	11.1	14.8
降水量(mm)	42.8	24.9	42.4	58.9	81	75.5
最深積雪(cm)	53	54	46	8	1	−
月	7月	8月	9月	10月	11月	12月
平均氣溫(℃)	18.3	20.2	16.3	10	3.2	-3.7
降水量(mm)	106.4	139.1	138.1	75	57.6	46.1
最深積雪(cm)	−	−	−	−	6	30

※平均氣溫、降水量、最深積雪量的資料為帶廣1981～2010年的平均資料（氣象廳）。

自駕路線

2天1夜 路線13 南十勝・襟裳岬 ………… P.84
2天1夜 路線14 帶廣・三國峠・層雲峽 …… P.90
美食導覽 帶廣3大名物美食 ……………………P.96
休閒導覽 也能品嘗到十勝美食 輓曳十勝 ………P.98

襟裳岬（襟裳町／P.88）

路線 13

奔馳在牧場散布的南十勝，以及遠望汪洋大海的黃金道路上

南十勝·襟裳岬

みなみとかち·えりもみさき

2天1夜

行車距離 約384km

行車時間 約9小時40分

超級推薦 8 えりもみさき 襟裳岬 襟裳

一年中有290天以上，風速超過10m的強風海岬。由於海上有寒流與暖流相互交會，夏天特別容易起海霧。從海岬延續到礁岩地帶的區域還能看見港海豹。➲P.88

連結帶廣跟廣尾的國道236號，是沿途能見到放置在綠色大地上的筒倉與牧草捆等風景的好景觀路線。從廣尾進入天馬街道，車窗外的景色就會為之一變，跑在鋪設完善的道路上，直線貫穿日高山脈的森林地帶，再通過長長的野塚隧道的話，浦河町就在眼前。最精彩的路段是從襟裳町庶野到廣尾町ツチウシ的黃金道路。在海岸道路享受太平洋狂瀾洶湧、震撼力十足的兜風之旅。

兜風自駕小建議

從JR帶廣站出發，不久便會跑在十勝平原中。雖是直線好開的道路，但一定要小心注意在視野良好的十字路口容易產生的田園型事故（Collision Course）。太平洋沿岸的道路在浪高的時候，道路也可能會被海浪打濕，所以行車時要特別謹慎小心。

最佳造訪季節 夏～秋

從夏天～秋天，日高南部地區～襟裳盛行採昆布。海岸到處都可見到曬昆布的光景。

相關活動

4月下旬 襟裳海膽節

7月下旬(預定) 浦河馬節

8月中旬 襟裳燈塔祭

觀光洽詢處

- 帶廣市觀光課……… ✆0155-65-4169
- 中札內村產業課……… ✆0155-67-2495
- 大樹町商工觀光課…… ✆01558-6-2114
- 浦河町水產商工觀光課 ✆0146-26-9014
- 襟裳町產業振興課…… ✆01466-2-4626
- 廣尾町水產商工觀光課 ✆01558-2-0177

超級推薦 2 こうふくえき 幸福站 帶廣

幸福站是以「從愛之國走向幸福」之句而聞名的舊國鐵廣尾線車站。在附近的商店，售有從愛國站往幸福站的車票複製品等。➲P.86

超級推薦 7 うらかわゆうしゅんびれっじあえる URAKAWA優駿VILLAGE AERU 浦河

騎馬體驗、牽引乘馬遊覽等，能參加和馬兒接觸的體驗活動。園方也備齊了公園高爾夫、獨木舟、登山、釣魚等活動項目。➲P.88

超級推薦 12 ばんえいとかちおびひろけいばじょう 輓曳十勝(帶廣賽馬場) 帶廣

輓曳賽馬就是讓馬兒拉著最重1t的鐵雪橇，跑在有2處坡道、全長200m的賽道中競賽。能感受到和一般賽馬不同的比賽震撼力。會場內也設有產直市場。➲P.89·98

START&GOAL JR帶廣站
P.96 帶廣中心區
P.89·98 輓曳十勝 12（帶廣賽馬場）
P.98 十勝村
P.98 ふれあい動物園
1 愛國站 交通紀念館 P.86
2 幸福站 P.86
P.86 ジンギスカン 白樺 3
A ファームレストラン 野島さんち P.87
P.87 チーズ&アイスクリーム工房 十勝野フロマージュ B
P.87 六花之森 C
P.87 公路休息站 なかさつない 4
5 中札內美術村 P.87
一本山展望塔…能欣賞南十勝與日高山脈的美麗風景
多次獲選為清流日本第一的河川。就算盛夏水溫也在13度以下
丸山展望台…具有十勝風情的廣闊大地展現在眼前
萌和山森林公園展望台…能眺望農村風景與日高山脈
完全沒有民宅，交通流量低。請注意不要超速
這條路會比經由襟裳岬的路快30分以上。不過豐似～幌別間有62km沒有加油站
上下坡綿延的直線道路
P.89 昆布刈石展望台 11
F 晚成溫泉 P.89
天馬街道 P.87
道內第2長的隧道
7 URAKAWA優駿 VILLAGE AERU P.88
6 JRA日高育成牧場展望台 P.87
P.88 Funbe瀑布
浦河町西舍周邊…沿路能看到英國純種馬。請小心不要嚇到牠們了
連續降雨量達80mm禁止通行
連續降雨量達80mm禁止通行
靜靜躺在原生林中的心形神秘湖泊
長4941m，為道內最長的隧道
眺望聳立的峭壁與連綿的隧道。立有黃金道路之碑
10 黃金道路 P.89
Apoi岳
從高70m的海岬眺望陷落於太平洋的斷崖
連續降雨量達110mm禁止通行
P.89 銀寿し D
海岸100選
奔馳在強風吹拂的沙灘與原野之中
夏天會起能見度近乎0的濃霧，因此要特別小心注意
8 襟裳岬 P.88
9 襟裳岬「風之館」P.89
E えりも岬観光センター P.89
超級推薦 10 黃金道路 襟裳～廣尾
這條道路的建設，是江戶時代的計畫。於昭和2（1927）年動工，並於昭和9（1934）年通車。隧道與明隧道連綿，可從兩者間的空隙望見斷斷續續閃過眼前的太平洋。
P.89
周邊圖 P.163·164
範例
景點 玩樂 美食 購物 溫泉
1:450,000
地圖上的1cm為4.5km
帶廣市 幕別町 中札內村 更別村 大樹町 廣尾町 樣似町 襟裳町 浦河町 豐頃町 浦幌町 池田町 芽室町 清水町
札幌出發
旭川出發
帶廣出發
路線13 南十勝·襟裳岬
2天1夜
釧路出發
網走出發
函館出發
路線MAP

從舊國鐵廣尾線的舊址經由中札内
前往優駿馳騁的日高路

這邊也CHECK

使用舊車站的木造建築，重現車站的風貌。前來造訪的人們在牆壁上留下通往幸福的紀念車票。

景 至今玩客仍絡繹不絕 【30分】 MAP 85

2 幸福站

●こうふくえき

以「從愛之國走向幸福」標語而聞名的舊國鐵廣尾線幸福站。至今也仍有許多想要像誘人的站名一樣，獲得幸福的玩客來訪公開展示了木造的車站、鋪著木板的月台和柴油車。商店販售的通往幸福紀念車票也相當受歡迎。

✆0155-22-8600（帶廣觀光會議協會）
L自由參觀 P36輛
所帯広市幸福町東1線161

↑保留曾實際跑在帶廣～廣尾之間的柴油車輛

第1天 行車距離 約135km 行車時間 約3小時25分

START JR帶廣站
10.5km／16分 地方道路 236 地方道路
1 愛國站 交通紀念館 景
12km／18分 地方道路 236 地方道路
2 幸福站 景
地方道路 236 55
9.5km／15分 Ⓐファームレストラン野島さんち 食
236 地方道路 55
3 ジンギスカン 白樺 食
9.5km／15分 55 236
Ⓑチーズ&アイスクリーム工房 十勝野フロマージュ 買
4 公路休息站 なかさつない 玩
Ⓒ六花之森 景
4km／6分 236
5 中札內美術村 景
89km／2小時13分 236 746 地方道路
6 JRA日高育成牧場展望台 景

第2天往P.88

景 因熱潮再現而備受矚目的鐵道史蹟 【30分】 MAP 85

1 愛國站 交通紀念館

●あいこくえきこうつうきねんかん

1970年代以「從愛之國走向幸福」形成熱潮的舊國鐵廣尾線之車站。現為交通紀念館，展示車票、SL等。近年因亞洲觀光客而再次受到大眾矚目。

✆0155-22-8600（帶廣觀光會議協會）
L9:00～17:00 休無休（交通紀念館12～2月為週一～週六休） ¥免費入場 P20輛 所帯広市愛国町基線39-40

→月台展示曾跑在舊國鐵廣尾線上的SL9600形

↻準備相當花時間的肉品，竟然1人份只要500日圓～

食 在十勝無人不知的超有名名店 【1小時】 MAP 85

3 ジンギスカン 白樺

●じんぎすかんしらかば

昭和32（1957）年創業的老字號成吉思汗蒙古烤肉專賣店。原創醬汁以醬油為底，採2次沾醬方式（醃製時與烤熟後使用）。營業時間短，經常大排長龍，人氣相當壯觀。

✆0155-60-2058
L11:00～14:00（材料用完打烊）
休週一（逢假日則翌日休） P30輛
所帯広市清川町西2線126

玩 集結十勝大地之恩澤、內容豐富的公路休息站

【30分】 MAP 85

4 公路休息站 なかさつない

●みちのえきなかさつない

設有使用中札內食材的餐廳、販售特產的區域、當地農家蔬菜的直賣所等設施。豆資料館——BEANS邸也相當有趣。

☎0155-67-2811 🕒9:00～18:00（11～3月為～17:00；餐廳為11:00～17:30，11～3月為～16:30；視設施而異）
休無休（11～3月為週一休，視設施而異）
P160輛 所中札內村大通南7

➡豆資料館——BEANS邸，獨特的展示方式廣受好評

⬅可在腹地內的自動販賣機買到特產雞蛋。200～430日圓

⬆物產販賣處——花水山，供應使用特產雞蛋的雞蛋拌飯

⬆被季節花朵包圍的美麗外觀

⬅充滿溫暖氛圍的空間裡，展示著許多感染力強大的作品

⬆ポロシリ是提供使用當地農產品作為食材的家庭料理餐廳

⬆北之大地美術館。每年舉辦運用獨特視角的企劃展等

景 靜佇於槲樹林中的美術空間

【2小時】 MAP 85

5 中札內美術村

●なかさつないびじゅつむら

在頗具十勝風情的廣大槲樹原生林中，散布著與十勝有淵源的畫家的美術館與藝廊。也有餐廳與商店，要在鑑賞藝術的同時又想悠閒地度過，這裡是最適合的了。

☎0155-68-3003
🕒4月下旬～10月中旬的10:00～17:00（視時節而異） 休期間中無休
¥全館共通門票800日圓（有可能變更）P100輛 所中札內村栄東5線

⬅可自由參觀散布於槲樹林中的雕刻

⬆也備齊了大家熟悉的六花亭包裝紙圖樣所製作的商品

景 一覽英國純種馬的訓練設施

【30分】 MAP 85

6 JRA日高育成牧場展望台

●じぇいあーるえいひだかいくせいぼくじょうてんぼうだい

從展望台能一覽牧場、賽道等英國純種馬的訓練設施。部分設施有設立開放參觀的時段，不是賽馬迷也能玩得愉快。詳情需洽詢確認喔。

☎0146-28-1211
🕒4～10月的8:00～16:00
休期間中無休
¥免費參觀 P20輛
所浦河町西舍535-13

➡腹地面積約1500公頃。進行英國純種小馬駒的培育與訓練

PICK UP! 穿過山間的快速道路——「天馬街道」

國道236號天馬街道於1997年開通，是連接十勝與日高的最短路徑。公開徵求以道產子馬與英國純種馬相遇為形象的暱稱而來的街道名。能從車窗觀賞日高山脈、英國純種馬兒們的英姿。

MAP 85
天馬街道
☎0146-26-9014（浦河町商工觀光課） 🕒全年可通行

順道一遊景點

A 食 2 距離約2km

●ふぁーむれすとらんのじまさんち

ファームレストラン野島さんち

人氣商品是自家製的高麗菜與道產豬的生薑豬排1000日圓。清淡的調味配上滿滿的生薑，能品嘗到清爽的好滋味。

DATA MAP 85
☎0155-67-2880
🕒11:00～17:00
休週四 P10輛
所中札內村新生東1線199-4

B 買 4 即到

●ちーずあんどあいすくりーむこうぼうとかちのふろまーじゅ

チーズ&アイスクリーム工房 十勝野フロマージュ

飼育在中札內村野放的健康牛隻，店家使用牠們產的牛奶，製作出美味超群的起司。白紋的卡門貝爾和卡門貝爾起司冰淇淋也廣受好評。

DATA MAP 85
☎0155-63-5070
🕒10:00～17:00（視時節而異）
休週三（逢假日則營業，7～9月中旬為無休） P20輛
所中札內村西2南7-2

C 景 4 距離約1.3km

●ろっかのもり

六花之森

點心製造商六花亭的包裝紙上所描繪的花草，就是盛開在腹地達10萬m²的「六花之森」中。除了有坂本直行所繪的花草素描與水彩之外，還散布著其他古民宅改建的美術館。

DATA MAP 85
☎0155-63-1000 🕒4月下旬～10月中旬的10:00～17:00（視時節而異） 休期間中無休
¥門票800日圓 P80輛
所中札內村常盤西3線249-6

從風光明媚的騎馬度假村出發
經過襟裳岬再次前往十勝

景 礁岩延綿至海面的風之岬
【30分】 MAP85

8 襟裳岬
●えりもみさき

白色牆面的燈塔是襟裳岬的象徵。強風與狂瀾打造出雄壯的景色，也有步道從展望台延伸至海岬前端。島倉千代子與森進一都曾唱過各自不同的《襟裳岬》歌曲之歌碑也務必一見。可惜的是夏天容易起海霧視野不佳，但卻因此能看見夢幻般的景色。 ✆01466-2-4626(襟裳町產業振興課) L自由參觀 P200輛 所えりも町えりも岬

第2天 行車距離 約249km 行車時間 約6小時15分

銜接P.86的第1天

- 2.5km／4分 地方道路
- 7 URAKAWA優駿VILLAGE AERU 玩
- 53km／1小時20分 地方道路 236 336 ／ D銀寿し 食 ／ 336 34
- 8 襟裳岬 景
- 即到 Eえりも岬観光センター 食
- 9 襟裳岬「風之館」 景
- 15km／23分 34
- 10 黃金道路 景
- 108km／2小時42分 336 地下水從岩盤中噴出的Funbe瀑布（MAP 85） ／ F晩成溫泉 溫 ／ 336 地方道路
- 11 昆布刈石展望台 景
- 68km／1小時42分 336 38 地方道路
- 12 輓曳十勝(帶廣賽馬場) 玩
- 2km／3分 地方道路
- GOAL JR帶廣站

◐聳立的海崖與強力拍打的海浪，十分值得一見。其景色之震撼力在道內的海岬中也是排名第一

◐港海豹棲息在延伸至海面的礁岩上

玩 自然環抱的騎馬體驗
【2小時】 MAP85

7 URAKAWA優駿VILLAGE AERU
●うらかわゆうしゅんびれっじあえる

以觀光騎馬為中心，在眺望日高山脈的大自然之中，能夠體驗各式各樣活動的騎馬度假村。除了從未接觸過馬的初學者到熟練者都能愉快享受的騎馬漫遊之外，這裡也有遊具設施、餐廳、公園高爾夫球場等。

✆0146-28-2111
L9:00～11:30、13:30～15:30(騎馬) 休無休
¥體驗項目、其他費用需洽詢
P370輛
所浦河町西舍141-40

◐腹地內有公園高爾夫球場，以及兒童也能玩樂的遊具、水之廣場等

◐除了配合各種騎馬程度的騎馬漫遊之外，也有牽引乘馬遊覽。費用為初學者的30分課程4100日圓起

景 能觀察海豹和體驗強風
【30分】 MAP85
9 襟裳岬「風之館」
えりもみさきかぜのやかた

以只有襟裳岬才有的風為主題的博物館。在館內的海豹觀察區，除了能用望遠鏡觀察棲息於海岬的600頭港海豹之外，館內也有各種工作體驗，還有體驗秒速25m強風的體驗區也相當受歡迎。

01466-3-1133　3～11月為9:00～18:00（3、4、9～11月為～17:00、1月1日為5:00～8:00）　休期間中無休　¥門票300日圓　P200輛　所えりも町東洋366-3

從館內的「展望襟裳岬」能不受強風吹襲，坐在長凳上好好眺望海岬

太平洋的波瀾湧至，震撼滿分的黃金道路。在廣尾前面也有Funbe瀑布等景點

景 山與海的對比相當美麗
【1小時】 MAP85
10 黃金道路
おうごんどうろ

從襟裳町庶野到廣尾町為止的海岸道路。名字的由來是「建設這條道路所耗費的資金都能把路鋪滿黃金」的意思。長長的隧道一個接著一個開通，是能舒暢奔馳的道路。

01466-2-4626(襟裳町產業振興課)
自由通行　P10輛
所えりも町庶野～広尾町ツチウシ

被稱為北海道脊柱的日高山脈，一直到襟裳岬的前端，綿延了約2km的礁岩帶。襟裳岬的燈塔處於60m高的位置，能欣賞粗獷的斷崖風景

周邊成了昆布漁場，持續的波濤、風雨過後，還能見到漁師撿拾被海浪拍打出來的昆布之模樣

景 能一覽廣大太平洋的展望台
【30分】 MAP85
11 昆布刈石展望台
こぶかりいしてんぼうだい

從標高80m左右的高度將太平洋盡收眼底，甚至能欣賞到可望見圓弧水平線的寬廣景觀。好天氣時還能看見襟裳岬和釧路。這裡的絕景也常出現在汽車廣告等處。

015-576-2181(浦幌町役場產業課商工觀光股)
自由參觀　P無
所浦幌町昆布刈石

夜晚能望見滿天星斗

詳情請見P.98
受指定為北海道遺產的馬文化

陳列著十勝生產者培育的新鮮蔬菜與加工品的產直市場

玩 注視驅策與氣勢的比賽！
【1小時】 MAP85
12 輓曳十勝（帶廣賽馬場）
ばんえいとかちおびひろけいばじょう

能看見體重高達1t的輓馬，拖著最重1t的鐵雪橇跑在200m直線賽道的競賽。也有說明馬票購買方式的初學者區域，因此第一次也能放心購買。場內附設的十勝村能享受購物、用餐。

0155-34-0825　4月下旬～3月下旬的週六、日、一（比賽時間等需洽詢）
休週二～五　¥門票100日圓(15歲以下免費)　P750輛
所帯広市西13南9

順道一遊景點

D 食 8 距離約15km
ぎんずし
銀寿し
以講究當地產的新鮮食材自豪。生壽司10貫的特上壽司2850日圓與特上散壽司有附碗。推薦享用在道內被稱為一級品的日高產巨大蝦夷法螺。

DATA MAP85
01466-2-2052
11:00～22:00
休每月第1、3週一（逢假日則營業）　P無
所えりも町本町201

E 食 8 即到
えりもみさきかんこうせんたー
えりも岬観光センター
位於襟裳岬停車場旁的餐廳兼商店。人氣商品──襟裳海鮮蓋飯1990日圓，鋪了滿滿的海膽、法螺、鮮蝦等當地新鮮海鮮。商店的伴手禮也相當豐富。

DATA MAP85
01466-3-1666　3月下旬～12月初旬的8:00～18:00（冬季為9:00～17:00；1月1日為5:00～8:00；視時節而異）　休期間中無休　P200輛　所えりも町えりも岬181

F 溫 11 距離約48km
ばんせいおんせん
晚成溫泉
含有大量日本全國罕見的溫泉成分──碘的溫泉，能讓身體充分暖和而廣受好評。也備有能將太平洋一覽無遺的大浴場、三溫暖、按摩浴缸、高溫浴池。

DATA MAP85
01558-7-8161
8:00～21:00(視時節而異)
休無休(10～3月為週二休)
¥入浴費500日圓
P70輛

14

雄壯的山岳景觀展現在車窗

おびひろ・みくにとうげ・そううんきょう

帶廣・三國峠・層雲峽

2天1夜

行車距離 約271km

行車時間 約6小時20分

7 みくにとうげ 三國峠 上士幌～上川

位於十勝與上川交界的山嶺。展現在眼下的廣大樹海全景，令人不斷屏息。新綠季節與10月左右的紅葉時節，景色非常漂亮。P.94

從帶廣出發前往上士幌方向。欣賞完頗具十勝風情的白樺路樹與雄壯的牧場之後，從鹿追町經由然別湖前往三國峠，沿路上一一展現山巒、湖泊和嶺道等變化豐富的景色。由於也有彎道密集的的狹隘路段，因此開車要多加注意。可欣賞到柱狀節理交織出的磅礴景觀。從層雲峽到旭川之間，雖然走國道39號也行，但走旭川紋別自動車與道央自動車道的話，可避開市區的壅塞路段。

兜風自駕小建議

到NAITAI高原牧場之前主要為直線道路，能盡情享受富有十勝風情的暢快兜風。然別湖湖畔～糠平湖路段，陡坡、彎道較多，請小心駕駛。尤其是然別湖湖畔，道路非常狹窄，因此請一邊留意彎道鏡確認路況，一邊謹慎小心地駕駛吧。

最佳造訪季節 春～秋

這條路線最精彩的地方——三國峠，推薦夏～秋來訪。夏天的綠意與秋天的紅葉相當值得一見。想看丹珠別川橋的話則推薦春天前來。

相關活動

7月下旬～8月中旬
層雲峽溫泉峽谷火祭

8月上旬
北海道熱氣球節

8月中旬
帶廣平原節

觀光洽詢處

- 十勝觀光聯盟……… ☎0155-22-1370
- 帶廣觀光會議協會…… ☎0155-22-8600
- 上士幌町觀光協會…… ☎01564-4-2224
- 新得町產業課……… ☎0156-64-0522
- 鹿追町商工觀光課…… ☎0156-66-4034
- 層雲峽觀光協會……… ☎01658-2-1811
- 上川町產業經濟課…… ☎01658-2-4058

超級推薦 2 ないたいこうげんぼくじょう NAITAI高原牧場 上士幌

以日本第一大為傲的雄壯牧場。其面積有358個東京巨蛋大，約1700公頃。跑過牧場內的道路也非常舒暢。P.92

超級推薦 5 しかりべつこ 然別湖 鹿追

位於標高約810m的高處，滿溢深藍色湖水的湖泊。湖畔有一家溫泉旅館，也有運行遊覽船。P.93

超級推薦 11 だいせつもりのがーでん 大雪森之花園 上川

眺望大雪山系的高原花園。腹地內也有名廚三國清三經營的餐廳，以及高品質的住宿設施。P.95

1:500,000
地圖上的1cm為5km
範例
景點 玩樂 美食
購物 溫泉
周邊圖 P.169·170·175
超級推薦
9 銀河瀑布
ぎんがのたき
上川
流水從約120m的斷崖如白絲一般落下。雖然從停車場也看得到，但可以的話推薦從位於坡上的雙瀑台觀賞。
P.95
P.95 大雪 森之花園 11
P.95 FRATELLO DI MIKUNI F
上川～瀧之湯、糠平之間唯一的加油站
P.95 旭川ラーメン登山軒 E
P.95 大雪山層雲峽·黒岳空中纜車 10
9 銀河瀑布、流星瀑布
8 大函 P.94
P.14·94 三國峠 7
P.95 三国峠Cafe D
6 東大雪自然館 P.93
東大雪自然導覽中心 P.93
2 NAITAI高原牧場
R273無加油站。需注意油量
P.93 然別湖 5
P.92 然別湖觀光遊覽船
P.93 扇原展望台 4
A 十勝しんむら牧場クリームテラス P.93
P.93 COUNTRYHOME 風景 B
3 公路休息站うりまく P.93
P.93 大草原の小さな家 C
P.92 家畜改良中心十勝牧場 1
P.97 柳月Sweetpia Garden
START JR帶廣站
GOAL JR旭川站
從溪谷之間能看見黒岳就在眼前
層雲峡
連續降雨量達50mm禁止通行
連續降雨量達100mm禁止通行
石北峠
大雪山
紅葉時很有人氣。冬季封閉
能欣賞到日本第一早的紅葉。紅葉時期與冬季有交通管制
兩側有美麗的白樺林
糠平三股林道…要進入林道需向上士幌町市區的森林管理署（六日休）申請借得閘門的鑰匙。或是參加各種行程
能享受到4種泉質。混浴（有女湯）
P.23 美瑛中心區
P.21 富良野中心區
P.96 帶廣中心區
旭川市
東川町
東神樂町
美瑛町
上富良野町
中富良野町
富良野市
南富良野町
新得町
鹿追町
士幌町
上士幌町
音更町
帶廣市
芽室町
清水町
池田町
幕別町
占冠村
日高町
比布町
愛別町
上川町
當麻町
士別市
瀧上町
遠軽町
北見市
足寄町
本別町
十勝岳
富良野岳
TOMAMU
狩勝峠
比布Jct
帶広Jct
道東自動車道
根室本線
石北本線
石勝線

路線 14 JR帶廣站 → NAITAI高原 → 然別湖

第1天

從平原區朝著東大雪群山之中前進
享受高原與湖水

一望無際的放牧場中，有著來自全國各地的乳牛在吃草

第1天 行車距離 約115km 行車時間 約2小時55分

START JR帶廣站

18km／27分 地方道路 236 241 133

1 家畜改良中心 十勝牧場 景

133 337

28km／42分 A十勝しんむら牧場クリームテラス 食

337 806

2 NAITAI高原牧場 玩

806 241 274

28km／42分 BCOUNTRYHOME風景 食

C大草原の小さな家 食

3 公路休息站 うりまく 玩

12.5km／19分 274 593 85

4 扇原展望台 景

5km／8分 85

5 然別湖 景

85 273

23km／35分

然別湖觀光遊覽船（約40分，1000日圓）。5月中旬～11月上旬運行（MAP 91）

6 東大雪自然館 景

第2天往P.94

玩 能實際感受「北海道」的廣大牧場

【30分】 MAP 91

2 NAITAI高原牧場

ないたいこうげんぼくじょう

日本最廣大、總面積約1700公頃的公共牧場。腹地內飼養了多達2000頭的牛隻，在此能見到牛兒們的放牧風景。

01564-7-7272(上士幌町觀光協會) 開門開放為4月下旬～10月下旬的7:00～19:00（5、10月為～18:00）；休息中心為10:00～17:00（10月為～16:00） 休期間中無休 ¥免費入場 P40輛 所上士幌町上音更85-2

暢快地往上兜風，朝牧場的最高地點前進。頂點上也有休息中心

景 能與代表十勝的白樺林蔭道風景相會

【30分】 MAP 91

1 家畜改良中心 十勝牧場

かちくかいりょうせんたーとかちぼくじょう

廣大的牧場位於音更町郊外，進行馬、牛、羊等家畜的改良工作。從入口開始全長延續1.3km是直線的白樺林蔭道，也被用來作為日劇的外景地，是富有北海道風情的動人風景。從牧場內展望台望見的風景也非常漂亮。

0155-44-2131 白樺林蔭道、展望台為自由參觀 P5輛 所音更町駒場並木8-1

曾是NHK電視小說《阿政與愛莉》的外景地

玩 能輕鬆體驗騎馬的公路休息站
【1小時】 MAP 91
3 公路休息站 うりまく
●みちのえきうりまく

直銷新鮮蔬菜，並販售特產品、手作皮製品的公路休息站。在鄰接的鹿追町Riding Park，有騎馬、刷毛、餵食飼料等能和馬兒接觸的體驗活動。有36洞的公園高爾夫球場也很受歡迎。

0156-67-2626 9:00～17:00(12～2月為～16:00) 休無休 ¥視設施而異 P80輛 所鹿追町瓜幕西3-1外

位於國道旁的白牆建築為標記
騎上馬背，視角變高讓心情十分舒暢

眺望蒼茫遼闊的十勝平原。澄淨的空氣與美麗的日高山脈

景 能看見扇形的十勝平原
【15分】 MAP 91
4 扇原展望台
●おうぎがはらてんぼうだい

此展望台位於從鹿追往然別湖前進的途中。能一覽廣大的十勝平原與日高山脈，條件皆具的話，還能遠眺到池田、浦幌方面。

0156-66-1135(鹿追町觀光Information Desk)
自由參觀 P30輛 所鹿追町北瓜幕

景 介紹東大雪的自然與觀光資訊
【30分】 MAP 91
6 東大雪自然館
●ひがしたいせつしぜんかん

運用各式各樣的展示，清楚易懂地介紹東大雪的自然與歷史。特別是昆蟲標本，質量非凡，還有睜著眼的標本。也一併設有觀光服務處，相當方便。

01564-4-2323 9:00～17:00 (7、8月為8:00～18:00)
休週三 (逢假日則翌日休) ¥免費入館 P20輛
所上士幌町ぬかびら源泉郷48-2

剝製標本與圖像壁板等豐富的展示方式

景 大雪山國家公園唯一的自然湖
【1小時】 MAP 91
5 然別湖
●しかりべつこ

位標高約810m的高處，滿溢深藍湖水的湖泊。受原始林茂盛的群山包圍，有宮部岩魚棲息等，保有大自然的原貌。湖畔有溫泉湧出，並開著一間飯店。獨木舟體驗、Air Trip等，戶外活動也十分繁盛。

0156-69-8181(然別湖Nature Center)
湖為自由參觀 P100輛
所鹿追町然別湖畔

活動行程之一的獨木舟，漂浮在然別湖上。湖畔也有免費的足湯
這就是話題的Air Trip。在然別湖Nature Center進行

PICK UP! 來去看水泥拱橋群吧

從糠平湖朝三國峠前進時，所走的國道273號旁，散布許多曾為舊國鐵士幌線使用的水泥拱橋。其中特別推薦的是丹珠別川橋。想要近距離觀賞的話，就參加當地戶外活動公司舉辦的參觀行程吧。

導遊會介紹士幌線的歷史與大雪山的自然

進入秋天時便會沉入糠平湖的丹珠別川橋。因水位變動見到的景色會有所改變

MAP 91
東大雪自然導覽中心
01564-4-2261 9:00～18:00 休不定休 ¥舊國鐵士幌線拱橋參觀行程3500日圓(需預約) P7輛 所上士幌町ぬかびら源泉郷北区44 糠平温泉文化ホール

順道一遊景點

A 食 距離約9km
●とかちしんむらぼくじょうくりーむてらす
十勝しんむら牧場 クリームテラス

位在以牛奶醬702日圓～聞名的しんむら牧場內。只使用放牧牛牛乳製作的凝脂奶油，以及使用道產小麥製作的司康等非常有人氣。也有販售各種商品。

DATA MAP 91
01564-2-3923(牧場兼用)
4～12月的10:30～17:00
休週二(11～12月為週二、三休) P30輛
所上士幌町上音更西1-261

B 食 距離約8km
●かんとりーほーむふうけい
COUNTRYHOME 風景

生產牧場直營的咖啡廳。備有使用自家牧場的牛乳，還有以當地鹿追町為主的十勝食材所製作的菜單。其中的風景慢漢堡1000日圓，人氣非常高，兜風途中順道一來的人也很多。

DATA MAP 91
0156-67-2385
11:00～18:00
休週一、每月第2週二(週一逢假日則翌日休) P10輛
所鹿追町東瓜幕西18線28-26

C 食 距離約7km
●だいそうげんのちいさないえ
大草原の小さな家

位於國道274號旁的小木屋農場餐廳。大量使用當地產食材手作的多種鄉土料理吃到飽60分2000日圓～大受歡迎。

DATA MAP 91
0156-66-2200
11:00～14:30
(無料理則打烊)
休週四
P30輛
所鹿追町笹川北7線11-3

從樹海之海上頭奔馳而過 在北海道第二高的山嶺兜風

第2天 行車距離 約156km 行車時間 約3小時25分

銜接P.92的第1天

32km／48分 273
D 三国峠Cafe 食
7 三國峠 景
24km／36分 273 39
8 大函 景
5.5km／9分 39
9 銀河瀑布、流星瀑布 景
39 地方道路 3km／5分
E 旭川ラーメン登山軒 食
10 大雪山層雲峽・黑岳空中纜車 玩
24.5km／37分 39 849 地方道路
11 大雪森之花園 景
8.5km／13分

7月下旬～8月中旬能欣賞到一整片的向日葵與大雪山雄壯的景觀

地方道路 849
F FRATELLO DI MIKUNI 食
上川層雲峽IC
47km／36分 旭川紋別道 道央道
旭川鷹栖IC
6km／9分 146 12
12 雪之美術館 景
5km／8分 12 地方道路
GOAL JR旭川站

↑從三國峠頂點望見的當前景觀。松見大橋貫穿過廣大的樹海之森

景 位於北海道最高處的國道山嶺

【30分】 MAP91

7 三國峠

●みくにとうげ

位於上川與十勝交界，為北海道最高處的國道山嶺。從山嶺往下俯瞰，展現眼前的是令人不斷屏息的大樹海全景。在展望台旁設有咖啡廳與廁所。➔P.14

✆01564-7-7272（上士幌町觀光協會）
✆090-9515-8860（三国峠Cafe）
L 自由通行 P 20輛
所 上士幌町三股番外地

↓因為給人有如被關在大箱中的感覺，因此被稱為大函

景 柱狀節理的岩石規律並排

【30分】 MAP91

8 大函

●おおばこ

新大函隧道入口前，有條延續通往停車場的道路。寬大的柱狀節理岩石宛如屏風一般相連，在此能欣賞到大自然創造出的造形之美。

✆01658-5-3350（層雲峽觀光服務處）
L 自由參觀 P 30輛 所 上川町層雲峽

PICK UP! 觀察柱狀節理的造形之美

在層雲峽能見到受茂盛綠意包圍，由柱狀組織構成的岩肌紋理。這稱為柱狀節理，是在很久很久以前，因火山爆發流入岩漿，經急速冷卻凝結的熔結凝灰岩堆積所形成的產物，為層雲峽獨有的必看景觀。

景 峭壁與水之對比相當美麗
【1小時】 MAP91
9 銀河瀑布、流星瀑布
ぎんがのたきりゅうせいのたき

流水從柱狀節理的岩肌紋理美麗地落下，這裡是代表層雲峽的美景景點。流星瀑布的落差約90m，而銀河瀑布則約120m，各自又被稱為男瀑布、女瀑布。花大概20分從山道往上走，有能望見2個瀑布的雙瀑台。

01658-5-3350(層雲峽觀光服務處)
自由參觀 P150輛
所上川町層雲峽

美麗的銀河瀑布分成數條纖細水流

要看2個瀑布的話，就往雙瀑台去。有陡坡，穿布鞋較好走

位於停車場的「滝ミンタラ」附設有餐飲、商品販售與休息處

玩 能看見日本第一早的紅葉
【2小時】 MAP91
10 大雪山層雲峽・黑岳空中纜車
だいせつざんそううんきょうくろだけろーぷうぇい

可搭乘101人座的纜車到黑岳五合目，再從五合目搭乘吊椅纜車前往七合目。到山頂的黑岳登山道約1.7km長，步行需花1小時30分。

01658-5-3031 6:00～18:00(視時期而異)
休保養維護期間停駛 ¥車票(來回)1950日圓
P60輛 所上川町層雲峽

猶如山間小屋的山麓站

紅葉的最佳賞景時期為每年的9月中旬～下旬左右

景 活用北海道獨有景觀的花園
【1小時】 MAP91
11 大雪森之花園
だいせつもりのがーでん

位於能望見大雪山系的大雪高原旭之丘的花園。活用北海道獨有景觀建造而成的廣大北海道花園，因上野砂由紀所設計，非常有看頭。也一併設有咖啡廳。

01658-2-4655 4月28日～10月14日的9:00～17:00(9月中旬起～16:00) 休期間中無休(天候不佳時閉園) ¥門票800日圓(4月28日～5月18日僅森之花園區域免費開放) P100輛 所上川町菊水841-8

各種不同品種的花兒們隨季節盛開綻放

景 為夢幻空間所感動
【1小時】 MAP91
12 雪之美術館
ゆきのびじゅつかん

美術館是以雪為形象打造的拜占庭式建築。展示有雪的結晶照片、冰的實物造形等。有能容納200名人員的音樂廳，也有能用餐的咖啡廳餐廳。

0166-73-7017 9:00～17:00 休無休 ¥門票700日圓 P100輛 所旭川市南が丘3-1-1

能穿著禮服拍攝紀念照的服務相當受歡迎

鬆軟雞蛋的蛋包飯1180日圓是咖啡廳的人氣菜單

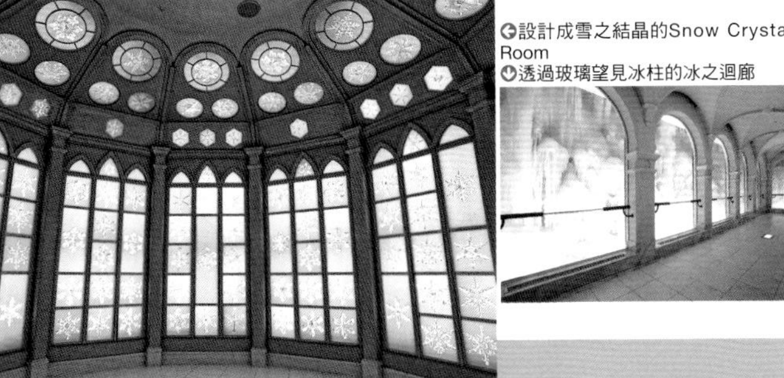
設計成雪之結晶的Snow Crystal Room

透過玻璃望見冰柱的冰之迴廊

順道一遊景點

D 食 7即到
みくにとうげかふぇ
三国峠Cafe
能一邊眺望著道內國道最高處的三國峠美景，一邊享受自家烘焙的手沖咖啡500日圓～。香腸咖哩飯1200日圓也很受歡迎。

DATA MAP91
090-9515-8860(期間外為01564-7-7272) 4月中旬～11月上旬的8:30～17:30(視氣象條件而異) 休期間中無休 P20輛 所上士幌町三股

E 食 10即到
あさひかわらーめんとざんけん
旭川ラーメン登山軒
昭和5（1930）年創業的老店。特色是慢慢燉煮的濃厚高湯與捲麵。正油拉麵750日圓，鋪著分量十足的大塊叉燒，廣受好評。

DATA MAP91
01658-5-3005
6～10月的10:00～22:00
休期間中無休
P使用公共停車場
所上川町層雲峽

F 食 11即到
フラテッロ・ディ・ミクニ
FRATELLO DI MIKUNI
位於大雪森之花園內，北海道自豪的兩位料理人親手照料的餐廳。一邊眺望大雪群山一邊大啖新鮮的北海道產食材。也有住宿設備可度過奢華的時光。

DATA MAP91
01658-2-3921
11:00～14:30、18:00～20:00 休不定休 P14輛
所上川町菊水旭ヶ丘

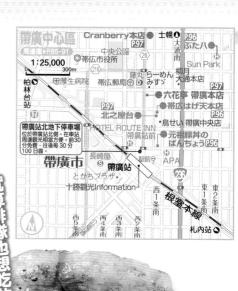

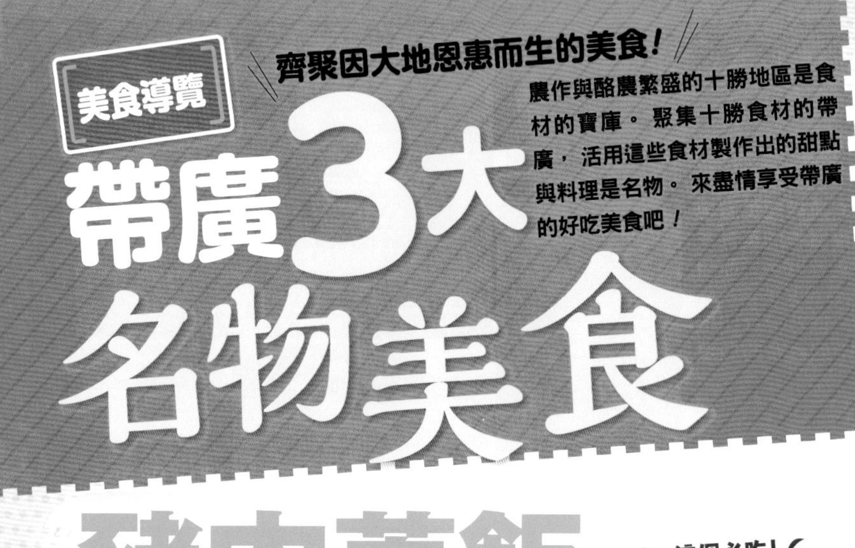

美食導覽 帶廣3大名物美食

齊聚因大地恩惠而生的美食！

農作與酪農繁盛的十勝地區是食材的寶庫。聚集十勝食材的帶廣，活用這些食材製作出的甜點與料理是名物。來盡情享受帶廣的好吃美食吧！

帶廣中心區
周邊圖▶P85-91
1:25,000
0 300m
Cranberry本店 P97
士幌
ぶた八 P96
大通南
中央公園
帯広市役所
Sun Park
柳月 大通本店 P97
厚生病院
帯広郵局
豚丸
らーめん みす゛
柏林台站
六花亭 帶廣本店
帯広はげ天本店 P96
北之屋台 P97
帶廣站北地下停車場
位於帶廣站北側。在車站周邊觀光相當方便。前30分免費，往後每30分100日圓。
HOTEL ROUTE INN
鳥せい 帶廣中央店
帶廣站前
元祖豚丼のぱんちょう P96
帶廣市
長崎屋
帶廣站
駅前
APA
236
とかちプラザ
十勝觀光Information
根室本線
西5条南
西4条南
西3条南
西2条南
西1条南
東1条南
東2条南
札內站

豬肉蓋飯

基本就是豬肉、鹹甜醬汁、白飯。正因為簡單才能凸顯出烤法與醬汁的差異是味道深奧的餐點。

What's豬肉蓋飯？

在十勝地區的農家，戰前普遍在家飼養豬隻。「ぱんちょう」的創辦人從鰻魚蓋飯風味的角度開始思索研發，經過多次嘗試找出讓豬肉更好吃的料理方法，而其結晶之作便是豬肉蓋飯。

ぶた八 ●ぶたはち MAP 96

炭燒豬肉蓋飯的專賣店。使用炭火燒烤道內產的里肌肉，逼出油脂且肉質柔軟，醬汁使用沾醬醬汁與淋醬醬汁2種。店面寬廣，也能放心帶小孩來。

☎0155-23-2911 🕒11:00～21:00(視時節而異) 休不定休 P30輛 所帯広市東2南7-1 ホテルサンパーク1F

這個必吃！
二朗 995日圓
用炭火燒烤北海道產的里肌肉，逼出油脂，口感十分鮮嫩

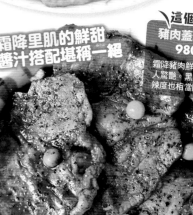

使用秘傳醬汁與炭火烤出的豬肉

元祖豚丼のぱんちょう ●がんそぶたどんのぱんちょう MAP 96

就算排隊也想吃的豬肉蓋飯發祥店

豬肉蓋飯是上一代於昭和8（1933）年研發出來的。醬汁鹹甜濃厚且風味富饒，是從創業起就沒變過的傳統滋味。豬肉用炭火烤得鮮嫩多汁。

☎0155-22-1974 🕒11:00～19:00 休週一，每月第1、3週二(逢假日則翌日休) P無 所帯広市西1南11-19

這個必吃！
豬肉蓋飯(梅) 1100日圓
使用油脂恰到好處、口感柔嫩的道產極上里肌肉

緊鄰JR帶廣站旁，交通相當方便

帯広はげ天本店 ●おびひろはげてんほんてん MAP 96

霜降里肌的鮮甜醬汁搭配堪稱一絕

用高溫將極品霜降里肌一口氣烤好，烤得表面香氣四溢，裡面鮮嫩。低甜度的醬汁與肉的鮮甜滋味相互交融，產生絕妙的好味道。

☎0155-23-4478
🕒11:00～20:30
休不定休 P無
所帯広市西1南10-5-2

這個必吃！
豬肉蓋飯(4片) 980日圓
霜降豬肉鮮甜的油脂令人驚艷，黑胡椒微嗆的辣度也相當剛好

這個必吃！
三方六
1條630日圓
製作成表現白樺木紋理的年輪蛋糕

這個必吃！
MARUSEI奶油葡萄夾心餅乾
1個125日圓
超經典的人氣商品。在咖啡廳內也能單點來吃

柳月Sweetpia Garden
●りゅうげつすいーとぴあがーでん MAP 91

以甜點庭院為形象的大型店鋪中，有販售區、露臺咖啡廳、製作甜點的體驗工房（收費）。也能在工廠參觀三方六的製造過程。

0155-32-3366 9:00～18:00（冬季為9:30～17:30）、咖啡廳為～17:00（冬季為9:30～16:30） 休 無休 P 200輛
所 音更町下音更北9線西18-2

法式海綿小蛋糕夾入起司塊的起司鮮奶油，Cheese Planet 150日圓

露臺咖啡廳的限定菜單人氣相當高

甜點

北海道伴手禮中的人氣甜點店本店都集中在十勝地區。來享受只有發源地才有的甜點巡禮吧。

昭和初期創業的老字號甜點店

六花亭 帶廣本店
●ろっかていおびひろほんてん MAP 96

口感令人上癮的香脆酥派和MARUSEI奶油葡萄夾心餅乾非常有名。也推薦結合人氣甜點的「十勝日誌」。也能在2樓的咖啡廳休息。

0120-12-6666 9:00～19:00（咖啡廳為11:00～17:30、視季節而異）
休 無休
P 9輛
所 帯広市西2南9-6

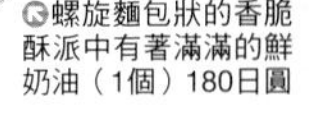

螺旋麵包狀的香脆酥派中有著滿滿的鮮奶油（1個）180日圓

擁有大片窗戶，具有開放感的咖啡廳

加了冷凍乾燥的草莓，草莓牛奶巧克力（後）與白巧克力（前）各600日圓

Cranberry本店
●くらんべりーほんてん MAP 96

以活用自然風味製作的甜點為主題的店家。創業以來，最有人氣的商品是Sweet Potato。保留番薯原味，細心手作的逸品。

0155-22-6656
9:00～20:00
休 無休
P 23輛
所 帯広市西2南6-2-5

這個必吃！
Sweet Potato
100g216日圓
以1條為單位販售，使用整個番薯皮作為容器

Sweet Potato超有人氣

屋台村

屋台村聚集了各種類別的小吃店。能輕鬆地一家接一家吃喝，輕鬆愜意的風格是受歡迎的秘密。

北之屋台
●きたのやたい MAP 96

位於帶廣繁華街道的美食景點。並列著20家能品嘗到十勝當季風味的小店。居酒屋、義大利菜、韓國料理、日本料理等，講求種類豐富多變的小店。

0155-23-8194（北之起業廣場協同組合）
休 視店鋪而異
所 帯広市西1南10-7

夏天有著十足的屋台村風情，各家店都十分敞開。也會出現室外座位

日本料理、中國料理、創作料理等，在這能品嘗到活用十勝食材的料理（照片為參考）

每家小店約10個座位。和老闆距離很近，因此能聊得相當起勁

在北海道人氣第一的屋台

休閒導覽

來去北海道限定的「輓曳賽馬」

也能品嘗到 十勝美食 輓曳十勝

和北海道開墾歷史一同發展而來的輓曳賽馬。過去在道內各地都有舉辦，但現在只有在帶廣賽馬場才看得到。賽馬們接連展開氣勢磅礡的比賽，讓觀看者個個入迷。

所謂的輓曳賽馬是?

搬運沉重的貨物或開墾廣大台地等，馬匹在北海道開墾時代是不可或缺的存在。當初為了測試馬匹的力氣，讓2匹馬像拔河般互拉。明治時期結束時，演變成拉著負重的雪橇競賽，發展成農耕馬的祭典活動。現在則是讓馬兒拉著最多1t的重量，在有著2處障礙（斜坡）的200m直線獨立賽道上奔跑的競技比賽。比賽途中讓馬兒停下來保留體力等情形，騎士們的策略也相當有趣。

➲馬拉的雪橇。在重賞競賽中的重量為1t

輓曳十勝(帶廣賽馬場)

●ばんえいとかちおびひろけいばじょう

受指定為北海道遺產的馬文化

MAP85 ➲P.89

✆0155-34-0825 L4月下旬～3月下旬的週六、日、一(比賽時間等需洽詢)
休週二～五 ¥門票100日圓(15歲以下免費)
P750輛 所帯広市西13南9

➲從觀覽席與觀覽席前的搖滾區，能觀賞氣勢磅礡的比賽

➲各處點亮燈飾的夜間比賽也很受歡迎

CHECK! 參觀賽馬場後台 Backyard Tour

能參觀賽馬場後台的活動行程。在輓曳賽馬舉辦日實施，能近距離看見賽馬，也能參觀馬廄裡頭。在綜合服務處受理活動行程的參加申請。

➲或許能聽見輓曳十勝的小道消息

還有這些! 腹地內景點

備齊十勝獨有的美食與伴手禮

➲和輓曳賽馬一起享受吧

產直市場

➲明亮的店內擺滿十勝區域產品

➲「十勝野フロマージュ」的十勝輓馬起司（大）1543日圓

➲也備有被稱為紅あまちゃん的紅皮蘿蔔和甜菜根等少見的農產品

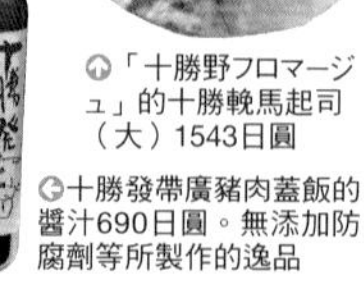
➲十勝發帶廣豬肉蓋飯的醬汁690日圓。無添加防腐劑等所製作的逸品

十勝村

●とかちむら MAP85

從十勝名物──豬肉蓋飯到成吉思汗蒙古烤肉、用炭火燒烤豬內臟等優質燒肉，還有休閒舒適的法式餐廳、咖啡廳，並在腹地內併設了售有動畫《銀之匙》商品的商店。陳列當季蔬菜與加工品的產直市場也很受歡迎。

✆0155-34-7307
L產直市場為10:00～19:00(11月1日～4月28日為～17:00)；Kitchen為11:00～22:00(部分視店家而異)
休無休(Kitchen視店家而異)

Kitchen

➲「million sante」的清水產生牛紋肉蓋飯沙拉1100日圓。冷凍牛紋肉在口中化開

➲「ぶた丼たむら」的豬肉蓋飯便當880日圓。鹹甜醬汁融入豬肉與白飯中，非常好吃

也能體驗騎馬的小型動物園

ふれあい動物園

●ふれあいどうぶつえん

MAP85

能接觸輓馬、小馬、兔子、雞等動物。設施內也有休息區和輓馬的照片展示空間。

✆0155-34-0825(帶廣賽馬場)
L10:00～17:00(週三～五為11:00～15:00) 休週二 ¥免費入場

➲騎馬體驗也很受兒童歡迎

➲透過餵食體驗和馬兒更加接近

釧路 路線 出發

摩周湖(弟子屈町／P.104)

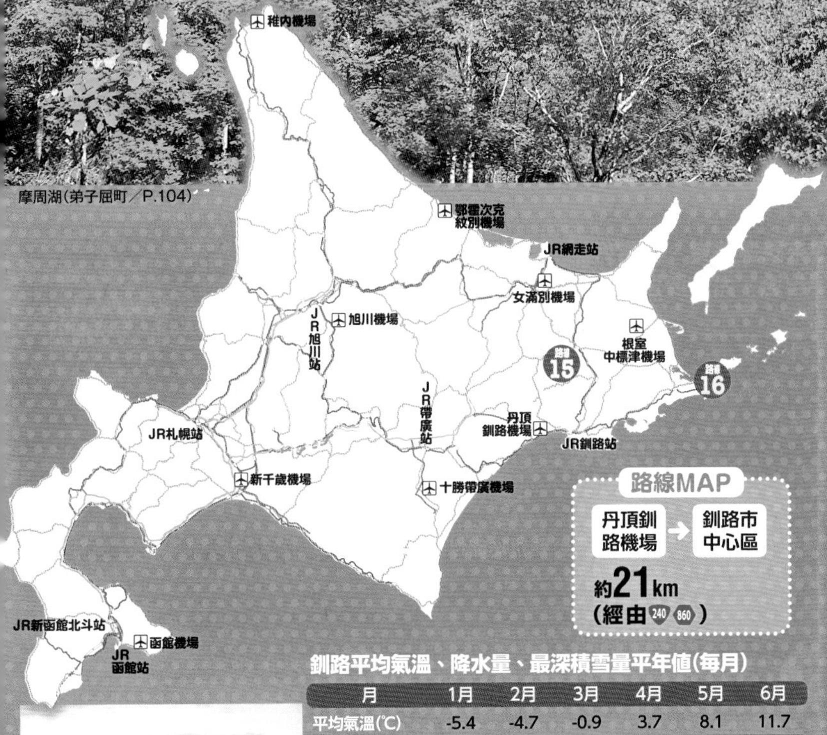

稚內機場
鄂霍次克紋別機場
JR網走站
女滿別機場
JR旭川站
旭川機場
根室中標津機場
路線15
路線16
JR帶廣站
JR札幌站
丹頂釧路機場
JR釧路站
新千歲機場
十勝帶廣機場
JR新函館北斗站
函館機場
JR函館站

路線MAP
丹頂釧路機場 → 釧路市中心區
約21km
(經由240 860)

根原(別海町／P.113)

自駕路線

2天1夜 路線15 釧路濕原・阿寒湖・摩周湖 P.100

2天1夜 路線16 最東端・納沙布岬 ……… P.108

休閒導覽 日本最遼闊 釧路濕原 ………………… P.106

美食導覽 釧路的3大名物美食 ………………… P.114

釧路平均氣溫、降水量、最深積雪量平年值(每月)

月	1月	2月	3月	4月	5月	6月
平均氣溫(℃)	-5.4	-4.7	-0.9	3.7	8.1	11.7
降水量(mm)	43.2	22.6	58.2	75.8	111.9	107.7
最深積雪(cm)	25	26	25	6	0	–
月	7月	8月	9月	10月	11月	12月
平均氣溫(℃)	15.3	18	16	10.6	4.3	-1.9
降水量(mm)	127.7	130.8	155.6	94.6	64	50.8
最深積雪(cm)	–	–	–	–	3	15

※平均氣溫、降水量、最深積雪量的資料為釧路1981～2010年間的平均資料（氣象廳）。

牛奶之路(中標津町／P.113)

路線 15

走訪日本最大的濕原及神秘的3大破火山口

釧路濕原·阿寒湖·摩周湖

くしろしつげん·あかんこ·ましゅうこ

2天1夜

行車距離 約346km

行車時間 約8小時40分

超級推薦 1 細岡展望台（ほそおかてんぼうだい） 釧路町

位於濕原東側，在為數眾多的濕原展望台裡最具代表性，不僅白天風景秀麗，向晚時分的夕陽也是一絕。➲P.102

從丹頂釧路機場出發，沿著國道391號北上，先從展望台欣賞釧路濕原的美景，然後經弟子屈前往Onneto，接著是觀光勝地阿寒湖溫泉。第2天遊覽風光明媚的摩周湖、屈斜路湖及附近的景點，在摩周湖、川湯溫泉、硫磺山等地感受地球的氣息震動，在一天之內留下豐富的回憶。從屈斜路湖出發，循國道243號前往美幌峠，沿路視野遼闊，是條令人心曠神怡的兜風路線。

兜風自駕小建議

路線整體來說道路寬、相當好開，也因此要小心不要超速。尤其要注意國道241號摩周湖與阿寒湖之間，許多路段彎度大，須謹慎開車。此外，在靠近山野的路段常有蝦夷鹿橫越馬路，要常保「寧可信其有」的態度以應對突發狀況。

最佳造訪季節 春～秋

從濕原、湖泊、峠到這條路線的所有重要景點都以春～夏季最為推薦，秋季的紅葉也很賞心悅目。

相關活動

7～8月(預定)
阿寒湖綠球藻夏希燈

8月上旬
釧路港祭

8月上旬～中旬
湯之町川湯 源泉祭

觀光洽詢處

- 釧路觀光會議協會……ℓ0154-31-1993
- 阿寒觀光協會城鎮建設推進機構……ℓ0154-67-3200
- 摩周湖觀光協會……ℓ015-482-2200
- 美幌觀光物產協會……ℓ0152-73-2211
- NPO法人女滿別觀光協會……ℓ0152-74-4323

超級推薦 3 Onneto（オンネトー） 足寄

位於雌阿寒岳及雄阿寒岳西麓的湖泊，湖面顏色隨著天候與季節而異，神秘而秀麗的景致令人流連忘返。➲P.103

超級推薦 6 阿寒湖愛奴村（あかんこあいぬこたん） 阿寒

位於阿寒湖溫泉街的愛奴族村落（kotan），可以買到木刻人偶、傳統樂器竹口琴（Mukkuri）等傳統工藝品。愛奴族劇場「Ikor」也在這一帶。➲P.103

超級推薦 11 美幌峠（びほろとうげ） 美幌

弟子屈町及美幌町的交界，也是國道243號的制高點，這裡可俯瞰壯闊的屈斜路湖，遠眺即是阿寒連峰。➲P.105

鄂霍次克海
流氷街道網走
網走站
網走市
はなやか小清水
しゃりの
P.14•105 童話之丘 12
メルヘンの丘めまんべつ
GOAL 女滿別機場
女滿別空港
北見市
美幌バイパス
ノンキーランド ひがしもこと
大空町
パパスランドさっつる
小清水町
斜里岳
清里町
斜里町
羅臼町
遠音別岳
海別岳
標津町
中標津町
1:500,000
0
10km
地圖上的1cm為5km
範例
景點
玩樂
美食
購物
溫泉
周邊圖 P.171•177
藻琴山
視野開闊，可遠眺斜里岳的路線
美幌町
津別町
P.105 美幌峠 11
ぐるっとパノラマ美幌峠
弟子屈町美幌峠一帶…高大樹木少，視野開闊
屈斜路湖
F cafe Noble P.105
10 川湯溫泉 P.105
至今仍有無數噴氣孔活躍的活火山，明治初期曾進行過硫磺的開採
P.105 砂湯
P.105 池之湯
和琴半島
硫黃山
川湯溫泉站
P.104
P.105 Kotan之湯
摩周湖
P.14
カムイヌプリ（摩周岳）
超級推薦
9
ましゅうこだいいちてんぼうだい
弟子屈
摩周湖第一展望台
為可以眺望摩周湖的3個展望台中最有人氣的景點。在湖岸的高台上，正面為一望無際的深藍色湖面，可以眺望摩周岳等景色。
P.104
B 奈辺久 P.103
C Pan de Pan P.103
4 阿寒湖溫泉 P.103
5 阿寒觀光汽船 P.102
6 阿寒湖愛奴村 P.103
弟子屈町
9 摩周湖第一展望台 P.104
8 渡邊體驗牧場 P.104
E 弟子屈ラーメン総本店 P.105
D レストラン牧場 P.105
注意車速
阿寒湖
103 阿寒湖溫泉
P.102
2 雙湖台
P.104 900草原 7
摩周溫泉
摩周站
最大8%的陡坡和連續彎道，禁止超車，多大型巴士
瀧見橋停車場…可看見阿寒湖唯一出水口的瀑布
一望無際的牧歌般景致，可在餐廳用餐
雄阿寒岳
雌阿寒岳
100名山
溫泉入浴2間
3 Onneto
P.103
別海町
標茶町
鶴居村
Kotaro濕原展望台
P.107
SARUBO展望台 P.107
塘路湖
阿寒丹頂の里
釧路市濕原展望台散步道
P.107
P.15•106 釧路濕原
釧路濕原站
P.102
1 細岡展望台 P.102•107
釧路濕原慢車號 P.106
釧路 Marsh & River P.107
A 南蛮酊 P.103
釧路市
釧路町
厚岸町
P.5 公路休息站 厚岸グルメパーク
厚岸湖
厚岸
濱中町
START 丹頂釧路機場
道東自動車道
根室本線
しらぬか恋問
P.114 釧路
P.114 まるひら
釧路站

路線 15 丹頂釧路機場→釧路濕原東部→阿寒湖溫泉

第1天

與特別天然紀念物綠球藻相遇
來搭乘阿寒湖遊覽船吧!

美味小吃CHECK

玩覽船乘船處小賣店的綠球藻霜淇淋300日圓很受歡迎，裡面竟然有青蘋果口味的綠球藻果凍！

玩 搭遊覽船探訪綠球藻棲息之島

【1小時30分】 MAP 103

5 阿寒觀光汽船

●あかんかんこうきせん

一邊眺望雄阿寒岳、雌阿寒岳巍然屹立的英姿，一邊遊覽各景點，途中會在綠球藻展示觀察中心所在的Churui島上岸，欣賞天然的綠球藻生態。

✆0154-67-2511 營5～11月為6:00～18:00(視時期而異，1天8～11班) 休期間中無休

¥船票1900日圓(含綠球藻展示觀察中心門票費用)

P無 所釧路市阿寒町阿寒湖溫泉1-5-20

第1天 行車距離 約183km 行車時間 約4小時35分

START 丹頂釧路機場

42km／1小時3分 65 240 地方道路 391

Ⓐ南蠻酊 食

1 細岡展望台 景

以丹頂鶴翅膀形狀而建的釧路濕原站（MAP 101）

89km／2小時14分 地方道路 391 243 241

2 雙湖台 景

32.5km／49分 241 240 241 664

3 Onneto 景

19km／29分 664 241 240 地方道路

4 阿寒湖溫泉 溫

地方道路

即到 Ⓑ奈辺久 食

Ⓒ Pan de Pan 買

5 阿寒觀光汽船 玩

即到 地方道路

6 阿寒湖愛奴村 景

第2天往P.104

景 眺望蜿蜒的河流與無邊無際的濕地

【1小時】 MAP 101

1 細岡展望台

●ほそおかてんぼうだい

站上釧路濕原最具代表性的展望台，眼底是蜿蜒的釧路川與綠意盎然的濕原，而且背景是阿寒連山，美景一網打盡。7月至8月上旬最為翠綠。夕陽時分染上一抹橘色的景致也值得一看。

✆0154-40-4455(細岡遊客休憩室)

營自由參觀 P60輛 所釧路町達古武

◎從細岡遊客休憩室步行5分鐘即可到達展望台，一望無盡的濕原令人懾服

景 沉睡於樹海懷抱裡的雙生湖泊

【30分】 MAP 101

2 雙湖台

●そうこだい

從停車場往上走一點，即可來到展望台，欣賞遼闊的樹海簇擁著PANKETO、PENKETO，亦即愛奴語中「上湖」「下湖」的意思。只有在雄阿寒岳山頂這裡，才能同時欣賞藏在深山裡的這兩個湖泊。

✆0154-67-3200(阿寒觀光協會)

營自由參觀 P50輛 所釧路市阿寒町国有林2123林班

◎前方看起來比較大的是PENKETO，後方隱約可見的是PANKETO

景 湖面顏色千變萬化的五色沼
【30分】 MAP 101

3 Onneto

●オンネトー

與Okotanpe湖、東雲湖合稱北海道三大秘湖，酸性的湖水在晴天時呈翡翠綠，陰天時為藏青色，隨天候及季節變化多端。當雲朵移動速度快的時候，可以多留意湖水顏色分分秒秒的變化。想飽覽自然風光推薦走步道繞湖岸一圈。

✆0156-25-2141(足寄町經濟課商工觀光窗口)
L自由參觀　P10輛　所足寄町茂足寄

欣賞雌阿寒岳（左）、阿寒富士（右）優美的對比

溫 商店多而熱鬧的溫泉街
【1小時】 MAP 103

4 阿寒湖溫泉

●あかんこおんせん

以綠球藻聞名的阿寒湖，其南岸湖畔是最熱鬧的溫泉街，自明治41（1908）年小型的旅宿開張至今，已有多家住宿設施進駐。

✆0154-67-3200(阿寒觀光協會)
L自由散步　P使用阿寒湖停車場等　所釧路市阿寒町

溫泉街附近有許多散步道

斜坡兩旁有許多傳統藝品店，販賣木雕及飾品

愛奴傳統花紋的杯墊及飾品等大受歡迎

景 約30家愛奴傳統手工藝品與餐飲店家聚集
【1小時】 MAP 103

6 阿寒湖愛奴村

●あかんこあいぬこたん

北海道規模最大的愛奴族人聚落（Kotan），約36戶、130人的愛奴族人落腳於此，各式各樣的風格強烈的傳統手工藝品、餐飲店家任君挑選。

✆0154-67-2727(阿寒愛奴工藝協同組合)
L9:00～22:00(視店鋪設施而異)　休不定休
P50輛　所釧路市阿寒町阿寒湖溫泉4-7-84

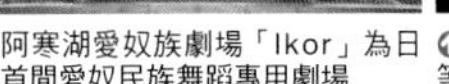

阿寒湖愛奴族劇場「Ikor」為日本首間愛奴民族舞蹈專用劇場

觀賞傳統舞蹈、人偶劇、IOMANTE火祭等愛奴文化藝術

觀光船於湖面上，背景為形似富士山的雄阿寒岳，沿岸原生樹林也是必看重點

PICK UP!

綠球藻燈妝點阿寒湖的夜晚

「綠球藻燈」為模仿綠球藻的綠色光球，遊客將飽含心意的紙條放入綠色球燈後，從遊覽船上輕拋至阿寒湖，點點綠光讓湖面熠熠生輝。 MAP 103

阿寒湖綠球藻夏希燈

✆0154-67-3200(阿寒觀光協會)　L7月上旬～8月下旬(預定)、19:50由綠球藻之里棧橋出發，20:55綠球藻之里棧橋下船　休期間中無休　¥遊覽船船票1500日圓(含留言卡片費用)　P使用阿寒湖停車場等　所釧路市阿寒町阿寒湖溫泉1-5-20

阿寒湖溫泉
周邊圖 ▶P.101
1:20,000

阿寒湖　小島　阿寒觀光汽船 5～11月營業。　P.102 阿寒觀光汽船 5　P.103 阿寒湖溫泉 4　P.103 阿寒湖愛奴村 6　愛奴族劇場「Ikor」　阿寒湖 P.103 綠球藻夏希燈　阿寒の森 鶴雅リゾート 花ゆう香　ホテル阿寒湖荘　エコミュージアムセンター　ボッケ遊歩道　弁慶の足湯　まりも湯　P.103 B 奈辺久　ニュー阿寒ホテル　御前水　釧路信金　阿寒湖温泉　阿寒湖まりむ館 (2)　ポンション (4)　人形館　診療所　バスセンター　阿寒湖温泉 (3) 阿寒町阿寒湖温泉 提供阿寒湖溫泉一帶的觀光資訊。　C Pan de Pan P.103　津別・足寄　摩周　釧路市　241　240

順道一遊景點

A 食 1 距離約14.5km

●なんばんてい

南蠻町

將炸雞「Zangi」淋上酸甜醬汁而成的北海道酸甜醬炸雞「Zantare」可是家喻戶曉，這家創始店又以超值大分量造成轟動。提供外帶。

DATA MAP 101
✆0154-40-3117
L11:00～21:00　休週一，每月第1、3週二(逢假日則翌日休)
P8輛　所釧路町遠矢1-39

B 食 4 即到

●なべきゅう

奈辺久

嘗嘗看來自阿寒湖的公魚及紅鮭。公魚天婦羅定食1080日圓將公魚的鮮味包進酥脆的麵衣，相輔相成的美味大受歡迎。

DATA MAP 103
✆0154-67-2607
L11:00～15:00、18:00～20:00　休不定休　P無
所釧路市阿寒町阿寒湖溫泉4-4-1

C 買 4 即到

●ぱんでぱん

Pan de Pan

時尚的裝潢搭配新鮮出爐的麵包、甜點，連當地人都趨之若鶩的麵包店，附設內用座位，可以來杯飲料慢慢享用。

DATA MAP 103
✆0154-67-4188
L8:30～18:00
休每月第1、3個週三(11～4月每週三休)　P2輛　所釧路市阿寒町阿寒湖溫泉1-6-6

一網打盡兩個破火山口湖 摩周湖・屈斜路湖的展望台

第2天 行車距離 約163km 行車時間 約4小時5分

銜接P.102的第1天

44km／1小時6分 地方道路 240 241 53

7 900草原 景

53

Dレストラン牧場 食

9km／14分 地方道路 243

E弟子屈ラーメン総本店 食

243 52 地方道路

8 渡邊體驗牧場 玩

9.5km／15分 地方道路 52

9 摩周湖第一展望台 景

52 391 52

17km／26分

川湯溫泉站可以免費泡足湯（MAP 101）

10 川湯溫泉 溫

Fcafe Noble 食

34.5km／52分 52 243

11 美幌峠 景

41km／1小時 243 240 39

12 童話之丘 景

8km／12分 39 246

GOAL 女滿別機場

景 霧氣面紗籠罩著的神秘之湖

【30分】 MAP 101

9 摩周湖第一展望台

●ましゅうこだいいちてんぼうだい

從展望台眺望透明度在世界上屈指可數的摩周湖，雖然起濃霧的機率高，不過放晴的時候湖面呈現美麗的藍綠色，秀麗的風景讓人眼睛一亮。➔P.14

015-482-1530（摩周湖第一展望台休憩小屋）

8:00～18:00（冬季為～17:00） 休無休 ¥免費入場

P140輛 所弟子屈町国有林内

美味小吃CHECK

由馬鈴薯及南瓜磨成的丸子，夾入爆漿起司油炸。じゃがカボフォンデュ300日圓

人氣伴手禮CHECK

貼上郵票即可寄出的摩周湖之霧216日圓。罐子表面溫度升高時會發生變化喔！

景 約199個東京巨蛋那麼遼闊

【30分】 MAP 101

7 900草原

●きゅうまるまるそうげん

以阿寒及知床的層巒疊翠為背景，約930公頃的遼闊土地上，每年6至10月放牧著約1700頭乳牛。牧場內設有展望館、休憩小屋、公園高爾夫球場、散步道及外圍兜風馬路。

015-482-5009（900草原休憩小屋） 自由參觀（休憩小屋為4月下旬～10月） P110輛 所弟子屈町鐺別

腹地裡連公園高爾夫球場都有

擠乳完可以試喝鮮奶

草原位於摩周山麓，也因此風景絕佳

玩 在廣大牧場親身體驗北海道的魅力

【1小時】 MAP 101

8 渡邊體驗牧場

●わたなべたいけんぼくじょう

在摩周山麓的草原上，約70公頃的牧場裡畜養120頭乳牛。提供擠乳體驗活動，以及乘坐拖拉機在廣闊的草原上兜風40分鐘1620日圓等能親身體會北海道無邊無際之魅力的人氣活動，還有其他體驗項目可選。

015-482-5184 9:30～15:30（11～4月需預約）

休無休（11～4月為不定休） ¥免費入場（體驗活動另計）

P30輛 所弟子屈町弟子屈原野646-4

摩周岳噴發形成的破火山口湖。不開放參觀湖畔。北側還有第三展望台

從第三展望台的景色，Kamuishu島顯得近在眼前

↑旅館與伴手禮店相間

溫 驛站氛圍濃厚的溫泉小鎮

【30分】 MAP 101

10 川湯溫泉

かわゆおんせん

明治時代因應採掘硫磺，為工人們開設溫泉旅宿為濫觴，如今所有溫泉及住宿設施皆可享受源泉放流的天然溫泉，對遊客來說可是相當奢侈的溫泉小鎮。也有引流自源泉的足湯可輕鬆使用。

015-483-2670(川湯溫泉觀光服務處)

自由散步 P無 所弟子屈町川湯溫泉

景 超廣角將屈斜路湖一帶風景一網打盡

【30分】 MAP 101

11 美幌峠

びほろとうげ

屈斜路湖破火山口外圍山上海拔約525m的道路制高點，從展望台可以看到屈斜路湖、摩周岳，以及斜里岳。附設的休憩小屋兼營公路休息站，最適合小憩片刻。

0152-75-0700(公路休息站ぐるっとパノラマ美幌峠)

自由參觀 P120輛 所美幌町古梅

↑從山頂附近往屈斜路湖方面的景致。放眼望去皆是山白竹

景 田園與天空交織成的美麗景致

【30分】 MAP 101

12 童話之丘

めるへんのおか

坡度和緩的丘陵地放眼望去都是田地，隨著季節變化繪出美麗的風景。田裡的作物每年更換，都是具北海道特色的植物。曾經是黑澤明導演的電影《夢》的拍攝地。→P.14

0152-74-2111(大空町產業課商工組)

自由參觀 P10輛 所大空町女満別昭和153

→最適合拍照的地方設有停車帶

PICK UP!

在屈斜路湖湖畔的露天浴池享受大自然的洗禮

屈斜路湖第一排的黃金位置。露天浴池僅以石頭簡易區隔，因此形同男女混浴。附近還有男女有別的Kotan共同浴場（入浴費200日圓）。 MAP 101

↓11月底～12月初天鵝飛來過冬，可以近距離欣賞牠們優雅的姿態

←石頭圍牆之外就是屈斜路湖。可以穿泳衣入浴。

Kotan之湯

015-482-2200(摩周湖觀光協會)

自由入浴(逢週二、五的8:00～16:00為清潔時間暫停開放) P10輛 所弟子屈町屈斜路古丹

雖然已有現成的足湯可以使用，但是挖一挖沙子溫泉就會冒出來，大人小孩都能享受自己的足湯。11月底～12月初左右能見到天鵝的身影。 MAP 101

砂湯

015-482-2200(摩周湖觀光協會)

入浴自由 P140輛

所弟子屈町屈斜路湖砂湯

↓附設露營區，到了旺季遊客湧入會變得擁擠

↓木板圍好的足湯供遊客隨意享受。水溫適中

直徑15m的圓形露天浴池，大到會令人誤以為是池塘，附近少有住宿設施，所以可以靜靜享受，水溫較低。 MAP 101

池之湯

015-482-2200(摩周湖觀光協會)

6～9月自由入浴 P10輛 所弟子屈町屈斜路湖池の湯

→浴池裡苔蘚遍生，小心滑倒。可穿泳衣入浴

順道一遊景點

D 食 7 距離約5km

れすとらんまきば

レストラン牧場

位於JR摩周站附近，農協大樓裡的餐廳，招牌菜為味噌口味湯頭混搭牛奶的牧場風拉麵850日圓，以及摩周產的蕎麥粉製成的蕎麥麵。

DATA MAP 101

015-482-3137

11:00～15:00 休週日

P40輛 所弟子屈町中央3-7-12 農協大樓4F

E 食 8 距離約3km

てしかがらーめんそうほんてん

弟子屈ラーメン総本店

推薦海鮮榨醬油拉麵800日圓，其獨門醬油醬汁使用多種海鮮及蔬菜燉熟過篩而成。中粗捲麵與湯頭更是天作之合。

DATA MAP 101

015-482-5511

11:00～20:00

休無休 P20輛

所弟子屈町摩周1-1-18

F 食 10 即到

かふぇのーぶる

cafe Noble

位於川湯溫泉區的正中心，風格復古且靜謐的咖啡廳，招牌菜是使用摩周產的蕎麥粉做成的摩周薄餅套餐1180日圓，及使用本地食材做成的咖哩及義大利麵。

DATA MAP 101

015-483-3418 10:30～21:30(有季節性變動) 休週四 P無

所弟子屈町川湯溫泉1-4-8

休閒導覽

3大攻略徹底玩遍

日本最遼闊 釧路濕原

世界各國為保全水鳥棲息地，簽署了《拉姆薩濕地公約》，而釧路濕原以日本第一個登錄地而聞名。以下３種玩法帶您深入日本最大的濕原。

釧路濕原的小知識

為保護水鳥生態，釧路濕原不僅成為《拉姆薩濕地公約》登錄地，也因為是日本最大的濕地而成立國家公園。總面積約2萬公頃，同時也是日本天然紀念物丹頂鶴及北山椒魚的重要棲息地。

攻略重點

悠悠橫越釧路濕原的濕原慢車號，列車沿著蜿蜒的釧路川行駛，大片車窗不僅能欣賞濕原遼闊之美，說不定還能巧遇野生的鹿或狐狸呢！

窗外綠意盎然的風景，令人忍不住連按快門

還能看到在釧路川體驗獨木舟的遊客身影

釧路川上游是屈斜路湖。火車沿著河流蜿蜒前行

釧網本線

連接網走站與東釧路站兩地交通的鐵路路線，山、海、濕原等景色豐富多變。

展望車廂的窗戶面積比普通車廂更大，方便欣賞風景

攻略1 悠然橫越釧路濕原 乘坐釧路濕原慢車號！

釧路濕原慢車號是JR釧網本線在特定期間、特定區間行駛的觀光列車，橫越釧路濕原，春夏季的窗景是綠意盎然的濕原，秋季則是色彩斑斕的紅葉，透過車窗就能欣賞大自然的萬種風情，愜意觀光。列車行駛於釧路站及塘路站之間，其中釧路濕原站循步道走15分鐘可到細岡展望台，從這裡享受釧路濕原的開闊。P.15

釧路濕原慢車號

くしろしつげんのろっこごう

MAP 101

011-222-7111（JR北海道電話服務中心／列車班次、票價、費用、指定席的空位資訊／6:30～22:00） 4月下旬～10月上旬（行駛日需確認） 休 期間中不定休 ¥ 釧路站～塘路站間540日圓（指定席加收520日圓※行駛期間為2018年狀況） 所 釧路市大通14-1（JR釧路站）

停駐在車站的慢車號

攻略2 靠近看濕原的步道

走木道、散步路！

道道53號附近的西側釧路濕原重點，就是近距離體驗濕原的園區內步道，以釧路市濕原展望台為起點，一周約2.5km的路線大約1小時內可以走完。步道中段還有視野極佳的衛星展望台，能享受如同非洲大草原的景致，值得一去。

濕原

廣袤大地上，翠綠的赤楊叢生於黃綠色的蘆葦群中，構成這裡的風景畫。

站上衛星展望台可將西側濕原的遼闊風景一網打盡

攻略重點

釧路市濕原展望台的1樓除了商店及餐廳，還有複製濕原全景的立體模型。2樓還有資料展示室介紹濕原地形的由來。

建築物外觀模仿濕地群生植物薹草

攻略重點

想要身處濕原中欣賞原始的大自然，只有划獨木舟才能做到，正是其魅力所在。乘著輕舟駛過平穩的河面，享受與壯麗山水和野生動物不期而遇。

導遊會講解如何操作，初學者也能參加

釧路市濕原展望台散步道

●くしろししつげんてんぼうだいのさんさくろ

MAP101

☎0154-56-2424(釧路市濕原展望台) 自由散步（展望台為8:30～17:30，視時期而異） 休無休 ¥展望台門票470日圓 P108輛 所釧路市北斗6-11

北側的路線為方便行走的無障礙木道

攻略3 放慢步調享受大自然

乘著獨木舟下釧路川！

在大自然的寶庫釧路濕原國家公園裡是可以划獨木舟的，採完全包場制，因此可以從容地獨享這片大自然。從春季到冬季，因應不同季節及時段，方案也隨之而變，招牌行程是晨間獨木舟。預約時請確認著裝要求、自備物品、注意事項等行前必備資訊。

釧路川

源頭來自屈斜路湖，流入太平洋。總長度約154km，流速相較平穩。

在大自然的懷抱裡，順著釧路川的水流悠然前進

釧路Marsh&River

●くしろまーしゅあんどりばー

MAP101

☎0154-23-7116 8:00～19:00 休不定休 ¥划獨木舟1人9000日圓(2名以上成行，含導遊及全套划行用具，不含傷害險500日圓) P10輛 所釧路町河畔4-79 HP http://www.946river.com/

欣賞濕原的觀景景點

A Sarubo展望台

●さるぼてんぼうだい　MAP101

位於塘路湖及Shirarutoro湖之間，建於小山丘上，是鮮為人知的景點。

☎015-485-2111(標茶町企劃財政課觀光振興股) 自由參觀 P10輛 所標茶町塘路

B Kottaro濕原展望台

●こったろしつげんてんぼうだい　MAP101

Kottaro濕原被列為特別保護地域，展望台設於橫斷的馬路旁。

☎015-485-2111(標茶町企劃財政課觀光振興) 自由參觀 P20輛 所標茶町コッタロ

C 細岡展望台

●ほそおかてんぼうだい　MAP101

從眼前的釧路濕原、悠然流過的釧路川、到遠方的阿寒連山都能一次看到。➡P.102

☎0154-40-4455(細岡遊客休憩室) 自由參觀 P60輛 所釧路町達古武

札幌出發 旭川出發 帶廣出發 釧路出發 休閒導覽 日本最遼闊 釧路濕原 網走出發 函館出發 路線MAP

路線 16

前往能看到北方領土的最遠的海岬

さいとうたん・のさっぷみさき

最東端・納沙布岬

2天1夜

行車距離 約414km

行車時間 約10小時25分

超級推薦 7 のさっぷみさき 納沙布岬 根室

北緯43度23分7秒、東經145度49分1秒，這裡是日本最東邊的海岬。天氣好的時候，北方的水晶島及國後島便清晰可見。也是知名日出景點，夏至前後的日出時間為早上3點30分左右。➲P.112

超級推薦 13 ミルクロード 牛奶之路 中標津

雖然日本各地都有牛奶之路，但中標津町的北19號道路的規模，是其它道路完全不能相比的。飼養乳牛的牧場座落四處，「牛奶之路」名符其實。➲P.113

第1天從釧路出發，行程重點在正對濱中灣的霧多布濕原。第2天繞根室半島一圈後往北前進野付半島，終點是根室中標津機場。貫穿野付半島的道道950號的景致別有特色，半島頂端延伸出去成狹長的沙嘴，馳騁在馬路上兩側像被海洋包圍。最後走過中標津深受騎士們喜愛的筆直馬路「牛奶之路」，畫下完美的句點。

兜風自駕小建議

在道東兜風往往會因為沿路景物變化不大而覺得無趣，然而這條路線包含各種風景，令人心曠神怡。要小心厚岸跟濱中的道道123、142號，雖然風景優美，不過彎道多，高低起伏大，千萬不能被風景分心，影響到行車安全。

最佳造訪季節 夏～秋

這一帶在夏天時氣候依然涼爽，秋天時可以大快朵頤根室的秋刀魚、厚岸的牡蠣以及當地特有的當季美味。

相關活動

- 7月中旬 根室港祭
- 9月上旬 霧多布岬祭
- 9月下旬～10月上旬 厚岸牡蠣祭

觀光洽詢處

- 厚岸町城鎮開發推進課 ☎0153-52-3131
- 濱中町商工觀光課 ☎0153-62-2111
- 根室市商工觀光課 ☎0153-23-6111
- 別海町商工觀光課 ☎0153-75-2111
- 中標津町經濟振興課 ☎0153-73-3111
- 標津町觀光協會 ☎0153-82-2131

往地平線無限延伸的筆直道路令人感動
13 牛奶之路 P.113
開陽台展望台
開陽台 12 P.113
中標津町
GOAL 根室中標津機場
P.113 Osteria Felice
北海道罕見的立體十字路口
別海町西春別一帶…又直又寬的馬路綿延
1:350,000
地圖上的1cm為3.5km
周邊圖 P.171・172-173
範例：景點 玩樂 美食 購物 溫泉
厚岸町
別寒邊牛濕原
P.111 森高牧場
1 厚岸味覺總站・Conchiglie P.110
公路休息站 厚岸グルメパーク
厚岸湖
厚岸
牡蠣直賣所就在路邊
P.110 愛冠岬 2
注意車速
釧路市
釧路町
標茶町
白糠町
丹頂釧路機場
START 丹頂釧路機場

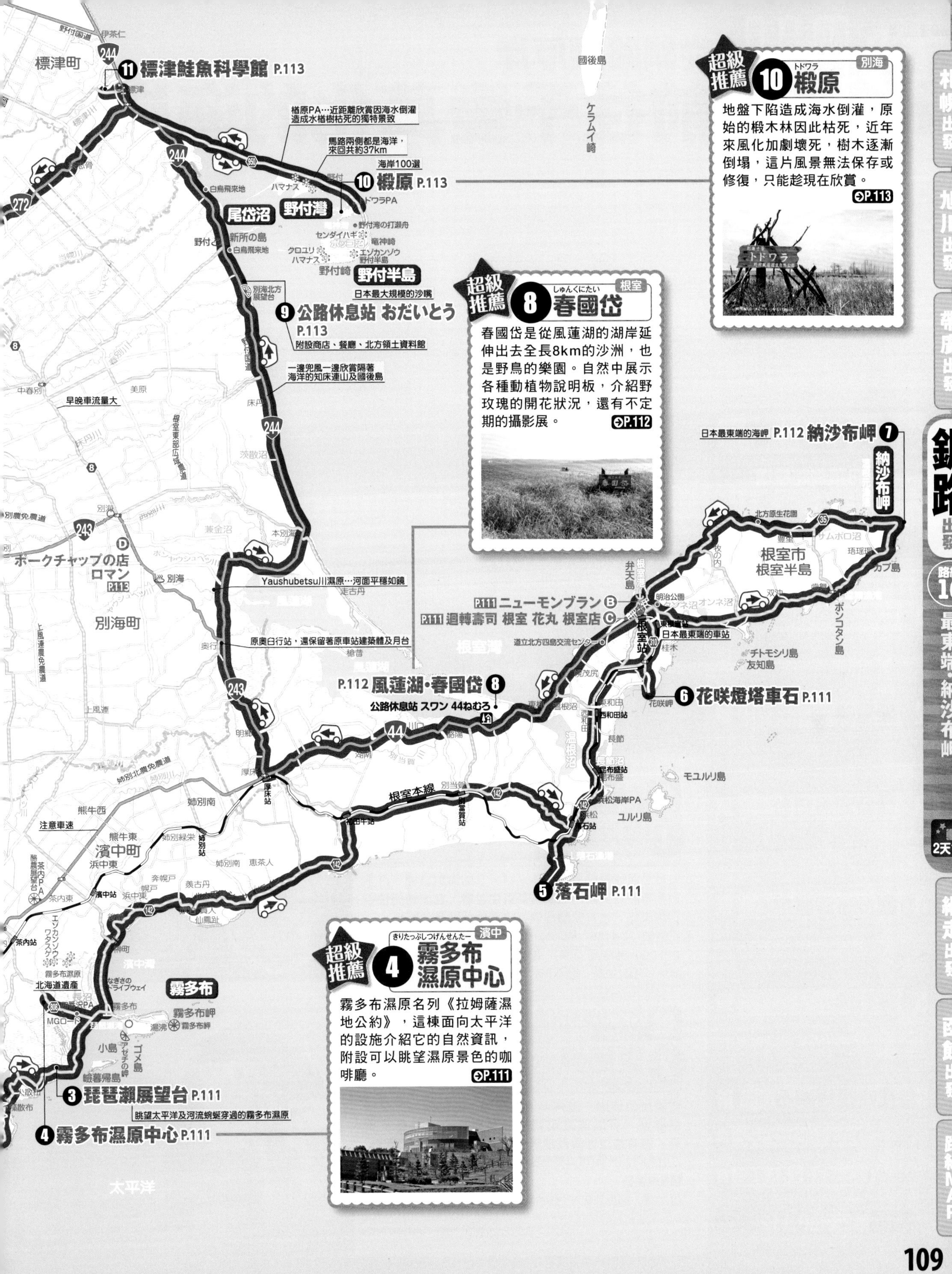

超級推薦 10 椴原 トドワラ 別海

地盤下陷造成海水倒灌，原始的椴木林因此枯死，近年來風化加劇壞死，樹木逐漸倒塌，這片風景無法保存或修復，只能趁現在欣賞。

➲P.113

超級推薦 8 春國岱 しゅんくにたい 根室

春國岱是從風蓮湖的湖岸延伸出去全長8km的沙洲，也是野鳥的樂園。自然中展示各種動植物說明板，介紹野玫瑰的開花狀況，還有不定期的攝影展。

➲P.112

超級推薦 4 霧多布濕原中心 きりたっぷしつげんせんたー 濱中

霧多布濕原名列《拉姆薩濕地公約》，這棟面向太平洋的設施介紹它的自然資訊，附設可以眺望濕原景色的咖啡廳。

➲P.111

11 標津鮭魚科學館 P.113

椙原PA…近距離欣賞因海水倒灌造成水椙樹枯死的獨特景致

馬路兩側都是海洋，來回共約37km

海岸100選

10 椴原 P.113

日本最大規模的沙嘴

9 公路休息站 おだいとう P.113

附設商店、餐廳、北方領土資料館

一邊兜風一邊欣賞隔著海洋的知床連山及國後島

早晚車流量大

ホークチャップの店 ロマン P.113

Yaushubetsu川濕原…河面平穩如鏡

原奧臼行站，還保留著原車站建築體及月台

P.112 風蓮湖・春國岱 8

公路休息站 スワン 44ねむろ

日本最東端的海岬 P.112 納沙布岬 7

P.111 ニューモンブラン B

P.111 迴轉壽司 根室 花丸 根室店 C

日本最東端的車站

6 花咲燈塔車石 P.111

5 落石岬 P.111

注意車速

3 琵琶瀨展望台 P.111

眺望太平洋及河流蜿蜒穿過的霧多布濕原

4 霧多布濕原中心 P.111

從釧路經厚岸 前往千變萬化的海岸線

第1天 行車距離 約198km 行車時間 約5小時

START 丹頂釧路機場
65 240 38 44
68km／1小時42分 Ⓐ森高牧場 買
44 123
1 厚岸味覺總站・Conchiglie 食
7km／11分 123 地方道路
2 愛冠岬 景
31.5km／48分 地方道路 123
3 琵琶瀬展望台 景
9km／14分 123 808
4 霧多布濕原中心 景
61km／1小時30分 808 123 142 1123
5 落石岬 景
21.5km／33分 1123 142 地方道路 310 地方道路
6 花咲燈塔車石 景
Ⓑニューモンブラン 食
Ⓒ迴轉壽司 根室 花丸 根室店 食

第2天往P.112

食 大啖各式各樣的牡蠣美食
【1小時】 MAP 108

1 厚岸味覺總站・Conchiglie

●あっけしみかくたーみなるこんきりえ

位於公路休息站厚岸グルメパーク的海鮮市場，許多遊客喜歡在海鮮市場購買新鮮生牡蠣，在炭烤攤位自行烤來吃。也有餐廳提供各式蓋飯餐點及生牡蠣。

✆0153-52-4139 Ⓛ9:00～21:00（炭烤攤位11:00～20:00，視時期而異） 休週一（逢假日則翌日休，7、8月無休） Ⓟ105輛 所厚岸町住の江2-2

◎在當地最常見的吃法是炭烤，擠上幾滴檸檬更美味

景 名字浪漫而受遊客歡迎的海岬
【30分】 MAP 108

2 愛冠岬

●あいかっぷみさき

從愛冠衍伸出「愛與浪漫的海岬」的稱號，深受情侶歡迎。可以遠眺筑紫戀的海岸線、大黑島及小島。還有據說敲響就能讓戀情開花結果的愛之鐘。

✆0153-52-3131(厚岸觀光協會)
Ⓛ自由參觀
Ⓟ33輛 所厚岸町愛冠5-1

◎從停車場步行10分鐘即到海岬，眺望優美的風景

景 一網打盡陸地上的濕原及太平洋

【30分】 MAP 109

3 琵琶瀬展望台

●びわせてんぼうだい

位於霧多布濕原南側，琵琶瀨川蜿蜒流過濕原的遼闊風景引人入勝，遠方是太平洋的海浪無情地拍打岸邊的礁岩，沿著海岸還有像是巨岩上開了一扇窗戶般的窗岩。附設廁所及商店，適合在此稍作休息。

☎0153-62-2111(濱中町商工觀光課) 🕒自由參觀

P50輛 所浜中町琵琶瀬

大S字般蜿蜒的琵琶瀨川優美如畫。丹頂鶴也會在此出沒

景 霧多布濕原的資訊都在這裡

【30分】 MAP 109

4 霧多布濕原中心

●きりたっぷしつげんせんたー

提供霧多布濕原的最即時自然資訊，現場展示棲息於濕原的野鳥雕刻，模型栩栩如真充滿魄力。2樓觀景大廳適合欣賞濕原風景，還供應咖啡及輕食。

☎0153-65-2779 🕒9:00～17:00

休無休(10～12月及2～4月休週二，1月為冬季休)

¥免費入場

P30輛

所浜中町四番沢20

朝南的大片窗戶旁，透過望遠鏡可以仔細觀察濕原

從琵琶瀨展望台看出去的霧多布濕原及琵琶瀨川，即使是在北海道也是數一數二的濕原景致，構圖及色彩都像明信片般令人印象深刻

景 懸崖峭壁與花之濕原交織出絕景

【30分】 MAP 109

5 落石岬

●おちいしみさき

位於根室半島南端，向太平洋推出去的台地型海岬。道道1123號開到盡頭後，沿著木道一路欣賞原生林及濕原風光，來到終點，眼前即是位於海岬盡頭的落石岬燈塔。

☎0153-23-6111(根室市商工觀光課)

🕒自由參觀 P無 所根室市落石西392-1

海獺及港海豹出沒於海岸邊

景 約6000萬年前形成的奇石

【30分】 MAP 109

6 花咲燈塔車石

●はなさきとうだいくるまいし

以花咲蟹的產地名聞遐邇的花咲岬，這個舉世無雙奇石就在其頂端，直徑近6m，斷面呈放射狀開展，又稱為車輪石，據傳是熔漿流入海裡時即已定型，名列日本國家天然紀念物。有參觀步道可靠近欣賞。

☎0153-24-3104(根室市觀光協會)

🕒自由參觀

P30輛

所根室市花咲港

令人越看越覺得神奇的外型，附近還有小型車石

PICK UP! 享用只有在根室才吃得到的「花咲蟹」

花咲蟹即使是在以螃蟹聞名的北海道，也僅棲息於根室一帶的特定區域，蟹肉滋味濃郁、蟹身鮮紅是牠的兩大特徵。在根室市內的餐飲店或是每年9月上旬的根室螃蟹祭，都可以大快朵頤這道美味。

根室螃蟹祭時可以實惠的價格買到花咲蟹

順道一遊景點

A 買 1 距離約2km

●もりたかぼくじょう

森高牧場

由當地牛奶生產業者經營的冰淇淋店，大受歡迎的牛奶霜淇淋使用新鮮牛奶製成，風味濃郁，當地人也趨之若鶩。

DATA MAP 108

☎0153-52-7707

🕒10:00～18:00(視時期而異)

休無休 P10輛

所厚岸町宮園1-375

B 食 6 距離約6.5km

ニューモンブラン

昭和30年代開業，奶油飯盛上薄豬排、淋上多蜜醬，即是根室著名的豬排奶油飯890日圓，可外帶。其他還有東方飯及精力飯等。

DATA MAP 109

☎0153-24-3301

🕒10:00～19:50

休不定休 P1輛

所根室市光和町1-1

C 食 6 距離約6.5km

●かいてんずしねむろはなまるねむろてん

迴轉壽司 根室 花丸 根室店

在北海道內知名的迴轉壽司連鎖店「花丸」的本店，以根室當地新鮮漁獲為主，還可以一併大啖道內各地的當季海鮮料。

DATA MAP 109

☎0153-24-1444

🕒11:00～22:00

休不定休 P45輛

所根室市花園町9-35

一玩日本最東海岬 經野付半島前往中標津

日本本土最東邊及北海道燈塔發祥地的木碑矗立，後面則是海岬的象徵納沙布岬燈塔

第2天 行車距離 約216km 行車時間 約5小時25分

銜接P.110的第1天

28km／42分 地方道路 310 35

7 納沙布岬 景

40.5km／1小時 35 44

8 風蓮湖・春國岱 景

55km／1小時22分 44 243 244

D ポークチャップの店ロマン 食

9 公路休息站 おだいとう 玩

29km／44分 244 950

10 椴原 景

20km／30分 950 244 863

11 標津鮭魚科學館 景

33km／50分 863 244 272 774 13 833 地方道路

E Osteria Felice 食

12 開陽台 景

即到 地方道路

13 牛奶之路 景

10km／15分 地方道路 150

GOAL 根室中標津機場

景 日本最東端的海岬

【30分】 MAP 109

7 納沙布岬

のさっぷみさき

座標北緯43度23分7秒、東經145度49分1秒，可以清晰看見北方領土的日本本土最東端海岬，附近規劃為望鄉之岬公園，設有祈願北方領土早日歸還的紀念碑等。日出之壯麗無以倫比。

0153-24-3104（根室市觀光協會）

自由參觀 P50輛 所根室市納沙布

附近的食堂及商店有賣花蟹味噌湯

北方館望鄉之家展示北方領土的相關資料

附近的商店有賣昆布加工品等伴手禮

以日出而聞名的海岬，最早的日出是在6月份的清晨3點36分前後。許多觀光客為求好兆頭，會於元旦湧入這裡看日出

景 白尾海鵰、丹頂鶴等野鳥的樂園

【1小時】 MAP 109

8 風蓮湖・春國岱

ふうれんこしゅんくにたい

位於根室半島部的風蓮湖，以及分隔根室灣的春國岱沙丘地帶，後者每到夏天就有粉紅色的海乳草遍生，秋天鮮紅的海蓬子也別有風情。也非常適合觀察野鳥。

0153-25-3047

（根室市春國岱原生野鳥公園自然中心）

自由散步 P30輛

所根室市春国岱1～78（春国岱）

在自然中心打聽好重要資訊再開始參觀

玩 隔著野付半島與國後島對望的公路休息站

【30分】 MAP 109

9 公路休息站 おだいとう

●みちのえきおだいとう

公路休息站位於通稱「白鳥台」的觀景地帶，2樓的資料室、展示室介紹北方領土相關資料，3樓設有望遠鏡遙望國後島。1樓餐廳及商店可以吃到巨型扇貝做成的餐點。

☎0153-86-2449

L9:00～17:00(11～4月為～16:00)

休無休(11～4月為週一休，逢假日則翌日休)

P56輛　所別海町尾岱沼5-27

◐位於尾岱沼市區的南側，視野好的時候可以清楚看見國後島

◐曾經名冠日本當地漢堡第一名的別海巨型扇貝漢堡1000日圓

景 枯死的椴松呈現出異世界般的景象

【1小時】 MAP 109

10 椴原

●トドワラ

遭海水倒灌而枯死的椴松成為風景，由於每年持續風化，這片風景總有一天會消失。從自然中心出發到椴原約1.3km的散步道，沿路的野生花草風景隨季節更迭，還有耳邊傳來的鳥囀，若細心品味處處皆風景。

☎0153-82-1270(野付半島觀光服務處)

L自由散步

P50輛

所別海町野付63

◐野付半島自然中心到椴原之間設有散步道

景 日本最大規模的鮭魚類水族館

【1小時】 MAP 109

11 標津鮭魚科學館

●しべつさーもんかがくかん

鮭魚科魚類展示種類堪稱日本第一的水族館，展區與標津川的水路相通，9～10月有迴游的鮭魚溯溪而上，11月可以觀察產卵行為。還有將手伸入的話會幫忙清理角質的醫生魚、與鱘魚親密接觸的體驗區等等都深受遊客好評。

☎0153-82-1141

L2～11月為9:30～16:30

休展期間週三休（逢假日則翌日休，5～10月無休）

¥門票610日圓　P272輛

所標津町北1西6-1-1-1

◐大水槽飼養展示鮭魚科魚類及近海的魚兒們

景 地球等級的全方位美景

【30分】 MAP 108

12 開陽台

●かいようだい

展望台位於中標津市區北邊，町營開陽台牧場的高台上，離停車場約2～3分鐘處設有2層樓圓形觀景建築，從知床半島、根釧原野到阿寒一帶都能盡收眼底，超廣角風景美不勝收。

☎0153-73-4787(中標津町觀光服務處)

L4月下旬～10月為9:00～17:30(10月為～16:30、頂樓全年自由參觀)

休期間中無休　¥免費入場　P60輛

所中標津町俣落2256-17

◐從展望台的頂樓，往停車場的方向看去，根釧原野盡是牧歌風景

景 騎士也瘋狂的直線景點

【30分】 MAP 108

13 牛奶之路

●ミルクロード

北19號道路的別名，位於開陽台旁邊，東西方向綿延約4km的直線道路段。由於高低起伏大，馬路西側設有小型停車帶，拍照留念的觀光客絡繹不絕，熱門時還需要排隊等待拍照。

☎0153-73-4787(中標津町觀光服務處)

L自由通行　所中標津町開陽

◐從停車帶往東拍下的風景。拍照時請小心往來車輛！

順道一遊景點

D 食 10 距離約25km

●ぽーくちゃっぷのみせろまん

ポークチャップの店ロマン

位於別海町的國道243號沿岸，適合自駕族用餐。招牌的巨無霸豬肉2200日圓，分量重達700克，現點現烤需費時45分鐘，可以先預約以便馬上享用美食。

DATA　MAP 109

☎0153-75-2458

L11:00～16:00

休週四(逢假日則前日休)

P20輛

所別海町別海鶴舞120-3

E 食 11 距離約19.7km

●オステリア フェリーチェ

Osteria Felice

主廚以20年經歷細心處理北海道及道東當季食材，光看就讓人食指大動，各式佳餚搭配豐富的葡萄酒，適合細細品味。

DATA　MAP 108

☎0153-73-2828

L11:30～14:00、18:00～21:00

休週一，每月第2、3週日(逢假日則翌日休)

P5輛

所中標津町東6北2-1-9

美食導覽

釧路的3大名物美食

通通源自釧路！

海鮮又豪華又平價的勝手蓋飯、爐端燒，以及鰹魚高湯風味飽滿的釧路拉麵，這些就是釧路長久以來倍受喜愛的3大美食，將港都釧路的大海本色發揮得淋漓盡致。

新鮮漁獲想加多少就加多少！

勝手蓋飯

和商市場某魚店老闆為了向騎士兜售漁獲，把海鮮一點一點加在便當店買來的飯上而開始風行。

美味自己來！勝手蓋飯

先到便當店買白飯，可以選飯量

令人眼花撩亂的海鮮料一字排開，光是猶豫要選什麼就令人開心！

決定配料之後告訴店員，他們會幫你排得很漂亮

和商市場 ●わしょういちば MAP 114

與札幌二条市場、函館朝市並列北海道3大市場，也是當地民眾的廚房，設有約60家店，其中尤以海鮮種類豐富，價格實惠。每到旺季盡是慕名來享用勝手蓋飯、或是拿著勝手蓋飯在市場裡走動的遊客。

☎0154-22-3226
L 8:00～18:00（1～3月為～17:00）、週日營業時為～16:00（12月為～18:00）
休 週日不定休（需洽詢）
P 132輛
所 釧路市黒金町13-25

地點就在釧路車站附近，觀光前來這裡吃個早餐吧

從道東地區當季的漁獲到海鮮加工食品都有，商品應有盡有

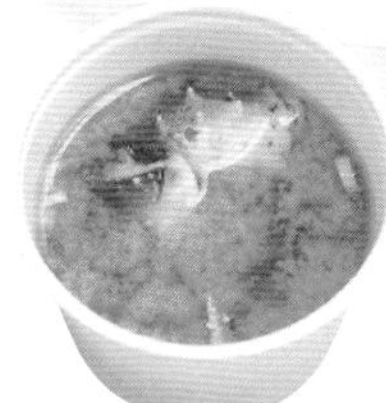
市場設有專門座位，供遊客慢慢享用勝手蓋飯

蓋飯的好搭檔就是划算的螃蟹味噌湯，美味的高湯帶來鮮妙好滋味！

MY勝手蓋飯 隨時期而變化
葡萄蝦、鱈場蟹等北海道特有的海鮮，通通聚集在這一碗，非常奢侈

有嚼勁的細麵配上清爽的湯頭

釧路拉麵

據傳大正時期從橫濱來的華人帶起風潮。釧路拉麵的特色在於細麵及鰹魚高湯風味的湯頭。

味道簡單不複雜，可以好好享受鰹魚高湯風味的鹽味拉麵600日圓

正油拉麵 650日圓
醬油湯頭讓鰹魚高湯的香氣四溢，可說是釧路拉麵的正統口味

まるひら MAP 101

完美呈現釧路拉麵的代表店家之一，鰹魚湯頭雖然嘗來味道爽口，層次豐富的風味卻會在嘴裡開展，堪稱逸品。恰到好處的細捲麵也和湯頭相得益彰。

☎0154-41-7233
L 9:30～16:45
休 週三，每月第2、4週四
P 25輛
所 釧路市浦見8-1-13

想吃的海鮮就用炭火烤！

爐端燒

用炭火烤海鮮的爐端燒，釧路就是其發源地，是將仙台的蔬菜爐端燒因地制宜後的版本。

1000日圓左右的預算就能吃得超值

預算大約（1人）2000日圓

岸壁炉ばた ●がんぺきろばた MAP 114

位於釧路川邊，迎著海風，享用炭火現烤的當季海鮮。先在食材區選購想吃的食材，然後在位子上自己動手烤。

適合想要隨興地享受爐端燒的人

☎0154-23-0600（釧路河畔開發公社）
L 5月中旬～10月底的17:00～22:00（5、6、10月為～21:00）
休 期間中無休
P 76輛
所 釧路市錦町2-4 釧路市錦町2-4釧路漁人碼頭MOO

網走路線出發

知床橫斷道路（羅臼町）

自駕路線

2天1夜 路線17 知床半島…………………… P.116

2天1夜 路線18 網走·佐呂間湖·北見 …… P.124

休閒導覽 知床五湖漫步 搭船遊覽大自然 ……P.122

美食導覽 網走的「現撈欸」鮮魚美食 …………P.130

網走平均氣溫、降水量、最深積雪量平年值(每月)

月	1月	2月	3月	4月	5月	6月
平均氣溫(℃)	-5.5	-6	-1.9	4.4	9.4	13.1
降水量(mm)	54.5	36	43.5	52.1	61.6	53.5
最深積雪(cm)	41	52	47	17	1	–
月	7月	8月	9月	10月	11月	12月
平均氣溫(℃)	17.1	19.6	16.3	10.6	3.7	-2.4
降水量(mm)	87.4	101	108.2	70.3	60	59.4
最深積雪(cm)	–	–	–	0	6	28

※平均氣溫、降水量、最深積雪量的資料為網走1981～2010年間的平均資料（氣象廳）。

蝦夷鹿的小鹿（斜里町）

佐呂間湖（佐呂間町／P.126）

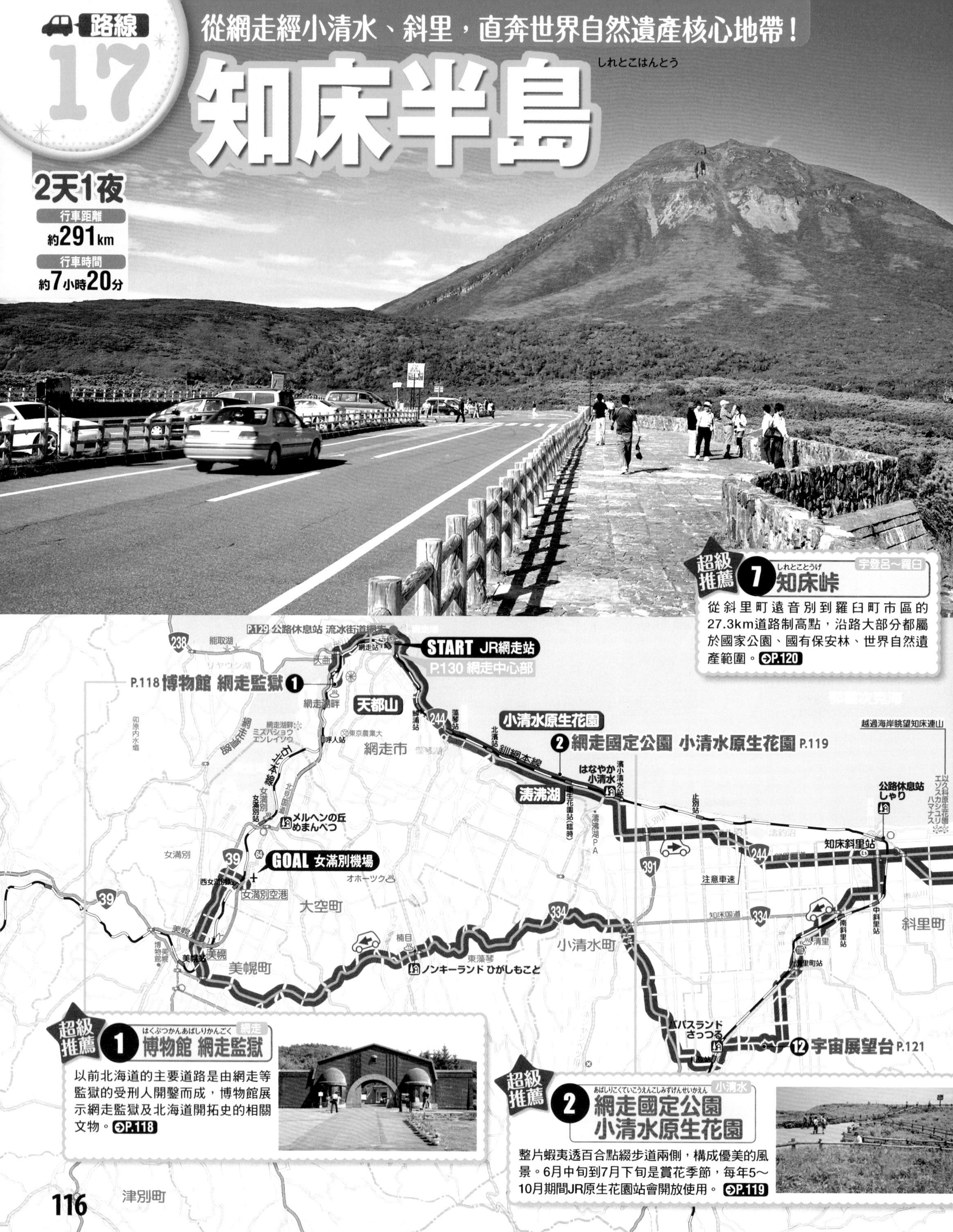

路線17 知床半島

從網走經小清水、斜里，直奔世界自然遺產核心地帶！

しれとこはんとう

2天1夜

行車距離 約291km

行車時間 約7小時20分

超級推薦 7 知床峠（しれとことうげ） 宇登呂～羅臼

從斜里町遠音別到羅臼町市區的27.3km道路制高點，沿路大部分都屬於國家公園、國有保安林、世界自然遺產範圍。➲P.120

超級推薦 1 博物館 網走監獄（はくぶつかんあばしりかんごく） 網走

以前北海道的主要道路是由網走等監獄的受刑人開鑿而成，博物館展示網走監獄及北海道開拓史的相關文物。➲P.118

超級推薦 2 網走國定公園 小清水原生花園（あばしりこくていこうえんこしみずげんせいかえん） 小清水

整片蝦夷透百合點綴步道兩側，構成優美的風景。6月中旬到7月下旬是賞花季節，每年5～10月期間JR原生花園站會開放使用。➲P.119

第1天從網走出發經過小清水、斜里，朝宇登呂前進。從網走到小清水原生花園之間的國道244號路段是適合兜風的濱海路線，左邊的鄂霍次克海景令人心曠神怡。從知床半島的起點斜里市區出發，到宇登呂港之前的濱海公路風景也是一絕。第2天從宇登呂跟羅臼之間的知床橫斷道路開始，位於海拔738m的知床峠風景絕佳，也是遠眺國後島的知名好去處。從羅臼開始繞標津、斜里、清里一圈，回到女滿別機場作結。

最佳造訪季節 夏～秋

該地區氣候涼爽，所以推薦夏天避暑。紅葉於9月中旬開始。

相關活動

- 4月上旬 知床雪壁健行
- 6月中旬 知床開市
- 9月下旬 羅臼產業祭「漁火祭」

觀光洽詢處

- 網走市觀光協會…………………… ✆0152-44-5849
- 北見觀光協會……………………… ✆0157-32-9900
- 知床斜里町觀光協會……………… ✆0152-22-2125
- 知床羅臼町觀光協會……………… ✆0153-87-3360

兜風自駕小建議

整條路線幾乎都是又寬又好開的馬路，不過特別要注意的是，加油站很少所以要勤加油。還有越是風景宜人的地方，越要小心不要超速。知床橫斷道路僅於4月下旬開始到11月上旬開放通行，通行期間以外只能繞道行駛。

超級推薦 6 知床五湖（しれとこごこ）宇登呂

位於羅臼岳和硫磺山的山麓，被原始森林環抱的5個湖泊。可以在地上步道與高架木道享受散步樂趣。

➲P.119

超級推薦 3 通天道（てんにつづくみち）斜里

位於斜里町東邊，全長有18km的直線道路。道路的尾端看起來彷彿消失於天空之中。

➲P.119

範例
- 景點 ● 玩樂 ● 美食
- 購物 ● 溫泉 ● 住宿

周邊圖 P.171•172•173•177

路線 17

JR網走站→小清水→知床宇登呂

駛過鄂霍次克海沿岸 一探神秘的知床五湖

第1天

第1天 行車距離 約101km 行車時間 約2小時35分

START JR網走站

4.5km／7分 39 地方道路

1 博物館 網走監獄 景

22km／33分 地方道路 39 23 1083 244

2 網走國定公園 小清水原生花園 景

33km／50分 244 334 地方道路

3 通天道 景

20km／30分 地方道路 334 地方道路

4 Oshinkoshin瀑布 景

334 地方道路

7km／11分

Ⓐ公路休息站うとろ・シリエトク 玩

Ⓑ荒磯料理熊の家 食

5 哥吉拉岩觀光 玩

14km／21分 334 93 地方道路

Ⓒ知床自然中心 景

6 知床五湖 景

第2天往P.120

美味小吃CHECK

在知床五湖的公園服務中心來個多汁的鹿肉漢堡吧（300日圓）

知床五湖正下方是不透水的岩層，從硫磺山來的熔岩沉積於其上，地下水流過其中，地下湧泉便形成了湖泊

景 認識北海道的開墾過程

【1小時】 MAP 116

1 博物館 網走監獄

●はくぶつかんあばしりかんごく

從明治時代開始使用的舊網走刑務所，經過遷移及修復，改建成如今的戶外歷史博物館。歷史館的體感劇場透過大螢幕播放的影像及音響，重現當年利用犯人開墾北海道的殘酷過程，震撼十足。

☎0152-45-2411

營8:30～17:00（10～4月為9:00～16:00） 休無休

¥門票1080日圓 P400輛 所網走市呼人1-1

⬇遷移復原的8棟建築物為國家重要文化財，6棟為有形文化財

一般認為二湖的景致最為優美

從木道上的展望台能看到一湖及知床連山

景 如果只看一湖就很簡便

【40分】 MAP 117

6 知床五湖

●しれとこごこ

5個大小及形狀皆不同的湖泊，隱身在知床半島的原始森林裡，每個湖泊沒有特定的名字，僅稱之為一湖、二湖。沒有河水注入亦沒有流出的神秘湖泊。

✆0152-24-3323（知床五湖遊客服務站）

營4月下旬～11月下旬自由參觀　休期間中無休　¥棕熊活動期地面散步道約需5000日圓（依導覽公司而異，需預約），高架木道全年免費，植被保護期內需付250日圓手續費　P100輛　所斜里町岩尾別549

景 在北海道短暫夏天爭奇鬥豔的花兒們

【30分】 MAP 116

2 網走國定公園 小清水原生花園

●あばしりこくていこうえんこしみずげんせいかえん

夾在鄂霍次克海與濤沸湖之間約8km的丘陵地上，滿山遍野70幾種花卉盛開，尤其是6～8月的濱梨（野玫瑰）及蝦夷透百合最為嬌豔動人。

✆0152-63-4187（小清水原生花園資訊中心Hana）

營5～9月的8:30～17:30、10月的9:00～17:00　休期間中無休

¥免費入園　P60輛　所小清水町浜小清水

↑JR原生花園站附近設有散步道，可以同時欣賞到鄂霍次克海與動人的花園

景 筆直通往地平線彼端的震撼景色

【30分】 MAP 117

3 通天道

●てんにつづくみち

←筆直得彷彿要連到天邊一樣

位於斜里町東邊、知床半島北邊的交界處，國道244號與國道334號相接之18km直線道路，沿著馬路彷彿就能開到天邊。

✆0152-23-3131（斜里町商工觀光課）

營自由參觀　P無

所斜里町峰浜

→新綠點綴在融化的雪水四周是最美的季節

景 沿著山坡起伏流淌的優美瀑布

【30分】 MAP 117

4 Oshinkoshin瀑布

●おしんこしんのたき

從30m高的斷崖奔流而下，是知床半島最大的瀑布，中間一分為二，因此又名「雙美瀑布」。停車場就在國道334號旁，從路邊就能看到瀑布，非常好認。

✆0152-22-2125（知床斜里町觀光協會）

營自由參觀　P42輛　所斜里町ウトロ

玩 近距離欣賞知床半島的石地與懸崖

【2小時】 MAP 119

5 哥吉拉岩觀光

●ごじらいわかんこう

知床半島的斷崖可從海上欣賞，而且近5年來知床岬行程的棕熊目擊率高達94%以上。另有1小時的硫磺山行程可選。⊙P.123

✆0152-24-3060　營4月25日～10月31日的7:00～18:00

休海況不佳時　¥硫磺山行程3300日圓，Rusha灣行程5500日圓，知床岬行程8000日圓　P50輛　所斜里町ウトロ東51

↑小型船的魅力就在於能比大型船更靠近岸邊

↑從船上看到棕熊的機率很高

PICK UP! 在流洩的溫泉裡泡足湯

溫泉流入河裡，形成瀑布，不高的溫度剛好可以泡足湯。

MAP 117

Kamuiwakka湯之瀑布

✆0152-24-2114（知床自然中心）

營預計於6～10月下旬可自由參觀　¥免費

P18輛　所斜里町岩尾別

↑溪裡容易滑，要小心腳下

順道一遊景點

A 玩 5 即到

●みちのえきうとろしりえとく

公路休息站うとろ・シリエトク

位於世界遺產、知床入口的公路休息站，觀光資訊豐富，設有漁協的直賣店，及用當地產品為概念的餐廳、商店。

DATA　MAP 119

✆0152-22-5000

營8:30～18:30（11～4月為9:00～17:00，餐廳為10:00～15:00）

休無休　P101輛

所斜里町ウトロ西186-8

B 食 5 即到

●あらいそりょうりくまのや

荒磯料理熊の家

餐廳提供產自宇登呂本地新鮮的山珍海味，以地產地消為宗旨，其中尤其以鮭魚、帆立貝、海膽等當季海鮮為主的刺身定食大受歡迎。

DATA　MAP 119

✆0152-24-2917

營11:00～14:30、17:30～20:00　休不定休（冬季可能放長假）　P4輛

所斜里町ウトロ西187

C 景 5 距離約5km

●しれとこしぜんせんたー

知床自然中心

提供知床當季自然、道路資訊，及最新的棕熊狀況。每天都有工作人員開設小講座，還有劇院播放的自然影片、工作人員手工製作的展示品也值得一看。

DATA　MAP 117

✆0152-24-2114

營8:00～17:30（視時期而異）

休無休　¥免費入場，劇院500日圓　P120輛所斜里町岩宇別531

第2天

知床半島

駛過羅臼岳山麓 穿越知床橫斷道路前往羅臼

第2天 行車距離 約190km 行車時間 約4小時45分

銜接P.118的第1天

19km／29分 地方道路 334

7 知床峠 景

14km／21分 334

D熊之湯溫泉 溫

8 知床國家公園羅臼遊客中心 景

3km／5分 334 87 地方道路

9 知床Nature Cruise 玩

即到 地方道路

10 公路休息站 知床・らうす 買

2km／3分 335 地方道路

11 羅臼國後展望塔 景

地方道路 335

100km／2小時30分

E純の番屋 食

F羅臼丸魚 濱田商店 買

335 地方道路 1145 244 334 1115 地方道路

12 宇宙展望台 景

52km／1小時18分 地方道路 1115 地方道路

地方道路 391 334 39 246

GOAL 女滿別機場

夏天的主角是抹香鯨，早春則是虎鯨，甚至會在一次航程中遇到不同群體

景 飽覽羅臼岳等知床的自然風光

【15分】 MAP117

7 知床峠

しれとことうげ

此地海拔約738m，為橫越知床連山連接宇登呂及羅臼的知床橫斷道路的最高點，附近被偃松樹海包圍。整條路只有這裡有廁所，建議停靠小憩片刻。

☎0152-22-2125(知床斜里町觀光協會)

L4月下旬～11月上旬(知床橫斷道路通車期間)自由參觀

P60輛　所斜里町知床国立公園内

來到最高點，眼前即是知床連山的主峰羅臼岳，停車場夠停60輛車

羅臼岳這一側地形起伏大，遠方為根室海峽及國後島

詳細請見 P.123

玩 羅臼的海有多厲害看鯨魚就知!
【3小時】 MAP121
9 知床Nature Cruise
●しれとこねいちゃーくるーず

從羅臼港出發，搭乘專用遊船出海尋找鯨豚的蹤跡。早春容易遇到虎鯨，夏天則是抹香鯨，如果運氣好，還有可能在伸手可及的距離觀察他們。
✆0153-87-4001
營7:00～20:00(航班需洽詢)
休需洽詢(視海況而異) ¥賞鯨豚海鳥行程(5～10月，需預約，當天有座位即可搭乘)8000日圓 P10輛 所羅臼町本町27-1

身長超過15m的公抹香鯨巨大的軀幹浮出水面時相當震撼人心！在水面慢慢換氣長達7～8分鐘後，再下潛30～40分鐘，一直重複。導覽人員發現鯨魚的速度也是一大看點

景 連結人與自然的設施
【30分】 MAP117
8 知床國家公園羅臼遊客中心
●しれとこ())こくりつこうえんらうすびじたーせんたー

知床的大自然、歷史、文化，通通在這裡以展示及影片呈現，讓遊客認識知床國家公園，以及在此觀光所需要的基本知識與資訊。館內櫃檯提供附近自然環境最新資訊。
✆0153-87-2828 營9:00～17:00（11～4月為10:00～16:00） 休週一（5、6、10月的假日開館，7～9月無休） ¥免費入館 P40輛 所羅臼町湯ノ沢町6-27

館內正中央展示公虎鯨的全副骨骼標本

必看介紹羅臼能看到的動物的影片

羅臼漁協直賣店「海鮮工房」商品種類齊全

水藍色的深層水霜淇淋，顏色清爽

買 本地的海產及加工品齊全的公路休息站
【1小時】 MAP121
10 公路休息站 知床・らうす
●みちのえきしれとこらうす

知床羅臼交流中心、海鮮工房、羅臼深層館等3個設施組成的公路休息站。當天現撈的新鮮海產及魷魚乾、羅臼昆布等海產加工品最為暢銷。
✆0153-87-5151 營9:00～17:00（11月中旬～4月中旬為10:00～16:00，餐廳為10:30～21:00，視店鋪而異） 休視店鋪而異 P30輛 所羅臼町本町361-1

景 鳥瞰國後島及羅臼的街景
【30分】 MAP121
11 羅臼國後展望塔
●らうすくなしりてんぼうとう

離羅臼町中心地區不遠，瞭望台位於海拔167m的高台上，眼前隔著根室海峽，25km外是雄偉挺拔的國後島，近處則是羅臼的街景。
✆0153-87-4560 營9:00～17:00(11～1月為10:00～15:00，2～3月為～16:00) 休週一（逢假日則翌日休，5～10月無休） P10輛 所羅臼町礼文町32-1

國後島北端的Rurui岳及爺爺岳等山峰看起來近在咫尺

景 舉頭便是浩瀚星空的展望台
【30分】 MAP116
12 宇宙展望台
●うちゅうてんぼうだい

展望台位於清里市區往南7km處的山丘上，登高可遠眺斜里岳，鳥瞰防風林及田野交織而成的優美拼布畫，晚上則是滿天星斗。
✆0152-25-4111(清里觀光協會)
營自由參觀
P6輛
所清里町江南807

腳下的田園風光名列「日本優美村莊景觀百選」

PICK UP! 在羅臼觀察貓頭鷹

北海道僅剩140隻的瀕臨絕種生物毛腿漁鴞，在民宿「鷲の宿」就能觀察得到。來羅臼就近觀察世界上最大的貓頭鷹品種吧。

MAP117
鷲の宿
✆0153-87-2877
營IN15:00、OUT10:00
¥1泊2食9000日圓～（含貓頭鷹觀察攝影，冬季另計），純參觀3000日圓（需預約）
P10輛
所羅臼町共栄町6

順道一遊景點

D 溫 8 即到
●くまのゆおんせん
熊之湯溫泉
位於知床橫斷道路上，坐擁森林的懷抱，充滿秘境感的野外溫泉，更衣室及浴池皆有分男女，可以放心使用。
DATA MAP117
✆0153-87-2126(羅臼町產業課) 營自由入浴(每天5:00開始約1小時為打掃時間)
P10輛
所羅臼町湯ノ沢町

E 食 11 距離約2km
●じゅんのばんや
純の番屋
羅臼的水產加工公司「舟木水產」的直營店，以實惠的價格提供當地海鮮給遊客，連高級魚都平價供應，招牌的石狗公定食2800日圓～。
DATA MAP121
✆0153-87-5667 營4月下旬～10月下旬為8:30～16:00
休期間中無休 P10輛
所羅臼町礼文町

F 買 11 距離約3km
●らうすまるうおはまだしょうてん
羅臼丸魚 濱田商店
陳列充滿羅臼特色的海鮮及其加工品製成的伴手禮。附設的餐廳主打從水槽現撈現煮的螃蟹及奶油烤帆立貝。
DATA MAP117
✆0153-87-3311
營9:00～17:00
休不定休(食堂11～1月休)
P10輛
所羅臼町礼文町365-1

休閒導覽

上山下海暢遊大自然寶庫般的世界遺產

宇登呂 羅臼

知床五湖漫步 搭船遊覽大自然

已經成為知床觀光重頭戲的漫步五湖、搭乘觀光船的海上遊船，以及出海賞鯨豚，以下分別介紹各項看點。

從陸上玩樂

漫步

漫步遊覽原始森林裡的五個湖泊，打開感官，欣賞壯闊的景色、森林花草及動物們的痕跡。

❷叢生的根室萍蓬草

大大的葉片浮在水上，從水裡伸出長長的莖，每到6月中旬從末梢開出如嬰兒拳頭般大的黃色花朵，約持續1個月。生長在三湖附近。

❶蝦夷赤蛙產卵

又稱北海道赤蛙，分布於北海道及庫頁島，每年5月進入產卵期，無數的果凍狀蛙卵集結成團（卵塊），可在四湖附近觀察到。

三湖

5月上旬於水邊盛開的水芭蕉是欣賞重點

四湖

位於地面步道的最遠處，有時也能看到蒼鷺

二湖

湖圍約1.5km，是五湖之中最大的湖泊，可從正面欣賞知床連山，景色絕佳，最適合拍紀念照。紅葉季節更是美不勝收

❸棕熊的爪痕

棕熊為了摘取樹果爬樹留下的痕跡，據說斜的是前腳，筆直的是後腳。

一湖

湖的四周在大正到昭和年間曾經嘗試開墾，因此湖裡曾棲息著開墾民眾放養的鯽魚。

知床五湖MAP

東北紅豆杉
以前的人用來做牧場柵欄等用途廣泛

地面步道限單向通行

水芭蕉
5月下旬到6月中旬是花季

觀景點
欣賞知床連山的最佳景點

地面步道開放期為4月20日至10月20日

地面步道到高架木道前只能單向通行。高架木道只到一湖而已

湖畔展望台

高架木道

地面步道

オコツク展望台

連山展望台

GOAL

廁所

START

知床五湖遊客服務站

知床五湖公園服務中心

停車場

一湖 二湖 三湖 四湖 五湖

•••••• 大圈路線▶完整走遍五個湖泊的路線，約3km，1個半小時。

•••••• 小圈路線▶只看二湖及一湖的行程，約1.6km，40分鐘。

五湖

五湖中最小的湖泊，也是水鳥棲息地

知床五湖

しれとこごこ

MAP117 ➔P.119

☎0152-24-3323(知床五湖遊客服務站)

🕒4月下旬～11月下旬自由參觀

P 100輛

所 斜里町岩尾別549

Check!

地面步道的使用規則

知床五湖的地面步道根據自然公園法，需要辦理入園手續才能參觀特定區域。從停車場到一湖之間約800m的高架木道可自由通行，來回共1.6km，約40分鐘。

●知床五湖地面步道使用規定

棕熊活動期（5月10日～7月31日）	遊客必須參加由登記立案的嚮導帶領的導覽行程才能入園（費用含入園講習費）。1導覽團限額10名（導覽費5000日圓左右另計）。五湖全繞的行程為3km，約3小時。
植被保護期（4月20日～5月9日，8月1日～10月20日）	遊客在知床五湖遊客服務站辦理入園手續後（繳交手續費並參加講習）即可自由參觀（不需跟隨嚮導付費行程）。講習1次最多50人，每10分鐘舉行。1天限3000名，手續費250日圓。
自由利用期（10月21日～閉園）	不需辦理入園手續，也不用參加講習即可入園自由參觀。

※詳細請見www.goko.go.jp

請遵守規定與棕熊共存

2010年起，知床五湖完成架設高2～5m約7000V的通電木柵高架木道，入園規則也精細化，為求和知床的野生動物共存，而制定出先進的使用辦法。來訪五湖前，請仔細閱讀並認同其使用辦法再行入園。

棕熊活動期間需參加導覽行程

5月10日～7月31日是棕熊活動期，如要走地面步道，必須跟隨登記立案的嚮導開的導覽團。可從五湖官網預約報名導覽團。成人1人5000日圓左右。

↑棕熊對策準備好了，就能安心入園

從陸上玩樂

遊船

陸路到不了的懸崖絕壁及美麗瀑布風光，以及鯨魚、海豚、虎鯨們的身影，都從海上欣賞吧。

大型船

極光號‧極光2號

千變萬化的海岸線，以及從懸崖流瀉而下的瀑布風光，從大型觀光船上可以恆意欣賞知床風景。

Kamuiwakka瀑布含有硫磺成分，從懸崖上流瀉而下

MAP 119

大型船的好處在於穩定舒適

道東觀光開發(知床觀光船)
0152-24-2147　L 7:30～18:00(10月為～17:00)
休 海況不佳時　¥ 硫磺山航線3100日圓　P 使用收費町營停車場　所 斜里町ウトロ東107

宇登呂方面

知床岬‧西海岸遊船

知床觀光船極光號及身形輕巧的小型船，各家公司的行程都是沿著半島西側海岸，欣賞懸崖峭壁的鬼斧神工以及大小瀑布、知床連山的風景。

選擇船的種類

大型船
寬廣的甲板，遊客可以自由移動欣賞風景，船隻比較穩定不會搖，幾乎不用擔心暈船的問題。有冷暖氣。

小型船
嬌小輕巧的體型，可以貼近岸邊欣賞風景，也能看到在岸上散步的棕熊。

Kamuiwakka55‧Kamuiwakka88

小型船

Rusha灣行程、知床岬行程的棕熊目擊率高達90%以上。最簡短的硫磺山行程3300日圓也很值得一遊。

發現棕熊！2小時行程的折返點Rusha灣很容易看到棕熊出沒

小型船的機動性高，相較於大型船更適合觀察野生動物

哥吉拉岩觀光　0152-24-3060
L 4月25日～10月31日的7:00～18:00
休 海況不佳時　¥ 知床岬行程8000日圓等　P 30輛　所 斜里町ウトロ東51

MAP 119

羅臼方面

搭船出海賞鯨豚

搭船出海即很有可能遇到出沒於根室海峽的虎鯨及抹香鯨，因此賞鯨豚行程深受遊客歡迎。如有鯨豚出沒，各家船隻會通風報信，提高目擊機率。

EverGreen

搭乘兼具穩定性及機動性的EverGreen號，享受大約2小時半的賞鯨豚行程。船長對羅臼瞭若指掌，光聽他的解說也值回票價。

知床Nature Cruise　0153-87-4001　MAP 121
L 7:00～20:00（航班需洽詢）　休 需洽詢(視海況而異)　¥ 賞鯨豚海鳥行程(5～10月，需預約，當天有座位即可搭乘)8000日圓　P 10輛　所 羅臼町本町27-1

夏天的主角是喙鯨中體型最大的抹香鯨

抹香鯨要下潛之前會高舉尾鰭

跑到船邊來玩的虎鯨，想看就要鎖定從早春到五月初這段時期

Aruran3世

搭乘航行全程嚴守安全標準的高速旅客船Aruran3世號去賞鯨，早春可賞虎鯨、夏天賞抹香鯨及貝氏喙鯨。冬季也有行駛流冰行程。

まるみ　0153-88-1313　L 5～10月的9:00～16:00　休 海況不佳時　¥ 賞鯨豚行程8000日圓
P 30輛　所 羅臼町八木浜町24

MAP 121

Check!

參加知床岬棕熊遊艇

由對羅臼海域瞭若指掌的漁夫掌舵，以小巧的遊艇往知床岬方向前進。4～6月時沿著海岸觀察棕熊的生態，7～8月則是出團觀察鮭魚、鱒魚逆流而上，或是昆布茂密的海洋導覽。

知床羅臼Lincle　MAP 121
0153-85-7604　L 9:00～19:00(辦公室)
休 視行程而異　¥ 知床岬棕熊遊艇行程(4月下旬～10月中旬)10000日圓　P 無
所 羅臼町本町23

船隻身形嬌小，因此可以駛近岸邊

說不定可以看到棕熊母子溫馨的相處畫面

路線 18

行走在花團錦簇的鄂霍次克花田

網走‧佐呂間湖‧北見

あばしり‧さろまこ‧きたみ

2天1夜

行車距離 約400km

行車時間 約9小時35分

第1天從網走出發，沿國道238號北上前往紋別，一邊欣賞右側的佐呂間湖，一邊沿著海岸線愜意兜風，從路上經過的WAKKA原生花園開始逛花田。在紋別夏天也可以參觀流冰相關設施，之後走國道273號往內陸方向前進。在芝櫻瀧上公園等地欣賞芝櫻風采後，前往北見的北之大地水族館，及其他特色多樣的參觀景點，最後走國道39號回到網走市觀光，劃下句點。

超級推薦 3 上湧別鬱金香公園

かみゆうべつちゅーりっぷこうえん　湧別

每年5月中旬～6月中旬之間，從荷蘭直接引進的200種鬱金香，連同稀有品種遍開得令人目不暇給。➲P.127

最佳造訪季節　春～夏

從春天到初夏之間是芝櫻、鬱金香的盛開時節，夏天則換薰衣草及福祿考出場。

相關活動

5月上旬～6月上旬

童話村瀧上芝櫻祭

7月下旬

紋別觀光港祭

10月上旬

佐呂間大收穫祭

兜風自駕小建議

網走～紋別之間的濱海公路**開起來很輕鬆，駕駛較不會累**，但請小心不要超速。國道273號從瀧上開始變得蜿蜒曲折，可以體會駕駛的樂趣，**但沿路沒有加油站，所以在紋別記得加滿油再上路**。

觀光洽詢處

- 網走市觀光協會……………………… ☎0152-44-5849
- 佐呂間町經濟課商工觀光股……………………… ☎01587-2-1200
- 紋別觀光協會……………………… ☎0158-24-3900
- 北見觀光協會……………………… ☎0157-32-9900

超級推薦 7 芝櫻瀧上公園

しばざくらたきのうえこうえん　瀧上

每年5月上旬開始到6月上旬之間，10萬㎡的芝櫻鋪滿微微隆起的山丘，設有步道能就近欣賞。➲P.128

超級推薦 9 北之大地水族館(山之水族館)

きたのだいちのすいぞくかんやまのすいぞくかん　北見

日本首座「從瀑布底潭仰望的水槽」，以及世界首座「冰凍河水槽」，可以一次欣賞日本及世界創舉的水族館。➲P.128

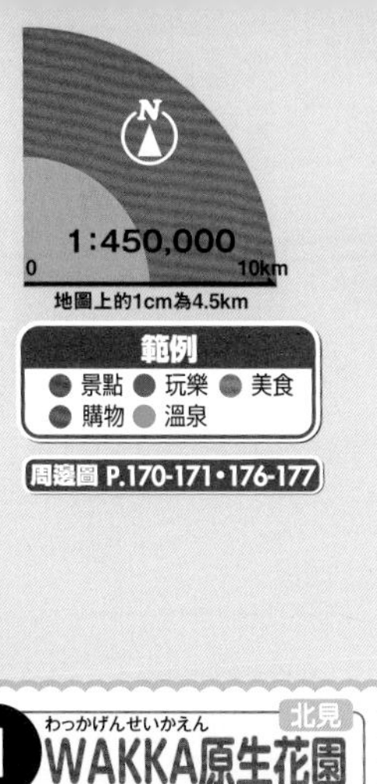

超級推薦

2 佐呂間湖展望台

さろまこてんぼうだい　佐呂間

以日本第3大湖泊為傲，也是帆立貝的知名產地，佐呂間湖展望台的夕陽可是絕世美景。➲P.126

超級推薦

1 WAKKA原生花園

わっかげんせいかえん　北見

濱海植物的寶庫，超過300種花草。季節對了可以欣賞到濱梨（野玫瑰）盛開。這裡也是野鳥的繁殖據點。➲P.126

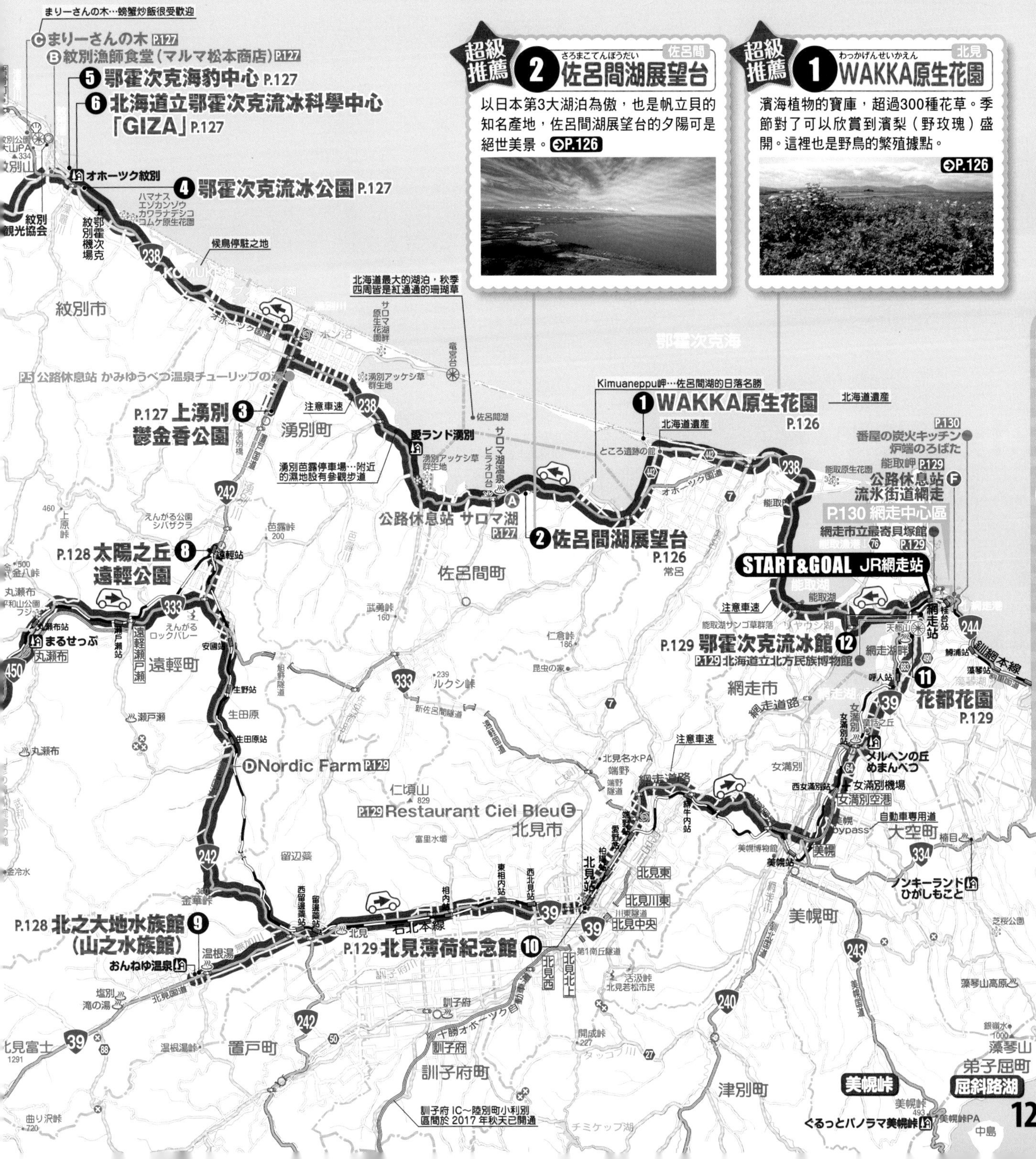

まりーさんの木…螃蟹炒飯很受歡迎
Ⓒ まりーさんの木 P.127
Ⓑ 紋別漁師食堂（マルマ松本商店）P.127
5 鄂霍次克海豹中心 P.127
6 北海道立鄂霍次克流冰科學中心「GIZA」P.127
オホーツク紋別
4 鄂霍次克流冰公園 P.127
ハマナス エゾカンゾウ カワラナデシコ コムケ原生花園
紋別觀光協會
紋別機場 鄂霍次克
候鳥停駐之地
紋別市
北海道最大的湖泊，秋季四周皆是紅通通的珊瑚草
P.5 公路休息站 かみゆうべつ温泉チューリップの湯
P.127 上湧別鬱金香公園 3
湧別町
注意車速
愛ランド湧別
湧別芭露停車場…附近的濕地設有參觀步道
公路休息站 サロマ湖 P.127 Ⓐ
鄂霍次克海
Kimuaneppu岬…佐呂間湖的日落名勝
1 WAKKA原生花園 P.126
北海道遺產
ところ遺跡の館
2 佐呂間湖展望台 P.126
佐呂間町
P.128 太陽之丘遠輕公園 8
まるせっぷ
遠輕町
番屋の炭火キッチン 炉端のろばた P.130
能取岬 P.129
公路休息站 流氷街道網走 Ⓕ
P.130 網走中心區
網走市立最寄貝塚館 P.129
START&GOAL JR網走站
注意車速
P.129 鄂霍次克流冰館 12
P.129 北海道立北方民族博物館
11 花都花園 P.129
網走市
Ⓓ Nordic Farm P.129
P.129 Restaurant Ciel Bleu Ⓔ
北見市
注意車速
メルヘンの丘めまんべつ
女滿別機場
自動車專用道
大空町
ノンキーランドひがしもこと
美幌町
P.128 北之大地水族館（山之水族館）9
おんねゆ温泉
P.129 北見薄荷紀念館 10
置戸町
訓子府町
津別町
訓子府IC～陸別町小利別區間於2017年秋天已開通
美幌峠
屈斜路湖
ぐるっとパノラマ美幌峠
弟子屈町

經過數個花田與湖泊
前往流冰之城・紋別

第1天 行車距離 約127km 行車時間 約3小時10分

START JR網走站
37km／55分 39 238 442
1 WAKKA原生花園 景
24.5km／37分 442 238
2 佐呂間湖展望台 景
33km／50分
Ⓐ公路休息站 サロマ湖 食
238 242
3 上湧別鬱金香公園 景
29km／44分 242 238
4 鄂霍次克流冰公園 景
3km／5分 238 304
5 鄂霍次克海豹中心 景
即到
6 北海道立鄂霍次克流冰科學中心「GIZA」 景
Ⓑ紋別漁師食堂(マルマ松本商店) 食
Ⓒまりーさんの木 食

第2天往P.128

景 飽覽佐呂間湖壯麗的超美風光
【30分】 MAP125

2 佐呂間湖展望台
●さろまこてんぼうだい

展望台位於佐呂間湖南岸，幌岩山頂附近，海拔雖然只有376m，但由於周圍沒有高山，位置也剛好在湖畔中心點，從這裡鳥瞰佐呂間湖的景致一級棒。往展望台的道路路況不好，請小心開車。

☎01587-2-1200(佐呂間町經濟課商工觀光股)
L 4月下旬～11月下旬自由參觀(往展望台的路段冬季封路)
P 20輛 所佐呂間町浪速

⊙透過附設的免費望遠鏡，可將佐呂間湖的各個角落看得清清楚楚

景 超過300種的花草點綴濱海草原
【30分】 MAP125

1 WAKKA原生花園
●わっかげんせいかえん

日本最大的濱海草原，腹地廣大的園區裡，濕地及沙丘等各種地質變化豐富，分別種滿了濱梨（野玫瑰）、珊瑚草等300種以上的草木花卉，單程4.5km的參觀步道盡頭是湧泉「ワッカの水」

☎0152-54-3434(WAKKA自然中心)
L 自由參觀 P 153輛 所北見市常呂町栄浦242

⊙原生種豐富多樣，可以說是只有在這裡才能欣賞到的風景

從佐呂間湖展望台可以清楚看到湖與海僅一沙洲之隔，外側是鄂霍次克海，再後面則是綿延的知床山脈

景 鄂霍次克的藍天襯托出鬱金香的鮮豔

【1小時】 MAP 125

3 上湧別鬱金香公園

●かみゆうべつちゅーりっぷこうえん

國道242號旁佔地7公頃的花田裡，滿山遍野都是代表上湧別的町花鬱金香，多達200種盛開時美不勝收，每年5月中旬～下旬是花期，5月的鬱金香展廣受歡迎。

✆01586-8-7356(鬱金香公園綜合服務處) 🕒5月1日～6月上旬的8:00～18:00 休期間中無休 ¥門票500日圓 P400輛 所湧別町上湧別屯田市街地358-1

以藍天及翠綠的山峰為背景，色彩斑斕地盛開著的鬱金香美不勝收

景 可同時欣賞海景的遼闊公園

【1小時】 MAP 125

4 鄂霍次克流冰公園

●おほーつくりゅうひょうこうえん

位於國道238號上，緊鄰鄂霍次克海的廣大公園，每年6月下旬～7月薰衣草花田盛開，除了紋別最大的公園高爾夫球場，還有各項室內外的免費遊樂設施，樂趣無窮。提供輕食及咖啡雅座等便利服務，適合兜風途中小憩一下。

✆0158-27-4560(管理事務所) 🕒9:00～17:00 休無休 ¥免費入園 P235輛 所紋別市元紋別101

鄂霍次克薰衣草田廣植4種共17000株薰衣草

景 靠近觀察海豹的可愛姿態

【1小時】 MAP 125

5 鄂霍次克海豹中心

●オホーツクとっかりセンター

「Tokkari」是愛奴語的「海豹」，這裡飼養20隻海豹，也進行救援及安置等措施。餵食秀時間可以與海豹親密接觸，近距離觀察牠們的姿態。

✆0158-24-7563 🕒10:00～17:00 休天候不佳時 ¥飼料等愛心協助費200日圓 P200輛 所紋別市海洋公園2

餵食秀的時間為10時30分、11時30分、13時30分、14時30分、15時

零下20度時連泡泡也會結凍

日本展示最多流冰天使的觀賞池

景 以各種角度來體驗流冰的樂趣

【1小時】 MAP 125

6 北海道立鄂霍次克流冰科學中心「GIZA」

●ほっかいどうりつおほーつくりゅうひょうかがくせんたーぎざ

在科學館認識神奇的流冰及鄂霍次克海，說明及影片都淺顯易懂，還有零下20度的天寒地凍體驗室，以及數不清的流冰天使，大受遊客歡迎。還有咖啡廳提供咖哩、蓋飯等餐點。

✆0158-23-5400 🕒9:00～17:00 休週一(逢假日則翌日休，大型連假、暑假、流冰季節則無休) ¥門票450日圓(影片套票為750日圓) P120輛 所紋別市元紋別11

咖啡廳的新當地名產美食紋別白咖哩900日圓

順道一遊景點

A 食 2 距離 約6.4km

●みちのえきさろまこ

公路休息站 サロマ湖

露天陽台區平時用炭火烤帆立貝，冬季則改用瓦斯，一整年都能享用帆立貝美食。鮮烤帆立貝2個500日圓～等，還有賣當地特產。

DATA MAP 125

✆01587-5-2828
🕒9:00～18:00(10月中旬～4月中旬為～17:00)
休無休(視設施而異)
P76輛
所佐呂間町浪速121-3

B 食 6 距離 約2km

●もんべつりょうししょくどうまるままつもとしょうてん

紋別漁師食堂(マルマ松本商店)

附屬於海產展銷店裡的食堂，可用划算的價格吃到加入大量紋別名產螃蟹與帆立貝的餐點。

DATA MAP 125

✆0120-029-480
🕒11:00～16:30(商店為10:00～)
休週日(逢假日則翌日休)
P10輛
所紋別市新生40-55

C 食 6 距離 約6.5km

●まりーさんのき

まりーさんの木

提供紋別特色滿點的餐點，例如松葉蟹分量澎湃的螃蟹炒飯950日圓、帆立貝炒飯950日圓、焗烤螃蟹飯800日圓等，還有多樣三明治、義大利麵等菜單可選。

DATA MAP 125

✆0158-23-1511
🕒9:00～17:00
休週日 P12輛
所紋別市落石町5-36-12

花朵爭相盛開
鄂霍次克花海之旅

第2天 行車距離 273km 行車時間 約6小時25分

銜接P.126第1天

34km／51分 304 238 713 273 996

7 芝櫻瀧上公園 景

43.5km／1小時6分 996 地方道路 273

浮島IC

37.5km／29分 旭川紋別道

丸瀬布IC

23km／35分 333 242 地方道路

8 太陽之丘遠輕公園 景

49km／1小時13分 地方道路 242 D Nordic Farm 買 242 39

9 北之大地水族館(山之水族館) 景

33km／50分 39 地方道路

10 北見薄荷紀念館 景

46km／1小時9分 E Restaurant Ciel Bleu 食 39 64 39 683

11 花都花園 景

1.9km／3分 683 地方道路

12 鄂霍次克流冰館 景

5km／8分 地方道路 39 F 公路休息站 流氷街道網走 買

GOAL JR網走站

景 漫步於粉紅色山丘上

【30分】 MAP 124

7 芝櫻瀧上公園

しばざくらたきのうえこうえん

每到5月上旬～6月上旬之間，整片微傾的山坡被芝櫻漂染成粉紅色，約10萬㎡的碩大規模正是北海道的特色。沿著花間小路行走，深入廣大花丘的各個角落，享受賞花的樂趣。

0158-29-2730(瀧上町観光協會) →P.15

自由參觀 ¥開花宣言日翌日～芝櫻祭期間(視開花狀況而異)500日圓 P150輛 所滝上町元町

景 整個山丘化身為花田

【30分】 MAP 125

8 太陽之丘遠輕公園

たいようのおかえんがるこうえん

將整個山丘種滿花朵而成的公園，春天到初夏時節，從芝櫻、蝦夷山櫻到杜鵑花，秋天則是千萬株大波斯菊在向陽面的山坡上爭奇鬥豔。彩虹廣場管理棟供應各種特產紀念品。

0158-42-0488(彩虹廣場管理棟)

4月下旬～10月下旬自由參觀 ¥8月下旬～10月上旬大波斯菊開花期預計為300日圓 P300輛 所遠軽町丸大

花田位於山丘的向陽面，因此風景很好

景 有世界最初與日本最初，充滿話題的水族館

【30分】 MAP 125

9 北之大地水族館(山之水族館)

きたのだいちのすいぞくかんやまのすいぞくかん

設有日本首座「從瀑布底潭仰望的水槽」，並以淡水魚類為主題的水族館。還有世界首座「冰凍河水槽」，盡可能地還原自然環境下魚類生態供遊客觀賞。體型巨大的遠東哲羅魚悠游其中的大水槽震撼力十足。

0157-45-2223 8:30～17:00(11～3月為9:00～16:30)

休4月8～14日、12月26日～1月1日 ¥門票670日圓 P200輛(與公路休息站おんねゆ温泉共用) 所北見市留辺蘂町松山1-4

以「從瀑布底潭仰望」為概念的水槽景象如夢似幻

景 展示薄荷成為名產的由來

【30分】 MAP125

10 北見薄荷紀念館

●きたみはっかきねんかん

二次世界大戰前世界上的薄荷約七成來自北見市，這裡展示薄荷的生產等歷史資料，另有附設現場示範如何蒸餾的展示區，也買得到各項薄荷製品。

☎0157-23-6200 ⏰9:30～16:30（視時期而異） 休週一、假日翌日（週一逢假日則翌日休，週五六逢假日則開館，翌日也開館） ¥免費入場 P20輛 所北見市南仲町1-7-28

↑緊鄰的薄荷蒸餾館實際演示如何蒸餾薄荷

景 滑雪場變身為花園！

【1小時】 MAP125

11 花都公園

●フラワーガーデン はな·てんと

天都山山頂上的網走湖景滑雪場，每到夏季就變身為花園，借助市民的巧手，40000株花卉齊開時，色彩斑爛令人流連忘返。

☎0152-44-6111（網走市公所觀光課） ⏰7月上旬～10月中旬的6:00～19:00 休期間中無休 ¥免費入園 P100輛 所網走市呼人15-2

↑鼠尾草、萬壽菊等鮮豔亮麗的花朵們爭相競開

景 盛夏也能體驗天寒地凍的氣候

【1小時】 MAP125

12 鄂霍次克流冰館

●おほーつくりゅうひょうかん

介紹流冰、鄂霍次克海中生物的設施，也有展示流冰天使、圓鰭魚的活體水族箱。在零下15度的流冰體感室，可以親手摸到真正的流冰。附設展望台及咖啡廳。

☎0152-43-5951 ⏰8:30～17:30(11～4月為9:00～16:00) 休無休 ¥門票750日圓 P150輛 所網走市天都山244-3

↑流冰體感室隨時都備有真正的流冰

鮮豔的花毯不止視覺美麗，甜美的香氣也是一大享受

PICK UP! 造訪北國的鄂霍次克海洋文化

鄂霍次克海沿岸自5世紀開始，到10世紀之間發展出獨特的文化而繁榮一時，卻留下許多謎題，吸引世人的目光。還可以實際走訪鄂霍次克海沿岸各個時期留下來的遺跡。

→鄂霍次克文化的豎穴居遺跡，看得出火爐及祭壇等裝置，六角形的設計是其特徵

MAP130

網走市立最寄貝塚館

☎0152-43-2608
⏰9:00～17:00（視時期而異）
休週一、假日（7～9月無休）
¥門票300日圓 P23輛
所網走市北1東2

MAP125

北海道立北方民族博物館

☎0152-45-3888 ⏰9:30～16:30(7～9月為9:00～17:00) 休週一(逢假日則翌平日休，7～9、2月為無休)
¥門票550日圓(特別展另計)
P100輛 所網走市潮景309-1

順道一遊景點

D 買 8 距離約20km

●ノルディックファーム

Nordic Farm

重視原料食品安全的甜點店，也有賣牛奶、霜淇淋等產品。最受歡迎的是義式冰淇淋（兩球350日圓）共80種口味，隨季節更換，常備20種在店裡。

DATA MAP125

☎0120-369-557
⏰10:00～18:00 休無休(10～3月為週二) P50輛
所遠軽町生田原伊吹131-3

E 食 10 距離約1.5km

●レストランシェルブルー

Restaurant Ciel Bleu

鄂霍次克北見鹽味炒麵精選北見生產的食材，爽口的鹽味讓人吃不膩。也有每日更換的午餐菜單。

DATA MAP125

☎0157-23-2251
(Hotel黒部)
⏰11:00～19:45 休無休
P60輛 所北見市北7西1 Hotel黒部1F

F 買 12 距離約5.5km

●みちのえきりゅうひょうかいどうあばしり

公路休息站流氷街道網走

將本地食材製成多樣的美食及特產品，2樓美食街「Kinema館」則有賣鄂霍次克網走炸物蓋飯，使用網走產的粉紅鮭製成。

DATA MAP130

☎0152-67-5007
⏰9:00～18:30
休無休
P126輛(冬季86輛)
所網走市南3東4

美食導覽

滿滿都是鄂霍次克海的珍寶！

網走的現撈款鮮魚美食

把鄂霍次克海的豐富海鮮做成海鮮蓋飯享用吧

網走正對著鄂霍次克海，可說是海鮮的寶庫。從新鮮現捕食材化身的海鮮佳餚，到多年來倍受喜愛的知名創作料理等，想吃什麼就相招朋友一起來。

網走是北海道首屈一指的港都！

網走以漁業為主要經濟活動，從石狗公（又名喜知次）到鱈場蟹等名貴的海鮮，在居酒屋都能輕易享用。其中又以用釣竿一隻一隻釣上岸，因此而保住鮮度的石狗公，被尊封為「海釣石狗公」。

鮭魚親子蓋飯 1980日圓
滿滿鋪上知床斜里品牌「野尻正武商店」的鮭魚親子漬的海鮮蓋飯。B

鄂霍次克網走炸物蓋飯 1026日圓
鄂霍次克鮭魚用白魚醬油醃過後，下鍋油炸，配著白飯享用。A

大啖網走的名貴海鮮

海釣石狗公(全餐料理) 8000~10000日圓
用半條海釣石狗公做成的生魚片拼盤，以及握壽司等讓人大吃特吃高級魚石狗公全餐。需預約。A

在魚漿發源地享用傳統火鍋

最寄鍋 (2人份) 3600日圓
滿滿石狗公及鮭魚等來自鄂霍次克海的佳餚，2人份起接受點單，最晚需於前一天預約。C

鯨魚全餐 2376日圓
一次嘗盡紅肉、舌、心臟、鹿子（下顎）、腹部等具代表性的部位。D

品嘗在北海道也很稀有的鯨魚

A 花のれん
●はなのれん MAP 130

從網走名產石狗公，到毛蟹、鱈場蟹等海鮮料理都可品嘗，尤其是石狗公，大手筆使用稀有的海釣石狗公，相當豪華。

☎0152-44-7576 L11:00～14:00、17:00～20:30 休不定休 P無 所網走市南5東2

⊃1～3樓的店面，備有吧檯座及和式座位

B 番屋の炭火キッチン 炉端のろばた
●ばんやのすみびきっちんろばたのろばた MAP 125

位於綜合設施「網走番屋オホーツクマルク」內的食堂，除了海鮮蓋飯及定食，店內設有爐端燒區，可以選擇喜歡的海鮮料用炭火烤來享用。

☎0152-67-9102 L11:00～15:00、商店為9:00～17:00 休週三(逢假日則翌日休，2、8月無休) P40輛 所網走市南4東6-8-2 網走番屋オホーツクマルク內

⊃除了室內座位，夏天還開放露台區座位

C 居酒屋和助
●いざかやわすけ MAP 130

以鄂霍次克海的各式海鮮發展出招牌料理，推薦以白魚醬油調味的最寄鍋，湯頭鮮美。鱈場蟹及帆立貝等海鮮的炭烤料理也十分美味。

☎0152-43-4951 L17:00～23:30 休週日 P無 所網走市南5西1

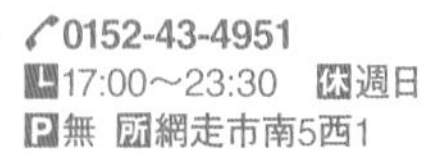

⊃也很受當地民眾歡迎的店。有下嵌式座位及和式座位

D 酒菜亭 喜八
●さかなていきはち MAP 130

北海道也很少見的鯨魚料理店，供應各種鯨魚部位。還有許多用鄂霍次克海食材發展出的創意特色菜。正統燒酒及日本酒的酒單選擇豐富。

☎0152-43-8108 L17:00～23:30 休不定休 P無 所網走市南4西3

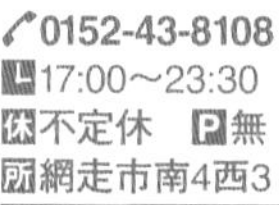

⊃有吧檯座及和式座位

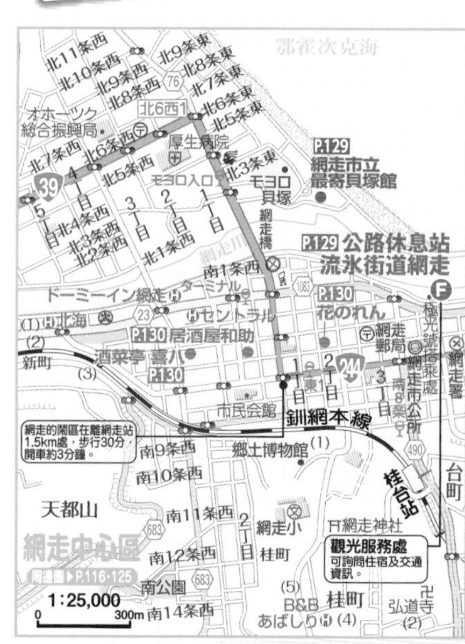

函館出發路線

特拉普派男子修道院(北斗市/P.135)

自駕路線

2天1夜 路線19 松前·江差·八雲 ………… P.132

當天來回 路線20 大沼公園………………… P.138

休閒導覽 函館·元町 復古風情散步 ……………P.140

美食導覽 函館3大名物美食 ………………P.142

小沼與駒岳(七飯町)

函館的平均氣溫、降水量、最深積雪量平年值(每月)

月	1月	2月	3月	4月	5月	6月
平均氣溫(℃)	-2.6	-2.1	1.4	7.2	11.9	15.8
降水量(mm)	77.2	59.3	59.3	70.1	83.6	72.9
最深積雪(cm)	35	41	29	2	–	–
月	**7月**	**8月**	**9月**	**10月**	**11月**	**12月**
平均氣溫(℃)	19.7	22	18.3	12.2	5.7	0
降水量(mm)	130.3	153.8	152.5	100	108.2	84.7
最深積雪(cm)	–	–	–	0	11	23

※平均氣溫、降水量、最深積雪量的資料為函館1981～2010年的平均資料(氣象廳)。

八幡坂(函館市/P.140)

路線 19

前往北海道歷史與文化的誕生之地

松前・江差・八雲

まつまえ・えさし・やくも

2天1夜

行車距離 約375km

行車時間 約8小時25分

超級推薦 4 松前城跡 まつまえじょうあと 松前

雖然正式名稱為福山城，但在當地仍親暱地喚它為松前城。明治維新時，被舊幕府軍攻破。在當時的建築中，唯一留存下來的本丸御門受指定為國家重要文化財。➔P.134

國道228號、229號從渡島半島的日本海側北上，是一條有著美麗海岸風景連綿的路線，因此相當有人氣，能享受到沐浴在海風中的暢快兜風。這條道路是北海道歷史與文化的發祥地，西歐文化透過這條道路傳入蝦夷之地。往內浦灣側和過雲石峠的路段連綿著適度曲折的彎道，是條能舒暢兜風的路線。從八雲經由道央自動車道、國道5號、函館新道，一口氣回到函館吧。

兜風自駕小建議

國道的道路相當寬，也沒有急遽的彎道，很容易行駛。町內的地方道路部分較窄，也有坡度大的地方，因此一定要注意對向來車，並勿超速。此外，郊外的廁所與加油站較少，所以要記得隨時檢查油表，也盡量能休息就休息吧。

最佳造訪季節 春～夏

不管怎樣還是推薦北斗、松前的櫻花期。在北海道內屬於相對溫暖的區域，因此初夏的海岸兜風也非常舒適。

超級推薦 7 古街道 いにしえかいどう 江差

在江差町內，保留諸多歷史性建築的區域，被命名為古街道，完善地設置了導覽板等。是風情滿溢的美麗街區。➔P.136

超級推薦 8 幕末軍艦 開陽丸紀念館 ばくまつのぐんかんかいようまるきねんかん 江差

將幕末建造的軍艦──開陽丸，以留在荷蘭的設計圖為本還原，作為完整的資料館。內部除了資料館之外，還有餐飲店。➔P.136

超級推薦 1 木地挽高原(全景展望台) きじひきこうげんぱのらまてんぼうだい 北斗

位於北斗市木地挽山的風景勝地。從展望台可一覽函館周邊。露營場、豬牙花群生地等，齊聚各種值得一見的景色。➔P.134

相關活動

4月下旬～5月中旬
松前櫻花祭

4月下旬～5月中旬(預定)
北斗櫻迴廊 夜間點燈

8月上旬
江差・姥神大神宮渡御祭

觀光洽詢處

- 北斗市商工勞働觀光課……………………0138-73-3111
- 松前町商工觀光課………0139-42-2275
- 上之國町產業課…………0139-55-2311
- 江差町追分觀光課………0139-52-6716
- 八雲町商工觀光勞政課……………………0137-62-2111
- 森町商工勞働觀光課……01374-2-2181

超級推薦 ② 特拉普派男子修道院

創立於明治29（1896）年，為日本國內第一間男子修道院。館內僅開放男性參觀，而資料展示室則無限制，可自由參觀。商店也有販售奶油、餅乾、霜淇淋（僅3月21日～11月的每月第2週日）。P.135

路線 19 函館機場→北斗→松前

經由北海道的最南端 前往飄蕩著江戶氣息的城下町

第1天

松前・江差・八雲

美味小吃CHECK

在商店販售的櫻花霜淇淋300日圓。帶有淡淡的櫻花香氣，後味清爽

城堡所在的松前公園在4月下旬～5月下旬時，會有多達250種10000株的櫻花盛開綻放，是一年之中氛圍最絢爛的時期

第1天 行車距離 約196km 行車時間 約4小時55分

START 函館機場

35km／53分 63 278 100 347 278 228 / 227 地方道路

Ⓐショッピング&フードエリア ほっくる 買

1 木地挽高原(全景展望台) 景

34km／51分 地方道路 227 96 228 地方道路

Ⓑ貝鮮焼 北斗フィッシャリー 食

2 特拉普派男子修道院 景

16.5km／25分 地方道路 228 383

3 公路休息站 みそぎの郷 きこない 買

56km／1小時24分 383 228 / 228 380 地方道路

4 松前城跡 景

即到 地方道路

5 松前藩屋敷 景

Ⓒ北前食堂 食

54km／1小時21分 地方道路 228 地方道路

6 史跡 勝山館跡 景

第2天往P.136

景 統治松前藩的最北之城

【30分】 MAP133

4 松前城跡

まつまえじょうあと

北海道唯一，並是日本最後且最北的日本式城郭。雖然是安政元（1854）年建造的，但在明治元年（1868）年11月的明治維新戰事中，土方歲三率舊幕府軍攻破城池。現在的天守閣為昭和35（1960）年重建的。

✆0139-42-2216(松前城資料館) Ⓛ4月10日～12月10日為9:00～16:30 休期間中無休 ¥門票360日圓 P無 所松前町松城144

⊙城內為松前城資料館，展示著諸多貴重資料

⊙腹地內也有觀光服務處與販售伴手禮的商店

景 能一覽道南一帶風景的美景展望台

【30分】 MAP133

1 木地挽高原(全景展望台)

きじひきこうげんぱのらまてんぼうだい

從標高560m的地方，函館山就不用說了，連噴火灣、大沼、駒岳都能盡收眼底。天氣好的時候就連青森縣下北半島，還有北方的羊蹄山都能一覽無遺的道南美景景點。晚上也能欣賞到函館的裏夜景。

✆0138-84-1147(北斗市觀光服務處) Ⓛ4月底～10月為8:30～20:00 休期間中無休 ¥免費入場 P30輛 所北斗市村山174

⊙能欣賞函館市區與函館山的景觀

景 面對林蔭道路佇立的男子修道院

【30分】 MAP133

2 特拉普派男子修道院

とうだいのせいぼとらぴすとしゅうどういん

位於北斗市的男子修道院，至今修道士們仍過著自給自足的生活。館外的資料展示室、商店，及距離修道院步行25分左右的盧爾德洞窟等可自由參觀，但館內僅限男性參觀。➲P.16

☎0138-75-2108 營院外為自由參觀，院內參觀為週二的14:00～(1日僅限1組男性，須透過明信片預約)、商店為9:00～17:00(10月16日～3月為8:30～16:30) 休12月25日(商店為1～3月的週日休) ¥免費入館 P30輛 所北斗市三ツ石392

對著林蔭道所望見修道院的景色，就像一幅畫

買 廣泛提供道南的美食與觀光資訊

【1小時】 MAP133

3 公路休息站 みそぎの郷 きこない

みちのえきみそぎのさときこない

位於JR木古內站前的公路休息站。有名主廚監修的餐廳、使用當地食材的外帶商店，以及常駐的觀光接待人員等齊聚許多話題的地方。公路休息站的一旁也有小孩能玩到遊樂設施的廣場。

☎01392-2-3161

營9:00～18:00(有季節性變動) 休無休 P143輛

所木古内町本町338-14

木古內町就不用說了，還備有周邊町的觀光資訊與物產

景 重現江戶時代的城鎮

【30分】 MAP133

5 松前藩屋敷

まつまえはんやしき

此主題公園重現以繁華為傲的藩政時代城下町。並列著奉行所、船運問屋、藩士生活的武家屋敷等14棟建築，介紹當時城鎮的模樣。

☎0139-43-2439(松前觀光協會)

營4月上旬～10月為9:00～16:30 休期間中無休

¥門票360日圓 P150輛 所松前町西館68

藩屋敷的入口，穿過這道門的話，就會穿越到江戶時代的城鎮

景 清楚解釋中世史的貴重史蹟

【30分】 MAP133

6 史跡 勝山館跡

しせきかつやまだてあと

史跡位於松前家始祖——武田信廣於文明5（1473）年左右建造的山城。昭和54（1979）年起正式進行挖掘調查，發現了多達約10萬件古物。

☎0139-55-2230(上之國町教育委員會)

營自由參觀 P20輛 所上ノ国町勝山

從腹地內的夷王山能眺望到美麗的海岸線

順道一遊景點

A 買 1 距離約11km

ショッピング&フードエリア ほっくる

緊鄰新幹線新函館北斗站旁的複合設施。內有道南水產加工商店和用道產食材的餐飲店，還有特別的釣活烏賊水池區等。

DATA MAP133

☎0138-77-5011（北斗市觀光協會） 營休視店鋪而異 P584輛 所北斗市市渡1-1-7 新函館北斗站前大樓1F

B 食 2 距離約15km

かいせんやきほくとふぃっしゃりー

貝鮮燒 北斗フィッシャリー

以蒸烤方式烹調海鮮，除了北斗的品牌牡蠣雜朗、北寄貝之外，還有知內的牡蠣、帆立貝等津輕海峽所孕育出的貝類。

DATA MAP133

☎0138-73-0700 營11:00～19:00(有季節性變動) 休週一（逢假日則翌日休） P26輛 所北斗市飯生1-13-29 北斗漁港內

C 食 5 即到

きたまえしょくどう

北前食堂

位於公路休息站北前船松前內的食堂，提供產地價、嚴選食材。醃鮪魚蓋飯1780日圓，能品嘗松前產的鮪魚，因而受歡迎。

DATA MAP133

☎0139-46-2211 營11:00～17:30(有季節性延長，10～3月為～14:30) 休無休(10～3月為週一，逢假日則翌日休)

P100輛 所松前町唐津379

PICK UP! 朝一年之中最熱鬧、櫻花盛開的松前前進

松前公園作為賞櫻名勝而廣為人知。約250種1萬株的櫻花，其魅力在於櫻花在一個月之間早開、中開、晚開的美麗景色值得讓人3度造訪。4月28日～5月13日會舉辦松前櫻花祭，除了各種活動，還能欣賞到夢幻的夜櫻，因大批造訪的遊客而熱鬧非凡。

第2天

從江差出發，走海岸線北上 經由八雲的雲石峠一路往函館前進

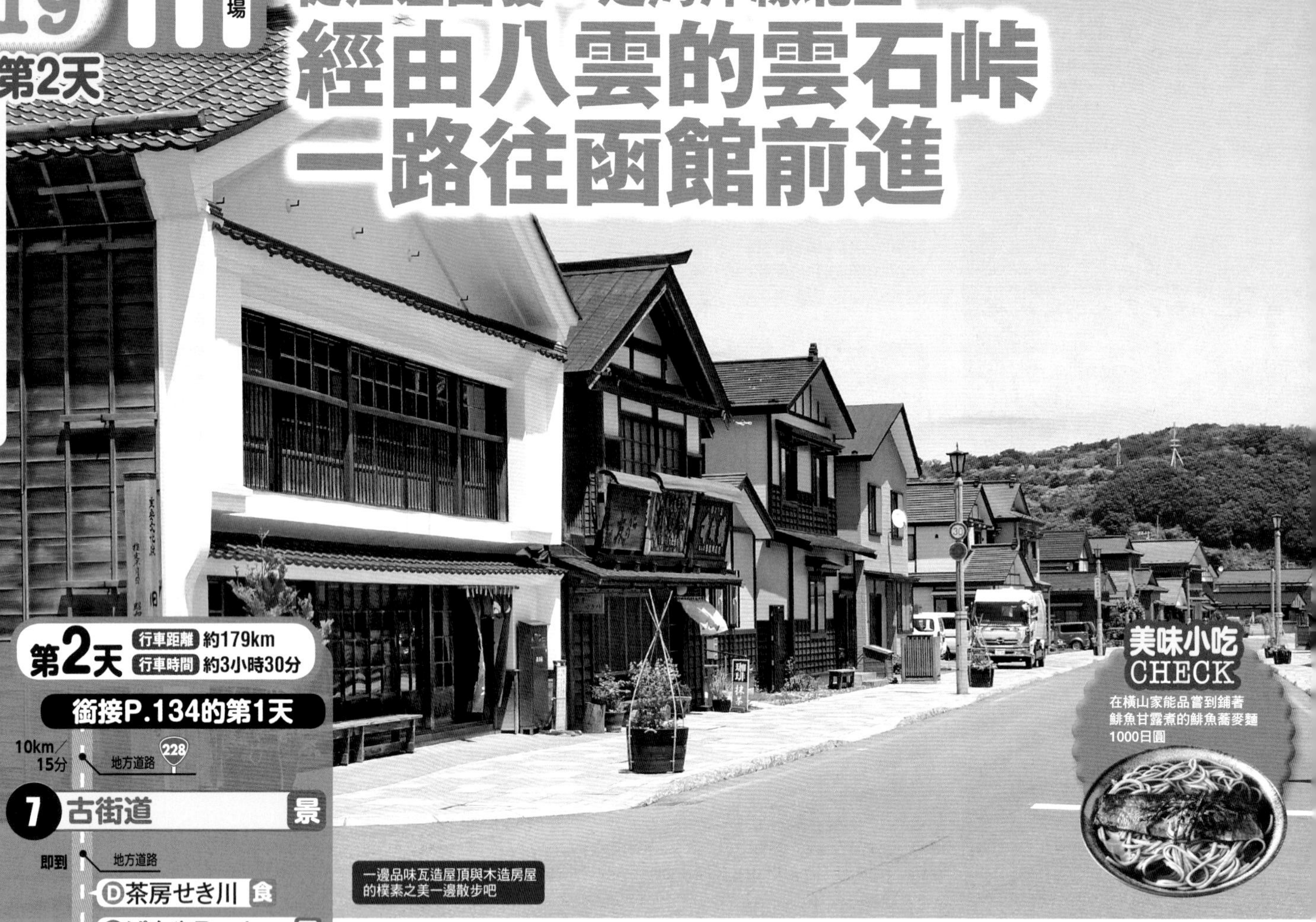

美味小吃CHECK

在橫山家能品嘗到鋪著鯡魚甘露煮的鯡魚蕎麥麵 1000日圓

一邊品味瓦造屋頂與木造房屋的樸素之美一邊散步吧

第2天 行車距離 約179km 行車時間 約3小時30分

銜接P.134的第1天

10km／15分 地方道路 228

7 古街道 景

即到 地方道路

D茶房せき川 食

Eぱんやbecky 買

8 幕末軍艦 開陽丸紀念館 景

15.5km／24分 228 227 229

9 館の岬 景

25km／38分 229

10 寿し処かきた 食

19km／29分 229 277

11 八雲溫泉 Oboko莊 溫

84km／1小時6分 277 5 96 地方道路

FHARVESTER YAKUMO 食

12 北斗櫻迴廊 景

25km／38分 地方道路 96 228 278 347 100 278 63

GOAL 函館機場

景 並列著諸多歷史建築

【1小時】 MAP133

7 古街道

いにしえかいどう

從江差町中心區的國道227號到靠山側的一條舊國道周邊，保留著許多盛行至明治初期，與鯡魚商業相關的歷史性建築。街道長約延續1km，也很適合散步。

✆0139-52-4815(江差觀光會議協會)

L自由散步　P無　所江差町中歌町、蛯神町、津花町

全檜木造的橫山家房屋，獲指定為北海道的有形民俗文化財

景 將德川幕府的軍艦開陽丸，復原後改造成資料館

【1小時】 MAP133

8 幕末軍艦 開陽丸紀念館

ばくまつのぐんかんかいようまるきねんかん

幕末建造於荷蘭，承載著榎本武揚與土方歲三等人夢想的幕府軍艦開陽丸。明治元（1868）年箱館戰爭尾聲時，在江差海上因暴風雨而觸礁沉沒。這條船是用留存在荷蘭的設計圖重建的。除了展示有從海底打撈起的大砲、生活用具等諸多古物之外，還有能體驗砲彈重量的區域。

✆0139-52-5522　L9:00～16:30

休無休(11～3月為週一休；逢假日則翌日、後天休)

¥門票500日圓　P140輛　所江差町姥神町1-10

渾厚的存在感，營造出幕末的氛圍

景 被稱為東洋科羅拉多大峽谷的斷崖
【30分】 MAP133
9 館の岬
●たてのさき

別名被稱為「東洋的科羅拉多大峽谷」的白堊斷崖。過去這一帶位於海底，經無數地層堆積之後隆起，並歷經長年歲月的海浪沖刷形成。

☎0139-62-2311（乙部町產業課）
自由參觀
P 3輛　所 乙部町館浦

➲受沖蝕而成的斷崖，隨太陽照射出的陰影變換風貌

食 盡情享受鮮度超群的名產——鮑魚！
【1小時】 MAP133
10 寿し処かきた
●すしどころかきた

八雲町熊石地區正如其「鮑魚之里」之名，這裡的名產便是鮑魚。在這間店全年都能吃到新鮮的鮑魚。人氣菜單為活鮑魚跳舞燒2個1470日圓。而且這裡講究使用野生鮑魚，不使用養殖的，據說遠道而來的粉絲也相當多。

☎01398-2-3148　11:00～20:00　休 不定休　P 8輛
所 八雲町熊石雲石町52-1

➲脆口彈牙的口感令人欲罷不能

溫 可享受到2種泉質的溪邊秘湯
【1小時】 MAP133
11 八雲溫泉 Oboko莊
●やくもおんせんおぼこそう

泡在位於溪邊、風情滿溢的露天岩浴池中，讓含鐵量高的土黃色溫泉好好暖和身體。室內的溫泉也是寬廣的岩浴池，窗戶大且明亮頗具開放感。柔軟泉質的美人湯相當有名。

☎0137-63-3123
11:00～20:00
休 不定休
¥ 入浴費500日圓
P 30輛
所 八雲町鉛川622

➲位於溪流旁的土黃色溫泉，野趣滿溢的露天岩浴池

景 市內諸多賞櫻名勝
【1小時】 MAP133
12 北斗櫻迴廊
●ほくとさくらかいろう

位於道道96號旁與其附近松前藩戶切地陣屋跡的櫻並木、法龜寺的枝垂櫻、大野川旁的櫻並木、清川千本櫻，在市內散布著四處賞櫻名勝。夜晚會點燈，展現與白天不同的夢幻氣氛。

☎0138-84-1147（北斗市觀光服務處）
自由參觀　P 300輛（松前藩戶切地陣屋跡停車場）　所 北斗市野崎66（松前藩戶切地陣屋跡）

➲在松前藩戶切地陣屋跡的正門前方，八重櫻盛開綻放著

PICK UP! 來看看江差蝦夷地最古早的祭典

起源於約370多年前，漁民對漁獲豐收懷著感謝之心舉辦的江差．姥神大神宮渡御祭。於每年8月9～11日舉行，整個城鎮變得相當熱鬧。祇園樂手們在裝飾有武士人偶、能樂人偶等的13輛花車上流暢地演奏，花車在街道上慢慢行駛的模樣十分壯觀。

順道一遊景點

D 食 7 即到
●さぼうせきかわ
茶房せき川
在建於大正時代的建築中經營的小小咖啡廳。提供香氣四溢的抹茶，以及用虹吸式塞風壺細心沖泡出富饒香氣的咖啡。紅豆湯等手作甜點也廣受好評。

DATA MAP133
☎0139-52-0033
4月中旬～10月的10:00～17:00　休 期間中週二
P 無　所 江差町中歌町23

E 買 7 即到
●ぱんやべっきー
ぱんやBecky
以「製作每天吃也吃不膩的安心、安全麵包」為宗旨的烘培屋。也有內用區，在這一邊吃著現烤麵包，一邊稍作休息吧。

DATA MAP133
☎0139-56-1115
8:00～售完打烊
休 週二，每月第1、3週一
P 無
所 江差町姥神町90

F 食 11 距離約25km
●はーべすたーやくも
HARVESTER YAKUMO
位於山丘上，從咖啡廳區能一覽噴火灣的絕美景觀。一邊從寬廣的露臺上眺望美景，一邊享用人氣炸雞和窯烤披薩吧。

DATA MAP133
☎0137-64-3113
11:00～17:30（視時節而異）
休 無休（12～2月為週一休）
P 80輛
所 八雲町浜松365

前往眺望駒岳的森林與水畔的度假地

大沼公園

おおぬまこうえん

被列入新日本三景之一的大沼，對函館市民而言是相當熟悉的兜風路線。湖上遊覽、騎自行車等遊玩的項目也非常之多。回程時在城岱牧場展望台眺望黃昏美景之後，再回函館吧。

最佳造訪季節 春～秋

要在大沼湖畔散步或湖上散步的話，不管怎樣還是推薦在綠意盎然的春～夏，以及紅葉時的秋天來。

相關活動

7月下旬 大沼湖水節

觀光洽詢處

●七飯町商工觀光課………0138-65-2517
●七飯大沼國際觀光會議協會……………………………0138-67-3020
●大沼國際交流中心………0138-67-2170

以大沼公園站為中心，伴手禮店與餐廳林立，一整年都有大批觀光客前來，相當熱鬧。也設有完善的大型公共停車場，很適合開車順道一玩

兜風自駕小建議

從市區出發到大沼隧道為止，道路整體來說相當舒適寬廣。邊眺望著赤松林蔭道邊悠閒地兜風吧。通過城岱牧場展望台時，會有連續彎道，因此請多加注意對向來車等狀況。

玩 輕鬆走著盡情享受大沼的自然風光
【1小時】 MAP139

1 大沼湖畔遊步道

●おおぬまこはんゆうほどう

有大概可區分為4條的散步路線，經典路線是大概需要花費50分的巡島之路。可在這條遊覽公魚島、浮島、愛奴島等7座島的路線中，好好盡情享受大沼的自然風光。P.16

0138-67-2170（大沼國際交流中心）
自由散步 P260輛 所七飯町大沼町

在湖畔步道也有可能與親人的鴨子們相遇

想要短時間遊逛的人推薦大島之路。所需約15分

途中有7個小島，全都由橋連接著

玩 搭乘遊覽船在湖上優雅散步
【30分】 MAP139

2 大沼遊船

●おおぬまゆうせん

能從船上盡情享受美景。最受歡迎的是環遊大沼、小沼一周的行程。花大概30分周遊一圈大沼與小沼2座湖泊。

0138-67-2229 遊覽船為4月上旬～12月上旬的8:20～16:20（視時節而異，4、11～12月為不定期航行） 休期間中無休 ¥大沼、小沼遊島一周行程1100日圓 P無 所七飯町大沼町1023-1

船頂幾乎要抵到橋底，從大沼穿過道道43號的橋下前進小沼

途中為了要穿過低橋，作成屋形船的造型

食 爽快地品嘗大沼牛的熟成肉
【1小時】 MAP139

3 LUMBER HOUSE

●ランバーハウス

牛排全部使用大沼牛的店家。為了提引出食材最大的美味，使用簡單的調味。沙朗牛排、腿肉等能選擇各種部位。

0138-67-3873 11:00～14:30、17:00～19:30
休週一（逢假日則翌日休） P10輛
所七飯町軍川19-32

好天氣時可在露臺座位用餐

洛基牛排（300g）4200日圓。加450日圓便有沙拉、麵包或米飯、牛乳或湯品的套餐

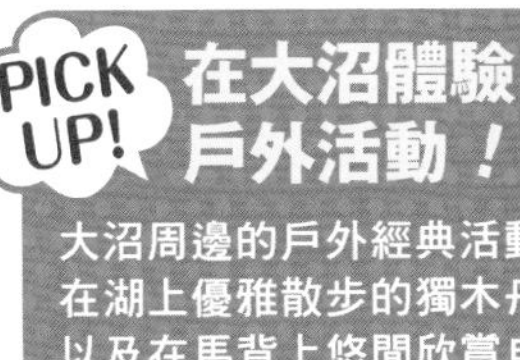

在大沼體驗戶外活動！

加拿大獨木舟的穩定度超讚！

大沼周邊的戶外經典活動為在湖上優雅散步的獨木舟，以及在馬背上悠閒欣賞自然的騎馬活動。不管是哪一種都有專門的導遊帶領，因此就算是初學者也能放心參加。

Exander Onuma Canoe House
✆0138-67-3419
MAP 139
¥小沼獨木舟遊覽行程(2小時)4000日圓等

Sonny's Stable
✆01374-5-2106
MAP 159 E-1
¥90分行程線10800日圓～3小時30分行程線21600日圓(需預約)

走在駒岳守望的山邊。透過韁繩將指令傳達給馬兒

玩 環視一覽道南區域 【2小時】 MAP 139

❹ 函館七飯吊艙

はこだてななえごんどら

搭乘吊艙能享受15分左右的空中散步，在山頂能從大沼、駒岳一直遠眺室蘭，將美景盡收眼底。從春天到夏天有雲海、秋天有紅葉、冬天有霧凇，讓人想好好享受這順應四季的美景。在山頂的咖啡廳，能同時品味到絕景和使用當地食材的菜單。

5～9月間也會有雲海產生

✆0138-67-3355
營9:00～16:00
¥來回1800日圓
P2000輛
所七飯町東大沼666

景 盡情享受從不同角度的函館黃昏 【30分】 MAP 139

❺ 城岱牧場展望台

しろたいぼくじょうてんぼうだい

能一覽函館中心區和津輕海峽的景點。白天可在展望台設施內稍作休息。

✆0138-67-2170（大沼國際交流中心） 營4月下旬～11月上旬，自由參觀 P30輛 所七飯町上藤城564

以函館山為背景，優閒吃草的牛兒們

能看見有如島嶼的函館山。和名夜景的角度不同而廣受歡迎

順道一遊景點

A 食 2即到

れすとらんあずさ

レストラン★梓

以店家名物燴麵為首，備齊分量十足的菜單。大沼牛漢堡排、SPF豬的豬排蓋飯等，對食材也十分講究。

DATA MAP 139
✆0138-67-2158
營11:00～19:30(12～3月為～17:00)
休週三 P30輛
所七飯町大沼町324-9

B 買 2即到

ぬまのや

沼の家

大沼糰子是用一顆顆的糰子來表現浮於大沼、小沼湖面的一座座島嶼。有紅豆和醬油、芝麻和醬油的組合（小）390日圓～。

DATA MAP 139
✆0138-67-2104
營8:30～18:00(售完打烊)
休無休 P5輛
所七飯町大沼町145

遊覽教堂與洋樓的街道

函館・元町 復古風情散步

林立著建於明治初期的歷史性建築，飄蕩著異國風情的街道——元町。由於景點都集中在走路能到的範圍內，最適合散步了。

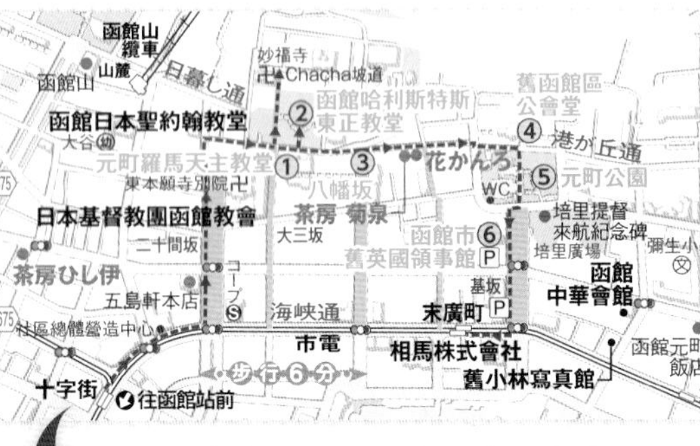

大正5(1916)年建

明治時期燒毀，重建為俄羅斯風拜占庭建築

夜間點燈也很受歡迎

林立於元町區域的歷史性建築，大半在日落後到22時之間會點上燈，展現與白日完全不同的風貌。

石板坡道襯托的教堂

SPOT 1

元町羅馬天主教堂

かとりっくもとまちきょうかい

夜間點燈　內部參觀

MAP 143

起始於江戶末期，法國傳教士——Mermet de Cachon所建造的臨時教堂。內部的祭壇是日本唯一一座由羅馬教宗贈予的貴重物品。

☎0138-27-3333(函館市元町觀光服務處)
L10:00～16:00　休無休(視教會活動有臨時休)
¥免費　P無　所函館市元町15-30

↻哥德式建築。裝飾在六角屋頂上的風向雞為教堂之標記

大正12(1923)年建

明治時期燒毀，重建的同時也蓋了座大鐘樓

這裡也必看！

大三坂 だいさんざか

石板延綿的坡道。車道與步道的交界處立有仿造煤氣燈的路燈。

以暱稱「鐺鐺寺」備受喜愛，元町教堂區的代表象徵

SPOT 2

函館哈利斯特斯東正教堂

はこだてはりすとすせいきょうかい

夜間點燈　內部參觀

MAP 143

安政6（1859）年，建來作為第一代俄羅斯領事館附屬教堂，為日本最古早的俄羅斯東正教教堂。明治40（1907）年，最初的建築燒毀，現在的建築是大正5（1916）年重建而成的。

☎0138-27-3333(函館市元町觀光服務處)
L10:00～17:00(週六為～16:00，週日為13:00～16:00)
休無休(教會活動時不開放參觀，12月26日～3月中旬為不定休)　¥善款200日圓　P無　所函館市元町3-13

↻拱形圓弧天花板為特徵的教堂內部，裝飾著約70張的聖像畫

從這裡望見的景色最棒

Chacha坂道 ちゃちゃのぼり

推薦從大三坂前方坡道所望見的景色。「Chacha」在愛奴語中是老爺爺的意思。

SPOT 3

八幡坂

はちまんざか

MAP 143

在電影與廣告中登場的名坡道

依過去曾有的函館八幡宮命名。從坡上能一覽函館灣景色，美景與林蔭道交織出絕佳的景觀，遠遠地還能看見青函連絡船紀念館「摩周丸」。

☎0138-27-3333
(函館市元町觀光服務處)
L自由通行　P無
所函館市元町～末広町

↑多次作為電影與電視的外景拍攝地登場的有名坡道

↑裝飾與配色美麗的尖塔上所設置的鐘，是函館哈利斯特斯東正教堂的標誌

SPOT 4
舊函館區公會堂（函館市重要文化財）
きゅうはこだてくこうかいどうはこだてしじゅうようぶんかざい

內部參觀 夜間點燈

留有明治時代風貌的摩登洋樓

MAP 143

明治43（1910）年，由居民與當時的富商——相馬哲平的鉅額捐款所建造的木造洋樓。大正天皇曾於皇太子時代將此處作為宿舍使用。昭和天皇、今上天皇參訪函館時，曾將這裡作為居室在此休息。

☎0138-22-1001 L9:00～19:00（視時節而異）休無休（9～4月為每月有1次臨時休）¥門票300日圓 P無 所函館市元町11-13

↑備有大理石暖爐的接待室，吊燈等擺設流露出當時的華麗感

明治43(1910)年建
左右對稱的殖民地式風格，並包含了和風要素的洋風建築

↑藍灰色與黃色，令人印象鮮明的配色，重現建造當時的顏色

也有這樣的體驗
ハイカラ衣裳館
はいからいしょうかん

穿著古典禮服，還可拍攝紀念照（20分1000日圓）2018年10月～2021年4月休館

SPOT 5
元町公園
もとまちこうえん

位於高地的綠意盎然庭園風公園

過去在此曾設有箱館奉行所、北海道廳函館支廳等，肩負函館與道南政治機能的主要場所。園內也仍保有舊北海道廳函館支廳廳舍等，將當時歷史傳達至今的建築。

MAP 143
☎0138-27-3333（函館市元町觀光服務處）
L自由入園
P無
所函館市末広町12-18

也有觀光服務處
元町觀光服務處
使用舊北海道廳函館支廳廳舍。也有方便觀光的宣傳手冊等。

↑紅磚建造的舊開拓使函館支廳書籍庫。設有耐火的防火門與鐵柵欄

↑明明是洋樓，卻有著瓦片屋頂

傳達開港歷史的紀念館

大正2(1913)年建
經多次火災後重建，作為領事館使用

SPOT 6
函館市舊英國領事館
はこだてしきゅういぎりすりょうじかん

內部參觀 夜間點燈

MAP 143

歷經多次火災之後，於大正2（1913）年由英國政府設計重建。直到昭和9（1934）年為止是英國領事館，現在則是傳遞函館開港歷史的紀念館。

☎0138-27-8159
L9:00～19:00（視時節而異）
休無休
¥門票300日圓
P無
所函館市元町33-14

↑開港紀念大廳的整面地板繪有培里航路圖與當時函館概況的世界地圖（鳥瞰圖）

也有很棒的咖啡廳
Tea Room Victorian Rose
英國風格的咖啡廳。能在古典的氛圍中，品嘗英式下午茶時光。

在古民宅咖啡廳休息一下

花かんろ
はなかんろ

☎0138-22-9213
MAP 143

昭和10（1935）年左右開業時，是間雜貨店。現在則是甜品店，提供使用自製紅豆餡製作的甜點及輕食。

L9:00～17:00 休不定休
P2輛 所函館市元町14-6

↑擁有地爐的和室外也有西式的桌位。

↑白玉冰淇淋餡蜜648日圓

茶房ひし伊
さぼうひしい

☎0138-27-3300
MAP 143

使用原為當鋪的古倉庫。原創的綜合咖啡風味濃厚且容易入口，頗受好評。

L10:00～17:30
休無休
P10輛
所函館市宝来町9-4

↑店內飄蕩著日洋混和的摩登氛圍

↑ひし伊風聖代810日圓

茶房 菊泉
さぼうきくいずみ

☎0138-22-0306
MAP 143

使用在大正末期曾繁盛一時的酒商蓋來作為另一處住所的房屋。甜點就不用說了，也備齊了函館獨有的名物美食。

L10:00～17:00 休週四（逢假日則營業）
P無 所函館市元町14-5

↑以和式座位為主，也有吧檯座和桌位座，能夠好好放鬆

↑豆腐白玉聖代680日圓

美食導覽

來到函館，絕對必吃！

函館3大名物美食

港都函館有著以新鮮海鮮為首的多種美味食材，
而使用這些食材所製作的名物料理之陣容也非常豐富。
還有，也別錯過從以前就持續受到當地居民喜愛的B級美食。

函館早市的海鮮蓋飯

要品嘗海鮮蓋飯的話，還是要離海近的函館早市最讚。各家店鋪都準備了創意滿滿的蓋飯

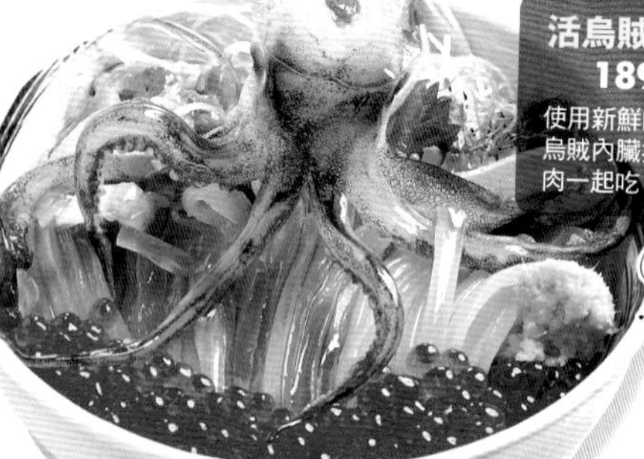

活烏賊跳舞蓋飯
1890日圓
使用新鮮的活烏賊。將烏賊內臟拌碎配著烏賊肉一起吃，就非常美味

在網路上也形成話題的獨特蓋飯

一花亭 たびじ

いっかていたびじ MAP 143

淋上醬油就彎曲扭動的烏賊腳──話題的活烏賊跳舞蓋飯是本店必吃的一道。店家自製的蟹肉奶油可樂餅680日圓等，也具備許多需花費一番工夫製作的單品菜單。

☎0138-27-6171
營 5:00～15:00(11～4月為6:00～14:00) 休 無休

也有定食！
鯥魚定食
950日圓
肉質肥厚的北海道產鯥魚定食。也還備有壺鯛、紅鮭魚腹肉等的烤魚定食。

巴蓋飯
1923日圓(迷你蓋飯為1599日圓)
三色海鮮蓋飯的始祖。上頭鋪著特製的醬油醃鮭魚卵、無添加鹽水的生海膽，和早上現剝的帆立貝

因常客期盼而誕生的三色蓋飯之始祖

きくよ食堂本店

きくよしょくどうほんてん MAP 143

創立於昭和31（1956）年。「說到海鮮蓋飯，就是這裡了」在當地評價頗高的名物食堂。能選擇喜歡食材的蓋飯1599日圓～也很有人氣。

☎0138-22-3732
營 5:00～14:00（12～4月為6:00～） 休 無休

也有定食！
烏賊麵線定食
1242日圓
將每早捕獲的烏賊切成如麵線般的細條，淋上醬汁後品嘗的人氣定食。

函館早市

はこだてあさいち MAP 143

位於函館站旁的絕佳地點，以海鮮特產店為主，並集結了販售農產品、乾貨等約250家店，也有能品嘗到海鮮蓋飯的食堂。能夠輕鬆試吃並愉快地購物。

☎0138-22-7981（函館早市協同組合聯合會）
營 5:00～14:00左右（視店鋪而異，冬季為6:00～）
休 視店鋪而異
P 200輛 所 函館市若松町9-19

函館早市之中最大的設施──函館早市廣場，來來往往的人群也非常多，生氣蓬勃

鹽味拉麵

透明的高湯中有著簡單的配料與麵條。
這美味只有在函館才吃得到。

美味的秘密是高湯中加了昆布湯頭

麵廚房 あじさい本店

めんちゅうぼうあじさいほんてん MAP 139

以創立80多年的歷史為傲，是函館鹽味拉麵的代表店。以道南產的昆布為湯底所完成的高湯毫無雜味，且風味富饒。搭配中細直麵十分對味。

☎0138-51-8373 營 11:00～20:25 休 每月第4週三(逢假日則翌日休；冬季為每月第2、4週三休) P 8輛 所 函館市五稜郭町29-22 2F

味彩鹽味拉麵
750日圓
使用道南昆布熬製味道富含深度的高湯，以及入喉滑順的直麵

還有伴手禮拉麵
能享受到店家美味的館鹽味生拉麵1100日圓(3入)

風味溫醇令人欣喜，老店實在的美味

滋養軒

じようけん MAP 143

昭和22（1947）年創業的老店。無添加的自製麵條和清爽的高湯非常對味。也推薦韭菜、豆芽菜、炸大蒜等配料多多的特製營養麵650日圓。

☎0138-22-2433 營 11:30～14:00、17:00～20:00（湯頭用完打烊） 休 週二，每月第2、4週三 P 3輛 所 函館市松風町7-12

和拉麵一起吃
加了叉燒和蝦子的炒飯550日圓

函館鹽味拉麵
500日圓
只做當日所需分量的麵條，還以顏色清透且味道濃郁的高湯為傲

烏賊料理

烏賊是在優質漁場——函館中特別有名的名物。以生魚片為首，吃法也相當多元。

整條真烏賊漁師燒(含內臟)
800日圓
烏賊裡塞了烏賊內臟後燒烤的一道料理。烏賊內臟和烏賊肉完美對味

這個也推薦
活烏賊跳舞生魚片漁師製
980日圓～
從水槽撈出新鮮的活烏賊，經過漁夫精心切製後提供。口感與鮮美滋味十分突出

每日從漁港直送的海鮮

函館海鮮居酒屋 やん衆 海のがき大将 大門店

●はこだてかいせんいざかややんしゅう うみのがきだいしょうだいもんてん MAP 143

使用從市內漁港直送的新鮮海鮮。店內有許多大水槽，早上捕獲的烏賊在其中精神地游著。價格合理，也很受當地居民喜愛。

☎0138-22-5905 🕒17:00～23:20 休不定休 P有合作停車場(用餐可免費停2小時，往後每30分鐘150日圓)
所函館市松風町10-1

透明到見底的新鮮活烏賊相當受歡迎

活魚料理 いか清

●かつぎょりょうりいかせい MAP 139

在函館要吃烏賊料理的話，這間店會是最先推舉出來的店。用活烏賊捏製的水晶握壽司（2貫）650日圓等，備有豐富的烏賊料理。

☎0138-54-1919 🕒17:00～23:30(週日為16:00～22:30) 休無休 P有合作停車場 所函館市本町2-14

這個也推薦
烏賊內臟陶板燒
650日圓
用醬油醃漬烏賊內臟，再用陶板將烏賊、蔥一起燒烤的一道料理。

活真烏賊生魚片
1200日圓～
將從水槽撈出的新鮮烏賊做成生魚片。烏賊腳可再料理成炸物或燒烤等。

B級美食也很有魅力！

在此介紹2大B級美食——有榮獲全國當地漢堡No.1的漢堡，以及在便利商店也能買到的烤雞肉串便當！

LUCKY PIERROT 灣區本店

らっきーぴえろべいえりあほんてん MAP 143

當地居民暱稱為「LAPPI」，廣受喜愛的店家。人氣的秘訣是不先做起來放，不論何時都提供顧客現做的餐點。咖哩、甜點等也很受歡迎。

☎0138-26-2099
🕒10:00～翌日0:30(週六為～翌日1:30) 休無休 P無
所函館市末広町23-18

中華雞肉漢堡
378日圓
香噴噴的麵包夾入沾著鹹甜醬汁的炸雞與新鮮萵苣。使用道內產的雞肉與萵苣。

絕對人氣No.1的招牌菜單

Hasegawa Store灣區店

はせがわすとあべいえりあてん MAP 143

道南地區限定的便利商店。使用豬肉的烤雞肉串的便當，當地居民就不用說了，也是受到觀光客非常喜愛的函館當地美食。豬肉等烤肉可1串1串單點。

☎0138-24-0024
🕒7:00～22:00 休無休
P5輛 所函館市末広町23-5

說到函館便當，就是「烤雞肉串便當」！

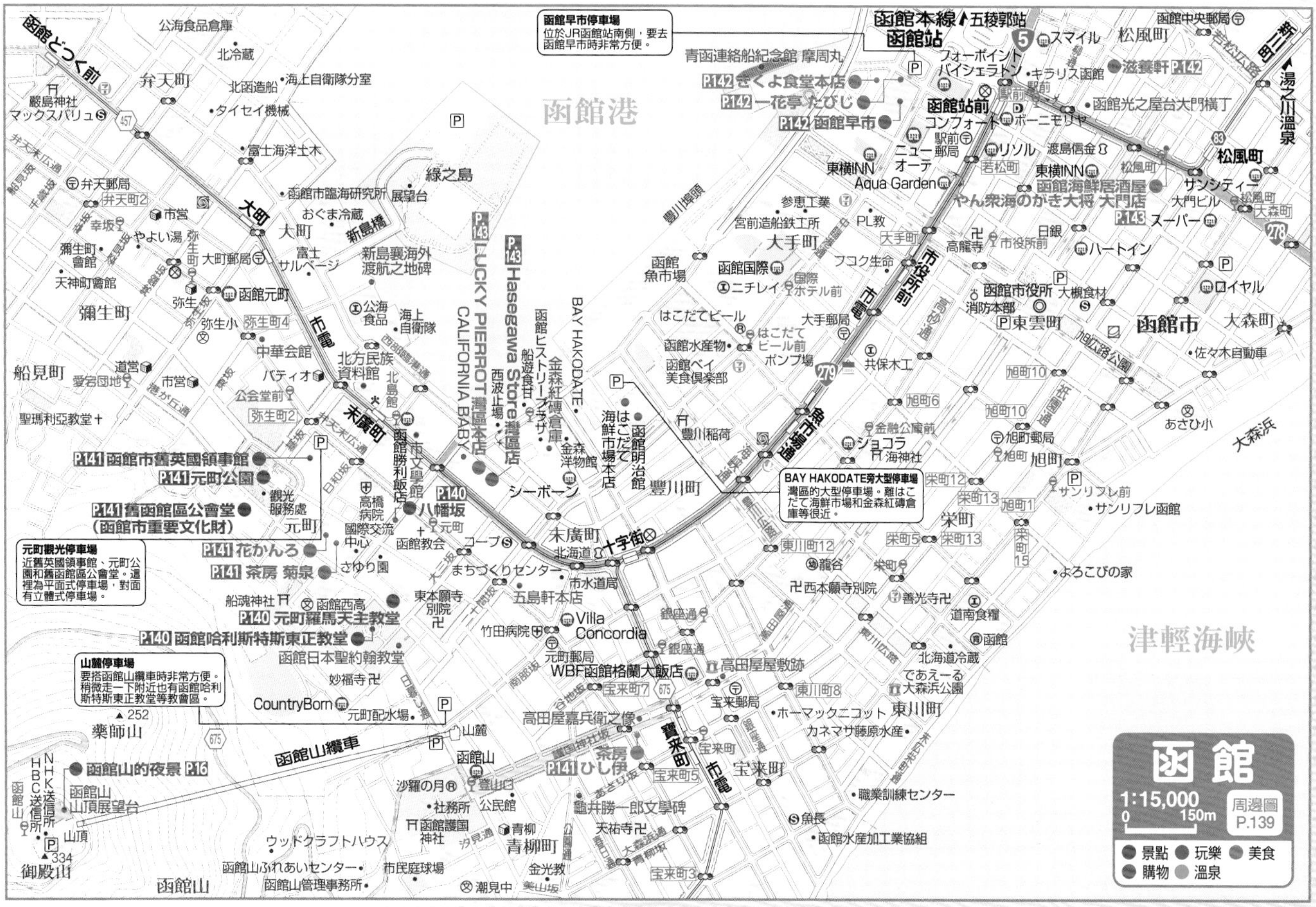

烤雞肉串便當
(小) 490日圓
※價格有可能變動
豬肉（醬）串在點餐後開始燒烤，裹著以醬油為底的秘傳醬汁。其他還有鹽味、鹽醬、鹹甜的口味。

函館早市停車場
位於JR函館站南側，要去函館早市時非常方便。

BAY HAKODATE旁大型停車場
灣區的大型停車場。離はこだて海鮮市場和金森紅磚倉庫等很近。

元町觀光停車場
近舊英國領事館、元町公園和舊函館區公會堂，這裡為平面式停車場，對面有立體式停車場。

山麓停車場
要搭函館山纜車時非常方便。稍微走一下附近也有函館哈利斯特斯東正教堂等教會區。

P.142 きくよ食堂本店
P.142 一花亭たびじ
P.142 函館早市
P.143 やん衆海のがき大将 大門店
P.143 LUCKY PIERROT 灣區本店
P.143 Hasegawa Store灣區店
P.141 函館市舊英國領事館
P.141 元町公園
P.141 舊函館區公會堂（函館市重要文化財）
P.141 花かんろ
P.141 茶房 菊泉
P.140 八幡坂
P.140 元町羅馬天主教堂
P.140 函館哈利斯特斯東正教堂
P.141 ひし伊
函館山的夜景 P.16

函館本線 五稜郭站 函館站 函館港 津輕海峽 函館山 函館市 函館どつく前 大町 末廣町 十字街 寶來町 市役所前 魚市場通 青柳町 宝来町 大森町 松風町 湯之川溫泉

函館
1:15,000
0 150m
周邊圖 P.139
● 景點 ● 玩樂 ● 美食 ● 購物 ● 溫泉

北海道兜風自駕的基本概念

The basics of Hokkaido drive

在此一舉檢視從兜風自駕的基本概念，到北海道獨有的當地資訊！

STEP 1 計劃的訣竅

1 決定行程日期與目的地吧

介紹大致北海道的基本推薦資訊！來想一下旅行的大綱吧。

推薦什麼時候去玩呢？

6～9月之間最佳

北海道與本州相比氣溫較低，夏天的特徵是涼爽且舒適。不過夏季較短，能盡情遊玩的期間為6～9月左右。冬天雖然各地會接連舉辦諸多北海道獨有的活動，但因為道路會積雪，開車需非常小心注意，並要有一定的行車技術。

奔馳在樹海之中的知床橫斷道路

哪裡是人氣觀光景點？

旭山動物園非常有人氣

人氣No.1的旭川市旭山動物園。一定要看看北極熊、海豹等動物的行動展示。城市則有北海道美食齊聚的札幌；丘陵地帶、薰衣草花田等美麗風景展現的富良野、美瑛；復古街道相當漂亮的函館；世界遺產知床等地，都很有人氣。

旭山動物園的海豹展示（→P.24）

推薦的兜風路線為？

超級推薦富良野、美瑛～旭川的路線

薰衣草觀光的先驅——中富良野的富田農場（→P.20）

推薦以薰衣草花田、丘陵風景有名的富良野、美瑛，還有旭山動物園的遊覽路線（→P.18）。其他也推薦世界遺產知床的遊覽路線（→P.116），或從支笏湖前往高原度假勝地，以新雪谷為目標的路線（→P.42）。

哪裡是有名的溫泉區？

知名度No.1是登別溫泉

泉質種類豐富的登別溫泉，也被稱為「溫泉百貨」（→P.40）

特別有名的登別溫泉，湧出的溫泉泉質多達9種，為日本國內有數的溫泉區。其他還有函館的湯之川溫泉；屈斜路湖、摩周湖旁的川湯溫泉；帶廣近郊的十勝川溫泉等，散布在全道各地的特色溫泉。從札幌市區也方便前往的定山溪溫泉備受矚目。

2 建立兜風計劃吧

決定行程日期和目的地之後，接著是兜風路線。機場與住宿地點也配合路線決定！

決定兜風路線吧

配合想去的地方、想做的事情，參考本書中介紹的20條路線，試著組合出兜風路線吧。將多條路線連接起來，做出原創的路線也很不賴。

決定進出的機場吧

決定兜風路線之後，就配合目的地決定機場吧。由於也會有機場班次較少，或沒有於出發機場起降的情況。參考P.148等先仔細確認一下吧。

決定住宿區域吧

大都市的住宿多位於熱鬧地段，逛街非常方便。溫泉、觀光區的住宿則能享受溫泉和周邊觀光。配合路線的方便性，以及住宿周邊的樂趣，好好思索一番吧。

連接旭川區域和帶廣區域，在道內國道中為標高最高的三國峠（→P.94）

代表北海道的空中出入口——新千歲機場，前往道央、道南的交通相當便利（→P.148）

離札幌中心區1小時左右之處，札幌的奧座敷——定山溪溫泉（→P.48）

處於日本最北的位置，擁有九州約2倍面積的北海道。要到遠處未知的廣大土地進行兜風之旅，不管怎麼說，最重要的還是要建立周密的計劃。依照1・2・3的順序建立計劃吧。

3 做好必要的預約吧

機票、住宿等成套的自由行，每樣都需自己處理的自助旅行，來分別比較一下其各自的特色吧。

想要節省旅費的話 自由行

（不管怎麼說，它最大的魅力就是方便又相對便宜）

旅行社成套販售來回機票、住宿、租車等的自由行。因為沒有安排觀光行程，所以能自由計劃。

優點
◎成套申購因此相對便宜
◎一併完成預約，很方便
◎也有附帶設施折價券等的服務

缺點
×住宿選擇有限
×無法臨時變更機票
×大多無法在出發之際申購

想要自由旅行的話 自助旅行

（能有趣100%隨自己喜好的完全原創之旅）

交通方式和住宿都很自由！自己開車前往罕為人知的絕佳觀光景點等，全部都能依自己喜好安排的兜風之旅，令人欣喜。

優點
◎來回的交通與住宿都能自由選擇
◎可臨時變更旅遊行程

缺點
×需花費時間處理
×費用也可能比自由行更高
×事先必須要有交通方式、觀光區、住宿等的知識。

1預約飛機

Airplane 確認各家航空公司的航班行程與費用。訣竅是及早預約和比較經濟實惠的廉航，就能買到便宜的機票。

2預約住宿

Hotel 一般都是從住宿或旅行社的網站預約。從住宿的網站上預約，也有可能會附贈其他服務。

3預約租車

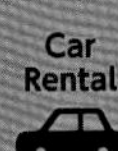

Car Rental 想要在遼闊的北海道放心兜風的話，推薦使用大型租車公司。詳細比較一下各公司的費用體系等資訊吧。

更加輕鬆地進行北海道兜風之旅！ 想要更自由地盡情享受的話！

挑戰車宿&汽車露營之旅！

作為旅行的風格之一，越來越受大家矚目的車宿＆汽車露營。確認優缺點後，挑戰看看吧！

優點
◎不受入住、退房的時間限制
◎和住飯店相比，可一口氣降低住宿費用
◎能在許多地方過夜

缺點
×要讓人看不到車內等，必須確保安全
×車內與帳篷睡起來都沒有飯店舒適
×在寒冷的北海道會受季節限制

Attention

不管怎麼說，高自由度仍是車宿、汽車露營的魅力。能自由自在地旅行這點雖然十分有魅力，但必須要有因應安全與睡眠舒適的對策。此外，停宿區的規則也需確認。

必要的物品是?

汽車露營的話，帶旅行的行李＋帳篷、睡袋、烹飪用具等一般露營用的物品就OK。車宿的話，要帶旅行的行李＋睡袋，再加上遮蔽外界視線的窗簾、為了睡覺盡量可能將床鋪平的椅墊，若有能用電池的露營燈等用品也很不錯。

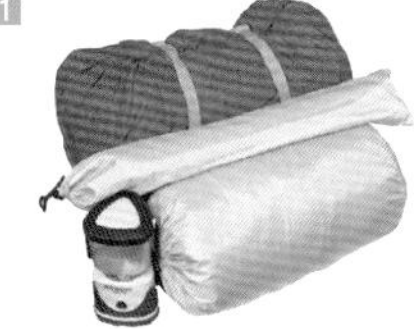

1有帳篷、睡袋、露營燈這三樣的話，姑且就能過夜了
2如果是座位可完全攤平的車，那麼睡眠等舒適度會一口氣躍升

到處都能過夜嗎？

汽車露營的話，當然要到汽車露營場。車宿的話，從公路休息站、公共設施的停車場等默認車宿的設施，到像高速公路的服務區域，有各式各樣使用前提為稍微睡一下的設施。事前先確認一下在那些地方是否可車宿，還有其規則與禮儀吧。關於這點，日本RV協會認可的RV Park是公認車宿的，因此可在那裡放心過夜。

北海道內的RV Park

RV Park よってけ駒ケ岳
所森町駒ケ岳193-3 MAP 159 E-1

RV Park 滝川ふれ愛の里
所滝川市西滝川76-1 MAP 55

RV Park つどい農園
所旭川市神居町台場20 MAP 19

3場內設施豐富，廣受歡迎的三石海濱公園汽車露營場
4使用公路休息站停車場時，要好好確認禮儀規範哦
5RV Park雖需付費，但因為是公認的，所以能放心車宿

STEP 2
北海道全年概況

1月 January　2月 February　3月 March　4月 April　5月 May　6月 June

花卉

- 丁香（札幌等）
- 禮文敦盛草（禮文）
- 罌粟花（美瑛等）
- 櫻花（松前等）
- 芝櫻（瀧上等）

美食

- 帆立貝（佐呂間湖等）
- 鯡魚（稚內等）
- 鱈場蟹（鄂霍次克海沿岸等）
- 牡蠣（厚岸等）
- 鰹魚（羅臼等）
- 馬糞海膽（利尻等）

活動

1月	2月	3月	4月	5月	6月
◎1月下旬～2月下旬 音更十勝川 白鳥祭彩凛華 （十勝之丘公園Hanakku廣場） ◎1月下旬～2月中旬 千歲·支笏湖冰濤節 （千歲市·支笏湖溫泉）	◎2月上旬 函館冬季海上煙火表演 （函館市·函館港豐川碼頭海上） ◎2月上旬 札幌雪祭 （札幌市大通公園等）	◎3月中旬（預定） 札幌藻岩山滑雪場祭典 （札幌市札幌藻岩山滑雪場）	◎4月下旬～5月中旬 松前櫻花祭 （松前町松前公園） ◎4月28日～10月31日 （天候不佳中止） 洞爺湖長期煙火大會 （洞爺湖町洞爺湖湖畔）	◎5月上旬 靜內櫻花祭 （新日高町二十間道路櫻並木） ◎5月19·20日 箱館五稜郭祭 （函館市五稜郭公園&周邊）	◎6月上旬の5日間 YOSAKOI索朗祭 （札幌市大通公園等市內特設會場） ◎6月16·17日（預定） 知床開市 （羅臼町羅臼漁港）

札幌雪祭
凱旋門大雪像 © HBC 北海道放送
流冰

帆立貝

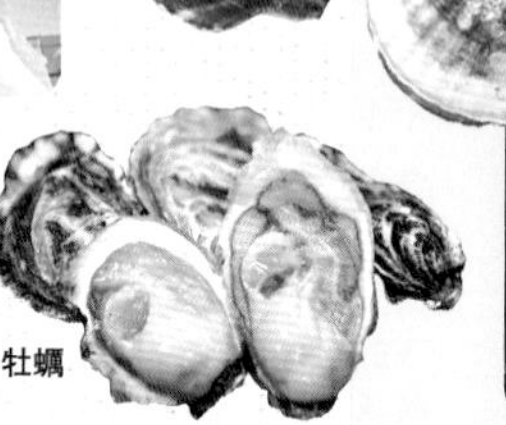
牡蠣

丁香

函館冬季海上煙火表演

馬糞海膽
鎖烏賊

松前櫻花祭

YOSAKOI 索朗祭

平均氣溫

	1月	2月	3月	4月	5月	6月
札幌	-3.6	-3.1	0.6	7.1	12.4	16.7
函館	-2.6	-2.1	1.4	7.2	11.9	15.8
旭川	-7.5	-6.5	-1.8	5.6	11.8	16.5
帶廣	-7.5	-6.2	-1.0	5.8	11.1	14.8
網走	-5.5	-6.0	-1.9	4.4	9.4	13.1
釧路	-5.4	-4.7	-0.9	3.7	8.1	11.7
稚內	-4.7	-4.7	-1.0	4.4	8.8	12.7

路面狀況

道路積雪期&車輛使用雪胎期

1～2月是北海道最冷峻的時期。也是積雪最多的時節，路面會因結凍變得光滑。行車時要非常小心注意。

雖然到了4月會開始融雪，但山區的積雪量仍較多。到5月的GW左右都要非常注意路況。

一點小建議

1月	2月	3月	4月	5月	6月
一年之中最寒冷的時期。一定要先確實做好防寒準備。由於北海道的室內滿熱的，所以要穿著方便因應溫度變化的服裝前往較好。	有時日照溫暖，有時天氣嚴寒，屬於天候不穩定的時期。要在市區觀光的話，鞋底要裝止滑哦。	白天雖然有溫暖一點，但千萬不能大意。夜晚會相當寒冷。下旬會開始融雪，道路也會變得濕漉漉的，要慎選鞋子。	持續大量融雪，白天穿薄大衣就很夠的氣候。不過，日夜溫差仍蠻大的，外出時要多加注意哦。	氣溫上升，有種北海道的春天終於來了的感覺。不過，早晚的風還是很冷，所以帶著薄外套去比較好。	花朵開始齊放。這個時期基本是穿薄長袖上衣較好。只是也有穿短袖較適合的日子，就兩種都準備好再前往吧。

※在北海道，各個區域會有不小的溫差。此處的服裝等資訊僅供參考，有關氣溫與服裝需於出發前向各關係機關洽詢。

指南

北海道的花只限於在短時間內綻放。美食方面，雖然春夏秋冬各有各能享受的美食，但在農產收穫時期的秋天是最棒的。活動則可參加北海道活用四季舉辦的各種活動。氣候屬於亞寒帶濕潤氣候，一般而言，跟鄂霍次克海和太平洋沿岸相比，日本海沿岸比較溫暖。在內陸的盆地，早晚溫差急遽，尤其是嚴冬時還有可能到零下20度以下。

7 July 月　8 August 月　9 September 月　10 October 月　11 November 月　12 December 月

花卉

- 薰衣草（富良野等）
- 海蘆筍（網走等）
- 利尻雛罌粟（利尻）
- 毛百合（小清水等）
- 馬鈴薯花（美瑛等）

美食

- 秋刀魚（釧路等）
- 鯣烏賊（函館等）
- 玉米（札幌等）
- 鱈場蟹（鄂霍次克海沿岸等）
- 馬鈴薯（美瑛等）
- 牡蠣（厚岸等）
- 鮭魚（釧路等）

活動

7月

◎7月下旬
小樽海潮節
（小樽市小樽港第3碼頭、市內中心區）

◎7月28·29日
北海肚臍祭
（富良野市新相生通特設會場）

8月

◎8月1日~8月5日
函館港節
（函館市全市）

◎8月13日（雨天順延）
勝每煙火大會
（帶廣市十勝川河岸特設會場）

9月

◎9月上旬
根室螃蟹節
（根室市根室港）

◎9月7日~30日
札幌秋季豐收節
（札幌市大通公園）

10月

◎10月7日
池田町秋天葡萄酒節
（池田町葡萄酒城旁活動廣場）

◎9月29日~10月8日（預定）
厚岸牡蠣祭
（厚岸町子野日公園）

11月

◎11月中旬~3月中旬
札幌白色燈樹節
（札幌市大通公園&站前通、南一条通）

◎11月上旬~3月
洞爺湖溫泉賞燈隧道
（洞爺湖町洞爺湖溫泉熱鬧廣場）

12月

◎12月1日~25日（預定）
Hakodate Christmas Fantasy（夢幻聖誕）
（函館市紅磚倉庫區前方海上）

◎12月下旬~翌3月中旬
富良野歡寒村
（富良野市新富良野王子大飯店Ningle Terrace旁）

薰衣草

玉米

馬鈴薯花

馬鈴薯

勝每煙火大會

鮭魚

銀泉台的紅葉

厚岸牡蠣祭

Hakodate Christmas Fantasy（夢幻聖誕）

鱈場蟹

平均氣溫

地點	7月	8月	9月	10月	11月	12月
札幌	20.5	22.3	18.1	11.8	4.9	-0.9
函館	19.7	22.0	18.3	12.2	5.7	0.0
旭川	20.2	21.1	15.9	9.2	1.9	-4.3
帶廣	18.3	20.2	16.3	10.0	3.2	-3.7
網走	17.1	19.6	16.3	10.6	3.7	-2.4
釧路	15.3	18.0	16.0	10.6	4.3	-1.9
稚內	16.8	19.6	16.8	11.1	3.6	-2.0

路面狀況

6月時便完全無雪了。連雪多的知床橫斷道路也會開放夜間通行。夏天，日高、釧路等太平洋沿岸常有海霧產生，有可能會連前方數十m都看不清楚，因此若遇到這種情況，也要考慮變換行車路線。

10月下旬市區會下初雪。12月時會大量積雪。冬季意外發生最多的時期也是12月。

一點小建議

7月：北海道的夏天很短。白天穿短袖就夠了。要去道東的人為了謹慎起見，帶件薄長袖去吧。日照很強，因此別忘了戴個帽子。

8月：前半與7月大致相同。不過在北海道一過了盂蘭盆節，天氣就會突然變冷。要在中旬到下旬前往北海道的人，就帶著薄長袖去吧。

9月：雖然白天穿短袖還可以，但最好是要穿薄長袖，比較好因應氣溫變化。下旬起也開始有紅葉了，天氣會變得相當冷，要準備好外套。

10月：下旬時，要觀察標高高的山區等地方的初雪。一定要帶大衣前去。要去道東或道北的話，也帶一下可穿在裡頭的毛衣吧。

11月：平原也開始下雪，依地方不同，也有積雪的區域。最好要穿厚外套等因應嚴冬的衣物。

12月：幾乎整個北海道，從中旬到下旬都會大量積雪。一定要做好相當的防寒準備，有手套、帽子（耳朵也蓋得到的那種）、暖暖包等物品較好。

※各地氣溫資料為1981～2010年的平均資料（氣象廳）。各活動內容也可能有變更或中止的情況。

STEP 3

從日本各地往北海道的交通指南

飛機
時間◎ 費用◎
短時間便可抵達。數月前決定好旅行日程的話，可享機票折扣。

渡輪
時間△ 費用○
近年來船內設備相當豐富。從關東以南來的話，幾乎要花上1天的時間。

鐵道
時間△ 費用△
使用北海道新幹線。在新函館北斗轉乘在來線前往道內各地。

要去北海道搭飛機是最快又最方便的。尤其是最近有特別便宜、備受矚目的廉價航空。也有搭乘北海道新幹線從道南抵達北海道，或是悠閒搭乘可載車渡輪前往北海道的方法。

決定好旅行日程，就馬上預約！

搭飛機前往！

重點
1 移動時間短，能花更多時間在當地度過
2 機票越早買折扣越大
3 從機場出來的交通方式可能會要花些時間

從日本全國各主要都市都有直飛札幌出入口——新千歲機場的班次。其他飛往道內機場的班次則以起降羽田機場為主。直飛稚內、根室中標津、鄂霍次克紋別的班機，除了道內班次與臨時班次之外，僅有起降羽田機場。道內的移動方式，在抵達新千歲機場後，若要前去札幌等處，就使用JR或巴士吧。沒有從本州直飛利尻島的班機。包含道內班機在內，也沒有定期前往禮文島的班次。

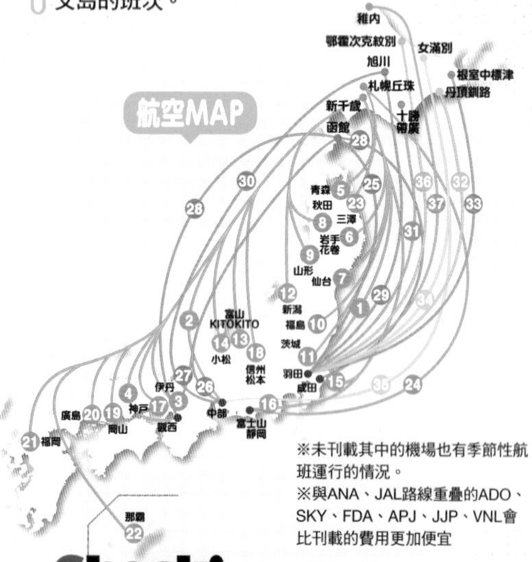

※未刊載其中的機場也有季節性航班運行的情況。
※與ANA、JAL路線重疊的ADO、SKY、FDA、APJ、JJP、VNL會比刊載的費用更加便宜

目的地	出發地	航空公司	班次	時間	費用
新千歲機場	❶羽田機場(東京)	ANA·JAL·ADO·SKY	每小時2~4班	1小時30分	37,790日圓
	❷中部機場(名古屋)	ANA·JAL·ADO·SKY·JJP·WAJ	1日15~17班	1小時40~50分	42,210日圓
	❸伊丹機場(大阪)	ANA·JAL	1日13班	1小時50分	46,300日圓
	❹關西機場(大阪)	ANA·JAL·APJ·JJP	1日11班	1小時50分	46,300日圓
	❺青森機場	ANA·JAL	1日5班	45分	24,000日圓
	❻岩手花卷機場	JAL	1日3班	55分	28,300日圓
	❼仙台機場	ANA·JAL·ADO·APJ	1日15班	1小時15分	31,900日圓
	❽秋田機場	ANA·JAL	1日4班	55分	27,700日圓
	❾山形機場	FDA	1日1班	1小時10分	30,000日圓
	❿福島機場	ANA	1日1班	1小時20分	36,100日圓
	⓫茨城機場	SKY	1日2班	1小時25分	21,000日圓~
	⓬新潟機場	ANA·JAL	1日4班	1小時10~25分	33,100日圓
	⓭富山KITOKITO機場	ANA	1日1班	1小時30分	38,300日圓
	⓮小松機場	ANA	1日1班	1小時30分	38,300日圓
	⓯成田機場	ANA·JAL·JJP·VNL·SJO	1日15班	1小時45分	37,940日圓
	⓰富士山靜岡機場	ANA	1日1班	1小時45分	41,500日圓
	⓱神戶機場	ANA·ADO·SKY	1日6班	1小時50分	46,300日圓
	⓲信州松本機場	FDA	1日1班	1小時30分	35,000日圓
	⓳岡山機場	ANA	1日1班	1小時50分	49,400日圓
	⓴廣島機場	ANA·JAL	1日2班	1小時50分	51,200日圓
	㉑福岡機場	ANA·JAL·SKY·APJ	1日6班	2小時10~20分	57,300日圓
	㉒那霸機場	ANA	1日1班	3小時20分	70,100日圓
札幌丘珠機場	㉓三澤機場	JAL	1日1班	1小時	24,000日圓
	㉔富士山靜岡機場	FDA	1日1班(冬季休航)	1小時45分	36,000日圓
函館機場	㉕羽田機場(東京)	ANA·JAL·ADO	1日8班	1小時20分	35,490日圓
	㉖中部機場(名古屋)	ADO	1日1班	1小時30分	38,310日圓
	㉗伊丹機場(大阪)	ANA·JAL	1日2班	1小時35分	43,600日圓
	㉘成田機場	VNL	1日1班	1小時35分	5,960日圓~
旭川機場	㉙羽田機場(東京)	JAL·ADO	1日7班	1小時40分	44,590日圓
	㉚中部機場(名古屋)	ANA	1日1班	1小時45分	46,110日圓
十勝帶廣機場	㉛羽田機場(東京)	JAL·ADO	1日7班	1小時35分	43,390日圓
丹頂釧路機場	㉜羽田機場(東京)	ANA·JAL·ADO	1日6班	1小時40分	43,890日圓
根室中標津機場	㉝羽田機場(東京)	ANA	1日1班	1小時40分	46,390日圓
女滿別機場	㉞羽田機場(東京)	JAL·ADO	1日5班	1小時45分	46,390日圓
	㉟中部機場(名古屋)	ANA	1日1班	1小時50分	49,710日圓
鄂霍次克紋別機場	㊱羽田機場(東京)	ANA	1日1班	1小時45分	47,790日圓
稚內機場	㊲羽田機場(東京)	ANA	1日1班	1小時55分	48,390日圓

Check!

飛機、飯店、租車的套裝行程

比起自己安排機票、飯店、租車，使用套裝行程較為簡單，且更經濟實惠。確認一下各航空公司、旅行社的網站及廣告單吧。其中也有超級便宜的套裝行程。

※交通指南中刊載的內容為2018年2月之實際資料。班次、費用等可能會有所調整，需於出發前再次確認。

也有設備與飯店齊驅的船隻

搭**渡輪**前往！

渡輪在函館港有從青森來的航班，而在小樽港與苫小牧港則有從大都市圈附近港口來的航班。最近前往渡輪總站的交通方式相當多元，使用渡輪前往北海道的人也增加了。由於渡輪的搭乘時間較長，所以也有許多船隻有餐廳、浴池、電影院等豐富的附屬設施。備有客房的船隻，對家族旅遊來說非常方便，因而廣受好評。

重點

1. 能把自己的車子運到北海道
2. 在船內有能自由活動的空間
3. 天候不佳時船隻會有劇烈搖晃的情形

鐵道&渡輪MAP

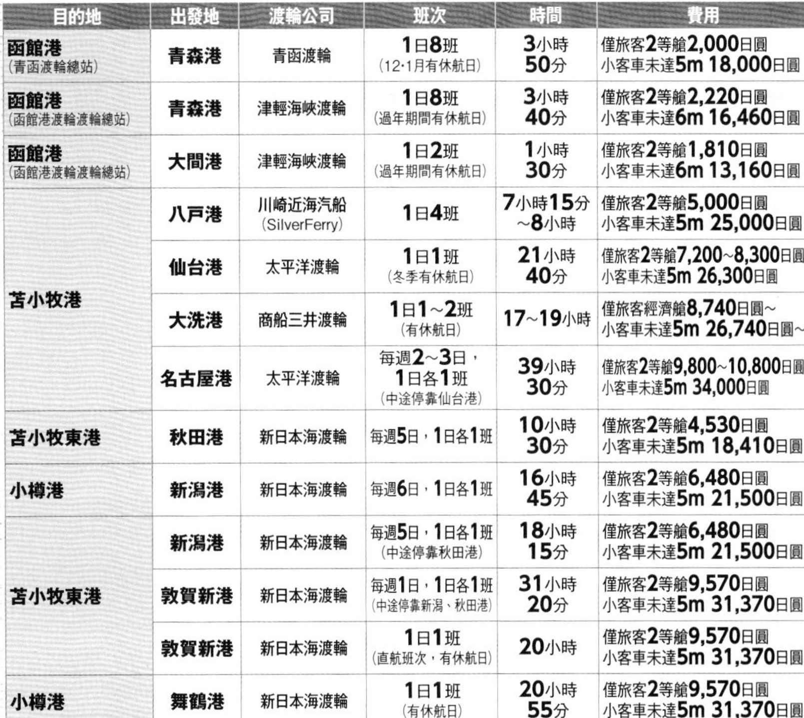

目的地	出發地	渡輪公司	班次	時間	費用
函館港（青函渡輪總站）	**青森港**	青函渡輪	1日8班（12‧1月有休航日）	3小時50分	僅旅客2等艙2,000日圓 小客車未達5m 18,000日圓
函館港（函館港渡輪渡輪總站）	**青森港**	津輕海峽渡輪	1日8班（過年期間有休航日）	3小時40分	僅旅客2等艙2,220日圓 小客車未達6m 16,460日圓
函館港（函館港渡輪渡輪總站）	**大間港**	津輕海峽渡輪	1日2班（過年期間有休航日）	1小時30分	僅旅客2等艙1,810日圓 小客車未達6m 13,160日圓
苫小牧港	**八戶港**	川崎近海汽船（SilverFerry）	1日4班	7小時15分~8小時	僅旅客2等艙5,000日圓 小客車未達5m 25,000日圓
	仙台港	太平洋渡輪	1日1班（冬季有休航日）	21小時40分	僅旅客2等艙7,200~8,300日圓 小客車未達5m 26,300日圓
	大洗港	商船三井渡輪	1日1~2班（有休航日）	17~19小時	僅旅客經濟艙8,740日圓~ 小客車未達5m 26,740日圓~
	名古屋港	太平洋渡輪	每週2~3日，1日各1班（中途停靠仙台港）	39小時30分	僅旅客2等艙9,800~10,800日圓 小客車未達5m 34,000日圓
苫小牧東港	**秋田港**	新日本海渡輪	每週5日，1日各1班	10小時30分	僅旅客2等艙4,530日圓 小客車未達5m 18,410日圓
小樽港	**新潟港**	新日本海渡輪	每週6日，1日各1班	16小時45分	僅旅客2等艙6,480日圓 小客車未達5m 21,500日圓
苫小牧東港	**新潟港**	新日本海渡輪	每週5日，1日各1班（中途停靠秋田港）	18小時15分	僅旅客2等艙6,480日圓 小客車未達5m 21,500日圓
	敦賀新港	新日本海渡輪	每週1日，1日各1班（中途停靠新潟、秋田港）	31小時20分	僅旅客2等艙9,570日圓 小客車未達5m 31,370日圓
	敦賀新港	新日本海渡輪	1日1班（直航班次，有休航日）	20小時	僅旅客2等艙9,570日圓 小客車未達5m 31,370日圓
小樽港	**舞鶴港**	新日本海渡輪	1日1班（有休航日）	20小時55分	僅旅客2等艙9,570日圓 小客車未達5m 31,370日圓

※渡輪的費用為普通時期的2等艙費與未達5m（或6m）的自小客車運送費。刊載的所需時間為去程的標準時間。

穿過青函隧道就到北海道了！

利用**鐵道**前往！

要利用北海道新幹線的話，從東京可不用轉乘就能直達北海道。從新函館北斗站要前往札幌站可轉乘特急超級北斗號、北斗號，而要前往函館站可轉搭函館Liner。

重點

1. 從東京站可不用換車直達北海道
2. 行駛班次數多，可中途下車

出發站	列車名、班次數	轉乘站	列車名、班次數	抵達站	所需時間、費用
東京站	JR東北、北海道新幹線「隼(Hayabusa)」1日10班	**新函館北斗站**	JR函館Liner 1日16班	**函館站**	4小時30分~5小時10分 23,010日圓
東京站	JR東北、北海道新幹線「隼(Hayabusa)」1日10班	**新函館北斗站**	JR特急「(超級)北斗號」1日12班	**札幌站**	7小時45分~8小時30分 26,820日圓

※鐵路費用為整個車程的普通費用，以及普通時期的特急普通車對號座費用之合計金額（含轉乘折扣）。

全長199.7m，可承載自小客車146輛、貨車154輛的大型船

特別介紹三井渡輪的「Sunflower」！

2017年啟用的2艘新造船。增加了重視私人空間的客房，船上之旅變得更加舒適。

能悠哉欣賞大海的風景

附三溫暖的展望浴場

設備

從船舷單側挑高兩層樓、明亮寬敞的休息大廳一覽窗外的水平線。在展望浴場的寬敞浴室能一邊眺望著大海一邊悠閒地放鬆。

照片為高級海景和洋室

客房

船內有設備完善的91間客房。備有專屬露臺的大套房，以及無障礙型的房間。附有浴缸或淋浴設備、廁所、電視等令人欣喜的貼心配置。

搭乘渡輪的好處！

或許比租車更好

搭乘飛機，在當地租車的確是又快又方便。不過，渡輪也有許多獨有的優點。首先，自己的車子能夠一起搭乘，因此不用在意行李多寡。當然，也可在當地購買大量伴手禮。而且還能享受到平常沒什麼機會見到的海上風光。擁有飛機跟鐵路無法比擬的寬敞客房也是其魅力之一。

INFORMATION

●詢問處

ANA（全日空）……………… ✆0570-029-222
ADO（AIR DO）……………… ✆0120-057-333
JAL（日本航空）……………… ✆0570-025-071
SKY（天馬航空）……………… ✆0570-039-283
FDA（Fuji Dream Airlines）… ✆0570-55-0489
APJ（Peach Aviation）……… ✆0570-001-292
JJP（Jetstar Japan）………… ✆0570-550-538
VNL（香草航空）……………… ✆0570-6666-03
WAJ（AirAsia Japan）……… ✆050-3176-1789
SJO（春秋航空日本~Spring Japan）… ✆0570-666-118
JR北海道電話服務中心 …… ✆011-222-7111
JR東日本諮詢中心 ………… ✆050-2016-1600
商船三井渡輪……………… ✆0120-489-850
…（大洗）✆029-267-4133
川崎近海汽船（SilverFerry）……… ✆0120-539-468
青函渡輪（青森）……………… ✆017-782-3671
津輕海峽渡輪（青森）………… ✆017-766-4733
新日本海渡輪………（東京）✆03-5532-1101
……（新潟）✆025-273-2171
……（秋田）✆018-880-2600
……（敦賀）✆0770-23-2222
……（舞鶴）✆0773-62-3000
…（名古屋）✆052-566-1661
……（大阪）✆06-6345-2921
太平洋渡輪…………（東京）✆03-3564-4161
……（仙台）✆022-388-8757
…（名古屋）✆052-582-8611

STEP 4 北海道的行車方式

北海道地幅寬廣，因此凸顯出運用高速公路的重要性。近年來，札幌圈連接至各區域的高速公路網絡也迅速拓展，減輕了不少行車的負擔。在北海道開車時，試著將有效率的移動方式和道路特徵一併考量吧。

高速公路

道內全區的高速事宜

道內高速的主幹——道央自動車道。從新千歳空港IC朝北走是往札幌方向，而從札幌JCT分岔出的札樽自動車道會通過札幌北IC延伸至小樽IC。此外，從千歳恵庭JCT分岔出的道東自動車道是通往帶廣、釧路方向的路徑。而從新千歳空港IC朝南走是往苫小牧、函館方向的路徑，可通行至大沼公園IC。

從高速前往札幌市內

從道內各地要進札幌時，札幌站等離中心區最近的是札幌北IC。由旭川方向來則可下札幌IC前往中心區，此外，從新千歳機場方向來則可下札幌南IC前往中心區，以上為一般的路徑。還有札幌南IC～札幌西IC之間，不管在那裡上下交流道，費用都是統一的，普通車為410日圓。

活用免收費的高速公路

道內各地有可免費通行的自動車專用道路、高規格道路、高速公路之區間路段。配合行程有效率地使用吧。

通行無料

↑自動車專用道與bypass多處路段的最高時速雖然為70km，但其實感覺和高速公路沒差多少

名稱	區間	距離
函館新道	函館IC～七飯藤城IC	11km
函館江差自動車道	函館IC～北斗茂辺地IC	18km
函館新外環状道路	函館IC～赤川IC	2.4km
黒松内新道	黒松内JCT～黒松内IC	5.1km
日高自動車道	沼ノ端西IC～日高厚賀IC	41.7km
名寄美深道路	名寄IC～美深北IC	22.8km
旭川紋別自動車道	比布JCT～遠軽瀬戸瀬IC	91.7km
帯広広尾自動車道	帯広JCT～忠類大樹IC	58.6km
道東自動車道（區間免費）	本別IC～阿寒IC	48km
幌富bypass	幌延IC～豊富サロベツIC	10.9km
豊富bypass	豊富サロベツIC～豊富北IC	15.3km
十勝オホーツク自動車道	陸別小利別IC～北見東IC	39km
美幌bypass	高野交差点～女満別空港IC	7.9km
深川留萌自動車道	深川西IC～留萌大和田IC	40.5km
釧路外環状道路	釧路西IC～釧路東IC	9.9km

國道、一般道路

道內全區的國道、一般道路事宜

連接道內主要都市的國道，極少部分路段壅塞，但與道外相比路幅還是較為寬廣容易行駛。道道與國道幾乎沒有差別，大多都是寬廣好跑的道路。不管是山嶺道路或山區，道路都整頓完善，現在已經幾乎沒有未鋪裝的道路了。

注意冬季禁止通行區間

北海道每年從11月上旬開始，國道及道道會有冬季禁止通行區間。特別是通過峠等高處的道路，因為積雪等影響導致禁止通行的地方較多。代表的有國道334號（知床橫斷道路）、道道66號（新雪谷超廣角觀景之路）等，從往年11月上旬到隔年4月下旬長期間禁止通行。如果考慮冬季兜風，要事先確認。

ETC折扣資訊（北海道內）

假日折扣30%OFF

●週六日、假日暨每年1月2、3日

※僅普通車、輕型自動車適用

深夜折扣30%OFF

●每日0～4時之間

※左欄的資訊為2018年2月的資料，內容可能會有變動。ETC折扣資訊需事先仔細確認

高速公路主要IC距離表

刊載的數據為小數點以下四捨五入的概算距離(km)

IC	黒松内JCT	虻田洞爺湖	室蘭	登別東	沼ノ端西	新千歳空港	千歳	足寄	本別	音更帯広	トマム	北広島	札幌北	札幌西	朝里	小樽	札幌	三笠	滝川	深川西	旭川鷹栖	旭川北	比布JCT	士別剣淵	路線
比布JCT																								27	道央道
旭川北																							11	37	道央道
旭川鷹栖																						9	19	46	道央道
深川西																					36	45	55	82	深川道
滝川																				17	45	53	64	90	道央道
三笠																			39	56	84	92	103	129	道央道
札幌																		42	81	98	125	134	145	171	道央道
小樽																	-	80	119	136	164	172	183	209	札樽道
朝里																3	-	77	116	133	161	169	180	206	札樽道
札幌西															21	24	-	-	-	-	-	-	-	-	札樽道
札幌北														-	28	31	-	49	88	106	133	141	152	179	札樽道
北広島													20	-	48	51	-	54	93	110	138	146	157	184	道央道
トマム												121	141	-	168	171	-	175	214	231	258	267	278	304	道東道
音更帯広											50	170	190	-	218	221	-	225	263	281	308	317	327	354	道東道
本別										41	90	211	231	-	259	262	-	265	304	321	349	357	368	394	道東道
足寄									-	52	102	222	242	-	270	273	-	276	315	333	360	368	379	406	道東道
千歳								209	198	157	108	23	43	-	71	74	-	77	116	133	161	169	180	206	道央道
新千歳空港							4	213	202	161	112	27	47	-	75	78	-	81	120	137	165	173	184	210	道央道
沼ノ端西						12	16	225	214	173	124	39	59	-	87	90	-	93	132	149	177	185	196	222	日高道
登別東					56	60	64	273	262	221	172	87	107	-	135	138	-	141	180	197	225	233	244	270	道央道
室蘭				21	77	81	85	294	283	242	193	108	128	-	156	159	-	162	201	218	246	254	265	291	道央道
虻田洞爺湖			27	48	104	107	111	321	309	269	219	134	154	-	182	185	-	189	227	245	272	281	291	318	道央道
黒松内JCT		31	58	79	135	139	143	352	341	300	251	166	186	-	213	216	-	220	259	276	303	312	323	349	道央道
大沼公園	94	126	152	173	229	233	237	446	435	395	345	260	280	-	308	311	-	314	353	370	398	406	417	444	道央道

標示「-」的IC之間，由於其中一方（或兩方）無出口（或入口），所以無法進出。例）從札幌IC進，無法從小樽IC出。

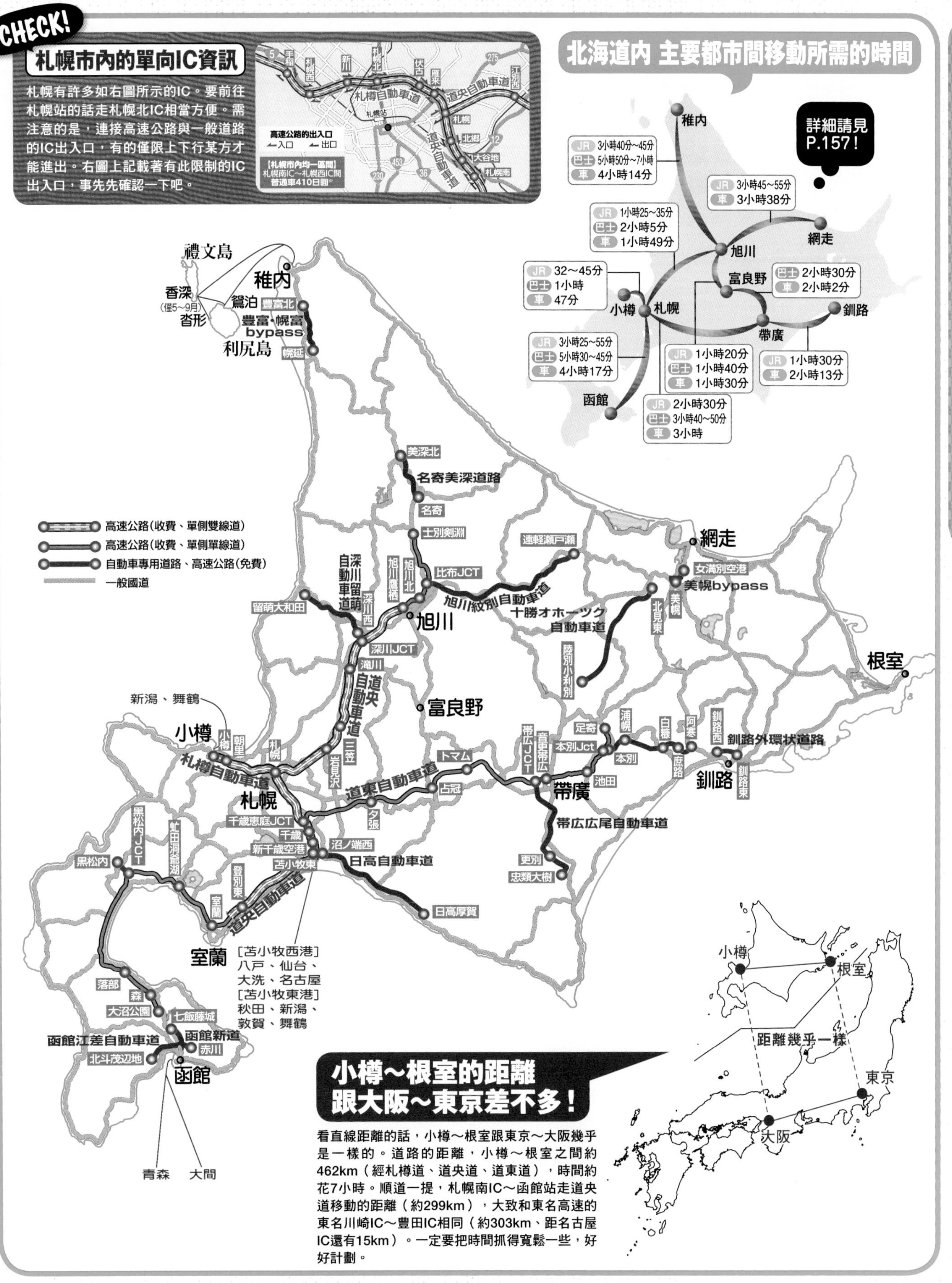

札幌市內的單向IC資訊

札幌有許多如右圖所示的IC。要前往札幌站的話走札幌北IC相當方便。需注意的是，連接高速公路與一般道路的IC出入口，有的僅限上下行某方才能進出。右圖上記載著有此限制的IC出入口，事先先確認一下吧。

小樽～根室的距離跟大阪～東京差不多！

看直線距離的話，小樽～根室跟東京～大阪幾乎是一樣的。道路的距離，小樽～根室之間約462km（經札樽道、道央道、道東道），時間約花7小時。順道一提，札幌南IC～函館站走道央道移動的距離（約299km），大致和東名高速的東名川崎IC～豊田IC相同（約303km、距名古屋IC還有15km）。一定要把時間抓得寬鬆一些，好好計劃。

STEP 5 北海道的租車方法

要在面積廣大、觀光景點散布各處的北海道旅行時，租車是不可欠缺的移動交通方式。在此為您介紹從預約到還車的一連串流程。發生緊急情況時所需的協助資訊也先確認一下吧。

1 全部從這裡開始！ 透過電話或網路預約

第一次租車時，為了事先排除許多疑問，透過電話一一確認後再預約較好。另一方面，因為有的公司會設定網路折扣，確認看看各公司的官方網站吧。

雖然用電話直接說是最令人放心的，不過若習慣網路預約的話也是相當方便的，也別漏掉網路折扣

因為也有許多附租車的機票或套裝行程等，所以不要忘了也確認一下呦

2 抵達機場之後 前往租車公司的櫃台

在新千歲機場的1樓扇形抵達大廳，差不多在大廳中央處，有租車公司的櫃台。其他的機場建築規模較小，因此應該能一下就找到了

大型租車公司大多會在抵達大廳的顯眼處設置櫃台。在行李領取處提取行李後出了大廳，就先試著找找租車公司的櫃台吧。

3 搭乘接送巴士移動至營業所

在機場的櫃台確認預約與姓名後，搭乘接送巴士移動至營業所。移動到營業所的距離會視機場而異，不過在離營業所距離最遠的新千歲機場，大概不到10分鐘路程。旭川、釧路、函館等大概都在5分以內。

不管在哪個機場，因為大型租車公司的營業所距離都差不多，所以就算是不同公司，移動的時間也都差不多

搭乘JR的情況…
到了車站後
利用JR Rent-A-Car的情況，雖然在車站腹地內似乎找一下就能找到，但如果在陌生的城鎮出閘票口後會感到不安的話，就別擔憂試著打電話詢問看看吧。
尋找租車公司
大型租車公司大概都會在車站附近設置營業所。大多最遠也會設在走路5～10分鐘的範圍之內。
找到之後馬上辦手續
手續雖然和搭飛機抵達的辦理情況一樣，不過搭JR，使用JR Rent-A-Car時，會有「レール&レンタカー（鐵路&租車）」等的折扣方案，在購買JR車票前，事先確認一下吧。
タンチョウレンタカー

（北海道內的主要租車公司）

公司名	預約中心、URL	新千歲機場 MAP 162 C-1	函館機場 MAP 159 F-2	旭川機場 MAP 169 F-1	稚內機場 MAP 178 D-1
TOYOTA Rent a Car	✆0800-7000-111	ポプラ✆0123-23-0100	✆0138-59-0100	✆0166-83-3701	✆0162-29-3100
	http://rent.toyota.co.jp/	千歳市美々758-137	函館市高松町569-17	東神楽町東2線16号10-162	稚内市声問村メクマ6745-7
NIPPON Rent-A-Car	✆0800-500-0919	✆0123-26-0919	✆0138-57-0919	✆0166-83-0919	✆0162-26-2233
	http://www.nipponrentacar.co.jp/	千歳市美々758-136	函館市高松町569-83	東神楽町35-1	稚内市声問村6745-7
ORIX Rent-A-Car	✆0120-30-5543	✆0123-22-0543	✆0138-59-1990	✆0166-83-5757	✆0162-34-0543
	http://car.orix.co.jp/	千歳市美々758-171	函館市高松町569-56	東神楽町34-1	稚内市声問6744 稚内機場內
NISSAN Rent a Car	✆0120-00-4123	✆0123-27-4123	✆0138-57-1441	✆0166-83-3923	✆0162-26-2324
	https://nissan-rentacar.com/	千歳市柏台南2-2-5	函館市高松町569	東神楽町34-1	稚内市声問6744
Times租車	✆0120-005-656	✆0123-45-8756	✆0138-59-0002	✆0166-83-4670	✆0162-27-2226
	http://rental.timescar.jp	千歳市柏台南1-3-2	函館市高松町569-19	東神楽町34-1	稚内市声問村メクマ6745-7
JR Rent-A-Car	✆0800-888-4892	✆0123-22-8321	✆0138-57-1441	✆0166-83-3923	✆0162-26-2324
	http://www.ekiren.co.jp/	南千歳站	函館機場NISSAN Rent a Car櫃台	旭川機場NISSAN Rent a Car櫃台	稚內機場NISSAN Rent a Car櫃台

※JR Rent-A-Car的函館機場、旭川機場、稚內機場、十勝帶廣機場、丹頂釧路機場、女滿別機場的電話號碼為負責借出與歸還的NISSAN Rent a Car之電話。預約業務由預約中心處理

4 到了營業所後，出示駕照
辦理租車手續

就算是小事情，只要有問題的話，在一開始就先確認吧

首先出示駕照，確認租車期間、車種等。順便一提，普遍來說費用也會在一開始就先算清。此外，付費方式基本為信用卡付款。想現金支付的人，要事先確認一下。

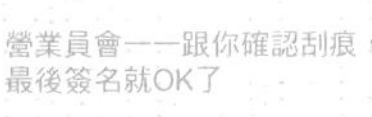

營業員會一一跟你確認刮痕，最後簽名就OK了

5 終於見到車子了
操作說明與確認刮痕

手續辦好之後，就能看到車子囉。確認原本就有的刮痕後簽名，營業員會說明ETC卡插入的位置，以及導航的使用方式。從手續開始到出發為止，大概15～20分左右。

6 最後一天提早回到營業所吧
加滿油後再歸還

結束愉快的兜風之旅後，還車前要先加滿油，再把車還到營業所。簡單確認車身的刮痕、行車距離、燃料表等，就完成還車了。在機場還車時，會以接送巴士送到機場，最好要在班機起飛前1小時就把車開到營業所歸還。

視租車公司而定，有的公司會指定還車時所使用的加油站，因此在出發前先確認一下吧。還有依方案不同，有時也不用加滿油

租車費用的計算流程

租車的基本價格為計時制。租借兒童汽車座椅等會產生追加費用。為因應意外事故，先加入免責賠償吧。

基本價格 + 追加費用 + 免責賠償費 + 油資 + 異地還車費用

●標準基本價格

車種	12小時	24小時	往後的每1日
Vitz、PASSO等	5,400日圓	7,020日圓	5,940日圓
COROLLA、ALLION等	8,100日圓	9,720日圓	8,100日圓
WISH、Isis等	9,720日圓	12,960日圓	9,720日圓
STIMA、ALPHARD等	17,820日圓	23,760日圓	17,820日圓

●異地還車的標準費用

函館							
7,560日圓	千歲/札幌						
7,560日圓	3,240日圓	旭川					
7,560日圓	7,560日圓	7,560日圓	稚內				
7,560日圓	5,400日圓	5,400日圓	7,560日圓	帶廣			
7,560日圓	7,560日圓	5,400日圓	7,560日圓	5,400日圓	北見		
7,560日圓	7,560日圓	7,560日圓	7,560日圓	4,320日圓	5,400日圓	釧路	
7,560日圓	7,560日圓	7,560日圓	7,560日圓	6,480日圓	5,400日圓	4,320日圓	中標津·根室

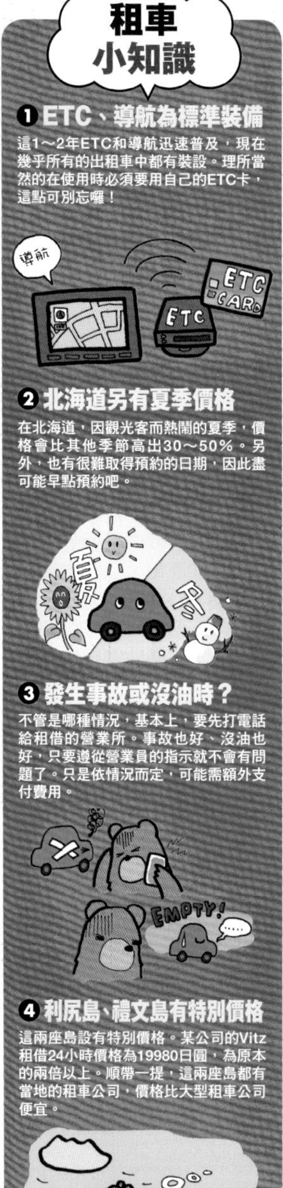

租車小知識

❶ETC、導航為標準裝備

這1～2年ETC和導航迅速普及，現在幾乎所有的出租車中都有裝設。理所當然的在使用時必須要用自己的ETC卡，這點可別忘囉！

❷北海道另有夏季價格

在北海道，因觀光客而熱鬧的夏季，價格會比其他季節高出30～50%。另外，也有很難取得預約的日期，因此盡可能早點預約吧。

❸發生事故或沒油時？

不管是哪種情況，基本上，要先打電話給租借的營業所。事故也好、沒油也好，只要遵從營業員的指示就不會有問題了。只是依情況而定，可能需額外支付費用。

❹利尻島、禮文島有特別價格

這兩座島設有特別價格。某公司的Vitz租借24小時價格為19980日圓，為原本的兩倍以上。順帶一提，這兩座島都有當地的租車公司，價格比大型租車公司便宜。

十勝帶廣機場 MAP 164 B-2	丹頂釧路機場 MAP 171 F-5	女滿別機場 MAP 177 F-5	根室中標津機場 MAP 172 B-2	札幌站 MAP 168 B-5	函館站 MAP 159 E-2
✆0155-64-5210	✆0154-57-4100	✆0152-74-3609	✆0153-78-8100	札幌站前✆011-728-0100	✆0138-26-0100
帯広市泉町西10線中8-29	釧路市鶴丘2-1	大空町女満別中央201-7	中標津町北中17-9	札幌市北区北6西1トラストパーク札幌ステーション内	函館市大手町19-2
✆0155-64-5065	✆0154-57-3871	✆0152-74-4177	✆0153-72-0919	札幌站北口✆011-746-0919	✆0138-22-0919
帯広市泉町西10線中8-30	釧路市鶴丘2-315	大空町女満別中央260-10	中標津町北中17-9	札幌市北区北6西4-2-13	函館市若松町22-5
✆0155-64-5543	✆0154-57-3636	✆0152-74-4222	✆0153-72-8489	✆011-726-0543	✆0138-23-0543
帯広市泉町西10線中8	釧路市鶴丘2-313	大空町女満別中央260-9	中標津町北中16-9中標津機場內	札幌市北区北9西3-10-1小田ビル1F	函館市若松町20-21
✆0155-64-5323	✆0154-57-4855	✆0152-74-3785	✆0153-73-5703	札幌站北口✆011-758-4123	✆0138-27-4123
帯広市泉町西10線中8-27	釧路市鶴丘2-1	大空町女満別中央201-7	中標津町北中17-9	札幌市北区北10西1-10MCビル1F	函館市若松町22-15砂子ビル1F
✆0155-64-5600	✆0154-57-5508	✆0152-74-4234	✆0153-72-5656	札幌站北口✆011-756-5656	✆0138-27-4547
帯広市泉町西10線中8-27	釧路市鶴丘2-317	大空町女満別中央201-7	中標津町北中17-9	札幌市北区北9西4-1	函館市若松町22-7
✆0155-64-5323	✆0154-57-4855	✆0152-74-3785	——	✆011-241-0931	✆0138-22-7864
十勝帶廣機場NISSAN Rent a Car櫃台	丹頂釧路機場NISSAN Rent a Car櫃台	女滿別機場NISSAN Rent a Car櫃台	——	札幌站	函館站

STEP 6 北海道的10項道路須知

介紹在北海道兜風自駕時須先知道的重點！
也有許多日本罕見、北海道獨有的規則。

1 超速OK嗎？

廣大的北海道，僅是一般道路的總長就有約9萬km。由於道路寬闊且急彎不多，所以一開始每位駕駛都有不小心就會超速的傾向。雖然北海道整體而言，在過去有許多速度飛快的車輛，但或許是減速宣導成功，近年來明顯可見整體的平均車速也下降不少。理所當然地，速度過快容易造成重大事故，所以基本還是要遵守限速規則。

克制想要開快車的念頭，正是這種道路才要悠哉地開

專用的攜帶罐容量10ℓ左右，放車上的話就不用擔心了

2 加油、休息都要趁早！

在札幌或旭川等大都市圈雖然不用在意，但前往郊外時，加油站大多只有在村落聚集處才有。依地點不同，數十km內沒有加油站也是稀鬆平常的事。因此在北海道兜風自駕發現加油站的話，就要看一下油表，建議頻繁地先加好油。基本原則是「低於1/3就加油」。如果會擔心的話，可以準備市售符合消防法規的汽油攜帶罐（10ℓ大小），就能放心兜風了。

3 嚴禁餵食野生動物！

狐狸雖然非常可愛，但絕對不可餵食牠們

跑在北海道，最常見的動物就是狐狸了。雖然也會看到有人因為狐狸太可愛，而停車從車窗拿點心等餵食的畫面，但這絕對是不行的！因為這樣餵食狐狸，牠們會變得不怕車輛，反而會想讓車子停下來而跑到車道中央。結果，就發生許多狐狸因此被車子撞死的情形。請堅持貫徹不靠近野生動物、不餵食牠們，並將垃圾帶走。

4 早春、晚秋要注意路面結凍

在6～8月的旅遊旺季，就算跑在標高高的山嶺道路，也不用擔心路面結凍，但在5月初、9月結束時，夜晚的山嶺道路等路面非常有可能會結凍。雖然這在道外很難想像，但真的有的夜晚氣溫會下降至接近冰點以下。如果是使用夏胎跑在結凍路面上的話，結果是眾所皆知的。如果不得已非得在早春或晚秋的夜晚開車，請一定要小心注意路面的狀況。

清早氣溫較低，融雪的雪水會結凍，因此要特別小心

5 不要勉強，照自己的節奏來

雖然有減少了，但若是照著限速行駛時，後面突然有車逼近的情況，也就是目前仍會見到的所謂「逼車」。遇到這種情況任誰都會變得心急，不過完全沒有必要配合對方的步調。迅速地打方向燈往左靠，讓後面的車先行吧。如果是跑在單線道的高速公路上，到處都有超車車道，讓對方超車就可以了。

覺得「後方的車好快」的話，就不要勉強，靠左讓道吧

6 北海道交通意外的特徵

北海道的死亡車禍，大多是「超出對向車道導致正面衝撞」「因超速翻出車道」等。超出車道的原因有分心駕駛、打滑等。翻出車道則是錯判彎道等情形時常會發生的意外。不管是哪一種，最終最為重要的就是要減速。

事故案例	內容
正面衝撞事故	容易造成死亡事故的類型。發生於直線道路或彎道，原因為打瞌睡、分心駕駛、車輛打滑等。
單獨車輛事故	死亡事故中最多的類型。原因為超速、打瞌睡、分心駕駛等。
行人事故	經常發生撞到高齡者的事故。看到高齡者的話，將速度降低等，駕駛時要更加小心地注意安全。
田園型事故	大多發生在無號誌且視野良好的交叉路口。車輛相會產生衝撞事故。重要的是暫停一下、確認左右來車。
冬季事故	多為在結凍的路面上等的打滑事故、因大風雪等造成的多重衝撞事故、因車轍引起的橫向打滑事故等。

最近也常能看到發光式的矢羽根

7 路肩的箭頭太不可思議了！

在北海道郊外行駛，能看到許多支柱上有指向正下方的箭頭。這個箭頭名為「矢羽根（固定式視線誘導柱）」。標示路肩與車道邊緣位置，用來作為冬季、除雪時的作業標準。一般駕駛也能在視線不良時，看此標誌得知路寬，此外，每隔80m便設有1個標誌，對測量車距也十分有用。

當心牛隻穿越。在酪農地帶特別常見

當心松鼠的罕見標誌。在市區可發現

當心熊。看到這個會有點嚇到

當心鹿。快速衝出的情況也不少

8 有好多注意動物的標誌！

在北海道，注意動物的標誌也很吸睛。不只是野生動物多而已，實際上交通事故也一再發生。尤其是蝦夷鹿在春、秋的釧路、根室等地發生的事故相當多，若撞到的話會造成巨大傷害，因此就算沒有標誌，也要先做好隨時都有可能有鹿竄出來也不奇怪的心理準備。

9 注意看鄉鎮標誌！

開在國道、道道等路上時，在市町村的界線可看見「鄉鎮標誌」。雖然在道路上看見市町村名的標示看板，在日本國內也滿普遍的，但北海道的標誌格外獨特且尺寸較大。圖樣的花紋有特產、觀光名勝、吉祥物、可體驗的運動等，明白地表現出該市町村的特色。看到標誌試著想像那裡是怎樣的城鎮呢，也相當有趣。詳情請見「北海道駕駛導航（http://n-rd.jp/）」。

紋別市
Monbetsu City

看到插圖一眼就能明白該城鎮的特色

10 號誌下方的住址標記很獨特！

位於號誌燈左邊或下方的住址標記。在首都圈等地會寫上路口名，但在北海道大多會標記住址。尤其是札幌市內等處的路口，仔細看的話，會發現明明是位在同一個路口的4座號誌燈，上面的路口名卻完全不同。現在自己在哪裡，或是正朝著哪個方向，都可簡單地從標誌上認出來。

此處為北24条東1丁目的意思

暢快奔馳在冬天的北海道雪道行駛攻略講座

雪道行駛的「3個重點」

1. 車距要保持春～秋的2～3倍
2. 提早煞車確實減速
3. 要當心讓路面黑亮的「黑冰」！

在冬天的路面，明明在跟平常差不多的時間點踩煞車，車速卻沒有減慢！停不下來！像這樣的情況很常碰到。因此，車距多留一些，煞車也要提早踩，是行駛的鐵則。此外，路面會覆上一層薄冰，能看得出路面變得非常黑，這樣的黑冰是非常危險的。一定要非常小心注意。

看到沒有積雪而瞬間放鬆了一下，但由於路面結凍了，所以還是要相當小心

帶著安心的「3樣神器」

在汽車用品店等處這3樣大概花2000日圓～3000日圓可買到

在冬天的北海道，道路旁雪稍微有點深的地方，或是路面結凍的停車場等，車子會無法發動卡在原地。如果有汽車牽引繩的話，就可以請位在附近的車輛將自己的車子拉出來，同樣的也能幫助困住的車輛。此外，有攜帶式摺疊鏟的話，就算輪胎埋在雪中，有時只要剷掉一點雪就能脫困，因此要在冬天的北海道開車的話，先準備好是為上策。還有，汽車的電瓶在寒冷地區比溫暖地區耗電更快，當車內燈等燈類忘記關時，車子就會沒電了。如果有汽車救急電瓶線的話，接上附近車輛的電瓶，就能發動引擎。

透過即時路況的影像確認道路狀況

該日行程要越過山嶺時，就透過北海道駕駛導航（http://n-rd.jp/）從即時路況的影像確認一下山嶺的樣子吧。因為影像會頻繁地更新，所以能得知最新的路面、視野狀況。在北海道駕駛導航中，還能查詢地點之間的距離與行車時間，並刊載了高速公路和主要道路的通行規則資訊、道內117處的公路休息站資訊等，網站內有大量對兜風自駕有用的資訊。用手機也能查看，因此可有效運用。

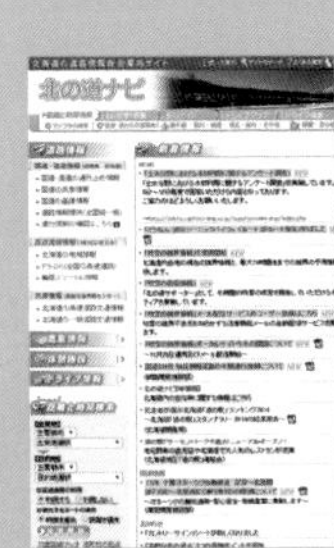
不只是網站內部，上面的外部連結也滿是對兜風自駕相當有用的資訊

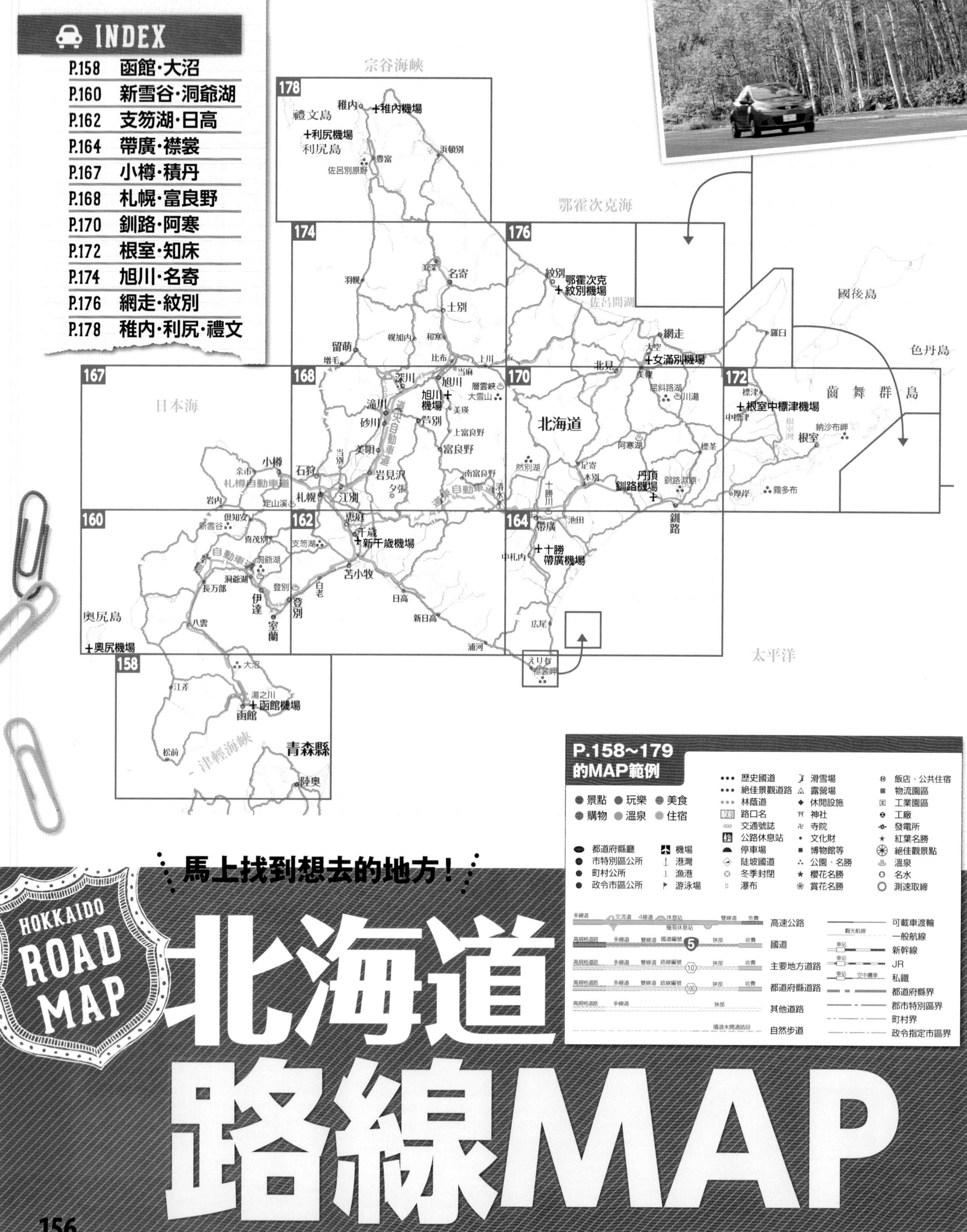

INDEX

P.158 函館·大沼
P.160 新雪谷·洞爺湖
P.162 支笏湖·日高
P.164 帶廣·襟裳
P.167 小樽·積丹
P.168 札幌·富良野
P.170 釧路·阿寒
P.172 根室·知床
P.174 旭川·名寄
P.176 網走·紋別
P.178 稚內·利尻·禮文

HOKKAIDO ROAD MAP

馬上找到想去的地方！

北海道路線MAP

P.158~179的MAP範例

景點 玩樂 美食 購物 溫泉 住宿

都道府縣廳
市特別區公所
町村公所
政令市區公所
機場
港灣
漁港
游泳場
歷史國道
絕佳景觀道路
林蔭道
路口名
交通號誌
公路休息站
停車場
陡坡國道
冬季封閉
瀑布
滑雪場
露營場
休閒設施
神社
寺院
文化財
博物館等
公園、名勝
櫻花名勝
賞花名勝
飯店、公共住宿
物流園區
工業園區
工廠
發電所
紅葉名勝
絕佳觀景點
溫泉
名水
測速取締

高速公路
國道
主要地方道路
都道府縣道路
其他道路
自然步道
可載車渡輪
一般航線
新幹線
JR
私鐵
都道府縣界
郡市特別區界
町村界
政令指定市區界

都市間距離圖

Distance to the city

北海道僅是一般道路的總長就有約9萬km。都市之間的最近距離為日本全圖平均的2～3倍。要開車觀光的話，就把行程時間安排得寬裕一些吧。要長距離移動時，也別忘了要作適度的休息。

資訊提供 北海道駕駛導航 http://n-rd.jp/ (對應PC&3家手機公司)
國立研究開發法人土木研究所 寒地土木研究所

範例
國道
高速公路
道道

注１）此地圖上的「距離與時間」是以國道為優先路徑的概略時間
注２）圖上的道路為主要道路，並非表示北海道內全部的道路
注３）此圖是以2017年4月的資料為基礎所製作的
※此圖是將「北海道駕駛導航」提供的地圖，經過部分修改後完成的

有困擾時的協助資訊

電話篇

道路救援服務
JAF……#8139

塞車等道路交通資訊
日本道路交通資訊中心
全國統一電話……050-3369-6666
手機直撥……#8011
北海道地方高速資訊……050-3369-6760

高速公路資訊
NEXCO東日本顧客中心……0570-024-024

天氣預報……(目的地的市外局號)+177
週間天氣預報
札幌……011-811-9999
千歲……0123-22-0177
小樽……0134-29-0177
函館……0138-41-0177
江差……0139-52-2300
浦河……0146-22-0177
帶廣……0155-23-0177
釧路……0154-23-0177

醫療機關服務
急救醫療資訊服務中心……0120-208-699

網路篇

塞車資訊
日本道路交通資訊中心
……PC http://www.jartic.or.jp/

高速公路資訊
NEXCO東日本
……PC http://www.e-nexco.co.jp/
NEXCO東日本 DoRaPuRa
……手機 http://m.driveplaza.com/
……PC http://www.driveplaza.com/

北海道道路資訊
北海道導航((國研)土木研究所 寒地土木研究所)
……PC·手機……http://n-rd.jp/
北海道地方道路資訊提供系統(北海道開發局)
……PC http://info-road.hdb.hkd.mlit.go.jp/transport/

公路休息站
北海道地區「公路休息站」聯絡會
……手機 http://hokkaido-michinoeki.jp/
……PC http://www.hokkaido-michinoeki.jp/

JAF
……手機 http://jafmbl.jp/
……PC http://www.jaf.or.jp/

氣象資訊
氣象廳
……PC http://www.jma.go.jp/
日本氣象協會
……PC http://www.jwa.or.jp/

醫療機關服務
北海道急救醫療、廣域災害資訊系統
……手機 http://www.qq.pref.hokkaido.jp/k/
……PC http://www.qq.pref.hokkaido.jp/

※注意…駕駛人於行駛中使用手機會造成重大事故，因此請絕對不要這樣做
道路交通法禁止駕駛人於行駛中使用手機

江差港渡輪總站
0139-52-1066
所 江差町江差港北埠頭 JR函館站搭函館巴士往江差總站方向2小時4～6分，姥神町フェリー前下車，步行5分
航線 往奥尻島方向(Heart Land渡輪)
美麗庭園散布
北海道庭園街道
遊覽8個觀光庭園的廣域觀光路線。從大雪山系的山麓經由富良野直到十勝為止，連接起來約250km的街道上，散布著活用北海道氣候與景觀營造出的北海道獨有美麗庭園。
大雪 森之花園 P.95
01658-2-4655
所上川町菊水841-8 ¥收費
能在大雪山的懷抱中悠閒愉快地散步。MAP175 H-5
上野農場 P.70
0166-47-8741
所旭川市永山町16-186 ¥收費
特色為配合北海道氣候、風土所營造的庭園。MAP175 F-5
風之花園 P.71
0167-22-1111(新富良野王子大飯店)
所富良野市中御料 ¥收費
為日劇《風之花園》舞台的英國風庭園。MAP169 F-3
十勝千年之森 P.72
0156-63-3000
所清水町羽帯南10線 ¥收費
與十勝雄壯風景相襯的庭園。
MAP163 H-1
紫竹庭園 P.73
0155-60-2377
所帯広市美栄町西4-107 ¥收費
此花園每年都會變換設計。餐廳也很受歡迎。MAP164 A-2
六花之森 P.87
0155-63-1000
所中札内村常盤西3線249-6 ¥收費
描繪於六花亭包裝上的花草在此綻放。MAP164 A-2
TOKACHI HILLS P.73
0155-56-1111
所幕別町日新13-5 ¥收費
位於一覽帯廣市區的十勝小高丘上。MAP164 B-1
真鍋庭園 P.73
0155-48-2120
所帯広市稲田町東2-6 ¥收費
能觀賞到日本庭園、西洋風庭園等豐富多元的庭園。MAP164 B-1
160
瀬棚
ルート229元和台
別稱為「東洋的科羅拉多大峽谷」的白堊斷崖
P.137 館の岬 9
白砂青松100選
Heart Land渡輪(奥尻～江差)
江差港渡輪總站
P.137 茶房せき川 D
P.137 ぱんやBecky E
P.136 幕末軍艦 開陽丸紀念館 8
P.136 古街道 7
上ノ国もんじゅ
上之國町大崎附近…緊鄰一旁的沙灘與日本海十分漂亮
延綿4km的美麗沙灘，是很有人氣的海釣場
史跡 勝山館跡 6
P.135
上之國勝山館跡…為松前氏始祖──武田信廣所建。從夷王山望見的景色也相當出色
19 松前・江差・八雲 P.132
MAP133
跑在比海岸線高的高地。視線良好需小心注意張望與超速取締
追分Soran Line…一邊眺望著日本海，一邊舒暢地兜風
P.135
松前藩屋敷 5
P.134 松前城跡 4
本町中央部地區…受指定為「活用歷史的城鎮維護模範地區」，持續進行整備中
P.135 北前食堂 C
白神岬展望廣場…因為有寬廣的停車場與廁所，最適合休息了
北海道最南端的海岬。近距離眺望青森縣的龍飛岬
本為世界最長53.85km的鐵路專用海底隧道，在瑞士阿爾卑斯山脈「聖哥達基線隧道」開通後，則屈居第2
有學習建設歷史的區域，以及展示挖掘機等設備
横綱の里ふくしま
トンガリチリチリ林道禁止通行
彎道前方多為平交道。請注意對向來車
P.16・135 特拉普派男子修道院 2
3 公路休息站 みそぎの郷 きこない P.135
P.137 北斗櫻迴廊
ショッピング&フードエリア ほっくる P.135
RV Parkよってけ駒ヶ岳 P.145
あっさぶ
しりうち
みんまや
北海道
松前半島
乙部町
八雲町
森町
厚澤部町
江差町
北斗市
上之國町
木古内町
知内町
福島町
松前町
日本海
北海道新幹線
龍飛崎
中泊町
外濱町
今別町
十三湖
A B C D
1 2 3 4 5

函館・大沼
1:400,000
0 5 10km
景點 玩樂 美食 購物 溫泉 住宿
178 174 176 167 168 170 172 160 162 164 158
札幌出發
旭川出發
帶廣出發
釧路出發
網走出發
函館出發
路線MAP
函館・大沼
161
E F G H
1 2 3 4 5
鹿部町
鹿部間歇泉公園…每隔約10分噴出100度的溫泉
公路休息站 しかべ間歇泉公園 P.5
3 LUMBER HOUSE P.138
4 函館七飯吊艙 P.139
1 大沼湖畔遊步道 P.138
2 大沼遊船 P.138
A レストラン★梓 P.139
B 沼の家 P.139
P.139 大沼
七飯町
公路休息站 なないろ・ななえ P.5
1 木地挽高原（全景展望台）P.134
木地挽高原全景展望台…可眺望大沼、駒岳和函館市區。開放時間為8時30分～20時
5 城岱牧場展望台 P.139
展示道內唯一的國寶「中空土偶」
縄文ロマン南かやべ
20 大沼公園 P.138
MAP139
龜田半島
此海岸線擁有許多防雪及落石的明隧道
函館市
惠山道立自然公園…春天杜鵑花會在此盛開綻放，染上正紅色
惠山岬 緊鄰海岸的免費露天浴池。感覺近似海水浴
水無海濱溫泉
惠山溫泉…無法使用肥皂的強酸性溫泉
路線 19・20 START&GOAL 函館機場
函館機場
なとわ・えさん
函館的歷史性建築 P.140
函館山夜景 P.16
B 貝鮮焼 北斗フィッシャリー P.135
松前・江差・八雲 P.132
MAP133
舊戶井線拱橋…留存著未完工鐵路的水泥橋
北海道與本州的最短距離之地
汐首岬
太平洋
函館渡輪總站
0138-43-4545
所 函館市港町3-19-2 JR函館站搭接駁巴士20分，フェリーターミナル下車即到
航路 往大間（津輕海峽渡輪）
往青森（津輕海峽渡輪）
青函渡輪總站
0138-42-5561（青函渡輪函館）
所 函館市浅野町5-11 JR函館站搭北海道觀光巴士11分，青函フェリー前下車即到
航路 往青森（青函渡輪）
津輕海峽
大間崎
本州最北端之地
大間渡輪總站
大間渡輪總站
0175-37-3111
所 大間町大間根田内10 JR下北站搭下北交通巴士經由むつ・佐井線大畑出張所2小時，フェリー乗場前下車即到
航路 往函館（津輕海峽渡輪）
大間町
風間浦村
佐井村
青森縣
東通村
陸奧市
恐山
佛浦
かわうち湖
外濱町
青森
野邊地
小川原湖

1:400,000

●景點 ●玩樂 ●美食 ●購物 ●溫泉

CHECK!

擁有日本最北端的山毛櫸森林

黑松內（くろまつない）

國家天然紀念物的歌才山毛櫸森林，位於市區往南2km左右之處。林內設有步道，也可在其中輕鬆散步。也推薦能買到講究使用當地產的原創培根、起司，以及現烤麵包的「公路休息站くろまつない」。

在山毛櫸森林中，還能見到高30m，樹幹直徑粗達1m的大樹

在公路休息站內也有內用區，使用當地產食材製作的披薩也很受歡迎

CHECK!

以美麗海岸與海之珍味自豪

瀨棚（せたな）

3大能量景點──立於海岸的三本杉岩、斷崖峭壁上的太田神社、擁有神秘沼澤的浮島公園──非常受歡迎。在町內的餐飲店中能品嘗到豐富的山珍海味。賞味期限為1小時，甲田菓子店的岩泡芙也是名物之一。

高約30m的三本杉岩。會在限定的期間內進行夜間點燈活動，營造出夢幻的氛圍

在漁師的直賣所能品嘗到的海鮮蓋飯。使用自家船隻捕撈的海鮮，鮮度超群

瀨棚港渡輪總站

☎0137-87-3963

所 せたな町瀬棚区外岸壁埠頭　🚌JR長萬部站搭函館巴士往瀨棚・上三本杉方向1小時40分，瀨棚市街下車，步行15分

航路 往奥尻島（Heart Land渡輪）※季節航行

奥尻港渡輪總站

☎01397-2-3131

所奥尻町奥尻309

🚌奥尻機場搭計程車30分

航路 往瀨棚（Heart Land渡輪）※季節航行
往江差（Heart Land渡輪）

離島CHECK!

美麗海岸線連綿

奥尻島（おくしりとう）

浮在瀨棚町近海，在道內以大小僅次利尻島為傲的島嶼。沿著繞島一周的道道39號，有鍋釣岩、賽之河原等諸多景點。海產也相當豐富，可捕獲海膽、鮑魚、烏賊、鯇魚等。

可說是奥尻島象徵的奇岩──鍋釣岩

展示北海道西南海地震資料的奥尻島津波館

路線MAP
新雪谷・洞爺湖
札幌出發
旭川出發
帶廣出發
釧路出發
網走出發
函館出發
E
F
G
H
167
159
162
1
2
3
4
5
岩内町市區
岩内町
共和町
P.32 新雪谷超廣角観景之路 8
9 神仙沼 P.33
P.33 蘭越町交流促進中心 雪秩父 11
P.33 大湯沼 10
シェルプラザ・港
C お菓子のふじい P.45
倶知安町
D レストラン 雪庭 P.33
定山溪溫泉
札幌市
無意根停車場…紅葉時期相當美麗
京極町
南區
倶知安町倶知安新雪谷線…能穿過倶知安前往五色溫泉方向。須注意中途路幅會變窄
5 NISEKO Grand HIRAFU Summer Gondola P.45
7 NAC Niseko P.46 Adventure Centre
6 ニセコ高橋牧場 ミルク工房 P.45
名水の郷きょうごく
4 名水公園 P.45
12 公路休息站 望羊中山
中山峠 P.47
京極町更新地圖觀景停車場…能眺望羊蹄山、尻別川、尻別岳等
喜茂別町相川地區觀景停車場…羊蹄山的人氣觀景點
沿路散布著玉米店
壽都町
Villa LUPICIA P.46 Boutique
五色溫泉 P.46 旅館
P.47 Niseko Cheese Factory D
P.47 茶房ヌプリ E
羊蹄山
100名山
4 支笏湖・新雪谷 P.42
MAP42
真狩村
留寿都
喜茂別町
中里停車場…標高迥異的尻別岳與羊蹄山，從這裡望去看起來一樣高
綺羅街道…以營造融合自然為主題，整頓完善的街道。周圍時髦的建築也為街道增添不少色彩，十分漂亮
羊蹄青少年的森PA
らんこし・ふるさとの丘
1.4km末鋪裝的道路
P.47 有島紀念館 F
P.47 公路休息站 10
ニセコビュープラザ
真狩フラワーセンター
留寿都度假村
有北聯與ENEOS的加油站
公路休息站 230ルスツ
蘭越町
新雪谷町
P.47 羊蹄山湧泉 11
留壽都村
くろまつない
豊浦町
黒松内町
P.45 きのこ王国本店
フォーレスト276大滝
大瀧區
伊達市
支笏湖
洞爺湖町洞爺町附近…可連續俯望洞爺湖景色
とうや湖
洞爺湖町
沿著湖畔繞一圈約43km
俯視整個洞爺湖的展望台
P.39 Lake-Hill Farm A
黒松内Jct
道央自動車道
P.38 洞爺溫莎度假酒店&Spa 2
1 SAIRO展望台 P.38
洞爺湖 P.12
3 洞爺湖・登別 P.36
MAP36
4 洞爺湖遊覧船 P.39
B わかさいも本舗 P.39
C 望羊蹄 P.39
歌才山毛櫸森林…最北邊的山毛櫸自生區，為國家天然紀念物
豊浦噴火湾PA
豊浦
とようら
オロフレ峠…岳樺與針葉樹的混合林。紅葉時期也十分美麗
11月～4月底為17:00～9:00禁止通行
壮瞥町
白老町
そうべつ情報館i(アイ)
静狩PA
日本第一的秘境車站。只能搭火車前往
三豐隧道…連結洞爺湖溫泉、高速公路和洞爺站
P.39 西山山麓火口步道 3
虻田洞爺湖
あぶた
5 有珠山纜車 P.39
登別溫泉
P.41 登別溫泉
長万部
長萬部町
伊達
伊達市若生附近…金合歡林隧道相當美麗
新登別大橋…橫跨約120m的溪谷。紅葉名勝
登別溪谷PA
苫小牧
だて歴史の杜
有珠山SA
可眺望昭和新山、有珠山、駒岳
伊達市
登別市
富浦PA
登別東
内浦灣(噴火灣)
國縫
登別室蘭
室蘭
白鳥灣展望台停車場…前為工廠區，裡面能眺望到白鳥大橋
無障礙物、橫向風強
みたら室蘭
祝津公園展望台…白鳥大橋與室蘭岳非常漂亮。也是夜景名勝
室蘭市
6 地球岬 P.39
CHECK!
名物為元祖螃蟹便當
長萬部
現在在全國各地都有的螃蟹便當，誕生於長萬部。最有人氣的是長萬部站附近的「かにめし本舗かなや」。據說只有在美國黃石公園與長萬部才有的放射性石灰華圓丘之奇觀也務必一見。觀賞時也一同泡一下二股らぢうむ溫泉吧。
從明治時期開始就受湯療客喜愛的二股らぢうむ溫泉。也可不住宿泡湯
「かにめし本舗かなや」的螃蟹便當。裝滿味道樸實的螃蟹絲
八雲屋台村…有烤雞肉串店、拉麵店、居酒屋等
噴火灣全景公園…為道立廣域公園，和八雲停車場區域一帶都整頓完善
F HARVESTER YAKUMO P.137
19 松前・江差・八雲 P.132
MAP133
隔著內浦灣眺望駒岳，再遠一點連羊蹄山也看得到。夜晚四處亮著漁火，十分夢幻
舊幕軍鷲之木登陸地…榎本武揚率領的舊幕府軍初次登上蝦夷地的地點
大受歡迎的鐵路便當「螃蟹便當」在這裡！
內浦灣…能眺望群山圍繞的美麗內浦灣
つど～る・プラザ・さわら
位於砂濱的罕見燈塔
ハマナス台場公園PA
擁有約5000坪庭園的溫泉旅館
森町附近…眺望內浦灣、駒岳的景觀相當美麗
YOU・遊・もり
森町
鹿部町
大沼公園IC
恵山岬

168
161
札幌市
南區
千歲市
惠庭市
苫小牧市
登別市
伊達市
白老町
厚真町
安平町
長沼町
北廣島市
清田區
P.44 支笏湖観光船 1
P.44 支笏湖遊客中心 2
P.45 巨木之森 3
4 支笏湖・新雪谷 P.42
6 北國優駿公園 P.51
7 登別溫泉 P.40
8 地獄谷 P.40
D 味の大王登別溫泉店 P.41
9 大湯沼 P.41
10 大湯沼川天然足湯 P.41
11 登別海洋公園尼克斯 P.41
12 ファームレストランウエムラ P.41
E たらこ家虎杖浜 P.41
F SWEETS MOTHER'S P.41
P.45 丸駒溫泉旅館 A
B フォーレスト276大滝 きのこ王国本店 P.45
3 洞爺湖・登別 P.36
6 日高Thoroughbred街道 P.51
サーモンパーク千歲
CHITOSE OUTLET MALL Rera
新千歲空港
千歲恵庭Jct
無意根停車場…紅葉時期相當美麗
以環保為主題，也有許多羊、牛、羊駝等動物
ラルマナイ自然公園…有白扇瀑布、三段瀑布、ラルマナイ瀑布等
支笏湖畔停車場區…能望見支笏湖、惠庭岳、風不死岳、樽前山等的景色
Sky Road…奔馳在森林深處。途中有支笏湖伏流湧出的名水親近公園
內別川湧泉。名水100選。湧泉區禁止進入
北海道三大秘湖
到登山口約有2.8km未鋪裝道路
通往苫小牧市支笏湖的道路…為延續的直線道路。在此兜風非常舒服
交通量少的暢快道路
瀧之上自然公園…許多的瀑布與奇岩連綿其中，在此可觀賞壯麗的溪谷之美
2018年5月開通
沼ノ端IC～日高門別IC免費開放中 汽車專用道
苫小牧東港附近無便利商店、加油站。需事先做好準備
鵡川的名物是柳葉魚。國道旁有直賣所
設施豐富的渡輪總站
通往登別市登別溫泉的道路…約有2000株櫻花樹連綿的林蔭道
むかわ四季の館
太平洋
苫小牧西港渡輪總站
0144-33-9261
所 苫小牧市入船町1-2-34 JR苫小牧站搭道南巴士渡輪線17分，苫小牧西港フェリーターミナル下車即到；JR札幌站搭中央巴士2小時，苫小牧西港フェリーターミナル下車即到
航路 往八戸(川崎近海汽船)
往仙台(太平洋渡輪)
往名古屋(太平洋渡輪)
往大洗(商船三井渡輪)
苫小牧東港周文渡輪總站
0145-28-2800
所 厚真町浜厚真17-6 苫小牧東港周文埠頭
JR南千歲站搭道南巴士(直達巴士)45分，苫小牧東港フェリーターミナル下車即到
航路 往秋田、新潟、敦賀(新日本海渡輪)
從車窗眺望的景觀十分出色
想暢快奔馳的美景道路!
知床横斷道路
所 斜里町・羅臼町
橫貫知床丘陵的道路。在標高738m的知床峠，可將周圍群山與鄂霍次克海盡收眼底。 MAP 173 G-4
北太平洋 Seaside Line
所 広尾町～根室市納沙布岬
從廣尾到納沙布岬全長300km的道路總稱。推薦能看見斷崖與海景的釧路～根室路段。 MAP 172 C-4
美岬ライン
所 網走市能取岬付近
沿著能取岬海岸線的道道76號。延伸至海岬前端的道路，像是進到青藍色的海上，十分爽快。 MAP 177 F-4
日本海 ORORON LINE
所 石狩市～天塩町
從札幌朝道北、稚内方向前進的日本海沿海路線。沿路也有諸多夕陽名勝。 MAP 174 C-3
ESANUKA LINE P.78
所 猿払村浅茅野台地
猿拂村與濱頓別町之間，沿著鄂霍次克海直線跑過，長約17km的道路。 MAP 179 F-2
通天道 P.119
所 斜里町峰浜
位於斜里町東方，知床半島北方的直線路段。筆直延伸至地平線的道路。 MAP 173 F-5
往特拉普派男子修道院的林蔭道 P.135
所 北斗市三ツ石392
修道院蓋在俯視津輕海峽的小高丘上。延綿通往修道院的路樹令人印象深刻。 MAP 158 D-2
Thoroughbred 銀座 P.51
所 新冠町高江
約8km的道路旁，連連皆是飼育名馬的牧場。從初夏起夏天還可見到幼駒。 MAP 163 F-4
十勝牧場的白樺林蔭道 P.92
所 音更町駒馬並木8-1
綿延長1.3km的美麗林蔭道，也被用來當作日劇《阿政與愛莉》的外景拍攝地。 MAP 170 B-5

E
F
169
G
H
道東道僅由仁PA有加油站。當心油量不足！
金山湖
十勝清水IC
P.72 十勝千年之森 8
2016年受夏天颱風影響，日高町千榮～清水町清水之間39.5km禁止通行。恢復時間未定。
圓山展望台…一覽十勝平原的隱密展望台
むかわ穂別
占冠村
福山PA
1 日高山脈博物館 P.50
樹海ロード日高
日高国際
有上坡慢車道。下坡禁止超車路段較長
清水町
芽室岳 1754
剣山 1205
ハッタオマナイ岳 1021
福山渓谷
交通量少 舒適的雙線道
日高町
チロロ岳 1880
ルベシベ岳 1740
2018年8月開通
日高町中間夾著平取町，町內兩個區域分離的距離達42km為日本第一
鵡川町
富内
安住
糠平山 1350
芽室町
美生水壩
二岐山 1591
ピパイロ岳 1917
伏美岳 1792
鵡川町穂別博物館
平丘
車流速度快
將恐龍融入路燈造型設計
戸蔦別岳 1959
穂別
振内町
237
ヌカンライ岳 1519
神威岳 1756
帶廣市
雙線道，飛飛於稻作地帶
和泉
路幅狹窄且有急彎
桂峠 310
幌尻岳 2053
100名山
札内岳 1896
十勝幌尻岳 1846
平取町
平取鈴蘭群生地
エサオマントッタベツ岳 1902
2 平取町立二風谷愛奴文化博物館 P.50
5～6月上旬野生的鈴蘭會在此盛開
カムイエクウチカウシ 1979
イドンナップ岳 1752
ナメワッカ岳 1799
二風谷水壩
二風谷ファミリーランド
リビラ山 1291
通過富川市區的近路
新冠水壩
中札内村
札内川園地
164
義經峠 131
有部分未鋪裝道路。行駛時要注意
コイカクシュサツナイ岳
廣富
周邊散布著牧場。降低速度
日高町
新冠町
1839峰 1842
パンベツ山 1337
シベチャリ山 1627
太陽之森 Di Maccio美術館
大樹町
牧場散布
ペテカリ岳 1736
太陽之森 Di Maccio美術館…展示世界最大的油畫。有咖啡廳
日高門別
日高町旭町周邊…散布著有英國純種馬等馬匹的牧場
笹山 806
中ノ岳 1519
Yushun Memorial Park…立有小栗帽等名馬的紀念碑。有資料館
ビッグレッドファーム明和
北大実験農場
新冠牧場
ソエマツ岳 1625
神威岳 1600
ピセナイ山 1028
日高厚賀
P.51 椿サロン 夕焼け店 B
道路百選、櫻花百選、街路樹百選、北海道遺產
4
靜內二十間道路櫻並木 P.12·51
新日高町
P.51 Thoroughbred銀座 3
サラブレッドロード新冠
P.51 新冠町黑膠唱片館 5
A あま屋 P.51
6 日高Thoroughbred街道 P.50 MAP51
浦河町
鵡川站～樣似站之間停駛
P.87 JRA日高育成牧場展望台 6
浦河町西舍周邊…沿途可見到英國純種馬。請注意不要驚擾他們
三石海浜公園
みついし
URAKAWA優駿VILLAGE AERU 7 P.88
ロマップ展望台
樣似町
13 南十勝・襟裳岬 P.84 MAP85
從高70m的海岬眺望陷落於太平洋的斷崖
CHECK!
以英國純種馬與櫻花聞名
しんひだか
新日高
太平洋側的日高地區為日本國內屈指可數的英國純種馬產地。道路旁牧場林立，經常能看到放牧的馬匹之姿。此外，二十間道路櫻並木長約7km，並立著約3000株的櫻花路樹。每年的賞景時期為5月上旬到中旬之間。
道路的兩側排列著蝦夷山櫻與霞櫻的二十間道路櫻並木
支笏湖・日高
1:400,000
0 5 10km
景點 玩樂 美食 購物 溫泉
178 174 176 167 168 170 172 160 162 164 158

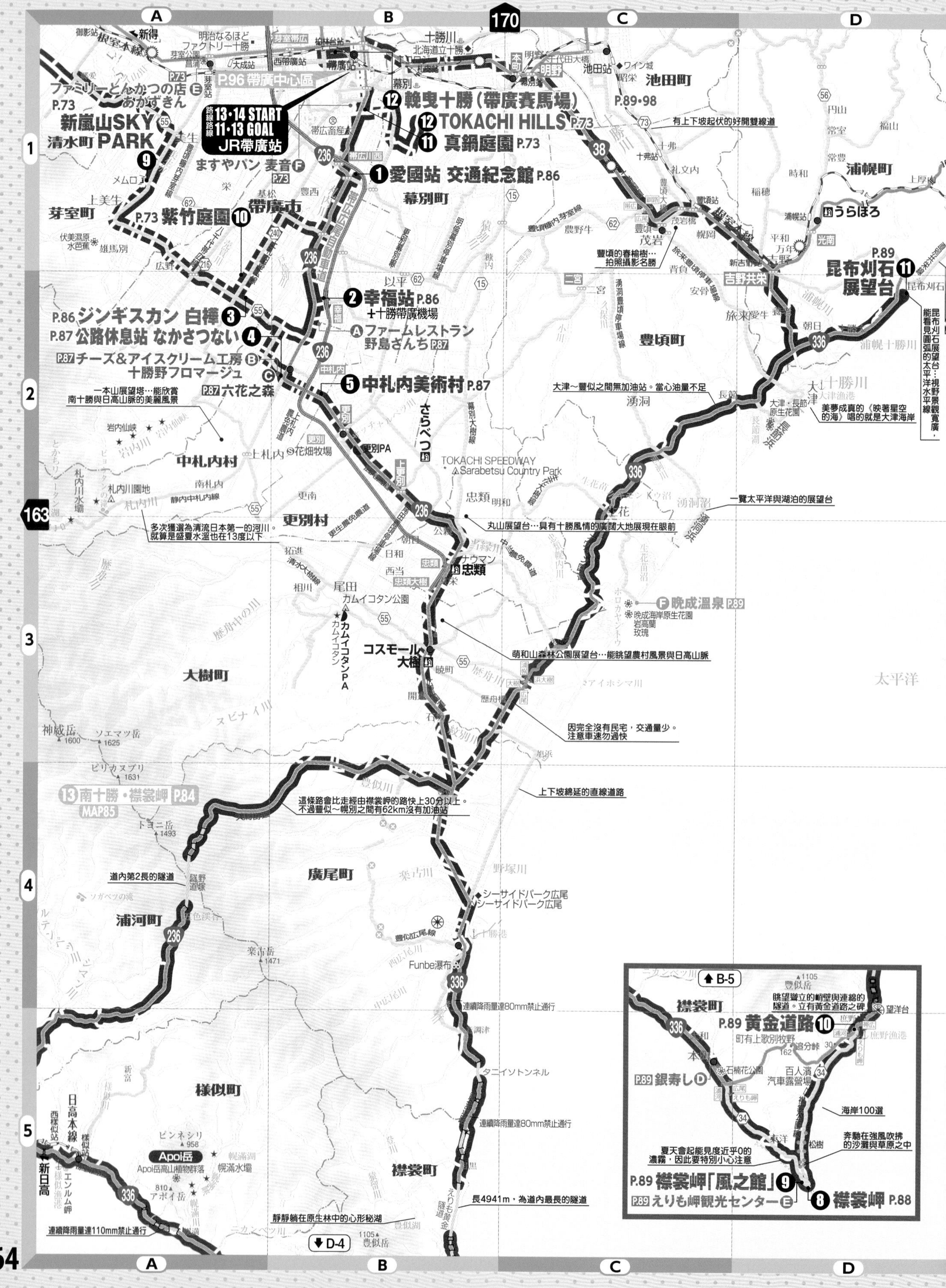

170
163
十勝川
池田町
P.89・98
浦幌町
うらぼろ
P.96 帶廣中心區
ファミリーとんかつの店 あかずきん P.73
新嵐山SKY PARK
清水町
路線路線 13・14 START 11・13 GOAL JR帶廣站
ますやパン 麦音 P.73
12 輓曳十勝（帶廣賽馬場）
12 TOKACHI HILLS P.73
11 真鍋庭園 P.73
有上下坡起伏的好開雙線道
1 愛國站 交通紀念館 P.86
幕別町
芽室町
紫竹庭園 10 P.73
帶廣市
豐頃的春楡樹…拍照攝影名勝
P.89
昆布刈石展望台 11
昆布刈石展望台：能看見弧圓的太平洋水平線，視野寬廣，
2 幸福站 P.86
十勝帶廣機場
P.86 ジンギスカン 白樺 3
P.87 公路休息站 なかさつない 4
ファームレストラン 野島さんち P.87
P.87 チーズ&アイスクリーム工房 十勝野フロマージュ
P.87 六花之森
5 中札内美術村 P.87
豐頃町
一本山展望塔…能欣賞南十勝與日高山脈的美麗風景
大津～豐似之間無加油站。當心油量不足
美夢成真的《映著星空的海》唱的就是大津海岸
中札内村
花畑牧場
更別PA
さらべつ
TOKACHI SPEEDWAY Sarabetsu Country Park
多次獲選為清流日本第一的河川。就算是盛夏水溫也在13度以下
更別村
一覽太平洋與湖泊的展望台
丸山展望台…具有十勝風情的廣闊大地展現在眼前
忠類
晩成溫泉 P.89
コスモール大樹
萌和山森林公園展望台…能眺望農村風景與日高山脈
大樹町
太平洋
因完全沒有民宅，交通量少。注意車速勿過快
上下坡綿延的直線道路
13 南十勝・襟裳岬 P.84 MAP85
這條路會比走經由襟裳岬的路快上30分以上。不過豐似～幌別之間有62km沒有加油站
道內第2長的隧道
廣尾町
浦河町
シーサイドパーク広尾
Funbe瀑布
連續降雨量達80mm禁止通行
様似町
Apoi岳
Apoi岳高山植物群落
襟裳町
長4941m，為道內最長的隧道
靜靜躺在原生林中的心形秘湖
連續降雨量達110mm禁止通行
D-4
B-5
襟裳町
眺望聳立的峭壁與連綿的隧道。立有黃金道路之碑
P.89 黃金道路 10
町有上歌別牧野
百人濱汽車露營場
P.89 銀寿し
海岸100選
夏天會起能見度近乎0的濃霧，因此要特別小心注意
奔馳在強風吹拂的沙灘與草原之中
P.89 襟裳岬「風之館」9
P.89 えりも岬観光センター
8 襟裳岬 P.88

帶廣・襟裳

1:400,000
0 5 10km

● 景點 ● 玩樂 ● 美食 ● 購物 ● 溫泉

178 174 176 167 168 170 172 160 162 164 158

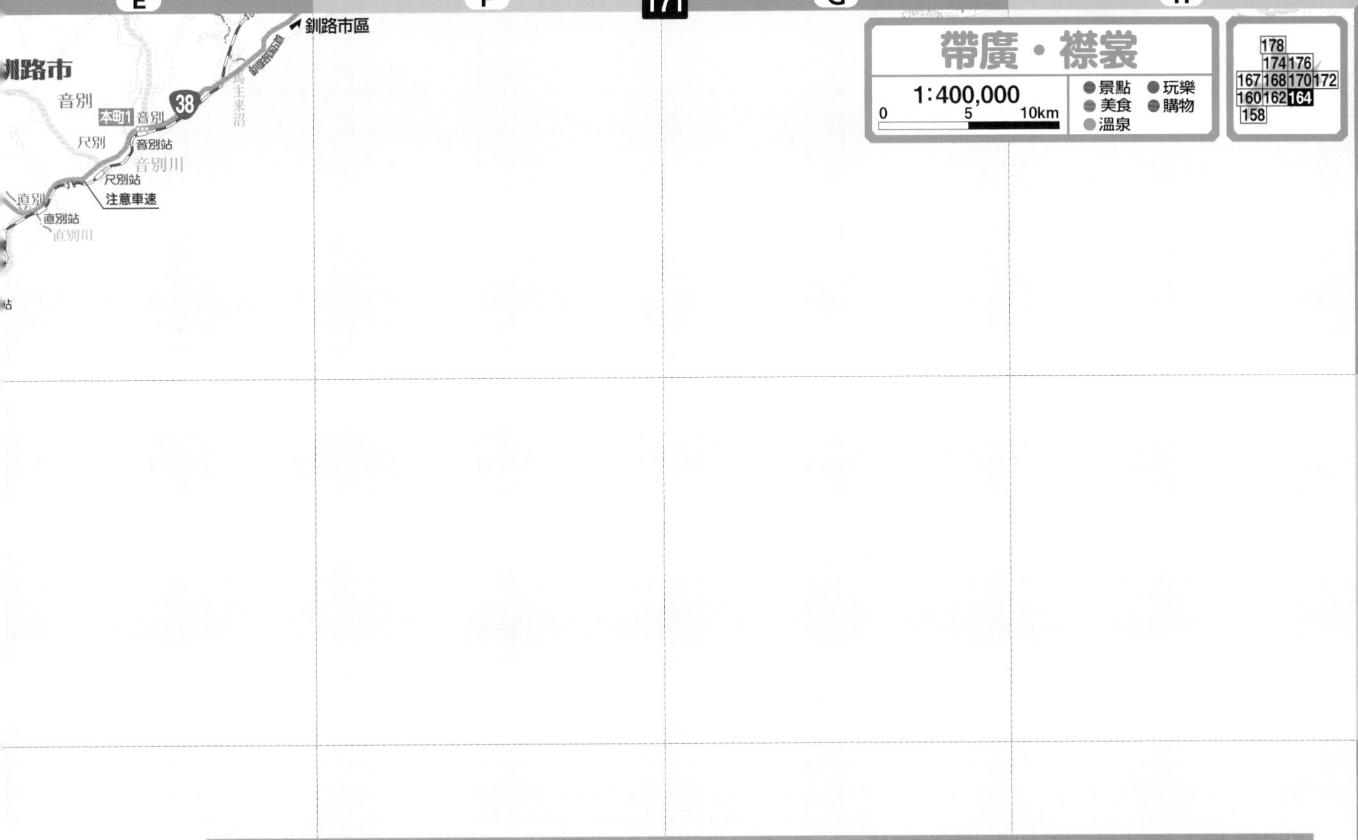

以泉質和地點自豪的

人氣不住宿溫泉設施

水無海濱溫泉
☎0138-86-2111（函館市椴法華支所產業建設課）
所函館市恵山岬町100先 ¥免費
位於恵山岬岸邊的天然露天浴池。 MAP 159 G-2

東前溫泉しんわの湯
☎0138-77-8000
所北斗市東前85-5 ¥收費
露天浴池中有岩浴池、檜木浴池、步行湯等。 MAP 159 E-2

湯とぴあ臼別
☎01398-4-5511（瀬棚町大成綜合支所總務股）
所せたな町大成区平浜691 ¥贊助打掃費
男女分開的半露天浴池。源泉放流。 MAP 160 C-5

平田內露天浴池熊之湯
☎01398-2-3111（八雲町熊石綜合支所產業課）
所八雲町熊石平町 ¥免費
此露天浴池位於貫穿大岩石的溪谷中。 MAP 160 C-5

神威脇溫泉保養所
☎01397-3-1130
所奥尻町湯浜 ¥收費
可泡在溫泉中，觀賞夕陽沒入海中的景色。 MAP 160 A-5

黒松內溫泉ぶなの森
☎0136-72-4566
所黒松內町黒松內545 ¥收費
山毛櫸林環繞，可享受森林浴與溫泉浴。 MAP 161 E-2

真狩村溫泉保養中心
☎0136-45-2717
所真狩村緑岡174-3 ¥收費
從露天浴池能看見名山——羊蹄山。 MAP 161 G-1

豐平峽溫泉 P.49
☎011-598-2410
所札幌市南区定山渓608 ¥收費
以能享受四季景色的露天浴池為傲。 MAP 168 A-5

十勝岳溫泉 Kamihoro 莊
☎0167-45-2970
所上富良野町十勝岳溫泉 ¥收費
從室內浴池與露天浴池俯望富良野盆地。 MAP 169 G-3

鹿之湯露天浴池
☎0156-66-1135（鹿追町觀光Information Desk）
所鹿追町然別峡 ¥免費
從シイシカリベツ川旁湧出的溫泉。 MAP 170 A-3

砂湯 P.105
☎015-484-2106（レストハウスレタラチップ）
所弟子屈町屈斜路湖砂湯 ¥免費
挖掘沙灘，屈斜路湖湖畔的溫泉就會湧出。 MAP 171 G-2

岩尾溫泉 あったまーる
☎0164-55-2024
所増毛町岩老109-1 ¥收費
以眺望日本海的景觀為傲。12～3月為休假期間。 MAP 168 B-1

晚成溫泉 P.89
☎01558-7-8161
所大樹町晩成2 ¥收費
含有大量的碘，在全國屬罕見的泉質。 MAP 164 C-3

池之湯 P.105
☎015-482-2200（摩周湖觀光協會）
所弟子屈町屈斜路湖池の湯 ¥免費
直徑15m的寬敞浴池。冬季不可泡湯。 MAP 171 G-2

豐富溫泉町營 Fureai Center
☎0162-82-1777
所豊富町溫泉 ¥收費
試挖石油時湧出的溫泉。也有溫泉治療客專用浴場。 MAP 178 D-3

民營國民宿舍 山之宿 野中溫泉
☎0156-29-7321
所足寄町茂足寄159 ¥收費
內湯整個由椴松打造。溫泉為硫磺泉。 MAP 171 E-3

和琴溫泉
☎015-482-2200（摩周湖觀光協會）
所弟子屈町屈斜路和琴 ¥免費
全長20m左右的露天浴池。泉溫相當高。 MAP 171 F-2

宇登呂溫泉夕陽台之湯
☎0152-24-2811
所斜里町ウトロ東429 ¥收費
位於國設知床野營場附近的溫泉。冬季休息。 MAP 173 G-4

瀬石溫泉 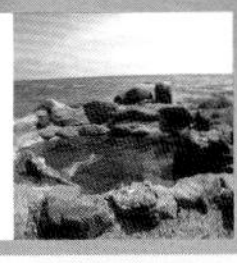
☎0153-87-2126（羅臼町產業課）
所羅臼町瀬石 ¥免費
漲潮時會沒入海中，位於海岸旁的露天浴池。 MAP 173 H-3

熊之湯溫泉 P.121 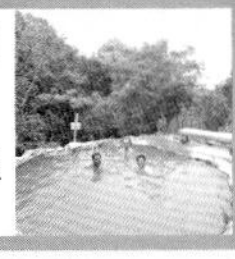
☎0153-87-2126（羅臼町產業課）
所羅臼町湯ノ沢町 ¥免費
位於秘境氛圍滿溢的山間。泉溫高。 MAP 173 H-4

稚內天然溫泉 港之湯 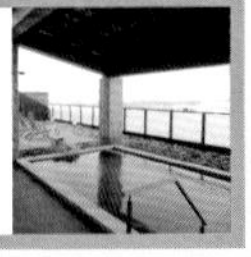
☎0162-22-1100
所稚內市港1-6-28 ¥收費
在展望露天浴池可一邊眺望船隻一邊泡湯。 MAP 178 D-1

在美麗的景觀中爽快兜風！

北海道綺麗風景線

綺麗風景線是什麼?

在北海道有由當地居民主導，以「創造美麗景觀」、「營造區域活力」、「製造魅力觀光空間」為目標的「北海道綺麗風景線」組織。北海道綺麗風景線（Scenic Byway）的語源是由景觀Scene的形容詞Scenic，加上有旁道、繞道之意的Byway所組成的。以下介紹獲綺麗風景線指定的13條路線。官方網站上有介紹各路線的景點與推薦資訊。

北海道綺麗風景線　http://www.scenicbyway.jp/
洽詢電話：北海道綺麗風景線支援中心 ✆011-708-0429

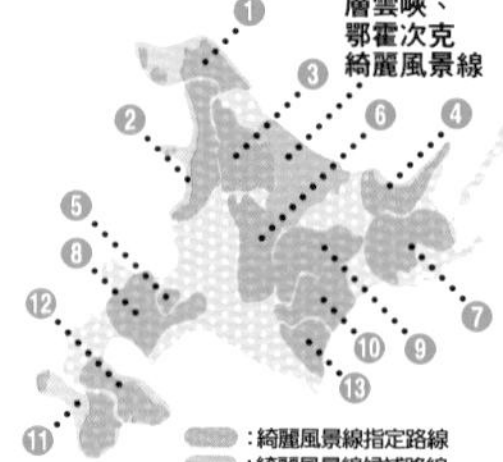

1 宗谷綺麗風景線

主題 溫暖的最北之路

位於日本最北之地，擁有佐呂別原野、宗谷丘陵等，保有太古流傳下來的自然風貌。從日本海沿岸可眺望到秀峰利尻富士。章魚、螃蟹、帆立貝等海產，還有生產自廣大牧場的牛乳、牛肉也很有名。此外，在利尻、禮文島可享受觀賞高山植物，以及登上利尻富士的樂趣。

2 Moeru天北・Ororon路線

主題 反映當地的生活方式。北之光延續之路

位於日本海側北部，國道231號和國道232號直線延伸的道路，也就是大家所熟悉的「日本海ORORON LINE」。食材也相當豐富，有甜蝦、蜆、河豚湯頭等海產，使用在轄區內生產的義大利麵用小麥所製作的「RuRu Rosso」義大利麵十分有名。此外，在路線沿途，以留萌的黃金岬為首，有著許多夕陽名勝。

3 天鹽川綺麗風景線

主題 在北方大河，人與自然融合交織出的道路

這塊廣受大地恩惠的區域有著日本稀少的原始河川——北海道遺產「天鹽川」、周邊群山的美麗景觀、在嚴寒地區才見得到的珍貴自然現象，還有受到河川孕育的肥沃大地所產出的食材。以南瓜、蕎麥、糯米產量為全國數一數二自豪，在此能體驗到活用豐富自然環境的活動與太陽柱等罕見的自然現象。

4 東鄂霍次克綺麗風景線

主題 奔馳在浪漫療癒氛圍與自然風環繞的道路

這裡有知床國家公園、網走國定公園、斜里岳道立自然公園，是凝聚了北海道自然環境的區域。知床半島也榮登在世界自然遺產之列，大量觀光客會到此造訪。因面海，所以能品嘗到豐富的海鮮，這也是此區域的魅力之一。此外，冬天這裡的鄂霍次克海是日本唯一能見到「流冰」的區域。

5 札幌綺麗風景線 藻岩山麓・定山溪路線

主題 「宜住宜訪」的都市空間～都市、自然、人交織出札幌的魅力～

從藻岩山麓往中山峠延續的國道230號、由真駒內往藝術之森延續的國道453號、從定山溪往小樽方向延續的道道1號——小樽定山溪線等，全都是位在札幌市區卻又有著豐富自然環境的路線。瀧野鈴蘭丘陵公園、南澤等賞花名勝，以及札幌藝術之森等藝術空間，還有藻岩山展望台等觀光名勝非常多。

6 大雪・富良野綺麗風景線

主題 為四季增添色彩的花人街道

大雪山、十勝岳連峰的西邊，有如拼布般展開的田園風景，以及沿著國道237號的花田，作為北海道庭園街道也非常受歡迎，這個區域也是許多戲劇、廣告的外景拍攝地。從美麗的田園中可採收到馬鈴薯、小麥、米等農產。還有，因十勝岳等的火山活動而產生的溫泉也是此處的魅力之一。

7 釧路濕原・阿寒・摩周綺麗風景線

主題 用五感感受這條有著神秘且優美之自然的鮮活道路

擁有釧路濕原國家公園、阿寒國家公園，能盡情享受北海道的大自然。此區域由以下四處組成：有著摩周湖的弟子屈、以道內有數的溫泉區聞名的阿寒湖、代表日本的酪農地帶——中標津、因登錄為《拉姆薩國際溼地公約》之濕地而廣為人知的釧路濕原。

8 支笏・洞爺・NISEKO綺麗風景線

主題 和美麗湖泊、秀峰、火山邂逅的路線

擁有支笏洞爺國家公園與新雪谷積丹小樽海岸國定公園兩座國家・國定公園，還有世界地質公園的洞爺湖有珠山地質公園。美麗湖泊景觀以及因火山活動帶來日本首屈一指的溫泉，還有羊蹄山周邊山麓的湧泉、在大地採收的農產等，人氣拍照攝影景點也非常多。由迎賓北海道、洞爺湖、新雪谷羊蹄三個區域組成。

十勝綺麗風景線

9 十勝平野・山麓路線

主題 規模為日本第一 面積、環境、觀光、農業

跑在十勝平原西北部、東大雪山麓的路線。十勝也被稱為日本的糧倉，農產以豆類、馬鈴薯等為主，起司等乳製品的產量也非常多。周邊也散布著諸多使用這些食材的農場餐廳等。此外，運用大自然的生態旅遊與農場體驗也十分盛行。

十勝綺麗風景線

10 十勝雄偉空間

主題 十勝型產業的創新與人口增加

由帶廣市與周邊7個町所組成的十勝中部區域，道東自動車道與帶廣、廣尾自動車道帶來的交通之便為其魅力之一。這一區有遼闊的十勝平原、展現美麗的花草木之庭園，以及湧出褐碳溫泉的十勝溫泉等，散布著眾多觀光景點。此外，豬肉蓋飯、零食點心、葡萄酒等使用當地食材的美食也廣受歡迎。

11 道南・追分綺麗風景線

主題 飄蕩著海風味道的古街道

由北海道南端的松前半島與奧尻島組成的路線，松前的「福山城」、上之國的「勝山館跡」等，擁有諸多道南才有的歷史名勝，以及不少如「江差追分」等文化資源。也推薦使用在津輕海峽捕獲的鮪魚等新鮮海產製作的海鮮料理。隨著北海道新幹線通車，預期往來人數也會大幅增加。

12 函館・大沼・噴火灣綺麗風景線

主題 將人與人之間連接起來的道路

道內最早對外交流的函館。當時諸國商船、軍艦出入頻繁，帶來了許多歐美文化。現在函館市元町周邊的街道仍飄蕩著異國風情。大沼從江戶時代就以美景風光廣為人知，是王侯、貴賓、外國人的度假勝地。是條擁有諸多歷史觀光景點的路線。

十勝綺麗風景線

13 南十勝夢街道

主題 孕育夢想的大海、大地與清流之道路

位於十勝南側的道路。納瑪象全身骨骼化石、自江戶時代延續至今的淘金等，擁有許多與歷史有關的景點。還有這裡的農業與畜牧業也十分盛行，使用當地食材的加工品也相當豐富。此區域內也散布著諸多展望景點，眺望雄壯的日高山脈，同時跨越數條清流，這是條從寬廣的田園地帶延續至太平洋的道路。

小樽・積丹
1:400,000
0 5 10km
●景點 ●玩樂 ●美食 ●購物 ●溫泉
178 174 176 167 168 170 172 160 162 164 158
札幌出發
旭川出發
帶廣出發
釧路出發
網走出發
函館出發
如果想要住在大自然之中
方便觀光的露營場 Part.1
函館市惠山海濱公園
0138-85-4010（公路休息站なとわ・えさん）
所函館市日ノ浜町22-1 ¥收費
旁邊有公路休息站、便利商店等很方便。 MAP159 G-2
美笛露營場
090-5987-1284（手機號碼）
所千歳市美笛 ¥收費
有淋浴間及洗衣機等，場內設備也相當豐富。 MAP162 A-2
山部自然公園太陽之里露營場
0167-42-3445（ふれあいの家）
所富良野市山部西19線 ¥免費
位於蘆別岳山麓。草皮廣闊的區域。 MAP169 F-4
長萬部公園露營場
01377-2-2456（長萬部町建設課）
所長万部町富野243-21 ¥收費
作為道南與道央的中繼地，十分方便。 MAP161 E-3
安平町常盤露營場
0145-22-2898
所安平町早来北進98-45 ¥收費
靠近苫小牧港，有遊具、公園高爾夫球場等。 MAP162 D-2
星に手のとどく丘露營區
090-1302-1422（管理人手機）
所中富良野町ベベルイひつじの丘内 ¥收費
節制照明，星光美麗。設備為最低限度。 MAP169 G-3
湯本溫泉野營場
0136-57-5111（蘭越町觀光股）
所蘭越町湯里680-15 ¥免費
鄰接町營溫泉「雪秩父」與人氣景點「大湯沼」。 MAP161 F-1
上富良野日之出公園露營場
0167-39-4200
所上富良野町東2線北27 ¥收費
備有AC電源與自來水完善的區域。 MAP169 F-2
旭之丘露營場
0136-56-8011（倶知安町建設課）
所倶知安町旭 ¥免費
眺望羊蹄山的露營場。離市區也蠻近的。 MAP161 G-1
百人濱汽車露營場
01466-4-2168
所えりも町庶野102-5 ¥收費
場內綠地多。全區附有野外爐與AC電源。 MAP164 D-5
國設然別峽野營場
0156-66-4034（鹿追町商工觀光課）
所鹿追町然別峡 ¥收費
鄰接免費露天浴池——鹿之湯。 MAP170 A-3
小樽渡輪總站
0134-22-6191
所小樽市築港7-2 勝納埠頭 JR小樽站搭計程車10分
航路 往舞鶴方向（新日本海渡輪）
往敦賀方向（新日本海渡輪）
4 島武意海岸 P.13・31
5 お食事処みさき P.31
6 神威岬 P.31
3 水中展望船 新積丹號 P.31
1 日果威士忌余市蒸餾所 P.30
2 ELRA PLAZA P.30
12 堺町通 P.33
13 小樽運河 P.33
5 朝里水壩湖畔園地 P.49
6 ONZE 春香山百合花園 P.49
7 カブトライン P.32
P33 小樽洋菓子舗 LeTAO本店
P31 ふじ鮨 積丹本店
P31 柿崎商店
P33 公路休息站 あかいがわ
岬の湯しゃこたん P31
積丹半島 積丹町 神恵内村 泊村 共和町 岩内町 余市町 古平町 仁木町 赤井川村 倶知安町 京極町 小樽市 札幌市
日本海
2 積丹半島・小樽 P.28 MAP28
5 定山溪・朝里 P.48 MAP48
P.49 定山溪溫泉
路線MAP 小樽・積丹

札幌・富良野
1:400,000
0 5 10km
景點 玩樂
美食 購物
溫泉
178
174 176
167 168 170 172
160 162 164
158
174
A B C D
1 2 3 4 5
167
162
留萌市
留萌市區
留萌市街
岩尾溫泉 あったまーる
雄冬海岸…陡峭的斷崖與奇岩連綿。過去交通不便，堪稱陸上孤島
增毛町
P.56
雄冬岬展望台
雄冬展望台…在此可一覽受波濤侵蝕的峭壁，以及散布於海中的奇岩
雄冬岬
暑寒別岳
浜益岳
群別岳
南暑寒岳
暑寒別岳的山塊直接沒入海中，連綿25km的斷崖峭壁，也被稱為西知床
雨龍沼濕原
被稱作北海道的尾瀨。北海道遺產
增毛・留萌 P.56
MAP57
當心海浪越過防波堤
黃金山
浜益
北龍町
サンフラワー北竜
P.12・57 北龍向日葵之里
日本第一的向日葵花田。7月中旬～8月中旬
鐘のなるまち・ちっぷべつ
秩父別町
沼田町
雨竜町
妹背牛町
深川西
P.55 丸加高原
田園の里うりゅう
たきかわ
瀧川市
交通量少。40km無加油站
新十津川町
注意車速
P.55 松尾ジンギスカン 本店
P.55 SOMES SADDLE SUNAGAWA FACTORY
P.55 北菓楼砂川本店
砂川市
砂川SA
砂川スマートIC
うたしない チロルの湯
點心製造商林立的SUNAGAWA Sweet Road
雖然禁止超車的路段較多，但比走R12更能縮短札幌～瀧川的時間
紅葉時期，道路兩側染上黃色
shiro 砂川本店
上砂川町
つるぬま
ハウスヤルビ
奈井江
浦臼町
奈井江砂川
奈井江15号
奈井江町
注意車速
P.5 公路休息站
石狩「あいろーど厚田」
2018年4月27日開幕
戀人聖地 P.56
厚田公園展望台
日本海
月形町
砂川・瀧川 P.54
MAP55
美唄市
美唄
宮島沼
有日本第一直線道路（29.2km）的看板
安田侃雕刻美術館
Arte Piazza美唄
P.55
三笠市立博物館…令人震撼的菊石化石！
石狩市厚田區望來地區…由於是下坡路段，日本海與暑寒別岳群山的美景將會展現眼前
當別町
新篠津村
石狩市
三笠
桂澤湖周邊…從樹林間能看到桂澤湖。由於有連續急彎，因此嚴禁公尺飆駛
路線1 START
路線2～10 START&GOAL
JR札幌站
ONZE
春香山
百合花園 P.49
しんしのつ
HOUSUI WINERY P.54
岩見澤市
留有煤礦城鎮的氛圍
北欧の風 公路休息站 とうべつ
感應線圈測速器，須注意
P.54
町村農場
Milk Garden
FARM RESTAURANT
「大地のテラス」P.54
江別市
北區
手稲區
東區
白石區
中央區
西區
P.53 錦水庵
P.52 小林酒造
P.53 HARVEST
P.53 石炭博物館
栗山町
札幌郊外名勝遊覽 P.58
MAP59
カフェ 崖の上
定山溪散步路線 P.48
大黒屋 P.49
P.60 札幌中心區
P.49 定山溪溫泉
そば処 鳥花雪 P.49
八劍山葡萄酒工坊
豐平區
厚別區
南幌町
北廣島市
幸福的黃手帕回憶廣場
P.53
P.53 一軒茶屋
Schwein
P.52 由仁花園
由仁町
由仁・栗山・夕張 P.52
MAP53
札幌市
清田區
豐平峽溫泉 P.49
豐平峽水壩 P.49
南區
長沼町
マオイの丘公園
恵庭IC
惠庭市
追分町IC

旭川市旭山動物園 P.23・24
11・12 START
12・14 GOAL
JR旭川站
雪之美術館
P.82 旭川中心區
ひがしかわ「道草館」
1 GOAL
旭川機場
大雪山層雲峽・黒岳空中纜車
旭川ラーメン登山軒
銀河瀑布・流星瀑布
あるうのぱいんん
拼布之路
FERME LA TERRE
P.23 美瑛中心區
びえい「丘のくら」
美瑛選果
ファミリーレストランだいまる
富良野・美瑛・旭山動物園 P.18
MAP19
全景之路
Lunch&Café 風
菅野農場
四季彩之丘
雲霄飛車之路
摩天輪 十勝岳ART VIEW
日之出公園
薰衣草園
白金 青い池
白鬚瀑布
白金温泉
富田農場
富田農場 薰衣草東部
十勝岳
Campana 六花亭
P.21 富良野中心區
FB FURANO BURGER
唯我独尊
FURANO MARCHE 1／FURANO MARCHE2
麓郷之森
菓子工房Furano Délice
五郎的石屋
風之花園
撿來的家
山香食堂
富良野 とみ川
旭川・富良野・十勝 P.68
MAP69
東山やなぎ
南ふらの
星野TOMAMU度假村 雲海平台
展望レストラン とかち亭
自然体感しむかっぷ
十勝千年之森
旭川市
深川市
蘆別市
富良野市
美瑛町
東川町
上川町
新得町
南富良野町
鹿追町
清水町
日高町
占冠村
路線MAP
札幌・富良野
札幌出發
旭川出發
帶廣出發
釧路出發
網走出發
函館出發

釧路・阿寒
1:400,000
0 5 10km
景點 玩樂 美食 購物 溫泉
P.128 北之大地水族館 9 (山之水族館)
おんねゆ温泉
10 大雪山層雲峡・黒岳空中纜車 P.95
E 旭川ラーメン登山軒 P.95
連續降雨量達50mm禁止通行
8 大函 P.94
9 銀河瀑布・流星瀑布 P.95
遠軽町
北見市
北見市富士見一帶…奔馳在白樺樹森林之中
置戸町
訓子府町
訓子府 IC～陸別町小利別區段已於 2017 年秋天開通
上川町
日本最早的賞楓地點，賞楓時和冬季時期有交通管制
連續降雨量達50mm禁止通行
連續降雨量達100mm禁止通行
賞楓季節遊客絡繹不絕，冬季關閉
7 三國峠 P.14・94
D 三国峠Cafe P.95
CHECK!
駕駛真正的火車
陸別
廢線的高原鐵道經重新規劃，提供體驗駕駛氣動車及腳踏小火車等活動，就在故鄉銀河線陸別鐵道。到了2月上旬，陸別町氣溫降到零下20度，會舉行寒中作樂的天寒地凍節。
大人小孩都開心的鐵道體驗設施，就是故鄉銀河線陸別鐵道
天寒地凍節的活動有：人類耐寒測試、煙火大會等
路邊都是美麗的白樺樹林
14 帯廣・三國峠・層雲峡 P.90 MAP91
6月下旬～7月上旬遍地都是紫色、白色、粉紅色
共有 4 種溫泉泉水，混浴（有女湯）
糠平三股林道…進入林道需從上士幌町的森林管理署（六日休）申請大門鑰匙，或是參加相關行程。
新得町
陸別町
置戸～芽登路段沒有加油站
牧場點綴，風光明媚
P.93 東大雪自然館 6
部分道路狹窄且路面不平
連續彎道
禁止通行
道道85號到溫泉14km，雖然有鋪柏油路但路肩狹窄，小心對向來車
道路狹窄且彎度大
2 NAITAI 高原牧場 P.92
上士幌町
R273無加油站，注意油量
P.93 然別湖 5
P.93 扇原展望台 4
東雲湖…北海道三大秘湖
士幌高原ヌプカの里…可眺望帶廣、日高山脈到十勝平野一帶的風光
足寄町
足寄湖
あしょろ銀河ホール21
千春之家…松山千春的家，認明屋簷的肖像畫
A 十勝しんむら牧場 クリームテラス P.93
B COUNTRYHOME風景 P.93
直線道路伴隨高低起伏綿延17km
士幌町
本別町
3 公路休息站 うりまく P.93
ピア21しほろ
しほろ温泉
鹿追町
C 大草原の小さな家 P.93
しかおい
音更町
P.92 家畜改良中心十勝牧場 1
十勝牧場的白樺林
ステラ★ほんべつ
浦幌町
美蔓パノラマパーク…日高山脈為背景的十勝田園風光
芽室町
清水町
帯広Jct
道東自動車道
暫定片側1車線
おとふけ
池田町
道東道除了由仁 PA 以外，SA 及 PA 皆沒有加油站，注意油量
釧路市
湖畔道路狹窄且無護欄
約 27km 泥地
置戸～陸別路段沒有加油站
故鄉銀河線廢線後車站仍可見於路邊
注意車速，無加油站
オーロラタウン93 りくべつ
螺灣蕗叢生，7月中旬是觀賞期，北海道遺產
A B C D 1 2 3 4 5 176 169 164

10 北見薄荷紀念館 P.129
E Restaurant Ciel Bleu P.129
12 宇宙展望台 P.121
斜里岳
清岳莊…斜里岳登山口，看得到鄂霍次克海的風景
櫻花瀑布停車場…6至8月間可以看到櫻鱒跳瀑布的風景
公路休息站停車場…可欣賞沿途的田野及斜里岳
パパスランドさっつる
小清水町
大空町
美幌町
泥地 4.8km
泥地 9.4km
視野開闊，可遠眺斜里岳
ハイランド小清水725
藻琴山展望台PA
藻琴山展望公園
美幌峠
P.105 美幌峠 11
美幌峠PA
屈斜路湖
ぐるっとパノラマ美幌峠
弟子屈町美幌峠一帶…高大樹木少，視野開闊
雨天時路面泥濘 10km
未受觀光客影響的寧靜湖泊
津別町
10 川湯溫泉 P.105
F cafe Noble P.105
至今仍有無數噴氣孔活躍的活火山，明治初期曾進行過硫磺的開採
中島
砂湯
和琴半島
池之湯
Kotan之湯
川湯
硫黃山
摩周湖 P.14
裏摩周展望台
摩周湖第三展望台
カムイヌプリ(摩周岳)
中標津町
清里町
標津町
斜里町
山坡上可看見「牛」的字樣！
湯宿 だいいち
注意車速
網路雨量達60mm禁止通行
到阿寒湖畔前沒有加油站
あいおい
9 摩周湖第一展望台 P.104
8 渡邊體驗牧場 P.104
E 弟子屈ラーメン総本店 P.105
弟子屈町
摩周溫泉
一望無際的牧歌般景致，可在餐廳用餐
D レストラン牧場 P.105
最大8%的陡坡和連續彎道，禁止超車，多大型巴士
阿寒湖
阿寒湖的綠球藻
P.103 阿寒湖溫泉
チウルイ島
100名山
雄阿寒岳
2 雙湖台 P.102
瀧見橋停車場…可看見阿寒湖唯一出水口的瀑布
P.104 900草原 7
4 阿寒湖溫泉 P.103
5 阿寒觀光汽船 P.102
6 阿寒湖愛奴村 P.103
B 奈辺久 P.103
C Pan de Pan P.103
雌阿寒岳
阿寒富士
民營國民宿舍 山之宿野中溫泉
3間溫泉設施，其中2間可住宿
P.103 Onneto 3
湖面的顏色隨天候變化，祖母綠色神秘感十足
平穩丘陵地帶，兜風心曠神怡
15 釧路濕原・阿寒湖・摩周湖 P.100 MAP101
別海町
標茶町
厚岸町
新幌呂雛牛育成牧場
牧場散佈
未開通路段
鶴居村
中チャンベツ
塘路停車場…可近距離欣賞Shirarutoro湖，夕陽也十分動人
SARUBO展望台
鶴見台PA
Green Lake庶路
日本罕見英文加日文的湖名
阿寒丹頂の里
釧路市
丹頂鶴繁殖地
P.15・106 釧路濕原
ワタスゲ イソツツジ ガンコウラン ヒメシャクナゲ
P.102・107 細岡展望台 1
白糠町
丹頂鶴自然公園
丹頂釧路機場
路線 15・16 START 丹頂 釧路機場
A 南蠻酊 P.103
釧路町
16 最東端・納沙布岬 P.108 MAP108
しらぬか恋問
P.114 釧路
釧路町昆布森一帶…奔馳時可俯瞰太平洋
厚岸灣

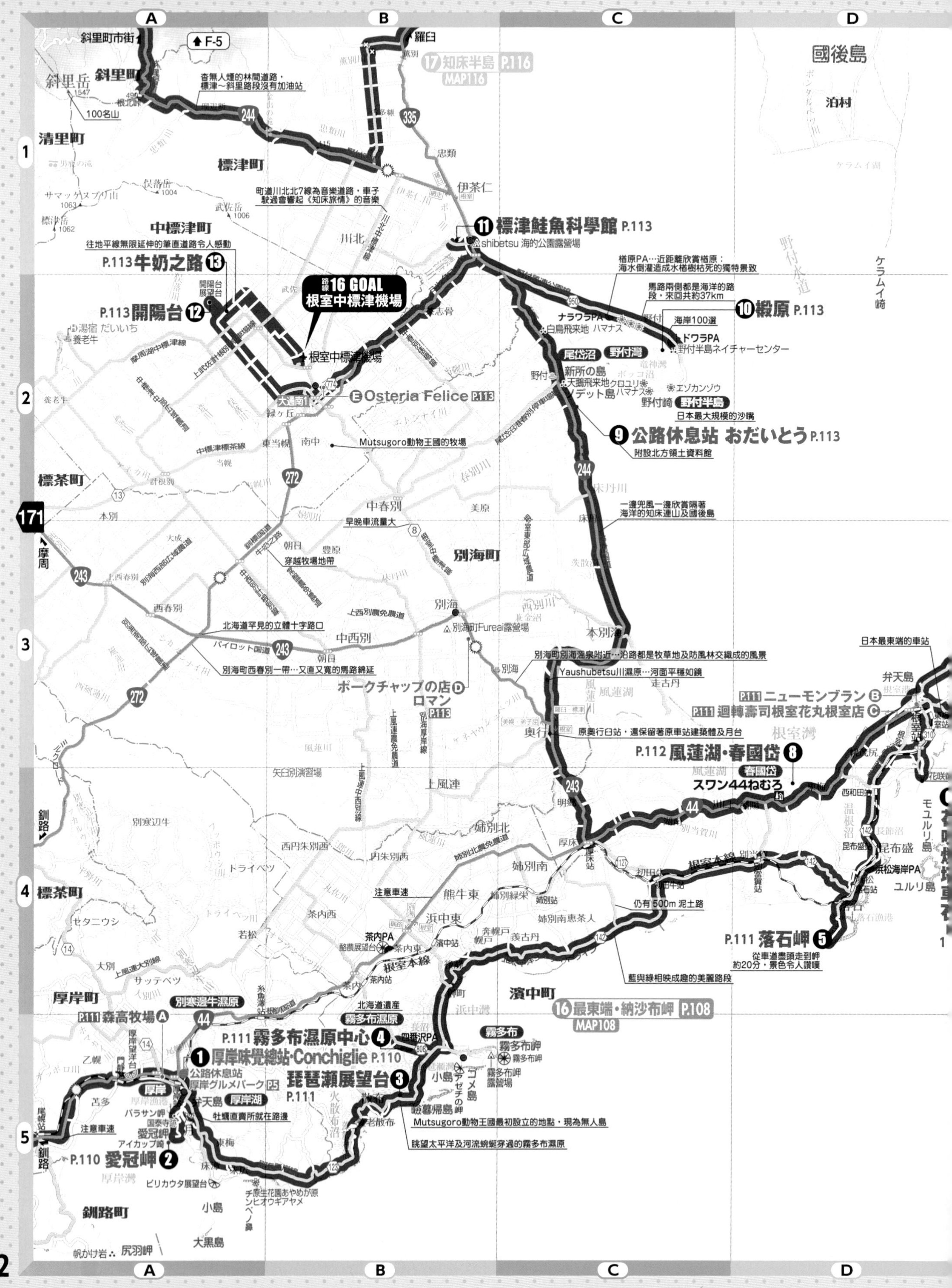
A
B
C
D
1
2
3
4
5
斜里町市街
F-5
羅臼
17 知床半島 P.116
MAP116
國後島
泊村
斜里岳
1547
斜里町
根北峠
100名山
杳無人煙的林間道路，
標津～斜里路段沒有加油站
244
335
清里町
標津町
忠類
町道川北北7線為音樂道路，車子
駛過會響起《知床旅情》的音樂
伊茶仁
標津岳
1062
武佐岳
1006
俣落岳
1004
サマッケヌプリ山
1063
中標津町
川北
11 標津鮭魚科學館 P.113
shibetsu 海的公園露營場
往地平線無限延伸的筆直道路令人感動
P.113 牛奶之路 13
路線 16 GOAL
根室中標津機場
P.113 開陽台 12
開陽台
展望台
湯宿 だいいち
養老牛
標津川
野付水道
ケラムイ崎
椴原PA…近距離欣賞椴原：
海水倒灌造成水楢樹枯死的獨特景致
馬路兩側都是海洋的路
段，來回共約37km
10 椴原 P.113
海岸100選
ナラワラPA
トドワラPA
野付半島ネイチャーセンター
白鳥飛来地 ハマナス
尾岱沼
野付灣
新所の島
天鵝飛来地クロユリ
ノデット島 ハマナス
エゾカンゾウ
野付崎
野付半島
日本最大規模的沙嘴
根室中標津機場
大通南1
緑ヶ丘
Osteria Felice P.113
9 公路休息站 おだいとう P.113
附設北方領土資料館
武佐
東当幌
南中
Mutsugoro動物王國的牧場
272
標茶町
171
摩周
13
計根別
中春別
春別川
美原
一邊兜風一邊欣賞陽著
海洋的知床連山及國後島
本別
早晚車流量大
8
243
朝日
豊原
穿越牧場地帶
別海町
上西春別
西春別
別海
北海道罕見的立體十字路口
中西別
パイロット国道
別海町Fureai露營場
本別海
別海町別海溫泉附近…沿路都是牧草地及防風林交織成的風景
Yaushubetsu川濕原…河面平穩如鏡
別海町西春別一帶…又直又寬的馬路綿延
ポークチャップの店 D
ロマン
P.113
走古丹
風蓮湖
弁天島
日本最東端的車站
P.111 ニューモンブラン B
P.111 廻轉壽司根室花丸根室店 C
原奥行臼站，還保留著原車站建築體及月台
奥行
根室灣
P.112 風蓮湖・春國岱 8
春國岱
スワン44ねむろ
矢臼別演習場
上風連
釧路
別寒辺牛
姉別北
44
厚床
西円朱別西
円朱別西
トライベツ
姉別南
根室本線
初田牛
142
昆布盛
浜松海岸PA
ユルリ島
モユルリ島
注意車速
熊牛東
姉別
姉別南恵茶人
仍有 500m 泥土路
P.111 落石岬 5
從車道盡頭走到岬
約20分，景色令人讚嘆
標茶町
セタニウシ
14
茶内西
浜中東
茶内PA
酪農展望台
若松
大別
サッテベツ
根室本線
茶内站
浜中町
藍與綠相映成趣的美麗路段
厚岸町
別寒邊牛濕原
P.111 森高牧場 A
北海道遺產
霧多布濕原
16 最東端・納沙布岬 P.108
MAP108
霧多布
P.111 霧多布濕原中心 4
四番沢PA
霧多布岬
霧多布岬露營場
808
1 厚岸味覺總站・Conchiglie P.110
公路休息站
厚岸グルメパーク P5
琵琶瀬展望台 3
P.111
小島
アゼチの岬
ゴメ島
乙幌
苫多
厚岸
厚岸湖
弁天島
バラサン岬
愛冠岬
アイカップ崎
牡蠣直賣所就在路邊
嶮暮帰島
Mutsugoro動物王國最初設立的地點，現為無人島
眺望太平洋及河流蜿蜒穿過的霧多布濕原
注意車速
尾幌
P.110 愛冠岬 2
厚岸灣
ピリカウタ展望台
123
仙鳳趾花園あやめが原
ンヒオウギアヤメ
釧路町
小島
大黒島
帆かけ岩
尻羽岬

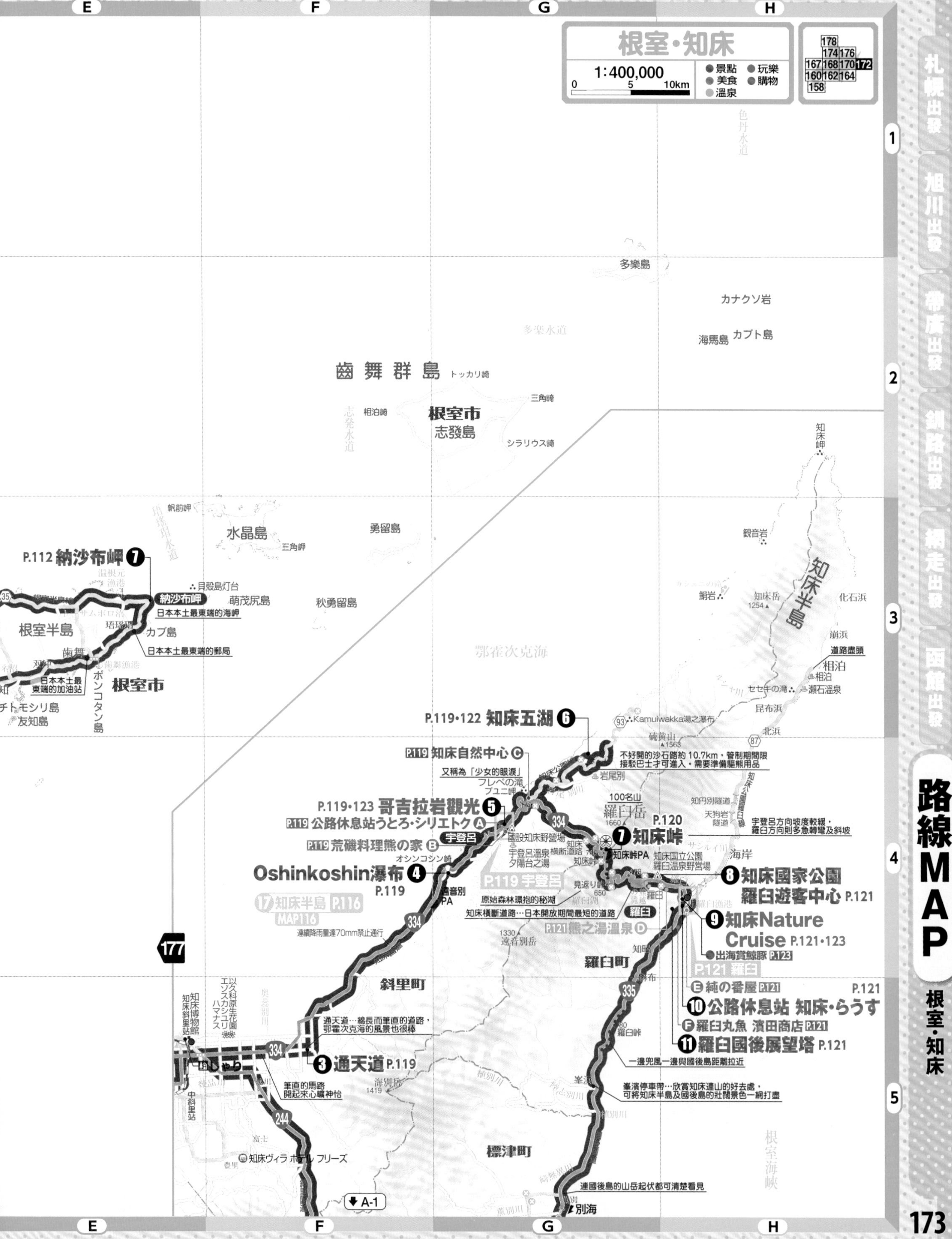
根室・知床
1:400,000
景點
玩樂
美食
購物
溫泉
齒舞群島
根室市
志發島
水晶島
勇留島
秋勇留島
多樂島
P.112 納沙布岬 7
日本本土最東端的海岬
日本本土最東端的郵局
日本本土最東端的加油站
根室半島
根室市
知床半島
P.119・122 知床五湖 6
P.119 知床自然中心 C
又稱為「少女的眼淚」
P.119・123 哥吉拉岩觀光 5
P.119 公路休息站うとろ・シリエトク A
P.119 荒磯料理熊の家 B
Oshinkoshin瀑布 4 P.119
不好開的沙石路約 10.7km，管制期間限接駁巴士才可進入，需要準備驅熊用品
7 知床峠 P.120
宇登呂方向坡度較緩，羅臼方向則多急轉彎及斜坡
8 知床國家公園 羅臼遊客中心 P.121
9 知床Nature Cruise P.121・123
出海賞鯨豚 P.123
E 純の番屋 P.121
10 公路休息站 知床・らうす P.121
F 羅臼丸魚 濱田商店 P.121
11 羅臼國後展望塔 P.121
原始森林環抱的秘湖
知床橫斷道路…日本開放期間最短的道路
P.121 熊之湯溫泉 D
連續降雨量達70mm禁止通行
通天道…綿長而筆直的道路，鄂霍次克海的風景也很棒
3 通天道 P.119
筆直的馬路開起來心曠神怡
一邊兜風一邊與國後島距離拉近
峯濱停車帶…欣賞知床連山的好去處，可將知床半島及國後島的壯闊景色一網打盡
連國後島的山岳起伏都可清楚看見
斜里町
羅臼町
標津町
鄂霍次克海
根室海峽
羅臼岳
硫黃山
知床岳
遠音別岳
海別岳
知床ヴィラ ホテル フリーズ
Kamuiwakka湯之瀑布
瀨石溫泉
相泊
道路盡頭
17 知床半島 P.116 MAP116
P.119 宇登呂
P.121 羅臼
A-1

旭川・名寄
1:400,000
0 5 10km
景點 玩樂 美食 購物 溫泉
178 174 176 167 168 170 172 160 162 164 158
A B C D
178
離島CHECK!
悠閒吃草的羊兒
やぎしりとう
燒尻島
面積5.21km²，有三分之一為森林的島嶼。在島嶼南邊有國家天然紀念物──東北紅豆杉的原生林。中央有町營的綿羊牧場，飼養著薩福克羊。出產的羊肉「Pré Salé燒尻」主要供應給首都圈的高級料理店。
由於放牧的羊群在這裡沒有天敵，因此可以毫無壓力的成長
在餐飲店可以品嘗到現捕到的海鮮。照片為島っ子食堂的鹽海膽拉麵
羽幌渡輪總站
0164-62-1774（羽幌沿海渡輪）
所 羽幌町港町1-51 從沿岸バス本社ターミナル搭沿岸巴士羽幌港連絡巴士10分，羽幌フェリーターミナル下車即到
航路 往燒尻、天賣（羽幌沿海渡輪）
日本海
天賣渡輪總站
羽幌沿海渡輪（天賣～燒尻～羽幌）
燒尻渡輪總站
屏風岩
天賣島海鳥繁殖地
赤岩
天賣島
羽幌町
燒尻島
神居岩
羽幌沿海渡輪（天賣～燒尻～羽幌）
離島CHECK!
野鳥們的樂園
てうりとう
天賣島
面積5.50km²，以80萬隻以上的「角嘴海雀」、「崖海鴉」等海鳥的繁殖地而廣為人知。島嶼西北邊有斷崖延綿，也有可能看見外觀特徵為眼周一圈白且腳是紅色的稀有種──烏海鴿。在島內的食堂可品嘗到使用現捕海鮮所製作的海鮮蓋飯。
位島嶼西南邊的赤岩展望台，可看到歸巢的角嘴海雀，還有叼走角嘴海雀食物的黑尾鷗，兩者間的攻防戰
在炭火海鮮番屋可品嘗到鋪上滿滿天賣海產的特製海鮮蓋飯
天賣渡輪總站
01648-3-5211
（羽幌沿海渡輪 天賣港總站）
所 羽幌町天売
航路 往羽幌（羽幌沿海渡輪）
燒尻渡輪總站
01648-2-3111
（羽幌沿海渡輪 燒尻港總站）
所 羽幌町燒尻東浜
航路 往羽幌（羽幌沿海渡輪）
12 最北端・宗谷岬 P.74
MAP75
有歷史的城鎮
ましけ
增毛
於幕末時期，為北方警備與交易的要地，從明治到大正時期因鯡魚而繁盛一時的城鎮。至今市內仍保留著許多與鯡魚有關的史蹟。推薦來參觀於2016年12月4日停止營業，位增毛站周邊、最北邊的酒廠──國稀釀酒廠，以及歷史性建築。
國稀釀酒廠運用古早技術，並使用伏流水釀造地酒
代表增毛的歷史建築──舊商家丸一本間家。也可參觀館內。
9 增毛・留萌 P.56
MAP57
天鹽
旭
歌越
共成
岬台公園…連綿的海岸階地與日本海的景觀相當美麗
ロマン街道しょさんべつ
御料
初山別
遠別町
初山別村
眺望著天賣島與燒尻島奔馳的暢快道路。有平緩的高低差
232
築別
築別川
有明
羽幌川
北町
ほっと・はぼろ
羽幌渡輪總站
羽幌
おろろん食堂 P.77
北のにしん屋さん…鮮蝦蓋飯等海鮮蓋飯非常便宜
羽幌町
風Wとままえ
とままえ夕陽ヶ丘
旭
上羽幌
苫前町郷土資料館…有三毛別棕熊事件的資料
苫前町グリーンヒル周邊…面向日本海有風車並排著
古丹別川
長島
グリーンヒル 緑ヶ丘公園
上小川防災水壩
苫前～添牛內之間無加油站。還長曲折之路
239
注意車速
苫前町
連續降雨量達80mm禁止通行
幾乎無交通量。無民宅與加油站
元浴
港町
2 公路休息站 おびら鰊番屋 P.76
沿海的暢快道路
小平町鰊番屋…為道內留存的漁村小屋中規模最大的。也有展示漁具，傳遞往日的風光
232
大椴子川
900m為道內最長的湖上橋
望洋台汽車露營場的展望台…可眺望小平市區。沉入日本海的夕陽也十分美麗
連續降雨量達80mm禁止通行
小平水壩
おびらしべ湖PA
花岡
小平蘂川
平和
小平町
本郷
豊平
沖內
沖內防災水壩
留萌港附近的觀景景點獲選為「日本夕陽百選」
通過留萌市區的道路
P.57
田中青果 留萌本店
黃金岬 5
P.57 B
ゴールデンビーチ
留萌站
神居岩
P.56
國稀釀酒廠 3
P.57 舊商家 4
丸一本間家
壽司のまつくら A
P.57
觀光服務處（舊多田商店）
留萌市
留萌大和田
大和田站
ポロピリ湖PA
沼田水壩
7月下旬～8月上旬螢火蟲漫天飛舞
幌新螢火蟲之里幌新水壩汽車露營區
沼田町
1 千望台
P.76
礼受
阿分
信砂
94
カムイエト岬
暑寒沢
增毛河濱公園露營場
町內的歷史遺產群為北海道遺產
留萌大和田IC～深川西IC。汽車專用道
深川留萌自動車道
留萌水壩
峠下站
恵比島站
真布站
注意車速
35km無加油站
231
石狩
增毛町
北龍
瀧川
233
北竜ひまわり
滝の上
168

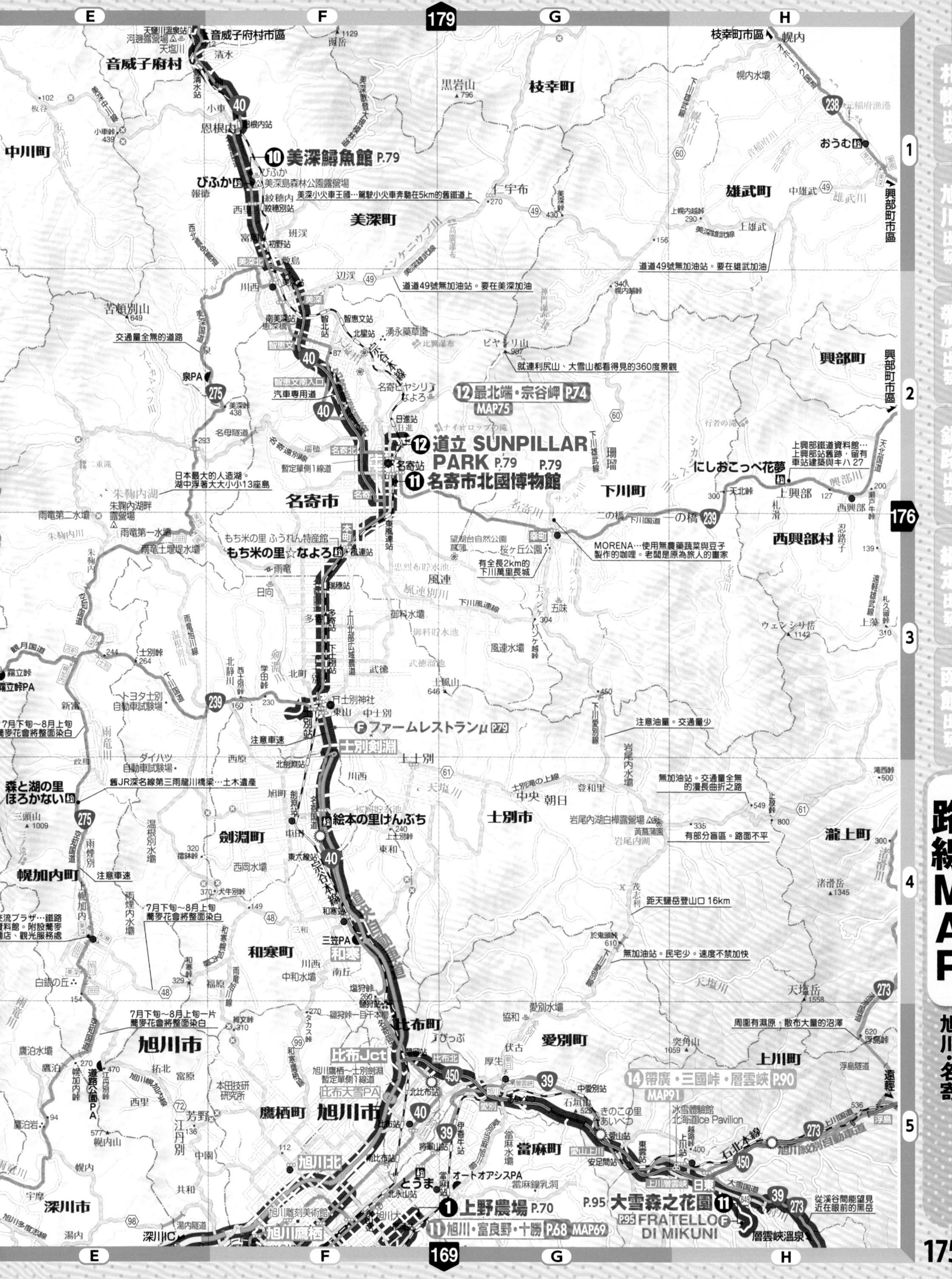

音威子府村
中川町
美深町
枝幸町
雄武町
興部町
西興部村
下川町
名寄市
士別市
剣淵町
和寒町
比布町
愛別町
上川町
當麻町
鷹栖町
旭川市
幌加内町
深川市
瀧上町
⑩ 美深鱘魚館 P.79
⑫ 道立 SUNPILLAR PARK P.79
⑪ 名寄市北國博物館 P.79
⑫ 最北端・宗谷岬 P.74 MAP75
もち米の里☆なよろ
F ファームレストランμ P.79
絵本の里けんぶち
森と湖の里ほろかないⓓ
にしおこっぺ花夢
① 上野農場 P.70
⑪ 旭川・富良野・十勝 P.68 MAP69
⑭ 帶廣・三國峠・層雲峽 P.90 MAP91
大雪森之花園 ⑪ P.95
FRATELLO DI MIKUNI P.95
美深小火車王國…駕駛在5km的舊鐵道上
道道49號無加油站。要在美深加油
道道49號無加油站。要在雄武加油
交通量全無的道路
就連利尻山、大雪山都看得見的360度景觀
日本最大的人造湖。湖中浮著大大小小13座島
MORENA…使用無農藥蔬菜與豆子製作的咖哩。老闆是原為旅人的畫家
有全長2km的下川萬里長城
上興部鐵道資料館…上興部站舊跡，留有車站建築與キハ27
注意油量。交通量少
無加油站。交通量全無的漫長曲折之路
有部分盲區。路面不平
距天鹽岳登山口 16km
無加油站。民宅少。速度不禁加快
7月下旬~8月上旬蕎麥花會將整面染白
7月下旬~8月上旬一片蕎麥花會將整面染白
舊JR深名線第三雨龍川橋梁…土木遺產
交流プラザ…鐵路資料館。附設蕎麥麵店、觀光服務處
周圍有濕原，散布大量的沼澤
從溪谷間能望見近在眼前的黑岳
注意車速
汽車專用道
暫定單側1線道
旭川鷹栖~士別剣淵暫定單側1線道
比布Jct
比布大雪PA
三笠PA
泉PA
道路公園PA
霧立峠PA
オートオアシスPA
士別剣淵
旭川鷹栖
旭川北
深川IC
興部町市區
枝幸町市區
音威子府村市區

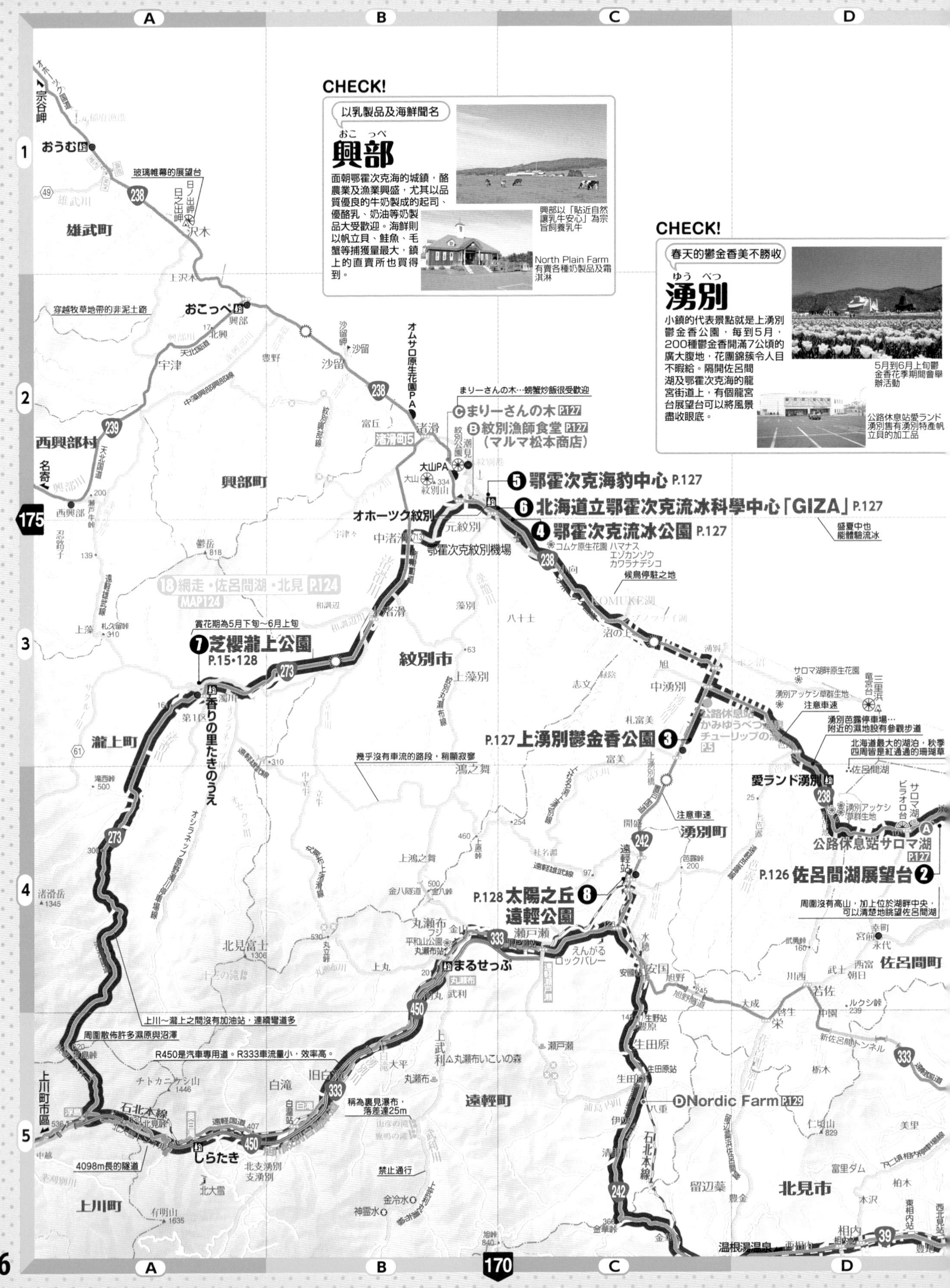
A
B
C
D
1
2
3
4
5
CHECK!
以乳製品及海鮮聞名
おこっぺ
興部
面朝鄂霍次克海的城鎮，酪農業及漁業興盛，尤其以品質優良的牛奶製成的起司、優酪乳、奶油等奶製品大受歡迎。海鮮則以帆立貝、鮭魚、毛蟹等捕獲量最大，鎮上的直賣所也買得到。
興部以「貼近自然讓乳牛安心」為宗旨飼養乳牛
North Plain Farm有賣各種奶製品及霜淇淋
CHECK!
春天的鬱金香美不勝收
ゆう べつ
湧別
小鎮的代表景點就是上湧別鬱金香公園，每到5月，200種鬱金香開滿7公頃的廣大腹地，花園錦簇令人目不暇給。隔開佐呂間湖及鄂霍次克海的龍宮街道上，有個龍宮台展望台可以將風景盡收眼底。
5月到6月上旬鬱金香花季期間會舉辦活動
公路休息站愛ランド湧別售有湧別特產帆立貝的加工品
宗谷岬
おうむ
玻璃帷幕的展望台
日ノ出岬
雄武川
雄武町
沢木
上沢木
穿越牧草地帶的非泥土路
おこっぺ
興部
北興
宇津
沙留岬
沙留
豊野
オムサロ原生花園PA
まりーさんの木…螃蟹炒飯很受歡迎
Ⓒまりーさんの木 P.127
Ⓑ紋別漁師食堂 P.127
（マルマ松本商店）
富丘
渚滑
渚滑町5
西興部村
名寄
西興部
興部町
大山PA
大山
紋別山
5 鄂霍次克海豹中心 P.127
6 北海道立鄂霍次克流冰科學中心「GIZA」P.127
盛夏中也能體驗流冰
オホーツク紋別
元紋別
4 鄂霍次克流冰公園 P.127
中渚滑
鄂霍次克紋別機場
コムケ原生花園 ハマナス エゾカンゾウ カワラナデシコ
候鳥停駐之地
鬱岳 818
18 網走・佐呂間湖・北見 P.124
MAP124
和訓辺
渚滑
藻別
八十士
沼の上
上藻
札久留峠 310
賞花期為5月下旬～6月上旬
7 芝櫻瀧上公園
P.15•128
紋別市
上藻別
志文
旭
中湧別
湧別
サロマ湖畔原生花園
湧別アッケシ草群生地
注意車速
龍宮台
三里浜
湧別芭露停車場…附近的濕地設有參觀步道
北海道最大的湖泊，秋季四周皆是紅通通的珊瑚草
香りの里たきのうえ
第1区
瀧上町
札富美
P.127 上湧別鬱金香公園 3
公路休息站かみゆうべつ温泉チューリップの湯 P.5
富美
幾乎沒有車流的路段，稍顯寂寥
鴻之舞
愛ランド湧別
佐呂間湖
サロマ湖ビラオロ台
湧別アッケシ草群生地
滝西峠 500
注意車速
開盛
湧別町
公路休息站サロマ湖 P.127
上鴻之舞
遠軽
芭露
P.126 佐呂間湖展望台 2
周圍沒有高山，加上位於湖畔中央，可以清楚地眺望佐呂間湖
諸滑岳 1345
金八隧道
金八峠
P.128 太陽之丘遠輕公園 8
丸瀬布
平和山公園
丸瀬布
瀬戸瀬
えんがるロックバレー
幸町
宮前
永代
北見富士 1306
上丸
まるせっふ
安国
旭野
西富
朝日
佐呂間町
武利
若佐
上川～瀧上之間沒有加油站，連續彎道多
周圍散佈許多濕原與沼澤
R450是汽車專用道。R333車流量小，效率高。
生田原
ルクシ峠 239
新佐呂間トンネル
丸瀬布いこいの森
瀬戸瀬
チトカニウシ山 1446
旧白滝
白滝
遠輕町
栃木
稱為裏見瀑布，落差達25m
生田原
Nordic Farm P.129
伊吹
上川町市區
石北本線
北見峠
遠軽国道
しらたき
4098m長的隧道
北支湧別
禁止通行
仁頃山 829
美里
石北本線
留辺蘂
北見市
富里ダム
豊金
北大雪
上川町
有明山 1635
金冷水
神霊水
金華峠
柏木
本沢
相内
東相内
温根湯温泉
175
170

『北方領土』

日本與俄國之間對北方四島長久以來存在著領土爭議問題。

國後島　日本第2大島，面積1,500㎢，是佐渡島的2倍大。距離別海町的野付半島僅16km，晴天時可以從知床半島欣賞到那如同巨型動物般的稜線。島上最高峰チャチャ（爺爺·茶茶）岳（1,822m）是至今仍活動頻繁的活火山。這裡是森林資源、水產資源、礦物資源的寶庫，四處都有溫泉湧出。18世紀後半，最上德內等人以西南端的泊灣作為探索千島的根據地，是島上最優良的港灣，曾經與根室有定期航班往來。現在依法律歸根室振興局管轄，分成泊村及留夜別村。

擇捉島　日本國內最大的離島，面積約3,184㎢，大小約莫等同於鳥取縣，比大阪府、香川縣、東京都都來得遼闊。隔著擇捉海峽，對岸是得撫島，島上覆蓋著椴松、蝦夷松、卡瓦等原生林，中北部聳立著島上最高峰散布山（1,587m）。海邊的海蝕崖千變萬化，十分適合海釣。位於太平洋岸的單冠灣港口條件良好，過去曾在太平洋戰爭時，聯合艦隊在攻擊夏威夷珍珠灣時的集合地點。現在根據法律，隸屬根室振興局管轄，設有藥取村、紗那村、留別村等3座村莊。戰前水產業、林業、礦業（硫礦）、毛皮動物養殖興盛。

齒舞群島　由水晶、秋勇留、勇留、志發、多樂島及附屬島嶼組成，面積共101㎢，以水產資源寶庫而聞名。現在依法劃為根室市的行政區。

色丹島　位於根室半島納沙布岬東方75km處，面積約253㎢。起伏和緩的丘陵地上，開滿高山植物，湖沼衆多。錯綜複雜的海灣布滿小島，彷彿是渾然天成的迷你盆景。地名的由來據說是愛奴語的「Sikotan」（最大的村落或最好的村落），現在依法規屬於根室振興局的色丹村。

稚內・利尻・禮文
1:400,000
0 5 10km
景點 玩樂 美食 購物 溫泉
178 174 176 167 168 170 172 160 162 164 158
P.81 禮文島
海驢島
須古頓海角
金田海角
船泊灣
船泊村
禮文町金田海角周邊…跑過海邊。遠遠可望見海驢島
森林の丘展望デッキ…可俯望久種湖，並且連利尻富士和禮文島也都能看得到
Gorota
離島
澄海岬
久種湖
久種湖畔露營場
禮文敦盛草野生地
禮文島
禮文岳
禮文町
香深村
元地漁港
高山植物群落
禮文薄雪草
禮文敦盛草
禮文草
香深港渡輪總站
禮文水道
Heart Land渡輪(香深～稚內)
Heart Land渡輪(香深～鴛泊)
Heart Land渡輪(香深～沓形)
Heart Land渡輪(鴛泊～稚內)
夕日之丘展望台…黃昏時刻，利尻山的色彩每分每秒都在變化，相當美麗
ペシ岬展望台…標高約90m，能一覽日本海，可近距離眺望利尻岳的觀景景點
鴛泊渡輪總站
姬沼展望台…以ペシ岬為中心，從這裡望見的鴛泊港與禮文島風景十分出色
鴛泊
野塚PA
姬沼
ポン山
利尻島Family露營場Yu～Ni
利尻富士町
沓形港渡輪總站
沓形岬公園露營場
沓形
利尻山
名山百選
利尻町
利尻島
鬼脇
仙法志
利尻町立博物館
OTATOMARI沼
沼浦展望台…能一覽利尻山、OTATOMARI沼與日本海
P.80 利尻島
利尻水道
12 最北端・宗谷岬 P.74
MAP75
日本海
P.77 稚內港北防波堤長廊 5
P.77 DINO'S C
P.77 野寒布岬 4
わっかない
P.77 稚內公園 6
稚內站
百年紀念塔
稚內天然溫泉 港之湯
稚內港渡輪總站
南稚內站
稚內大飯店
宗谷灣
稚內機場
動物ふれあいランド
宗谷ふれあい公園
夕陽之丘停車場…可眺望日本海與利尻、禮文。夕陽也十分美麗
通過稚內市區
稚內市
清濱停車場…有時也能遠遠望見庫頁島
跑在平緩的丘陵地上，綠色牧草地與藍色海洋形成的對比十分出色
Seicomart…日本最北的便利商店
稚內市富磯周邊…望著鄂霍次克海爽快地兜風
往稚內方向，可望見利尻山
西海岸原生植物群生地
拔海原生花園
日本最北的無人站。也會被當成電影外景拍攝地
拔海岬
拔海
日本最北的水壩
北辰水壩
奔馳穿過廣大的牧草地帶
11月～3月會設置海豹觀測所
勇知站
開源PA
附廁所的避雪停車場
兜沼公園露營場
豐富北
豐田
阿沙流
宗谷本線
汽車專用道
可眺望佐呂別原野與利尻山
無電線杆與護欄的道路延伸於原野之中
豐富町
P.77 佐呂別濕原 3
P.77 Ferme B
佐呂別原野
宗谷Sunset道路…望著浮在海上的利尻山、夕陽馳騁而過
豐富站
豐富溫泉町
Penke沼
Panke沼
名山台展望台
名山台展望台PA
幌延遊客中心…有通往Panke沼的木棧道，能看見北萱草、溪蓀鳶尾等花朵，以及金鵐、黃鶺鴒等野鳥
幌延町馴鹿觀光牧場
佐呂別原野停車場…日本海與利尻山景色迷人。林立著風力發電設施
天鹽川
上幌延站
開進
安牛站
多翻斗車
眺望位於風車另一頭的利尻山
北川口展望台
天鹽町
川口
てしお
春天到夏天盛開著鈴蘭、玫瑰、北萱草等花朵
鏡沼海濱公園
部分路面凹凸不平
更岸
遠別町金浦…能清楚望見利尻島。也有北萱草等花卉
沿海的牧草地
注意車速
遠別町
富士見
在水平線的那頭可望見利尻島
初山別
旭
香深港渡輪總站
0163-86-1662
所 礼文町香深(禮文島)
航路 往稚內(Heart Land渡輪)
往利尻島(鴛泊)(Heart Land渡輪)
往利尻島(沓形)(Heart Land渡輪)※季節航行
稚內港渡輪總站
0162-23-3780
所 稚內市開運2-7-1
JR稚內站步行15分
航路 往利尻島(鴛泊)(Heart Land渡輪)
往禮文島(香深)(Heart Land渡輪)
沓形港渡輪總站
0163-84-2424
所 利尻町沓形(利尻島)
航路 往禮文島(香深)(Heart Land渡輪)
※季節航行
鴛泊渡輪總站
0163-82-1121
所 利尻富士町鴛泊(利尻島)
航路 往稚內(Heart Land渡輪)
往禮文島(香深)(Heart Land渡輪)

174

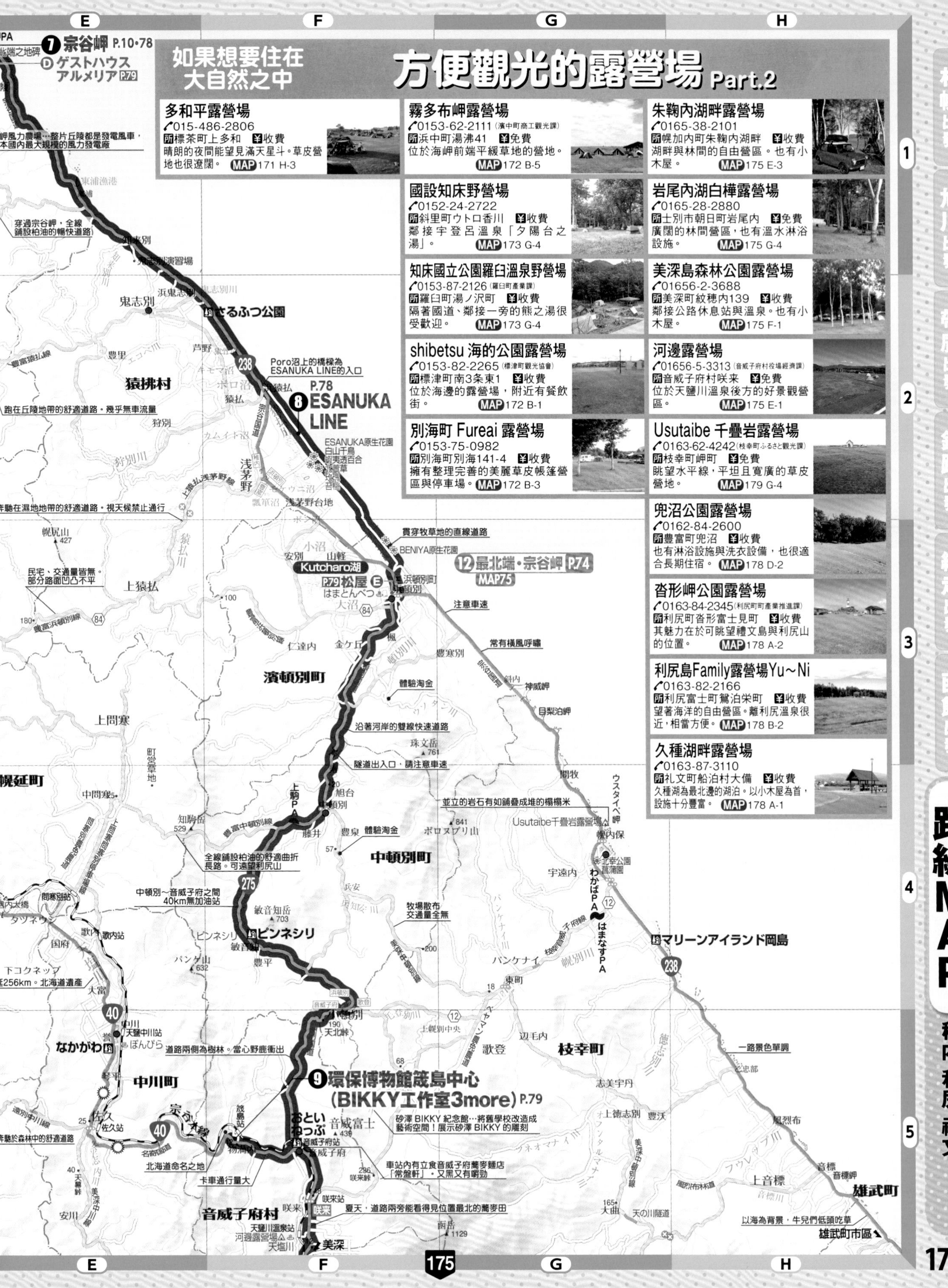

如果想要住在大自然之中
方便觀光的露營場 Part.2
多和平露營場
0153-62-2111
015-486-2806
所標茶町上多和 ¥收費
晴朗的夜間能望見滿天星斗。草皮營地也很遼闊。 MAP 171 H-3
霧多布岬露營場
0153-62-2111（濱中町商工觀光課）
所浜中町湯沸41 ¥免費
位於海岬前端平緩草地的營地。 MAP 172 B-5
朱鞠內湖畔露營場
0165-38-2101
所幌加內町朱鞠內湖畔 ¥收費
湖畔與林間的自由營區。也有小木屋。 MAP 175 E-3
國設知床野營場
0152-24-2722
所斜里町ウトロ香川 ¥收費
鄰接宇登呂溫泉「夕陽台之湯」。 MAP 173 G-4
岩尾內湖白樺露營場
0165-28-2880
所士別市朝日町岩尾內 ¥免費
廣闊的林間營區，也有溫水淋浴設施。 MAP 175 G-4
知床國立公園羅臼溫泉野營場
0153-87-2126（羅臼町產業課）
所羅臼町湯ノ沢町 ¥收費
隔著國道、鄰接一旁的熊之湯很受歡迎。 MAP 173 G-4
美深島森林公園露營場
01656-2-3688
所美深町紋穂内139 ¥收費
鄰接公路休息站與溫泉。也有小木屋。 MAP 175 F-1
shibetsu 海的公園露營場
0153-82-2265（標津町觀光協會）
所標津町南3条東1 ¥收費
位於海邊的露營場，附近有餐飲街。 MAP 172 B-1
河邊露營場
01656-5-3313（音威子府村役場経済課）
所音威子府村咲来 ¥免費
位於天鹽川溫泉後方的好景觀營區。 MAP 175 E-1
別海町 Fureai 露營場
0153-75-0982
所別海町別海141-4 ¥收費
擁有整理完善的美麗草皮帳篷營區與停車場。 MAP 172 B-3
Usutaibe 千疊岩露營場
0163-62-4242（枝幸町ふるさと觀光課）
所枝幸町岬町 ¥免費
眺望水平線，平坦且寬廣的草皮營地。 MAP 179 G-4
兜沼公園露營場
0162-84-2600
所豊富町兜沼 ¥收費
也有淋浴設施與洗衣設備，也很適合長期住宿。 MAP 178 D-2
沓形岬公園露營場
0163-84-2345（利尻町產業推進課）
所利尻町沓形富士見町 ¥收費
其魅力在於可眺望禮文島與利尻山的位置。 MAP 178 A-2
利尻島Family露營場Yu～Ni
0163-82-2166
所利尻富士町鴛泊栄町 ¥收費
望著海洋的自由營區。離利尻溫泉很近，相當方便。 MAP 178 B-2
久種湖畔露營場
0163-87-3110
所礼文町船泊村大備 ¥收費
久種湖為最北邊的湖泊。以小木屋為首，設施十分豐富。 MAP 178 A-1
7 宗谷岬 P.10・78
D ゲストハウス アルメリア P.79
宗谷岬風力農場…整片丘陵都是發電風車，日本國內最大規模的風力發電廠
穿過宗谷岬，全線鋪設柏油的暢快道路
さるふつ公園
Poro沼上的橋樑為ESANUKA LINE的入口
8 ESANUKA LINE P.78
猿払村
跑在丘陵地帶的舒適道路，幾乎無車流量
奔馳在濕地地帶的舒適道路，視天候禁止通行
貫穿牧草地的直線道路
民宅、交通量皆無。部分路面凹凸不平
12 最北端・宗谷岬 P.74 MAP75
Kutcharo湖
P.79 松屋 E
注意車速
常有橫風呼嘯
濱頓別町
體驗淘金
沿著河岸的雙線快速道路
隧道出入口，請注意車速
並立的岩石有如鋪疊成堆的榻榻米
Usutaibe千疊岩露營場
中頓別町
全線鋪設柏油的舒適曲折長路。可遠望利尻山
中頓別～音威子府之間40km無加油站
牧場散布 交通量全無
ピンネシリ
マリーンアイランド岡島
幌延町
なかがわ
中川町
道路兩側為樹林。當心野鹿衝出
9 環保博物館筬島中心（BIKKY工作室3more）P.79
砂澤 BIKKY 紀念館…將舊學校改造成藝術空間！展示砂澤 BIKKY 的雕刻
おといねっぷ
車站內有立食音威子府蕎麥麵店「常盤軒」。又黑又有嚼勁
北海道命名之地
卡車通行量大
奔馳於森林中的舒適道路
夏天，道路兩旁能看得見位置最北的蕎麥田
音威子府村
美深
枝幸町
一路景色單調
以海為背景，牛兒們低頭吃草
雄武町
札幌出發
旭川出發
帶廣出發
釧路出發
網走出發
函館出發
路線MAP
稚內・利尻・禮文

INDEX

數字、英文字母

900草原……104
Aruran3世……123
ATELIER Morihiko……59
bi.blé……26
cafe Noble……105
cafe restaurant & gallery 木かげ……27
Caferestaurant BIRCH……27
Caferest 木のいいなかま……27
Campana 六花亭……71
Chacha坡道……140
COUNTRYHOME 風景……93
Cranberry 本店……97
DINO'S……77
ELRA PLAZA……30
ESANUKA LINE……78
EverGreen……123
Exander Onuma Canoe House……139
FARM RESTAURANT「大地のテラス」……54
FB FURANO BURGER……71
FERME LA TERRE 美瑛……23
Ferme……77
FRATELLO DI MIKUNI……95
Funbe瀑布……88
FURANO MARCHE 1／FURANO MARCHE2……21
HARVEST……53
HARVESTER YAKUMO……137
Hasegawa Store灣區店……143
Hokkaido Lion Adventure……47
HOUSUI WINERY……54
JRA日高育成牧場展望台……87
Kamuiwakka55·Kamuiwakka88……123
Kamuiwakka湯之瀑布……119
Kotan之湯……105
Kottaro濕原展望台……107
Lake-Hill Farm……39
LUCKY PIERROT 灣區本店……143
LUMBER HOUSE……138
Lunch＆Café 風……23
Maruzen租車……80
NAC Niseko Adventure Centre……46
NAITAI高原牧場……92
Niseko Cheese Factory……47
NISEKO Grand HIRAFU Summer Gondola……45
Niseko HANAZONO Resort……47
Niseko Village自然體驗Ground「Pure」……47
NOASC……47
Nordic Farm……129
Onneto……103
ONZE春香山百合花園……49
Oshinkoshin瀑布……119
Osteria Felice……113
OTATOMARI沼……80
Pan de Pan……103
Refresh Line……23
Restaurant Ciel Bleu……129
RV Park つどい農園……145
RV Park 滝川ふれ愛の里……145
RV Parkよってけ駒ヶ岳……145
SAIRO展望台……38
Sarubo展望台……107
Shiro 砂川本店……55
SOMES SADDLE SUNAGAWA FACTORY……55
Sonny's Stable……139
soup curry Suage+……65
SoupCurry GARAKU……65
SWEETS MOTHER'S……41
Tea Room Victorian Rose……141
Thoroughbred銀座……51
TOKACHI HILLS……73
URAKAWA優駿VILLAGE AERU……88
Villa LUPICIA Boutique……46
WAKKA原生花園……126

日文假名

あま屋……51
あるうのぱいん……71
えりも岬観光センター……89
おろろん食堂……77
お食事処みさき……31
お菓子のふじい……45
かきと旬鮮料理とおそば 開(ひらく)……66
カフェ 崖の上……49
カブトライン……32
きくよ食堂本店……142
きのこ王国本店……45
ゲストハウス アルメリア……79
さとう食堂……80
ショッピング＆フードエリア ほっくる……135
ジンギスカン 白樺……86
スターマリンKK……41
すみれ 札幌 薄野店……64
そば処 鳥花雪……49
ダイニング Chèvre……27
たらこ家虎杖浜……41
チーズ＆アイスクリーム工房 十勝野フロマージュ……87
どこか農場たまごカフェ……26
どんぶり茶屋 二条市場店……66
ニセコ高橋牧場 ミルク工房……45
ニューモンブラン……111
ハイカラ衣裳館……141
ぱんやBecky……137
ファームレストラン あぜ道より道……26
ファームレストラン ウエムラ……41
ファームレストランμ……79
ファームレストラン野島さんち……87
ファミリーとんかつの店 あかずきん……73
ファミリーレストランだいまる……23
ふれあい動物園……98
ふじ鮨 積丹本店……31
ぶた八……96
ポークチャップの店ロマン……113
ますやパン 麦音……73
まりーさんの木……127
まるひら……114
まるみ……123
メルカードキッチンまる……59
ラーメンの蜂屋 5条創業店……82
らーめん信玄 南6条店……64
レストラン ORIKA……27
レストラン 雪庭……33
レストラン★梓……139
レストラン牧場……105
わかさいも本舗……39

一～五劃

一花亭 たびじ……142
一軒茶屋 Schwein……53
七星之樹……22
八雲溫泉Oboko莊……137
八劍山葡萄酒工坊……48
八幡坂……140
十勝しんむら牧場クリームテラス……93
十勝千年之森……72
十勝村……98
万次郎……34
三国峠Cafe……95
三國峠……14·94
上野農場……70
上湧別鬱金香公園……127
丸加高原……55
丸駒溫泉旅館……45
凡の風……59
千望台……76
下川溫之宿飯店……49
大三坂……140
大函……94
大沼公園……16·138
大沼國際交流中心……138
大沼湖畔遊步道……138
大沼遊船……138
大草原の小さな家……93
大通公園……62
大雪山層雲峡·黑岳空中纜車……95
大雪森之花園……95
大黒屋……49
大湯沼(登別)……41
大湯沼(蘭越)……33
大湯沼川天然足湯……41
小林酒造……52
小樽たけの寿司……35
小樽洋菓子舗LeTAO本店……33
小樽運河……33
山香食堂……21
川湯溫泉……105
川湯溫泉站……104
中札內美術村……87
五色溫泉旅館……46
五郎的石屋……21
元地海岸、地藏岩……81
元町公園……141
元町羅馬天主教堂……140
元町觀光服務處……141
元祖豚丼のぱんちょう……96
公路休息站 230ルスツ……5
公路休息站 あかいがわ……33
公路休息站 あさひかわ……5
公路休息站 うとろ·シリエトク……119
公路休息站 うりまく……93
公路休息站 おだいとう……113
公路休息站 おびら鰊番屋……76
公路休息站 かみゆうべつ温泉チューリップの湯……5
公路休息站 サロマ湖……127
公路休息站 しかべ間歇泉公園……5
公路休息站 なかさつない……87
公路休息站 なないろ·ななえ……5
公路休息站 ニセコビュープラザ……47
公路休息站 みそぎの郷 きこない……135
公路休息站 石狩「あいろーど厚田」……5
公路休息站 知床·らうす……121
公路休息站 厚岸グルメパーク……5
公路休息站 流氷街道網走……129
公路休息站 望羊中山……47
六花之森……87
六花亭 帶廣本店……97
天馬街道……87
太陽之丘遠輕公園……128
支笏湖遊客中心……44
支笏湖觀光船……44
日之出公園薰衣草園……71
日果威士忌余市蒸餾所……30
日高山脈博物館……50
木地挽高原(全景展望台)……134
水中展望船 新積丹號……31
牛奶之路……113
北大植物園……63
北之大地水族館(山之水族館)……128
北之屋台……97
北斗櫻迴廊……137
北見薄荷紀念館……129
北前食堂……135
北海道大學……63
北海道立北方民族博物館……129
北海道立鄂霍次克流冰科學中心「GIZA」……127
北海道廳舊本廳舍……62
北國優駿公園……51
北菓楼砂川本店……55
北龍向日葵之里……12·57
古街道……136
史跡 勝山館跡……135
四季彩之丘……22
巨木之森……45
平取町立二風谷愛奴文化博物館……50
札幌大倉山展望台……59
札幌大通西4ビル ISHIYA SHOP……63
札幌市鐘樓……63
札幌羊之丘展望台……13·58
札幌花園公園……58
札幌啤酒園……65
札幌市圓山動物園……59
札幌電視塔……63
甘露泉水……80
生姜ラーメンみづの……82
田中青果 留萌本店……57
由仁花園……52
白色戀人之丘……80
白色戀人公園……59
白金青池……11·23
白鬚瀑布……23
石炭博物館……53

六～十劃

全景之路……23
名水公園……45
名寄市北國博物館……79
回転寿司ぱさーる……66
地球岬……39
地獄谷……40
宇宙展望台……121
安田侃雕刻美術館 Arte Piazza美唄……55
成吉思汗 だるま本店……65
旭川ラーメン登山軒……95
旭川市旭山動物園……23·24
有島紀念館……47
有珠山纜車……39
江差·姥神大神宮渡御祭……137
池之湯……105
礼文観光レンタカー……80
羊蹄山湧泉……47
自家製パスタ専門店 だぐらすふぁ～……27
西山山麓火口步道……39
佐呂間湖展望台……126
佐呂別濕原……77
利尻亀一OTATOMARI沼店……80
寿し処かきた……137
寿司·天ぷら 日本橋……50
寿司のまつくら……57
弟子屈ラーメン総本店……105
町村農場 Milk Garden……54
貝鮮炭焼 北斗フィッシャリー……135
函館七飯吊艙……139
函館山夜景……16
函館市舊英國領事館……141
函館早市……142
函館哈利斯特斯東正教堂……140
函館海鮮居酒屋 やん衆海のがき大将大門店……143
味の大王 登別溫泉店……41
味処 たけだ……34
和商市場……114
奈辺久……103
宗谷岬……10·78
定山溪山溪苑飯店……49
定山溪散步路線……48
居酒屋和助……130
岬之湯積丹……31
岸壁炉ばた……114
幸福的黃手帕回憶廣場……53
幸福站……86
昆布刈石展望台……89
東大雪自然導覽中心……93
東大雪自然館……93
松尾ジンギスカン 本店……55
松前城跡……134
松前藩屋敷……135
松前櫻花祭……135
松屋……79
沓形港渡輪總站……80
沼の家……139
炉ばたちどり……81
知床Nature Cruise……121·123
知床五湖……119·122
知床自然中心……119
知床岬棕熊遊艇……123
知床國家公園羅臼遊客中心……121
知床羅臼Lincle……123
知床峠……120
芝櫻瀧上公園……15·128
花かんろ……141
花のれん……130
花咲燈塔車石……111
花都公園……129
阿寒湖愛奴村……103

阿寒湖溫泉……103
阿寒湖綠球藻夏希燈……103
阿寒觀光汽船……102
南蠻酊……103
厚岸味覺總站·Conchiglie……110
城岱牧場展望台……139
姬沼……80
拼布之路……22
星野TOMAMU度假村 雲海平台……73
昭和新山火山村……38
柳月Sweetpia Garden……97
柿崎商店……31
洞爺湖……12·38
洞爺湖長期煙火大會……39
洞爺湖溫泉……38
洞爺湖遊覽船……39
洞爺溫莎度假酒店&Spa……38
活魚料理 いか清……143
砂湯……105
美深鱘魚館……79
美幌峠……105
美瑛神社……23
美瑛選果……23
紅磚露台……62
風之花園……71
風蓮湖·春國岱……112
香深港渡輪總站……81
哥吉拉岩觀光……119·123
家畜改良中心 十勝牧場……92
展望レストラン とかち亭……73
島武意海岸……13·31
帯広はげ天本店……96
扇原展望台……93
海味 八協本店……66
海鮮食堂 北のグルメ亭……66
特拉普派男子修道院……16·135
真鍋庭園……73
神仙沼……33
神威岬……31
紋別漁師食堂(マルマ松本商店)……127
納沙布岬……112
純の番屋……121
迴轉壽司 根室 花丸 根室店……111
茶房 菊泉……141
茶房せき川……137
茶房ヌプリ……47
茶房ひし伊……141
荒磯料理熊の家……119
酒菜亭 喜八……130

十一～十五劃

唯我独尊……21
望羊蹄……39
梅光軒 本店……82
細岡展望台……102·107
通天道……119
野寒布岬……77
釧路Marsh&River……107
釧路市濕原展望台散步道……107
釧路濕原……15·106
釧路濕原站……102
釧路濕原慢車號……106
雪之美術館……95
雪印パーラー本店……63
魚真……35
國稀釀酒廠……56
麥當勞 40號稚內店……79
博物館 網走監獄……118
堺町通……33
富田農場 薰衣草東部……71
富田農場……10·20
富良野 とみ川……21
握 群来膳……34
晚成溫泉……89
朝里水壩湖畔園地……49
森高牧場……111
渡邊體驗牧場……104
滋養軒……142
然別湖……93
然別湖觀光遊覽船……92
琵琶瀬展望台……111
番屋の炭火キッチン 炉端のろばた……130
登別海洋公園尼克斯……41
登別溫泉……40
童話之丘……14·105
紫竹庭園……73
菅野農場……70
菓子工房Furano Délice……21
鄂霍次克流冰公園……127
鄂霍次克流冰館……129
鄂霍次克海豹中心……127
開陽台……113
雄冬岬展望台……56
雲霄飛車之路……10·22
須古頓海角……81
塩ホルモン専門 炭や 旭川店……82
焼鳥専門 ぎんねこ……82
愛冠岬……110
愛國站 交通紀念館……86
新冠町黑膠唱片館……51
新雪谷超廣角觀景之路……32
新嵐山SKY PARK……73
椴原……113
椿サロン 夕焼け店……51
極光號·極光2號……123
稚內港北防波堤長廊……77
稚內公園……77
落石岬……111
黃金岬……57
黃金道路……89
道立SUNPILLAR PARK……79
道東觀光開發(知床觀光船)……123
幕末軍艦 開陽丸紀念館……136
熊之湯溫泉……121
網走市立最寄貝塚館……129
網走國定公園 小清水原生花園……119
輓曳十勝(帶廣賽馬場)……89·98
銀寿し……89
銀河瀑布、流星瀑布……95
摩天輪 十勝岳ART VIEW……71
摩周湖……14
摩周湖第一展望台……104
標津鮭魚科學館……113
澄海海角……81

十六劃以上

麺屋 彩未……64
麺厨房あじさい本店……142
撿來的家……20
錦水庵……53
静內二十間道路櫻並木……12·51
館の岬……137
鴛泊渡輪總站……80
環保博物館筬島中心(BIKKY工作室3more)……79
賽馬之鄉日高服務處……51
鮨棗 紅磚露台店……66
舊函館區公會堂(函館市重要文化財)……141
舊商家丸一本間家……57
豐平峡水壩……49
豐平峡溫泉……49
禮文おみやげセンター……81
禮文町 高山植物園……81
雙湖台……102
羅臼丸魚 濱田商店……121
羅臼國後展望塔……121
襟裳岬「風之館」……89
襟裳岬……88
霧多布濕原中心……111
麗鄉之森……21
藻岩山空中纜車山頂展望台……59
蘭越町交流促進中心 雪秩父……33
戀人聖地／厚田公園展望台……56
鷲の宿……121

INDEX

【 MM 哈日情報誌系列 24 】

北海道自駕遊

作者／MAPPLE昭文社編輯部
編輯／編輯工房ビータス
翻譯／李詩涵、周琴
校對／鄭雅文
責任編輯／林庭安
發行人／周元白
排版製作／長城製版印刷股份有限公司
出版者／人人出版股份有限公司
地址／23145 新北市新店區寶橋路235巷6弄6號7樓
電話／（02）2918-3366（代表號）
傳真／（02）2914-0000
網址／www.jjp.com.tw
郵政劃撥帳號／16402311 人人出版股份有限公司
製版印刷／長城製版印刷股份有限公司
電話／（02）2918-3366（代表號）
經銷商／聯合發行股份有限公司
電話／（02）2917-8022
第一版第一刷／2019年4月
第一版第二刷／2019年8月
定價／新台幣400元
港幣133元

國家圖書館出版品預行編目(CIP)資料

北海道自駕遊MAPPLE昭文社編輯部作 ；
李詩涵、周琴翻譯. -- 第一版.-- 新北市：人人,
2019.04 面； 公分. --（MM哈日情報誌系列；24）
ISBN 978-986-461-176-8（平裝）

1.自助旅行 2.汽車旅行 3.日本北海道

731.7909 108001246

MM日本24
01908

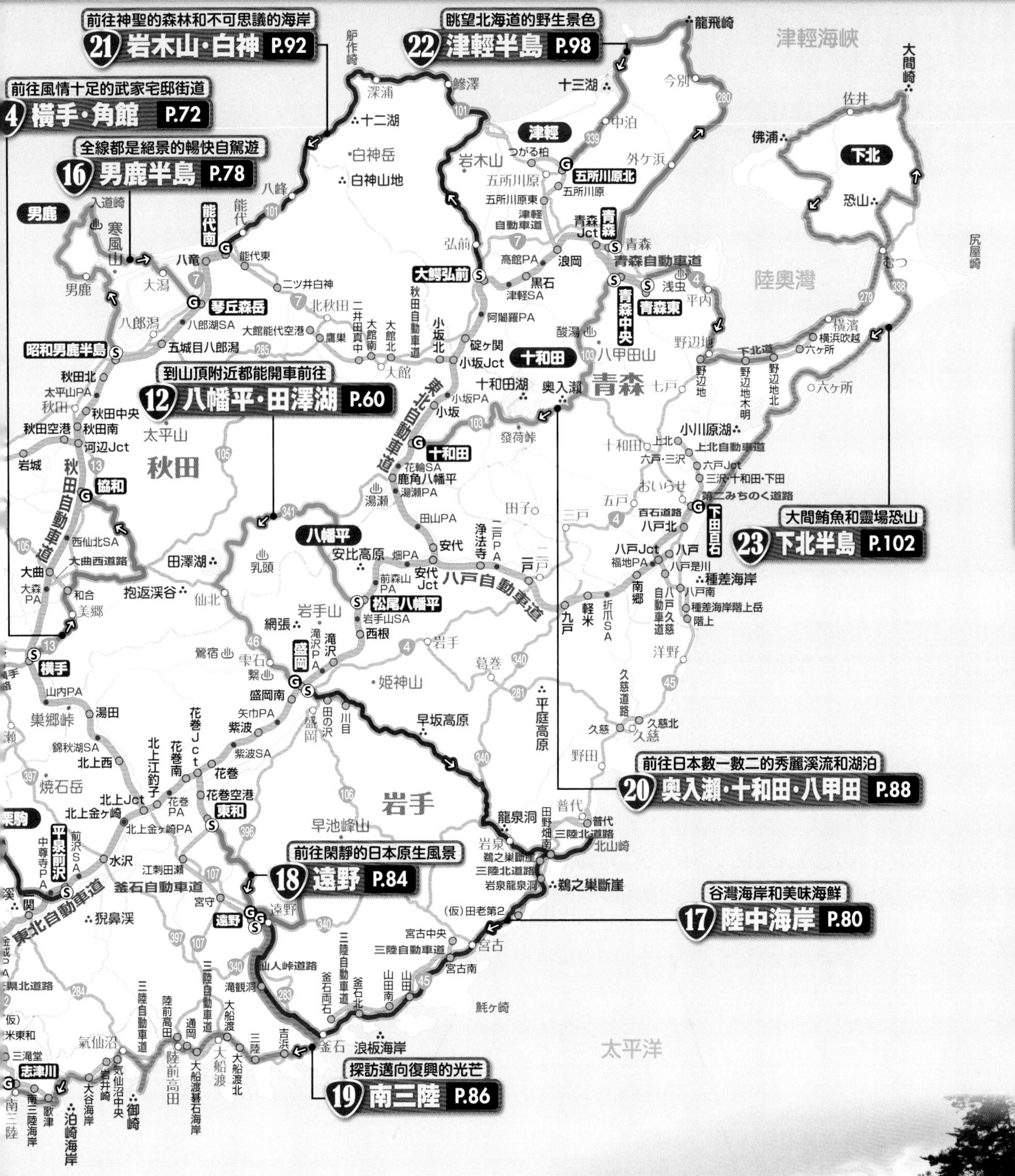

前往神聖的森林和不可思議的海岸
21 岩木山·白神 P.92

眺望北海道的野生景色
22 津輕半島 P.98

前往風情十足的武家宅邸街道
4 橫手·角館 P.72

全線都是絕景的暢快自駕遊
16 男鹿半島 P.78

到山頂附近都能開車前往
12 八幡平·田澤湖 P.60

大間鮪魚和靈場恐山
23 下北半島 P.102

前往日本數一數二的秀麗溪流和湖泊
20 奧入瀨·十和田·八甲田 P.88

前往閑靜的日本原生風景
18 遠野 P.84

谷灣海岸和美味海鮮
17 陸中海岸 P.80

探訪邁向復興的光芒
19 南三陸 P.86

翻開這裡就能看到

以想做的事情找尋地點！

「各目的Best5」

以想做的事情找尋地點！
各目的Best5
&計畫地圖
本書所介紹的23條自駕路線中，不論是海、山、溪谷、
高原等景點，還是美食、溫泉、街頭散步等，都充滿各種魅力和樂趣！
來吧，利用本頁和依區域的自駕路線&MAP，
確認「目標」，Let's Drive！
絕景景點 Best5
青森
1 奧入瀨溪流
20 奧入瀨·十和田·八甲田 P.88
宮城
2 松島
6 松島 P.40
宮城 山形
3 藏王
5 藏王 P.36
岩手
4 淨土之濱
17 陸中海岸 P.80
岩手
5 北山崎
17 陸中海岸 P.80
絕景道路 Best5
福島
1 磐梯吾妻 SKYLINE
1 磐梯·豬苗代 P.20
宮城
2 藏王 ECOLINE
5 藏王 P.36
山形 秋田
3 鳥海 BLUE LINE
15 鳥海山·象潟 P.76
岩手 秋田
4 八幡平 ASPITE LINE
12 八幡平·田澤湖 P.60
青森
5 津輕岩木 SKYLINE
21 岩木山·白神 P.92
5 津輕岩木SK
5 黃金崎不老不死
和仙台間的距離
300 km
200 km
3 鳥海BLUE LIN
1 磐梯吾妻
美味的庄內機場
湯野浜
粟島
鼠ケ関
笹川水流
弾崎
村上
瀨波
赤芝峡
佐渡島
尖閣湾
佐渡機場
佐渡
新潟機場
新潟
新発田
胎內
荒川峡
小国
月岡
阿賀野
飯豐山
弥彦山
燕
五泉
加茂
三条
新潟
阿賀
西会津
会津坂下
柏崎
長岡
只見
只見川
會津
昭和
小千谷
魚沼
上越
十日町
南會津
親不知
糸魚川
南魚沼
奥只見湖
會津高原
妙高
檜枝岐
平ケ岳
湯西川
雨飾山
野尻湖
野沢
湯沢
谷川岳
尾瀬
川治
白馬岳
妙高
飯山
苗場山
奥利根
日光
戸隠
志賀高原
水上
片品
男体山
鬼怒

美食 Best5
山形 1 米澤牛
3 喜多方·米澤 P.28
宮城 2 仙台的牛舌
6 松島 P.40
岩手 3 盛岡冷麵
12 八幡平·田澤湖 P.60
岩手 4 三陸的海膽
17 陸中海岸 P.80
青森 5 大間的鮪魚
23 下北半島 P.102
溫泉 Best5
山形 1 藏王溫泉
5 藏王 P.36
山形 2 銀山溫泉
10 銀山溫泉·最上峽 P.52
秋田 3 乳頭溫泉鄉
12 八幡平·田澤湖 P.60
青森 4 酸湯溫泉
20 奧入瀨·十和田·八甲田 P.88
青森 5 黃金崎不老不死溫泉
21 岩木山·白神 P.92
櫻花 紅葉 Best5
岩手 1 小岩井農場的一棵櫻
12 八幡平·田澤湖 P.60
宮城 2 鳴子峽的紅葉
11 鳴子·秋之宮 P.56
秋田 3 角館的櫻花
14 橫手·角館 P.72
岩手 4 八幡平的紅葉
12 八幡平·田澤湖 P.60
青森 5 弘前的櫻花
21 岩木山·白神 P.92
北海道
青森
秋田
岩手
山形
宮城
福島
5 大間的鮪魚
4 酸湯溫泉
5 弘前的櫻花
1 奧入瀨溪流
5 北山崎
4 八幡平的紅葉
4 八幡平ASPITE LINE
1 小岩井農場的一棵櫻
3 乳頭溫泉鄉
4 淨土之濱
3 盛岡冷麵
3 角館的櫻花
4 三陸的海膽
2 鳴子峽的紅葉
2 銀山溫泉
3 藏王
2 松島
1 藏王溫泉
2 仙台的牛舌
2 藏王ECOLINE
100 km
50 km

自駕路線全盤掌握！
INDEX MAP
U0082412
世界遺產的歷史名勝和大自然
平泉・栗駒 P.68
遊遍溫泉的快速自駕遊
11 鳴子・秋之宮 P.56
盡情飽覽山海風景
15 鳥海山・象潟 P.76
風情十足的溫泉街和壯觀的峽谷
10 銀山溫泉・最上峽 P.52
利用快速道路遊覽靈峰
8 出羽三山 P.46
漂浮在日本海的奇岩
9 笹川水流 P.50
品嘗拉麵，前往上杉神社
3 喜多方・米澤 P.28
探訪奇岩溪谷和宿場町
2 南會津 P.24
生氣蓬勃的山岳景觀自駕遊
1 磐梯・豬苗代 P.20
日本三景的美景和絕品海鮮
6 松島 P.40
絕景寺院和溫泉景點
7 山寺・天童 P.44
飽覽神祕的御釜和溫泉
5 藏王 P.36
眺望宏偉的太平洋水平線
4 鹽屋埼・五浦 P.34
日本海
佐渡島
新潟
山形
宮城
福島
栃木
茨城
群馬
仙台灣
北陸自動車道
磐越自動車道
東北中央自動車道
山形自動車道
東北自動車道
常磐自動車道
日本海東北自動車道

CONTENTS

只要翻開這裡
自駕路線全盤掌握！
INDEX MAP 1

以想做的事情找尋地點！
各目的Best5&計畫地圖 3

卷頭特輯
奧入瀨·十和田湖 2天1夜 絕景自駕遊 8

東北備受矚目的 SA·PA美食 12

公路休息站精選 16
●當地美食 16 ●必買伴手禮 18

●DIGJAPAN 6
●東北自駕導覽地圖 105
●東北區域 高速公路MAP 136
●租車資訊 138
●INDEX 139
●為進一步享受自駕遊！自駕的有益資訊 141

依區域 自駕路線&MAP
自駕路線&MAP的使用方式 7

南東北 19
1 磐梯·豬苗代 20
2 南會津 24
區域特輯 會津若松 漫步在摩登復古街頭 26
3 喜多方·米澤 28
區域特輯 喜多方 吃遍拉麵&遊遍倉庫 30
區域特輯 米澤 上杉氏淵源地的歷史散步&米澤牛美食 32
4 鹽屋埼·五浦 34
5 藏王 36
6 松島 40
區域特輯 松島 日本三景的歷史&松島美食 41
區域特輯 仙台 杜之都的文化體驗&美食饗宴 42
7 山寺·天童 44
8 出羽三山 46
區域特輯 鶴岡 漫步品味城下町風情 49
9 笹川水流 50
10 銀山溫泉·最上峽 52
區域特輯 酒田 散步在高雅港町&當地美食 55
11 鳴子·秋之宮 56
當地美食 南東北篇 58

北東北 59
12 八幡平·田澤湖 60
區域特輯 八幡平周邊 能感受大地能量的諸多溫泉 64
區域特輯 盛岡 吃遍當地美食「三大麵」 66
13 平泉·栗駒 68
區域特輯 平泉 遊覽孕育黃金文化的世界文化遺產 70
14 橫手·角館 72
區域特輯 角館 一邊品味小京都風情一邊散步 74
15 鳥海山·象潟 76
16 男鹿半島 78
17 陸中海岸 80
18 遠野 84
19 南三陸 86
20 奧入瀨·十和田·八甲田 88
21 岩木山·白神 92
區域特輯 弘前 復古洋樓巡禮，在時尚咖啡廳休憩 94
區域特輯 白神山地 在世界遺產森林中被大自然包圍 96
22 津輕半島 98
23 下北半島 102
當地美食 北東北篇 104

現在就開始計畫自駕遊計畫！充實的23條路線一目瞭然 附有卷頭INDEX MAP

～本書的使用注意事項～

請務必閱讀

■本書所刊載的內容為2017年9月～2018年1月的採訪和調查結果。

本書出版後，餐飲店的菜單和營業內容、費用等各項資訊皆有可能變更，或因季節而產生的變動、臨時休業、受災害影響等因素致無法利用。再者，各項費用也可能因消費稅的調整而變更。利用本書各項資訊時，請務必於行前再次確認。此外，因本書刊載內容而發生的糾紛和損害，請恕敝社無法賠償，請事先明瞭此點後，再使用本書。

各項資訊依照以下基準刊載

☎…電話號碼 刊載的電話號碼為各項設施的洽詢專線，**因此也有可能不是當地的電話**。利用導航等工具搜尋位置時，**可能會顯示出與實際位置不同的地點**，敬請留意。

L…營業時間·閉館時間
（住宿的IN／OUT為Check In·Out的時間）
營業時間·開館時間是刊載實際可以利用的時間。在各項設施是表示開館到最終入館時間，在餐飲店是表示開店到停止點餐的時間。此外，上述時間可能因季節或其他情況而變更，請多加留意。

休…休業日
原則上僅記載公休日，過年期間、盂蘭盆節、臨時休業等假日會省略。

¥…費用
各項設施的使用費用基本上是記載一般時間的成人費用。可能會因季節或活動等狀況而變更。再者，依設施而異，所記載的費用可能未含稅金。

P…停車場
記載是否有停車場、普通車停放數量、收費或免費。

【請求】本書也會介紹「與酒有關的景點」，但如有開車，請避免在當地飲酒。法律嚴禁酒駕。

封面主要照片／藥萊花園（宮城縣加美町 MAP121G-6）

依區域

自駕路線&MAP的使用方式

從 P.19 開始

內頁範例為以4頁介紹一條自駕路線的例子。另外，也有些頁面的地圖大小有異，或是以1～2頁介紹一條自駕路線的頁面。

介紹

自駕路線概要

說明在哪一條路線可以享受什麼樣的樂趣。

自駕重點

從以下14種類型中最多挑選5項，標示出自駕享樂的關鍵要素。

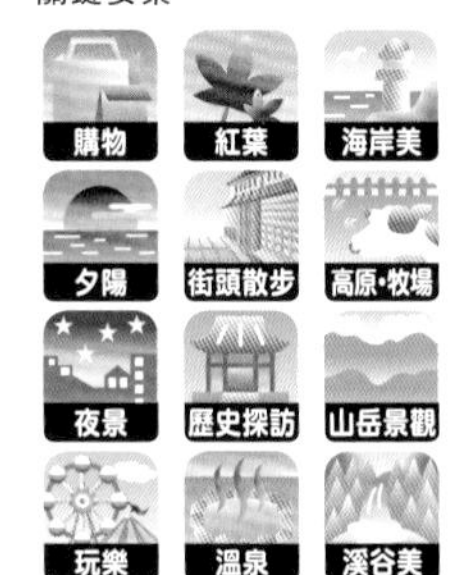

自駕路線

本書介紹的自駕路線都是介紹編輯部推薦的經典路線，但是路線、景點、行程組合皆有多種選擇。總之，請把經典路線當作一項提案來參考。

※最近的高速公路交流道是介紹其起終點。所需時間是以車流順暢的情況為標準。

※依出發地不同，另有希望留宿的路線，但是本書沒有特別設定住宿地點。

自駕MEMO

記載著塞車、停車場、公路資訊等行前必須瞭解的交通相關資訊。

內 頁 範 例

自駕MAP

刊載能瞭解該區域全體面貌的地圖，讓人不僅能探索本書介紹的自駕路線，還能自由自在地享受自駕遊的樂趣。除了經典路線之外，也刊載相關公路的自駕資訊和公路資訊，甚至還有花卉＆紅葉資訊、當地美食資訊。

經典路線相關

═══	介紹的經典路線
❶鶴ヶ城	經典路線景點
START GOAL	經典路線起終點

其他介紹景點

景點 玩樂
美食 咖啡廳
購物 不住宿溫泉
住宿 複合設施
公路休息站

其他

峠前後有連續髮夾彎窄路	自駕資訊
乙女百合花季在6月下旬～	花卉＆紅葉資訊
分量十足的當地美食決定版就是醬汁炸豬排	當地美食資訊

溫泉地 絕佳觀景點
賞花名勝 滑雪場
紅葉名勝 露營場
冬季封閉

自駕路線的景點

針對各路線的自駕遊覽，景點主要設定在大家都會去的主要觀光名勝、能向眾人推薦的絕佳觀景點、散步景點等。每個人享受自駕的方式都不同，因此本書的住宿和美食景點並非基於個人的喜好或便利性挑選。

話題景點

用專欄介紹當地美食等區域性的話題景點，以及雖然在自駕行程中並不順路，但若有時間仍想去看看的場所和活動。

這裡也很推薦

介紹刊載路線周邊的觀賞／玩樂／購物／美食等推薦的順路景點。請把經典路線當作參考，自由地規劃自駕遊行程。

2天1夜 奧入瀨·十和田湖 絕景自駕遊

從青森橫越八甲田的山頂，前往奧入瀨溪流。一邊眺望連綿約4km的清涼河流，一邊遊覽引人入勝的景點。不久，綠意環繞的十和田湖便會映入眼簾。變化萬千的絕景接連不斷，請盡情地享受吧！

能戴上祭典時配戴的花笠拍紀念照

能參觀大型睡魔燈籠的構造

能體驗青森睡魔祭的體驗型參觀設施

① 睡魔之家WARASSE

●ねぶたのいえわらっせ

一整年都能實際體驗青森睡魔祭的歷史和魅力。不僅會展示曾在正式祭典中出場的大型睡魔燈籠，還能欣賞囃子演奏的現場表演。

017-752-1311
9:00～19:00（9～隔年4月為～18:00，視設施而異）
休 8月9、10日 ¥ 成人600日圓、高中生450日圓、中小學生250日圓 P 100輛
MAP 99C-4

第1天

START 青森自動車道 青森中央IC
↓ 5km 10分
① 睡魔之家WARASSE
↓ 18km 35分
② 萱野高原
↓ 10km 15分
③ 城倉大橋
↓ 4km 10分
④ 酸湯溫泉 鬼面庵
↓ 1km 步行15分
⑤ まんじゅうふかし
↓ 15km 25分※
⑥ 蔦沼
↓ 6km 10分
⑦ 星野集團 奧入瀨溪流酒店 住宿

※從酸湯溫泉出發的距離和時間

一邊遠眺八甲田的群山，
一邊在茶屋喝能長生的茶

② 萱野高原

●かやのこうげん

平緩的丘陵草地一望無際，能欣賞恬靜的高原風景

喝下知名的「三杯茶」祈求長生吧

標高540m的高原，從正面能眺望八甲田的群山。翠綠的天然草地一望無際，視野無限寬闊，因此也是適合BBQ、野餐和自駕遊的地方。高原上的茶屋有名茶能免費飲用，據說「喝1杯多活3年，喝2杯多活6年，喝3杯能活到生命的盡頭」。營業期間從4月到11月上旬。

017-723-4670
（青森市觀光交流情報中心）
自由入場 P 使用萱野茶屋的停車場，50輛 MAP 89B-1

從橋上俯瞰的溪谷深度讓人讚嘆不已

也設有展望所，若天氣晴朗還能遠眺岩木山

城倉溪谷有深谷絕景，景色美不勝收

③ 城倉大橋

●じょうがくらおおはし

號稱日本最大規模的上路式拱橋。從橋上眺望的城倉溪谷美景秀麗不凡，甚至能遠眺岩木山、青森市街。橋的兩端設有停車場和廁所。

017-728-0247（東青地域縣民局地域整備部）
自由參觀 P 30輛 MAP 89B-2

④ 品嘗青森名產──生薑味噌關東煮和酸湯蕎麥麵

酸湯溫泉鬼面庵

●すかゆおんせんおにめんあん

使用酸湯蕎麥麵的暖烘山菜蕎麥麵750日圓

酸湯溫泉附設的餐飲店。酸湯蕎麥麵以八甲田的湧水手打而成，深受好評。富含當地現採山菜的「山菜蕎麥麵」和「生薑味噌關東煮」都很推薦。

☎017-738-6058
🕘9:00～16:45 休無休 P150輛
MAP 89B-2

店鋪販售的生薑味噌關東煮1盤300日圓

⑤ 連體內都溫暖起來，活用地熱的溫泉設施

まんじゅうふかし

在天然蒸氣噴發處的上方放置木箱，人們坐在上面溫暖身體的這種溫泉療法，別名稱做「ふかし湯」。對於婦女病和手腳冰冷、腰痛等症狀皆有療效。

☎017-738-6400(酸湯溫泉)
🕘自由使用(冬季封閉) P使用酸湯溫泉停車場 MAP 89B-2

想要一邊傾聽溪流的流水聲，一邊在「まんじゅうふかし」療癒身心

蔦沼的水面如鏡，映照周圍的群山

日本山毛櫸森林倒映在鏡面般的水面上，綠意耀眼迷人

⑥ 蔦沼

●つたぬま

設有好走的賞遊步道，非常舒服

自蔦溫泉後方延展而開的幽美池沼，四周環繞日本山毛櫸森林，瀰漫著寂靜的氛圍。在新綠和紅葉時期更遍是格外秀麗的風景。設有步道能遊覽散布四周的小沼澤。

☎0176-75-2425
(十和田湖國立公園協會)
🕘自由散步(冬季封閉)
P30輛 MAP 89B-2

順道前往的溫泉資訊 湧自浴池底部的豐富源泉讓人療癒身心

蔦溫泉旅館

●つたおんせんりょかん

老牌的旅館，四周環繞著稱做十和田湖樹海的日本山毛櫸原生林。溫泉浴池設在源泉上方，能享受剛湧出的天然溫泉。「泉響の湯」男女分室，裡面的羅漢柏香氣很舒服。

在大浴池外還備有包租浴池，能忘卻顧慮盡情享受

☎0176-74-2311 🕘10:00～16:00(受理時間為～15:30) ¥成人800日圓、小學生500日圓、幼兒免費、包租浴池1小時3240日圓(入湯費另計)
休冬季休業 P100輛 MAP 89B-2

可謂酒店象徵的暖爐，是岡本太郎的作品之一

在景色優美明亮的「Lounge森林神話」享受咖啡時光

⑦ 建在奧入瀨溪流旁，度假氣氛十足的飯店

星野集團　奧入瀨溪流酒店

●ほしのりぞーと　おいらせけいりゅうほてる

酒店最適合作為奧入瀨的觀光據點。有源泉放流的露天浴池能眺望清流和瀑布，並能盡情欣賞大自然美景。晚餐還能享用嚴選蘋果食材的自助餐。

☎0570-073-022
(星野集團預約中心)
¥1泊2食19000日圓～ 🕘IN15:00 OUT12:00 P100輛 MAP 89B-2

「希望顧客變得幸福……」，注入這項心願，以多層蘋果和派皮交疊而成的幸福蘋果法式千層酥1300日圓

以奧入瀨溪流的苔蘚為造型的苔玉冰淇淋1000日圓

享用星野集團 奧入瀨溪流酒店的
房客限定「溪流露臺午餐」

入住星野集團 奧入瀨溪流酒店，即可在面向溪流的露臺享用午餐。能從以蘋果製作醬汁麵糊的「蘋果咖哩」、外觀獨特的「苔蘚午餐拼盤」當中2擇1。在辦理退房的前後也能使用。

☎0570-073-022(星野集團預約中心)
🕘11:30～14:00(L.O.13:30)
¥午餐2160日圓、1泊2食19000日圓～
休無休 P100輛
MAP 89B-2

在溪流的流水聲環繞下享用午餐，格外優雅

肉類料理十分美味，上面塗抹香芹和大蒜、麵包粉拌成的醬汁，呈現出奧入瀨溪流苔蘚的模樣

奧入瀨首屈一指的溪流震撼力十足，景色壯觀

10 震撼力十足的水流是令人驚嘆的壯觀景色

阿修羅之流

●あしゅらのながれ

奧入瀨溪流中的代表景點。這條急流由湍急的水流和落差不大的瀑布交織而成，據說湍急程度就像會沖碎岩石一樣，故而命名為「阿修羅」。

自由參觀　P 無　MAP 89B-2

最適合奧入瀨散步計畫的資訊Get！

8 奧入瀨溪流館

●おいらせけいりゅうかん

除了展示奧入瀨溪流相關資料，還是一處複合設施，有咖啡廳空間以奧入瀨源流水泡出人氣熱咖啡，也有物產專區等。出租自行車（4～11月）也能在此租借。

☎0176-74-1233
9:00～16:30　休 無休　P 50輛　MAP 89B-2

➲咖啡廳和物產專區都有的複合設施

以便利的木屋風休憩所作為散步據點

9 石戶休憩所

●いしげどきゅうけいじょ

➲絕對要品嘗知名的奧入瀨霜淇淋

唯一的休憩設施，位在溪流沿岸，還備有停車場。附有能品嘗奧入瀨霜淇淋的輕食區、商店、沖水式廁所等，是散步途中舒適的休憩景點。

☎0176-74-2355　8:30～17:00　休 無休（商店12～隔年3月為週三休）　P 70輛　MAP 89B-2

向下強力沖刷的大瀑布是溪流散步的重點景點

11 銚子大瀑布

●ちょうしおおたき

奧入瀨溪流本流中的唯一瀑布。傲擁壯觀水量，高7m、寬20m，十分值得一看。旁邊有階梯步道，能近距離觀賞震撼力十足的景色。

自由參觀　P 20輛
MAP 89B-3

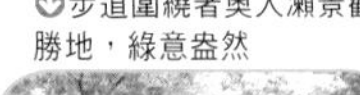

➲步道圍繞著奧入瀨景觀勝地，綠意盎然

➲向下強力沖刷的大瀑布是溪流散步的重點景點

點綴奧入瀨的知名瀑布和流水

欣賞流入本流的美麗瀑布、與青苔岩石造出的風景

許多瀑布都是從奧入瀨本流以外的山崖流下，為周邊風景增添不少色彩。其中的九段瀑布，數條細流從階梯狀的山崖流瀉而下，呈現出纖細的美感。利用步道走近，瀑布就近在眼前。河中生長著草木，九十九島的岩石如島嶼般遍布各處，景色有如日本庭院般美麗。

➲美麗的瀑布向下流瀉，彷彿是在階梯狀的岩石表面上作畫

➲苔岩打造出像大自然庭園般的美景

從瞰湖台環視的遼闊風景，美得讓人屏息讚嘆

位在斷崖上的展望台，眺望十和田湖的複雜灣岸

12 瞰湖台

●かんこだい

位在斷崖上的展望台能眺望十和田湖最深處的「中湖」。突出在中湖左右側的御倉半島和中山半島，四季都會展現出畫作般的美麗景色。

0176-75-2425（十和田湖綜合服務處）
自由參觀　P3輛　MAP 89B-3

一邊眺望美麗的惠比壽大黑島漂浮湖上，一邊在湖畔散步

在伴手禮店門口燒烤的味噌糰子是休屋的名產

佇立在御前濱的少女之像是十和田湖的象徵

作為十和田湖觀光的據點，有許多觀光客造訪

13 休屋

●やすみや

湖畔周邊最熱鬧的地點，觀光設施和遊覽船碼頭、伴手禮店、餐廳、飯店等比鄰而立。御前濱佇立著十和田湖的象徵──少女之像，是拍紀念照的重要景點。

0176-75-2425
（十和田湖綜合服務處）自由參觀
P使用休屋北、南停車場，1天1次500日圓，670輛　MAP 89B-3

休屋的美食景點 とちの茶屋

●とちのちゃや

能品嘗使用姬鱒和虹鱒的豐富鄉土特色料理

能享用以十和田湖特產的天然食材入菜的姬鱒料理、虹鱒料理。除了鹽烤，也有生魚片和鮭魚卵丼飯，每一道都是肉質肥美的頂級美味。還有南部蕎麥麵和稻庭烏龍麵。

0176-75-2231
4月中旬～11月中旬、10:00～15:30　休營業期間中無休　P20輛
MAP 89B-3

虹鱒鮭魚卵丼飯 1350日圓

Plusα的享受！

十和田湖的展望台

遊覽十和田湖的觀景點也別有一番樂趣

十和田湖除了瞰湖台還有3處展望台，分別是西岸的瀧之澤展望台、北岸的御鼻部山展望台、南岸的發荷峠展望台。御鼻部山展望台位在四大展望台的最高處，清楚看見湖泊的形狀。若天氣晴朗，往北還能眺望被稱做津輕富士的岩木山。在發荷峠展望台，藍綠色的湖面教人印象深刻，更能觀賞到壯觀絕倫的景色。連綿在十和田破火山口湖的外輪山和八甲田連峰，由展望台正面鋪展開來。

0176-75-2425
（十和田湖綜合服務處）
自由參觀　P御鼻部山展望台50輛、發荷峠展望台30輛　MAP 89B-3

御鼻部山展望台海拔很高，能俯瞰湖泊

四大展望台中設備最完善的發荷峠展望台

一邊觀賞知名瀑布七滝的壯觀景色，一邊休息

14 公路休息站 こさか七滝

●みちのえきこさかななたき

在滝の茶屋能品嘗以特產桃豬入菜的料理。榮獲日本瀑布百選的知名瀑布「七滝」，瀑布奔流七層傾洩而下，瀑布旁邊的綠色廣場則是絕佳的休憩景點。

建在十和田湖和東北自動車道的中央位置

0186-29-3777
9:00～17:00（餐廳為10:00～15:00）　休無休（直營店和餐廳為11月中旬～隔年4月中旬休）
P39輛　MAP 89A-4

要順道前往就來這裡!

東北備受矚目的 SA·PA美食

高速公路休憩景點不可或缺的服務區和停車區。
近來都會舉辦料理比賽和丼飯競賽等活動，
各種美味相互競爭，互相切磋。
出發去尋找當地特有的鄉土美味吧！

南東北區域

東北道（白河IC～若柳金成IC）

山形道

山形自動車道

←鶴岡IC　西川IC　寒河江SA　寒河江IC　東根IC↑　山形JCT　東北中央自動車道　↓山形上山IC　山形北IC　山形蔵王IC　山形蔵王PA　関沢IC　スマートIC

宮城縣 MAP 45D-2•126D-4

上行 菅生(すごう)PA

牛舌麥飯丼 1080日圓

用胡椒鹽簡單調味，襯托出牛舌的美味。附牛尾湯，十分值得品嘗

0224-83-2918

WC男大 5・男小 14／女 29

輪椅WC 1

P大型 21／小型 99

輪椅P 1 GS有

24小時（麵包工房為7:00～19:00）

宮城縣名產齊聚的停車區。美食區豐富的精選菜單都以當地食材入菜，其中最推薦的餐點是「牛舌麥飯丼」。用實惠的價格就能輕鬆享用仙台名產──牛舌。牛舌都是在店內燒烤，而直接在火上慢慢鹽烤的柔軟牛舌，和使用宮城縣產ひとめぼれ稻米的麥飯，兩者十分相襯，是自供應以來就穩坐No.1的人氣菜單。

山形縣 MAP 126A-2

下行 上行 寒河江(さがえ)SA

0237-83-5611

WC男大 2・男小 5／女 8

輪椅WC 1

P上:大型 23／小型 30 下:大型 34／小型 30

輪椅P 1 GS有

8:00～20:00

因為是上下行雙向共用的服務區，所以往返兩方都能利用。知名的水果寶庫寒江河，特有商品一應俱全，特別是陳列著現烤麵包的烘焙店更是廣受好評。色彩鮮明的蘋果麵包和水蜜桃麵包等商品深受女性喜愛，酸甜的香味讓人口水直流。

蘋果麵包 160日圓

水蜜桃麵包 160日圓

大紅蘋果造型的蘋果派、淡粉紅色的水蜜桃派，請一起享用

福島縣 MAP 130B-3

下行 福島松川(ふくしままつかわ)PA

024-567-4138

WC男大 4・男小 10／女 14

輪椅WC 1

P大型 14／小型 50

輪椅P 1 GS無

7:30～19:30

福島內臟丼 800日圓

以甜辣味噌為基底的醬料，拌入米飯十分對味。肯定會吃得很飽

福島市有許多供應內臟料理的餐飲店，廣受當地民眾喜愛。福島松川PA（下行線）提供「福島內臟丼」。福島縣山麓高原豬的內臟，和美味可口的「肥腸」搭配出濃厚口味，是當地自豪的美食。

福島縣 MAP 130A-6

上行 安積(あさか)PA

024-947-6850

WC男大 4・男小 12／女 16

輪椅WC 1

P大型 48／小型 37

輪椅P 1 GS有

24小時（小吃店專區為7:00～21:00）

福島豬五花丼 980日圓

這道冠名「福島」的丼飯是地產地銷的菜單，在熱騰騰的米飯上奢侈地鋪滿6片精心燒烤的柔軟豬五花，分量十足。

丼飯撒上蒜片，感覺能恢復體力

資訊　茶飲服務　郵筒　FAX　提款區　育嬰區　狗狗運動場　投幣式淋浴間　浴池・溫泉　飯店　智慧型IC　高速公路資訊站　無

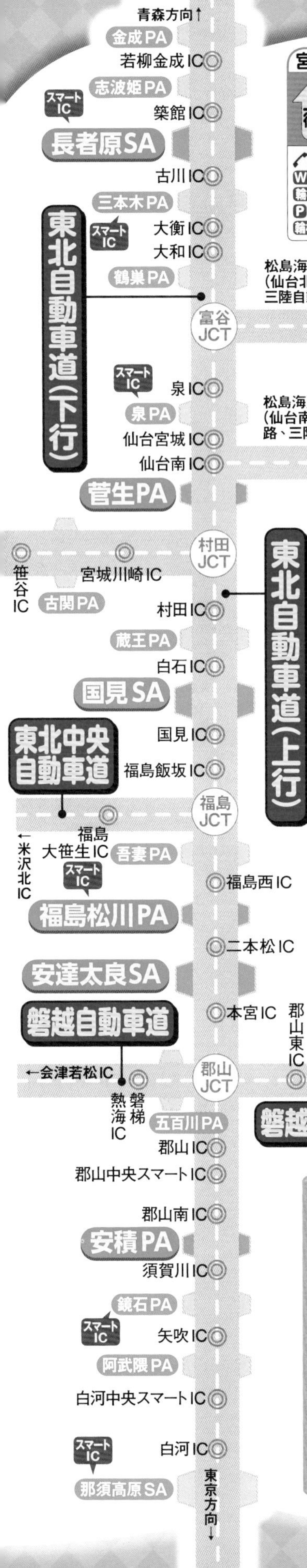

宮城縣 MAP 122A-5

上行 長者原SA

ちょうじゃはら

✆0229-28-3717
WC男大 6・男小 13/女 21
輪椅WC 1
P大型 27/小型 107
輪椅P 1 GS有
24小時
(餐廳為7:00～21:00)

牛舌雙享丼

1080日圓

丼飯在同一個盤子中，裝入點餐後才在店內現烤的「網燒牛舌」、和花時間熬煮的「軟嫩牛舌」。一盤就能享用不同口感的菜單價優物美。雖說是丼飯，但特色卻是白色的長餐具。

牛舌會附常見的牛尾湯

話題甜點

きになるデリシャス とまとジュエリー
6入裝700日圓

以酸甜均衡的美味番茄製作而成的果凍

不只有福島，東北各地名產大集合的實惠菜單

福島牛圓木盒便當

1380日圓

名產齊聚一堂的 產地直銷 設施大受歡迎

福島縣 MAP 130C-1

下行 国見SA

くにみ

✆024-585-3561
WC男大 7・男小 15/女 16
輪椅WC 1
P大型 43/小型 100
輪椅P 2 GS有
24小時
(餐廳為7:00～21:00)

加入福島牛、鴻喜菇、小竹筍、香菇、胡蘿蔔的圓木盒蒸飯料理。附季節小菜、稻庭烏龍麵、和甜點毛豆白玉團子。好想品嘗熱騰騰的圓木盒便當。

當地甜點

紅豆餡凍天
1個180日圓

福島的鄉土料理。用甜甜圈風格的麵衣包裹紅豆餡和冷凍草餅的甜點

国見SA的「E-NEXCO野菜市場」以實惠的價格販售福島縣生產的蔬菜和水果。水蜜桃和蘋果等鮮嫩多汁的當季水果，當作伴手禮也很合適。其他的SA・PA也有許多豐富的產地直銷設施，請確認一下吧。

話題甜點

ぬるだけクリームボックス 648日圓

這款甜味奶油只要塗在吐司上，就能重現福島縣郡山當地甜點「奶油盒子」的滋味

福島縣 MAP 130A-4

上行 安達太良SA

あだたら

✆0243-33-1151
WC男大 8・男小 26/女 25
輪椅WC 1
P大型 32/小型 233
輪椅P 2 GS有
24小時(餐廳為7:00～21:00、12～隔年2月平日為11:00～)

安達太良咖哩飯

1280日圓

千層炸肉排的鬆軟口感和咖哩的辛辣交織出絕妙滋味

在二本松市內展店達17家店鋪的安達太良咖哩。安達太良SA上行線的咖哩，是使用福島縣產黑毛和牛中最高等級的「福島牛」，製作而成的炸肉排咖哩。炸肉排的特色是把薄切的福島牛肉層層疊出千層派的鬆軟口感。米飯的形狀也仿造安達太良山的樣子。

↑穩居青森市B級美食的一款當地拉麵

味噌咖哩牛奶拉麵
750日圓

青森縣 MAP 93B-4·109F-4

下行 津軽SA（つがる）

0172-44-7192
WC男大 5·男小 15／女 13
輪椅WC 1
P大型 29／小型 131
輪椅P 1 GS無
8:00～20:00

在味噌和咖哩中加入牛奶的拉麵，乍看是意外的組合，但因一吃就會上癮而廣獲好評。辛辣的咖哩用牛奶烹煮出柔順口感，再加入味噌襯托出濃醇湯頭，是在其他地方嘗不到的滋味。在青森已悄悄成為熱潮。

話題甜點

気になるリンゴ紅玉
1個700日圓

「気になるリンゴ」使用的是「紅玉」蘋果。將整顆蘋果醃漬在糖漿中，再裹上派皮烤出的蘋果派。清脆的口感讓人讚不絕口

稻庭拉麵
880日圓

岩手縣 MAP 117H-5

下行 上行 錦秋湖SA（きんしゅうこ）

0197-82-3574
WC男大 5·男小 14／女 20
輪椅WC 1
P上:大型 22／小型 42
下:大型 22／小型 44
輪椅P 1 GS有
7:00～20:00（12～隔年3月為10:00～18:00）

以稻庭烏龍麵製法製作的拉麵，特色是口感滑順。高速公路中只在錦秋湖SA才能嘗到這道佳餚。

→醬油湯底和麵條的搭配組合十分對味

話題甜點

えだまめころころ
680日圓

用秋田縣產毛豆做成的一口煎餅。毛豆的風味在口中擴散開來

北東北區域

東北道（一関IC～浪岡IC）
秋田道
八戸道

男鹿魚醬炒麵（附湯）
750日圓

秋田縣 MAP 73A-2·117E-2

上行 西仙北SA（にしせんぼく）

0187-78-1726
WC男大 3·男小 9／女 11
輪椅WC 1
P大型 28／小型 46
輪椅P 1 GS無
8:00～20:00

鹽味炒麵所用的魚醬「しょっつる」，是以男鹿鄉土料理常用的日本叉牙魚製作而成。特製麵條添加了海帶芽粉和昆布高湯，散發出大海的香氣。

←自販售以來，香氣豐富的炒麵人氣持續攀升。氣勢直逼B級美食冠軍「橫手炒麵」。

秋田自動車道：←秋田中央IC、スマートIC 西仙北SA、大曲IC、大森PA、横手IC、山内PA、錦秋湖SA（上下線共通）、湯田IC、北上西IC、北上JCT；湯沢横手道路：十文字IC、↓湯沢IC

話題甜點

稻庭花林糖
1袋388日圓

用白神山地的天然水和北海道產的麵粉揉製出稻庭烏龍麵，再以獨特製法製成美味甜點

東北自動車道（下行）
（青森自動車道）↑青森東IC
浪岡IC
高舘PA
黒石IC
津軽SA
大鰐弘前IC
阿闍羅PA
碇ヶ関IC
小坂PA
小坂IC
十和田IC
花輪SA
鹿角八幡平IC
湯瀬PA
田山PA
安代IC
安代JCT
畑PA
前森山PA
松尾八幡平IC
岩手山SA
西根IC
滝沢IC
滝沢PA
盛岡IC
盛岡南IC
矢巾PA
紫波IC
紫波SA
花巻IC
花巻JCT
花巻南IC
花巻PA
北上江釣子IC
北上JCT
北上金ヶ崎PA
北上金ヶ崎IC
水沢IC
奥州スマートIC
前沢SA
平泉前沢IC
中尊寺PA
一関IC
↓東京方向

info 資訊　茶飲服務　郵筒　FAX　提款區　育嬰區　狗狗運動場　投幣式淋浴間　浴池·溫泉　飯店　智慧型IC　高速公路資訊站　無

比內地雞的Q彈口感和半熟蛋非常搭。每次咬下就會溢出的肉汁，讓人讚不絕口

秋田縣 MAP 113H-2

上行 花輪SA（はなわ）

0186-22-0967
WC 男大 4・男小 7／女 10
輪椅WC 1
P 大型 14／小型 70
輪椅P 1 GS 有(自助式)
7:30～19:30(はなや小町為9:00～17:00)

最受歡迎的菜單是用比內地雞做成的親子丼。雞蛋煮得軟嫩＆滑順。使用八幡平豬肉的當地菜單也廣受好評。

想輕鬆品嘗 外帶菜單

味噌米棒 1根230日圓

話題甜點

大直利 1條198日圓 3條594日圓

以滿滿的大顆核桃揉製而成的柚餅子。「大直立（おおなおり）」的名字是以附近尾去澤礦山的礦石形象命名

盛岡冷麵 840日圓

二戸PA　折爪SA　淨法寺IC　九戸IC　一戸IC　八戸自動車道　→八戸IC

岩手縣 MAP 61C-2・114B-5

下行 岩手山SA（いわてさん）

杜仲茶豬的豬排煮定食 1280日圓

0195-75-0643
WC 男大 3・男小 9／女 18
輪椅WC 2
P 大型 34／小型 91
輪椅P 1 GS 有
24小時(餐廳為7:00～21:00，點心店おあげんせ為冬季休業、9:00～17:00)

以岩手山麓的好水、空氣和乾淨豬舍養出的岩手縣產杜仲茶豬，炸成豬排後即用特製的甜辣醬汁烹煮，再淋上蛋液製成熱騰騰又分量十足的定食。能盡情品嘗美味軟嫩的獨特肉質。

能盡情享用岩手產杜仲茶豬，滿載八幡平豐富資源、飽含地方風情的深韻美味

岩手山SA（下行）　哈密瓜麵包，造型發想來自佇立後方的岩手山

從服務區能遠眺南部富士──岩手山。原創的哈密瓜麵包設計成岩手山山貌的造型，蔚為話題。富含哈密瓜奶油的麵包製作數量有限，請盡早購買。在上行線還有「岩手山哈密瓜麵包」，外皮酥脆、內餡Q軟的滋味頗富人氣，其中又添加鮮奶油，美味更勝一籌。

圖為岩手山哈密瓜麵包190日圓（下行）
還有岩手山哈密瓜麵包（添加鮮奶油）290日圓（上行）

東北自動車道(上行)

岩手縣 MAP 118B-3

上行 紫波SA（しわ）

019-673-6121
WC 男大 6・男小 9／女 22
輪椅WC 1
P 大型 32／小型 113
輪椅P 1 GS 有
7:00～22:00(餐廳為9:00～21:00，SIWASWANS為9:00～18:00)

人氣餐廳提供使用花卷當地品牌豬──白金豬（Platinum Pork）的豐富菜單。商店販售ぴょんぴょん舎的冷麵和花月堂的蛋糕捲。

說到盛岡就會想到冷麵！Q彈麵條和清爽湯頭是美味關鍵

花巻空港IC　釜石自動車道　→東和IC

想輕鬆品嘗 外帶菜單

前澤牛青蔥串烤800日圓～

岩手縣 MAP 69E-1・122B-1

下行 前沢SA（まえさわ）

0197-56-2715
WC 男大 7・男小 10／女 19
輪椅WC 1
P 大型 26／小型 85
輪椅P 2 GS 有
24小時(餐廳為7:00～21:00，牛ちゃん為8:00～17:00)

靜置1週以上的前澤牛，雜穀米燒肉丼、迷你牛排佐溫野菜。燒肉丼可品嘗到以三陸海產等食材熬煮的高湯，以及用岩手縣產山葵製作的茶漬風味料理。還會附上包含扇貝、三陸產鱈魚和秋刀魚魚丸的土瓶蒸風味料理，餐具使用厚重的南部鐵器。

甜點提供岩手縣產藍莓製成的義式冰淇淋

話題甜點

黃金霜淇淋 390日圓

平泉黃金文化被登錄為世界遺產，杯裝霜淇淋就是根據此形象打造的

公路休息

在米麵包漢堡中夾入礦物質蔬菜和炸麵筋的人氣鮮蔬漢堡300日圓

使用礦物質蔬菜的健康菜單應有盡有

國道49 MAP 129 E-4

福島縣西會津町

公路休息站 にしあいづ

みちのえきにしあいづ

主要設施「ミネラル野菜の家」以礦物質蔬菜為主題，提供美味餐點和鮮蔬。這道西會津名產「鮮蔬漢堡」採用米麵包漢堡，是富含蔬菜的健康佳餚。

☎0241-48-1512
所 福島県西会津町野沢下條乙1969-26 L 9:00～19:00(12月1日～隔年3月15日為～18:00) 休 無休 P 108輛

位在奧會津的玄關口，提供會津的鄉土餐點

國道252 MAP 25A-1・129 E-4

福島縣柳津町

公路休息站 会津柳津

みちのえきあいづやないづ

位在國道252號旁邊，農產品直營店、餐廳齊聚，提供觀光情報並販售物產品。會津特有美食就是醬炸豬排丼。米飯上鋪滿玉子燒，烹調出柳津獨家的創意美食。

☎0241-42-2324
所 福島県柳津町柳津下平181-1 L 9:00～18:00(冬季為～17:00。餐廳為11:00～14:00，週六、週日、假日為～15:00，L.O.為30分鐘前) 休 無休 P 100輛

鋪滿玉子燒的柳津醬炸豬排750日圓

以拉麵為主題的獨特料理大集合

國道121 MAP 29A-3・129F-3

福島縣喜多方市

公路休息站 ふれあいパーク 喜多の郷

みちのえきふれあいぱーく きたのさと

公路休息站位在倉庫與拉麵之城喜多方。鄉土料理餐廳提供拉麵丼和拉麵漢堡等餐點。拉麵丼以拉麵湯頭炊出米飯，再鋪上拉麵配料，拉麵漢堡則是用麵條代替漢堡麵包。

☎0241-21-1139
所 福島県喜多方市松山町鳥見山三町歩5598-1 L 8:30～17:00(餐廳為10:00～18:00，入浴設施為9:00～21:00) 休 視設施而異 P 226輛

「拉麵丼600日圓」的美味關鍵，是以拉麵湯頭炊煮的米飯

使用登米名產油麩的知名丼飯很受歡迎

以油麩製成的炸豬排風「もくもく丼770日圓」是登米名產

國道45 MAP 86 A-1・122 C-5

宮城縣登米市

公路休息站 津山 もくもくランド

みちのえきつやまもくもくらんど

建築物和步道使用大量杉木興建，是充滿閑靜空間的公路休息站。說到登米名產，就會想到以麵筋油炸而成的油麩。像肉一樣的口感，常用於燉煮等料理。

☎0225-69-2341
所 宮城県登米市津山町横山細屋26-1 L 9:00～17:00(餐廳為10:00～18:00) 休 無休 P 140輛

名產霜淇淋&義式冰淇淋

4 福島縣 MAP 130B-3

公路休息站 安達智恵子の里

みちのえきあだちちえこのさと

和紙霜淇淋 350日圓

霜淇淋裡混入特產品和紙的原料構樹樹葉。

121 福島縣 MAP 25B-4・133E-3

公路休息站 たじま

みちのえきたじま

蘆筍霜淇淋 300日圓

只在當地蔬果齊聚的直營店才能嘗到的霜淇淋。

47 宮城縣 MAP 57C-4・121H-5

公路休息站あ・ら・伊達な

あらだてなみちのえき

ROYCE' 霜淇淋 300日圓

門口販售的ROYCE'霜淇淋特別受女性歡迎。

13 山形縣 MAP 44A-1・126B-2

公路休息站 天童溫泉

みちのえきてんどうおんせん

達達茶豆義式冰淇淋 300日圓

以蔬果製作的義式冰淇淋是名產，各式各樣的口味依不同季節登場。

公路休息站善用各個區域的風格，有豐富多樣的當地特有美食和伴手禮！魅力十足的公路休息站讓人想專程去逛逛，請悠閒地享受吧。

當地美食

能開心挑選丼飯的「鳥海選丼」最受歡迎

國道 7
MAP 77A-2・116C-5
秋田縣 仁賀保市
公路休息站 象潟ねむの丘
みちのえききさかたねむのおか

仁賀保位在鳥海山麓，在由利本莊區推展的「鳥海選丼」，在公路休息站的餐廳也有供應。能從烤牛肉和日本叉牙魚丼等各種當地丼飯中選出2種搭配，是非常有趣的菜單設計。

☎0184-32-5588

所 秋田県にかほ市象潟町大塩越73-1 L 9:00～21:00(餐廳為11:00～20:00) 休 無休(12～隔年3月休第3週一，入浴設施休第3週一，7月、8月無休) P 336輛

「鳥海選丼1269日圓」能選擇2種丼飯，還會附日本叉牙魚烏龍麵

從PORT TOWER眺望的景色美不勝收！以鮮蔬入菜的自助佳餚廣受好評

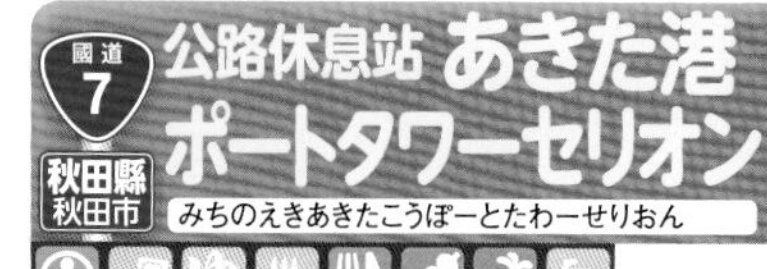

MAP 79C-4・112D-6
國道 7
秋田縣 秋田市
公路休息站 あきた港 ポートタワーセリオン
みちのえきあきたこうぽーとたわーせりおん

以PORT TOWER SELION為中心，具備室內設施SELION RISTA和活動廣場等設施。SELION KITCHEN的午餐是套餐，有數種新鮮沙拉的自助佳餚搭配飲料，廣受好評。

☎018-857-3381

所 秋田県秋田市土崎港西1-9-1 L 9:00～21:00(SELION GARDEN為～18:00、7～9月為～19:00、12～隔年3月為～17:00，SELION KITCHEN為11:00～14:30，咖啡廳為10:00～16:30) 休 無休 P 248輛

附自助佳餚和飲料的「福活饗盤（炸河豚定食）980日圓」

在當地食材餐廳山海里能品嘗「海女丼2980日圓」

能一望岩手山，景色豐富的公路休息站

能品嘗以八幡平市特產菠菜入菜的咖哩飯和霜淇淋。商店主要販售號稱日本產量第一的山葡萄相關商品。產直區則販售價格便宜的新鮮蔬菜。

☎0195-75-0070

所 岩手県八幡平市大更2-154-36 L 8:30～18:00(11～隔年3月為9:00～17:00，餐廳為11:00～16:00) 休 12月31日、1月1日 P 100輛

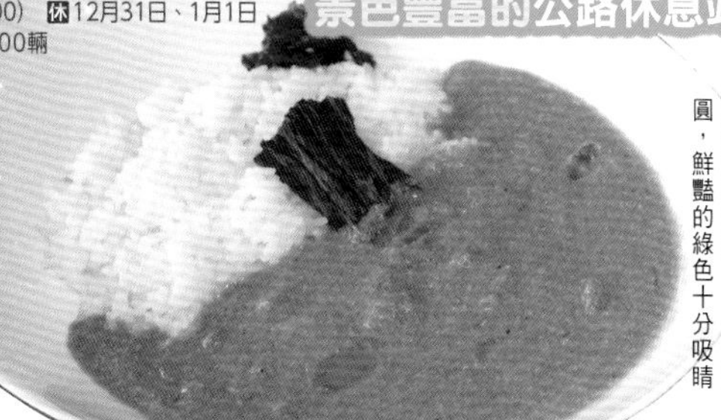
菠菜咖哩飯1850日圓，鮮豔的綠色十分吸睛

久慈觀光&特產品的資訊傳播基地

MAP 115F-2
國道 281
岩手縣 久慈市
公路休息站 くじ やませ土風館
みちのえきくじやませどふうかん

物產館、觀光交流中心、復古館等設施一應俱全。在餐廳能品嘗海女丼、琥珀丼、開運丼、漁師投げこみ丼等海鮮料理的菜單和久慈核桃丸子湯。

☎0194-52-2289(土の館)
☎0194-66-9200(風の館)

所 岩手県久慈市中町2-5-6 L 9:00～19:00(10～隔年3月為～18:00，餐廳為11:00～) 休 1月1日(視設施而異) P 55輛

能品嘗十和田的B級美食、烤青森牛五花

使用牛肉和豬肉的「十和田烤五花肉」是十和田廣受喜愛的家庭料理，而當地為善用地區資源還組建了市民團隊「十和田バラ焼きゼミナール(十和田烤五花研討組)」。在レストランつつじ能品嘗烤牛五花定食。

☎0176-28-3790

所 青森県十和田市伝法寺平窪37-2 L 7:00～20:00(11～隔年3月為8:00～19:00，餐廳為11:00～19:00、11～隔年3月為～18:00) 休 無休 P 217輛

十和田的代表美食烤青森牛五花定食1400日圓

公路休息站 尾花沢

●みちのえきおばなざわ

西瓜霜淇淋 320日圓

能品嘗富含西瓜名產地特有西瓜汁的霜淇淋。

283 岩手縣 MAP 85B-2・118C-4 公路休息站 みやもり

●みちのえきみやもり

山葵霜淇淋 270日圓

特產山葵根和山葵葉是名產，也用於霜淇淋中。

13 秋田縣 MAP 73B-3・117F-4 公路休息站 雁の里せんなん

●みちのえきかりのさとせんなん

香草南瓜綜合霜淇淋 300日圓

依照季節能品嘗巨峰或薰衣草、南瓜等口味的霜淇淋。

7 青森縣 MAP 93C-4・109F-3 公路休息站 なみおか「アップルヒル」

●みちのえきなみおかあっぷるひる

原創義式冰淇淋蘋果單球 280日圓

蘋果採收自附設的蘋果園，製出的霜淇淋可是頂級美食。

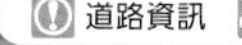 道路資訊 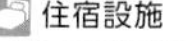 住宿設施  浴池 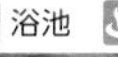 溫泉 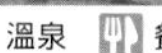 餐廳或輕食  商店 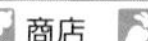 產地直營店 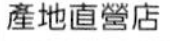 租自行車 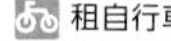 表示「沒有」此項服務

必買伴手禮
公路休息站精選

城下町二本松的知名點心應有盡有

可愛的心形玉羊羹5顆裝594日圓

國道4 MAP 130B-3
福島縣 二本松市
公路休息站 安達智恵子の里
みちのえきあだちちえこのさと

二本松當地特產品、名產等，豐富多樣的縣內伴手禮商品一應俱全。格外受歡迎的「玉嶋屋」名產羊羹，傳承自江戶時代的不變製法，堅持手作風味。今年更推出心形的玉羊羹。

0243-61-3100
所 福島県二本松市下川崎上平33-1 L 9:00～18:00(食堂為7:00～19:00，視上行和下行的設施而異)
休 視店鋪而異 P 上行140輛、下行101輛

櫻桃主題的點心和加工商品大集合

半解凍時最好吃的小果凍櫻桃1296日圓

MAP 126A-2
國道112
山形縣 寒河江市
公路休息站 寒河江チェリーランド
みちのえきさがえちぇりーらんど

栽培100多種櫻桃的櫻桃主題公園。販售許多以櫻桃製作的伴手禮。其中的「小果凍櫻桃」是把蜜煮櫻桃放入果凍中冷凍製成，外觀帶著漂亮光澤。

0237-86-3111
所 山形県寒河江市八鍬川原919-8 L 9:00～18:00(11～隔年3月：櫻桃會館為～17:00，櫻桃樂園寒河江為～17:30)、餐廳為10:30～17:00
休 無休 P 1000輛

天童特產法蘭西梨做成的點心和冰淇淋深受歡迎

使用天童產的法蘭西梨，甜韻高雅的法蘭西梨冰淇淋270日圓

國道13 MAP 44A-1·126B-2
山形縣 天童市
公路休息站 天童温泉
みちのえきてんどうおんせん

縣內知名水果大國「天童」所特有的水果，初夏是櫻桃、秋天則是法蘭西梨和蘋果等，其製成的水果加工商品在休息站的周圍設施豐富滿載。其中的法蘭西梨冰淇淋大量使用法蘭西梨的香醇果汁，是人氣商品。

023-651-2002
所 山形県天童市鍬ノ町2-3-41
L 9:00～18:00(餐廳為～16:00) 休 不定休 P 263輛

在聞名的啤酒花產地——遠野品嘗當地啤酒

上閉伊酒造釀造的遠野麥酒各432日圓

國道283 MAP 85B-3·118D-4
岩手縣 遠野市
公路休息站 遠野風の丘
みちのえきとおのかぜのおか

遠野是民間童話的故鄉，盛行栽培啤酒的原料啤酒花。從這遠野風土孕育而生的當地啤酒「遠野麥酒ZUMONA」口味清爽，廣受好評。標籤也出自遠野的河童傳說。

0198-62-0888
所 岩手県遠野市綾織町新里8-2-1 L 8:00～19:00(冬季為8:30～17:30)、餐廳為11:00～17:00
休 無休 P 178輛

潟上大豆製成的豆腐和味噌活用於甜點中

縣道56 MAP 79B-3·112C-5
秋田縣 潟上市
公路休息站 てんのう 天王グリーンランド
みちのえきてんのうてんのうぐりーんらんど

高人氣的公路休息站有高59.8m的天王Sky Tower能一望日本海，還有溫泉設施「天王温泉くらら」。豆腐、味噌和醬油等豐富的加工產品都是以潟上特產的大豆為原料而製作，在馬卡龍等甜點中也會使用味噌等食材。

018-878-6588
所 秋田県潟上市天王上谷地109-2
L 9:00～18:00(冬季為～17:00)、そば屋八兵衛為11:00～15:00，天王温泉くらら為9:00～22:00(冬季為～21:00) 休 無休(天王温泉くらら為第2週一休、逢假日則翌日休) P 605輛

以當地水果和味噌製作的手工馬卡龍是最受歡迎的口味，各162日圓

New Open!

2018年春季開幕
115 福島縣 MAP 130C-2
公路休息站 伊達の郷りょうぜん
みちのえきだてのさとりょうぜん

鄰接相馬福島道路的靈山IC。設有農產直營店販售蜜柿餅、米穀類等商品，還有餐廳提供伊達食材的料理。

024-573-4880
所 福島県伊達市霊山町下小国桜町3-1
L 9:30～18:00 休 不定休
P 97輛

2018年4月20日開幕
1 山形縣 MAP 29B-1·129H-1
公路休息站 米沢
みちのえきよねざわ

作為山形縣南方的大門，傳播廣域觀光資訊，並配置接待外國觀光客的觀光接待員。設置巴士站，並企劃、販售旅行商品。

0238-40-8400
所 山形県米沢市川井1039-1
L 9:00～18:00(餐廳為10:00)
休 無休 P 230輛

2018年4月開幕
103 秋田縣 MAP 89B-4·113H-1
公路休息站 おおゆ
みちのえきおおゆ

位在有800年開湯歷史的溫泉鄉中心，備有活用溫泉的足湯和遊戲場。設置戶外廣場和生態空間等綠地，是一處融合大自然的設施。

0186-22-4184
所 秋田県鹿角市十和田大湯中谷地19
L 視設施而異 休 視設施而異 P 66輛

2018年開幕
284 岩手縣 MAP 87C-1·122D-2
公路休息站 むろね
みちのえきむろね

販售當地產品、加工品、海產等商品，活化當地產業。宣傳魅力十足的觀光資源和傳統文化，並透過所提供的觀光及道路資訊提升使用便利性。

0191-34-4180
所 岩手県一関市室根町折壁向山131-9
L 9:00～18:00 休 無休 P 32輛

2017年11月17日開幕
28 青森縣 MAP 93B-3·109E-4
公路休息站 津軽白神
みちのえきつがるしらかみ

作為世界自然遺產「白神山地」的大門，傳播道路資訊和觀光情報、地區資訊等。觀光服務處並有津輕白神旅行社。

0172-85-2855 所 青森県西目屋村田代神田219-1 L 9:00～17:00(冬季為～16:00，餐廳為11:00～15:00、冬季為～14:00) 休 無休 P 73輛

道路資訊 住宿設施 浴池 溫泉 餐廳或輕食 商店 產地直營店 租自行車 表示「沒有」此項服務

南東北

INDEX

1 磐梯·豬苗代…P.20

2 南會津…P.24

區域特輯
會津若松 漫步在摩登復古街頭…P.26

3 喜多方·米澤…P.28

區域特輯
喜多方 吃遍拉麵&遊遍倉庫…P.30
米澤 上杉氏淵源地的歷史散步&米澤牛美食…P.32

4 鹽屋埼·五浦…P.34

5 藏王…P.36

6 松島…P.40

區域特輯
松島 日本三景的歷史&松島美食…P.41
仙台 杜之都的文化體驗&美食饗宴…P.42

7 山寺·天童…P.44

8 出羽三山…P.46

區域特輯
鶴岡 漫步品味城下町風情…P.49

9 笹川水流…P.50

10 銀山溫泉·最上峽…P.52

區域特輯
酒田 散步在高雅港町&當地美食…P.55

11 鳴子·秋之宮…P.56

當地美食 南東北篇…P.58

閃耀祖母綠光彩的藏王御釜（P.36）

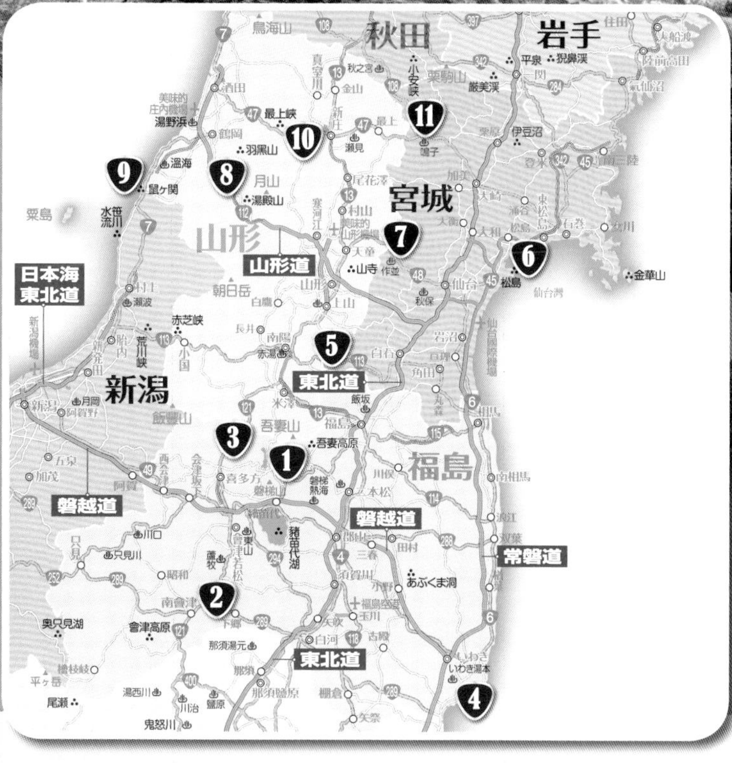

秋田
岩手
宮城
山形
新潟
福島
山形道
日本海東北道
東北道
磐越道
常磐道

彌漫懷舊氛圍的銀山溫泉（P.54）

湖沼顏色各異的五色沼湖沼群（P.22）

跨越天空的山岳自駕遊，探訪豐富繽紛的湖沼群

●ばんだい・いなわしろ 書末地圖 P.129·130

1 COURSE

磐梯·豬苗代

自駕重點

山岳景觀 紅葉 溫泉 玩樂 溪谷美

↑開展在吾妻小富士山麓的淨土平風景

自駕路線

推薦！當日來回

路線行車距離 約127km 路線行車時間 約3小時40分

START 福島西IC ← 78km 55分 東北自動車道 ← 仙台宮城IC

29km 45分／ 5 70 磐梯吾妻SKYLINE

荒涼的火山風景近在眼前
1 淨土平

31km 50分／ 磐梯吾妻SKYLINE

生氣蓬勃的水流和溪谷之美
2 中津川溪谷

9km 15分／ 磐梯吾妻LAKELINE

色彩繽紛的動人沼湖風景
3 五色沼湖沼群

3km 10分／ 459

磐梯火山爆發而成的寧靜湖泊
4 檜原湖

44km 1小時25分／ 磐梯吾妻GOLDLINE 7 205 49

從獨特的遊覽船飽覽絕景
5 豬苗代湖

3km 5分／ 49

介紹英世的生平和家族
6 野口英世紀念館

8km 10分／ 49 115

GOAL 豬苗代磐梯高原IC → 139km 1小時35分 磐越自動車道 ▶ 東北道 → 仙台宮城IC

自駕路線概要

從位在福島市西方的高湯溫泉，行駛磐梯吾妻SKYLINE穿越吾妻山巒，前往遍布湖沼的裏磐梯。然後駛向豬苗代湖。

每次轉過彎道就有美景豁然而開的磐梯吾妻SKYLINE，最精彩的地方是能一望吾妻小富士火山的淨平土。設有休憩所，推薦當作休憩景點。接著，開進磐梯吾妻LAKELINE，眺望裏磐梯的代表湖泊，像是秋元湖、小野川湖、檜原湖等。途中還有能欣賞四季溪谷美景的中津川溪谷，肯定會想順道前往。探訪裏磐梯值得一看的絕佳景點，有水色神祕教人印象深刻的五色沼，以及磐梯山倒映湖面的檜原湖等。因為建有許多餐廳和休憩所，當作午餐景點也十分合適。開往磐梯山GOLDLINE，寬闊的豬苗代湖眺望美景隨即在眼下展開。回程途中還可以順便前往野口英世紀念館。

↑祖母綠的毘沙門沼

↑國內第4大的豬苗代湖

自駕MEMO

●磐梯山GOLDLINE、磐梯吾妻LAKELINE、磐梯吾妻SKYLINE在11月中旬至4月下旬為冬季禁止通行期間。 ●國道459號在黃金週會大塞車

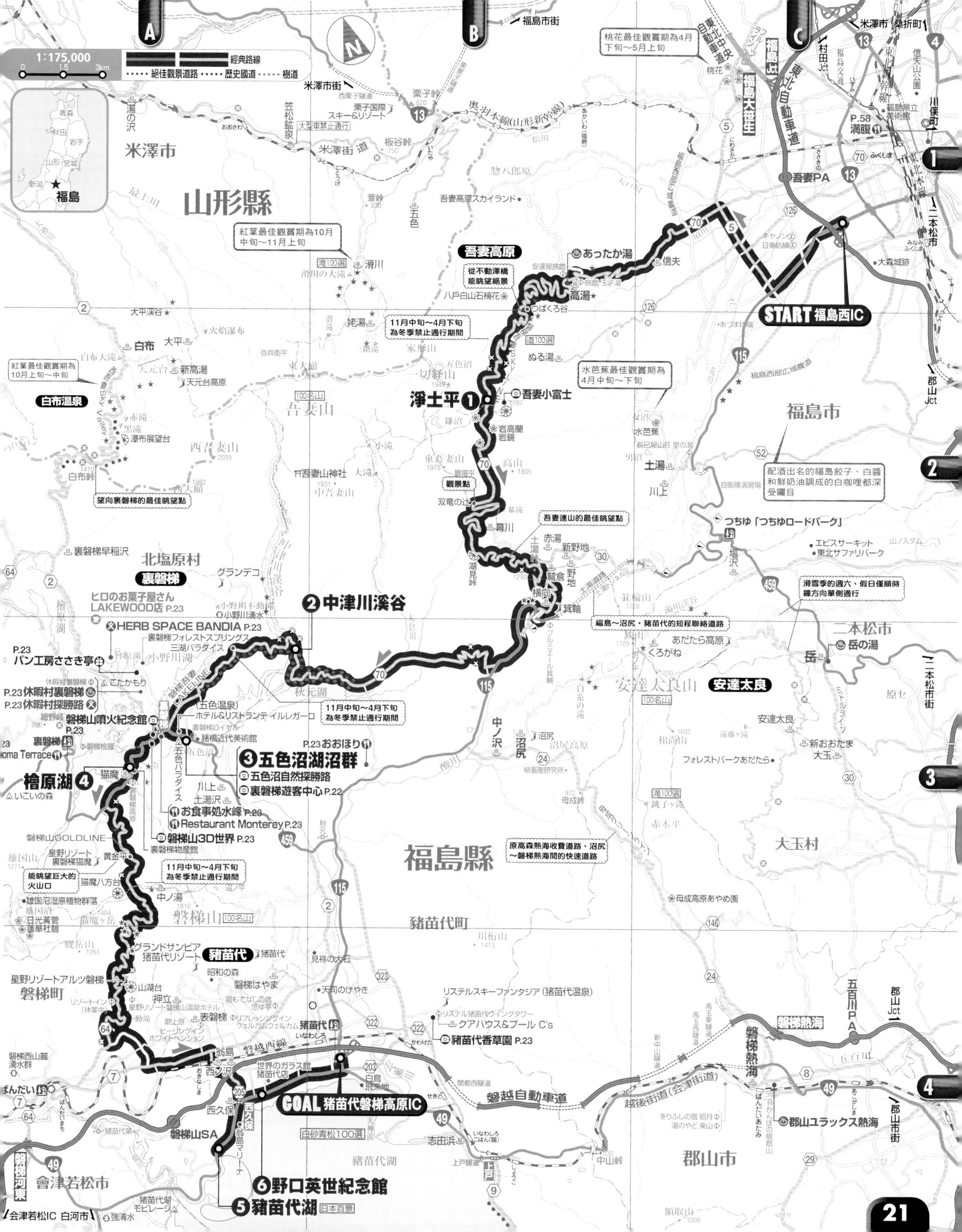

1:175,000
經典路線
絕佳觀景道路
歷史國道
樹道
START 福島西IC
GOAL 豬苗代磐梯高原IC
吾妻高原
淨土平 1
吾妻小富士
2 中津川溪谷
3 五色沼湖沼群
五色沼自然探勝路
裏磐梯遊客中心 P.22
檜原湖 4
5 豬苗代湖 日本百景
6 野口英世紀念館
山形縣
福島縣
福島市
米澤市
北塩原村
磐梯町
豬苗代町
會津若松市
郡山市
大玉村
二本松市
白布溫泉
裏磐梯
豬苗代
安達太良
磐梯熱海
桃花最佳觀賞期為4月下旬～5月上旬
紅葉最佳觀賞期為10月中旬～11月上旬
紅葉最佳觀賞期為10月上旬～中旬
11月中旬～4月下旬為冬季禁止通行期間
從不動澤橋能眺望絕景
水芭蕉最佳觀賞期為4月中旬～下旬
配酒出名的福島餃子、白醬和鮮奶油調成的白咖哩都深受矚目
望向裏磐梯的最佳眺望點
吾妻連山的最佳眺望點
觀景點
滑雪季的週六、假日僅順時鐘方向單側通行
福島～沼尻・豬苗代的短程聯絡道路
原高森熱海收費道路、沼尻～磐梯熱海間的快速道路
能眺望巨大的火山口
P.58 満腹
P.23 パン工房ささき亭
P.23 休暇村裏磐梯
P.23 休暇村探勝路
HERB SPACE BANDIA P.23
ヒロのお菓子屋さん LAKEWOOD店 P.23
磐梯山噴火紀念館 P.23
P.23 おおほり
お食事処水峰 P.23
Restaurant Monterey P.23
磐梯山3D世界 P.23
猪苗代香草園 P.23
あったか湯
高湯
土湯
岳の湯
郡山ユラックス熱海
吾妻PA
磐梯山SA
磐越自動車道
東北自動車道
磐梯山
吾妻山
安達太良山
猪苗代湖

1 COURSE

磐梯·豬苗代 自駕路線的景點

1 淨土平
じょうどだいら

024-531-6428（福島市觀光服務處）

幾乎位在磐梯吾妻SKYLINE的中央位置，標高1580m。周圍遍布火山砂礫，荒涼景色無限延伸。有休憩所、遊客中心、天文臺等設施。

L 4月上旬～11月中旬
P 200輛

2 中津川溪谷
なかつがわけいこく

0241-32-2349（裏磐梯觀光協會）

流入秋元湖的中津川，全長約10km。高低差1000m以上的急流創造出瀑布，在新綠與紅葉的季節更是充滿風情。從秋元湖的自行車道繼續散步也很不錯。

L 4月中旬～11月中旬
P 使用中津川溪谷休憩所的停車場，80輛

3 五色沼湖沼群
ごしきぬまこしょうぐん

0241-32-2349（裏磐梯觀光協會）

源自磐梯山火山口底的銅沼地下湧水等，匯聚形成湖沼群。有毘沙門沼和赤沼等湖沼。色彩各異的湖沼相當不可思議，更是有名的紅葉勝地。

L 休 自由參觀
P 80輛

4 檜原湖
ひばらこ

0241-32-2349（裏磐梯觀光協會）

裏磐梯的最大湖泊，因磐梯山噴發形成。要觀賞複雜的湖岸，最推薦搭乘遊覽船。還能搭乘腳踏船享受遊覽湖上的樂趣。冬季的西太公魚穴釣也很受歡迎。

L 休 自由參觀
P 使用檜原湖第1停車場

5 豬苗代湖
いなわしろこ

0242-65-2100（磐梯觀光船）

湖水透明，湖面倒映著四季秀麗的磐梯山，因此也被稱作「天鏡湖」。搭乘華麗又幽默的人氣遊覽船「白鳥丸」、「龜丸」，享受湖泊航程吧。

L 遊覽船運航9:30～15:30左右（夏季另有延長） 休 不定休（需洽詢） ¥ 翁島路線1100日圓～ P 80輛

6 野口英世紀念館
のぐちひでよきねんかん

0242-65-2319

不僅能參觀野口英世博士出生的故居，展示室還會簡單易懂地介紹他的生平和成就。用遊戲體驗的細菌體驗區、寬敞的樓層等豐富的展示內容，都廣受好評。

L 9:00～17:30（11～隔年3月為～16:30）閉館前30分鐘截止入館
休 無休（12月29日～隔年1月3日休館） ¥ 入館費600日圓 P 320輛

磐梯·豬苗代 話題景點

近距離欣賞五色沼的神祕面貌吧！

以毘沙門沼為起點在五色沼的遊覽路線上散步吧。全長約3.6km，路程約為1小時30分鐘。有高低落差的地方很少，能輕鬆地步行。一邊捕捉湖面鈷藍色和祖母綠閃耀的神祕面貌，一邊享受散步的樂趣。還能遇見許多野鳥，十分吸引人。

●うらばんだいビジターセンター

裏磐梯遊客中心

0241-32-2850

簡單易懂地介紹裏磐梯朝日國立公園的自然環境。在健行、登山、自然觀察出發之前都能利用。附設雪室，能在夏天體驗天然的冷氣。 L 9:00～17:00（12～隔年3月為～16:00） 休 週二（逢假日則翌日休、黃金週和7月第3週一～8月31日無休） P 60輛 MAP 21A-3

當作裏磐梯觀光的據點！

毘沙門沼　五色沼中最大的湖沼。湖水會變幻祖母綠、鈷藍色。租船（30分800日圓）。

赤沼　生長在湖沼周圍的蘆葦根部，因氧化鐵的沉澱物呈現出紅褐色，故稱作赤沼。

深泥沼　不可思議的湖沼，每處水色看起來各不相同，因天候等因素還會暈染成4色以上。

弁天沼　能一望由湖沼和赤松林交織而成的神祕景色。路線沿途設有展望台。

瑠璃沼　隨各個季節和時間改變色調。能隔著湖沼遠眺磐梯山的絕佳觀景點。

青沼　會根據苔蘚群生沼底的生長狀況、光線照射的角度，變幻出繽紛多彩的藍色。

柳沼　面積號稱五色沼中第3大。寬廣的湖面上倒映著周圍群樹和天色，景致美不勝收。

景點資訊　賞花名勝　紅葉名勝　觀景點　有餐廳　有咖啡廳　有商店　有溫泉 

這裡也很推薦

景點 磐梯山噴火紀念館
ばんだいさんふんかきねんかん

0241-32-2888

模型重現的火山噴發十分震撼

為了紀念磐梯山爆發100年而建造。用模型介紹磐梯山爆發的模樣和動植物受到的影響。在重現火山噴發模樣的區域，磐梯山的模型會破裂，震撼力十足。

展示磐梯山的大自然和環境

營8:00~17:00(12~3月為9:00~16:00) 休無休 ¥入館費成人600日圓、國高中生500日圓、小學生400日圓(有搭配磐梯山3D世界的套票費用) P100輛 MAP 21A-3

景點 磐梯山3D世界
ばんだいさんスリーディーワールド

0241-32-2333

透過火山噴出的3D畫面體驗火山爆發

使用3D眼鏡就能觀賞，在高4.5m、寬42m的圓頂銀幕上立體顯示的火山爆發影像。放映時間約20分鐘，能感覺火山爆發宛如就在眼前發生。

能瞭解磐梯山的形成過程

營8:00~17:00 休12~3月休館 ¥入館費成人800日圓、國高中生600日圓、小學生500日圓(有搭配磐梯山噴火紀念館的套票費用) P100輛 MAP 21A-3

景點 豬苗代香草園
いなわしろハーブえん

0242-66-2690

可愛花卉的對面是一望無際的壯觀景色

在豬苗代本館利時達酒店前開展的香草園。在10萬㎡的廣大腹地中，有香草園、附商店和咖啡廳的溫室花園等設施。栽培著薰衣草、薄荷、德國洋甘菊等香草，約達500多種。

能體驗採香草也是受歡迎的祕密

營4月下旬~10月下旬、9:00~17:00(視時期而異) 休開放期間中無休 ¥入園費310日圓 P200輛 MAP 21B-4

玩樂 HERB SPACE BANDIA
ハーブスペース バンディア

0241-32-2829

在香草的優雅香氣包圍下，享受療癒時光

曾原湖北側的香草花園栽種著200多種香草。有香草茶、調味品、香氛產品、芳香療法等相關商店。在飲茶露臺能品嘗附小點心的香草茶430日圓。香草體驗教室需預約。

主題是將香草活用在一般生活中

營9:00~17:00
休週三、週四
P30輛 MAP 21A-3

購物 パン工房ささき亭
パンこうぼうささきてい

0241-32-2824

使用當地食材烘焙的嚴選麵包

連麵包用的果醬類商品都是店家自製，活用食材的味道，讓麵包天然的美味充分發揮。在能嘗到現烤麵包的咖啡區，一邊眺望磐梯山一邊度過下午茶時光。

變身為麵包職人的老闆親手烘焙

營8:00~售完打烊 休週一、週二(逢假日則翌日休) ¥田園麵包130日圓、各種丹麥麵包230日圓~ P10輛 MAP 21A-3

咖啡廳 ヒロのお菓子屋さん LAKEWOOD店
ヒロのおかしやさんレイクウッドてん

0241-32-2730

當地食材做成的可愛蛋糕很吸睛

甜點使用裏磐梯特產的大顆花豆「花嫁ササゲ豆」和山鹽製作，廣受好評。能享用甜度適中的懷舊口味。和自家焙煎咖啡豆煮出的咖啡也十分相襯。

紫花豆蒙布朗…378日圓

營5~11月、10:00~17:00(12~4月僅週六、週日、週一、假日營業) 休營業期間中週二、週三(黃金週、盂蘭盆節期間會營業) P5輛 MAP 21A-3

美食 お食事処水峰
おしょくじどころすいほう

0241-32-2003

烏龍麵和醬炸豬排丼的人氣餐廳

配料豐富的鍋燒烏龍麵是將日式醬油煨進烏龍麵條中的頂級佳餚。除了蕎麥麵和烏龍麵，醬炸豬排丼等米飯料理也很受歡迎。搭配麵食套餐品嘗迷你丼飯，也十分推薦。

鍋燒烏龍麵…980日圓

營11:00~16:00
休週三(8月、10月無休)
P15輛 MAP 21A-3

美食 おおほり

0242-67-1566

老闆用心栽培的蕎麥麵

老闆堅持親手栽培、製粉、到手打製麵的蕎麥麵店。風味豐富又彈牙的蕎麥麵，和湯底鮮美的日式醬油十分相襯。天婦羅則是使用自製的菜籽油。

天婦羅蕎麥麵…1400日圓

營11:00~16:30(冬季為~16:00) 休週四 P30輛 MAP 21B-3

美食 Restaurant Monterey
レストラン モントレー

0241-32-2623

自製法式多蜜醬汁十分美味

主餐的漢堡排是將奧會津牛和會津健美豬以7:3的比例做成，多蜜醬汁更加襯托出肉的美味。越橘雪酪也很可口。店鋪的紅磚和綠色屋頂讓人印象深刻。

黑胡椒粒烤漢堡排…1600日圓

營9:00~17:00
休週三(暑假期間中無休)
P40輛 MAP 21A-3

美食 Aroma Terrace
アロマテラス

0241-33-2506

能在磐梯高原享用正統義式料理

餐廳的老闆冬季會到義大利生活。在義大利的托斯卡尼學成的道地料理，最推薦大量使用自栽香草和蔬菜的主廚推薦全餐。

主廚推薦全餐…2500日圓~(未定)

營4月下旬~11月、11:30~16:00 休營業期間中週四 P8輛 MAP 21A-3

!! 嘗試看看

也有從裏磐梯サイトステーション出發的無障礙貼心路線

裏磐梯サイトステーション是裏磐梯健行和登山的基地，而這條能輕鬆享受健行樂趣的路線，就是遊覽建築物前方的蓮花池一周，再步行於休暇村裏磐梯腹地內的休暇村自然探勝路。整體路線都很平坦，讓人想一邊眺望水鳥和水生植物，一邊悠閒漫步。休暇村有溫泉，當天不住宿也能入浴，因此推薦在健行後順道前往。

休暇村探勝路

0241-32-2349
(裏磐梯觀光協會)
0241-32-2411
(裏磐梯サイトステーション)
MAP 21A-3

修整完善的木道為無障礙空間

〈不住宿溫泉資訊〉

休暇村裏磐梯

0241-32-2421
營12:30~16:00
休無休 ¥成人800日圓、小孩400日圓
P73輛 MAP 21A-3

享受滿溢黃金溫泉的露天浴池

探訪鄉愁的城鎮，在綠意環繞的老街悠閒兜風

●みなみあいづ 書末地圖 P.129·133

2 COURSE 南會津

自駕重點：歷史探訪 溪谷美 紅葉 溫泉 美食

↑茅葺屋頂民宅比鄰而建，經營著伴手禮店和餐廳

↑走過長長的吊橋前往「塔崖」

自駕路線概要

在會津若松時，先順道前往鶴城，接著再經由國道118號南下，前往保留著往昔風貌、茅葺屋頂連綿不絕的大內宿。感受懷舊風情之後，經由和會津鐵道並行的國道121號，開向奇石接連不斷的塔崖吧。途中有湯野上溫泉站，是日本唯一的茅葺屋頂火車站。然後，沿著阿賀川南下到南會津中心，在會津田島的會津田島祇園會館接觸風雅文化，再開往鹽原方向。公路休息站 たじま是適合稍作休息的好地方。跨越縣境，從上三依穿越湯の香ライン（國道400號）的尾頭隧道，就會抵達鹽原溫泉。

自駕路線 推薦！當日來回

路線行車距離 約115km

路線行車時間 約3小時5分

仙台宮城IC → 159km 1小時50分 東北道 磐越自動車道 → START 会津若松IC

3km 10分／49 118

會津若松的地標
1 鶴城

29km 45分／118 121 329 131

茅葺屋頂連綿不斷的江戶時代宿場町
2 大內宿

11km 20分／131 329 121

斷崖絕景
3 塔崖

15km 25分／121 289

介紹祭典的魅力
4 會津田島祇園會館

17km 25分／289 121

戶外販售的山菜也很受歡迎
5 公路休息站 たじま

40km 1小時／121 400

GOAL 西那須野塩原IC → 194km 2小時 東北自動車道 → 仙台宮城IC

自駕MEMO

○國道118號的蘆牧溫泉附近要注意冬季積雪 ○會津若松～大內宿在黃金週、盂蘭盆節會大塞車 ○國道400號的湯の香ライン有龍化瀑布等豐富的觀景點

1 鶴城 つるがじょう

0242-27-4005（会津若松観光ビューロー）

在戊辰戰爭時熬過攻防戰的名城。昭和40（1965）年重建出昔日原有樣貌，城內則成為資料館。是國內唯一的紅瓦天守閣。

🕒8:30～16:30 休無休 ¥天守閣入場費410日圓 P350輛、2小時300日圓

2 大內宿 おおうちしゅく

0241-68-3611（大內宿觀光協會）

在江戶時代曾以會津西街道的驛站旅館街而繁榮。街道兩側的水道流水潺潺，約40棟萱葺民房比鄰而建，現在仍彌漫著當時的氛圍，彷彿還有參勤交代的大名會通行一般。獲選為國家重要傳統建造物群保存地區，在鱗次櫛比的民宅中除了販售著土銚和豆餅、漆器等商品，還有餐廳能品嘗知名的手打蕎麥麵。另外，大內宿為行人專用區，請在縣道131號沿途的停車場停車後前往。連假和週末會因為轉進停車場的車輛而塞車，請小心駕駛。

🕒休自由參觀 P300輛、1次普通車400日圓、中型車1000日圓、大型車2000日圓

3 塔崖 とうのへつり

0241-69-1144（下郷町商工観光係）

河川流水和風雨反覆侵蝕、風化，形成高聳的奇岩怪石。走過吊橋，就有道路在斷崖絕壁之間。

🕒自由參觀（吊橋冬季禁止通行）
P85輛，普通車1次200日圓～

4 會津田島祇園會館 あいづたじまぎおんかいかん

0241-62-5557

設施介紹會津田島祇園祭，傳承自鎌倉初期的歷史是其自豪的魅力。透過原尺寸大小的大屋台等，充滿臨場感的舞臺表演，重現會津田島祇園祭。🕒9:00～16:30（餐廳為11:30～14:00） 休無休（12～隔年3月為週二休） ¥入館費500日圓 P50輛

5 公路休息站 たじま みちのえきたじま

0241-66-3333

位在福島縣和栃木縣的縣境，建於標高744.7m的高原上，是地理位置極佳的公路休息站。除了當地酒品，也販售木工藝品和會津木棉等民俗工藝品。

🕒7:00～19:00（12～3月為～18:00）
休無休 P53輛

話題景點 佐上白蘿蔔泥搭配青蔥的辣味，品嘗名產蕎麥麵

大內宿名產「高遠蕎麥麵」的歷史能追溯到江戶初期，人們的飲食習慣從蕎麥麵點逐漸開始轉變成蕎麥麵條的時候。相傳保科正之從信州高遠搬到會津時，把高遠的蕎麥麵文化帶到了會津。原本是搭配烤味噌加辣味白蘿蔔的日式醬油，但不知道從何時開始，流行起搭配野生的白蘿蔔「アサギ大根」，於是在沾麵醬汁中使用白蘿蔔泥的蕎麥麵便被稱為「高遠蕎麥麵」。大內宿三澤屋的老闆更研發出獨家的蕎麥麵，將1根青蔥當作辛香料和筷子，成為當地人喜愛的名產。

●みさわや
三澤屋
0241-68-2927
🕒10:00～16:30
休無休
¥高遠蕎麥麵1080日圓
P使用大內宿停車場
MAP 25B-2

大膽放入一根新鮮青蔥的「高遠蕎麥麵」

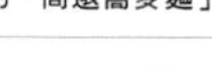

景點資訊 賞花名勝 紅葉名勝 觀景點 有餐廳 有咖啡廳 有商店 有溫泉

START 会津若松IC
P.27 會津若松
元祖会津中華そばめでたいや P.58
❶ 鶴城
會津若松市
說到璽盛飽足的當地首選美食，就是醬炸豬排丼
會津若松～大內宿在旺季會大塞車
蘆牧
蘆牧温泉
往大內宿的近路
冬季要注意積雪和隧道內結冰
大內宿 ❷
P.24 三澤屋
往須賀川、福島機場的聯絡道路
湯野上
湯野上温泉站
山頂前後是連續急彎的狹窄道路
紅葉最佳觀賞期為10月下旬～11月上旬
❸ 塔崖
下郷町
福島縣
穿越白河IC的快速道路
しもごう「Ematto」
乙女百合最佳觀賞期為6月下旬～
會津田島祇園會館 ❹
山頂前後的道路很狹窄
水芭蕉最佳觀賞期為4月下旬～
きらら289
不可通行
❺ 公路休息站 たじま P.16
栃木縣
那須鹽原市
南会津町
會津高原
日光市
塩原温泉 湯っ歩の里
鹽原
湯の香しおばら
河川一側的地上道路冬季封閉
GOAL 西那須野塩原IC
鹽原縣一側未鋪路面的路段很長
郡山市
須賀川市
白河市
天栄村
西郷村
那須町
柳津町
三島町
昭和村
会津美里町
1:270,000
0 2.5 5km
經典路線
絕佳觀景道路 歷史國道 樹道
福島
栃木
25

2 COURSE 南會津 區域特輯

受到高雅聳立的鶴城保護，城下町走過長久的時光。街道上彌漫著復古氛圍，充滿許多精彩景點，有訴說歷史的老店風貌、厚重的倉庫等，請悠哉地享受散步的樂趣吧。

停下車來街頭散步

福島 會津若松

漫步在摩登復古街頭

七日町站外觀典雅，讓人印象深刻

在七日町站裡面的恬靜空間享受下午茶時光

●えきかふぇ

駅Cafe

0242-39-3880

JR七日町站內有會津17市町村的特產直銷商店＆咖啡廳，名產冰滴咖啡是以釀造當地酒的釀造水萃取而成。同時提供觀光導覽，因此也是會津資訊的傳播基地。

自製磅蛋糕套餐648日圓很受歡迎

所会津若松市七日町5-1
L9:00～18:00
休無休
P4輛
MAP 27

在厚重倉庫品嘗流傳會津的傳統滋味

●しぶかわどんや

渋川問屋

0242-28-4000

老牌旅館同時是會津若松市歷史性景觀指定建造物，附設能品嘗傳統料理的餐廳。在海產批發商往昔風貌猶存的日式雅座，悠閒地享用會津所孕育的鄉土料理吧。

左／保留會津商家風貌的倉庫　右／陳列會津傳統口味的「祭り御膳」2200日圓

所会津若松市七日町3-28
L11:00～21:00 休無休 P20輛 MAP 27

會津地區17市町村的品牌認證商品齊聚

●あいづぶらんどかん

会津ブランド館

0242-25-4141

使用當地素材的伴手禮、傳統工藝品、創作者作品等商品一應俱全。在店內的優美陳列中，能邂逅許多會津風尚。

所会津若松市七日町6-15
L11:00～16:00 休週三
P4輛 MAP 27

融入街道的時髦建築

擺滿昭和風情滿溢的懷舊商品

充滿懷舊氣氛的2樓

●こっとんくらぶしょうわなつかしかん

骨董倶樂部 昭和懷舊館

0242-27-0092

店鋪2樓重現了昭和30年代在會津若松的10家店鋪，像是甜品店的茶室就放置著矮圓桌、轉盤式電話、附腳架的黑白電視等家具。展示品也能觸摸，懷舊感十足。

所会津若松市大町1-1-46
L10:00～18:00
休不定休 ¥入館費200日圓
P使用附近的收費停車場
MAP 27

酒窖歷史悠久，釀造全國新酒鑑評會金賞的名酒

店號拔染的老鋪特有門簾，十分吸睛

●つるのえしゅぞう

鶴乃江酒造

0242-27-0139

永寶一族擔任會津藩御用特約頭取（舊時銀行總裁），在寬政6（1794）年分家創立的老牌釀酒廠。近年研發的新品「ゆり」，打造出女性質感而廣受好評。只要事先預約，還能參觀釀酒廠。

所会津若松市七日町2-46
L9:00～18:00
休無休
P2輛
MAP 27

●のぐちひでよせいしゅんかん

野口英世青春館

0242-27-3750
（會津壹番館）

野口英世燙傷時進行手術的「旧会陽医院」。1樓為咖啡廳「會津壹番館」，2樓現為資料館。建築物前方命名為「野口英世青春通」，現存著英世初戀對象的住家等景點。

所会津若松市中町4-18會津壹番館2F L9:00～18:00 休無休
¥入館費成人200日圓、中小學生100日圓 P7輛
MAP 27

在與野口英世相關的醫院，懷念其青春時代

展示野口英世愛用的書桌等物品

●わかまつさかえまちきょうかい
若松榮町教會

✆0242-27-3944

野口英世18歲時受洗的教堂，歷史悠久。目前仍保留相關逸聞，像是英世會熱心幫忙聖誕節的準備工作，或是發放週日教室的卡片。平成13（2001）年已經全面改裝。

所会津若松市栄町8-36 L自由參觀(僅外觀) P3輛 MAP 27

以白色和藍色為基調，彌漫童話氣氛的建築物

●すえひろしゅぞう
末廣酒造

✆0242-27-0002

嘉永3（1850）年創業的老牌釀酒廠，濃濃地保留創業當時的風貌，以壓倒性的存在感佇立著。嘉永藏的入口是參觀路線的起點，挑高的天花板最值得一看。

所会津若松市日新町12-38 L9:00～17:00 休無休 ¥免費入館 P30輛 MAP 27

白漆喰倉庫搭配黑色板牆的對比很漂亮

春分時節跳舞
祈求豐收和
全家平安的獅子

會津彼岸獅子
●あいづひがんじし

祈求豐收和全家平安，一同歡慶春天來臨的會津傳統活動。隨著時序進入春分時節，3隻獅子搭配著笛子和太鼓的音色，一邊表演傳統的典雅舞蹈一邊在町中繞行。

✆0242-23-4141(會津祭會場)
所會津若松市鶴城等市內各處
L3月21日(春分)、10:30～(詳情需洽詢)
MAP 27

祭典向積雪深厚的會津告知春天來訪

利用3萬個耐火磚瓦再生的厚重倉庫

追求美的
磚瓦倉庫小咖啡廳
&美術館

●あいづあおいしるくろーどぶんめいかん
會津葵絲路文明館

✆0242-27-1001

在咖啡廳能一邊觀賞水道美景一邊飲茶，還附設小美術館，展示著從海陸絲路收集來的裝飾品。知名點心「會津葵」和鹽味奶茶「遊牧民鹽紅茶」是絕妙搭配。

所会津若松市追手町4-6 L11:00～19:00(週六、週日、假日為10:00～冬季另有變更) 休不定休 ¥入館費(僅展示室)成人250日圓、國高中生150日圓 P7輛 MAP 27

●みつたや
滿田屋

✆0242-27-1345

極品田樂料理是用地爐把芋頭和圓麻糬、油豆腐、蒟蒻、鯡魚乾等會津食材一根一根烤熟。分別抹上4種味噌再烘烤，襯托出各種食材的美味。

L10:00～17:00
休第1、2、3週三(1～3月為週三休)
P10輛
MAP 27

1834（天保5）年創業的老牌味噌店

田樂全餐
（6種拼盤）1300日圓

●きたかた·よねざわ 書末地圖 P.129

3 COURSE 喜多方·米澤

自駕重點：美食 街頭散步 歷史探訪 購物 紅葉

↑從檜原湖畔眺望秀麗的磐梯山

↑在倉庫之城自駕遊，風情十足

喜多方以倉庫之城而聞名，能從國道121號和米澤街道前往。在隨處都是倉庫的城鎮裡遍遊享樂後，開向會津喜多方拉麵館。享受挑選伴手禮的樂趣，品嘗知名的喜多方拉麵吧。探訪罕見的磚瓦倉庫集落三津谷集落・若菜家之後，開回國道459號前往檜原湖方向。逐漸看到湖泊時在公路休息站 裏磐梯稍作休息。接著沿著湖畔道路北上，前往西吾妻Sky Valley。途中彎道很多，請謹慎駕駛，並前往瀑布展望台。那裡是能觀賞最上川源流的觀景點。抵達米澤後，就開向上杉神社。在緣繫上杉家的能量景點消除疲勞吧。

自駕路線

推薦！當日來回

路線行車距離 約98km

路線行車時間 約2小時35分

START 会津若松IC ← 159km 2小時50分 磐越自動車道 ◀ 東北道 仙台宮城IC

18km 30分／121 会津縱貫道·一般道

最適合挑選伴手禮
1 會津喜多方拉麵館

6km 15分／一般道 16 一般道

磚瓦倉庫建築
2 三津谷集落·若菜家

23km 30分／一般道 121 459

當地產品豐富
3 公路休息站 裏磐梯

47km 1小時10分／64 2

祭祀謙信公的神社
4 上杉神社

4km 10分／233 13

GOAL 米沢八幡原IC 100km 1小時15分 東北中央自動車道 ▶ 東北道 仙台宮城IC

自駕MEMO

○會津若松IC往喜多方的國道121號在假日車流量很大 ○國道121號的大峠隧道是東北最長的隧道 ○白布峠的道路狹窄，請小心行駛

1 會津喜多方拉麵館
●あいづきたかたらーめんかん

✆0241-21-1414

由拉麵製造商所建造的拉麵物產館，從各方面介紹喜多方拉麵。熟成多加水麵最適合當作伴手禮，種類豐富齊全，還有丼飯等種類豐富多樣的拉麵商品，連拉麵店開業的必要工具也一應俱全。不僅能在館內的迷你工廠參觀拉麵的製造過程，還能在附設的「たんぽぽ亭」品嘗喜多方拉麵。

🕒10:00～17:30（視時期而異）休無休 P40輛

2 三津谷集落·若菜家
●みつやしゅうらくわかなけ

✆0241-22-9459

位在明治到大正期間建造的5家集落中。有4座倉庫的若菜家獲指定為國家有形文化財，展示著明治、大正的家族財物器具。能接觸三津谷的民俗文化。

🕒僅若菜家能參觀9:00～17:00（關門）休不定休 ¥200日圓 P3輛

3 公路休息站 裏磐梯
●みちのえきうらばんだい

✆0241-33-2241

結束磐梯高原的探訪後，想順道前往的資訊傳播基地。木屋風的外觀使用大量木材建造，相當時尚。也備有五色沼和豬苗代等處的資訊。手打蕎麥麵相當美味。🕒8:30～17:30（冬季為～17:00）、餐廳為10:00～16:00（冬季為～15:00）休無休（冬季為週三休）P70輛

4 上杉神社
●うえすぎじんじゃ

✆0238-22-3189

祭祀上杉謙信。大正12（1923）年以伊東忠太博士的設計，重建為現在的本殿和寶物殿「稽照殿」。

🕒6:00～17:00（11～隔年3月為7:00～）¥參拜費免費 P使用祭典廣場停車場

這裡也很推薦

咖啡廳 森のカフェ 時の河～優しい時間～
●もりのかふぇときのかわやさしいじかん

✆0241-28-3730

夫妻所經營的小飯店「星の雫」，裡面的餐廳白天能當作咖啡廳使用。最推薦以豐盛當地食材入菜的義大利麵和蛋糕。閑靜的空間中，家庭式的服務也溫暖了心靈。

🕒5月中旬～11月中旬、11:00～15:00（LO14:00）休營業期間中週三 P10輛 MAP 29B-3

話題景點 開展在山頂附近的廣角美景，遼闊動人一覽無遺

天元台高原是高原度假景點，位在西吾妻Sky Valley山形縣一側的入口，夏天能享受滑草、騎車登山和健行的樂趣。搭乘天元台纜車前往高原，途中有全景展望台、火焰瀑布觀瀑台等設施，能遠眺飯豐連峰、朝日連峰、安達太良山、磐梯山等遼闊美景。再利用夏山升降機前往羚羊展望台，寬廣的高層濕原更是高山植物的寶庫。如有預約，也會為遊客準備午餐「飯糰便當」，能輕鬆享受高原度假的樂趣。

●てんげんだいろーぷうぇい
天元台纜車

✆0238-55-2236

🕒8:20～17:00 休5月、11月有整修檢查的停駛日 ¥來回成人1500日圓、小學生1000日圓 P600輛 MAP 29C-2

群山秀麗的廣角美景開展在天元台高原

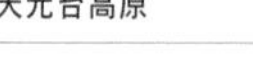

景點資訊 賞花名勝 紅葉名勝 觀景點  有餐廳  有咖啡廳  有商店 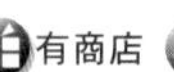 有溫泉

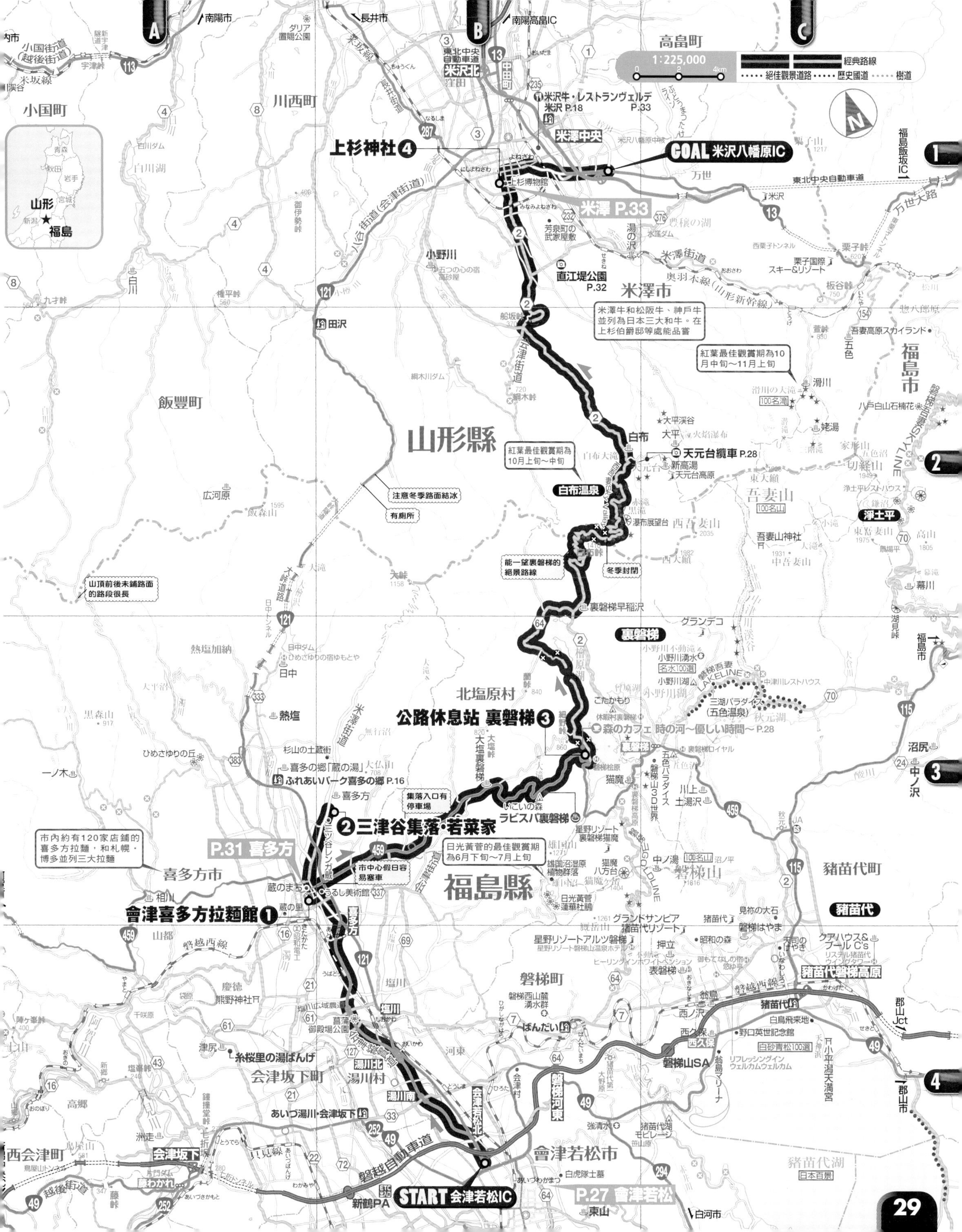

1:225,000
經典路線
絕佳觀景道路
歷史國道
樹道
GOAL 米沢八幡原IC
上杉神社 4
米澤 P.33
米沢牛・レストランヴェルデ 米沢 P.18 P.33
直江堤公園 P.32
米澤市
米澤牛和松阪牛、神戶牛並列為日本三大和牛。在上杉伯爵邸等處能品嘗
紅葉最佳觀賞期為10月中旬～11月上旬
紅葉最佳觀賞期為10月上旬～中旬
天元台纜車 P.28
白布温泉
山形縣
注意冬季路面結冰
有廁所
山頂前後未鋪路面的路段很長
能一望裏磐梯的絕景路線
冬季封閉
裏磐梯
公路休息站 裏磐梯 3
森のカフェ 時の河～優しい時間～ P.28
ふれあいパーク喜多の郷 P.16
集落入口有停車場
2 三津谷集落・若菜家
日光黃菅的最佳觀賞期為6月下旬～7月上旬
市內約有120家店鋪的喜多方拉麵，和札幌、博多並列三大拉麵
P.31 喜多方
喜多方市
市中心假日容易塞車
福島縣
會津喜多方拉麵館 1
會津若松市
START 会津若松IC
P.27 會津若松
高畠町
川西町
小国町
飯豐町
北塩原村
磐梯町
猪苗代町
会津坂下町
西会津町
福島市

3 COURSE 喜多方·米澤 區域特輯

喜多方拉麵聞名全國，和札幌、博多並列為日本三大拉麵。現在約有120家拉麵店相互切磋口味。再者，這裡也以倉庫之城聞名，超過4000間的倉庫數量為日本第一。

停下車來街頭散步 福島 喜多方

吃遍拉麵&遊遍倉庫

拉麵

排隊人潮絡繹不絕，喜多方的代表名店

中華蕎麥麵 650日圓

●まことしょくどう まこと食堂

✆0241-22-0232

上午7時30分開店，從一大早就因享用「早晨拉麵」的顧客而熱鬧不已。高湯是能嘗到豚骨和小魚乾美味的濃厚口味，和Q軟的捲麵十分搭配，讓人連湯底都想喝得精光。

所喜多方市小田付道下7116 L7:30～15:00 休週一(逢假日則翌日休) P10輛 MAP31

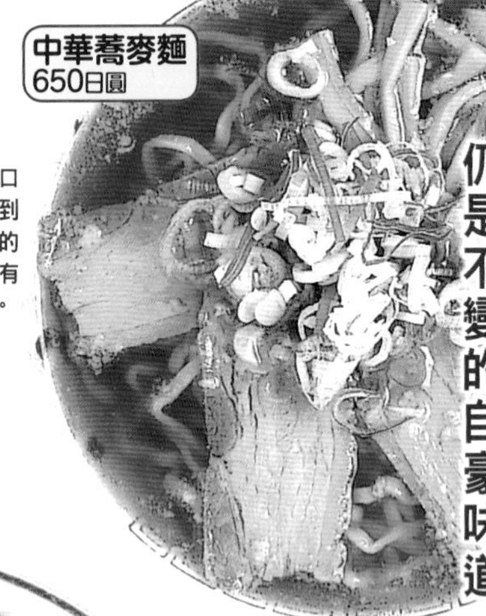

傳統的中華蕎麥麵至今仍是不變的自豪味道

中華蕎麥麵 650日圓

●あべしょくどう あべ食堂

✆0241-22-2004

豚骨和小魚乾的高湯十分入味，口味濃厚而清爽。叉燒能同時享用到五花肉和上等肉，每次咬下，肉的鮮甜就會在口中擴散。店內深處有倉庫日式座席，也能在那裡用餐。

所喜多方市緑町4506 L7:30～14:00(高湯售完打烊) 休週三(逢假日則營業) P10輛 MAP31

喜多方拉麵的發祥名店

拉麵 650日圓

●げんらいけん 源来軒

✆0241-22-0091

源来軒的起源是現任老闆的祖父，在大正末期從中國到日本開設的攤販，相傳是喜多方拉麵的始祖。目前仍遵循當時的作法和味道，麵條為手打製作，餃子的外皮和餡料也都是手工製作。

所喜多方市一本木上7745 L10:00～19:30 休週二(逢假日則翌日休) P16輛 MAP31

覆蓋整個碗面的叉燒讓人讚不絕口

肉片蕎麥麵 950日圓

●ばんないしょくどう 坂内食堂

✆0241-22-0351

名產是肉片蕎麥麵，叉燒鋪得滿滿的，都快看不見碗裡的麵。高湯只用豚骨熬煮，Q軟麵條和自製叉燒搭配出絕妙的口感。夏季推薦肉片蕎麥冷麵。

所喜多方市細田7230 L7:00～18:00 休週四、不定休 P14輛 MAP31

以香濃高湯自豪，堅守傳統口味

叉燒拉麵 900日圓

●らーめんまるや 老麵まるや

✆0241-22-0613

自昭和29（1954）年開業以來，就持續製作口味自然柔和的傳統高湯。高湯使用雞骨和豬骨、小魚乾等食材熬煮，味道香濃，能襯托出麵條的美味。肉脂適中的叉燒也是美食。

所喜多方市寺南2628 L11:00～15:00、17:00～19:00(夜晚時段需洽詢，週六、週日、假日為11:00～15:00，高湯售完打烊) 休不定休 P8輛 MAP31

遊遍倉庫

建造倉庫的磚瓦，是三津谷的登窯燒製而成

持續製作醬油和味噌，創業250年以上的老鋪

●わかきれんがぐら
若喜レンガ蔵
0241-22-0010

寶曆5（1755）年創業的醬油＆味噌老鋪，店鋪和磚瓦倉庫都獲登錄為有形文化財。即使不能進入店鋪後方的磚瓦倉庫和庭園，但能隔著玻璃參觀。以縞柿這種柿木建造的倉庫日式座席，十分值得一看。

所喜多方市3丁目4786 L9:30～16:30 休不定休 ¥入館費免費 P5輛 MAP 31

在傳承自江戶時代的倉庫裡，試著學習釀酒的歷史吧

●やまとがわさかぐらほっぽうふうどかん
大和川酒蔵北方風土館
0241-22-2233

寛政2（1790）年創業的老牌釀酒廠，可以參觀集結著先人智慧的建築物，像是江戶時代興建的厚重倉庫、在大正時代陳列儲酒桶的倉庫等。昭和時期使用的倉庫會用於各種活動中。

所喜多方市寺町4761 L9:00～16:30 休無休 ¥免費入館 P40輛 MAP 31

大正蔵裡展示著大和川酒造的產品

莫札特的樂曲環繞整間倉庫

●さかぐらくらしっくおばらしゅぞう
酒蔵くらしっく 小原酒造
0241-22-0074

300多年來，老牌的釀酒廠持續釀造精製日本酒。聆聽著莫札特古典樂曲發酵的「蔵粋（くらしっく）」是日本第一瓶音樂酒，深受矚目。釀造倉庫是珍貴的合掌造建築。

所喜多方市南町2846 L9:00～16:00（參觀為～15:30） 休無休 ¥免費參觀 P8輛 MAP 31

土藏造（土造倉庫）的店鋪散發沉穩的厚重感

釀造倉庫是中央沒有支柱的合掌造建築

復古的外觀飄散著鄉愁

販售懷舊手工駄菓子的老牌點心店

手工駄菓子羅列

●しにせなるみや
老舗 鳴海屋
0241-23-1701

自寛永元（1624）年創業以來，主要使用喜多方產的嚴選原料，用心製作樸素懷舊的手工駄菓子。大豆裹上黃豆粉和黑糖的「御豆糖」、稍微油炸的「落花糖」是人氣商品。

所喜多方市1丁目4580 L10:00～17:00 休無休（1～3月為週三休，逢假日則營業） P3輛 MAP 31

明治時代的土造倉庫變身成紅酒倉庫

●わいんぐら
和飲蔵
0241-22-0437

擁有侍酒師資格的老闆，把明治初期的和服店倉庫改裝成紅酒倉庫。時尚又實用的店內陳列著嚴選紅酒。

所喜多方市北町2905 L9:00～18:00 休週四 P4輛 MAP 31

將傳統的土造倉庫翻修成時尚的紅酒倉庫風格

從北會津的當地紅酒，到富果香味的香料酒都一應俱全

米澤是緣繫上杉氏的城下町，相關史跡和寺院遍布各處。想要一邊懷想戰國時代，一邊散步看看。此外，這裡也是全國知名的米澤牛故鄉，搭配當地的獨特味道一起享用吧。

街頭散步 山形 米澤

上杉氏淵源地的歷史散步&米澤牛美食

●うえすぎじんじゃほうもつでんけいしょうでん
上杉神社寶物殿「稽照殿」
✆0238-22-3189

大正12（1923）年興建的上杉神社寶物殿。以上杉謙信為首，收藏第2代景勝、第10代鷹山、重臣直江兼續等人的遺物，以及和上杉家有關的文化財。

所米沢市丸の内1-4-13 L3月下旬～11月最末日、9:00～15:45 休開放期間中無休 ¥成人400日圓、高中生和大學生300日圓、中小學生200日圓 P使用附近設施的共用停車場或祭典廣場的停車場 MAP 33

收藏和上杉家有關的珍貴遺物

有許多獲指定為國家重要文化財的收藏品，務必參觀

在舊伯爵邸學習歷史後，還能享用鄉土料理

列為國家登錄有形文化財的建築物，帶有獨樹一格的氛圍

米澤藩歷代藩主的墓地整然並列

上／老杉圍繞四周，彌漫著莊嚴氣氛 右／入口的整排大杉樹讓人印象深刻

●うえすぎけびょうしょ
上杉家廟所
✆0238-23-3115

從初代謙信公到第12代齊定公，是上杉藩歷代藩主的墓地。元和9（1623）年，隨著景勝公逝世，這裡也被選定為上杉家墓地。目前是國家指定史跡。

所米沢市御廟1-5-30 L9:00～17:00 休無休 ¥成人350日圓、高中生和大學生200日圓、中小學生100日圓 P30輛 MAP 33

歷史散步

●うえすぎはくしゃくてい
上杉伯爵邸
✆0238-21-5121

相傳上杉鷹山褒獎過的許多傳統料理，還有米澤牛都能享用得到。品嘗到的佳餚是出自於努力改善財政、復興產業的名君。建築物列為國家登錄有形文化財。

所米沢市丸の内1-3-60 L11:00～14:30（14:30～需預約） 休無休（12～隔年3月為週三休） ¥獻膳料理（鄉土料理）2160日圓～、米澤牛壽喜燒7560日圓～ P20輛 MAP 33

能盡情享用米澤牛的米澤牛壽喜燒7560日圓～

●しゅぞうしりょうかんとうこうのさかぐら
酒造資料館 東光的酒窖
✆0238-21-6601

昭和59（1984）年，上杉藩御用酒屋「小嶋總本店」將酒窖復原設作資料館，並留下商家原來的風貌。一邊觀看釀酒的影片，一邊又能多方參觀享樂。設有試喝販售處。

所米沢市大町2-3-22 L9:00～16:30 休12月31日～隔年1月1日 ¥成人310日圓、國高中生210日圓、小學生150日圓 P30輛 MAP 33

右／能參觀明治時代的茶室、二之間和上段之間 左／放置著巨大木桶的釀造倉庫入口

傳承410年以上的老牌酒窖

●でんこくのもりよねざわしうえすぎはくぶつかん
傳國之杜 米澤市上杉博物館
✆0238-26-8001

傳國之杜是米澤市上杉博物館和置賜文化禮堂的複合設施。博物館收藏著國寶「上杉本洛中洛外圖屏風」等，和上杉家、米澤市有關的資料。在常設展示室能快樂地學習歷史。

所米沢市丸の内1-2-1 L9:00～16:30 休第4週三（12～3月為週一休、逢假日則翌日休） ¥成人410日圓、高中生和大學生200日圓、中小學生100日圓（企劃展額外收費） P120輛 MAP 33

要瞭解上杉氏和米澤的歷史就來這裡

以CG重現國寶「上杉本洛中洛外圖屏風」的專區

建在綠意盎然的遼闊腹地中

兼續修築的石堤留存至今

●なおえていこうえん
直江堤公園
✆0238-22-5111

兼續修築的堤防──直江石堤留存至今，河岸用地並整修為市民休憩的公園。目前仍留下總長約達10km的石堤。一邊尋訪著讚揚兼續偉業的石碑，一邊也能散步。

所米沢市大赤崩 L自由入園 P45輛 MAP 29B-1

兼續親自指揮修築的堤防

米澤牛美食

透過壽喜燒品嘗芳醇的美妙滋味

●おしょくじどころすきやきときわ

お食事処 すき焼き 登起波

✆0238-23-5400

壽喜燒全餐（特選）8600日圓是使用肋眼排中間的霜降肉

明治27（1894）年創業的米澤牛老店。傳統的滋味要先從壽喜燒開始品嘗。霜降肉片搭配創業當時傳承至今的傳統醬料一起入口，不愧是頂級美食。用備長炭烘烤的網燒料理也是香味四溢。

所米沢市中央7-2-3 L11:00～18:00(18:00～21:00需預約) 休週二（逢假日則需洽詢） ¥網燒5000～9000日圓、涮涮鍋3900～8600日圓、牛排5000日圓～ P40輛 MAP33

肉質新鮮才會散發甘甜的米澤牛握壽司

米澤牛握壽司（炙燒）1貫410日圓，入口即化般的甘甜脂肪讓人食指大動

●ぐるめこぞうまんきち

グルメ小僧万吉

✆0238-24-5455

廣受好評的餐廳，只用實惠的價格就能嘗到最高級的米澤牛。人氣菜單是壽喜燒搭配小菜和甜點的套餐「万吉御膳」、和附生魚片的米澤牛極上壽喜燒套餐。

所米沢市中央4-2-6 L11:30～14:00、17:00～21:30(8月13日僅中午) 休週一（逢假日則翌日休） ¥米澤牛牛排4100日圓～、米澤牛極上壽喜燒套餐3430日圓、米澤牛燒肉米漢堡580日圓(大)、涮涮鍋2800日圓～ P40輛

MAP33

豪爽的分量。米澤牛100%的漢堡

更加奢侈地放上古岡左拉起司的米澤牛漢堡1620日圓

能在悠閒的氣氛中品嘗米澤牛

●やまがたすてーきあんどかふぇれすとらんひこうせん

Yamagata Steak & Cafe Restaurant 飛行船

✆0238-24-1848

徹底堅持原創的菜單一應俱全。該店特有的超人氣米澤牛漢堡奢侈地使用100%米澤牛。這樣多汁的肉質絕對要品嘗一回。

所米沢市城西1-5-56 L11:00～22:00(LO21:00) 休不定休 ¥香濃蛋包飯佐山形燉牛肉醬1296日圓、焗烤鮮蝦1080日圓、大分量加入印度烤雞的奶油雞肉咖哩1296日圓 P36輛

MAP33

米澤牛牛丼（附小菜、醬菜、味噌湯、咖啡）1980日圓，口味滑順多汁

搭配祕傳醬汁，品嘗頂級牛丼

●よねざわぎゅうれすとらんヴぇるで

米沢牛・レストラン ヴェルデ

✆0238-23-5842

餐廳只選用米澤牛中最頂級的肉，並提供實惠的價格。簡單的牛排、牛丼、日式定食等種類豐富的菜單一應俱全，也深受當地顧客喜愛。

所米沢市花沢883-11 L11:00～21:00(週四為～14:30) 休無休 ¥米澤牛漢堡1800日圓、米澤牛牛排4800日圓(200g)、米澤牛牛排全餐(沙朗200g)5500日圓 P40輛

MAP29B-1

店內氣氛明亮、非常有親和力

●すてーきはうすおるがん

ステーキハウス・オルガン

✆0238-22-0057

能輕鬆品嘗使用米澤牛的漢堡、牛排等料理的餐廳。使用有機栽培米（つや姫）。西式風格的店內展示著陶藝品的收藏，氣氛時尚。

襯托出米澤牛美味的絕品牛排

所米沢市大町4-1-26 L11:30～14:00、17:30～20:00(週日為～19:30) 休週三（逢假日則營業） ¥A5等級沙朗牛排（附沙拉、湯、米飯）5960日圓(160g)、菲力牛排（附沙拉、湯、米飯）5100日圓 P10輛

MAP33

左／米澤牛特上沙朗牛排（附沙拉、湯、米飯）4500日圓為頂級滋味
下／店內展示著陶藝品

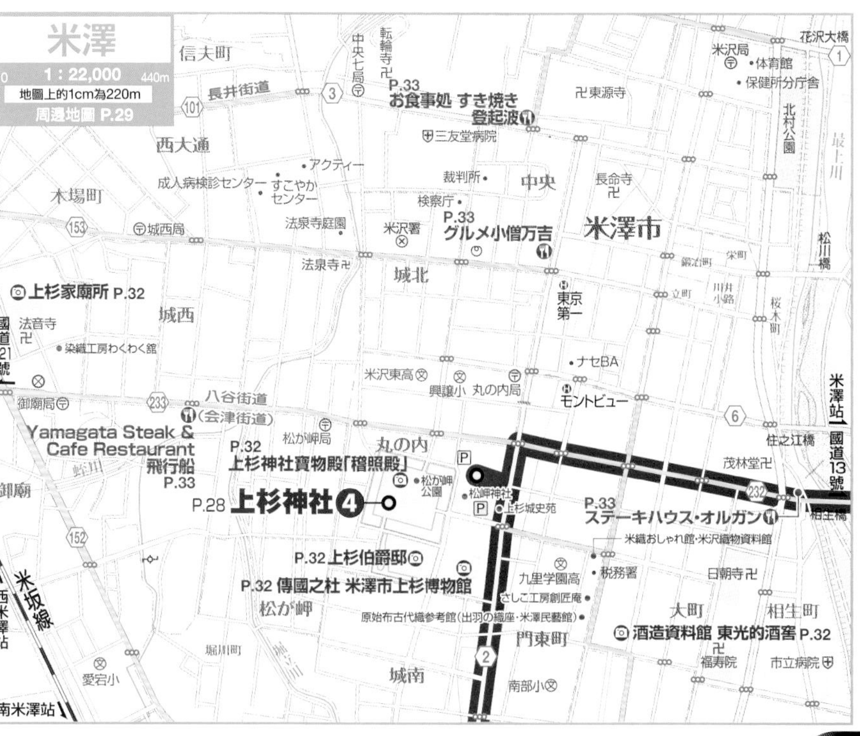

眺望雄偉的太平洋，探訪童謠詩人出生故居和關隘遺跡

しおやざき・いづら 書末地圖 P.134-135

4 COURSE 鹽屋埼·五浦

自駕重點 海岸美 歷史探訪 四季花卉 溫泉 夜景

從鹽屋埼燈塔環視太平洋的廣大海面

三崎公園的鮮明綠色相當醒目

自駕路線概要

一邊探訪緣繫童謠界偉人之地，一邊盡情享受黑潮和親潮交會的「潮目之海」的魅力。在常磐道北茨城IC附近的野口雨情生家・資料館，學習《紅鞋》等歌詞作詞人野口雨情的生平吧。接著，在突出於太平洋的五浦海岸飽覽景觀之後，就去探訪歷史悠久的勿來關跡吧。沿著國道6號繼續北上，前往東北數一數二的漁港小名濱。在割烹しが只要點平價的午餐，就能品嘗新鮮的海產料理。經由國道6號、縣道15號抵達鹽屋崎，從這裡遠眺太平洋。海洋塔和美空雲雀紀念歌碑等景點，絕對也要順道一訪。

自駕路線 推薦！2天1夜

路線行車距離 約73km
路線行車時間 約2小時15分

START 北茨城IC ← 213km 2小時30分 常磐自動車道 ◀磐越道 ◀東北道 ← 仙台宮城IC

4km 10分／ 22 6

1 獲指定為茨城縣文化財 野口雨情生家·資料館

8km 20分／ 6 27 一般道

2 海岸風光明媚，獲選「海岸百選」 五浦海岸

6km 15分／ 一般道 354 6 一般道

3 保留多位人傑的足跡 勿來關跡

35km 55分／ 6 一般道 15 一般道 382

4 也是電影場景 鹽屋埼燈塔

20km 35分／ 382 6 41 35

GOAL いわき四倉IC → 201km 2小時20分 常磐自動車道 ▶磐越道 ▶東北道 → 仙台宮城IC

1 野口雨情生家·資料館
のぐちうじょうせいかしりょうかん

☎0293-42-1891

至今保存1882（明治15）年出生的雨情，到15歲上東京前生活的老家，旁邊鄰接著資料館。正面根據不同時段，能眺望海洋美景。

9:00～16:00 休無休 ¥資料館入館費100日圓 P20輛

2 五浦海岸
いづらかいがん

☎0293-43-1111（北茨城市商工観光課）

太平洋的驚濤駭浪孕育出天然的岩石藝術品。不只是從海岸仰望，從斷崖絕壁上俯瞰的太平洋，也是不容錯過的絕佳觀景點。獲選為「日本海岸百選」。

休自由參觀 P30輛

3 勿來關跡
なこそのせきあと

☎0246-65-6166（いわき市勿来関文学歴史館）

奧州三古關之一。近代興建了源義家的和歌碑、芭蕉的俳句碑，而齋藤茂吉、山口茂吉、德富蘆花、角川源義、中里介山等文豪也將此地化作文學作品留存。3月下旬～5月會舉辦櫻花祭。

休自由參觀 P100輛

4 鹽屋埼燈塔
しおやさきとうだい

☎0246-53-7112（福島海上保安部）

燈塔因電影《悲歡的歲月》原作者居住而聞名。明治32（1899）年興建。

休自由參觀（燈塔參觀為8:30～16:00、入館為～15:30）、天候惡劣時休館 ¥200日圓 P50輛

這裡也很推薦

美食 割烹しが
かっぽうしが

☎0246-53-3973

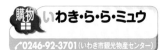

營業於小名濱繁華街上的知名割烹料理餐廳，一直堅持提供便宜美味的港口料理。據說海產都是老闆每天早上親自採購，只嚴選優質的食材。

11:00～14:00、16:30～22:30（LO22:00）
休週三 ¥濱定食980日圓、海鮮丼1620日圓 P20輛 MAP35C-3

購物 いわき・ら・ら・ミュウ

☎0246-92-3701（いわき市観光物産センター）

生氣蓬勃的「魚產區」陳列著港口直送的海產。不僅鮮度頂尖，價格也十分平易近人。也能利用低溫配送。

9:00～18:00 休不定休
P430輛 MAP35C-3

自駕MEMO

●一邊行駛勿來附近的國道6號一邊能眺望太平洋 ●鹽屋埼附近的道路留存地震災害的痕跡 ●野口雨情出生的故居也是居民住宅，參觀時請勿造成居民的困擾

話題景點 觀賞・觸摸・暢遊的環境水族館

水族館以福島縣海洋豐富多樣的「潮目之海」為主題。館內的自然光傾瀉而下，提供釣魚、後花園遊歷等「觀賞、觸摸、暢遊」的體驗行程，重現出親潮源流鄂霍次克海、黑潮源流域熱帶亞洲的自然景觀、和福島縣濱通的海山川生態系等場景，甚至是能赤腳接觸海洋生物的戶外設施「蛇眼海灘」等，全都廣受歡迎。除此之外，大型水槽構成的三角隧道，呈現出黑潮和親潮交會的潮目之海，在其中能體驗宛如散步海底的感覺。

海藍寶石福島水族館

☎0246-73-2525
9:00～17:30（視時期而異） 休無休
¥入館費1800日圓
P500輛
MAP 35C-3

館內約展示800種12萬隻的海洋生物

景點資訊  賞花名勝  紅葉名勝 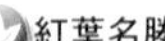 觀景點  有餐廳  有咖啡廳  有商店  有溫泉 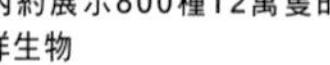

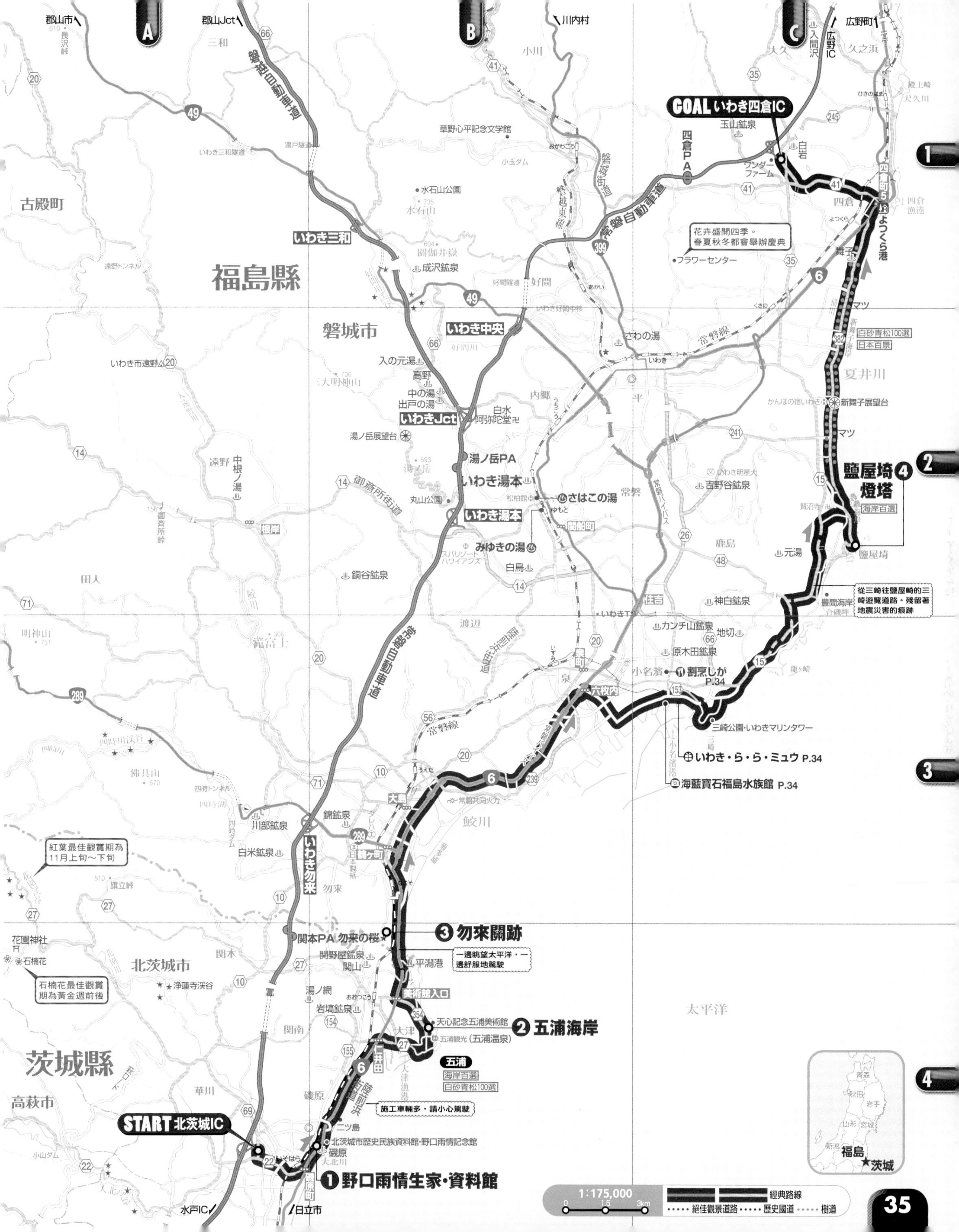

GOAL いわき四倉IC
START 北茨城IC
福島縣
茨城縣
磐城市
北茨城市
古殿町
高萩市
❶野口雨情生家・資料館
❷五浦海岸
❸勿來關跡
鹽屋埼燈塔❹
海岸百選
五浦
海岸百選
白砂青松100選
白砂青松100選
日本百景
花卉盛開四季。春夏秋冬都會舉辦慶典
從三崎往鹽屋崎的三崎遊覽道路，殘留著地震災害的痕跡
一邊眺望太平洋，一邊舒服地駕駛
施工車輛多，請小心駕駛
紅葉最佳觀賞期為11月上旬～下旬
石楠花最佳觀賞期為黃金週前後
割烹しが P.34
いわき・ら・ら・ミュウ P.34
海藍寶石福島水族館 P.34
三崎公園・いわきマリンタワー
天心記念五浦美術館
五浦観光（五浦温泉）
北茨城市歴史民族資料館・野口雨情記念館
関本PA 勿来の桜
いわき三和
いわき中央
いわきJct
いわき湯本
いわき勿来
湯ノ岳PA
四倉PA
常磐自動車道
磐越自動車道
太平洋
1:175,000
經典路線
絕佳觀景道路
歷史國道
樹道

橫越**藏王連峰**，從宮城前往山形。盡享**壯闊景色**和**療癒溫泉**

書末地圖 P.126

5 COURSE 藏王

自駕重點：山岳景觀・高原・牧場・四季花卉・紅葉・溫泉

↑壯闊的御釜景色美不勝收，帶著神祕的美感，還能眺望刈田岳

自駕路線 推薦！當日來回

路線行車距離 約84km　路線行車時間 約2小時45分

START 白石IC ← 33km25分 東北自動車道 ← 仙台宮城IC

20km 30分／ 4 457 一般道

1 牧歌般的風景一望無際 **藏王HEART LAND**

10km 15分／ 一般道 457 12

2 能遠眺2處瀑布 **觀瀑台**

9km 15分／ 12 藏王ECOLINE

3 可愛高山植物的寶庫 **駒草平**

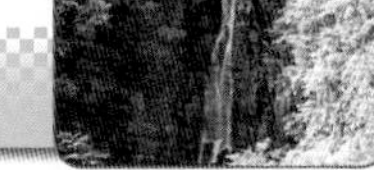

6km15分／ 藏王ECOLINE・藏王HIGHLINE(來回540日圓)

4 御釜當地耳熟能詳的景點 **刈田岳**

12km 20分／ 藏王HIGHLINE・藏王ECOLINE

5 高原的風舒爽怡人 **藏王坊平高原**

27km1小時10分／ 藏王ECOLINE・藏王LINE 21 13

GOAL 山形上山IC → 80km 1小時5分 東北中央自動車道 ▶ 山形道 ▶ 東北道 → 仙台宮城IC

自駕路線概要

橫跨藏王連峰的藏王ECOLINE和磐梯吾妻SKYLINE並列，都是代表南東北的山岳道路。一邊觀賞每個季節都會變化風貌的藏王絕景，一邊享受暢快的自駕遊。山形一側有藏王溫泉，宮城一側有遠刈田溫泉，這2處主要溫泉也很有魅力。從白石IC經國道457號開始的藏王自駕遊，第一站是牧歌般風景一望無際的藏王HEART LAND，能享受和動物接觸的樂趣。再次開回國道457號，往青根溫泉方向行駛，左手邊逐漸映入眼簾的大鳥居就是往藏王ECOLINE的入口。藏王ECOLINE有觀瀑台和駒草平等絕佳觀景點，一定要順道前往。開上密集彎道綿延不絕的藏王HIGHLINE，前往刈田岳。御釜的神祕氛圍一定要觀賞一番。一邊開往山形方向，一邊在藏王坊平高原稍作休息，之後就在藏王溫泉享受溫泉巡禮吧。

↑一邊眺望秀麗稜線，一邊享受自駕遊

→藏王ECOLINE宮城縣一側的觀瀑台入口附近

自駕MEMO

●藏王ECOLINE和藏王HIGH LINE在11月上旬到4月下旬為冬季禁止通行期間

●藏王溫泉街的道路狹窄，停車場的數量也很少，敬請留意

※根據藏王山周邊的火山活動，本書刊載的內容可能會有變更。出發前，請至各相關機關洽詢最新資訊。

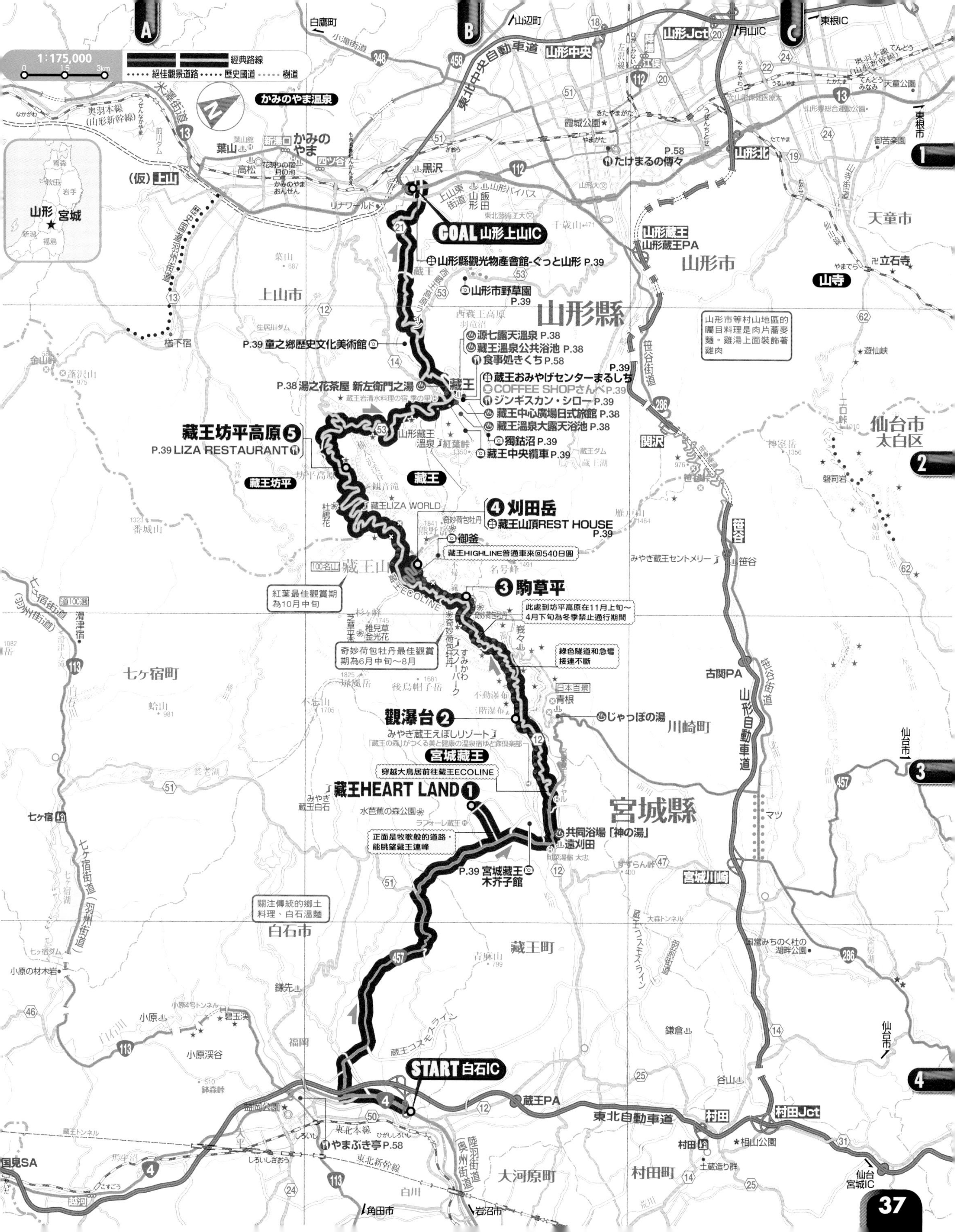

1:175,000
經典路線
絕佳觀景道路
歷史國道
樹道
GOAL 山形上山IC
山形縣觀光物產會館-ぐっと山形 P.39
山形市野草園 P.39
P.39 童之郷歷史文化美術館
源七露天温泉 P.38
藏王温泉公共浴池 P.38
食事処きくち P.58
藏王おみやげセンターまるしち
COFFEE SHOPさんべ P.39
ジンギスカン・シロー P.39
藏王中心廣場日式旅館 P.38
藏王温泉大露天浴池 P.38
獨鈷沼 P.39
藏王中央纜車 P.39
P.38 湯之花茶屋 新左衛門之湯
藏王坊平高原 5
P.39 LIZA RESTAURANT
4 刈田岳
藏王山頂REST HOUSE P.39
御釜
藏王HIGHLINE普通車來回540日圓
3 駒草平
此處到坊平高原在11月上旬～4月下旬為冬季禁止通行期間
紅葉最佳觀賞期為10月中旬
奇妙荷包牡丹最佳觀賞期為6月中旬～8月
綠色隧道和急彎接連不斷
觀瀑台 2
みやぎ蔵王えぼしリゾート
宮城藏王
穿越大鳥居前往藏王ECOLINE
藏王HEART LAND 1
正面是牧歌般的道路，能眺望藏王連峰
共同浴場「神の湯」
遠刈田
P.39 宮城藏王木芥子館
關注傳統的鄉土料理、白石溫麵
START 白石IC
やまぶき亭 P.58
たけまるの傳々 P.58
山形市等村山地區的矚目料理是肉片蕎麥麵。雞湯上面裝飾著雞肉
山形縣
宮城縣
山形市
上山市
天童市
仙台市太白区
七ヶ宿町
川崎町
白石市
藏王町
大河原町
村田町
東北自動車道
山形自動車道
東北中央自動車道
かみのやま温泉
山形Jct
村田Jct

自駕路線的景點

1 藏王HEART LAND
●ざおうはーとらんど

✆0224-34-3311（藏王酪農中心）

觀光牧場中舖展著約100公頃的廣大牧草地，體驗和美食等設施也是多彩豐富。以藏王連峰為背景，山羊、綿羊等動物悠閒吃草的光景，讓人心曠神怡。

🅛4月上旬~11月下旬、9:30~16:30 休開放期間中無休 ¥免費入場 🅟100輛

2 觀瀑台
●たきみだい

✆0224-34-2725（藏王町觀光導覽所）

這個景點能遠眺2大瀑布──三階瀑布、不動瀑布。特別是三階瀑布，水流經由三段凹凸起伏的斷崖傾流而下，景色細緻而優雅。在新綠和紅葉妝點的季節，風景特別漂亮。

🅛4月下旬~11月上旬、自由參觀 🅟15輛

3 駒草平
●こまくさだいら

✆0224-34-2725（藏王町觀光導覽所）

知名的高山植物寶庫。熔岩石礫的荒地上隨處可見叢生的「高山植物女王」奇妙荷包牡丹。小巧可愛的粉紅色花朵會在7月下旬～8月上旬綻放。

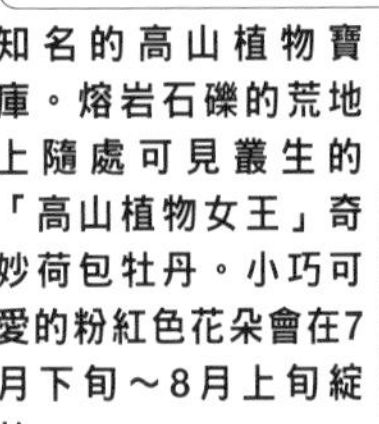

🅛4月下旬~11月上旬、自由參觀 🅟50輛

4 刈田岳
●かっただけ

✆0224-34-2725（藏王町觀光導覽所）

藏王連峰的代表山岳之一，標高為1758m。「御釜」是知名的藏王地標，湖中滿溢著祖母綠的湖水，宛如身處在刈田岳、熊野岳、五色岳等3峰的懷抱中。此外，還建有藏王山頂REST HOUSE，在2樓的餐廳能一邊欣賞壯闊的風景，一邊品嘗名產御釜炸豬排丼和御釜定食。

🅛4月下旬~11月上旬、自由參觀 🅟500輛

5 藏王坊平高原
●ざおうぼうだいらこうげん

✆023-677-0283（ZAOたいらぐら内総合案内所）

能享受賞鳥和健行的樂趣。露營場約能容納3000人，有沖水式廁所和烹飪場等設施，還能野炊。另有附伴手禮店和餐廳的休憩所。

🅛入園自由
🅟400輛

藏王溫泉 話題景點

在縣內最大規模的**露天浴池**、風情瀰漫的**公共浴池**等處**暢享溫泉**

溫泉勝地的規模號稱東北數一數二，其中坡道遍布的溫泉街上，建有3座傳統的公共浴池。其他也有許多不住宿的溫泉設施，每處都備有風情獨特的露天浴池。

藏王溫泉大露天浴池
●ざおうおんせんだいろてんぶろ

✆023-694-9417

🅛4月中旬~11月中旬、6:00~18:00（視時期另有變更）
休營業期間中無休 ¥成人550日圓、小孩300日圓 🅟60輛
MAP 37B-2

藏王中心廣場日式旅館
●ざおうせんたーぷらざ

✆023-694-9251

🅛6:00~21:30 休不定休 ¥成人600日圓、小學生400日圓
🅟100輛 MAP 37B-2

源七露天溫泉
●げんしちろてんのゆ

✆023-693-0268

🅛9:00~21:00（週三為14:00左右~） 休無休
¥成人450日圓、小學生250日圓 🅟60輛 MAP 37B-2

湯之花茶屋 新左衛門之湯
●ゆのはなちゃやしんざえもんのゆ

✆023-693-1212

🅛10:00~18:00（週六、週日、假日為~21:00）
休每月1日不定休，2、8月無休 ¥成人700日圓、小學生400日圓、幼兒200日圓 🅟65輛 MAP 37B-2

藏王溫泉 公共浴池
●ざおうおんせん きょうどうよくじょう

✆023-694-9328（藏王溫泉觀光協會）

🅛6:00~22:00
休無休
¥成人200日圓、小學生100日圓
🅟4輛
MAP 37B-2

景點資訊：賞花名勝 紅葉名勝 觀景點 有餐廳 有咖啡廳 有商店 有溫泉

宮城藏王木芥子館
みやぎざおうこけしかん

0224-34-2385

不只是遠刈田，還是東北的木芥子殿堂

悠久歷史的遠刈田溫泉，相傳是傳統木芥子的發源地。全國傳統的木芥子齊聚一堂。1樓展示著約5000件以上名列木芥子歷史的職人作品。也舉辦木芥子彩繪體驗。在商店能購買伴手禮。

東北所有系列的木芥子齊聚一堂

9:00～16:30(閉館17:00) 休無休 ¥成人300日圓、中小學生150日圓 P60輛 MAP 37B-3

童之鄉歷史文化美術館
れきしとぶんかのびじゅつかんわらべのさと

023-693-0093

珍貴的古老美術十分值得一看

由明治天皇行宮等希望流傳後世的5棟建築組成。將中山町富豪、石澤家等宅邸的主建築、座敷藏等遷移重建，並展示屏風、掛軸等美術品及皇室相關物品。

能在厚重的倉庫建築裡鑑賞美術品

9:00～16:00(閉館17:30) 休週二(逢假日則開館) ¥成人700日圓、小學生350日圓 P20輛 MAP 37B-2

獨鈷沼
どっこぬま

023-694-9328(藏王溫泉觀光協會)

被日本山毛櫸樹林環繞的湖沼

湖沼位在藏王高原最深處，周長約350m、水深2m。水質清澈乾淨，新綠和紅葉時期特別漂亮。獨鈷是形如拐杖的佛具，湖沼旁邊有木製長椅和桌子，推薦當作午餐景點。

水質澄澈漂亮的神秘湖沼

自由參觀 P200輛 MAP 37B-2

山形市野草園
やまがたしやそうえん

023-634-4120

能眺望四季的花草

約有1200種野草和樹木生長。以花草為名的區域中有草皮和水池，十分適合野餐和散步。自然學習中心裡還有介紹野草的影片。

附設自然學習中心的野草園

4～11月、9:00～16:00(6～8月為～17:00) 休週一(逢假日則下一個平日休、4月第3週週一～6月第2週週一無休) ¥成人300日圓、高中生以下免費 P200輛 MAP 37B-1

藏王山頂REST HOUSE
ざおうさんちょうれすとはうす

0224-34-2725(藏王町觀光導覽所)

大口咬下山頂的名產「玉蒟蒻」

在藏王山頂REST HOUSE能品嘗御釜的名產「玉蒟蒻」。以醬油醬汁熬煮的樸素滋味，就連內層也徹底入味。2樓餐廳的御釜炸豬排丼和御釜定食也廣受歡迎。

深受喜愛的御釜觀光據點

4月下旬～11月上旬、9:00～16:30 休營業期間中可能因天候惡劣造成藏王ECOLINE禁止通行 ¥玉蒟蒻150日圓、櫻桃冰淇淋300日圓、御釜炸豬排丼1000日圓 P500輛 MAP 37B-2

藏王おみやげセンターまるしち
ざおうおみやげせんたーまるしち

023-694-9502

藏王伴手禮大集合

明亮寬敞的店內備齊豐富的商品，能滿足各種客層的需求。從人氣商品到店家原創的果醬、純米吟釀酒等各種伴手禮都能買到。位在溫泉街中心，位置也容易找到。

藏王名產齊聚的伴手禮店

8:30～21:00 休週三(黃金週、7月和8月、12～隔年3月無休) ¥藏王樹冰ロマン756日圓(16根裝)、1080日圓(24根裝)、藏王溫泉名產稻花餅700日圓(5顆裝) P10輛 MAP 37B-2

山形縣觀光物產會館–ぐっと山形
やまがたけんかんこうぶっさんかいかんぐっとやまがた

023-688-5500

山形的伴手禮和當地美食區

山形老牌點心店的專區、百年老店街、山形銘酒館、鄉土食品、當季水果、東北伴手禮全都齊聚一堂。米澤牛和山形蕎麥麵、咖啡廳等美食區也深受歡迎。

大型物產館將山形縣內的物產齊聚一堂

9:00～18:00(5～9月為～19:00) 休無休 ¥山形名產芋煮501日圓～、鴛鴦牛奶蛋糕216日圓(1包)、山形知名點心富貴豆324日圓～ P500輛 MAP 37B-1

COFFEE SHOPさんべ

023-694-9538

品嘗稻花餅和咖啡，小憩一下

店內能品嘗現做稻花餅搭配咖啡。稻花餅有搭配咖啡的套餐，也有搭配自製山葡萄果汁或抹茶的套餐。因為店內木質散發的暖意，氣氛十分舒適。

わがままセット(稻花餅和咖啡的套餐)…550日圓

10:00～17:00 休不定休 P使用附近的停車場 MAP 37B-2

ジンギスカン・シロー

023-688-9575

藏王名產成吉思汗烤羊肉的始祖

參考蒙古的烹調方法，使用鐵鍋燒烤羊肉的成吉思汗烤羊風格發祥店。厚切肉片沒有腥味，肉質軟嫩。自製醬料和羊肉的滋味是絕配，一起搭配品嘗吧。

成吉思汗特上定食…1944日圓

11:00～14:00、17:00～21:00(LO20:00) 休週四、第4週日 P12輛 MAP 37B-2

LIZA RESTAURANT
ライザ・レストラン

023-679-2311(藏王LIZA WORLD)

在高原度假區品嘗香味四溢的石窯烤披薩

餐廳位在藏王坊平高原標高1100m的LIZA WORLD內。以正統石窯烘烤的石窯烤披薩超受歡迎。起司烤得恰到好處，口感酥脆讓人一吃上癮。

瑪格麗特披薩（M）…1000日圓

4月下旬～11月上旬、12月中旬～隔年4月上旬、10:00～15:30 休營業期間中無休 P1300輛 MAP 37B-2

!! 嘗試看看

用悠閒的健行，盡情飽覽藏王的大自然

利用藏王中央纜車，享受在山形藏王健行的樂趣吧。推薦能一邊眺望日本山毛櫸樹林一邊悠閒步行的「獨鈷沼──不動瀑布路線」（所需時間約2小時）。可以享受四季的精彩，像是夏山涼爽的舒暢、為秋天山岳添色的紅葉等。不使用纜車也能散步的「鴨之谷地沼周遊路線」（所需時間約1小時）是推薦給健行新手的路線。健行前別忘記善加計畫，預留充裕的時間。

藏王中央纜車

023-694-9168
023-694-9328
(藏王溫泉觀光協會)
8:30～17:00(最終運行時間視時期而異)
休不定休(4、11月左右約有20天檢查停運期間)
¥單程800日圓、來回1300日圓 P200輛
MAP 37B-2

能盡情享受空中散步的纜車

健行路線修整得很好走

暢享**海味**、**松島**美景、緣繫**伊達政宗**的景點

●まつしま 書末地圖 P.127

6 COURSE 松島

↑260多座大小島嶼漂浮的日本三景──松島

↑一邊眺望漂浮在松島灣的小島一邊兜風

自駕路線概要

在日本三景松島先在停車場停好車，再慢慢地散步吧。有緣繫伊達政宗的豐富景點，像是瑞巖寺和五大堂等。也推薦搭乘遊覽船，從船上欣賞松島特有的風景。暢遊松島之後，開在國道45號上一邊眺望海景，一邊前往伊達家也十分崇敬的鹽竈神社。平靜的灣內風景是讓人心曠神怡的景色。離開生氣蓬勃的港町，前往能眺望松島全景的多聞山。秀麗島嶼漂浮在海上，景色十分動人，在松島四大景觀中甚至被稱做「美觀」。回程經由七濱，飽覽海洋的眺望景緻吧。

自駕路線

推薦！當日來回

自駕重點：海岸美、美食、街頭散步、歷史探訪

路線行車距離 約37.5km
路線行車時間 約1小時18分

START 松島北IC ← 44km 40分 ← 仙台宮城IC（三陸自動車道 ◀ 仙台北 ◀ 東北道）

3km 8分／45

1 松島 精彩景點豐富多樣的日本三景

10km 15分／45 3

2 鹽竈神社 自古以來便深受崇敬

10km 15分／3 45 11 23 58

3 多聞山 松島四大奇觀之一

14.5km 40分／58 45

GOAL 仙台港北IC → 28km 25分 → 仙台宮城IC（仙台東部道路 ▶ 仙台南部道路 ▶ 東北道）

自駕MEMO

○七濱、鹽竈、松島的道路受到地震災害的影響，路面凹凸不平 ○因為修復、振興作業的關係，會看見許多工程車，請小心駕駛

1 松島 ●まつしま

☎022-354-5708（松島町產業觀光課）

名列日本三景的松島，自古以來就是感動許多人的風光明媚之地。架設著紅色太鼓橋的五大堂是松島地標。像在瑞巖寺能體驗豪華絢爛的桃山文化，還有許多精彩的歷史景點。🄻休 自由參觀 🄿使用町營停車場（免費，另有許多收費停車場）

2 鹽竈神社 ●しおがまじんじゃ

☎022-367-1611

以創建1200年以上的歷史為傲，和奧州一宮的地位。供奉的神明保佑海上安全、漁業豐收、闔家平安、安胎順產等，信者眾多。本殿和拜殿獲指定為重要文化財。🄻休 境內自由參觀（祈禱申請需洽詢） 🄿350輛

3 多聞山 ●たもんざん

☎022-357-7443（七濱町產業課）

和扇谷、富山、大高森並列松島四大觀。雖然是標高只有56m的小山，但卻是能遠眺藍海和綠色群島的觀景點。半山腰有祭祀多聞天像的毘沙門堂。🄻休 自由參觀 🄿10輛

話題景點

從船上遊覽大小不一的各座島嶼

離島航路和松島遊覽船的登船處。建築物的外觀以船為造型，讓人印象深刻，裡面還有物產販售和餐廳街等設施，是鹽竈當地的名勝

也有能眺望港口的開放式甲板

●まりんげーとしおがま
Marine Gate鹽釜
☎022-361-1500
🄻9:00～18:00（餐廳為11:00～22:00） 休無休
🄿100輛 MAP 40

日本三景的名勝地裡，保留許多緣繫伊達政宗的優雅史跡。漂浮在松島灣的秀麗小島也被稱做八百八島，創造出遼闊的絕景。一邊遊覽史跡牽動思古幽情，一邊享用松島特有的美味。

停下車來 街頭散步 宮城 松島

日本三景的歷史&松島美食

瑞巖寺●ずいがんじ

022-354-2023

慈覺大師圓仁在天長5（828）年開創的古剎，從前曾接受平泉藤原氏的外護奉獻。後來，伊達政宗招募130位名工，從慶長9（1604）年起經5年的歲月才完工。現存的本堂・御成玄關、庫裏、迴廊皆為國寶。

伊達政宗注入心血的禪寺，傲居奧州第一

2016年4月重新開放參觀的瑞巖寺本堂

© 瑞巌寺

辦理法事的「室中孔雀の間」

© 瑞巌寺

所宮城県松島町松島町内91 L8:00～17:00（3、10月為～16:30，2、11月為～16:00，1、12月為～15:30，最終入門時間為閉門前30分鐘） 休無休 ¥參觀費成人700日圓、中小學生400日圓 P使用附近停車場

MAP 41

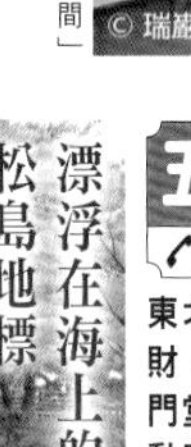

漂浮在海上的松島地標

五大堂●ごだいどう

022-354-2023（瑞巌寺） MAP 41

東北地區最古老的桃山建築，獲指定為重要文化財。坂上田村麻呂在大同2（807）年建設了毘沙門堂，天長5（828）年慈覺大師圓仁以「大聖不動明王」為主，安放「東方降三世」、「西方大威德」、「南方軍荼利」、「北方金剛夜叉」五大明王像，於是被稱做五大堂。目前的建築物是伊達政宗在慶長9（1604）年所重建。

所宮城県松島町松島町内111 L8:00～日落，自由參觀 P使用附近停車場

松島 1：15,000 0 300m 地圖上的1cm為150m 周邊地圖 P.40

●まつしまさかないちば 松島魚市場

022-353-2318

陳列著活魚、活貝，以及新鮮的生魚片、魚片等從三陸現撈的海產，還有販售松島名產的牡蠣漢堡（350日圓）等商品。在2樓的餐廳能品嘗鮪魚握壽司（1080日圓）等使用大量海鮮製作的料理。

密集地陳列著三陸直送的海產

新鮮海產和最適合當作伴手禮的加工產品都很齊全

所宮城県松島町松島普賢堂4-10 L8:00～17:00（餐廳為LO15:00） 休無休 P40輛

MAP 41

一邊眺望松島灣的風景，一邊飲用抹茶稍作休息

秋天會舉辦「賞月會」，能參加風情十足的賞月活動

●かんらんてい 觀瀾亭

022-353-3355

原是伏見桃山城的一棟茶室，豐臣秀吉賜予伊達政宗後，第二代藩主忠宗又移建至松島。作為伊達家乘涼和賞月之用，也用於藩主或公主遊覽松島、巡視諸國、接待等。設施裡面能享用附點心的抹茶，一邊眺望松島灣一邊飲茶別具風情。

所宮城県松島町松島町内56 L8:30～17:00（11～3月為～16:30） 休無休 ¥入館費成人200日圓、高中生和大學生150日圓、中小學生100日圓 P使用附近停車場

MAP 41

●せんしんあん 洗心庵

022-354-3205

圓通院旁邊的餐飲&甜品店。餐飲類從牡蠣、牛舌等名產到蕎麥麵、烏龍麵等菜單應有盡有。甜品類則有餡蜜、自豪的葛切等，適合在參拜途中休息享用的豐富菜單。

所宮城県松島町松島町内67 L10:00～15:00 休無休 P使用附近停車場 MAP 41

名產「牡蠣丼」將滑嫩蛋汁淋在多汁的炸牡蠣上

牡蠣的濃厚滋味在口中擴散，牡蠣丼1100日圓

●さんとりちゃや さんとり茶屋

022-353-2622

松島穴子丼等生魚片料理、天婦羅料理等午餐菜單深受歡迎。牛舌和天婦羅也廣獲好評。2樓日式座位前方是開闊的松島灣美景，能一邊享用美味餐點一邊飽覽風光明媚的景色。

所宮城県松島町松島犬田24-4-1 L11:30～15:00、17:00～21:00（LO21:00） 休週三 P4輛

MAP 41

餐廳使用當季海產製作丼飯和定食而廣受好評

松島穴子丼1730日圓為限定商品，需洽詢

使用三陸海產的多樣頂級料理讓人感動不已

裝滿松島名產的松島天丼1650日圓是人氣餐點

●まつしまおもてぜんぼうおりこの 松島 表禅房 おりこ乃

022-355-1755

松島玉手箱館建在松尾芭蕉曾入住的「熱田屋」舊址，2樓是以海鮮料理自豪的餐廳。從窗戶眺望的景色相當秀麗，能一邊飽覽松島絕景一邊享用美食。能一口氣品嘗松島各項名產的松島天丼廣受好評。

所宮城県松島町松島町内75-14 松島玉手箱館2F L10:30～18:00 休無休 P使用附近停車場 MAP 41

綠意盎然的杜之都仙台不僅是都市，還有廣瀨川的溪流和八木山的森林等豐富的自然景觀。和伊達政宗有關的史跡和仙台特有的料理也是豐富多樣，把觀光和美食巡禮作個搭配，開始步行遊覽吧。

停下車來街頭散步 宮城 仙台

杜之都的文化體驗&美食饗宴

絢爛豪華的祠堂，伊達政宗沉睡於此

裝飾華麗的豪華祠堂

瑞鳳殿●ずいほうでん

022-262-6250

祠堂祭祀於寬永13（1636）年結束70歲生涯的伊達政宗。按照政宗親傳的遺言，興建在經ヶ峰。宣揚桃山文化遺風的豪華絢爛廟堂建築，於昭和6（1931）年獲指定為國寶，之後雖因戰爭燒毀，已在昭和54（1979）年重建。

所仙台市青葉区霊屋下23-2 L9:00～16:30(12～隔年1月為～16:00) 休無休 ¥成人550日圓、高中生400日圓、中小學生200日圓 P30輛 MAP43

腹地內也有瑞鳳殿資料館

仙台城跡●せんだいじょうあと

022-214-8544（仙台市文化財課）

初代仙台藩主伊達政宗下令建設的仙台城。城堡所在的青葉山為東面、南面都是斷崖的天然要塞。展望所建有政宗騎馬的雕像，現存的石牆和修復完成的脇櫓讓人想起往昔的歷史。

所仙台市青葉区川内1 L休自由參觀 P150輛（普通車1小時400日圓）MAP43

在伊達62萬石的城堡遺跡一望仙台市街

建有伊達政宗騎馬像的本丸遺跡

仙台市博物館●せんだいしはくぶつかん

022-225-3074

收藏約9萬7000件仙台相關資料，其中有名列聯合國教科文組織記憶遺產及國寶的慶長遣歐使節關係資料、也有伊達政宗所用盔甲和陣羽織等重要文化財。常設展覽每季都會更換展示品，隨時展示著約1000件的展覽品。

所仙台市青葉区川内26 L9:00～16:15 休週一（逢假日、補假則翌日休）¥成人460日圓、高中生230日圓、中小學生110日圓（特別展覽另外收費） P50輛 MAP43

展示伊達家捐贈的諸多資料和美術工藝資料等

能依照時代學習仙台歷史的綜合展示室

甘味処 彦いち●かんみどころひこいち

022-223-3618

從拱廊通道轉進一條巷弄，就會遇見的古風甜品店。眺望著風情十足的中庭享用甜點，也別有一番風味，名產毛豆麻糬更是讓人莫名懷念的滋味。餡蜜和聖代都是人氣菜單。

所仙台市青葉区一番町4-5-41 L11:00～19:00(LO18:30，7～9月、12月為～20:00) 休週一 P使用附近停車場 MAP43

私房小館般的甜品店內享用傳統滋味

精心手作的「毛豆麻糬」650日圓

富貴寿司●ふうきずし

022-222-6157

創業60多年的壽司店，目前由第3代老闆大展廚藝。名產「仙台漬丼」的始祖就是這家店。將7種當季白肉魚用溫醇滑順的醬油醬料調味，放到米飯上就是絕妙美味。顧客能依喜好搭配的平價壽司，堅持選用當地魚產，並採用宮城縣產的米製作壽司飯，深受歡迎。

L11:30～14:00、17:00～23:00(LO22:30) 休週日、假日 ¥仙台漬丼1750日圓、握壽司1750日圓～ P使用附近停車場 MAP43

仙台漬丼的始祖！滿載道地滋味

當日壽司食材是比目魚、大瀧六線魚、日本鮭魚等

除了吧檯座位，還有下嵌式和式座位

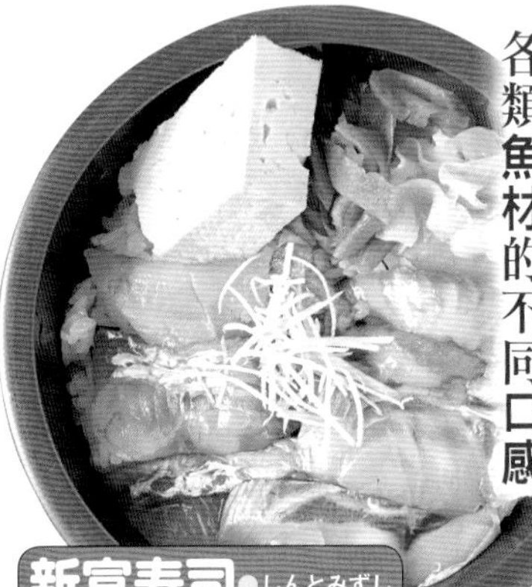

想要盡情品味各類魚材的不同口感

用實惠價格就能嘗到的仙台漬丼，非常新鮮

吧台座位還能享受和老闆對話的樂趣，很受歡迎

新富寿司●しんとみずし

022-222-2594

在傳統商店街、文化橫丁開店的老牌壽司店。壽司使用嚴選食材，像是在石卷港捕撈的鮮魚、從簽約農家進貨的ササニシキ稻米等，廣受好評。更以精心的烹製自豪，比如仙台漬丼是將口味清爽的白肉魚用昆布醃漬後才製成。也會使用黑棘鯛、遠東多線魚等罕見的壽司材料，但僅在4種以上的白肉魚齊備時才會販售。

L18:00～23:00(LO22:30) 休週日、假日 ¥仙台漬丼1620日圓、生魚片拼盤1620日圓～ P使用附近停車場 MAP43

店面氛圍瀰漫著老店特有的風情

源吾茶屋●げんごちゃや

✆022-222-2830

明治元年創業的老牌茶屋，不僅有以甜點為主的菜單，拉麵和丼飯等餐飲菜單也一應俱全。名產是自製麻糬，毛豆、芝麻、紅豆、白蘿蔔泥等鄉村口味應有盡有。

所仙台市青葉区桜ヶ岡公園1-1
L11:00～17:30　休不定休
P使用附近停車場
MAP 43

典雅茶屋開在綠意盎然的公園一角

推薦「陸奧套餐」980日圓

肉厚多汁的絕品牛舌人氣餐廳

●ぎゅうたんすみやきりきゅうにしぐちほんてん 牛たん炭焼 利久 西口本店

✆022-266-5077

在仙台市內擁有20多家分店，每家店都做擁絡繹不絕的人潮。肉塊厚實軟嫩，是吃過一次就忘不了的佳餚。富含膠原蛋白的牛尾湯也是絕妙美味。

所仙台市青葉区中央1-6-1 Herb SENDAIビル5F　L11:30～15:00、17:00～23:00（LO為店休30分鐘前）
休無休
P使用附近停車場
MAP 43

牛舌「極」定食午餐2160日圓、晚餐2310日圓，皆未含稅

在發祥地始祖店享用傳統滋味

元祖中華冷麵的涼拌麵能選擇醬油醬汁或芝麻醬汁1250日圓（未含稅）

●ちゅうごくりょうりりゅうてい 中国料理 龍亭

✆022-221-6377

創業於昭和6（1931）年，據說是創造出中華冷麵的始祖餐廳。傳統口味的「涼拌麵」是以色澤黃亮的捲麵，搭配上另外盛裝的蛋絲、叉燒等6種配料。醬汁能選擇醬油或芝麻。

所仙台市青葉区錦町1-2-10
L11:00～14:30、17:30～21:00（週日、假日的晚上為17:00～20:30）　休不定休
P使用附近收費停車場
MAP 43

能品嘗道地北京料理的名店

走下仙台站，首先最想去

車站內的牛舌通

●えきなかぎゅうたんどおり

位在仙台站3樓新幹線中央口附近的名產街。仙台市內4家精選牛舌店比鄰而立，獨家美味互不相讓。

✆洽詢電話視店鋪而異　L10:00～22:30（LO為22:00）　P使用附近停車場
MAP 43

白天也會大排長龍

●すてーきはうすいせや すてーきはうす伊勢屋

午餐時間才有的奢華牛丼

✆022-262-0012

午餐時間限定的人氣菜單「仙台牛牛丼【極】」是把A5等級的仙台牛霜降五花肉調味製成壽喜燒的風格，牛肉入口即化的口感、清爽甘甜的油脂，都讓人口水直流。拌入半熟蛋，就會是柔嫩又醇厚的美味。

L11:00～23:00（LO22:30）　休以エスパル仙台為準　¥仙台牛 牛丼【極】2800日圓、仙台牛的燉煮料理2500日圓
P使用簽約停車場
MAP 43

午餐限定的奢華丼飯，鮮甜肉質和柔嫩口感是絕妙美味

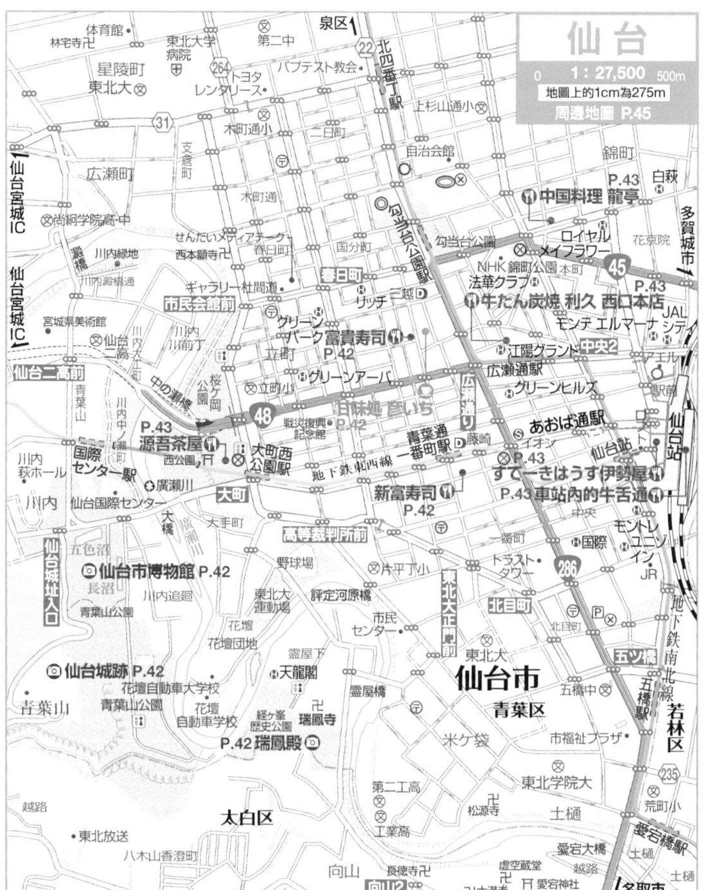

山寺的**絕景**、果樹園的**水果**、**溫泉町情懷**和**溪谷美**都要盡情享受

書末地圖 P.126

7 COURSE 山寺·天童

在作並附近兜風穿梭綠色的隧道

自駕路線概要

從和松尾芭蕉有關的絕景景點山寺立石寺，前往以將棋棋子聞名的天童溫泉。在將棋棋子專賣店櫛次鱗比的溫泉街上，設有足湯和飲泉處等設施，能輕鬆地享受溫泉。從天童沿著關山街道（國道48號）行駛在遍布果樹園的田園地帶，前往仙台方向。開進山林地區再行駛一段時間，就會抵達關山大滝。得來速設施比鄰而立，讓這裡也成為休憩景點。穿越縣境的隧道抵達作並溫泉。作並溫泉站 Lasanta設有足湯。位在國道48號旁邊的鳳鳴四十八瀑布是私藏勝地。繼續往下開進bypass，就是前往仙台的道路。

山寺的開山堂和納經堂，松尾芭蕉的名句即出於此寺

自駕路線 推薦！當日來回

路線行車距離 約68km
路線行車時間 約2小時15分

START 山形北IC ← 60km 50分 仙台宮城IC（山形自動車道 ◀ 東北道）

8km 20分／13 24 19

1 山寺立石寺 — 東北出眾的神靈場以絕景聞名

8km 20分／19 111 13 一般道

2 天童溫泉 — 也是有名的將棋故鄉

15km 25分／一般道 13 48

3 關山大滝 — 欣賞溪谷之美，Get山形名產

15km 25分／48

4 作並溫泉站Lasanta — 有足湯

7km 15分／48

5 鳳鳴四十八瀑布 — 國道旁邊有私藏名勝

15km 30分／48

GOAL 仙台宮城IC → 6km 10分 仙台市內（仙台西道路）

自駕MEMO

- 假日國道比較容易塞車
- 縣境的關山隧道附近有美麗的紅葉
- 前往山寺的交通方式，從國道13號開進縣道24號的路線簡單易懂

1 山寺立石寺
やまでらりっしゃくじ

023-695-2843

山寺立石寺是松尾芭蕉名句「萬籟俱寂，蟬鳴聲聲滲入石」所歌詠之地，並因此而聞名。傲擁開山1100年的歷史，是東北數一數二的靈場聖地。正式名稱為寶珠山立石寺，貞觀2（860）年由慈覺大師圓仁創建為比叡山延曆寺別院。五大堂和開山堂等處坐擁山內首屈一指的瞭望美景，彌漫著神聖的氛圍，並能遠眺美不勝收的風景。

8:00~17:00(閉門)
休 無休 ¥ 參觀費300日圓
P 使用附近停車場

2 天童溫泉
てんどうおんせん

023-653-6146(天童温泉協同組合)

將棋的生產量號稱日本第一，街道上也名副其實，隨處可見仿王將或左馬的紀念碑。溫泉街有3處足湯，並設有飲泉處，全都在向人述說著溫泉成分的優良品質。

P 使用天童站東停車場，89輛

3 關山大滝
せきやまのおおたき

0237-41-1200(東根市観光物産協会)

從大滝ドライブイン旁邊能俯瞰高10m、寬15m的瀑布。另有修整完善的步道，能走到瀑潭附近。

8:00~18:00
休 不定休 P 使用大滝ドライブイン泉や的停車場，30輛

4 作並溫泉站Lasanta
ゆのまちさくなみかんこうこうりゅうかんらさんた

022-391-4126

備有觀光服務處、商店、輕食區的設施。泡在從威士忌木桶放流源泉的獨特足湯，悠閒地放鬆。

9:00~17:00
休 無休 P 41輛

5 鳳鳴四十八瀑布
ほうめいしじゅうはちたき

022-392-2111(仙台市青葉区宮城総合支所まちづくり推進課)

在國道48號的沿線上，距離作並溫泉約6km的下游處，廣瀨川中大大小小的瀑布連綿不絕。名稱由來是因為瀑布的聲音讓人聯想到傳說中鳳凰的鳴叫聲。

休 自由參觀
P 5輛

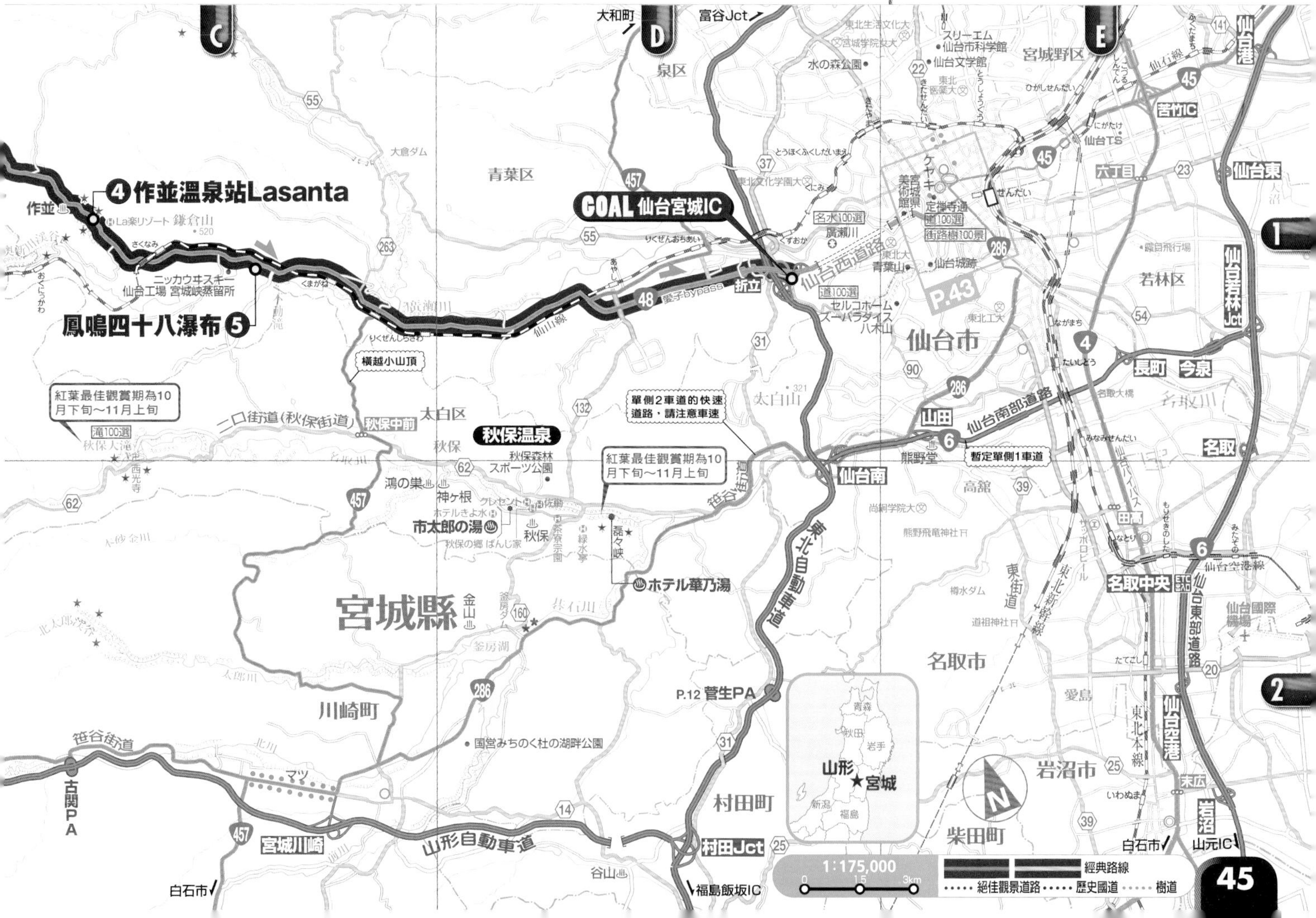

話題景點

還會招待手打蕎麥麵

東根以櫻桃聞名，有許多觀光果樹園能享受摘水果的樂趣。其中最特別的是位在FRUIT LINE旁邊的神町觀光果樹園。從美味水果生長的土壤開始用心照料，在初夏能採收櫻桃，在秋季能收穫蘋果和法蘭西梨。不僅能摘採各種水果，在旺季期間還會免費招待老闆親手製作的手打蕎麥麵。是廣受觀光客歡迎的景點。

●じんまちかんこうかじゅえん
神町觀光果樹園
0237-48-1888

9:00~17:00(入園為~16:00)／櫻桃為6月上旬~7月上旬，蘋果為10月上旬~12月中旬，法蘭西梨為10月中旬~11月下旬 休 營業期間中無休 ¥ 櫻桃為成人1600日圓、小孩1100日圓，蘋果為成人600日圓、小孩300日圓(全都需預約) P 60輛 MAP 44A-1

在獨特的果樹園盡情享受吧

GOAL 仙台宮城IC
④作並溫泉站Lasanta
鳳鳴四十八瀑布⑤
紅葉最佳觀賞期為10月下旬~11月上旬
單側2車道的快速道路，請注意車速
暫定單側1車道
秋保溫泉
宮城縣
仙台市
1:175,000
經典路線 絕佳觀景道路 歷史國道 樹道

探訪**月山**的大自然和**修驗道**的群山，體驗**庄內**地區的**文化**

●でわさんざん 書末地圖 P.120-125

8 COURSE

出羽三山

自駕重點：歷史探訪 紅葉 山岳景觀 購物 美食

↑務必參觀於昭和41（1966）獲指定為國寶的羽黑山五重塔

自駕路線 推薦！2天1夜

路線行車距離 約87km　路線行車時間 約2小時30分

START 月山IC ← 102km 1小時30分 山形自動車道 ◀ 東北道 ← 仙台宮城IC

2km 5分／112

1 日本第一的大噴泉 **月山湖大噴水**

17km 25分／112 湯殿山道路（400日圓）

2 出羽三山的奧院 **湯殿山**

20km 30分／湯殿山道路 112

3 豐富多彩的設施齊聚 公路休息站「月山」**月山朝日博物村**

31km 1小時／112 庄内こばえちゃライン 47 羽黑山道路（400日圓）

4 東北出眾的神靈場，有知名五重塔 **羽黑山**

14km 20分／羽黑山道路 47

5 庄內的傳統文化集結 **致道博物館**

3km 10分／47 7

GOAL 鶴岡IC → 152km 2小時10分 山形自動車道 ▶ 月山道路 ▶ 山形道 ▶ 東北道 → 仙台宮城IC

自駕路線概要

探訪聞名的修驗道修行場──月山、湯殿山、羽黑山等出羽三山，從寒河江沿著國道112號開往鶴岡方向。六十里越街道從前因前往出羽三山的香客而熱鬧非凡，而和它並行的月山花笠路約有30km的路段是舒適的蜿蜒道路。

從月山IC開回寒河江方向，先前往月山湖。欣賞規模高達112m的月山湖大噴水之後，沿著月山道路（國道112號）前往出羽三山中最神祕的湯殿山，再開向羽黑山吧。途中，有附設月山紅酒山葡萄研究所的月山朝日博物村，目前是公路休息站，名產是山葡萄汁。

朝羽黑山的方向，經由橫越田園地帶的庄內こばえちゃライン。在杉木樹群環繞的羽黑山感受莊嚴肅穆的氛圍之後，沿著縣道47號前往鶴岡方向。到了鶴岡絕對要去致道博物館，切身感受庄內地區的傳統文化。

↑同時是高山植物寶庫的月山彌陀原

⊃曾祭祀月山、湯殿山、羽黑山等三山的羽黑山三神合祭殿

自駕MEMO

●前往湯殿山的交通路線在黃金週前會除雪，以便民眾前往參拜 ●國道112號的湯殿山附近有月山宏偉又遼闊的風景

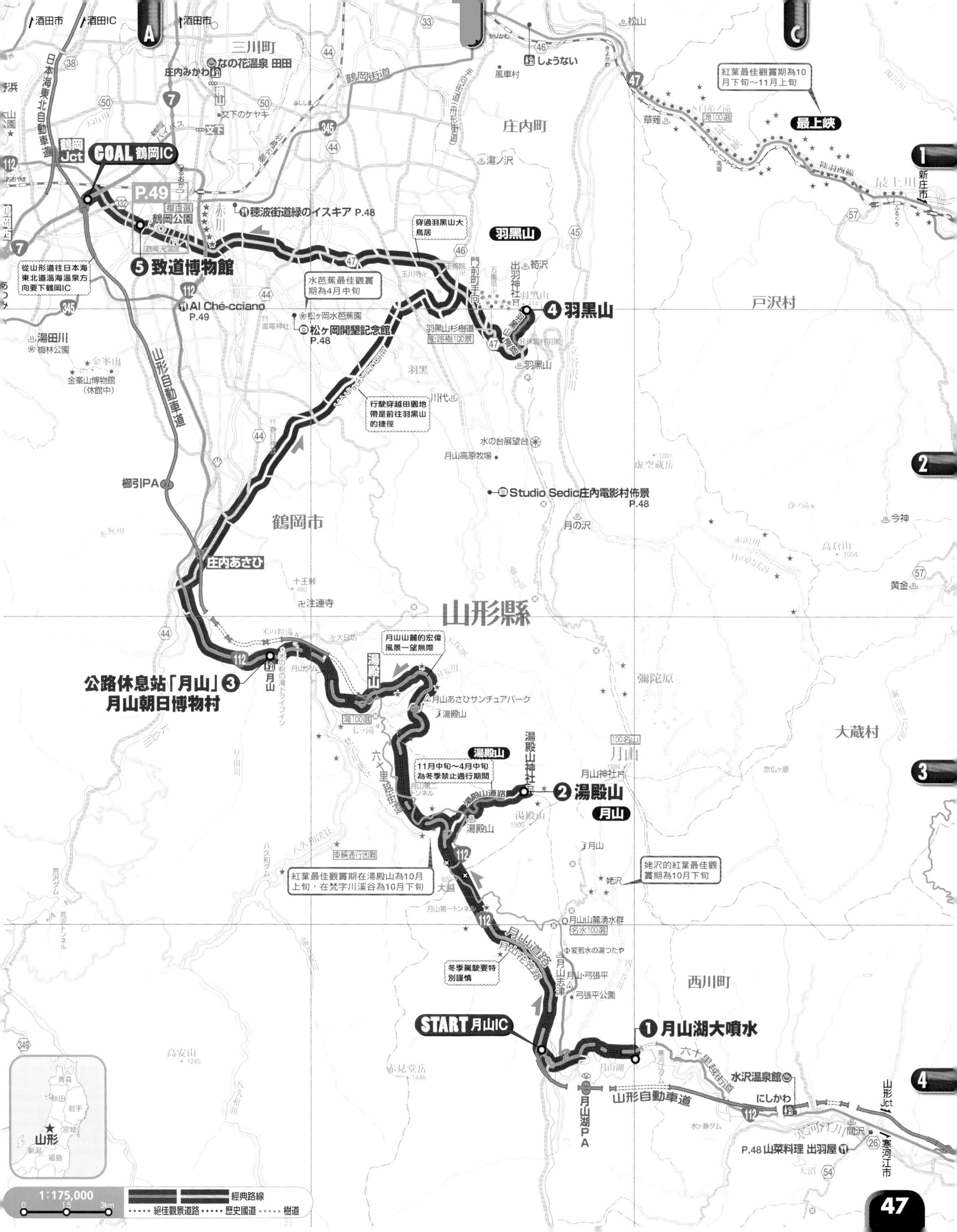

START 月山IC
1 月山湖大噴水
2 湯殿山
公路休息站「月山」3
月山朝日博物村
4 羽黒山
5 致道博物館
GOAL 鶴岡IC
鶴岡Jct
P.49
鶴岡公園
穂波街道緑のイスキア P.48
Al Ché-cciano P.49
松ヶ岡開墾記念館 P.48
松ヶ岡水芭蕉園
Studio Sedic庄內電影村佈景 P.48
P.48 山菜料理 出羽屋
從山形道往日本海東北道溫海溫泉方向要下鶴岡IC
水芭蕉最佳觀賞期為4月中旬
穿過羽黑山大鳥居
行駛穿越田園地帶是前往羽黑山的捷徑
月山山麓的宏偉風景一望無際
11月中旬～4月中旬為冬季禁止通行期間
紅葉最佳觀賞期在湯殿山為10月上旬，在梵字川溪谷為10月下旬
姥沢的紅葉最佳觀賞期為10月下旬
冬季駕駛要特別謹慎
紅葉最佳觀賞期為10月下旬～11月上旬
最上峽
羽黒山
湯殿山
月山
山形縣
鶴岡市
庄内町
三川町
戸沢村
大蔵村
西川町
山形自動車道
日本海東北自動車道
庄内あさひ
櫛引PA
月山湖PA
水沢温泉館
にしかわ
しょうない
なの花温泉 田田
庄内みかわ
月山あさひサンチュアパーク
月山高原牧場
水の台展望台
月山山麓湧水群
変若水の湯つたや
弓張平公園
1:175,000
經典路線
絕佳觀景道路
歷史國道
樹道

8 COURSE 出羽三山 自駕路線的景點

1 月山湖大噴水
●がっさんこだいふんすい

0237-75-2555（水の文化館）

水之町西川地標性的紀念建築物。每1小時噴水1次，每次約12分鐘，水甚至會噴到112m高。是噴射高度日本第一的大噴泉。

4~11月中旬、10:00~16:00（週六、週日、假日為~17:00） 休 開放期間中不定休（檢查期間休、天候惡劣休） P 40輛

2 湯殿山
●ゆどのさん

0235-54-6133（湯殿山神社）

被稱作出羽三山的奧院，也是三山中最為神祕的神社。御神體是神祕的岩石，參拜前要向紙人吹氣，再放入水中。

4月下旬~11月上旬、8:00~17:00 休 開放期間中無休 ¥ 除厄費用500日圓 P 200輛

3 公路休息站「月山」月山朝日博物村
●みちのえきがっさんがっさんあさひはくぶつむら

0235-53-3411

位在梵字川溪谷旁邊的觀光景點，設有「山葡萄研究所」、「文化創造館」、能體驗抱石攀岩的「梵字の蔵」等豐富設施。還有蕎麥麵店和梵字的茶屋。

9:00~17:00 休 無休（11~3月為第4週週一休） ¥ 入館費視時期而異 P 149輛

4 羽黑山
●はぐろさん

0235-62-2355（出羽三山神社社務所）

1400年前開山。行駛羽黑山道路，抵達羽黑山頂的三神合祭殿，裡面供奉著黑山、月山、湯殿山的神明。山麓的素木造建築、杮葺、三間五層的五重塔（國寶）也是非看不可。

境內自由（收費道路為7:30~17:00（11~隔年4月下旬為8:00~16:00）） P 300輛

5 致道博物館
●ちどうはくぶつかん

0235-22-1199

位在昔日鶴岡城內第三層圍牆附近，過去曾為庄內藩御用宅邸。有曾為舊藩主酒井氏隱居所的御隱殿、國家指定名勝酒井氏庭園，還有移建至此的重文舊西田川郡役所、重文舊澀谷家住宅等。公開展示庄內藩主酒井家代代相傳的史料和家用品，以及庄內的歷史、民俗、考古、美術等資料。

9:00~16:30（視時期而異） 休 無休（12~2月為週三休） ¥ 入館費700日圓 P 20輛

這裡也很推薦

景點 松ヶ岡開墾記念館
まつがおかかいこんきねんかん

0235-62-3985

展示開墾的歷史資料

庄內藩士所開墾的松岡開墾場。活用現存的大蠶室，展示開墾資料和全國的土人偶。

整體氛圍彌漫著和式雅趣，風情十足

3~11月、9:30~16:00 休 開放期間中週一（逢假日則開館） ¥ 入館費450日圓 P 100輛 MAP 47A-2

美食 穂波街道緑のイスキア
ほなみかいどうみどりのいすきあ

0235-23-0303

田園風景環繞的道地披薩專賣店

東北地區首家，真正受拿坡里披薩協會認證的披薩店。正宗義式餐廳使用起司等從義大利進口的道地食材，和農場的當季產品。另有套餐組合適合家庭輕鬆點用。

瑪格麗特Extra披薩（26cm）…1280日圓

11:00~14:00、17:30~20:30（週六、週日、假日為17:30~21:00） 休 週二（逢假日則營業） P 20輛 MAP 47A-1

美食 山菜料理 出羽屋
さんさいりょうりでわや

0237-74-2323

享受修行者之宿的風情和四季的山珍美味

山菜料理專門店。使用豐富生長的山菜，常備餐點有50多種。滿載季節食材的山菜籠膳也很推薦。

山菜籠膳…2484日圓~

11:00~20:00（閉店21:00） 休 無休 P 30輛 MAP 47C-4

美食 すたんど割烹みなぐち
すたんどかっぽうみなぐち

0235-23-3791

在土藏建築享用店家自豪的鄉土料理

改造自江戶時代興建的土藏建築，店內照明演繹出沉靜的氛圍，帶有獨特的溫暖氛氛。人氣菜單有庄內三元豬的日式燒肉、宴席全餐。

みなぐち定食…1620日圓

11:00~14:00、17:00~22:00 休 第1、4、5週一，第2、3週日（視預約狀況另有變更） P 4輛 MAP 49

話題景點

占地面積日本第一！「那部電影」的拍攝地點就是這裡！

占地面積日本第一的攝影地點，不僅許多電影和電視劇在此拍攝，還開放一般民眾參觀。宿場町、漁村、農村、山間集落等區域風情各異，遍布各處，暢遊各場景能讓人回想起影劇作品。也能搭乘周遊巴士在廣大腹地內移動，十分方便。不僅有結合大自然和電影的最佳外景地，還會舉辦服裝租借、紙箱迷宮、大太鼓、射箭場等活動。尋找各處的拍照景點看看吧。

●すたじおせでぃっくしょうないおーぷんせっと

Studio Sedic庄內電影村佈景

0235-62-4299 MAP 47B-2

4月下旬~11月下旬、9:00~16:00（閉園17:00），10、11月為~15:00（閉園16:00） 休 營業期間中無休（天候惡劣時休園、或視攝影等情況臨時休園） ¥ 入場費1300日圓、周遊巴士500日圓 P 400輛

宿場町是宏偉的外景拍攝地

景點資訊  賞花名勝  紅葉名勝  觀景點 有餐廳  有咖啡廳 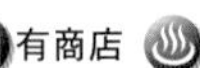 有商店 有溫泉

庄內藩城下町遍布著明治、大正時代所建造的美麗洋館，以及東北唯一現存的藩校建築。在彌漫懷舊氛圍的街道上，一邊遙想過去，一邊散步看看吧。

停下車來 街頭散步

山形 鶴岡 漫步品味城下町風情

僅有傳統和式蠟燭，還有能浮水面的蠟燭

獲稱日本第一職人工藝的繪製技術讓人感動

富樫蠟燭店

●とがしえろうそくてん

✆0235-22-1070

靜岡的繪蠟燭被稱作「花紋燭」，會用顏料畫上牛車、蓮花、花卉圖樣等圖案。歷史長達300年，從前進獻江戶幕府時，獲第11代將軍家齊讚揚為傑作。

所 鶴岡市山王町10-52 L 8:30～18:00
休 第3週日 P 5輛 MAP 49

Al Ché-cciano

●アル・ケッチァーノ

✆0235-78-7230

活用當季食材的道地義式料理

在義大利慢食協會國際本部主辦的「世界料理人1000人」，獲選的廚師奧田政行身兼餐廳的老闆和主廚。獨特的義式料理活用具季節感的當季食材來烹調，廣受好評。

L 11:30～14:00(LO)、18:00～21:00(LO)
休 週一 ¥ 主廚推薦全餐A全餐3800日圓(未含稅)、B全餐7700日圓(未含稅) P 15輛
MAP 47A-1

主廚推薦全餐A的主餐料理示範，黃鯛蛤蜊佐義式水煮魚

坐擁藥醫門的商家前緬懷繁榮景象

舊風間家住宅 丙申堂

●きゅうかざまけじゅうたくへいしんどう

✆0235-22-0015(克念社)

為庄內藩的御用商人，風間家在鶴岡城下發展家業，成為鶴岡第一富商。為了替鶴岡的產業振興注入心力，在明治29（1896）年興建丙申堂作為住所和營業據點。宅邸獲指定為重要文化財。

珍貴的歷史遺產將富商往昔風貌流傳至今

所 鶴岡市馬場町1-17 L 4月10日～11月30日、9:30～16:00 休 7月13日
¥ 入館費成人400日圓、中小學生200日圓 P 10輛 MAP 49

在水邊露臺享用午餐，用優雅的心情享受滿足時光

水の食卓 百けん濠

●みずのしょくたくひゃっけんぼり

✆0235-29-0888

創作料理餐廳宛如漂浮在鶴岡公園的護城河上

慶應大學護城河圍繞的鶴岡公園和整備完善的鶴岡校區結合成一體，而餐廳就位在校區內。能一邊欣賞秀麗的護城河景色，一邊用餐。「百けん濠らんち」1510日圓（未含稅）廣獲好評。色彩繽紛的擺盤也讓人心滿意足。

所 鶴岡市馬場町14-2 慶応大学鶴岡キャンパス内
L 11:30～14:30、17:30～22:00(LO21:00)
休 不定休 P 使用鶴岡公園停車場 MAP 49

紅色尖屋頂和白牆殿堂是標誌

鶴岡天主教會天主堂

✆0235-22-0292 ●つるおかかとりっくきょうかいてんしゅどう

由法籍神父Dalibert捐獻出所有財產，明治36（1903）年在庄內藩家老屋敷跡興建而成。設計這座教堂的Papinot神父另外也設計過許多日本教會。而這座教堂中明治浪漫樣式的美麗模樣更是國家的重要文化財。

所 鶴岡市馬場町7-19
L 8:00～18:00（10～3月為～17:00）
休 無休
¥ 入館費免費
P 15輛
MAP 49

美麗的教會成為許多人祈禱和沉澱心靈的場所

日本前所未見的黑色瑪麗亞像

堪稱大正建築傑作的鶴岡公園地標

大寶館

●たいほうかん

✆0235-24-3266

風格獨特的建築物，特徵是紅色圓頂

位在鶴岡公園內的白色西式建築，是為了紀念大正天皇即位而興建。過去曾用作圖書館和物產陳列場。目前主要介紹明治時代文豪——高山樗牛等，在明治以後活躍於各領域的鶴岡相關人物。

所 鶴岡市馬場町4-7 L 9:00～16:30
休 週三(逢假日則次一工作日休) ¥ 入館費免費 P 使用附近停車場 MAP 49

優秀人才輩出，歷史悠久的學習場所

国指定史跡 庄內藩校 致道館

●くにしていしせきしょうないはんこうちどうかん

✆0235-23-4672

酒井家第9代忠德所創設的藩校，目的是改革庄內藩的武士風氣及培養優秀人才。目前留存著表御門、聖廟、講堂、御入間等設施，是開放一般民眾參觀的國家指定史跡，也是東北唯一現存的藩校建築。

講堂展示著致道館的相關資料

所 鶴岡市馬場町11-45 L 9:00～16:30
休 週三(逢假日則翌日平日休) ¥ 入館費免費 P 使用附近停車場 MAP 49

行駛在時刻變化面貌的海岸線。從溫泉到美食都能充分享受

●ささがわながれ 書末地圖 P.120·124

9 COURSE 笹川水流

自駕重點：海岸美 夕陽 溫泉 購物 美食

↑魷魚一夜干等美食也是名產

自駕路線概要

主要路線是沿著海岸線延伸的國道7號和國道345號，能飽覽山形到新潟的海岸美景。從國道7號開進由良海岸，就有蔚藍的海洋迎面而來。在溫海溫泉享受不住宿入浴和足湯，並在弁天島散步之後，開向本條路線的重點景點笹川水流。奇岩怪石連綿11km，日本海獨特的風景盡收眼底。搭乘遊覽船從海上觀賞也很推薦。附近有岩船港鮮魚中心，順道前往選購伴手禮吧。

↑從車窗眺望笹川水流，澎湃洶湧的風景暢人心懷

自駕路線 推薦！2天1夜

路線行車距離 約93km
路線行車時間 約2小時10分

START 鶴岡IC ← 152km 2小時10分 山形自動車道 ◀ 月山道路 ◀ 山形道 ◀ 東北道 ← 仙台宮城IC

13km 20分／ 7 一般道 50

1 由良海岸 白山島的地標

17km 25分／ 50 7 44

2 溫海溫泉 在日本海沿岸湧出的古老溫泉

11km 10分／ 44 7 一般道

3 弁天島 源義經登陸的地方

24km 35分／ 一般道 7 345

4 笹川水流 奇岩和白色沙灘的名勝

23km 30分／ 345 一般道

5 岩船港鮮魚中心 購買當季海產吧

5km 10分／ 3 345 一般道

GOAL 神林岩船港IC → 307km 4小時 日本海東北自動車道 ▶ 磐越道 ▶ 東北道 → 仙台宮城IC

自駕MEMO

●從國道7號的溫海溫泉附近到國道345號以南，都是行駛在海岸線的道路 ●國道345號的笹川水流附近有許多隧道 ●瀬波溫泉街的車流量很多，請小心駕駛

1 由良海岸
ゆらかいがん

0235-25-2111（鶴岡市觀光物產課）

海岸位在鶴岡市，面向日本海。地標白山島據說是因為火山爆發形成的小島。備有能周遊島嶼的散步道。此外，也有出航遊覽周邊的觀光船。

P 300輛

2 溫海溫泉
あつみおんせん

0235-43-3547（溫海觀光協會）

擁有開湯1000年的自豪歷史，是許多騷人墨客造訪的溫泉勝地。溫海川的清澈水流和山林綠意，以及距離日本海只要5分鐘車程的地點，都深具魅力。

P 使用旅館組合停車場（2F部分10輛）、林業中心停車場（20輛）

3 弁天島
べんてんじま

0235-43-3547（溫海觀光協會）

流傳著義經登陸的傳說。有祭祀弁財天的嚴島神社及曾祭祀金刀毘羅神的古祠，神社旁邊設有通往燈塔的步道，大約15分鐘就能環島一周。

P 4輛

4 笹川水流
ささがわながれ

0254-75-8943（村上市商工觀光課）

名勝笹川水流有突出海面的奇岩群和白色的沙灘，景觀勝地連綿11km。眼鏡岩、屏風岩、恐龍岩等許多岩石在海中聳立，全都美不勝收。另有遊覽船。P 使用笹川水流觀光汽船的停車場，60輛

5 岩船港鮮魚中心
いわふねこうせんぎょせんたー

0254-52-1261

活力十足的叫賣聲響徹店內，架上陳列著當季的海產、乾貨和美食。附設的海鮮餐廳「番屋」更準備了現撈的美食。

8:30～17:00（視時期而異）

休 不定休　P 100輛

這裡也很推薦

購物 公路休息站 笹川流れ
みちのえきささがわながれ

0254-79-2017

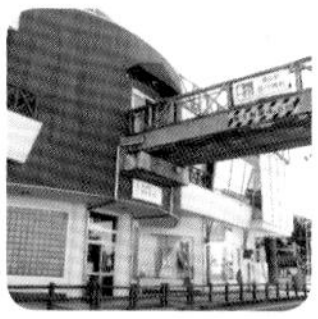

JR桑川站附設的公路休息站。矗立在海岸上的夕陽大橋是觀賞夕陽的名勝。商店備有豐富的當地名產和海產等商品。

9:00～18:00（11～3月為～17:30，餐廳為11:00～18:00、11～3月為～17:00）　休 週三　P 48輛　MAP 51D-2

話題景點

享受乘船之旅，和海風和海鷗相遇吧

要飽覽笹川水流的美景，搭乘遊覽船是最佳選擇。從桑川漁港除了環遊眼鏡岩、獅子岩、恐龍岩等名勝，一邊導覽和源義經有關的君戻し岩、舞子岩、ニタリ岩等，還會一邊穿插相關的奇聞逸事。比起從陸地上觀賞的景色，從海上飽覽的風景也別有一番風味，請務必排入行程中。由「ゆうなぎ」號或「おばこ丸」號航行，首班船為早上9點出港。每隔30分鐘到40分鐘出航。所需時間約為40分鐘。此外，還能在遊覽船上面體驗餵食海鷗和黑尾鷗。船上也販售飼料（100日圓）。

ささがわながれゆうらんせん

笹川水流遊覽船　MAP 51D-2

0254-79-2154（笹川水流觀光汽船）

3月下旬～11月中旬、9:00～16:00　休 營業期間中天候惡劣時休　¥ 乘船費1000日圓　P 60輛

餵食海鷗和黑尾鷗是珍貴的體驗

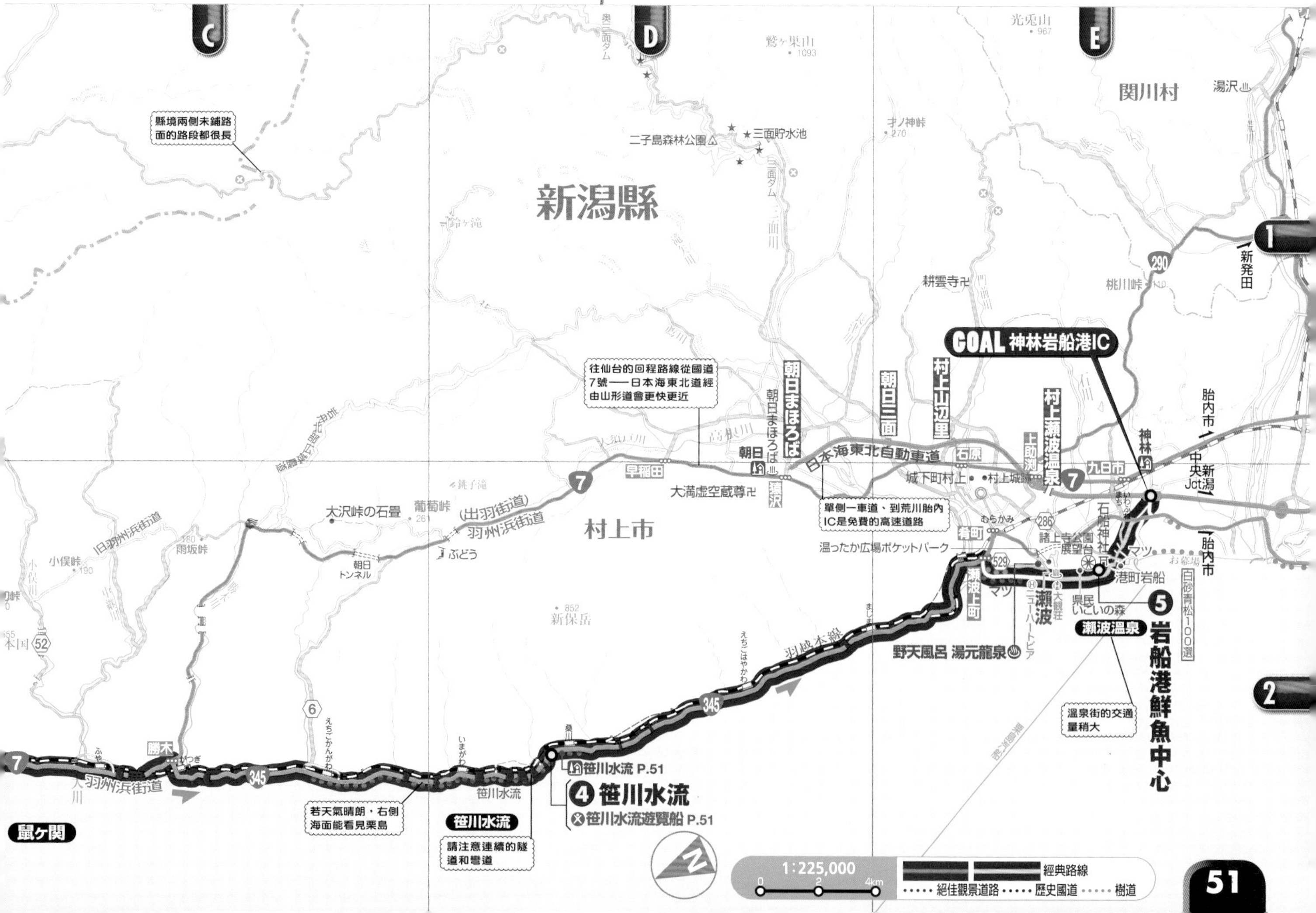

新潟縣　村上市　関川村

縣境兩側未鋪路面的路段都很長

往仙台的回程路線從國道7號──日本海東北道經由山形道會更快更近

單側一車道、到荒川胎內IC是免費的高速道路

GOAL 神林岩船港IC

5 岩船港鮮魚中心

溫泉街的交通量稍大

瀨波溫泉

野天風呂 湯元龍泉

4 笹川水流

笹川水流 P.51

笹川水流遊覽船 P.51

若天氣晴朗，右側海面能看見栗島

請注意連續的隧道和彎道

鼠ヶ関

1:225,000　經典路線　絕佳觀景道路　歷史國道　樹道

沿著雄偉的最上川水流，行駛在奧之細道的關連地

●ぎんざんおんせん·もがみきょう 書末地圖 P.120·121·126

10 COURSE 銀山溫泉·最上峽

自駕重點：溪谷美、紅葉、歷史探訪、街頭散步、購物

↑一邊懷念松尾芭蕉，一邊享受最上川船的下行航程吧

自駕路線 推薦！當日來回

路線行車距離 約138km

路線行車時間 約3小時25分

START 東根IC ← 76km 1小時 ← 仙台宮城IC（東北中央自動車道 ◀山形道 ◀東北道）

41km 1小時／287 13 347 29 188

1 銀山溫泉 彌漫大正浪漫的溫泉街

15km 25分／188 29 347 28 一般道 120

2 芭蕉·清風歷史資料館 介紹松尾芭蕉的俳句

8km 15分／120 347 13

3 公路休息站 尾花沢 物產店和餐飲店齊聚

20km 25分／13 47

4 本合海 松尾芭蕉乘船之地

8km 10分／47

5 戶澤藩船番所 重現江戶時期的船番所

40km 1小時／47 7 353

6 山居倉庫 最上川船運的據點

6km 10分／353 7

GOAL 酒田IC → 167km 2小時25分 → 仙台宮城IC（日本海東北自動車道 ▶山形道 ▶月山道路 ▶山形道 ▶東北道）

自駕MEMO

●國道47號在靠近本合海處，能看見最上川雄偉壯闊的流水，在美麗溪流和田園風景中行駛吧

●酒田市內有許多十字路口，請小心塞車

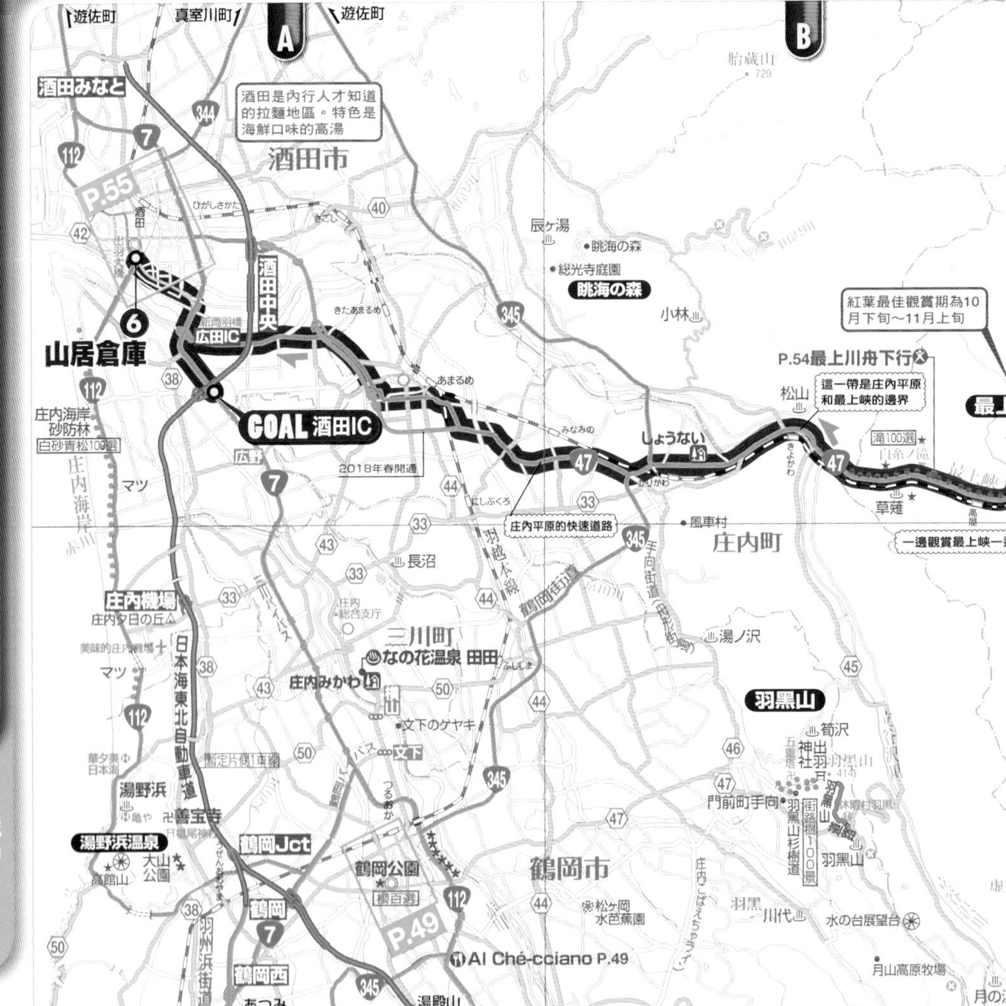

帶有日本故鄉風情的四村梯田也想順道前往

庄內町的田園風景對面，有成排風車

最上川緣繫松尾芭蕉而聞名

最上峽在紅葉的季節更加美麗

在大正浪漫盎然的銀山溫泉，回想美好的古老年代

自駕路線概要

沿著松尾芭蕉歌頌「梅雨收集遍，奔流最上川」的最上川，下行前往山形縣數一數二的紅葉名勝。

以東根IC為起點，首要目的地是銀山溫泉。山林間的溫泉街留存大正時期的濃郁風情，能盡情悠閒地散步。在尾花澤市內的芭蕉・清風歷史資料館學習松尾芭蕉與當地俳人的交流之後，就到公路休息站 尾花沢稍作休息。從國道13號開進國道47號，前往最上川。芭蕉搭船的本合海、重現江戶時期船番所的戶澤藩船番所等名勝，都遍布在雄偉河流的沿岸。也推薦最上川船下行。一邊沿著國道47號飽覽最上川的景觀，一邊開向最上川的船運據點山居倉庫。伴隨著港町風情，享受散步的樂趣吧。

10 COURSE 銀山溫泉·最上峽 自駕路線的景點

1 ぎんざんおんせん 銀山溫泉

0237-28-3933（銀山溫泉觀光案內所）

慶長年間由繁榮極盛的延澤銀山的礦工所發現。保留大正時代的街道，文化財等級的木造建築櫛次鱗比，引人入勝。入夜後的瓦斯燈閃耀著溫暖光芒。

P使用共同停車場，20輛

2 ばしょうせいふうれきししりょうかん 芭蕉·清風歷史資料館

0237-22-0104

將鈴木彌兵衛家「舊丸屋」的店鋪和主建築遷至清風宅旁復元而成。保留尾花澤地區江戶時代町家的完整風貌至今。為了緬懷松尾芭蕉和俳人鈴木清風相遇而建造的建築。

9:00～16:30（11～2月為9:30～） 休週三（逢假日則翌日休） ¥入館費200日圓 P13輛

3 みちのえきおばなざわ 公路休息站 尾花沢

0237-24-3535

有輕食區、販售當地產品的物產館。資訊提供設施24小時皆可利用。也會舉辦各個季節的活動。

9:00～18:00（餐廳為10:30～18:00） 休1月1日 P92輛

4 もとあいかい 本合海

0233-22-2111（新庄市商工觀光課）

松尾芭蕉從前在奧之細道的乘船地，佇立著芭蕉和曾良的雕像。河川兩側絕壁聳立，清晨和黃昏更有川霧，變幻出水墨畫般的風景。

休自由參觀 P5輛（芭蕉搭船處）

5 とざわはんふなばんしょ 戶澤藩船番所

0233-72-2001（最上峽芭蕉LINE觀光）

入口重現出江戶時代的船番所。同時也是最上峽芭蕉LINE舟下行的乘船處，還齊備豐富的山形物產。

9:30～16:00（視時期而異） 休無休 P200輛

6 さんきょそうこ 山居倉庫

0234-23-7470（庄内米歷史資料館）

舊藩主酒井家所建設的米保管倉庫是稻米產地庄內的地標。附設「酒田夢之俱樂」、「庄內米歷史資料館」。

9:00～17:00（12月為～16:30） 休無休（庄內米歷史資料館在12月29日～2月最末日休館） ¥庄內米歷史資料館入館費300日圓 P27輛

這裡也很推薦

景點 四村梯田 しかむらのたなだ

0233-75-2324（大藏村觀光協會）

日本數一數二的大雪地帶中，宏偉田園鋪展而開

梯田遍布在月山、葉山等群山環繞的平緩斜坡上，獲選為「日本梯田百選」。夏天會舉辦「螢火音樂會」等活動。

每季展現各種面貌的秀麗梯田

休自由參觀 P3輛 MAP 53C-2

景點 最上公園 もがみこうえん

0233-22-1451（戶澤神社）

城址公園是廣受喜愛的櫻花名勝

新庄藩的藩祖──戶澤政盛在寬永2（1625）年興建的新庄城遺跡，也是市指定史跡。城堡在戊辰戰爭中燒毀，目前仍留有戶澤神社、天滿神社、護國神社。春天約有350棵櫻花爭相盛放。

櫻花樹道在4月下旬迎來最佳觀賞期

自由入園 P60輛 MAP 53C-1

購物 川の駅ヤナ茶屋もがみ かわのえきやなちゃやもがみ

0233-44-2577

山珍美食豐富齊全，還能品嘗小國川的香魚

蓋在小國川旁的土產店。當地特有土產一應俱全，店門口的直售區也販售新鮮蔬菜。還能品嘗從小國川捕撈的香魚鹽烤料理或田樂料理。

鄰接超商，也很適合休息

9:00～18:00（食堂為10:30～17:00） 休無休 P105輛 MAP 53D-1

美食 TRATTORIA NONNO とらっとりあのんの

0233-26-2726

發揮食材力量的絕品義式料理

義式食堂位在自然豐富的地帶，離中心街稍遠，品嘗著對身體有益的料理，能讓身心都恢復元氣。能一邊眺望店家親自栽培的香草、蔬菜，一邊享用義式料理。

B午餐1700日圓和甜品500日圓

11:30～15:00、17:30～22:00（LO為關店1小時前） 休週二 P8輛 MAP 53C-1

話題景點

船夫的歡樂船歌更讓遊興大發

不僅從車窗，也很推薦從船上欣賞最上川流水悠悠的景觀。河川下行遊程的船夫會一邊高唱最上川的船歌一邊導覽，讓旅程更加歡樂。有全年運行的定期船「最上峽芭蕉LINE觀光」，還有由高屋來回、不需回程車資的「義經浪漫觀光」。

所需時間為60～70分鐘

もがみがわふなくだり
最下川舟下行

0234-57-2148（義經浪漫觀光）
10:00～15:00（視時期需確認是否為15:00，乘船受理為JR高屋站） 休不定休（12～3月需洽詢） ¥舟下行乘船費2200日圓～ P200輛 MAP 52B-1

0233-72-2001（最上峽芭蕉LINE觀光）
9:30～15:30（視時期而異） 休無休（天候惡劣時休） ¥乘船費（單程）2200日圓 P200輛 MAP 52B-1

景點資訊  賞花名勝 紅葉名勝 觀景點 有餐廳 有咖啡廳  有商店  有溫泉

酒田過去是繁榮的港町，在藩政時代還曾被歌頌「西有堺港，東有酒田」。表現出京都文化的優雅建築物，至今仍保存完善。這處富有風情的街道近年因成為電影拍攝地點而備受矚目，快來悠閒地散步吧。

停下車來 街頭散步

山形 酒田

散步在高雅港町&當地美食

在大地主的優雅別墅，鑑賞彌漫京都文化的美術品

取名「鶴舞園」的美麗庭院，雅緻迷人

本間美術館

●ほんまびじゅつかん

✆0234-24-4311

以標語「將公益精神傳承至今。藝術、自然、歷史的融合」吸引遊客，深富魅力的美術館。建於文化10（1813）年的本館和庭園是大地主本間家的別墅，秀麗的庭園名為「鶴舞園」。

所 酒田市御成町7-7
L 9:00～17:00(11～3月為～16:30，最終入館時間為閉館前30分鐘)
休 過年期間(12～2月為週二、週三休)
¥ 成人900日圓、高中生和大學生400日圓、國中生以下免費 P 60輛 MAP 55

商家宅邸將往昔繁榮的景象流傳至今

舊鐙屋

●きゅう あぶみや

✆0234-22-5001

鐙屋曾是代表酒田的駁船批發店，興盛在整個江戶時代，擔負著日本海航運的重要職責。那幅繁榮景象也記載在井原西鶴的《日本永代藏》中。宅邸是典型的酒田町屋建築，獲指定為國家史跡。

所 酒田市中町1-14-20 L 9:00～16:30
休 無休(12～2月為週一休，逢假日則翌日休)
¥ 成人320日圓、高中生和大學生210日圓、中小學生100日圓 P 使用市區公所停車場
MAP 55

特徵是石置杉皮葺屋頂

武家宅邸和商家建築合為一體的珍貴宅邸

宅邸已成為縣指定文化財

本間家族舊邸

●ほんまけ きゅうほんてい

✆0234-22-3562

本間家第三代光丘迎接幕府巡見使一行的本陣宿，在明和5（1768）年重建，並進獻給莊內藩主酒井家。武家建築和商家建築合為一體，今年建齡250年，是全國罕見的珍貴建築物。

所 酒田市二番町12-13 L 9:30～16:30(11～2月為～16:00) 休 12月中旬～隔年1月下旬(更換展示日)
¥ 成人700日圓、國高中生300日圓、小學生200日圓
P 20輛 MAP 55

培訓料亭文化傳承當地藝能

舞娘茶屋 雛藏畫廊 相馬樓

●まいこちゃやひなぐらがろうそうまろう

✆0234-21-2310

因北前船往來而繁榮的酒田，隨著貨物載卸，和上方文化的交流也逐漸興盛，於是酒田花街界的藝者也開始相互競爭，磨練技藝。後來即使時代改變，當地為振興區域文化而設立的「舞娘制度」也延續至今。

每天14時起能鑑賞優雅的演舞表演

所 酒田市日吉町1-2-20
L 10:00～17:00 休 週三 ¥ 成人700日圓、國高中生500日圓、小學生和幼兒300日圓，入樓券附舞娘演舞鑑賞券1000日圓(14:00～)，舞娘便當3800日圓～(入樓費另計，2人以上需預約) P 15輛 MAP 55

Le pot-au-feu

✆0234-26-2218

●ル·ポットフー

使用新鮮的山珍海味，烹製鄉土風味豐富的法式料理

出身酒田的攝影師土門拳也曾蒞臨的法式料理名店。宗旨是「活用當地食材的法式風格鄉土料理」。主廚每天親自前往市場挑選海產和蔬菜，提供頂級料理。

所 酒田市幸町1-10-20 日新開発ビル3F
L 11:30～15:00、17:30～21:00(LO為關店前1小時) 休 週三(逢假日則營業) P 100輛
MAP 55

活用當季食材的當日鮮魚午餐1620日圓

平田牧場 とんや 酒田店

●ひらたぼくじょう とんやさかたてん

✆0234-23-8011

平牧三元豬厚切里肌炸肉膳2160日圓

美味緊緊鎖進肉脂的三元豬

能品嘗平田牧場金華豬、平田牧場三元豬等頂級品牌豬肉的牧場直營炸豬排店。肉厚的炸豬排、涮涮鍋、薑燒豬肉、生火腿等菜單也一應俱全。

所 酒田市みずほ2-17-8ガーデンパレスみずほ1F L 11:00～15:00、17:00～21:00(LO為關店前30分鐘) 休 不定休 P 50輛 MAP 55

探訪宮城和秋田的代表性**溫泉勝地**，被**偉大的自然**感動

なるこ・あきのみや 書末地圖 P.121·122

11 COURSE 鳴子·秋之宮

被稱作加美富士的藥萊山，在山麓原野有開闊的「藥萊花園」

自駕路線概要 穿越鋪展在國道47號沿途的田原風景，在感覺博物館體驗不可思議的世界之後，前往公路休息站あ·ら·伊達な。不僅能購買當地產品，還能享用餐點。從國道108號開始蓊鬱綠意環繞，盡享暢快兜風。轉進縣道171號，開向地獄谷和鬼首間歇泉。試著近距離感覺溫泉地特有的地球氣息。再次開回國道108號，沿著通稱為仙秋Sunline的道路北上，終於抵達秋之宮溫泉鄉。一邊感受山林間的大自然，一邊悠閒地散步看看，也十分推薦。

自駕重點：溫泉、紅葉、購物、溪谷美、玩樂

在前往仙秋Sunline途中，從荒雄湖眺望禿岳

自駕路線 推薦！當日來回

路線行車距離 約90km

路線行車時間 約2小時27分

START 古川IC ← 43km 30分 東北自動車道 ← 仙台宮城IC

12km 20分／47 226

1 用五感感覺的美術館 **感覺博物館**

8km 15分／226 47

2 鳴子周邊名產一應俱全 **公路休息站あ·ら·伊達な**

24km 40分／47 108 171

3 噴湧的溫泉水柱十分精彩 **鬼首間歇泉**

1km 2分／一般道

4 鬼首溫泉的源泉 **地獄谷**

27km 40分／一般道 108

5 秋田最古老的溫泉勝地 **秋之宮溫泉鄉**

18km 30分／108 13

GOAL 雄勝こまちIC → 湯沢横手道路 → 秋田道 → 東北道 207km 2小時35分 → 仙台宮城IC

1 感覺博物館 かんかくみゅーじあむ

0229-72-5588

以五感為主題的博物館。館內由「對話區」和「獨白區」2處組成，能進行觀看、聆聽、觸摸、嗅聞等體驗。 9:30~16:30（閉館17:00） 休 週一（逢假日則翌日休） ¥入館費成人500日圓、高中生300日圓、中小學生250日圓 P 30輛

2 公路休息站あ·ら·伊達な あらだてなみちのえき

0229-73-2236

國道47號沿線上，在岩出山JR陸羽東線池月站附近的公路休息站。附設物產館，販售岩出山名產、竹製工藝品和花林糖、冷凍豆腐等商品。 8:45~18:00（餐廳為10:00~17:00） 休 無休 P 230輛

3 鬼首間歇泉 おにこうべかんけつせん

0229-86-2233

溫泉水從地下20m處往上噴發約達20m的高度。伴隨著轟隆聲往上噴發的溫泉水柱相當精彩。更是吹上溫泉名稱的由來。 4~11月、9:00~16:30 休 開放期間中週三 ¥參觀費成人400日圓、小孩200日圓 P 20輛

4 地獄谷 じごくだに

0229-82-2026（大崎市鳴子綜合支所地域振興課）

沿著吹上澤的水流，就能在溪谷兩岸和樹林間看見大小不一的源泉，間歇泉也遍布各處。溪谷沿岸備有完善的步道。紅葉時期也很漂亮。 休 自由參觀 P 20輛

5 秋之宮溫泉鄉 あきのみやおんせんきょう

0183-56-2141（溫泉組合事務局·鷹之湯溫泉內）

相傳是秋田縣內最古老的溫泉地。清澈的河川流水、每季改變風貌的秀麗群山都深受文人喜愛，並因武者小路實篤等人長期逗留而聞名。 P 40輛

這裡也很推薦

購物 **公路休息站 おがち「小町の郷」** みちのえきおがちこまちのさと

0183-52-5500

建築物的設計主題是小野小町的旅行裝扮「市女笠」（いちめがさ）。有農產品直營店和休憩所、能品嘗鄉土料理的餐廳。 8:30~19:00（餐廳為11:00~18:30）、冬季另有變更 休 無休 P 154輛 MAP 57A-1

話題景點 充實的活動魅力十足

位在栗駒國定公園的廣大度假區。不只Green Season（4~11月）會有自行車、飛行傘、迷你高爾夫等活動，還有能飽覽山頂到月山、栗駒山等美景的4人座空中纜車「Telecabine」，以及釣魚池、迷你賽車等，愉快的活動應有盡有。能盡情享受滑雪&滑雪板的White Season、空手也能享用的秋季芋煮會，都不容忽視。是全年都能享受戶外運動&度假的景點。

おにこうべすきーじょう **鬼首滑雪場**

0229-86-2111

9:00~16:30 休 黃金週、夏季以外的平日、冬季為無休 ¥免入場費、Telecabine1000日圓、迷你賽車600日圓 P 500輛 MAP 57B-3

Green Season能搭乘空中纜車Telecabine享受空中散步

自駕MEMO

- 從古川IC到鳴子溫泉的國道47號，交通量大
- 鳴子水壩沿途的國道108號道路狹窄，請注意對向來車
- 往鬼首間歇泉和地獄谷的道路為單向通行

景點資訊  賞花名勝  紅葉名勝 觀景點 有餐廳 有咖啡廳 有商店 有溫泉

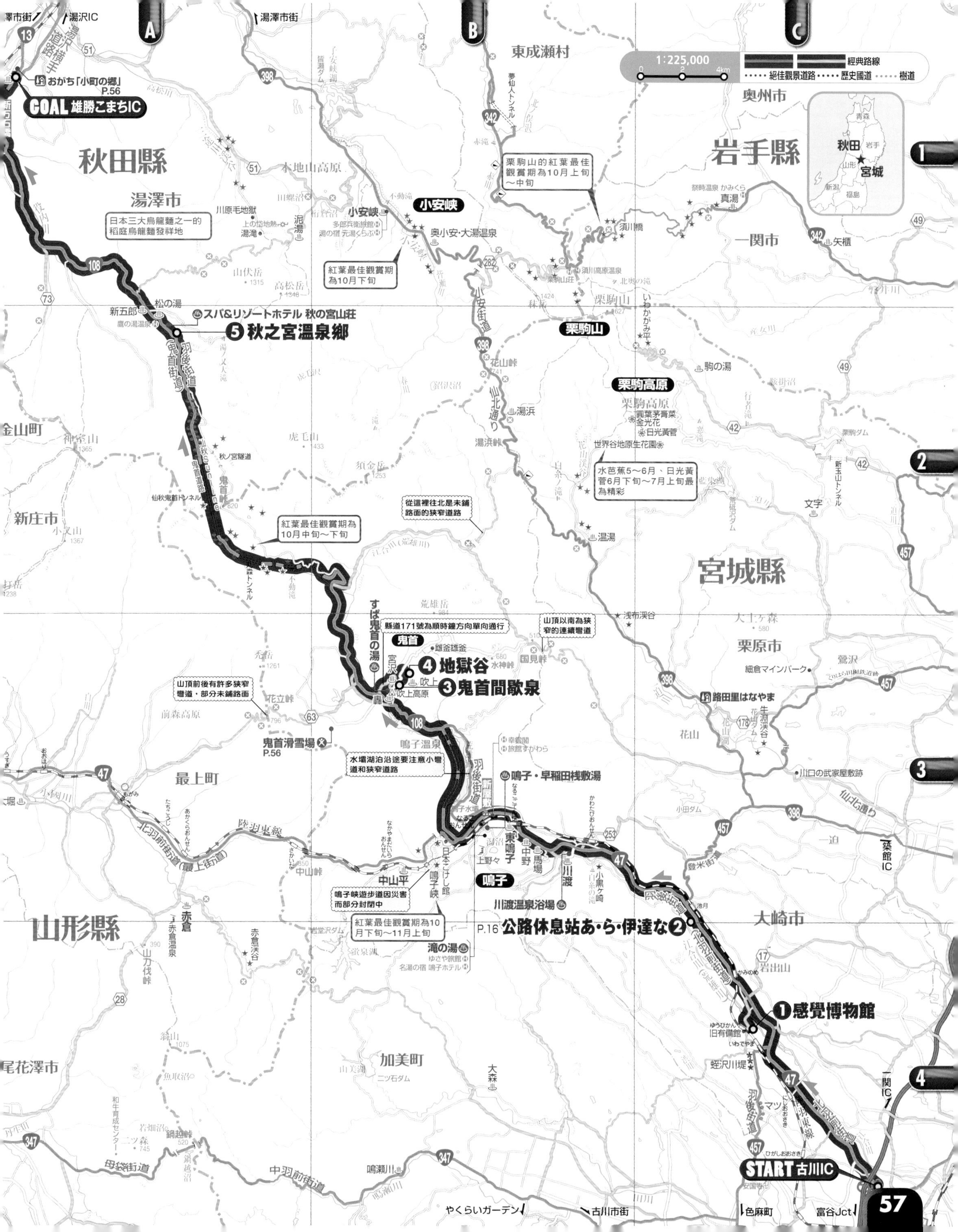

1:225,000
經典路線
絕佳觀景道路
歷史國道
樹道
GOAL 雄勝こまちIC
おがち「小町の郷」P.56
秋田縣
湯澤市
日本三大烏龍麵之一的稲庭烏龍麵發祥地
小安峡
奥小安・大湯温泉
紅葉最佳觀賞期為10月下旬
東成瀬村
栗駒山的紅葉最佳觀賞期為10月上旬～中旬
岩手縣
奥州市
一関市
須川橋
栗駒山
栗駒高原
世界谷地原生花園
水芭蕉5～6月、日光黃菅6月下旬～7月上旬最為精彩
宮城縣
スパ&リゾートホテル 秋の宮山荘
5 秋之宮温泉郷
紅葉最佳觀賞期為10月中旬～下旬
從這裡往北是未鋪路面的狹窄道路
縣道171號為順時鐘方向單向通行
山頂以南為狹窄的連續彎道
鬼首
4 地獄谷
3 鬼首間歇泉
すぱ鬼首の湯
山頂前後有許多狹窄彎道，部分未鋪路面
鬼首滑雪場 P.56
水壩湖沿途要注意小彎道和狹窄道路
鳴子・早稲田桟敷湯
栗原市
路田里はなやま
最上町
山形縣
新庄市
金山町
尾花澤市
鳴子
鳴子峡遊步道因災害而部分封閉中
紅葉最佳觀賞期為10月下旬～11月上旬
滝の湯
川渡温泉浴場
P.16 公路休息站あ・ら・伊達な 2
大崎市
1 感覺博物館
加美町
START 古川IC
やくらいガーデン
古川市街
色麻町
富谷Jct

自駕遊的時候順便去吃當地美食 南東北篇

「這塊土地特有的口味」是自駕遊的一大樂趣。本頁精選介紹在自駕途中，想順道去吃的南東北平民當地美食。

分量飽滿！醬料也是絕品

大名醬炸豬排丼 1188日圓

2 南會津 周邊

醬料炸豬排丼

據說起源是大正時代時，會津地區咖啡廳裡作法簡單的員工餐。餐點類型是把豬排裹上伍斯特風醬料，再放到鋪高麗菜的米飯上。

距離磐越道会津若松IC約6km 福島縣 會津若松市

推薦店家 **元祖会津中華そばめでたいや**

●がんそあいづちゅうかそばめでたいや

醬炸豬排丼的分量飽滿，淋在國產豬肩里肌肉和高麗菜上的店家原創醬料是特別精心調配，讓人百吃不膩。

☎0242-33-0288
所 福島県会津若松市千石町3-1 L 11:00～21:00(週日、假日為～20:00) 休 週二(逢假日則翌日休) P 40輛 MAP 25B-1

吃不膩的口味 再多都吃得下

1 磐梯・豬苗代 周邊

福島餃子

特徵是排列在圓盤上的豐盛分量，氣勢十足。帶大量蔬菜的餡料包進口感彈牙的外皮裡，再把表面煎至酥脆可口。

距離東北道福島西IC約6km 福島縣 福島市

圓盤餃子30顆 1620日圓

推薦店家 **満腹**

●まんぷく

福島圓盤餃子的發祥店。餡料拌入大量的白菜，再包進手工桿製的自製水餃皮。雖然1盤有30顆餃子，但味道好到連女性顧客都會吃光。

☎024-521-3787
所 福島県福島市仲間町1-24 L 16:30～餃子售完打烊(週六、週日11:40～餃子售完打烊) 休 週二、週三 P 使用附近停車場(消費2000日圓以上則指定停車場1小時免費) MAP 21C-1

身心都溫暖起來的山形縣靈魂美食

山形芋煮 600日圓～

7 山寺・天童 周邊

芋煮

山形縣全縣都喜愛的芋煮。配料和調味依地區不同。山形的風物詩就是秋天的芋煮會，眾人會在戶外用巨大的鍋子燉煮芋煮品嘗。

距離山形道山形藏王IC約4km 山形縣 山形市

推薦店家 **たけまるの傳々**

●たけまるのでんでん

指定的醬油品牌是微甜的丸十大屋醬油。蔥、香菇、芋頭搭配出絕妙口感。牛肉煮出的高湯汁讓味道更加香濃。

☎023-625-8605
所 山形県山形市七日町1-4-28 L 17:00～24:00(LO23:30) 休 週日(週一逢假日則週日營業) P 使用附近停車場 MAP 44A-2

蛋雞高湯口味 醇厚的蕎麥冷麵

肉片蕎麥冷麵 800日圓

5 藏王 周邊

肉片蕎麥麵

雖然河北町谷地才是始祖，但現在已傳遍整個山形縣村山地區。特色是使用口感Q彈的蛋雞肉。不論季節都要吃冷麵已經是理所當然。

距離山形道山形藏王IC約17km 山形縣 山形市

推薦店家 **食事処きくち**

●しょくじどころきくち

蕎麥麵名產地山形特有的手打蕎麥麵是細麵，口感Q彈，分量飽滿。搭配只有蛋雞才能熬出的醇厚高湯，更是絕配。

☎023-694-9302
所 山形県山形市蔵王温泉710 L 10:30～15:00、17:30～19:00 休 不定休 P 200輛(使用藏王中央纜車停車場，冬季逢週六、週日、假日收費) MAP 37B-2

內臟的嚼勁能襯托出美味

10 銀山溫泉・最上峽 周邊

雞內臟拉麵

起源是山形縣北部在昭和30年代開始在拉麵放上雞內臟。新庄市還有「愛をとりもつラーメンの会」。

距離山形道東根IC約46km 山形縣 新庄市

雞內臟拉麵 650日圓

推薦店家 **梅屋**

●うめや

在雞骨湯底的清爽高湯上，放入靜置一晚入味的滷雞內臟。雞內臟的鮮美底蘊在口中擴散，是層次豐富的獨特味道。

☎0233-22-3910 MAP 53C-1
所 山形県新庄市千門町3-16 L 11:00～14:30左右、17:30～19:30左右(售完打烊) 休 週二 P 14輛

又簡單又具歷史的當地健康麵

5 藏王 周邊

白石溫麵

相傳大約400年前，居住在白石的鈴木味右衛門向僧侶學習製麵後，讓患胃病的父親吃下竟然就徹底痊癒了。這道麵是溫麵。

距離東北道白石IC約5km 宮城縣 白石市

拉麵三昧 920日圓

推薦店家 **やまぶき亭**

●やまぶきてい

溫麵協同組合的直營店。麵條既彈牙又滑順，質地絕佳廣受好評。搭配芝麻醬和核桃、醬油3種沾醬食用的「拉麵三昧」深受歡迎。

☎0224-25-2322
所 宮城県白石市城北町6-13 L 11:00～14:00，夜晚如有5人以上預約則營業 休 週三 P 13輛 MAP 37A-4

澄澈秀麗的奧入瀨溪流（P.90）

深受歡迎的乳白色溫泉，鶴之湯溫泉（P.64）

有著奇岩怪石，壯觀生動的淨土之濱（P.82）

横越八幡平，**絕景**自駕遊。穿越**樹海**，前往**神祕湖泊**

●はちまんたい·たざわこ 書末地圖 P.113114117118

12 COURSE 八幡平·田澤湖

自駕重點：山岳景觀 四季花卉 紅葉 溫泉 美食

⬆八幡平山頂的濕原一帶作為高山植物寶庫廣為人知

自駕路線

推薦！2天1夜

路線行車距離 約142km　路線行車時間 約3小時35分

START 松尾八幡平IC ← 210km 2小時15分 東北自動車道 ← 仙台宮城IC

7km 10分／45

確認八幡平的資訊！
1 松尾八幡平遊客中心

20km 30分／23（八幡平ASPITE LINE）

湖沼和濕原相當神秘
2 八幡平山頂遊步道

10km 15分／23（八幡平ASPITE LINE）

近距離觀看噴泥
3 後生掛溫泉自然研究路

19km 30分／23（八幡平ASPITE LINE）341

往上噴發的蒸氣十分壯觀
4 玉川溫泉自然研究路

39km 1小時／341 38

日本國內最深的湖泊
5 田澤湖

47km 1小時10分／38 341 46

GOAL 盛岡IC → 180km 1小時55分 東北自動車道 → 仙台宮城IC

自駕路線概要

八幡平ASPITE LINE是北東北的代表山岳自駕道路。整條路線是連綿的平緩傾斜彎道，能一邊眺望秀麗的岩手山一邊行駛。遍布在周圍的大白時冷杉和岳樺等不同於山下的植被，也值得一看。

八幡平自駕遊的第一步是從松尾八幡平遊客中心確認資訊開始。

八幡平ASPITE LINE能一邊眺望山的稜線和樹海一邊行駛，沿途遍布許多觀景點，真的好想順道去看看。把汽車停在山頂的見返峠停車場之後，前往八幡平山頂遊步道。有約40分鐘～1小時30分鐘的散步路線。繼續往秋田方向行駛，在後生掛溫泉自然研究路和玉川溫泉自然研究路近距離觀賞火山活動之後，沿著國道341號南下，前往田澤湖。暢遊完湖畔一周和遊覽船之後，最後用盛岡的三大麵作結尾。

⬆八幡平的自駕遊不論是景色或道路都舒適宜人

➡佇立著辰子公主雕像的田澤湖

自駕MEMO

- 八幡平ASPITE LINE在11月上旬～4月下旬禁止通行
- 國道341號從玉川水壩開始約50km的路上都沒有加油站，請加好適當的油量

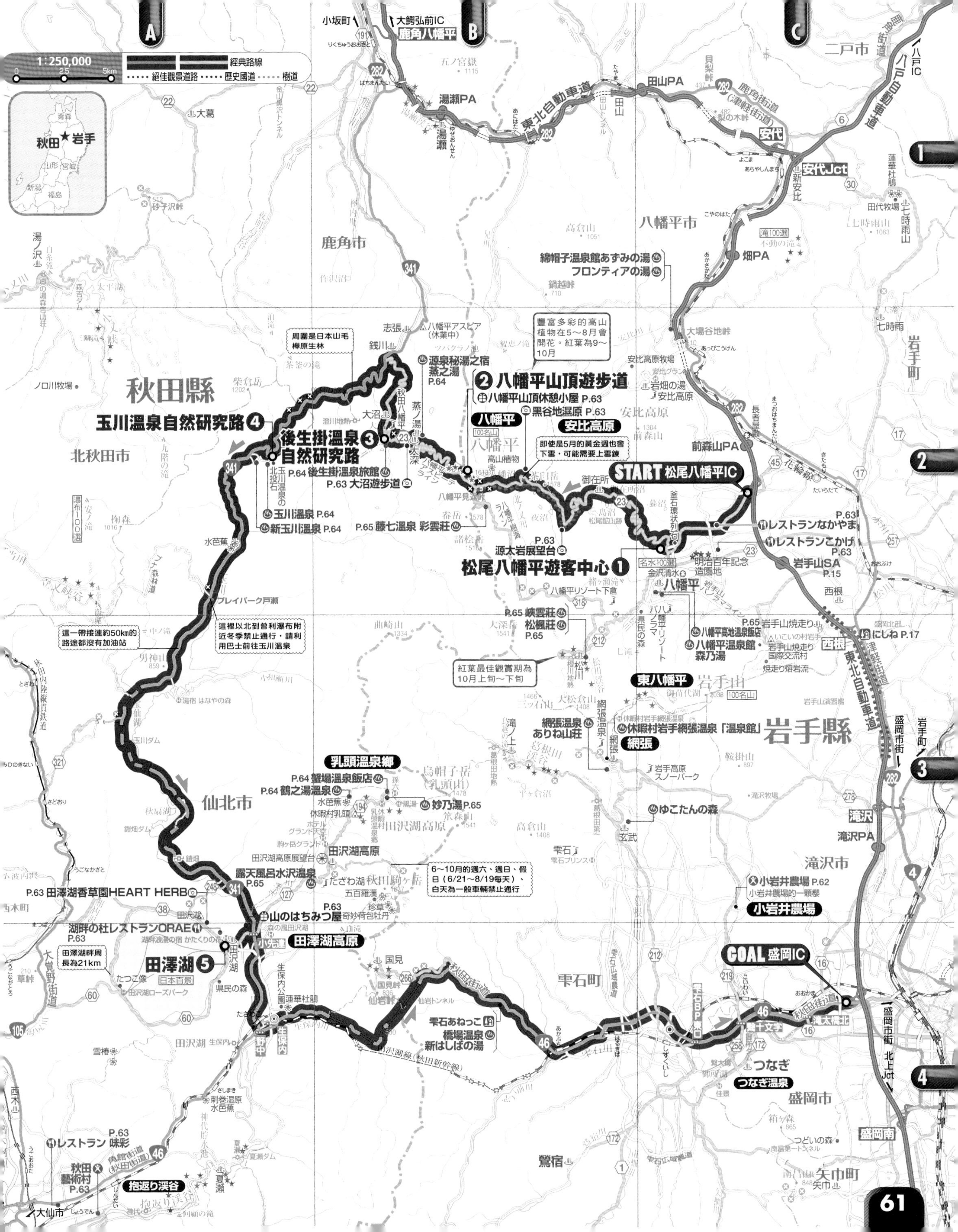

1:250,000
經典路線
絕佳觀景道路
歷史國道
樹道
秋田縣
岩手縣
START 松尾八幡平IC
GOAL 盛岡IC
松尾八幡平遊客中心 1
2 八幡平山頂遊步道
八幡平山頂休憩小屋 P.63
後生掛溫泉 3 自然研究路
玉川溫泉自然研究路 4
田澤湖 5
豐富多彩的高山植物在5～8月會開花。紅葉為9～10月
周圍是日本山毛櫸原生林
即使是5月的黃金週也會下雪，可能需要上雪鏈
這一帶接連約50km的路途都沒有加油站
這裡以北到曾利瀑布附近冬季禁止通行，請利用巴士前往玉川溫泉
紅葉最佳觀賞期為10月上旬～下旬
6～10月的週六、週日、假日（6/21～8/19每天）、白天為一般車輛禁止通行
田澤湖畔周長為21km
乳頭溫泉鄉
田澤湖高原
小岩井農場
小岩井農場的一顆櫻
P.62
東八幡平
網張
安比高原
八幡平
鹿角八幡平
安代
安代Jct
盛岡市
滝沢市
八幡平市
鹿角市
北秋田市
仙北市
雫石町
つなぎ溫泉
抱返り渓谷

12 COURSE 八幡平·田澤湖 自駕路線的景點

1 松尾八幡平遊客中心
●まつおはちまんたいびじたーせんたー

0195-78-3500（八幡平市觀光協會）

八幡平和岩手山的資訊傳播據點。展示許多四季的HD影片和標本、模型，能一邊暢遊一邊學習八幡平的大自然知識。鄰接新鮮蔬菜齊聚的物產館。

L 9:00～17:00（閉館）
休 12月29日～隔年1月3日
P 160輛

2 八幡平山頂遊步道
●はちまんたいさんちょうゆうほどう

0195-78-3500（八幡平市觀光協會）

以八幡平展望停車場為起點的散步道路。能一望神祕的大小湖沼和濕原、周圍群山。同時也是高山植物的寶庫。

L 4月中旬～11月上旬　P 山頂休憩小屋前有收費停車場，146輛（500日圓）

3 後生掛溫泉自然研究路
●ごしょうがけおんせんしぜんけんきゅうろ

0186-31-2221（後生掛溫泉）

起點是後生掛溫泉的停車場。1周約40分鐘的路線，能近距離觀賞溫泉源泉的噴泥、泥火山。也有足湯。

L 4月中旬～11月初旬、凌晨～17:00　P 30輛

4 玉川溫泉自然研究路
●たまがわおんせんしぜんけんきゅうろ

0187-58-3000（玉川溫泉）

位在玉川溫泉的住宿房舍附近，能親眼觀賞火山活動。荒涼的風景連綿1km，含有硫磺的蒸氣從步道各處往上噴發。

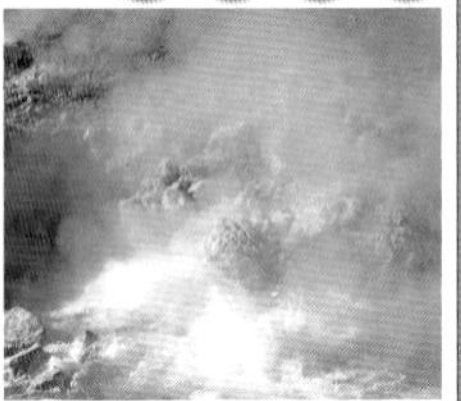

P 使用縣營玉川園地停車場，80輛

5 田澤湖
●たざわこ

0187-43-2111（仙北市田澤湖觀光情報中心「FOLAKE」）

湖泊水深423.4m，號稱日本最深，而周長約為20km，幾乎呈圓形。特色是有如藍色顏料溶入其中的琉璃色湖水，而湖畔附近遍布著辰子像、御座石神社等精彩景點。若時間充裕，可以試著環繞湖畔一圈，或是搭乘從田澤湖休憩小屋前出發的遊覽船，飽覽雄偉景色。

P 使用周邊的停車空間

八幡平·田澤湖 話題景點

在岩手山麓上幅員遼闊的 小石井農場讓身心煥然一新

若 時間許可，務必順道前往小岩井農場。不僅能環遊農場、取得新鮮乳製品，還能品嘗美食，不妨盡情享受一番吧。

附導覽的巴士遊程小岩井農場遊覽
2016年獲指定為國家重要文化財的農場。會在農場內21棟歷史建築物和酪農生產區等處遊覽。

巴士遊程的導遊齊聚

牛奶館
有把小岩井農場酪農發祥地「上丸牛舍」現擠生乳進行加工的製乳工廠和商店。從2樓能環視牧場園區。

製作及販售使用小岩井產牛奶的乳製品

●こいわいのうじょう
小岩井農場
019-692-4321

L 9:00～16:30（閉園17:30，視時期而異）
休 無休（有設施檢查休園）　¥ 成人800日圓、小孩300日圓　P 2000輛　MAP 61C-3

在寬敞的草皮能一望雄偉的岩手山，開放感十足

小岩井農場資料館
介紹小岩井農場的歷史和事業內容。展示創業當時的資料，能學習農場的歷史。

能學習小岩井農場的歷史

也販售牛奶和優酪乳等商品

若時間能配合，也能參觀牛奶的裝瓶作業

享用牧場美食
餐廳充分完善，有牧場館ジンギスカン食堂和山麓館農場餐廳。使用小岩井農場生產雞蛋的加量蛋包飯1380日圓特別受歡迎。

香濃鬆軟的蛋包飯好吃得讓人心醉神迷

景點資訊　賞花名勝　紅葉名勝　觀景點　有餐廳　有咖啡廳　有商店　有溫泉

這裡也很推薦

源太岩展望台
げんたいわてんぼうだい

✆0195-78-3500（八幡平市觀光協會）

暢快宜人的岩手山風景展望台

源太岩位在標高1259m處，和沿著彎道突出的岩石相互交疊。這裡是絕佳觀景點，能眺望樹海對面的秀麗岩手山稜線等美麗群山，十分暢快宜人。最適合在自駕遊途中充電的展望台。

從展望台眺望一望無際的壯麗風景

L 4月下旬~11月上旬 P 5輛 MAP 61B-2

黑谷地濕原
くろやちしつげん

✆0195-78-3500（八幡平市觀光協會）

步道旁初夏的日光黃菅美不勝收

濕原是因火山活動噴發的噴出物讓堵塞河川而形成。遍布在八幡平ASPITE LINE的旁邊，能輕鬆享受散步的樂趣。作為高山植物勝地而聞名，7月到8月會有日光黃菅等植物鮮豔綻放。

作為高山植物豐富的濕原廣為人知

L 自由參觀 P 10輛 MAP 61B-2

大沼遊步道
おおぬまゆうほどう

✆0186-30-0248（鹿角市產業活力課）

好走的平緩步道

能看見群生的水芭蕉和白毛羊鬍子草的濕原地帶。步道約30分鐘能走完一圈，高低起伏的地方很少，因此健行新手也能輕鬆遊覽。周邊有遊客中心和溫泉等豐富設施。

走在木道上享受沼邊散步的樂趣

L 自由參觀（4月下旬~11月上旬） P 30輛 MAP 61B-2

田澤湖香草園HEART HERB
たざわこはーぶがーでんはーとはーぶ

✆0187-43-2424

被色彩繽紛的香草花卉所環繞

販售香草和花苗，園藝用品和芳香療法用品也很豐富。週六、週日、假日舉辦的午餐吃到飽也很受歡迎。也有以香草製作香皂、護手霜等的體驗教室，能盡情體驗手作樂趣。

香味四溢的香草每個季節都會齊放

L 10:00~16:00（週六、週日、假日為9:00~17:00，冬季僅週六、週日、假日營業） 休 無休 P 200輛 MAP 61A-3

八幡平山頂休憩小屋
はちまんたいさんちょうれすとはうす

✆0195-78-3500（八幡平市觀光協會）

最適合當作休憩景點的休憩小屋

在八幡平山頂的休憩小屋休息。在地上1層、地下2層的建築物裡，有觀光資訊和輕食、產品販售區等設施。

作為八幡平山頂健行的據點很方便

L 4月中旬~11月上旬，9:00~17:00（夜間禁止通行期間為~16:30，餐廳為10:00~15:30） 休 營業期間無休 ¥ 八幡平山葡萄酒3240日圓，八幡平山葡萄汁大1620日圓、小330日圓 P 146輛（1次500日圓） MAP 61B-2

山のはちみつ屋
やまのはちみつや

✆0187-43-3838

蜂蜜的伴手禮琳瑯滿目

圓拱形的店內陳列著許多蜂蜜製品。可以先試吃再選擇喜歡的蜂蜜，選購一下化妝品等各式各樣的商品吧。

圓拱形的店鋪帶有童話氛圍

L 9:00~17:30（冬季為~17:00） 休 無休（披薩工房為週四） ¥ 日本七葉樹蜂蜜864日圓（100g）、3291日圓（600g），相思樹蜂蜜3521日圓（600g） P 100輛 MAP 61A-4

レストランこかげ

✆0195-78-2126

原創料理豐富齊全

這家店能品嘗到加入豪達起司和細切燒肉的溫熱烏龍麵「スピリ」、蔬菜豐盛的炒烏龍麵等原創料理。咖啡也很美味，是一家能輕鬆順道前往且平易近人的餐廳。

南皮咆醬料理…880日圓
燒肉丼…920日圓

L 11:00~20:00 休 週二 P 25輛 MAP 61C-2

レストランなかやま

✆0195-78-3132

能輕鬆享用地產料理

位在八幡平市自然休養村住宿設施なかやま中的餐廳。有許多使用當地食材製作的山珍美食，其中最受歡迎的是使用縣產豬肉的「山賊草鞋炸豬排定食」。

山賊草鞋炸豬排定食（需預約）…1700日圓

L 11:30~13:30 休 週一 P 30輛 MAP 61C-2

湖畔の杜レストランORAE
こはんのもりれすとらんおらえ

✆0187-58-0608

理念是「把蔬菜做得好吃」

全部座位都能環視田澤湖的迷人景觀餐廳。季節更換的料理會使用大量蔬菜，十分健康，廣獲好評。享用大自然所賜予的山珍海味吧。

行者大蒜香腸…1100日圓（未含稅）

L 11:30~20:00（視時期而異，需確認） 休 不定休 P 46輛 MAP 61A-4

レストラン味彩
れすとらんあじさい

✆0187-44-2255

提供正統的神代咖哩

在深受當地喜愛的和洋食餐廳中，最受歡迎的是仙北市知名美食「神代咖哩」。不鏽鋼的咖哩盤會搭配裝在傳統復古容器中的伍斯特醬上桌，十分道地。

神代咖哩…900日圓

L 11:00~20:00 休 不定休 P 20輛 MAP 61A-4

知道賺到

以劇團WARABI座為中心的娛樂度假區

憑藉原創音樂劇公演深受歡迎的劇團WARABI座的本部。在「WARABI劇場」看完音樂劇之後，推薦到「田沢湖ビールレストラン」享用當地啤酒和午餐。「森林工藝館」的手工藝品體驗也會變成美好回憶。

能欣賞原創音樂劇的「WARABI劇場」

秋田藝術村

✆0187-44-3939

L 休 視設施而異

¥ 免費入村 P 200輛

MAP 61A-4

入浴費650日圓的「溫泉ゆぽぽ」

橫跨岩手縣和秋田縣的八幡平周邊，在溫泉豐富多樣的東北當中也是首屈一指的溫泉地帶。火山活動頻繁的區域也很多，多到都有地熱發電場的程度。幾乎都是富含硫磺的白濁溫泉，對溫泉愛好者來說是充滿魅力的地方。

停下車來暢享溫泉

岩手 秋田 八幡平周邊

能感受大地能量的諸多溫泉

身處在因火山活動頻繁而源源不絕的溫泉煙霧中

有如療養院的木造入浴設施一應俱全

●ごしょうがけおんせんりょかん

後生掛溫泉旅館

✆0186-31-2221

療效很高，甚至被歌頌「騎著馬來後生掛，穿著高齒木屐走回家」，還有附設湯治村。大浴場全是木造，備有箱蒸浴池、火山浴池、水柱按摩浴池、泥浴池等浴池，宛如療養院。溫泉是灰濁色，觸感溫和。

所秋田県鹿角市八幡平熊沢国有林内
休不定休　P30輛
MAP 61B-2

外來入浴(不需預約)
8:00～17:00/500日圓
住宿(附2餐)
9720～17280日圓

名產是使用天然蒸氣的箱蒸

湧現在標高1100m山谷的八幡平最古老溫泉

上／野趣十足的露天浴池全部共有5處
下／作為具有300多年歷史的古老溫泉而廣為人知

●げんせんひとうのやどふけのゆ

源泉秘湯之宿 蒸之湯

✆0186-31-2131

擁有300年以上的歷史而自豪。山莊風格的外館和豐富的大自然風景相互融合。大浴場、露天浴場都以羅漢柏建造。從旅館步行2分鐘即到的露天溫泉，四周彌漫著源泉的熱氣，野趣十足。地熱浴的溫突也廣受好評。冬季休業。

所秋田県鹿角市八幡平熊沢国有林内
休11～4月下旬冬季休業
P25～50輛
MAP 61B-2

外來入浴(不需預約)
8:30～17:00/600日圓
住宿(附2餐)14040日圓

高酸度的溫泉就連源泉湧出量也是日本第一

有源泉50%到源泉100%的溫泉，能配合自己的體力入浴

提取湯花的寬廣溫泉田

●たまがわおんせん

玉川溫泉

✆0187-58-3000

獲指定為國民保養溫泉的知名溫泉，許多溫泉治療客都會造訪。溫泉為強酸性，主成分是全世界罕見的鹽酸。具備能改善風濕病和循環系統疾病等症狀的廣泛療效。飲泉會用水稀釋38～76倍後飲用。

外來入浴(不需預約)
9:00～16:00(受理為～15:30)
800日圓
住宿(附2餐)8358～18294日圓

所秋田県仙北市田沢湖玉川渋黒沢
休無休　P50輛　MAP 61A-2

●しんたまがわおんせん

新玉川溫泉

✆0187-58-3100

雖然和玉川溫泉不同，沒有自炊設備，但卻能享受到附餐點的舒暢溫泉療養生活。具備許多單人房，能保護個人隱私。大浴場是天花板高聳的寬敞建築，能享受10種浴池。

所秋田県仙北市田沢湖玉川渋黒沢2先
休無休
P120輛
MAP 61A-2

外來入浴(不需預約)
9:00～16:00/800日圓
住宿(附2餐)
10800～27000日圓

大浴場的空間寬敞，天花板高聳，氣氛閑靜

日本山毛櫸樹林環繞的療浴溫泉療養住宿

近代設施齊全的舒暢溫泉療養住宿

名產的露天浴池能眺望澤蟹棲息的清流

讓人神清氣爽的開放式露天浴池

●ひとうのやどがにばおんせん

蟹場溫泉飯店

✆0187-46-2021

在露天浴池能一邊聆聽溪流的流水聲，一邊神輕氣爽地享受溫泉，廣受好評。室內浴池是微暗的山木造建築，別具風情。漂著湯花的透明溫泉十分溫暖，具有能改善風濕症、婦女病、皮膚病等症狀的療效。

外來入浴(不需預約)
9:00～16:30/600日圓
住宿(附2餐)
10410～15810日圓

所秋田県仙北市田沢湖乳頭温泉郷蟹場温泉
休無休　P20輛
MAP 61B-3

●つるのゆおんせん

鶴之湯溫泉

✆0187-46-2139

位在川邊，從縣道走過狹窄吊橋前往的深山溫泉。湧出瀧之湯、中之湯、白湯、黑湯等4種源泉。3處露天浴池的其中2處為女性專用。彌漫著質樸氛圍的溫泉勝地，充滿秘湯的感覺。

所秋田県仙北市田沢湖田沢先達沢国有林50　休無休　P50輛
MAP 61B-3

鄉村風溫泉小屋在溪流旁比鄰而立

外來入浴(不需預約)
10:00～15:00/600日圓
住宿(附2餐)8790～16350日圓

可謂鶴之湯象徵的混浴露天浴池

彌漫著藩政時代風貌的秘湯特有氛圍

遍布著和風時尚的空間，能享受與平常不同的感覺

茶褐色的溫泉取名為「金之湯」

外來入浴(不需預約)
10:00～15:00
800日圓
住宿(附2餐)
13218～22722日圓

能獨占絕景的包租露天浴池

●たえのゆ
妙乃湯
✆0187-46-2740

開在先達川河畔的獨棟旅館。以時尚的民藝風格家具統一裝潢風格，瀰漫著時尚的氛圍。山村料理使用在鄰近山中採摘的山菜和香菇，廣受好評。能悠閒放鬆的露天浴池種類豐富，十分迷人。

所秋田県仙北市田沢湖生保内駒ヶ岳2-1
休無休　P17輛　MAP 61B-3

在深度充足的露天浴池中，被乳白色的溫泉包圍

深1m的知名露天溫泉是乳白色的溫泉，十分迷人

●ろてんぶろみずさわおんせん
露天風呂水沢温泉
✆0187-46-2111

外來入浴(不需預約)
9:00～21:00
成人600日圓、小學生300日圓
住宿(純住宿)3700～5730日圓

自豪的露天浴池深度充足又寬敞，男女各有2處。眼前可見的田澤湖相當秀麗。乳白色的溫泉據說視入浴狀況能有效改善循環系統、皮膚病、婦女病、關節痛，廣獲好評。

所秋田県仙北市田沢湖生保内下高野73-15
休不定休　P60輛　MAP 61A-3

大浴場也有2處溫泉浴池

●とうしちおんせんさいうんそう
藤七温泉 彩雲荘
✆090-1495-0950

位在標高1400m，蓋在東北第一高處的獨棟旅館。因為是自己發電，所以沒有電話和電視。女性專用露天浴池能一望岩手山和周邊群山。晚餐供應當地現採的山菜料理。10月下旬～4月下旬為冬季休業。

所岩手県八幡平市松尾寄木北ノ又
休10月下旬～4月下旬冬季休業　P50輛
MAP 61B-2

外來入浴(不需預約)
8:00～18:00/600日圓
住宿(附2餐)12030～15810日圓

從雲上的露天浴池眺望八幡平，風景美不勝收

能飽覽壯觀風景的露天浴池

能看見地熱發電廠的溫泉熱氣，感受大地的能量

生氣蓬勃的石造露天浴池

●きょううんそう
峡雲荘
✆0195-78-2256

位在距離松川溪流稍遠的位置，蓋在日本山毛櫸和橡樹原生林環繞的森林高地。裝滿白濁溫泉的露天浴池除了混浴之外，也有女性專用浴池。晚餐會出現知名岩魚和珠雞、季節香菇等餐點。

所岩手県八幡平市松尾寄木松川温泉
休無休　P70輛
MAP 61B-3

外來入浴(不需預約)
8:00～20:00/700日圓
住宿(附2餐)
12030～19050日圓

在北東北最接近星星的山岳高原，享受恰到好處的奢華生活

蓋在八幡平的大自然懷抱中，度假氣氛十足的飯店

●はちまんたいはいつ
八幡平高地溫泉飯店
✆0195-78-2121

外來入浴(不需預約)
8:00～20:00/630日圓
(假日前日為～16:00)
住宿(附2餐)9800～34160日圓

能在尚未破壞的大自然中，享受硫磺泉豐富效能的溫泉飯店。因為是肉店直營的飯店，所以肉類料理豐富多樣。擺設著岩手山燒石的庭園風岩石露天浴池、新設置的岩盤浴，都廣受好評。

所岩手県八幡平市松尾寄木1-500-4
休無休　P100輛
MAP 61C-2

●しょうふうそう
松楓荘
✆0195-78-2245

在以大量木頭建造的大浴場悠閒地享受溫泉

位在溪流旁的樸素建築，瀰漫的氛圍在松川溫泉中最具鄉村風格。露天浴池有混浴和女性專用浴池。也有飄著舒適木頭香氣的大浴場，四周瀰漫著昔日風情，能悠閒入浴。晚餐是嚴選岩手縣產食材的精緻料理。

所岩手県八幡平市松尾寄木松川温泉　休無休
P40輛　MAP 61B-3

外來入浴(不需預約)
8:00～20:00/500日圓
住宿(附2餐)
7926～17970日圓

泡在能眺望溪流的美景露天浴池中，能徹底療癒身心

露天浴池位在溪流旁，野趣十足

12 COURSE 八幡平・田澤湖 區域特輯

說到靜岡特有的料理，就會想到名產三大麵「碗子蕎麥麵」、「炸醬麵」、「盛岡冷麵」。專賣店競相推出各自的口味，吃法也很獨特。品嘗生息在靜岡的傳統味道直到心滿意足，並把它當作旅行的回憶吧。

停下車來享用美食

岩手 盛岡

吃遍當地美食三大麵

蕎麥麵拌入醬汁後分裝成小份的碗子蕎麥麵2700日圓～

碗子蕎麥麵3294日圓～為傳統的款待料理之一

碗子蕎麥麵 挑戰以100碗為目標大吃一頓

搭配祕傳醬汁「かえし」食用的老店香濃蕎麥麵

●あずまやほんてん
東家 本店
✆0120-733-130

明治40（1907）年創業的蕎麥麵老店，也是持續守護碗子蕎麥麵和南部蕎麥麵等料理傳統的名店。創業當時傳承至今的祕傳醬汁「かえし」能襯托出蕎麥麵的味道。特製炸豬排丼和手打鴨肉蒸籠蕎麥麵也廣受歡迎。

所盛岡市中ノ橋通1-8-3 L11:00～20:00(LO) 休無休 P使用附近停車場 MAP 67

店內是老店特有的沉穩氛圍

搭配豐富配料食用是碗子蕎麥麵的醍醐味

●ちょくりあん
直利庵
✆019-624-0441

營業130年以上的蕎麥麵老店，也是當地蕎麥麵達人推薦的人氣店。必吃的碗子蕎麥麵會附魚卵、香菇拌白蘿蔔泥、山菜、海苔、蔥等9種配料，因此能在味道上做點變化，感覺能吃好幾碗。

所盛岡市中ノ橋通1-12-13 L11:00～21:00(LO為19:30) 休週三（逢假日則營業） P使用附近停車場 MAP 67

和宮澤賢治頗有淵源的老店

●やぶやふぇざんてん
やぶ屋フェザン店
✆019-654-7689

總本店位在碗子蕎麥麵發祥地的花卷市，也是宮澤賢治喜歡經常去吃天婦羅蕎麥麵和三矢蘇打的店。碗子蕎麥麵能和配料、各種山珍海味同時享用，除了吃到飽全餐之外，フェザン店限定的嘗試10碗全餐（1620日圓附配料）也能輕鬆品嘗，廣受歡迎。各全餐1人以上即可用餐。

所盛岡市盛岡駅前1-44 フェザンB1F L10:00～22:00(LO為21:30) 休不定休 P530輛 MAP 67

碗子蕎麥麵吃到飽全餐3240日圓吃100碗以上能獲得橫綱認定

炸醬麵 關鍵是把肉味噌、小黃瓜、蔥拌勻

店內以吧檯座位為主，彌漫著樸質氣氛

●ぱいろんほんてん
白龍本店
✆019-624-2247

作為始祖炸醬麵店隨時都很熱鬧的人氣店。熟成肉味噌是濃縮著絞肉、香菇、芝麻等15種素材美味的濃厚滋味。吃完麵後打入雞蛋，享用一下「雞蛋湯」。

所盛岡市内丸5-15 L9:00～21:00(週日為11:30～19:00) 休無休 P使用附近停車場 MAP 67

在炸醬麵的始祖店享用傳統美味

炸醬麵（中）550日圓、其他還有（小）450日圓和（大）650日圓

●こずかたじゃじゃめん
不来方じゃじゃめん
✆019-651-7575

根據叉燒和火腿等裝飾配菜的菜單，能做出自己喜歡的口味。口味香濃的肉味噌和叉燒特別相襯，搭配味噌和辣油等配料也很推薦。

所盛岡市大通3-1-12 クリエイトビルB1F L11:00～22:00(LO21:30) 休無休 P使用附近停車場 MAP 67

用喜歡的裝飾配料做出個人風格的炸醬麵

中辣叉燒炸醬麵800日圓

大蒜味道適中的溫和口味廣受歡迎

●こうじゃん もとみやほんてん
香醤 本宮本店
✆019-636-2033

作為炸醬麵專賣店長年受到喜愛。菜單只有炸醬麵，扁麵上放著帶有紅味噌和香辛料風味的絕妙特製肉味噌。蒜頭味道適中的肉味噌和Q軟口感的搭配十分出色。

所盛岡市本宮6-5-31 L11:00～20:00 休週三 P10輛 MAP 118B-1

有炸醬麵（小）450日圓、（中）500日圓、（大）700日圓

確實冰鎮的高湯和
Q彈麵條十分絕配

●せいろうかく
盛楼閣
✆019-654-8752

盛楼閣冷麵1000日圓有額外加辣、辣味恰到好處到特辣等7種口味

手工揉製的嚴選麵條帶有彈性，口感滑順。高湯是耗費3天以上熬製的頂級滋味。加上恰到好處的辣味泡菜，就形成三味一體的絕妙滋味。頂級黑毛和牛烤肉也不容錯過。

所盛岡市盛岡駅前通15-5 GENプラザ2F
L11:00～翌日2:00 休無休 P使用附近停車場
MAP 67

位在盛岡站正面的人氣店

盛岡冷麵
彈性好的麵條和濃厚湯頭十分誘人

●ぴょんぴょんしゃ もりおかえきまえてん
ぴょんぴょん舎 盛岡站前店
✆019-606-1067

冷麵專用醃漬泡菜的滋味是絕品

麵條Q彈有嚼勁，口感滑順易入口。牛骨基底的香濃高湯口味清爽，和麵條十分相襯，只要再加上冷麵專用的醃漬泡菜，頂級的盛岡冷麵就完成了。

所盛岡市盛岡駅前通9-3
L11:00～24:00(LO為23:00)
休無休 P使用附近停車場
MAP 67

冷麵885日圓也有自己加辣的「額外加辣」方式

盛岡冷麵的正宗起源，
手工揉製的麵隨時都是現做

●しょくどうえん
食道園
✆019-651-4590

冷麵900日圓能選擇4種辣度

名符其實的盛岡冷麵發祥店兼始祖，大廚會用讓調理檯吱嘎作響的力道手工揉製麵條。堅持不使用做好30分鐘以上的麵條。高湯的比例是牛肉和雞肉8比1，口味香濃。

所盛岡市大通1-8-2 L11:30～15:30、17:00～23:00(週日、假日為～21:00)
休第1、3週二 P使用附近停車場
MAP 67

堅持使用北海道生產的麵粉和前澤牛高湯

●だいどうえん
大同苑
✆019-654-5588

麵條使用北海道馬鈴薯澱粉和麵粉以獨特配方調配而成的粉類，創造出獨特彈性和滑順口感。高湯使用前澤牛和頂級「岩手牛」的牛筋和牛骨用心熬煮而成。

所盛岡市菜園2-6-19
L11:00～24:00(LO為打烊前30分鐘) 休無休
P使用附近停車場
MAP 67

盛岡冷麵972日圓的特徵是麵條帶有透明感

翻閱盛岡三大麵的歷史

盛岡風土所孕育的三大麵有各自的歷史和由來，且是鄉土的重要文化。伴隨著店員的吆喝聲，蕎麥麵一份接著一份滑入小碗中的「碗子蕎麥麵」，源自南部地區相傳的「蕎麥麵款待」習俗。「炸醬麵」據說源自中國料理的炸醬麵，是把飽滿的肉味噌和類似烏龍麵的扁麵拌勻，就能大口快吃的庶民口味。「盛岡冷麵」的起源是昭和29（1954）年，食道園初代老闆從朝鮮半島移居到日本後，開始規劃把故鄉的口味改良成適合日本的味道。

讓人深受感動的世界文化遺產和絕美的溪谷景色、栗駒連峰的壯觀自然風景

●ひらいずみ・くりこま 書末地圖 P.121·122

13 COURSE 平泉·栗駒

↑守護著日本首座國寶建築物金色堂的覆堂

自駕路線概要

來一趟能探訪文化遺產寶庫平泉，以及飽覽栗駒山大自然景觀的奢華自駕遊吧。沿著縣道31號從中尊寺經由毛越寺前開往嚴美溪。在那裡欣賞完大自然的造形之美，並品嘗知名糰子之後，終於要開上狹窄彎道連綿的山岳道路，前往須川高原。不僅紅葉十分秀麗，還能在濕原開滿高山植物的另一個絕美天地享受野趣十足的溫泉。開下秋田縣一側的彎曲道路，就會抵達溫泉煙霧冉冉上升的小安峽。稍微走遠一些，在川原毛地獄親身體驗大自然的生活之後，從須川IC經由木地山高原回家吧。

自駕路線 推薦！2天1夜

自駕重點：歷史探訪、山岳景觀、溪谷美、紅葉、溫泉

↑名列日本三大靈場之一的川原毛地獄，瀰漫著硫磺香氣

路線行車距離 約109km

路線行車時間 約3小時25分

START 平泉前沢IC ← 99km 1小時5分 東北自動車道 ← 仙台宮城IC

4km 10分／4／300

1 平泉 遊覽世界遺產的文化財

11km 25分／300／31

2 嚴美溪 生氣蓬勃的溪谷美景

38km 1小時／31／342

3 須川高原 在火山口和濕原散步

20km 30分／342／282／398

4 小安峽 壯觀的溫泉煙霧

13km 30分／398／51／310

5 川原毛地獄 日本三大靈地之一

23km 50分／310／51

GOAL 須川IC → 204km 2小時30分 湯沢橫手道路 ▶秋田道 ▶東北道 → 仙台宮城IC

自駕MEMO

●國道342號真湯～須川間的道路狹窄要小心，冬季封閉 ●連結須川高原和小安峽的縣道282號為冬季封閉 ●小安峽～木地山高原、往川原毛地獄的縣道為冬季封閉

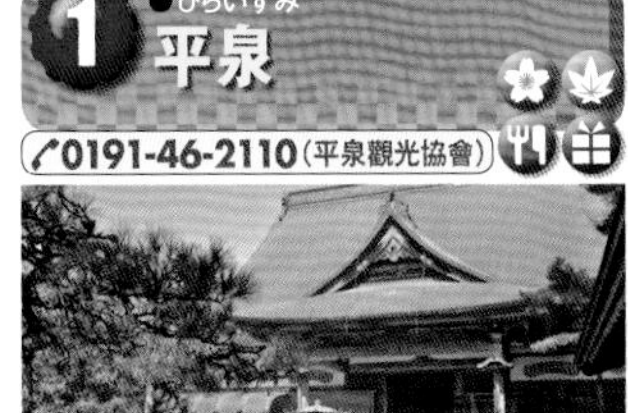

1 平泉
●ひらいずみ

✆0191-46-2110（平泉観光協會）

濃厚地保留著奧州藤原氏功成名就的獨特淨土文化，像是中尊寺、毛越寺、無量光院遺跡等，且都已登錄為世界遺產。若時間許可，來這裡好好地遊覽吧。 L 休 ¥ 開館時間、休業日、參觀費視設施而異 P 使用町營停車場

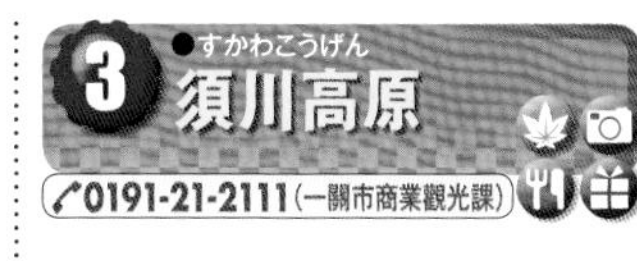

2 嚴美溪
●げんびけい

✆0191-21-2111（一關市商業觀光課）

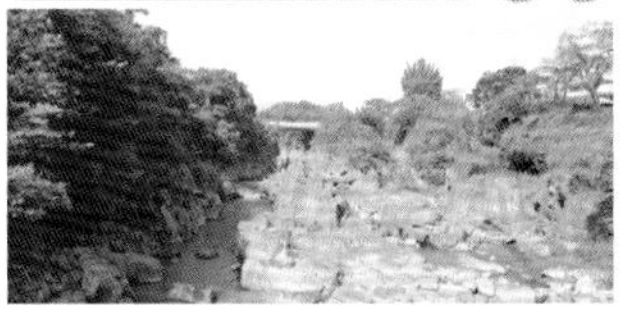

在以栗駒山為源頭的磐景川沿岸，有壺穴和岩石的高低起伏景觀、四十八瀑布等生氣蓬勃的溪谷美景連綿約2km。一邊激起水花一邊強勁流瀉的模樣，美不勝收。「飛天糰子」是名產，只要把錢放入籃子裡再打信號，糰子就會被放入籃中飛回來。L 自由參觀 P 150輛

3 須川高原
●すかわこうげん

✆0191-21-2111（一關市商業觀光課）

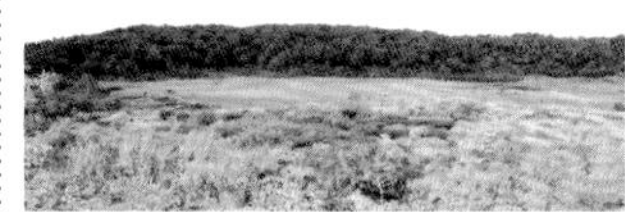

座落在標高1200m附近，能一望鳥海山和燒石岳的高原。2家旅館比鄰而立，把岩手、秋田縣境夾在中間。能在荒涼火山口和妝點著高山植物的濕原散步。
P 200輛

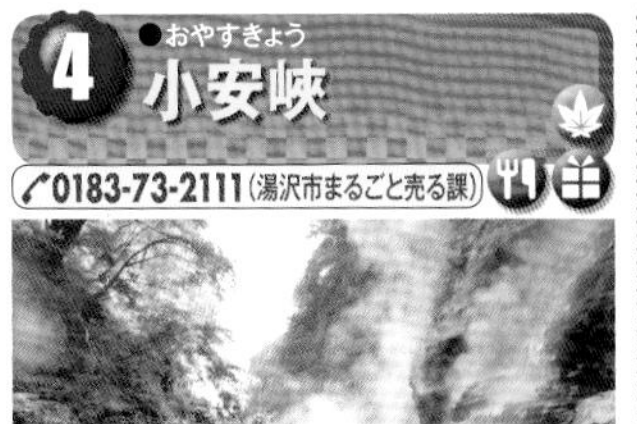

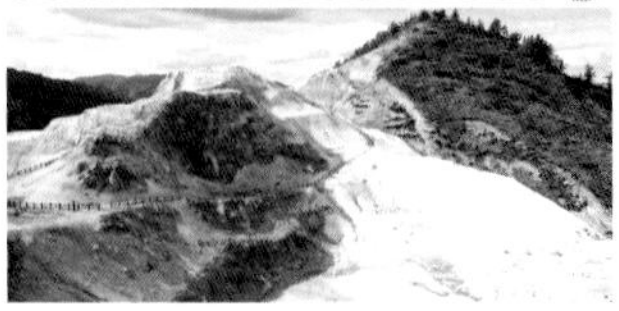

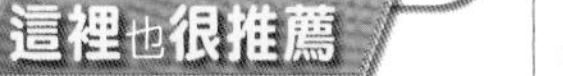

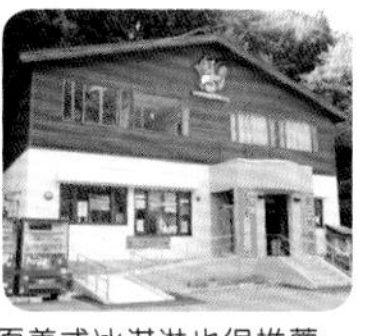

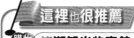

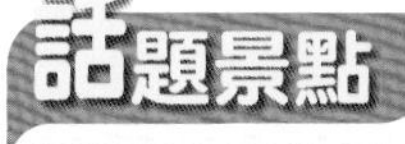

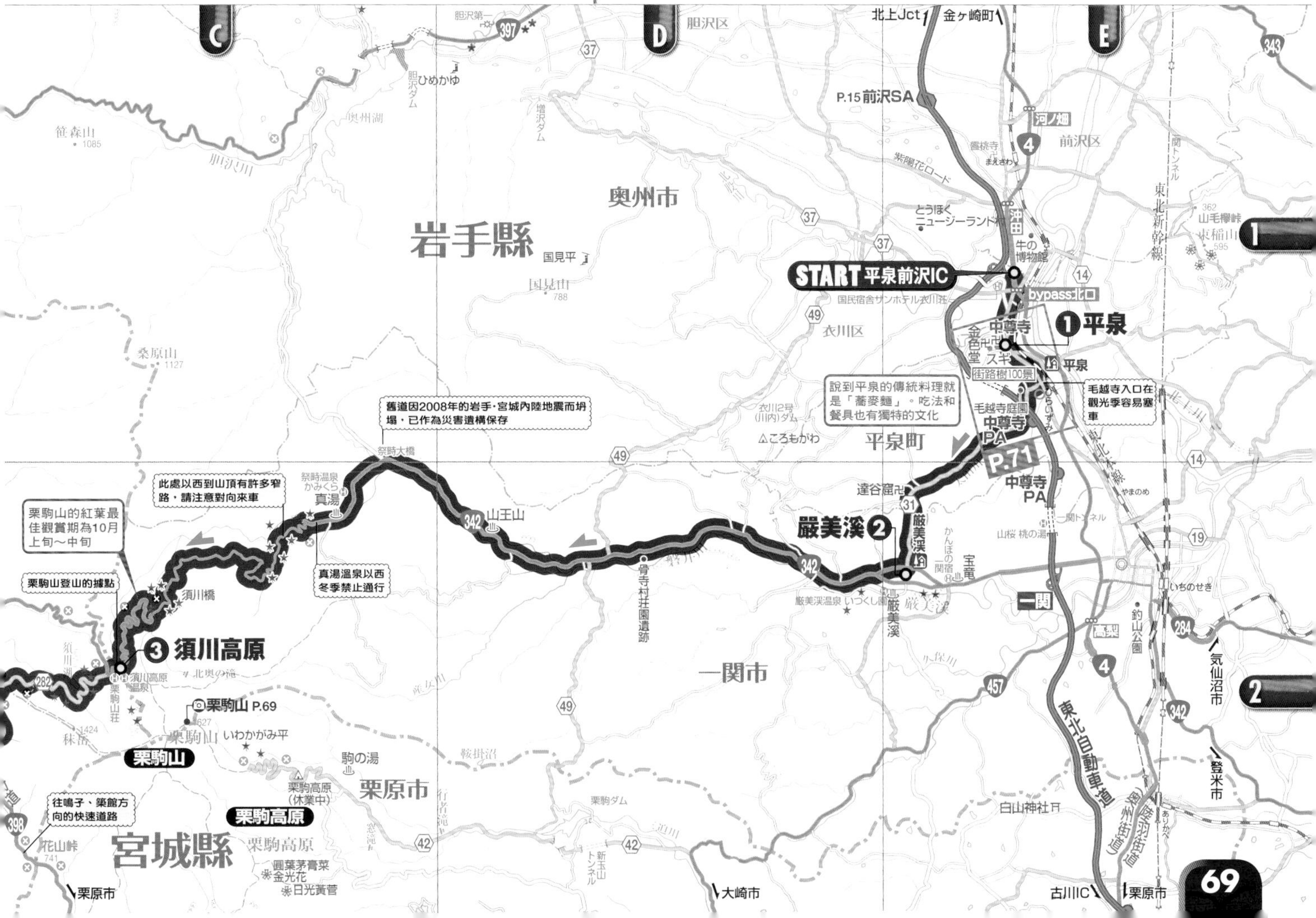

話題景點

透過健行飽覽栗駒山的大自然

若想要飽覽橫跨宮城、秋田、岩手3縣的栗駒山自然景觀，推薦透過簡單的健行輕鬆遊覽。從須川高原溫泉登山口步行約20分鐘的名残ヶ原，作為白毛羊鬍子草的樂園而聞名。遠方能遠眺到栗駒山頂。再者，位在縣道282號附近的岩鏡濕原，從停車場步行即到。木道沿途都能近距離觀賞群生的岩鏡、白毛羊鬍子草。位在那附近的須川湖也備有完善的步道，且能租小艇享受划船的樂趣。因為精彩之處豐富多樣，所以請試著把重點景點集中起來規劃行程吧。

●くりこまやま

栗駒山 P 200輛 MAP 69C-2

✆0182-47-3402（東成瀬村企劃商工課）

✆0191-21-2111（一關市商業觀光課）

從須川高原溫泉登山口出發的路線

4 小安峽
●おやすきょう

✆0183-73-2111（湯沢市まるごと売る課）

在溪谷美景連綿約4km的小安峽中，最大的精采之處就是大噴湯。溫泉霧氣隨著轟隆聲從斷崖的裂口冉冉上升。
L 步道在11月上旬～4月中旬為冬季封閉，不能通行 P 50輛

5 川原毛地獄
●かわらげじごく

✆0183-55-8180（湯沢市観光ジオパーク推進課）

整座山都露出地表，硫磺和水蒸氣從各處噴發的日本3大靈地之一。沒有半株草木生長的荒涼景色遍布眼前。
L 連接通道在11月中旬～4月下旬會因積雪而冬季封閉 P 20輛

這裡也很推薦

購物 **皆瀬観光物產館**
●みなせかんこうぶっさんかん

✆0183-47-5046

當地特產品豐富齊全。使用新鮮蔬菜的漬物、利用地熱能量的低溫殺菌牛奶和優酪乳等商品都廣受歡迎。栗駒高原義式冰淇淋也很推薦。
L 4月上旬～11月下旬、9:00～17:00
休 期間中無休 P 60輛 MAP 68B-2

岩手縣
宮城縣
奧州市
一関市
栗原市
START 平泉前沢IC
1 平泉
2 嚴美溪
3 須川高原
栗駒山
栗駒高原
平泉町
中尊寺
毛越寺
P.15 前沢SA
中尊寺PA
P.71
東北自動車道
北上Jct
金ヶ崎町
大崎市
古川IC
舊道因2008年的岩手・宮城內陸地震而坍塌，已作為災害遺構保存
此處以西到山頂有許多窄路，請注意對向來車
栗駒山的紅葉最佳觀賞期為10月上旬～中旬
栗駒山登山的據點
真湯溫泉以西冬季禁止通行
往鳴子、築館方向的快速道路
說到平泉的傳統料理就是「蕎麥麵」。吃法和餐具也有獨特的文化
毛越寺入口在觀光季容易塞車

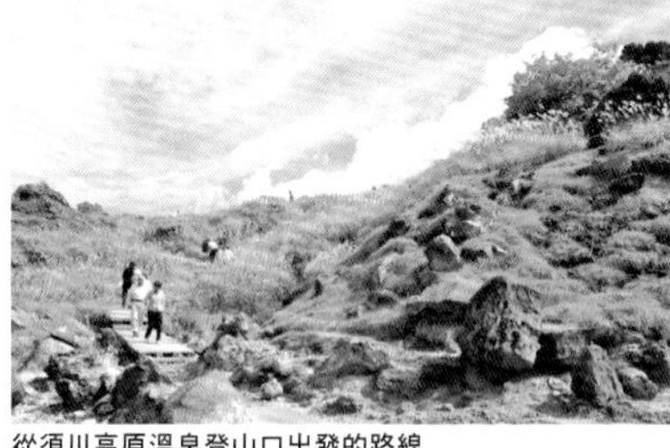

平安時代末期約100年期間，在奧州藤原氏時代的平泉獨自興盛起來的豐富獨特淨土文化。景觀呈現出塵世的淨土世界，不僅廣受好評，也已登錄為世界文化遺產。回想著古代，一邊感受歷史一邊散步吧。

停下車來散步 岩手 平泉

遊覽孕育黃金文化的世界文化遺產

明治42（1909）年重建的中尊寺本堂點亮著不滅的法燈

老杉茂盛生長的參拜道是能使心靈平靜的能量景點

金色堂可謂平泉觀光的重要景點，建立於天治元（1124）年

●ちゅうそんじ

中尊寺

✆0191-46-2211

相傳是慈覺大師在天台宗的東北總本山建立。藤原初代清衡為了慰藉在前九年之役、後三年之役中逝世的諸多亡魂，建設了許多佛塔。支院全部有1間，並傳承著3000多件國寶和文化財。

所岩手県平泉町平泉衣関202 L8:30～17:00（11月4日～2月為～16:30）休無休 ¥參觀費（金色堂·讚衡藏參觀）成人800日圓、高中生500日圓、國中生300日圓、小學生200日圓 P使用町營停車場，400日圓

MAP 71

佇立在中尊寺最深處的白山神社

從參拜道半山腰的東邊瞭望台能一望平泉

中尊寺的餐廳

●かんざんてい

「かんざん亭」

蕎麥麵使用石臼研磨的蕎麥粉和平泉生產的自然薯揉製，廣受好評。

✆0191-46-2211（中尊寺）

L9:00～16:00 休無休 MAP 71

自然薯蕎麥麵1200日圓

信仰之山 流傳著耗費一晚建造的傳說

幾乎位在中尊寺和毛岳寺中間

●きんけいさん

金雞山

✆0191-46-4012（平泉文化遺產中心）

奧州藤原氏下令在山頂建造大規模經塚的信仰之山。當地流傳一個傳說，當時為了守護平泉，命令工人排成長龍直至上川，以搬運土砂，並耗時一晚建設經塚，同時埋下雌雄一對的黃金雞。

所岩手県平泉町平泉花立

L自由參觀 P無 MAP 71

曾經比平等院鳳凰堂還壯闊的寺院

於2017年12月進行挖掘調查和庭園的復原整備工作

●むりょうこういんあと

無量光院跡

✆0191-46-4012（平原文化遺產中心）

藤原三代秀衡模仿京都的平等鳳凰院建造而成。根據挖掘調查的結果可知，這裡曾是比平等院鳳凰寺大一倍的寺院。雖然目前只留下土壘、礎石，但是把此處恢復成往時風景的整備工作也持續進行中。

所岩手県平泉町平泉花立

L自由參觀 P無

MAP 71

過去曾是平泉中心的當地居民休憩場所

和毛越寺一樣是淨土式庭園

●かんじざいおういんあと

觀自在王院跡

✆0191-46-4012（平原文化遺產中心）

藤原二代基衡的夫人所興建的淨土庭園。以舞鶴池為中心整備而成的史跡公園，作為當地居民休憩場所而深受喜愛。相傳過去是平泉的中心地區，四周有倉庫、運輸店等建築比鄰而建。

所岩手県平泉町平泉志羅山

L自由參觀 P無

MAP 71

相傳是藤原基衡之妻的墓碑

●もうつうじ
毛越寺
✆0191-46-2331

由慈覺大師開山，興建於奧州藤原氏二代基衡至三代秀衡的時代。相傳全盛時期號稱有殿堂佛塔40座、僧侶多達500人。雖然過去的建築遭到火災燒毀，但呈現出現世淨土的庭園卻保留了下來。

所岩手県平泉町平泉大沢58
L8:30～17:00(11月上旬～4月上旬為～16:30) 休無休
¥參觀費成人500日圓、高中生300日圓、國中小學生100日圓
P使用町營停車場，300日圓

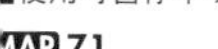
MAP71

平安時代的優雅世界 彷彿回歸到現代

大泉以池塘為中心遍布著假山和立石的秀麗景土庭園

位在庭園西側最深處的開山堂

作為毛越寺一山根本道場的本堂

保留創建當時風貌的遣水水流能感覺到往昔的浪漫

●ひらいずみぶんかいさんせんたー
平泉文化遺產中心
✆0191-46-4012

介紹平泉文化的概要，以奧州藤原氏的歷史為中心。用解說看板和影片簡單易懂地介紹平泉的文化遺產。展示許多透過挖掘調查出土的珍貴考古資料。

學習平泉文化，瞭解奧州藤原氏的歷史

所岩手県平泉町平泉花立44
L9:00～17:00(入館為～16:30) 休無休 ¥免費
P40輛 MAP71

成為平泉觀光的據點

點綴著金箔的樸素口味法度湯

●きゅうけいどころみんか
きゅうけい処 民家
✆0191-46-3186

改裝自大正時代民宅的古老民房風格餐廳，改良自傳統料理法度湯的「黃金八斗湯」廣受好評。法度是把麵粉揉製2次，口感滑順。裝著白蘿蔔、胡蘿蔔、香菇等豐盛食材的湯，帶有蔬菜和豬肉的甘甜，口味溫和懷舊。

手做的「法度」是使用番紅花染成黃色，再以象徵著金色堂的金箔點綴

所岩手県平泉町鈴沢31-3 L10:00～19:00
休不定休 ¥黃金八斗湯700日圓 P7輛
MAP71

預約就能聆聽老闆口述義經相關故事的泉蕎麥麵店

泉屋 ●いずみや

位在平泉站前，明治26（1893）年創業的老牌蕎麥麵店。特色是用石臼研磨縣北生產蕎麥粉的手打黑色田舍蕎麥麵。名產「泉蕎麥麵」能體驗獨特的蕎麥麵文化，聆聽老闆口述義經相關故事。

✆0191-46-2038 所岩手県平泉町平泉泉屋75 L10:00～17:30(蕎麥麵售完打烊) 休週二(逢過年期間、假日則營業，有補假、臨時店休) ¥泉蕎麥麵1700日圓、山芋泥蕎麥麵700日圓 P10輛 MAP71

搭配蕎麥麵菓子、蕎麥麵海苔捲為套餐的泉蕎麥麵

平泉站出來即到的風格獨特蕎麥麵老店

獨具風情的街道和遼闊的田園風景。當地美食也令人期待

よこて・かくのだて 書末地圖 P.117

14 COURSE 橫手・角館

自駕重點：街頭散步 四季花卉 紅葉 美食 歷史探訪

角館的武家屋敷通也是枝垂櫻名勝景點

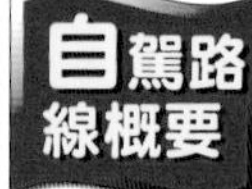

美麗街道連綿的角館町內

自駕路線概要

從鎌倉或炒麵城市橫手前往小京都角館。開下橫手IC後，在介紹秋田魅力的秋田故鄉村收集資訊。國道13號周邊一直到大曲，有獲選名水百選的的六鄉湧水群等豐富的精彩景點，建議花點時間細細地享受散步的樂趣。從大曲開往國道105號。在公路休息站 なかせん稍作休息之後，到江戶時代武家宅邸比鄰而建的武家屋敷通散步吧。終點的協和IC要從國道46號往西開。位在行駛途中的公路休息站 協和販售著地酒和煙燻白蘿蔔，非常適合在這挑選伴手禮。

自駕路線 推薦！ 2天1夜

路線行車距離 約81km
路線行車時間 約2小時10分

START 橫手IC ← 180km 2小時10分 ← 仙台宮城IC
秋田自動車道 ◀ 東北道

2km 5分／一般道

1 秋田故鄉村（介紹秋田的全部魅力）

19km 30分／一般道 13 一般道

2 六鄉湧水群（裝滿清涼的水）

19km 30分／一般道 13 105

3 公路休息站 なかせん（民謠《ドンパン節》的故鄉）

10km 15分／105 一般道

4 武家屋敷通（黑板牆連綿的小京都街道）

22km 35分／250 46

5 公路休息站 協和（也能體驗陶藝）

9km 15分／46 13 341 一般道

GOAL 協和IC → 225km 2小時45分 → 仙台宮城IC
秋田自動車道 ▶ 東北道

1 秋田故鄉村（あきたふるさとむら）

☎0182-33-8800

秋田的觀光資訊和鄉土料理、文化、藝術、手作體驗都能盡情享受。有「秋田縣立近代美術館」、「星空探險館SPACIA」、「Wonder Castle」等設施。營9:30~17:00(閉館) 休1月中旬 ¥秋田縣立近代美術館一般展免費，星空探險館SPACIA和Wonder Castle各為成人520日圓、學生410日圓、國中小學生300日圓 P3000輛

2 六鄉湧水群（ろくごうゆうすいぐん）

☎0187-84-0110(美鄉町觀光情報中心)

豐富資源和清冽水質在湧水地中都是日本首屈一指的湧水群。在瀰漫著閑靜氣氛的街道上，遍布著多達60處湧水、和水有關的景點，可以順道前往。
P5輛

3 公路休息站 なかせん（みちのえきなかせん）

☎0187-56-4515

位在民謠《ドンパン節》的發祥地。館內商店販售特產的杜仲茶、杜仲麵等商品。使用當地品牌豬杜仲豬的定食、豬肉丼、加工品廣受歡迎。營9:00~18:00、餐廳為11:00~16:00 休僅餐廳為12~隔年3月的週三、過年期間 P84輛

4 武家屋敷通（ぶけやしきどおり）

☎0187-54-2700(角館町觀光協會)

從國家重要傳統的建造物群保存地區「火除」到北側地區稱為「內町」，留存著藩政時代的情懷。黑板牆連綿的街道以枝垂櫻名勝而廣為人知。營休¥時間和休業日、入館費皆視設施而異 P使用市營櫻並木停車場(200輛，1天500日圓)

5 公路休息站 協和（みちのえききょうわ）

☎018-881-6646

在米ヶ森公園能享受地面高爾夫球等輕運動。當地蔬菜直營店和以地酒製作的甜點都很推薦。還有蔬菜直營店。
營9:00~19:00，餐廳為11:00~(11~3月為~18:00) 休無休 P135輛

這裡也很推薦

購物 安藤釀造北浦本館（あんどうじょうぞうきたうらほんかん）

☎0187-53-2008(安藤釀造本店)

角館町內安藤釀造所經營的郊外大型伴手禮店。自豪之處，是以味噌、醬油、漬物為原料的甜點相當豐富齊全。醬油霜淇淋也廣受歡迎。營9:00~17:00 休無休(1~2月為週三) P70輛 MAP73B-1

自駕MEMO

● 橫手往大曲的國道13號bypass交通量大 ●大曲往角館的國道105號也是交通量很大 ●角館町內請注意單向通行處，並小心駕駛

話題景點 橫手的代表性當地菜單

使用粗直的水煮麵，配菜是高麗菜和豬絞肉。並在麵上放半熟的煎蛋。在B-1Grand Prix榮獲金賞，一口氣名聞全國的當地菜單就是橫手炒麵。據說起源於戰後不久，當地開始研究不同於壽喜燒的菜單，經過不斷嘗試與失敗之後，終於在1953年左右完成了這道獨特的麵。目前也組成「橫手炒麵暖簾會」，有50家餐飲店和5家製麵公司加盟。在能創造溫和口味的伍斯特醬中會加入各家店鋪的原創醬料，而這也造就了每家店的風格。試著品嘗比較不同口味也別有一番樂趣。

橫手炒麵 ●よこてやきそば
☎0182-32-2119(橫手炒麵暖簾會事務局)

橫手午餐就決定是這個了！

景點資訊  賞花名勝  紅葉名勝 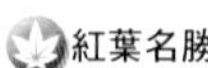 觀景點  有餐廳  有咖啡廳  有商店    有溫泉

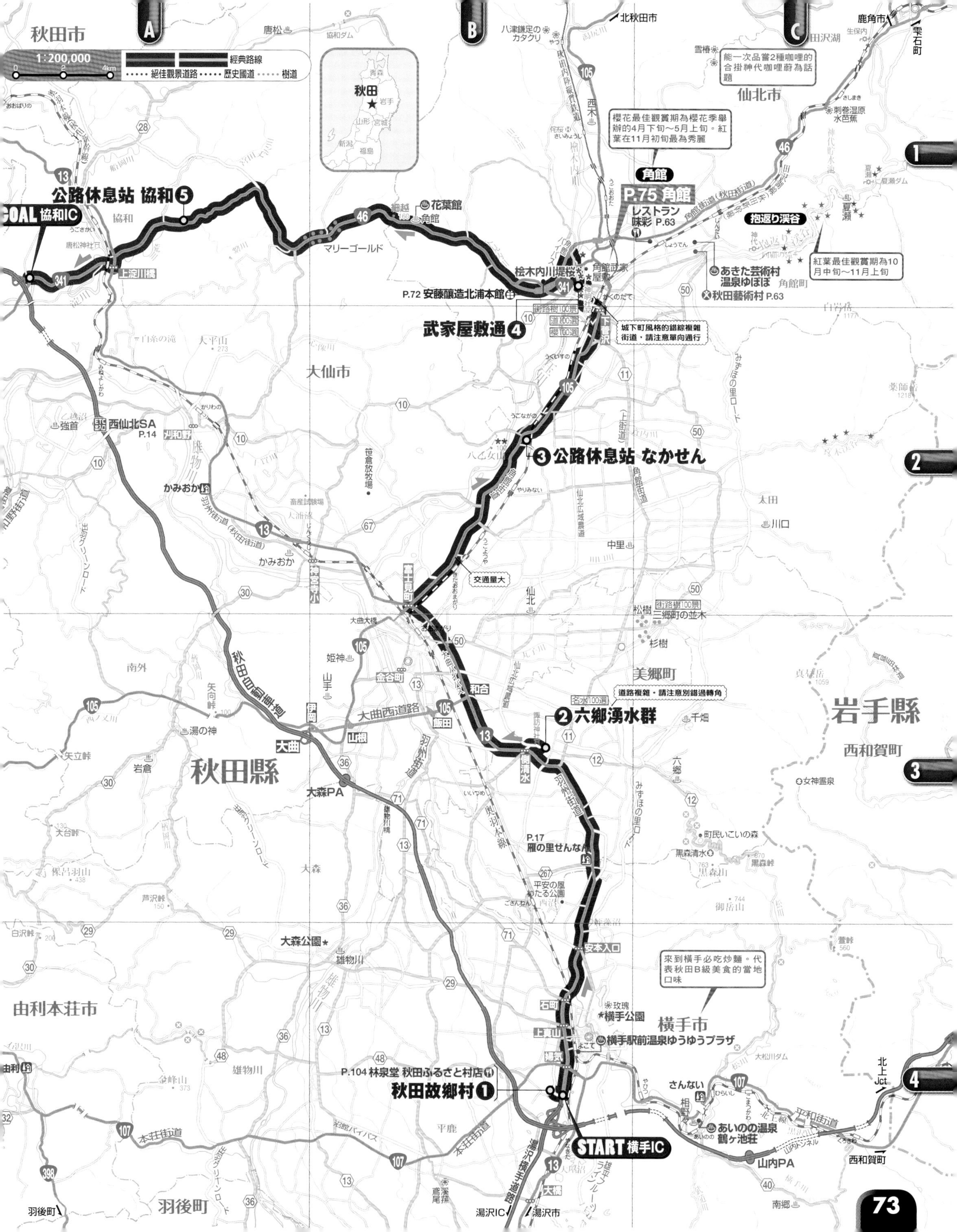

秋田市
1:200,000
經典路線
絕佳觀景道路
歷史國道
樹道
秋田
岩手
公路休息站 協和 5
GOAL 協和IC
上淀川橋
花葉館
角館
マリーゴールド
北秋田市
八津鎌足のカタクリ
仙北市
田沢湖
鹿角市
雫石町
能一次品嘗2種咖哩的合掛神代咖哩蔚為話題
櫻花最佳觀賞期為櫻花季舉辦的4月下旬～5月上旬。紅葉在11月初旬最為秀麗
角館
P.75 角館
レストラン 味彩 P.63
抱返り渓谷
紅葉最佳觀賞期為10月中旬～11月上旬
桧木内川堤桜
角館武家屋敷
あきた芸術村 温泉ゆぽぽ
秋田藝術村 P.63
P.72 安藤醸造北浦本館
武家屋敷通 4
城下町風格的錯綜複雜街道，請注意單向通行
大仙市
西仙北SA P.14
刈和野
かみおか
3 公路休息站 なかせん
交通量大
松樹
三郷町の並木
杉樹
美郷町
道路複雜，請注意別錯過轉角
2 六郷湧水群
岩手縣
西和賀町
大曲
大森PA
秋田縣
P.17 雁の里せんなん
安本入口
由利本荘市
大森公園
來到橫手必吃炒麵。代表秋田B級美食的當地口味
横手公園
横手市
横手駅前温泉ゆうゆうプラザ
P.104 林泉堂 秋田ふるさと村店
秋田故鄉村 1
START 横手IC
あいのの温泉 鶴ヶ池荘
山内PA
北上Jct
西和賀町
羽後町
湯沢IC
湯沢市

14 COURSE **橫手·角館** 區域特輯

角館城以南實施區域劃分，離城堡最近的周邊是高貴武士居住的地方，也就是現在的武家屋敷通。目前也形成一處黑板牆連綿且彌漫著風情的街道，每個季節都會展現美麗風景。

停下車來 街頭散步 秋田 角館

一邊品味小京都的風情一邊散步

●せんぼくしかんこうじょうほうせんたーかくのだてえきまえくら

仙北市觀光情報中心「角館站前藏」

✆0187-54-2700（角館町觀光協會）

位在JR角館站前的觀光情報中心。提供前往武家屋敷通的交通資訊和市內餐飲店、住宿資訊。冬季也有出租長靴的服務。還有免費休憩所，因此也能在觀光途中稍作休息。

所 仙北市角館町上菅沢394-2 L 9:00～18:00（10～4月中旬為～17:30） 休 12月31日 P 使用附近停車場

MAP 75

在角館散步之前，先掌握觀光資訊

建在JR角館站旁邊

●あきたかくのだてにしのみやけ

秋田角館 西宮家

✆0187-52-2438

位在角館田町武家屋敷通，曾為秋田佐竹氏家臣的名門西宮家的宅邸。目前已修復了明治後期到大正時代興建的5棟倉庫和母屋。倉庫已成為工藝品的展示兼販售區、餐廳等設施。

所 仙北市角館町田町上丁11-1 L 10:00～17:00 休 母屋和がっこ蔵為12～隔年4月初旬 ¥ 免費 P 12輛 MAP 75

有餐廳和甜品店的時尚武家宅邸

西宮家能用餐、購物、參觀

餐廳能眺望獨具風情的庭院

在有如餐廳的試吃區能品嘗味噌湯和漬物

仔細試吃後，選購頂級的美食吧

●あんどうじょうぞうほんてん

安藤釀造本店

✆0187-53-2008

位在曾為商人街道的外町盡頭，嘉永6（1853）年創業的老牌釀造廠。起源是從前的角館地主把部分佃農繳納的米作為原料來釀造味噌和醬油。在文庫倉庫能試吃漬物、味噌湯。

所 仙北市角館町下新町27 L 8:30～17:00 休 無休 P 8輛

MAP 75

彌漫著磚瓦建築風情的厚重倉庫是地標

武家宅邸的代表，角館散步的重點景點

青柳家入口的藥醫門是適合拍紀念照的景點

收藏著武器防具的青柳家武器倉庫

●かくのだてれきしむらあおやぎけ

角館歷史村·青柳家

✆0187-54-3257

作為高貴藥醫門而聞名的代表性武家宅邸。約3千坪的腹地內有解體新書紀念館、展示武器防具的武器倉庫等6座資料館，還能實際觸摸刀具、體驗穿著頭盔。

所 仙北市角館町表町下丁3 L 9:00～17:00（12月上旬～3月下旬為～16:30） 休 無休 ¥ 成人500日圓、國高中生300日圓、小學生200日圓 P 使用市營櫻並木停車場（200輛，1天500日圓）

MAP 75

房間數為4間的純樸生活

作為電影拍攝地而聞名的中級武士宅邸

岩橋家 ●いわはしけ

✆0187-43-3384（仙北市教育委員会文化財課）

曾在江戶末期翻修的中級武士宅邸。主屋只有4間，傳達著受到階級規範的武士生活樣貌。明治30（1897）年從茅葺屋頂改建為木羽葺屋頂。以電影《黃昏清兵衛》的拍攝地廣為人知。

所 仙北市角館町東勝楽丁3-1 L 4月中旬～11月下旬、9:00～17:00 休 期間中無休 ¥ 免費 P 使用市營櫻並木停車場（200輛、1天500日圓）

MAP 75

觀看角館武家宅邸典型的房間布局

中堅武士宅邸風格的樸素建築

秋田蘭畫創史者小田野直武的分家

小田野家 ●おだのけ

✆0187-43-3384（仙北市教育委員会文化財課）

這是以繪製《解體新書》插畫而聞名的秋田蘭畫創史者小田野直武的分家，十分知名。建設成中堅武士宅邸樣式，並以玄關上的地台構造區分身分。

所 仙北市角館町東勝楽丁10 L 4月中旬～11月下旬、9:00～17:00 休 開放參觀期間無休 ¥ 免費 P 使用市營櫻並木停車場（200輛、1天500日圓） MAP 75

能走上日式座位的古館最古老武家宅邸

武家屋敷石黑家 ●ぶけやしきいしぐろけ

✆0187-55-1496

能實際走上日式座位參觀的珍貴宅邸

角館最古老的武家宅邸，有寫著文化6（1809）年的上樑記牌。角館唯一能走上日式座位的地方。好好地參觀房間的特徵和當時的生活樣貌吧。庭院有300年樹齡的冷杉，十分秀麗。

所 仙北市角館町表町下丁1
L 9:00～17:00 休 無休 ¥ 成人400日圓、國中小學生200日圓 P 使用市營櫻並木停車場(200輛，1天500日圓)
MAP 75

融入武家屋敷通的風景，瀰漫著風情的店鋪

武家屋敷の茶屋 ●ぶけやしきのちゃや

✆0187-53-2703

位在角館最受歡迎的武家宅邸青柳家對面的休憩所。適合在散步途中稍作休息的茶屋。推薦稻庭烏龍麵、切蒲英火鍋等秋田名產，以及餡蜜、當季霜淇淋。

所 仙北市角館町表町下丁14-1
L 4～11月下旬、9:00～17:00
休 營業期間無休 P 使用附近停車場
MAP 75

深受觀光客歡迎，氛圍獨具風情

人氣的霜淇淋為香草250日圓、芝麻或抹茶300日圓

用天然的溫和色調呈現出舒適的空間

食堂 いなほ ●しょくどういなほ

✆0187-54-3311

位在要走進田町武家屋敷通的十字路口，角館的知名餐廳稻穗的姊妹店。堅持使用無添加的調理方式，點綴著秋田漬物煙燻白蘿蔔的鮮豔煙燻白蘿蔔懷石料理、稻穗風格的比內地雞丼，都是這裡才能吃到的名產。

所 仙北市角館町田町上丁4-1
L 11:00～15:00 休 週四
P 5輛 MAP 75

附煙燻漬物丼和一碗切蒲英火鍋的「煙燻白蘿蔔懷石」1500日圓

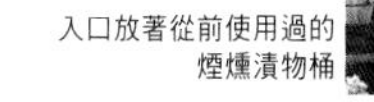
入口放著從前使用過的煙燻漬物桶

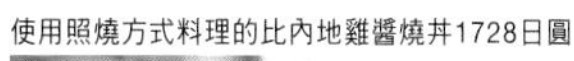

角館櫻花祭 ●かくのだてのさくらまつり

武家宅邸的枝垂櫻和檜木內川堤的櫻花爭相表演

角館櫻花往年都是在4月下旬左右盛開。特別是為武家屋敷通增添色彩的枝垂櫻更是秀麗非凡，而同時在檜木內川堤盛開約2km的染井吉野櫻街樹也是美不勝收。 MAP 75

✆0187-43-3352(角館の観光行事実行委員会)
L 4月下旬～5月上旬 P 1500輛(1天500日圓)

檜木內川堤防有櫻花隧道連綿不絕

在古老倉庫的日式座位享用諸多鄉土料理

角館しちべえ ●かくのだてしちべぇ

✆0187-54-3295

朝向武家宅邸和町人町的邊界，有倉庫日式座位的餐廳。能品嘗以大量當地食材製作的鄉土料理。推薦比內地雞的醬燒丼。肉的美味和風味會在口中擴散，特別好吃。

所 仙北市角館町横町15
L 11:00～19:00(LO18:30、週日為～17:00) 休 週二 P 7輛
MAP 75

使用照燒方式料理的比內地雞醬燒丼1728日圓

建在武家屋敷通入口的厚重倉庫建築餐廳

在獨具風情的倉庫日式座位上享受鄉土料理

充分飽覽宏偉**鳥海山**和**日本海風景**的**絕景**自駕遊

●ちょうかいさん·きさかた 書末地圖 P.116-120

15 COURSE 鳥海山·象潟

自駕重點：山岳景觀 海岸美 溪谷美 紅葉 夕陽

眺望著日本海行駛的鳥海BLUE LINE

自駕路線概要

享受眺望日本海和鳥海山的絕景自駕遊吧。從日本海東北自動車道酒田みなとIC沿著國道7號北上，接著先順道前往十六羅漢。飽覽完日本海的景色之後，從鳥海BLUE LINE一口氣開上鳥海山麓，前往鉾立展望台。從那裡不僅能眺望日本海，還能飽覽眼前一望無際的奈曾溪谷宏偉景色。從山上往下開往象潟的途中，有元瀧伏流水和奈曾白瀑布等知名瀑布。沿著鳥海BLUE LINE開到底，就會抵達象潟。從公路休息站 象潟ねむの丘能飽覽《奧之細道》中曾歌頌的奧陸松島的風景，回程則沿著日本海沿岸的國道7號開回酒田。

從鉾立展望台能環視仁賀保高原的風力發電風車和日本海

自駕路線

推薦！2天1夜

路線行車距離 約102km
路線行車時間 約2小時40分

START 酒田みなとIC ← 179km 2小時35分 ← 仙台宮城IC
（月山道路 ◀ 山形道 ◀ 東北道／日本海東北道 ◀ 山形道）

17km 25分／59 7 345

1 十六羅漢 雕刻在海岸岩石上的羅漢和佛像值得一看

20km 30分／345 鳥海BLUE LINE

2 鉾立展望台 眼前一望無際的絕景

16km 20分／鳥海BLUE LINE

3 元瀧伏流水 從岩石表面滲出的玄奧瀑布

4km 5分／鳥海BLUE LINE·一般道

4 奈曾白瀑布 獲選為國家名勝的宏偉瀑布

11km 20分／58 7

5 公路休息站 象潟ねむの丘 遊樂設施充實・還有溫泉

34km 1小時／7 59

GOAL 酒田みなとIC → 179km 2小時35分 → 仙台宮城IC
（日本海東北道 ▶ 山形道 ▶ 月山道路 ▶ 山形道 ▶ 東北道）

1 十六羅漢（じゅうろくらかん）

0234-72-5666（遊佐鳥海觀光協會）

在鳥海BLUE LINE附近的海岸岩石上，共雕刻著22尊羅漢和佛祖。據說這些是名叫寬海的和尚為了祈求航海安全而雕刻，並在明治元（1868）年完成。

自由參觀 P 100輛

2 鉾立展望台（ほこだててんぼうだい）

0184-43-6608（仁賀保市觀光協會）

眼前遍布著奈曾溪谷的絕佳觀景點。若幸運碰上好天氣，不僅能把溪谷美和日本海大海原的美景盡收眼底，甚至能遠望遠方的男鹿半島。

4月下旬～10月下旬 P 250輛

3 元瀧伏流水（もとたきふくりゅうすい）

0184-43-6608（仁賀保市觀光協會）

這處幽玄瀑布是從寬約30m且長滿苔蘚的岩石表面滲出鳥海山的伏流水，再順勢往下流。水質冰涼澄澈，讓人驚豔，而綠色苔蘚和白色水花也是鮮明秀麗。

休 自由參觀 P 40輛

4 奈曾白瀑布（なそのしらたき）

0184-43-6608（仁賀保市觀光協會）

這處壯觀瀑布位在奈曾地區，過去曾是前往鳥海山途中的險地。作為鳥海火山的熔岩流末端逐漸形成絕壁。昭和7（1932）年也獲選為國家名勝。

休 自由參觀
P 50輛

5 公路休息站 象潟ねむの丘（みちのえききさかたねむのおか）

0184-32-5588

腹地多達2萬坪，面積遼闊，濃縮著玩心的公路休息站。具備秋田伴手禮齊聚的物產館、餐廳，還有展望溫泉和6樓的展望室。9:00～21:00（餐廳為11:00～20:00） 休 12～隔年3月為第3週一，入浴設施為第3週一、7和8月為無休 ¥ 入浴費90分鐘350日圓 P 336輛

這裡也很推薦

購物 **公路休息站 鳥海 ふらっと**
●みちのえきちょうかいふらっと

0234-71-7222

由森林區和海洋區構成的公路休息站。不僅新鮮的魚和蔬菜應有盡有，還有住宿設施和不住宿的溫泉設施。

8:30～18:00（食堂、拉麵「味の駅」為9:00～）、直營店為9:00～17:30 ※11～隔年2月為全部設施～17:00，入浴設施為6:00～22:00（受理為～21:30） 休 1月1日（入浴設施為第2、4週一休） ¥ 入浴費400日圓 P 214輛 MAP 77A-3

自駕MEMO

●國道7號為快速道路，但仍要小心超速

●鳥海BLUE LINE有許多髮夾彎道，請小心駕駛。此外，10月下旬～4月下旬為冬季封閉

話題景點 能眺望鳥海山和日本海的奢華位置

仁賀保高原是遍布在鳥海山東稜的高原地帶之一，標高約500m。若要飽覽這裡的豐富大自然，推薦把市營休憩設施「ひばり荘」當作據點。這裡有修建展望台和食堂，從展望台眺望的風景格外秀麗。南有鳥海山，西有鈷藍色的日本海，北有男鹿半島，因此能飽覽360度的遼闊風景。另有自行車出租，不妨一邊感受高原的涼風，一邊享受騎自行車的樂趣。此外，佇立著15座風車的風力發電廠也一定要看。大大小小的湖沼和風車、鳥海山交織出的景觀，讓這裡作為自駕遊路線也深受歡迎。

仁賀保高原 ●にかほこうげん

0184-43-6608（仁賀保觀光協會）

P 100輛 MAP 77B-2

飽覽遼闊的景觀吧

景點資訊 賞花名勝 紅葉名勝 觀景點 有餐廳 有咖啡廳 有商店 有溫泉 

1：200,000
0 2 4km
經典路線
絕佳觀景道路
歷史國道
樹道
秋田
山形
日本海
秋田縣
山形縣
由利本荘市
本荘地區在昭和30～40年代十分常見的炸火腿。懷舊的口味擄獲著讓地區發展更加繁盛的角色
仁賀保市
遊佐町
酒田市
真室川町
羽後町
P.17 公路休息站 5 象潟ねむの丘
奈曽白瀑布 4
元瀧伏流水 3
2 鉾立展望台
十六羅漢 1
P.76 鳥海ふらっと
P.76 仁賀保高原
鳥海山
鳥海山大物忌神社
休養宿泊施設 鳥海荘
にかほ市温泉保養センターはまなす
超受歡迎的團膳菜單「仁保賀炸蕎麥麵」上市販售了，需要確認一下
從秋田方向的連絡道路
紅葉最佳觀賞期為9月下旬～10月中旬
從此處前方到遊佐町小野曽在10月下旬～4月下旬為冬季封閉
能眺望海岸線和男鹿半島
髮夾彎道連綿，能一望大海
START&GOAL 酒田みなとIC
鶴岡市
鶴岡Jct
酒田市街
庄内町
金山町
河辺Jct
大仙市
秋田市
横手市
湯沢市
日本海東北自動車道
本荘
仁賀保
金浦
象潟
77

從日本海的絕景、新鮮海產到生剝鬼節等樂趣十足

●おがはんとう 書末地圖 P.112

16 COURSE 男鹿半島

從寒風山眺望日本海

自駕路線概要

飽覽日本海絕景的路線。先來欣賞從天王Green Land的Sky Tower或寒風山眺望的風景吧。從半島下方繞到半島後面般沿著縣道59號行駛，前往傳說生剝鬼用一晚堆好，擁有999層石階的赤神神社。五社堂建在那條石階的對面。一邊眺望男鹿半島西海岸的絕景一邊開進縣道121號，接著終於抵達八望台。這裡是八個方向都是絕景的絕佳觀景點。沿著縣道121號北上，前往半島最北邊的入道崎。這裡餐飲店很多，能享用新鮮的海產料理。公路休息站おおがた位在八郎潟的中心。連綿至琴丘森岳IC的直線道路也別有一番樂趣。

自駕路線 推薦！2天1夜

自駕重點：海岸美、美食、歷史探訪、夕陽

從號稱男鹿半島首屈一指風景的八望台眺望的景色

路線行車距離 約124km
路線行車時間 約3小時5分

START 昭和男鹿半島IC ← 262km 3小時15分 仙台宮城IC 秋田自動車道 東北道

6km 10分／101

1 Sky Tower是地標 公路休息站てんのう 天王グリーンランド

19km 25分／101 54 55

2 有旋轉式展望台 寒風山

26km 40分／55 一般道 101 一般道 59

3 祭祀5隻生剝鬼 赤神神社五社堂

21km 30分／59 一般道 121

4 一望爆裂火山口湖 八望台

9km 15分／121

5 男鹿半島的最北端 入道崎

29km 45分／55 101 54 42

6 位在八郎潟的中心 公路休息站 おおがた

14km 20分／42 54 37

GOAL 琴丘森岳IC → 283km 3小時35分 仙台宮城IC 秋田自動車道 東北自動車道

自駕MEMO

- 男鹿半島兩側的縣道59號是沿著海岸線行駛，高低起伏和彎道接連不斷的路線
- 橫越八郎潟的縣道54號是直線連綿不絕的絕景
- 國道101號有些地方的道路狹窄

1 ●みちのえきてんのうてんのうぐりーんらんど 公路休息站てんのう 天王グリーンランド

✆018-878-6588（公路休息站てんのう）

地標的天王Sky Tower號稱佔地約20萬平方公尺，能飽覽遼闊的美景。溫泉設施和運動設施也很完善。 L9:00～18:00（冬季為～17:00、入浴設施為～22:00、冬季為～21:00） 休無休（入浴設施為第2週一、逢假日則翌日休） ¥入浴費400日圓 P605輛

2 ●かんぷうざん 寒風山

✆0185-25-3055（寒風山回転展望台）

男鹿半島的地標，標高為355m。山全部覆蓋著綠色草皮，晴天還能從秋田港眺望平穩的山體。蓋在山頂上的展望台是在日本也很罕見的旋轉式。 L3月中旬～12月上旬、8:30～17:00 休期間中無休 ¥入館費540日圓 P100輛

3 ●あかがみじんじゃごしゃどう 赤神神社五社堂

✆0185-24-4700（男鹿市観光協會）

五社堂佇立在日本山毛櫸和櫟樹的懷抱中，裡面祭祀著5隻生剝鬼，而中央堂內廚子則是國家重要文化財。前往五社堂的999層石階，傳說是生剝鬼用一晚建築而成。
L境內自由 P20輛

4 ●はちぼうだい 八望台

✆0185-24-4700（男鹿市観光協會）

男鹿半島首屈一指的展望台，最遠能環視到奧與山脈。從展望台能一望全國罕見的爆裂火山口湖「一ノ目潟、戶賀灣、二ノ目潟」，加以飽覽遼闊的景觀。
L自由參觀 P100輛

5 ●にゅうどうざき 入道崎

✆0185-24-4700（男鹿市観光協會）

位在男鹿半島最北端。宛如切割掉平地般，高30m的斷崖連綿不絕。在男鹿半島象徵性的絕景中，逐漸沉入日本海的夕陽美不勝收。
L自由參觀 P100輛

6 ●みちのえきおおがた 公路休息站 おおがた

✆0185-22-4141

位在把八郎潟填海造地而成的大潟村中心，主要販售農產品。夏天的若美哈密瓜很美味。鄰接以開拓為主題的干拓博物館。
L8:00～18:00（餐廳為11:00～14:00）
休1月1～2日 P82輛

話題景點 海洋的人氣動物齊聚一堂！

蓋在日本海旁邊的水族館，展示的生物數量約有400種。館內飼養著可愛生物，像是秋田縣的日本叉牙魚、企鵝、斑海豹等。精彩之處是重現男鹿海的815噸水量大水槽。走在水中隧道裡，就像在海底散步一樣。再者，每天舉辦的「生物餵食時間」會有工作人員解說。此外，還有能一邊眺望日本海一邊用餐的餐廳。

●おがすいぞくかんがお
男鹿水族館 GAO
✆0185-32-2221
L9:00～17:00（視時期而異）
休無休（1月末為檢查期間休）、詳情請至HP確認 ¥入場費成人1100日圓、國中小學生400日圓、幼兒免費 P630輛 MAP 79A-2

北極熊豪太

景點資訊：賞花名勝 紅葉名勝 觀景點 有餐廳 有咖啡廳 有商店 有溫泉

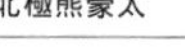

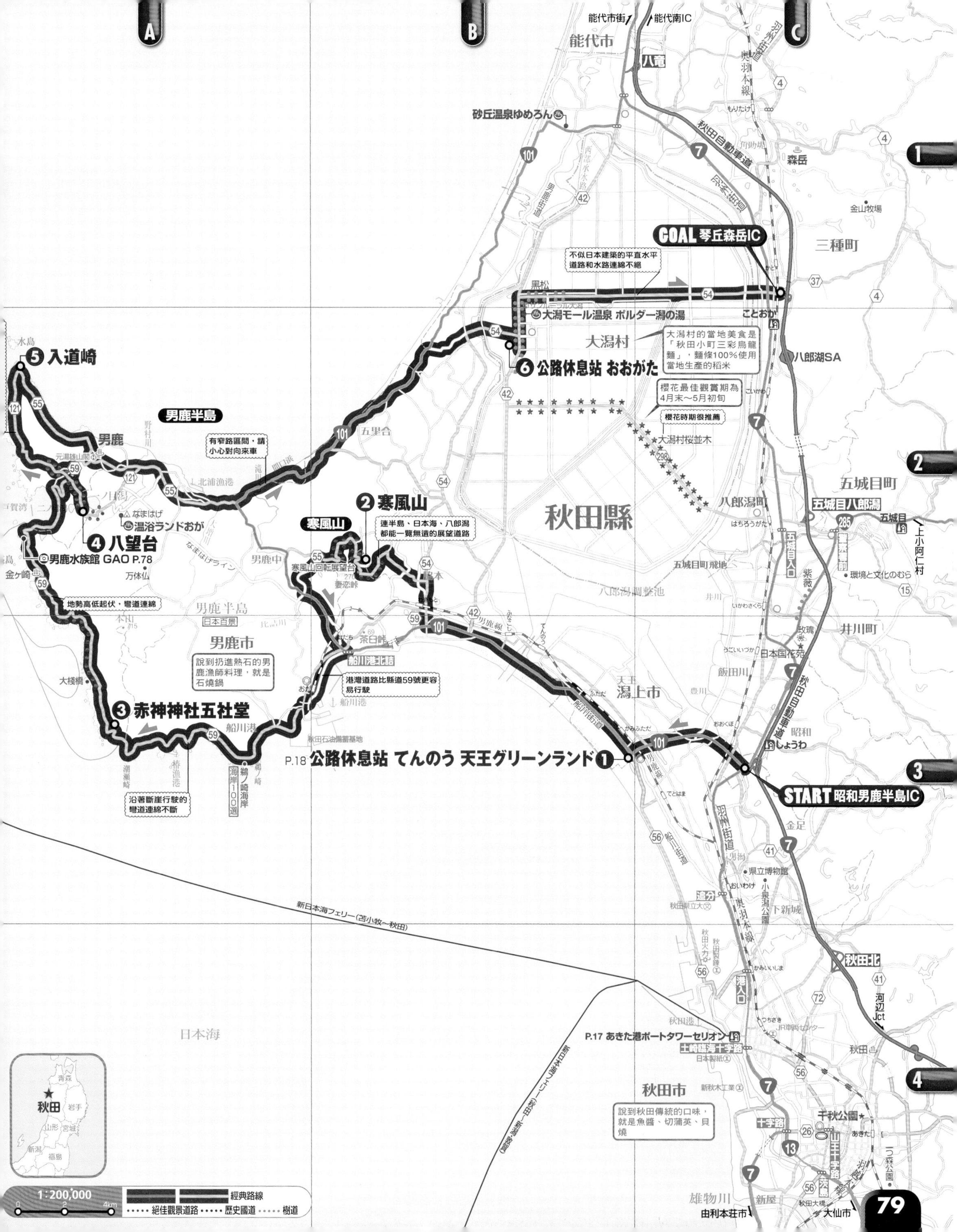

A
B
C
1
2
3
4
能代市街
能代南IC
能代市
八竜
砂丘温泉ゆめろん
秋田自動車道
森岳
金山牧場
三種町
GOAL 琴丘森岳IC
不似日本建築的平直水平道路和水路連線不絕
黒松
大潟モール温泉 ポルダー潟の湯
ことおか
大潟村的當地美食是「秋田小町三彩鳥龍麵」，麵條100%使用當地生產的稻米
大潟村
八郎湖SA
6 公路休息站 おおがた
櫻花最佳觀賞期為4月末～5月初旬
櫻花時期很推薦
大潟村桜並木
5 入道崎
水島
男鹿半島
男鹿
有窄路區間，請小心對向來車
五里台
北浦漁港
元湯雄山閣
五城目町
五城目八郎潟
五城目
上小阿仁村
八郎潟町
秋田縣
2 寒風山
連半島、日本海、八郎潟都能一覽無遺的展望道路
寒風山
寒風山回転展望台
4 八望台
なまはげ
温浴ランドおが
男鹿水族館 GAO P.78
金ヶ崎
万体仏
男鹿中
五城目町飛地
環境と文化のむら
八郎潟調整池
地勢高低起伏，彎道連綿
男鹿半島
日本百景
男鹿市
說到扔進熱石的男鹿漁師料理，就是石燒鍋
井川町
日本国花苑
船川港北詰
港灣道路比縣道59號更容易行駛
大桟橋
飯田川
潟上市
3 赤神神社五社堂
船川港
秋田石油備蓄基地
昭和
しょうわ
P.18 公路休息站 てんのう 天王グリーンランド 1
START 昭和男鹿半島IC
沿著斷崖行駛的彎道連綿不斷
鵜ノ崎海岸
海岸100選
金足
県立博物館
追分
秋田県立大
下新城
新日本海フェリー（苫小牧～秋田）
秋田北
河辺Jct
日本海
P.17 あきた港ポートタワーセリオン
土崎臨海十字路
秋田
秋田市
說到秋田傳統的口味，就是魚醬、切蒲英、貝燒
千秋公園
十字路
山王十字路
雄物川
新屋
由利本荘市
大仙市
秋田
青森
岩手
山形
宮城
新潟
福島
1:200,000
經典路線
絕佳觀景道路
歷史國道
樹道

環遊生氣蓬勃的谷灣式海岸。瞬息萬變的海洋面貌令人驚艷

りくちゅうかいがん 書末地圖 P.114·115·118·119

17 COURSE 陸中海岸

↑淨土之濱附近遍布著讓人聯想到極樂淨土的神祕風景

自駕路線 推薦！3天2夜

自駕重點：海岸美、美食、玩樂、購物、山岳景觀

路線行車距離 約298km

路線行車時間 約7小時25分

START 盛岡IC ← 180km 1小時55分 東北自動車道 ← 仙台宮城IC

88km 2小時15分／46 4 455 340 455 7

1 龍泉洞（獲指定為天然紀念物）

39km 1小時／7 455 44

2 北山崎（海洋的阿爾卑斯）

26km 40分／44 45 一般道

3 鵜之巢斷崖（斷崖連綿好幾層）

12km 20分／一般道 45 一般道

4 熊之鼻（海角的形狀像熊的鼻子）

32km 50分／一般道 45 248

5 淨土之濱（庭園盆景般的海岸美景）

101km 2小時20分／248 45 283 仙人峠道路 283

GOAL 遠野IC → 192km 2小時30分 釜石自動車道 ▶ 東北道 → 仙台宮城IC

自駕MEMO

●盛岡IC到龍泉洞的區間雖然容易行駛，但有一定的距離，因此建議在公路休息站等處休息　●往北山崎的縣道44號道路狹窄　●熊之鼻展望台的導覽看板容易錯過，敬請留意

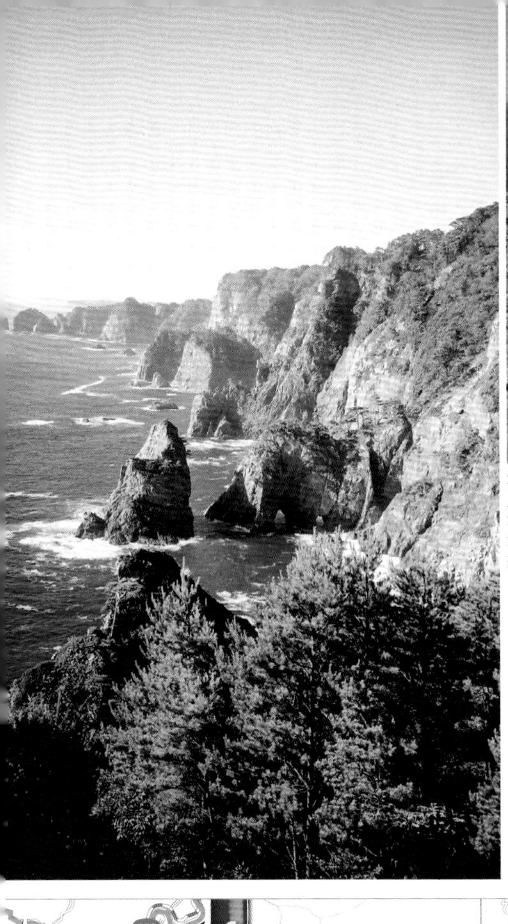

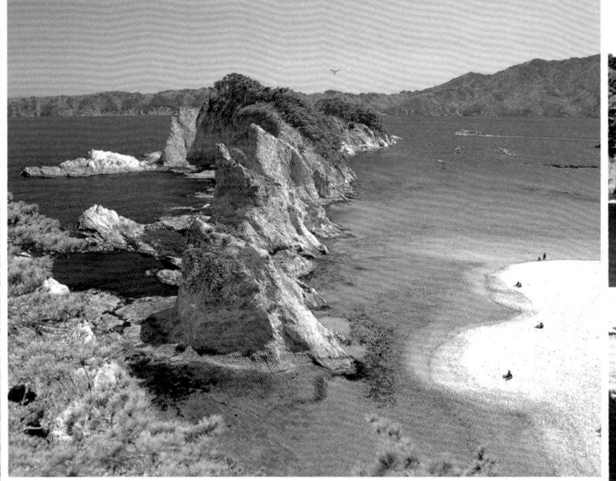

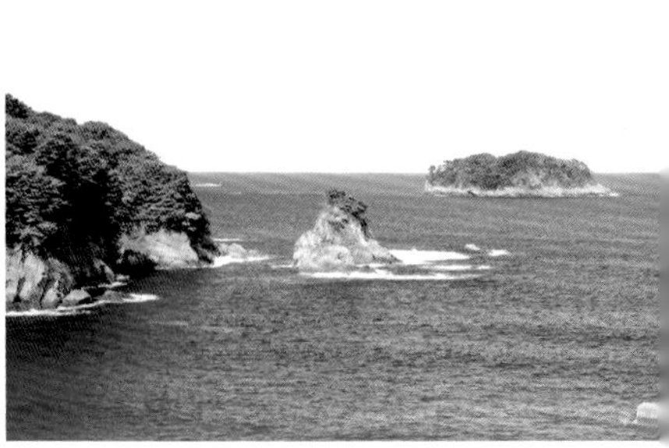

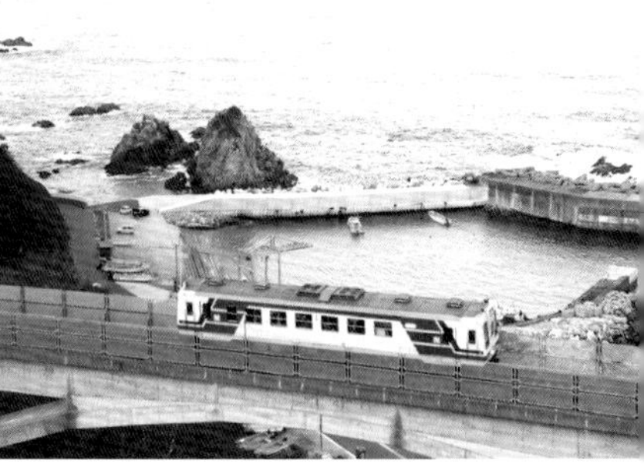

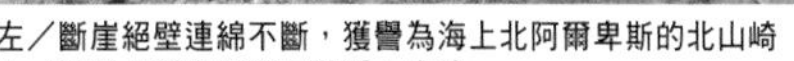

左／斷崖絕壁連綿不斷，獲譽為海上北阿爾卑斯的北山崎
上／能看見淨土般絕景的淨土之濱
右上／陸中海岸有白色岩石、松林綠意、藍色海洋，天然色彩的對比十分秀麗
右下／從三陸鐵道北谷灣線的絕佳觀景點堀內站到白景海岸，有慢速路段和停車服務

自駕路線概要

三陸海岸以代表性的谷灣式海岸而聞名，特別是在北山崎·淨土之濱周邊的區域還能看見這裡特有的絕頂海岸美景。三陸沿岸道路的開通正穩定地進行中，曾經不容易靠近開發的地方也逐漸改善當中。

從盛岡IC沿著國道455號，前往首要目標的日本三大鐘乳洞龍泉洞。這段區間有一定距離，因此建議在岩洞湖等處休息。以縣道44號和國道45號為中心，前往北山崎、鵜之巢斷崖、熊之鼻。各處風情大不相同，肯定能實際感受三陸復興國立公園豐富多彩的面貌。淨土之濱從第1停車場開始禁止一般車輛通行。有乘船處的客船站、御台場展望台即使步行也能前往，但要前往奧淨土之濱則推薦利用免費接駁巴士。此外，位在淨土之濱的休憩小屋不僅風景秀麗，還能享用新鮮的海產。

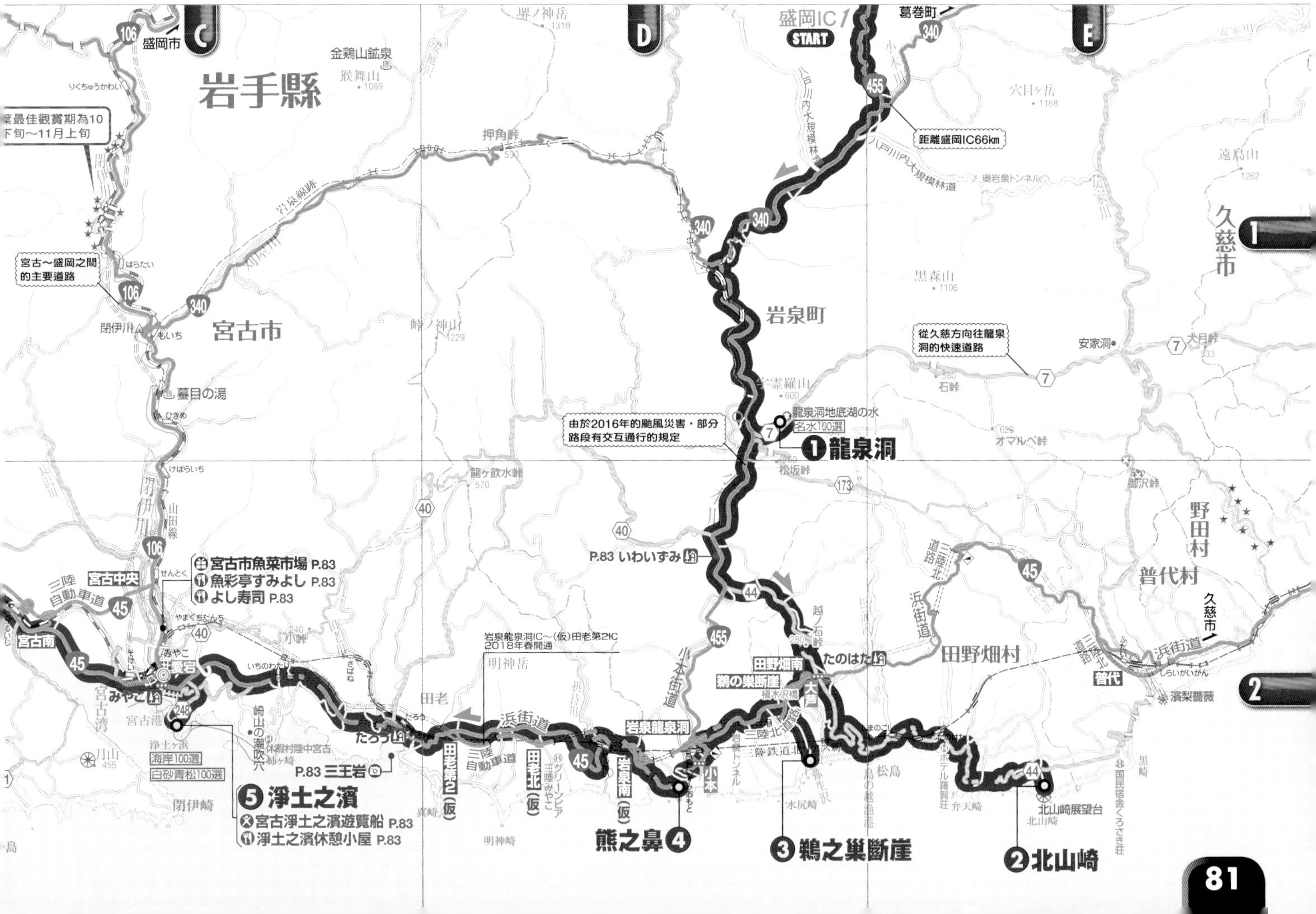

盛岡IC
START
岩手縣
宮古市
岩泉町
久慈市
野田村
普代村
田野畑村
距離盛岡IC66km
宮古～盛岡之間的主要道路
從久慈方向往龍泉洞的快速道路
由於2016年的颱風災害，部分路段有交互通行的規定
龍泉洞地底湖の水 名水100選
❶龍泉洞
P.83 いわいずみ
たのはた
田野畑南
鵜の巣断崖
岩泉龍泉洞
宮古中央
宮古南
宮古市魚菜市場 P.83
魚彩亭すみよし P.83
よし寿司 P.83
P.83 三王岩
❺淨土之濱
宮古淨土之濱遊覽船 P.83
淨土之濱休憩小屋 P.83
海岸100選
白砂青松100選
岩泉龍泉洞IC～(仮)田老第2IC 2018年春開通
熊之鼻❹
❸鵜之巢斷崖
❷北山崎
北山崎展望台
三陸自動車道
浜街道
三陸北道路
小本街道
押角峠
峠ノ神山
宇霊羅山
黒森山
穴目ケ岳
遠島山
安家洞
龍ケ飲水峠
松坂峠
オマルベ峠
石峠
閉伊川
蟇目の湯
普代
浜街道
久慈市
金鶏山鉱泉
猿舞山
界ノ神岳
葛巻町
崎山の潮吹穴
閉伊崎
宮古湾
田老
明神岳
松島
弁天崎
黒崎

17 COURSE 陸中海岸 自駕路線的景點

1 龍泉洞
●りゅうせんどう

0194-22-2566（龍泉洞事務所）

日本三大鐘乳洞之一。稱作龍藍的地底湖顏色十分神祕，務必參觀。獲指定為日本國家天然紀念物。

8:30～18:00（10～4月為～17:00） 休無休 ¥入館費（和新洞科學館的共通券）1000日圓 P400輛

2 北山崎
●きたやまざき

0194-33-3248（田野畑村綜合觀光案內所）

約200m高的斷崖連綿8km，呈現出成排屏風般的壯麗絕壁。因那幅壯觀的景色，而被稱為「海上阿爾卑斯」。斷崖上的赤松和石楠增添了色彩。有遊覽船

P200輛

3 鵜之巢斷崖
●うのすだんがい

0194-33-3248（田野畑村綜合觀光案內所）

和北山崎同為代表性的斷崖，高約200m的絕壁畫出一道圓弧聳立在當地。從展望台眺望，驚濤駭浪沖到重疊好幾層的斷崖上化為水花，震撼力十足。能環視美不勝收的光景。

P50輛

4 熊之鼻
●くまのはな

0194-22-2111（岩泉町經濟觀光交流課）

茂師海岸北側、三陸海岸特有的海蝕洞之一。海角形狀看似熊的鼻子，故以此命名。從展望台能清楚看見對岸錯綜複雜的模樣。

P20輛

5 淨土之濱
●じょうどがはま

0193-68-9091（宮古市觀光港灣課）

三陸復興國立公園的代表景觀勝地。石英粗面岩被猛烈海蝕削割成鋸齒般的形狀，突出於海面上。天和3（1683）年，宮古的長安寺僧侶靈鏡曾讚揚「有如極樂淨土」，故以此命名。湛藍清澈的海灣浪潮平穩，海灘的白色砂石和岩礁頂部的茂盛綠色赤松、蔚藍海洋調和在一起。有遊覽船。

自由參觀 P220輛

陸中海岸 話題景點

前往成為小海女舞臺的 北三陸久慈

位 在陸中海岸北方的久慈，已成為NHK連續電視小說《小海女》的舞臺。前往久慈，探訪這部電視劇的拍攝景點吧。久慈還有琥珀博物館等精彩景點。

●くじこはくはくぶつかん

久慈琥珀博物館 0194-59-3831

據說久慈地區生產的琥珀在古墳時代就已運送到大和朝廷的面前，在館內則能學習當時的相關歷史。分成「神祕的時光膠囊」和「人和琥珀」2大主題進行展示與解說。

9:00～17:00（入館為～16:30） 休2月最後一天

¥成人500日圓、國中小學生200日圓 P100輛

MAP 115E-2

位在寧靜森林中的博物館

●さんりくてつどうくじえき

三陸鐵道久慈站 0193-62-8900（三陸鐵道）

作為《小海女》中虛構的北三陸站登場。相較於電視劇所描繪的風景，四周環境感覺上更像都市。站前放著《小海女》主題的挖洞拍照看板供觀光客使用。

5:00～19:00 休無休 P使用附近停車場

MAP 115F-2

徹底成為觀光勝地的久慈站

●つりがねどう

吊鐘洞 0194-52-2111（久慈市觀光交流課）

吊鐘洞的名稱由來是從前有吊鐘形狀的岩石從大洞穴的洞頂垂掛而下。可惜吊鐘部分在明治29（1896）年遭受海嘯破壞，目前只留下大洞穴。

自由參觀 P無

MAP 115F-2

受太平洋海浪侵蝕打造而出的天然藝術品

●みちのえきくじやませどふうかん

公路休息站 くじ やませ土風間 0194-52-2289（土の館） 0194-66-9200（風の館）

久慈名產齊聚一堂的物產館和能品嘗海鮮料理的餐廳，廣受歡迎。有專區能穿著海女服飾拍紀念照。9:00～19:00（10～隔年3月為～18:00） 休1月1日（視設施而異）

P55輛 MAP 115F-2

附海女角色原創手巾的海女丼2980日圓

展示電視劇中曾出現的久慈秋祭花車

也有作為久慈觀光交流中心的功能

●こそでかいがん

小袖海岸 0194-54-2261（海女中心）

北限的海女以閉氣潛水的方式捕魚的海濱，也是《小海女》原型的地點。旺季期間能參觀閉氣潛水。

現場表演為7月1日～9月30日的週六、週日、假日10:20、11:20、14:20

¥500日圓 P20輛 MAP 115F-2

※有因天候狀況而中止的情況

成為電視劇拍攝地的小漁村彌漫著風情

電視劇開頭曾出現的防波堤和燈塔完好如初

景點資訊 賞花名勝 紅葉名勝 觀景點 有餐廳 有咖啡廳 有商店 有溫泉

景點 三王岩
●さんのういわ

✆0193-68-9091（宮古市觀光港灣課）

能眺望佇立在海中的巨岩

以高50m的男岩為中心，佇立著名為女岩、太鼓岩的巨岩。砂岩、礫岩的水平線條圖案十分秀麗。展望台和步道修整完善。三王岩周邊的部分步道受地震災害影響而無法通行，敬請小心。

大自然打造出來的藝術作品

🕒自由參觀 P100輛 MAP 81C-2

景點 釜石大觀音
●かまいしだいかんのん

✆0193-24-2125

有如釜石地標般的存在

佇立著宛如在監視釜石灣往來船隻的釜石大觀音。獲選為岩手縣第4處戀人聖地。有能一覽釜石灣的飲茶區。

觀音抱著的魚簍處設有展望台

🕒9:00～16:30（視時期而異） 休無休 ¥成人500日圓、國高中生300日圓、小學生100日圓 P150輛（半山腰中段也有收費停車場，300日圓） MAP 80A-1

購物 公路休息站 いわいずみ
●みちのえきいわいずみ

✆0194-32-3070（岩泉產業開發）

連結「龍泉洞」和三陸的連絡站

從龍泉洞開車約10分鐘。榮獲全國歡迎的「岩泉優酪乳」、「短角牛肉」、「龍泉洞的水」等岩泉特產品一應俱全。具備小木屋、露營場等設施的「ふれあいらんど岩泉」也在旁邊。

「ふれあいらんど岩泉」的心形看板是地標

🕒8:30～18:00（冬季為～17:30） 休無休 ¥龍泉洞化妝水1620日圓、復活岩泉優格90g199日圓～ P57輛 MAP 81D-2

購物 公路休息站 やまだ
●みちのえきやまだ

✆0193-89-7025

販售岩手縣內農產品和水產品

位在貫通城鎮南北側的國道45號旁，三陸的觀光資訊就交給它。町內生產的農產品和水產品一應俱全。岩手縣內的伴手禮、秋季期間的松茸和菇類也是豐富齊全。

店內不只陳列海味，還有山林和鄉村的美食

🕒9:00～18:00（餐廳為～16:30） 休無休 ¥「ひもっこめしの素」拌飯料498日圓、山田生煎餅6片裝390日圓 P51輛 MAP 80B-2

購物 宮古市魚菜市場
●みやこしぎょさいいちば

✆0193-62-1521

新鮮的山珍、海味、配菜種類豐富齊全

新鮮的海產、蔬菜、點心、乾貨、雜貨等多達25家店櫛次鱗比。到處都充滿活力，價格也比市價便宜。作為宮古市民的廚房，長年深受喜愛。

這處宮古廚房陳列著便宜的新鮮商品

🕒6:30～17:30 休週三 ¥罐裝海膽為時價 P104輛 MAP 81C-2

購物 サン・フィッシュ釜石
●さんふぃっしゅかまいし

✆0193-31-3668

在市場享受用餐和購物的樂趣

1樓的市場有釜石當季的山珍海味齊聚，2樓是款待當地食材的餐飲店。館內為無障礙空間，能夠安心購物。

山珍海味密集陳列的市場

🕒7:00～16:00（2F為11:30～22:00、視店鋪而異） 休第1、3、5週三（有變更的情況） ¥視店鋪而異 P20輛 MAP 80A-1

美食 淨土之濱休憩小屋
●じょうどがはまれすとはうす

✆0193-62-1179

享用淨土之濱

以淨土之濱為印象的咖哩飯大量使用數種香料和牛肉。菜單深受大人小孩喜愛。雲丹拉麵（830日圓）也廣受好評。

淨土之濱咖哩飯…720日圓

🕒10:30～14:30 休無休 P200輛 MAP 81C-2

美食 魚彩亭すみよし
●ぎょさいていすみよし

✆0193-62-3244

有許多生海膽的三陸特有奢華丼飯

當地居民也非常喜愛的人氣餐廳。菜單豐富齊全，有使用進貨類型每日更換的海產、肉類丼飯，還有定食、單點料理等。裝滿鮮魚的海鮮丼（9種972日圓）以裝有17～18種魚類的豪華版最受歡迎。

三陸生產的海膽丼（夏季限定）…3780日圓

🕒11:00～14:00、17:00～21:40 休不定休 P使用附近收費停車場 MAP 81C-2

‼嘗試看看

從海上飽覽三陸地質公園的絕景吧！

要飽覽三陸海岸的風景，推薦搭乘遊覽船。有淨土之濱出發的周遊行程，所需時間約40分鐘。一邊聆聽海洋導遊愉快地導覽日本國家天然紀念物蠟燭岩、潮吹穴、日出島等景點，一邊遊覽。除了飽覽三陸復興國立公園、三陸地質公園的絕景之外，餵食親人的黑尾鷗群也會是一段愉快的時光。

宮古淨土之濱遊覽船

✆0193-62-3350

🕒僅3月上旬左右～隔年1月上旬左右的週六、週日、假日運航（有連休日）、4月28日～5月31日和7月15日～8月31日為每日運航

能享受約40分鐘的灣內航程

¥淨土之濱周遊行程成人1400日圓、小學生700日圓、幼兒免費 P100輛 MAP 81C-2

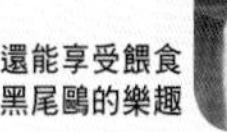
還能享受餵食黑尾鷗的樂趣

美食 レストラン浜処いっぷく
●れすとらんはまどころいっぷく

✆0193-84-4005

明太子和海帶芽孢子葉上面放著整隻烤海膽!!

2011年的地震災害後，在山田町迅速重新開業，並開發新菜單。菜單豐富齊全，有裝著許多名產明太子、海帶芽孢子葉、海膽的「三陸復興三食丼」，還有能享用海味的定食和單點料理。

三陸復興三食丼…1300日圓

🕒11:30～14:30、17:00～20:30 休無休 P60輛 MAP 80B-2

美食 よし寿司
●よしずし

✆0193-62-1017

陳列著三陸當季魚類，外觀鮮豔漂亮的握壽司

用實惠的價格就能品嘗使用宮古灣捕撈的三陸當地魚類為主的當季美味壽司。「三陸壽司雅」是能一邊欣賞漂亮擺盤一邊品嘗的美味餐點。三陸特有的珍饈也廣受歡迎。

三陸壽司雅…2300日圓

🕒11:00～14:00、16:00～21:30 休週一不定休 P15輛 MAP 81C-2

穿越閑靜的田園風景，前往南部曲家和民間故事的世界

●とおの 書末地圖 P.118-119

18 COURSE 遠野

自駕重點 歷史探訪 街頭散步 紅葉 購物 美食

遠野故鄉村有復古懷舊的茅葺屋頂建築物比鄰而立

從公路休息站 遠野風の丘眺望的景色也十分秀麗

自駕路線概要

要前往民間故事的故鄉遠野，是從國道283號或296號前往。途中有眼鏡橋和五百羅漢、公路休息站 遠野風の丘等景點，能一邊駕駛一邊享受遠野特有的傳統、文化、田園風景。往河童淵則要開進國道340號，再到傳承園的停車場停車，然後前往常堅寺。在寺廟後面流淌的澄澈河川沿途有步道，並建有祭祀河童的祠堂。從傳承園前往遠野故鄉村，要沿著國道160號北上。這裡重現了往昔的農村風景，並備有遠野生活體驗項目（需預約）等各項活動。

自駕路線 推薦！ 2天1夜

路線行車距離 約62km

路線行車時間 約1小時35分

START 東和IC ← 158km 1小時45分 ← 仙台宮城IC　釜石自動車道 ◀ 東北道

15km 20分／ 39 283

1 美麗的弓形陸橋 眼鏡橋

17km 20分／ 283 一般道 396 283 238

2 覆蓋著苔蘚的石佛像群 五百羅漢

3km 8分／ 238 283

3 一望田園風景 公路休息站 遠野風の丘

8km 15分／ 283 340

4 遠野物語的舞臺 河童淵

6km 10分／ 340 160

5 再現遠野的農村 遠野故鄉村

13km 20分／ 160 340 283 238

GOAL 遠野IC → 192km 2小時30分 → 仙台宮城IC　釜石自動車道 ▶ 東北道

1 眼鏡橋 (めがねばし)

0198-67-2111(遠野市宮守綜合支所地域振興課)

位在「公路休息站 みやもり」旁JR釜石線的拱橋。點燈後的橋梁醞釀出宮澤賢治的童話《銀河鐵道之夜》的夢幻氛圍。

P 使用公路休息站 みやもり的停車場，30輛

2 五百羅漢 (ごひゃくらかん)

0198-62-1333(遠野市觀光協會)

大約250年前，一位和尚為了祭奠遠野大饑荒中罹難的人，耗時數年在天然的石頭上雕刻。在長滿青苔的石頭上隱約浮現出表情祥和的羅漢像，各有不同的大小。周邊感覺充滿嚴肅的氛圍。

自由參觀 P 5輛

3 公路休息站 遠野風の丘 (みちのえきとおのかぜのおか)

0198-62-0888

風力發電的風車讓人印象深刻的自駕休憩景點。有物產和產直販售、餐廳、展望台、休憩大廳等設施。8:00～19:00(冬季為8:30～17:30，餐廳為11:00～17:00) 休 無休 P 178輛

4 河童淵 (かっぱぶち)

0198-62-1333(遠野市觀光協會)

深淵位在緩緩流淌於常堅寺後方的河川中。河畔不僅有散步道，還建著祭祀河童的小祠堂。相傳遠野物語中也有的惡作劇河童就居住在此。

P 使用傳承園停車場，80輛

5 遠野故鄉村 (とおのふるさとむら)

0198-64-2300

廣大腹地內重現了往昔的遠野農村，並有稻田和蕎麥田、水車小屋、南部曲屋。曲屋裡面有守護遠野傳統文化的「まぶりっと衆」會製作民間藝術品、用炭進行火烤。9:00～17:00(11～隔年2月為～16:00) 休 無休

¥ 入館費540日圓 P 100輛

這裡也很推薦

景點 傳承園 (でんしょうえん)

0198-62-8655

重現往昔和大自然共生的遠野生活模樣。有遠野物語的講述者「佐佐木喜善紀念館」和榮獲重要文化財指定的菊池家曲屋、御蠶神堂。

9:00～17:00

休 無休

¥ 入園費320日圓 P 80輛 MAP 85B-4

話題景點 騎自行車環遊民間故事的故鄉

試著以遠野站為起點環遊城鎮也很推薦。市中心也有豐富的精彩景點，比如：「遠野物語館」能盡情沉浸在民間故事的世界中，「遠野城下町資料館」會介紹江戶時代的遠野，「遠野市立博物館」能學習遠野的大自然和生活。此外，若是情侶一同自駕旅行，也可以稍微開遠一點，去探訪看看以戀愛之神聞名的「卯子酉樣」。位在遠野站旁的「旅之藏 遠野」會提供觀光資訊，除了能預先確認想遊覽的路線之外，4～11月期間還會提供租借自行車。汽車建議停在遠野站前的停車場。

MAP 85B-4

●たびのくらとおの 旅之藏 遠野

0198-62-1333(遠野市觀光協會)

8:00～19:00(10月1日～隔年4月15日為8:30～17:30，餐廳為10:00～15:00) 休 無休(餐廳為週四休) ¥ 出租自行車3小時620日圓 P 13輛，30分鐘免費、1小時160日圓、之後每1小時收80日圓

位在遠野站前的旅之藏 遠野

自駕MEMO

●國道340號的道路寬度稍微狹窄 ●往南部曲家 千葉家（改裝期間至2020年）的國道396號為下坡路段 ●國道283號沿途遍布著田圓，9月下旬能看見秀麗繽紛的稻穗

景點資訊  賞花名勝  紅葉名勝  觀景點 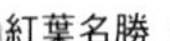 有餐廳  有咖啡廳  有商店  有溫泉 

START 東和IC
花と緑と安らぎの湯 東和温泉
とうわ
萬鉄五郎記念美術館
北上的新名產「可樂餅」是以二子芋頭、黑毛和牛、白百合豬製成，營養十足
北上市
花巻市
奥州市
岩手縣
遠野市
住田町
大船渡市
關市
東北自動車道
東北本線
東北新幹線
釜石自動車道
釜石街道
釜石線
北上金ケ崎
北上Jct
北上江釣子
北上金ケ崎PA
花巻PA
花巻南
花巻Jct
花巻
盛岡IC
花巻空港
岩手花巻機場
イギリス海岸
展勝地
北上市立博物館
大悲閣展望台
水沢
金ケ崎町
江刺田瀬
宮守
遠野住田
P.17 みやもり
① 眼鏡橋
② 五百羅漢
③ 公路休息站 遠野風の丘 P.18
④ 河童淵
⑤ 遠野故郷村
GOAL 遠野IC
田園風景一望無際
あんべ P.104
在遠野一提到燒肉，就是在講成吉思汗烤肉。據說每戶人家都有一個成吉思汗鍋
旅之藏 遠野 P.84
有部分狹窄區間
傳承園 P.84
遠野郷
福泉寺
卯子酉様
鍋倉城跡
遠野市立博物館
南部曲り家 千葉家（改裝中）
奧州市～住田町之間的快速道路
大船渡方向的主要道路
種山高原
種山ヶ原
前方的立丸峠前後路段，彎道多且道路狹窄
宮古市
釜石市
岩手
1:200,000
經典路線
絕佳觀景道路
歷史國道
樹道

↑穴通磯位在奇岩怪石連綿的碁石海岸，宛如藝術作品

↑從五十鈴神社眺望氣仙沼灣

自駕路線概要

一邊開車沿著海岸線南下到陸前，一邊探訪三陸海岸南部的景觀勝地。先前往釜石市立鐵歷史館，順便休息一下。這裡會介紹日本鋼鐵業的歷史。沿著國道45號南下，途中遍布著碁石海岸和巨釜·半造等精彩景點。飽覽由海蝕打造而成的大自然之美吧。在Rias Ark 美術館觀賞完豐富的作品之後，前往岩井崎。從岩石孔洞噴上來的海水十分有名。這條路線也遍布著臨時商店街，因此一定會想順道前往看看。肯定能實際感受到居民以復興為目標的堅忍不拔精神。

1 釜石市立鐵歷史館
かまいししりつてつのれきしかん

✆0193-24-2211

介紹支撐日本產業的釜石鋼鐵業歷史。日本首座熔鐵爐、採用橋野三番高爐原尺寸模型的影片、世界最大的菊石牆複製品，全都值得一看。🕒9:00~17:00 休週二 ¥入館費500日圓 P100輛

2 碁石海岸
ごいしかいがん

✆0192-21-1922（大船渡市觀光物產協會）

亂曝谷、雷岩、穴通磯、碁石岬、碁石濱通稱為陸中海岸國立公園，而這裡就是其中的代表景點，充滿許多可看之處。一邊漫步在海風吹拂的步道上，一邊享受美景吧。也有遊覽船。P160輛

3 巨釜・半造
おおがまはんぞう

✆0226-32-4527（氣仙沼市唐桑綜合支所產業課）

位在三陸復興國立公園、唐桑半島東側的2處海角，是宮城首屈一指的景觀勝地。其中一處的巨釜地標是聳立在海上的巨大石柱，高約16m。石柱頂端遭海嘯折斷，故也稱為「折石」。P50輛

話題景點

氣仙沼特有的美食和伴手禮一應俱全

在氣仙沼捕撈的新鮮海產和特產品齊聚的大型觀光設施。1樓有當地知名店家櫛次鱗比，販售鮮魚、加工品等商品。也有迴轉壽司和海鮮餐廳，能品嘗新鮮天然的海洋美食。2樓有日本唯一的鯊魚博物館「SHARK MUSEUM」，不僅能學習鯊魚的生態，還有附設東日本大震災相關的展示區。此外，-20℃的冰之世界「冰之水族館」在2017年春天整修開幕。來這裡就能充分感受氣仙沼的魅力。

けせんぬまうみのいち
氣仙沼 海の市 MAP 87C-1

✆0226-24-5755

🕒8:00~18:00（10~隔年4月為~17:00，鯊魚博物館為9:00~17:00、10~隔年4月為~16:30） 休無休（1~6月為不定休） ¥鯊魚博物館、冰之水族館各500日圓 P100輛

作為氣仙沼的觀光據點而廣為人知

4 Rias Ark 美術館
りあすあーくびじゅつかん

✆0226-24-1611

不僅有常設展覽「東日本大震災的記錄和海嘯的災害史」，還會介紹和該館有關的作家作品、當地的歷史和民俗資料。🕒9:30~16:30 休週一、週二、假日翌日（假日翌日逢週六、週日則開館） ¥常設展500日圓（企劃展視各展覽會而定） P50輛

5 岩井崎
いわいさき

✆0226-22-3438（氣仙沼市產業部觀光課）

能眺望露出凹凸不平岩石表面的海角、鈷藍色的海水、龍舞崎的絕佳展望勝地。海水從海蝕洞的岩石空洞往上噴發的模樣，值得一看。
P80輛

這裡也很推薦

購物 **氣仙沼魚市場**
けせんぬまおさかないちば

✆0226-29-6233

鰹魚和鮪魚等市場特有的鮮魚、三陸生產的海產品等商品豐富多樣。店鋪內也附設餐廳，能品嘗以當季素材入菜的海鮮丼等料理。
🕒8:00~18:00（11~隔年3月為~17:30）休無休 P150輛 MAP 87C-1

START 遠野IC

岩手縣

往北上的快速道路

有氣仙大橋、臨時道路、險峻彎道

請注意臨時道路、險峻彎道

距離遠野IC33km

清爽湯頭搭配捲麵的釜石拉麵引人矚目

北行線沒有廁所，但有吃到飽餐廳

長彎道連綿不斷

橫跨半島的山頂道路、狹窄險峻的彎道連綿不絕

氣仙沼 海の市 P.87

氣仙沼魚市場 P.87

1 釜石市立鐵歷史館

2 碁石海岸

3 巨釜・半造

溪谷之美閃耀在自樹葉間灑落的陽光中，前往遍布前方的蔚藍湖泊

おいらせ・とわだ・はっこうだ 書末地圖 P.109・110・113

20 COURSE 奥入瀬・十和田 八甲田

自駕重點：山岳景點、溫泉、溪谷美、紅葉、高原・牧場

◎長滿苔蘚的岩石和季節花卉所妝點的奧入瀨溪流

自駕路線

推薦！2天1夜

路線行車距離 約107km　路線行車時間 約3小時5分

START 青森中央IC ← 352km 3小時55分 青森自動車道 ◀ 東北道 ← 仙台宮城IC

15km 25分／7 103

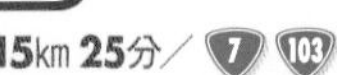

1 天然草皮一望無際 萱野高原

10km 15分／103 394

2 一望樹海 城倉大橋

4km 10分／394 103

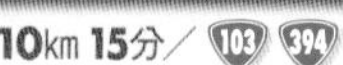

3 溫泉熱霧源源不絕地上升 地獄沼

26km 40分／103 102

4 宛如流淌在樹林間的清流 奧入瀨溪流

18km 40分／102 103 一般道

5 十和田湖觀光的中心 休屋

8km 15分／一般道 103

6 眺望十和田湖和八甲田山 発荷峠展望台

26km 40分／103

GOAL 十和田IC → 271km 3小時 東北自動車道 → 仙台宮城IC

自駕路線概要

這條路線是遊覽奧入瀨溪流、十和田湖等北東北首屈一指的觀光勝地。

以青森中央IC為起點，從國道103號開往八甲田方向吧。位在標高540m處的萱野高原遍布著天然草皮，開放感十足。萱野茶屋相傳「喝3杯就能活到生命盡頭」的三杯茶是名產。從國道103號開進國道394號，前往城倉大橋。兩側有修建完善的停車場，能一望八甲田的樹海。再次開回國道103號，欣賞完地獄沼的景觀之後，經由國道102號前往奧入瀨溪流。把車停在石戶休憩所的停車場，再來享受沿著溪流散步的樂趣吧。從子之口離開國道103號，眼前就是十和田湖。在能近距離觀賞鈷藍色湖面的休屋休息的同時，不妨也享受看看在乙女之像周邊散步的樂趣吧。若要感受十和田湖首屈一指的景致，就到發荷峠展望台。這裡能一望八甲田群山和湖泊，風景秀麗不凡。

◎原生林環繞的蔦沼遊步道

◎十和田湖周邊的道路景致相當出色

自駕MEMO

●國道103號的酸湯～傘松峠之間冬季禁止通行 ●沿著奧入瀨溪流行駛的國道102號道路狹窄，請小心擦撞事故 ●假日的休屋容易因觀光客的車而擁擠

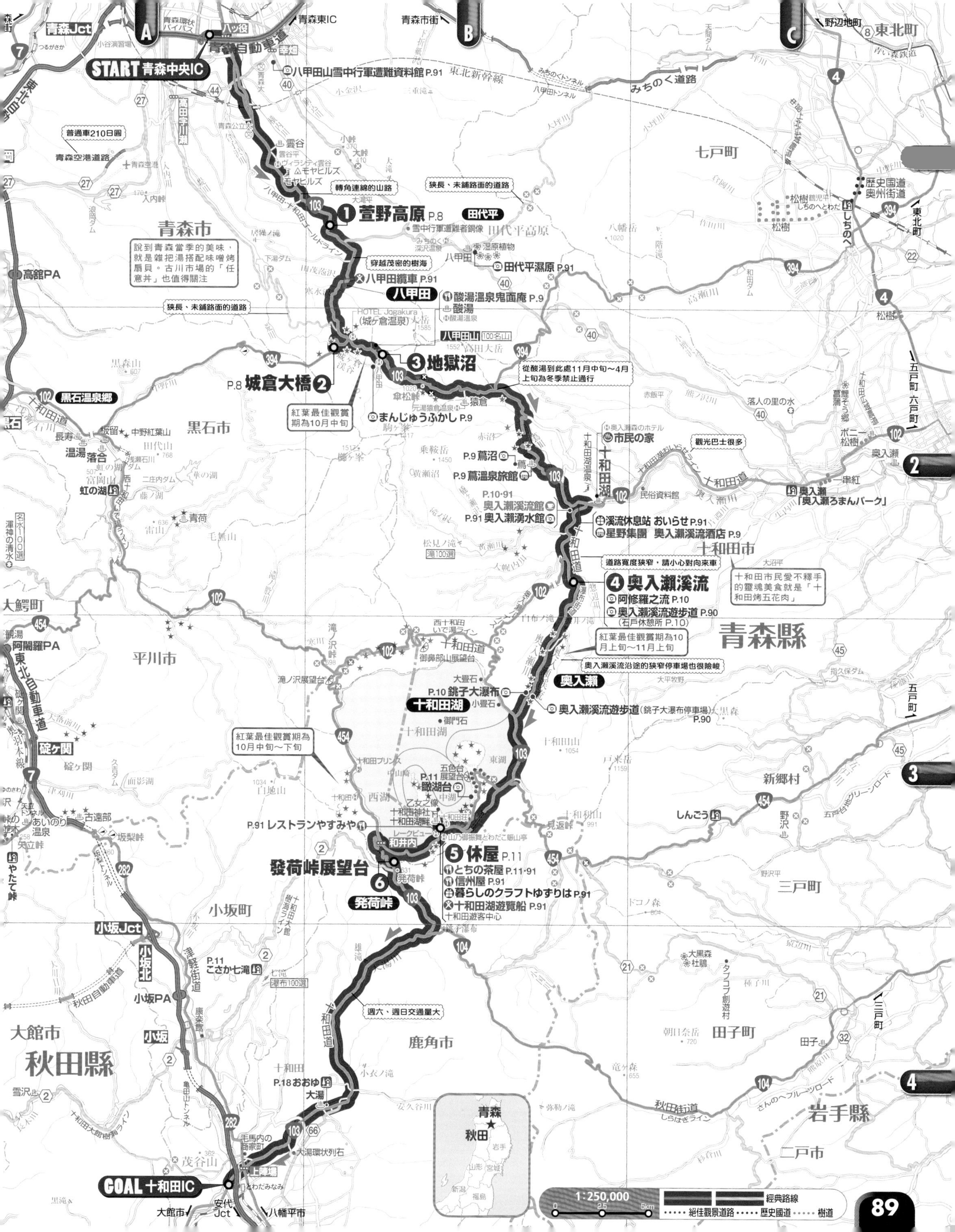
START 青森中央IC
GOAL 十和田IC
1 萱野高原 P.8
2 城倉大橋 P.8
3 地獄沼
4 奥入瀬溪流
5 休屋 P.11
6 發荷峠展望台
轉角連續的山路
狹長、未鋪路面的道路
說到青森當季的美味，就是雜把湯搭配味噌烤扇貝。古川市場的「任意丼」也值得關注
穿越茂密的樹海
八甲田纜車 P.91
酸湯溫泉鬼面庵 P.9
從酸湯到此處11月中旬～4月上旬為冬季禁止通行
紅葉最佳觀賞期為10月中旬
まんじゅうふかし P.9
觀光巴士很多
P.9 蔦沼
P.9 蔦温泉旅館
P.10·91 奥入瀬渓流館
P.91 奥入瀬湧水館
溪流休息站 おいらせ P.91
星野集團 奥入瀬溪流酒店 P.9
道路寬度狹窄，請小心對向來車
十和田市民愛不釋手的靈魂美食就是「十和田烤五花肉」
阿修羅之流 P.10
奥入瀬溪流遊步道 P.90
(石戸休憩所 P.10)
紅葉最佳觀賞期為10月上旬～11月上旬
奥入瀬溪流沿途的狹窄停車場也很險峻
P.10 銚子大瀑布
奥入瀬溪流遊步道(銚子大瀑布停車場) P.90
紅葉最佳觀賞期為10月中旬～下旬
P.11 展望台 瞰湖台
P.91 レストランやすみや
とちの茶屋 P.11·91
信州屋 P.91
暮らしのクラフトゆずりは P.91
十和田湖遊覽船 P.91
週六、週日交通量大
P.11 こさか七滝
P.18 おおゆ
青森縣
秋田縣
岩手縣
青森市
黑石市
平川市
十和田市
小坂町
鹿角市
大館市
七戸町
三戸町
田子町
新郷村
二戸市
1:250,000
經典路線
絕佳觀景道路
歷史國道
樹道

奧入瀨·十和田·八甲田 自駕路線的景點

1 萱野高原
かやのこうげん

017-723-4670(青森市觀光交流情報中心)

這處標高540m的高原是青森市民的休憩場所，從正面能眺望八甲田群山。翠綠的天然草坪一望無際，開放感十足。也推薦到萱野茶屋飲用名產三杯茶。

P 使用萱野茶屋的停車場，50輛

2 城倉大橋
じょうがくらおおはし

017-728-0247(東青地域縣民局地域整備部)

號稱日本最大規模的上路式拱橋。從橋上眺望的城倉溪谷景色堪稱絕景，且能遠眺到岩木山、青森市街地區。橋的兩端設有停車場和廁所。

P 30輛

3 地獄沼
じごくぬま

017-723-4670(青森市觀光交流情報中心)

位在酸湯溫泉附近的湖沼，90℃左右的溫泉從爆裂火山口持續湧出。溫泉熱霧在荒涼的光景中冉冉上升的模樣，彷彿會讓人聯想到巨大的溫泉池。

P 使用酸湯停車場，150輛

4 奧入瀨溪流
おいらせけいりゅう

0176-75-2425(十和田湖綜合服務處)

這條約14km的溪流是從十和田湖的子之口和蔦川匯合。豐富的樹木和大大小小的瀑布、巨大岩石和削切的懸崖，都為景觀增添了色彩。溪流旁邊也有整備完善的步道。

P 使用石戶休憩所的停車場，70輛

5 休屋
やすみや

0176-75-2425(十和田湖綜合服務處)

觀光設施和遊覽船乘船處、伴手禮店、餐廳等設施比鄰而立，湖畔旁邊也呈現著最熱鬧的光景。佇立著十和田湖的地標——乙女之像的御前濱是紀念照的拍攝景點。

P 使用休屋北、南停車場，1天1次500日圓，670輛

6 發荷峠展望台
はっかとうげてんぼうだい

0176-75-2425(十和田湖綜合服務處)

位在國道103號的發荷峠沿途，眼前能觀賞遊覽船來往的十和田湖，往遠方能遠眺八甲田的群山。以獲評為十和田湖最美的景觀而自豪。

P 30輛

奧入瀨·十和田·八甲田 話題景點

在奧入瀨溪流遊步道一邊藉由水流聲療癒身心一邊漫步

豪邁壯觀的水流「阿修羅之流」是奧入瀨的代表觀景點

奧入瀨溪流在長滿苔蘚的岩石之間，時而悄然流淌，時而激烈流瀉。溪流沿岸的步道規劃完善，能一邊沐浴在負離子當中，一邊享受森林浴。在溪流沿岸散步時，推薦把景點集中起來遊覽。這裡想把能飽覽名勝的路線濃縮成2條來介紹。

巨大的磐石「石戶」是充滿神祕色彩的一景

「雲井瀑布」是高低落差25m的厚重瀑布，和四周環繞的樹木之間的對比十分美麗

「銚子大瀑布」是唯一懸掛在奧入瀨本流的瀑布，阻擋著魚群逆流而上至十和田湖

奧入瀨溪流沿岸的步道規劃完善

石戶~雲井瀑布

把車停在石戶休憩所就能啟程，十分方便。精彩景點有「石ヶ戸の瀨」、「阿修羅之流」、「平成の流」、「飛金の流」、「雲井瀑布」、「白布瀑布」。所需時間約為1小時。

●石戶休憩所

P 70輛 MAP 89B-2

銚子大瀑布~玉簾瀑布

以銚子大瀑布的停車場為起點的路線。精彩景點是「九段瀑布」、「姊妹瀑布」、「雙白髮瀑布」、「不老瀑布」、「白絲瀑布」、「玉簾瀑布」等瀑布。所需時間約1小時。

●銚子大瀑布停車場

P 20輛 MAP 89B-3

景點資訊 賞花名勝 紅葉名勝 觀景點 有餐廳 有咖啡廳 有商店 有溫泉

八甲田山雪中行軍遭難資料館
はっこうださんせっちゅうこうぐんそうなんしりょうかん

017-728-7063

雪中行軍的史實流傳至今

館內佇立著後藤房之助伍長像的複製品

解說八甲田山雪中行軍遭難事件的資料館。從進行雪中行軍當時的時代背景到行軍計畫、遇難和搜索情況，都用解說板和模型、影像等工具來講解。

9:00~18:00(11~3月為~16:30) 休12月31日~1月1日(2月為第4週三、週四休) ¥成人260日圓、高中生和大學生130日圓、國中生以下及70歲以上免費 P45輛 MAP 89A-1

田代平濕原
たしろたいしつげん

017-734-1111(青森市觀光課)

作為高山植物的寶庫廣為人知

獲指定為青森市的天然紀念物，春天到夏天能看見白毛羊鬍子草和黃菅等濕原植物群。步道規劃完善，散步路線是1圈1小時的行程。

5月下旬~10月下旬，自由參觀 P20輛 MAP 89B-1

有全長1.6km的步道

奧入瀨湧水館
おいらせゆうすいかん

0176-74-1212

學習奧入瀨所孕育的美味淨水的相關知識

瞭解奧入瀨源流水的魅力

能參觀奧入瀨原生林所孕育的淨水「奧入瀨源流水」的生產線。館內有介紹奧入瀨精彩景點的區域和戶外體驗的受理區，並作為免費休憩所開放使用。

9:00~16:30 休無休 ¥免費 P50輛 MAP 89B-2

八甲田纜車
はっこうだろーぷうぇー

017-738-0343

在一望無際的絕景中享受舒適的空中散步

以田茂萢山頂為目標，約10分鐘抵達

位在田茂萢岳，能承載101人的空中纜車。從山頂展望台能遙望津輕半島、下北半島。山頂的步道──八甲田葫蘆步道能輕鬆享受健行的樂趣。

9:00~16:20(11月中旬~2月為~15:40) 休無休 ¥來回成人1850日圓、小孩870日圓，單程成人1180日圓、小孩570日圓 P350輛 MAP 89B-1

溪流休息站 おいらせ
けいりゅうのえきおいらせ

0176-74-1121

能當作奧入瀨觀光的據點使用

也有提供蔬菜和水果等商品的產地直售服務

有精選青森口味的食堂「奥入瀬ガーデン」、青森伴手禮和當地物產齊聚的商店「とれたて市」，還有能一邊眺望奧入瀨一邊悠閒放鬆的空間。

4月~11月中旬、8:00~17:00(視時期而異) 休營業期間無休 ¥蘋果霜淇淋300日圓 P60輛 MAP 89B-2

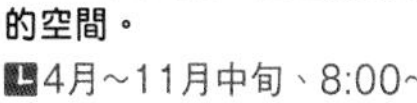

暮らしのクラフトゆずりは
くらしのくらふとゆずりは

0176-75-2290

販售時尚的手工藝品

陳列著各種充滿溫度的手工製品

販售以青森、秋田、岩手為主的東北6縣作家製作的手工藝品。馬具匠人所製造的牛皮包包、全手工的紡織圍巾等韻味十足的製品也廣受歡迎。

4月中旬~11月中旬、10:00~17:00 休期間中無休 ¥木湯匙2700日圓、木製奶油刀2160日圓 P5輛 MAP 89B-3

奧入瀨溪流館
おいらせけいりゅうかん

0176-74-1233

騎電動自行車輕鬆遊覽溪流

熱咖啡和紅玉蘋果派套餐…750日圓

不僅有奧入瀨溪流相關的資料展示，還有適合溪流遊覽的出租腳踏車。主要販售自家商品，奧入瀨源流水相關的當地伴手禮，還有使用源流水沖泡咖啡的人氣咖啡廳。

9:00~16:30 休無休 P50輛 MAP 89B-2

とちの茶屋
とちのちゃや

0176-75-2231

能品嘗十和田湖特產的姬鱒料理

姬鱒鹽烤定食…1750日圓

餐桌以日本七葉樹的木板製成。以十和田湖特產天然姬鱒料理自豪。此外，還能品嘗虹鱒料理和使用山菜的麵類餐點。

4月中旬~11月中旬、10:00~15:30 休營業期間無休 P20輛 MAP 89B-3

!! 嘗試看看

搭乘十和田湖的遊覽船，來趟本地獨有的絕景航程

十和田湖四周環繞著群山和斷崖，有許多從湖上才能看見的景點，船內也播放著語音導覽。精彩景點豐富多樣，像是位在中山半島頂端的見返之松、御倉半島的烏帽子岩等。此外，十和田湖是典型的雙層破火山口湖，海拔為400m，周長約為46.2km，並以水深最深處326.8m的深度成為日本第3深的湖泊。

十和田湖遊覽船

0176-75-2909 4月中旬~11月上旬運航(時間視季節而異) 休運航期間無休 ¥乘船費成人1400日圓、小學生700日圓 P670輛(使用休屋北、南停車場，1天1次，500日圓) MAP 89B-3

レストランやすみや

0176-75-2141

以秋田名產和姬鱒料理自豪

切蒲英鍋膳…1300日圓(未含稅)~

以100%秋田小町米的切蒲英火鍋自豪。其中最受歡迎的是比內地雞高湯徹底入味的切蒲英火鍋。也推薦鱒魚生魚片和鹽烤姬鱒午餐點。

3月下旬~11月底、8:00~16:00 休營業期間無休 P50輛 MAP 89B-3

信州屋
しんしゅうや

0176-75-3131

招牌菜單是青森縣產牛排

青森縣產牛的沙朗牛排套餐…2950日圓

名產牛排使用青森縣產牛的餐廳，同時也是伴手禮店。能一邊眺望十和田湖，一邊品嘗姬鱒的鹽烤料理或切蒲英火鍋等美食。

9:30~16:30(11~3月為10:00~15:30) 休無休 P13輛 MAP 89B-3

從櫻花名勝地**弘前**前往**津輕西海岸**。**親身**體驗尚未開發的**大自然**

いわきさん・しらかみ 書末地圖 P.108·109·112

21 COURSE 岩木山·白神

以岩木山為目標行駛在縣道3號

閃耀著藍色的高透明度青池是十二湖的觀光重點

自駕重點：山岳景觀、海岸美、四季花卉、夕陽、溫泉

自駕路線概要 這條路線充滿岩木山和津輕西海岸的魅力。從大鰐弘前IC前往岩木山要經由以櫻花名勝聞名的弘前公園前往縣道3號。在津輕山岳信仰的中心岩木山神社參拜完之後，開車行駛在津輕岩木SKYLINE上吧。從岩木山8合目眺望的風景美不勝收，能一望松前半島和十三湖。繼續沿著縣道3號北上，開進國道101號，津輕西海岸獨特的海岸美景就會遍布在眼前。也有千疊敷海岸等豐富多樣的觀景點。再者，還能接觸白神山地的豐富綠意，像是能近距離觀賞神祕湖沼群的十二湖等景點。終點的鹿の浦展望所以美麗的夕陽而聞名。

自駕路線 推薦！3天2夜

路線行車距離 約193km

路線行車時間 約5小時30分

START 大鰐弘前IC ← 312km 3小時30分 東北自動車道 ← 仙台宮城IC

24km 40分／7 109 260 3

1 岩木山神社（津輕的山岳信仰中心）

18km 45分／3 津輕岩木SKYLINE(1800日圓)

2 岩木山（到8合目為止的天空自駕遊）

50km 1小時30分／津輕岩木SKYLINE 3 101

3 千疊敷海岸（海面上隆起的岩石連綿不斷）

45km 1小時10分／101 280 一般道

4 十二湖（33處大大小小的湖沼群）

32km 50分／一般道 280 101

5 鹿の浦展望所（夕陽秀麗）

24km 35分／101 7

GOAL 能代南IC → 300km 3小時50分 秋田自動車道 ▶ 東北道 → 仙台宮城IC

1 岩木山神社 いわきやまじんじゃ

✆0172-83-2135

寶龜11（780）年創建，歷史悠久的古社。目前已成為津輕山岳信仰的中心神社。參拜道上有座面朝岩木山的莊嚴社殿，老杉環繞，彌漫著古老風情。

P 70輛

2 岩木山 いわきさん

✆0172-83-3000（岩木山觀光協會）

標高1625m。身為青森縣最高峰，擁有「津輕富士」的別名。從津輕岩木SKYLINE的8合目能飽覽北海道的松前半島和十三湖、日本海等壯闊的風景。P 200輛（津輕岩木SKYLINE8合目停車場）

3 千疊敷海岸 せんじょうじきかいがん

✆0173-74-4412（深浦町觀光課）

津輕西海岸首屈一指的景觀勝地。岩石表面隆起在海面上的獨特光景約連綿12km。海岸隆起是由200年前的地震所造成，故能看見大自然的歷史。

L 自由參觀 P 20輛

4 十二湖 じゅうにこ

✆0173-74-4412（深浦町觀光課）

白神山地的山毛櫸森林中遍布著33處大小不一的湖沼群。從大崩能看見12個湖泊，故以此命名。散步1圈約1小時起。

L 4月上旬～11月下旬，自由參觀

P 123輛、400日圓

5 鹿の浦展望所 かのうらてんぼうじょ

✆0185-76-4100（八峰町觀光協會）

位在國道101號、八森地區海岸沿途的展望台。從小高丘能一望遍布在眼前的遼闊日本海美景。以美麗的夕陽聞名，許多攝影師都會造訪。

P 50輛

這裡也很推薦

購物 海濱休息站わんど うみのえきわんど

✆0173-72-6661

「わんど」在津輕話中是「我們」的意思。農產品、海產品、食堂、伴手禮豐富多樣。最適合當作觀光的據點。

L 9:00～18:00（1～3月為～17:00）

休 無休 P 100輛

MAP 93C-2

話題景點 平川市以特大的扇形睡魔花燈和日本國家指定名勝「勝美園」自豪

說到平川市的名產，就是每年8月2、3日舉辦的「平川睡魔祭」。高11m的扇形睡魔花燈號稱世界最大規模。再者，擁有100多處源泉的豐富溫泉也是當地自豪的地方之一。不僅是溫泉住宿，也有許多能輕鬆享受的公眾浴場。日本國家指定名勝「勝美園」作為觀光景點也深受矚目，還曾經被當作動畫電影中的場景參照。

盛美園 せいびえん MAP 93B-4

✆0172-57-2020

L 9:00～17:00（閉館時間視時期而異）

休 過年期間 ¥ 成人430日圓、國高中生270日圓、小學生160日圓、小學生以下免費 P 10輛

1樓是數寄屋造建築，2樓是西式建築，日洋合併樣式的勝美館也值得一看

自駕MEMO

- 津輕岩木SKYLINE在4月下旬～11月上旬的8:00～17:00可通行
- 鰺澤到深浦稱為津輕西海岸，國道101號是沿著海岸行駛

1:270,000
經典路線
絕佳觀景道路
歷史國道
樹道
A
B
C
1
2
3
4
青森
秋田
日本海
黃金崎不老ふ死温泉
ウェスパ椿山
沢辺PA
みちのく
101
八森山
岡崎海岸
海岸100選
(能代道)
大間越街道
中山峠
192
円覚寺
大岩
五能線
AWONE白神十二湖飯店 P.97
12月上旬～4月下旬
為冬季禁止通行
白神山地的紅葉最佳觀賞
期為10月中旬～下旬
4 十二湖
森の物産館キョロロ P.96
十二湖庵 P.96
十二湖散步路線 P.96
森いさりび温泉
ハタハタ館
秋田白神
體驗中心
P.97
はちもり
お殿水
日本海的風景美不勝收
ふかうら
八森Bunakko樂園 P.97
二森路線的登山口
白神ふれあい館 P.97
5 鹿の浦展望所
GOAL
白神岳
深浦町
千疊敷海岸
3
白神山地
八峰町
二森路線 P.97
笹内川上游部分到ANMON
為狹窄的路面未鋪區間
くろくまの滝
瀑布100選
海岸線旁的快速道路
熊の湯
熊之湯到深山裡面會車困難，
部分路段有路面未鋪的道路
白神溫泉～白神之湯之間約為
71km，所需時間2小時30分
白神ライン
Aqua Green Village ANMON P.97
世界遺產路徑 日本山毛櫸林散步道路線 P.97
P.96 黑森館
P.96 白神之森遊山道
髮夾彎道接連不
斷，請注意車速
烤魷魚店櫛次鱗
比，因此也稱為
烤魷魚通
鰺ヶ沢町
海濱休息站わんど
P.92
西目屋村
青森縣
11～4月下旬為
冬季禁止通行
ブナの里
白神館
津軽白神
P.18
白神の湯
藤里町
2 岩木山
100名山
行駛在櫻花
街道樹的長
路上
青森一側有狹長
的路面未鋪道路
說到津輕的味道，就是粥湯、弘前炸魷魚。以雞心邊肉搭配使用黃豆製作的津輕蕎麥麵也獨具特色
1 岩木山神社
弘前市
秋田縣
もりた
つがる市
鶴田町
つがる柏
つるた
弘前
P.95 弘前
弘前公園
板柳町
五所川原東
五所川原市
五所川原北IC
START 大鰐弘前IC
大館市
大鰐町
ひろさき
P.92 盛美園
黑石炒麵配魚露汁
為當地的靈魂美食
なみおか「アップルヒル」P.17
藤崎町
田舎館村
津軽SA
P.14
津軽のお宿
南田温泉ホテル
アップルランド
いなかだて
黒石市
矢立峠
大鰐温泉
いかりがせき
平川市
やたて峠
阿闍羅
PA
碇ヶ関
黒石
高舘PA
浪岡
青森市
大釈迦
青森Jct
十和田市
東北自動車道
奥羽本線

城下町弘前留存著許多在明治和大正時代興建的洋樓建築。一邊步行探訪歷史和文化，一邊在時尚的咖啡廳稍作休息。在日本第一蘋果故鄉的弘前也能盡情品嘗活用素材製作的甜點。

停下車來 街頭散步 青森 弘前

復古洋樓巡禮，在時尚的咖啡廳休憩

獲取洋樓&史跡巡禮不可或缺的資訊

●ひろさきしまちなかじょうほうせんたー

弘前市まちなか情報センター

✆0172-31-5160

具備資訊和交流、休憩3種功能

位在弘前市的主要商店街，氣氛明亮寬敞，能安心地順道前往。提供弘前市相關的各種觀光資訊。物產區販售許多櫻花和蘋果相關的伴手禮，並附設飲茶區。

所弘前市土手町94-1 L9:00～21:00(飲茶·物產區為11:00～19:00，廁所使用時間為8:30～21:30) 休無休(有臨時休館) P使用附近停車場

MAP 95

●えーとぅぜっとめもりあるどっぐ

AtoZ Memorial Dog

弘前自豪的作家的巨大立體作品

✆0172-40-7123
(弘前市都市環境部 吉野綠地整備推進室)

弘前市出生的現代美術家奈良美智在這裡舉辦展覽會之後，抱著感謝的心情所製作，高達3m、全長4.5m的巨大狗狗作品。展示在鄰接的吉野町綠地公園磚瓦倉庫。

所弘前市吉野町2-1 L自由參觀 P使用附近停車場

MAP 95

(C)YOSHITOMO NARA

巨大的可愛紀念狗就在倉庫中

●かとりっくひろさききょうかい

天主教弘前教會

外觀為羅馬式的建築樣式，禮拜堂裡則鋪著塌塌米

✆0172-33-0175

教堂為尖塔秀麗的羅馬式砂漿建築，樸素而堅固的祭壇為荷蘭阿姆斯特丹的聖多馬教堂所轉讓。整棟都是以櫟樹精雕細琢而成的美麗建築。禮拜堂裡鋪著塌塌米，讓人印象深刻。

所弘前市百石町小路20 L7:00～18:00 休週日上午 ¥免費 P15輛

MAP 95

羅馬式建築的聖堂，尖塔很漂亮

白牆和描繪成弓形的梁柱很漂亮

明治時代建造的青森縣首家銀行

櫃檯採用一片長5m的櫸樹木板

建築物已獲指定為重要文化財

●あおもりぎんこうきねんかん

青森銀行紀念館

✆0172-33-3638

作為舊第五十九銀行本店本館，興建於明治37（1904）年。木造2層樓的文藝復興建築，頂樓配置著兼具展望台作用的裝飾塔，十分漂亮。館內各處都採取當時最厲害的建築技術。

所弘前市元長町26 L4～11月、2月上旬的雪燈籠祭期間、9:30～16:30(櫻花祭、睡魔祭、雪燈籠祭期間為～18:00) 休開放期間週二 ¥成人200日圓、小孩100日圓 P使用附近停車場

MAP 95

東北首座基督新教的教會

●にほんきりすときょうだんひろさききょうかい

日本基督教團弘前教會

異國風情的外觀讓人印象深刻

✆0172-32-3971

外觀高雅的教會為木造2層樓的哥德式雙塔建築，興建於明治39（1906）年。據說是參考巴黎聖母院來設計，在明治時代的木造建築當中受到極高的評價。

所弘前市元寺町48 L9:00～16:00(職員不在時不能參觀) 休週一、週日和週三的上午 ¥免費 P10輛

MAP 95

在木造洋樓學習外國人教師的生活

●きゅうとうおうぎじゅくがいじんきょうしかん

舊東奧義塾外國人教師館

館內重現了當時的生活樣貌

✆0172-37-5501
(弘前市立觀光館)

明治5（1872）年青森縣首家開校的私立學校「東奧義塾」，在明治23（1890）年興建了這棟建築，作為該校所招聘的外國人教師住宅，之後又於明治33（1900）年重建。1樓也附設咖啡廳。

所弘前市下白銀町2-1 L9:00～18:00 休無休 ¥免費 P88輛(使用弘前市立觀光館地下停車場) MAP 95

●きゅうひろさきしりつとしょかん

舊弘前市立圖書館

✆0172-82-1642（弘前市教育委員會文化財課）

館內已修復回舊市立圖書館的模樣

憑藉青森出生的木匠師傅堀江佐吉等人之手，興建於明治39（1906）年。八角形的3層樓雙塔建築是以罕見的文藝復興建築為基調。在某個時期也曾作為出租公寓和茶飲店之用。

所 弘前市下白銀町2-1 L 9:00～17:00 休 無休 ¥ 免費 P 100輛（使用弘前市立觀光館停車場） MAP 95

●れすとらんやまざき

レストラン山崎

✆0172-38-5515

從以精選食材製作的菜單到湯品和主菜都採取自選風格的特選午餐3780日圓

堅持慢食的山崎主廚會嚴選安全安心的素材，以提供道地的法式料理。其中有一道湯是讓餐廳一舉成名的佳餚，主要採用當地蘋果生產者木村秋則以無農藥無肥料栽培、且被改編成電影的「奇蹟蘋果」。

L 11:30～14:00(LO)、17:30～20:30(LO) 休 週一 P 4輛 MAP 95

能帶著優雅心情享用餐點的名店

盡情品嘗法國進口的醬料

●れすとらんぽるとぶらん

レストラン ポルトブラン

✆0172-33-5087

走上數層階梯，打開白色小門走入店內，裡面帶著寬敞開放的氛圍。主廚曾在法國深造，烹調料理時用心製作的醬料和素材之間的搭配十分對味。需於一天前預約。

所 弘前市本町44-1 L 11:30～14:30、17:00～21:00 休 週日 P 5輛 MAP 95

一半分量的B午餐2000日圓

店內的室內裝潢優雅高貴

說是日本第一也不為過的美景

弘前櫻花祭

●ひろさきさくらまつり

替護城河上色的花筏是弘前春季的風情畫

弘前公園內約有2600棵櫻花樹盛開，賞花遊客從全國各地來訪。精彩景點豐富多樣，不僅有天守的本丸，還有西濠的櫻花隧道和點燈的夜櫻。

✆0172-37-5501（弘前市立觀光館） 所 弘前市下白銀町1 L 4月下旬～5月上旬 ¥ 本丸、北郭成人310日圓、國中小學生100日圓 P 使用附近停車場 MAP 95

店名意思是「我家」的直爽街頭餐廳

宛如在家一般的法式餐廳

●ふらんすしょくどうしぇもあ

フランス食堂Chez-moi

✆0172-33-7990

店裡能輕鬆享用各大季節都採用津輕最美味素材的法式料理。除了「推薦晚餐」之外，秋天到春天登場的午餐時間限定創意蘋果料理「蘋果午餐全餐」，也深受歡迎。

所 弘前市代官町53-2 L 11:00～14:00、17:00～20:30 休 週一（逢假日則營業） P 5輛 MAP 95

午餐時間限定的「蘋果午餐全餐」3564日圓

宏偉的白神山地橫跨青森縣西南部和秋田縣西北部，中心部約17000ha的土地已於平成5（1993）年登錄為世界自然遺產。遼闊的山毛櫸樹林一望無際，許多動植物在此棲息。魅力十足的散步路線也修建得相當完善。

停下車來街頭散步

青森 秋田 白神山地

在世界遺產的森林中被大自然包圍

木造的物產館

森之物產館「KYORORO」

●もりのぶっさんかんきょろろ ✆0173-77-2781

位在十二湖雞頭場之池旁邊的設施。作為觀光據點十分方便。 MAP 93B-1

所 青森県深浦町松神松神山国有林内 L 4～11月中旬、8:00～18:00（視季節變更） 休 開放期間無休 P 使用奧十二湖停車場，1天400日圓

十二湖散步路線 ●じゅうにこさんさくこーす

第一次白神散步要從遊覽湖沼群開始

這條專為新手規劃的路線會在因寶永元（1704）年發生的大地震所形成的33處大小湖沼進行遊覽。休憩所等設施也修整完善，因此也是推薦給家庭旅遊的路線。這條路線的重點是青池。神祕又漂亮，讓人心醉神迷。 MAP 93B-1

START 森之物產館「KYORORO」→步行5分→雞頭場之池→步行5分→青池→步行5分→山毛櫸自然林→步行10分→沸壺之池→步行5分→落口之池→步行10分→森之物產館「KYORORO」GOAL

長滿苔蘚的倒塌樹木沉在池底

水面上倒映著綠意盎然的風景

佇立著標示正確路線的導覽看板

雞頭場之池 ●けとばのいけ

位在十二湖散步路線起點的大水池。因為形似雞冠，所以才取了這個名字。周邊的步道有茂盛的大山毛櫸，背後能近距離觀看崩山。

高透明度的水池中也能看見小魚在游泳

青池 ●あおいけ

突出於水池的步道能觀看池中的模樣。宛如流著藍色墨水的池水顏色十分夢幻。透明度很高，能清楚看見沉在池底的倒塌樹木。

也有樹齡100年以上的巨木

山毛櫸自然林 ●ぶなしぜんりん

穿過青池，就能在約200m的山毛櫸自然林中通行。能一邊享受森林浴一邊步行，十分暢快。四周響徹著野鳥的鳴叫聲，十分舒暢，讓人不禁想深呼吸。

能看見夢幻的池水顏色

沸壺之池 ●わきつぼのいけ

透明度之高在十二湖中名列前茅，從附近溪谷湧出的水會流入池中。附近也會湧出獲選平成名水百選的沸壺池的清水。

清澈的水所流入的水池

落口之池 ●おちくちのいけ

水從沸壺之池流入而形成的水池。水深有20m，水面上倒映著四周的風景，有如鏡子。也能看見鴨子和蒼鷺等野鳥的身影。

十二湖庵

●じゅうにこあん

湖沼和山毛櫸樹林環繞的茶屋，提供以沸壺之池的清水沖泡的抹茶和點心。

✆0173-77-3071 MAP 93B-1
L 4～11月、9:30～16:00
休 不定休 P 使用奧十二湖停車場

也有展示室和休憩所

黑森館

●くろもりかん ✆0173-79-2009

能取得白神之森入山許可證的綜合服務處。也有提供長靴和拐杖的租借服務。

所 青森県鰺ヶ沢町深谷町矢倉山1-26 L 4月20日～10月31日、9:00～16:00（10月為～15:00） 休 開放期間無休 ¥ 入山費成人500日圓、國中小學生400日圓（含黑森館入館費） P 30輛
MAP 93C-2

白神之森遊山道 ●しらかみのもりゆうざんどう

濃縮著白深山地雅趣的步道

這條專為新手修建的步道能飽覽和白神山地核心地區相同的美景。有內圈路線和外圈路線2條路線。外圈路線能走在為了在樹林間穿梭而設置的外緣增建步道上。
MAP 93C-2

內圈路線：START 黑森館→步行21分→森林的湧水→步行21分→黑森館 GOAL

外圈路線：START 黑森館→步行30分→聽診器之箱→步行即到→熊爪痕跡→步行20分→外緣增建步道→步行20分→森林的湧水→步行21分→黑森館 GOAL

聽聽看山毛櫸的生命鼓動

聽診器之箱 ●ちょうしんきのはこ

鳥巢般的小木箱中裝的是聽診器。把聽診器靠在山毛櫸樹上，集中精神聽聽看吧。感覺能聽到山毛櫸的呼吸聲。

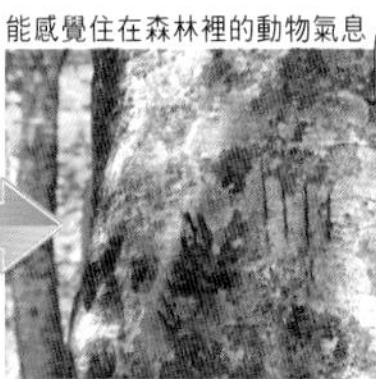
能感覺住在森林裡的動物氣息

熊爪痕跡 ●くまのつめあと

清楚地刻印在樹木上的痕跡是打算吃樹木花芽的熊的爪痕。痕跡十分真實，因此感覺好像會有熊出現。

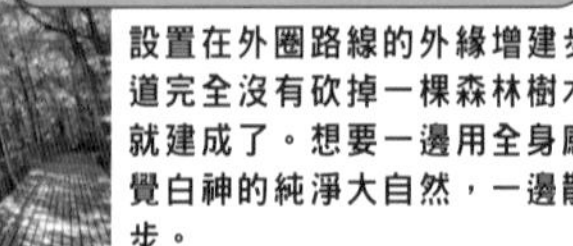
能一望山毛櫸的步道

外緣增建步道 ●はりだしほどう

設置在外圈路線的外緣增建步道完全沒有砍掉一棵森林樹木就建成了。想要一邊用全身感覺白神的純淨大自然，一邊散步。

作為豐富森林之證明的水源地

森林的湧水 ●もりのわきつぼ

作為內圈路線目的地的水源地。浸透在山毛櫸原生林裡的水集中在一起後，緩緩湧出。水源地中不能進入。

山毛櫸美林環繞的白神之森遊山道

世界遺產路徑 日本山毛櫸林散步道 ●せかいいさんのみち ぶなばやしさんさくどう

START → Aqua Green Village ANMON → 步行即到 → 白神山地的湧水 → 步行5分 → 暗門休憩所 → 步行60分 → 世界遺產的路徑山毛櫸林 → 步行5分 → Aqua Green Village ANMON → 開車30分 → 津輕峠 → 步行5分 → 母親樹 → GOAL

行走在世界自然遺產登錄地區中的健行路線

這條路線是在白神山地代表名勝之一的山毛櫸樹林中散步。步道入口有原生林的湧水，能用水壺裝水來滋潤喉嚨。腳底下是腐葉土，因此建議穿著防滑的鞋子。

MAP 93B-2

也能作為散步前收集情報之用

Aqua Green Village ANMON

●あくあぐりーんびれっじあんもん ✆0172-85-3021

位在世界遺產白神山地入口的露營場，作為暗門瀑布步道的據點很方便。除了住宿的小木屋和露營場之外，還有入浴設施。

所 青森県西目屋村川原平大川添417 L 4月下旬～11月上旬、9:00～17:00（視設施而異） 休 營業期間無休（視設施而異） ¥ 入浴費550日圓 P 160輛 MAP 93B-2

白神山地的湧水

●しらかみさんちのわきみず

位在散步道入口的飲水處。來自山毛櫸原生林的伏流水能治癒疲勞的身體。帶著水壺去裝水，再開始散步吧。

裝完冰涼好喝的水再出發

世界遺產的路徑山毛櫸林

●せかいいさんのみちぶなばやし

在大自然的山毛櫸原生林中，能一邊沐浴在負離子中一邊散步。從新綠變成深綠，再變成紅葉，隨著季節變化的景觀務必參觀。

一邊沐浴在從山毛櫸林之間灑落下來的陽光中，一邊散步

母親樹

白神山地的代表能量景點，樹齡400年以上的山毛櫸巨樹。從有母親樹的津輕 眺望的景色也是美不勝收。

從津輕峠步行5分鐘即抵達。近看會覺得更加震撼的景致

二森路線 ●ふたつもりこーす

START → 白神ふれあい館 → 開車40分 → 登山口 → 步行1小時 → 二森山 → 步行40分 → 登山口 → 開車40分 → 白神ふれあい館 → GOAL

能享受白神山地的遼闊風景

從秋田縣一側接近白神山地的正統登山路線。雖然是步道未經修建的路線，但只要有導遊同行，就連新手也能挑戰。從山頂環視的白神山地景色格外秀麗。

MAP 93A-2

白神ふれあい館

●しらかみふれあいかん ✆0185-70-4211

所 秋田県八峰町八森三十釜133-1
L 8:30～17:15（閉館） 休 無休（11～3月為週三、逢假日則翌日休）、12月28日～1月3日
¥ 導遊1位9000日圓（6～10月） P 30輛
MAP 93A-1

能申請導遊的白神ふれあい館

二森路線的順道前往SPOT

秋田白神體驗中心

●あきたしらかみたいけんせんたー

✆0185-77-4455

作為健行、海洋泛舟等自然體驗活動據點的設施。客房全部都是能眺望日本海的海景房。若預定在外過夜且要享受休閒活動，這裡再適合不過了。菜單也備有多種菜色，請自行洽詢。

L 9:00～17:00 休 無休 ¥ 住宿3460日圓～、高中生和大學生2480日圓、國中生以下1940日圓～ P 40輛

MAP 93A-1

能配合目的享受各種遊玩方式

八森Bunakko樂園

●はちもりぶなっこらんど

✆0185-77-3086

以森林科學館為中心的設施，展示構成白神山地的主要樹木山毛櫸的相關資料。位在白神山地的入口，兼具情報中心之用。

L 9:00～17:00
休 週三（逢假日則翌日休）
¥ 免費 P 30輛
MAP 93A-1

還附設烤肉小屋

位在白神山地山麓的自然體驗型度假設施

AWONE白神十二湖飯店

●あおーねしらかみじゅうにこ

這處住宿設施最適合當作白神山地健行和十二湖散步的據點。有溫泉設施和物產館，當然還有安排導覽的服務，並提供專車接送到十二湖等景點的服務。住宿方案也有準備附導遊的實惠方案，為旅客的白神觀光之旅提供協助。

✆0173-77-3311

¥ 1晚2餐8640～16200日圓、十二湖健行方案輕鬆路線1晚2餐附導遊10260～18360日圓、十二湖健行方案滿足路線1晚2餐附導遊11016日圓～ P 115輛

MAP 93B-1

開車環遊眺望**北海道**的**半島**一周。前往和**太宰治**頗有淵源的地方

●つがるはんとう 書末地圖 P.106·109

22 COURSE 津輕半島

自駕重點 海岸美 歷史探訪 玩樂 夕陽 街頭散步

⊙龍飛崎附近能看見浮現在對岸的北海道群山

自駕路線 推薦！2天1夜

路線行車距離 約163km 路線行車時間 約4小時8分

START 青森IC ← 348km 3小時55分 東北自動車道 ← 仙台宮城IC

2km 3分／7 一般道

1 感受繩文時代的氣息 三內丸山遺跡

31km 50分／一般道 7 280 一般道

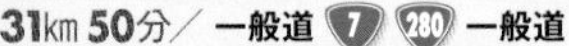

2 一望陸奧灣 觀瀾山

15km 25分／一般道 280

3 販售當地特產品 公路休息站 たいらだて

36km 55分／280 339

4 津輕半島突出的尖端 龍飛崎

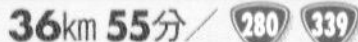

39km 1小時／339 一般道 339 12

5 橋的對面充滿許多樂趣 十三湖中之島Bridge Park

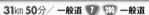

40km 55分／12 339 163 339

GOAL 五所川原北IC → 353km 4小時 津軽自動車道 ▶ 東北道 → 仙台宮城IC

自駕路線概要

演歌中所唱的「北方的盡頭」，就是津輕半島的龍飛崎。以它的盡頭海角為目標，從青森沿著海岸線享受環遊津輕半島一周的自駕遊吧。路線中最精彩的重要景點是位在國道339號的龍飛崎·中泊町之間、稱做「龍泊線」的人氣彎道道路。飽覽只有這裡才能觀賞的絕景吧。

先在廣受矚目的三內丸山遺跡體驗繩文文化，再沿著國道280號北上。從觀瀾山一邊享受陸奧灣的絕景，一邊以津輕半島的盡頭為目標前進。青森～龍飛崎之間有一定距離，因此請一邊前往公路休息站 たいらだて等處稍作休息，一邊依照自己的速度行駛吧。飽覽完大海和藍天交織而成的龍飛崎壯觀風景之後，沿著龍泊線（國道339號）南下，到漂浮在十三湖的小島十三湖中之島Bridge Park活動身體，讓身心靈煥然一新。金木是太宰治的故鄉。以文學為主題在街頭散步看看也很不錯。

⊙架設在小泊海岸的獅子橋位在風光明媚的獅子岩附近

⊙國道339號是部分路段為階梯的罕見國道

自駕MEMO

●國道280號能一邊眺望陸奧灣一邊行駛 ●行駛在十三湖西側的縣道12號，能一邊眺望湖泊一邊享受自駕的樂趣

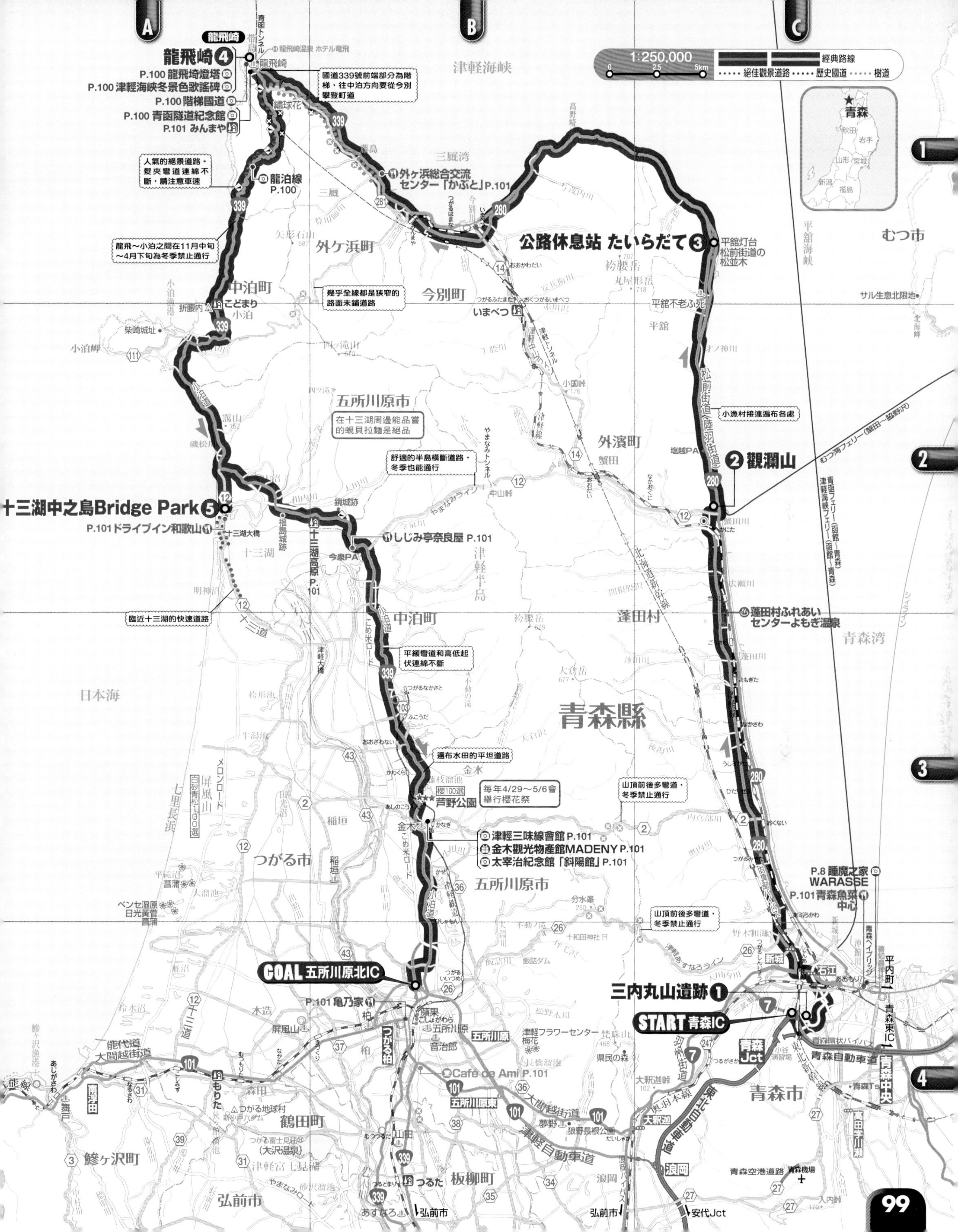
1:250,000
經典路線
絕佳觀景道路
歷史國道
樹道
龍飛崎
龍飛崎 ④
P.100 龍飛崎燈塔
P.100 津輕海峽冬景色歌謠碑
P.100 階梯國道
P.100 青函隧道紀念館
P.101 みんまや
國道339號前端部分為階梯，往中泊方向要從今別攀登町道
津軽海峡
人氣的絕景道路，髮夾彎道連綿不斷，請注意車速
龍泊線 P.100
外ヶ浜総合交流センター「かぷと」P.101
龍飛～小泊之間在11月中旬～4月下旬為冬季禁止通行
外ヶ浜町
公路休息站 たいらだて ③
平舘灯台 松前街道の松並木
中泊町
幾乎全線都是狹窄的路面未鋪道路
今別町
いまべつ
こどまり
五所川原市
在十三湖周邊能品嘗的蜆貝拉麵是絕品
小漁村接連遍布各處
外濱町
② 觀瀾山
舒適的半島橫斷道路，冬季也能通行
十三湖中之島Bridge Park ⑤
P.101 ドライブイン和歌山
しじみ亭奈良屋 P.101
十三湖高原 P.101
臨近十三湖的快速道路
中泊町
蓬田村
蓬田村ふれあいセンターよもぎ温泉
青森湾
日本海
平緩彎道和高低起伏連綿不斷
青森縣
遍布水田的平坦道路
芦野公園
每年4/29～5/6會舉行櫻花祭
山頂前後多彎道，冬季禁止通行
津軽三味線會館 P.101
金木観光物産館MADENY P.101
太宰治紀念館「斜陽館」P.101
つがる市
五所川原市
P.8 睡魔之家 WARASSE
P.101 青森魚菜中心
山頂前後多彎道，冬季禁止通行
GOAL 五所川原北IC
P.101 亀乃家
三内丸山遺跡 ①
START 青森IC
Café de Ami P.101
青森自動車道
青森市
鶴田町
鰺ヶ沢町
板柳町
弘前市
つるた
もりた
青森空港道路
むつ市

22 COURSE 津輕半島 自駕路線的景點

1 三內丸山遺跡
●さんないまるやまいせき

017-781-6078

在被視為全球重要發現的三內丸山遺跡中，復原了堅穴式建築和掘立柱建築，並整修成繩文遺跡公園。繩文時遊館不僅展示著出土物，還以影片和IT導覽機介紹繩文人的生活。除此之外，還有博物館商店和餐廳、伴手禮區。

營9:00～17:00（黃金週、6～9月為～18:00，餐廳為10:30～） 休無休
¥自由參觀（體驗工房為收費） P512輛

2 觀瀾山
●かんらんざん

0174-31-1228（外ケ浜町產業觀光課）

太宰治的小說《津輕》中也有記載的標高40m的小山。在能俯瞰大海的觀瀾山公園裡，步道平緩且規劃完整，而山頂則建著太宰治的文學碑。

P10輛

3 公路休息站 たいらだて
●みちのえきたいらだて

0174-31-2211（おだいばオートビレッジ）

位在津輕國定公園內，鄰近松木樹道連綿的松前街道、能一望陸奧灣的海水浴場。也附設10棟小木屋和20區汽車露營場。

營8:00～17:00（餐廳為11:00～16:00）
P119輛

4 龍飛崎
●たっぴざき

0174-31-8025（龍飛岬觀光導覽所）

位在津輕半島尖端的海角。強風吹拂就像有神龍振翅飛翔般強勁，因而稱為龍飛崎。燈塔周邊佇立著太宰治和吉田松陰等相關人物的石碑。

P50輛

5 十三湖中之島Bridge Park
●じゅうさんこなかのしまぶりっじぱーく

0173-62-2775（中の島活性化センター）

漂浮在十三湖的島，能利用長約250m的橋橫越。有歷史民俗資料館和體育運動設施、蜆貝撿拾場。

營4～11月、8:30～17:00（資料館需洽詢） 休開放期間無休 ¥資料館為300日圓 P200輛

津輕半島 話題景點

在精彩景點豐富多樣的龍飛崎 享受隨興散步的樂趣

津輕半島前端的龍飛崎，有階梯國道等令國道愛好者感到歡喜的精彩景點。附設「公路休息站 みんまや」的青函隧道紀念館也能體驗海底下的坑道。

●たっぴざきとうだい
龍飛埼燈塔

0174-31-1228（外濱町產業觀光課）

燈塔興建在津輕半島尖端的海角上。名稱由來是強風吹拂有如神龍在振翅飛翔。全國唯一362層的階梯國道339號連結著海角下方和燈塔。

營自由參觀 P50輛 MAP 99A-1

建在龍飛崎尖端的白牆燈塔

●つがるかいきょうふゆげしきかようひ
津輕海峽冬景色歌謠碑

0174-31-1228（外濱町產業觀光課）

這座《津輕海峽冬景色》歌謠碑，只要按下按鈕，就會開始唱起歌手石川小百合唱過的熱門歌曲，「請看啊，那就是龍飛岬，在北方的盡頭…」。 營自由參觀 P50輛 MAP 99A-1

一邊吹著海角的風一邊聆聽《津輕海峽冬景色》，也別有一番風味

●かいだんこくどう
階梯國道

0174-31-1228（外濱町產業觀光課）

通往龍飛崎的狹窄道路階梯。藍色地面上有白字的國道標誌，這裡的村道成為縣道之後，緊接著又晉升為國道，而目前已是全長388m的行人專用國道。 營4月下旬～11月上旬，自由參觀 P50輛 MAP 99A-1

經過民宅旁邊，從階梯抵達海角的不可思議國道

●せいかんとんねるきねんかん
青函隧道紀念館

0174-38-2301

昭和63（1988）年開業的青函隧道是海底隧道，長度為全球之最。館內會簡單易懂地介紹隧道的歷史和構造。也能搭乘地軌式纜車到海底下的體驗坑道。

能學習青函隧道的歷史，也能參觀體驗坑道

營4月下旬～11月上旬、8:40～17:00 休開放期間無休 ¥展示廳成人400日圓、小孩200日圓，體驗坑道乘車券成人1000日圓、小孩500日圓，套票費用成人1300日圓、小孩650日圓 P190輛 MAP 99A-1

●たつどまりらいん
龍泊線

0174-31-1228（外濱町產業觀光課）

髮夾彎道連綿的道路，對面是一望無際的日本海景色

從行駛在津輕半島最北端的西側海岸線的小泊到龍飛崎的區間。一邊眺望洶湧的日本海一邊行駛的南側海岸道路，途中會一口氣變成山岳道路，所以能享受海和山兩種道路。

營4月下旬～11月上旬 休開放期間無休
¥免費 P無
MAP 99A-1

從斷崖絕壁的龍飛崎開始的龍泊線

景點資訊 賞花名勝 紅葉名勝 觀景點 有餐廳 有咖啡廳 有商店 有溫泉

這裡也很推薦

景點 津輕三味線會館
つがるしゃみせんかいかん

0173-54-1616

能聆聽津輕三味線的現場演奏

採用看板和電視介紹津輕三味線的歷史和鄉土藝能。此外，還會展示全球的弦樂器，並能聆聽音色。

能和津輕三味線相互接觸的設施

營8:30～18:00(11～隔年4月為9:00～17:00) 休12月29日 ¥入館費500日圓 P50輛 MAP 99B-3

景點 太宰治紀念館「斜陽館」
だざいおさむきねんかんしゃようかん

0173-53-2020

太宰的父親所興建的明治時期的大豪宅

明治40（1907）年建造的豪宅。館內展示著太宰的初版書、原稿、書信等物品，大約收藏600件資料。日西合璧的入母造屋建築受到極高的評價。

大量使用青森羅漢柏的建築物

營8:30～18:00(冬季為9:00～17:00) 休12月29日 ¥成人500日圓、高中生和大學生300日圓、國中小學生200日圓，和津輕三味線會館的共通券成人900日圓、高中生和大學生500日圓、國中小學生300日圓 P50輛 MAP 99B-3

購物 公路休息站 みんまや
みちのえきみんまや

0174-38-2301(青函隧道紀念館)

冰滴咖啡罐「龍飛」廣受歡迎

位在龍飛岬，周邊景觀美不勝收。和朝向海峽的三廄地區名實相符，這裡也有使用當地昆布的商品、青函隧道的相關伴手禮。

作為景觀豐富的公路休息站廣受歡迎

營4月下旬～11月上旬、8:40～17:00 休開放期間無休 ¥冰滴咖啡「龍飛」660日圓、原創布偶「もっくん」1100日圓 P160輛 MAP 99A-1

購物 公路休息站 十三湖高原
みちのえきじゅうさんここうげん

0173-62-3556

十三湖名產的蜆貝製品應有盡有

往遠方即能眺望岩木山的絕佳地理位置。有能品嘗市浦牛的餐廳、物產販售區、滾輪溜滑梯等設施，廣受攜家帶眷的遊客好評。

有許多遊樂設施，深受家庭歡迎

營9:00～18:00(11～隔年3月為～17:00，餐廳為10:00～) 休12月31日～隔年1月2日 P45輛 MAP 99B-2

美食 青森魚菜中心
あおもりぎょさいせんたー

017-763-0085

製作個人專屬的原創丼飯青森海鮮丼吧

位在青森站附近的傳統市場。「青森海鮮丼」能在丼飯上面放上市場內的生魚片、小菜等自己喜歡的食材，製作出個人專屬的原創丼飯，深受歡迎。

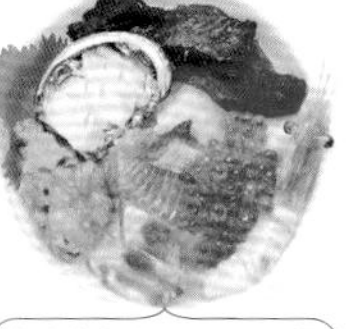
青森海鮮丼…1950日圓

營7:00～16:00(米飯售完打烊，視時期而異) 休週二 ¥餐券650日圓(1疊5張)、1300日圓(1疊10張) P使用附近停車場 MAP 99C-4

美食 ドライブイン和歌山
どらいぶいんわかやま

0173-62-2357

品嘗十三湖的名產蜆貝吧

位在湖畔的得來速。能品嘗蜆貝組合餐定食、奶油炒蜆貝等名產的蜆貝料理。人氣菜單是昆布高湯搭配少量味噌調味的絕妙蜆貝拉麵。

元祖特製蜆貝拉麵…1100日圓

營10:00～16:30(視時期而異) 休無休 P20輛 MAP 99A-2

咖啡廳 Café de Ami
かふぇどあみぃ

0173-34-6072

當作正餐或甜點都合適的派

深受女性歡迎的派料理專賣店。店內陳列著在酥脆派皮中添加紅鮭和起司的日本鮭魚派、使用當地生產紅茶的蘋果派等品項。大布丁等甜點也豐富齊全。

各種派料理…一片330日圓～

營10:00～21:00(週日為～20:00) 休週二(冬季為不定休) P10輛 MAP 99B-4

美食 外ヶ浜総合交流センター「かぶと」
そとがはまそうごうこうりゅうせんたーかぶと

0174-31-7021

使用特產昆布的津輕傳統口味

建在以海水浴廣受歡迎的義經海濱公園裡面。能品嘗津輕地方的傳統美食若生昆布飯糰、使用自製特製醬料的豬肉丼、拉麵等餐點。也有特產品販售區。

若生昆布飯糰（附漬物）…210日圓

營8:30～17:00(食堂為10:00～15:00) 休週三 P40輛 MAP 99B-1

得 知道賺到

津輕伴手禮就在這裡選購！位在太宰治故鄉的物產館

位在舊金木町的中心地區，奧津輕的特產品一應俱全，因此最適合挑選伴手禮。在太宰らうめんと鄉土料理「はな」能品嘗若生昆布飯糰、以太宰喜歡的若竹汁為關鍵的太宰拉麵。

金木觀光物產館MADENY

0173-54-1155

營9:00～18:00(視時期而異) 休無休 P35輛 MAP 99B-3

太宰拉麵750日圓

位在斜陽館的正前方，作為金木觀光的據點很方便

美食 しじみ亭奈良屋
しじみていならや

0173-58-3581

種類豐富的名產蜆貝料理

用各式各樣的料理提供以香濃美味為特徵的貝蜆。推薦釜飯和蜆貝料理的套餐「蜆貝組合餐」。以白醬烹調的蜆貝巧達濃湯廣受女性歡迎。

蜆貝組合餐…1836日圓

營10:00～17:00(1、2月為～16:30) 休黃金週、7和8月以外的週三 P30輛 MAP 99B-2

美食 亀乃家
かめのや

0173-35-2474

拉麵配上天婦羅的知名料理

創業超過100年的老店，最推薦天中華。它是在自製的細窄捲麵和清爽湯頭的中華蕎麥麵上，放上包有扇貝的什錦天婦羅。滲入高湯的天婦羅也很美味。

天中華…750日圓

營10:00～18:00(高湯售完打烊) 休週一 P使用附近停車場 MAP 99B-4

遊覽靈場恐山和大海的奇景。前往本州最北處的下北半島

しもきたはんとう 書末地圖 P.106·107·109·110

自駕重點：海岸美 溫泉 美食 四季花卉 山岳景觀

佛浦遍布著有如佛陀林立的神秘景色

開過淺蟲溫泉，前往下北島

23 COURSE 下北半島

自駕路線概要

從青森東IC經由淺蟲溫泉前往下北半島。行駛在奧陸灣沿岸的沿海道路。在國道279號沿途的公路休息站 よこはま休息，再開進宛如要穿越茂密森林般的縣道4號，前往日本三大靈場的恐山。飽覽完淨土的風景之後，一邊眺望津輕海峽一邊開往大間崎。說到大間，最為有名的就是鮪魚的一支釣。在這裡肯定想要享用日本第一的鮪魚。沿著海峡ライン（國道338號）南下前往佛浦，把車停在停車場，再步行約20分鐘。陡峭階梯連綿不斷，但抵達後一望無際的絕景，會讓人感覺辛苦獲得了回報。從大湊則一邊眺望陸奧灣一邊開往八戶方向。

自駕路線

推薦！2天1夜

路線行車距離 約376km

路線行車時間 約8小時55分

START 青森東IC —361km 4小時— 仙台宮城IC

青森自動車道 ◀ 東北道

74km 1小時40分／ 47 44 4

下北半島縱貫道路 180 279

1 豐富多彩的扇貝料理 公路休息站 よこはま

40km 1小時／ 279 4 一般道

2 日本三大靈場之一 靈場恐山

56km 1小時35分／ 一般道 4 279 一般道

3 本州最北端的地方 大間崎

40km 1小時／ 一般道 338

4 宛如極樂淨土 佛浦

166km 3小時40分／ 338 253 46 338 45

GOAL 下田百石IC —314km 3小時40分— 仙台宮城IC

百石道路 ▶ 八戶道 ▶ 東北道

1 公路休息站 よこはま（みちのえきよこはま）

0175-78-6687

扇貝和油菜花商品等橫濱町的特產品一應俱全。也有餐廳能品嘗以當地生產扇貝所製作的料理。
8:00～18:00（視時期而異，餐廳為11:00～17:00、1～3月為～15:30）
休 無休（1～3月為週二休） P 54輛

2 靈場恐山（れいじょうおそれざん）

0175-22-3825（恐山寺務所）

荒涼地獄和綠意盎然的溫暖天堂共存的日本三大靈場之一。為了家人將小石頭往上堆積的石堆、寄託著輪迴轉生心願的風車遍布各處。 5～10月、6:00～18:00（視時期而異） 休 開放期間無休
¥入山費500日圓 P 500輛

3 大間崎（おおまざき）

0175-37-2111（大間町產業振興課）

建有雕刻著「這裡為本州最北端之地」的石碑、大間象徵的鮪魚裝置藝術品。一想到這裡前方約17.5km處即為北海道，就會有很深的感觸。眼前的弁天島有大間埼燈塔。
P 20輛

4 佛浦（ほとけがうら）

0175-38-2111（佐井村綜合戰略課）

奇岩怪石大約連綿2km，讓人聯想到極樂淨土。白綠色凝灰岩長年遭受風吹雨淋和驚濤駭浪削切而成的大自然造型美景，獲指定為天然紀念物。
P 20輛（12～3月無法使用停車場）

這裡也很推薦

美食 大間浜寿司（おおまはますし）

0175-37-2739

以大間鮪魚為主的津輕海峽鮪魚重達數百kg，是平常吃不到的高級美食。這種黑鮪魚能透過握壽司來品嘗。在口中化開的滋味讓人享受到短暫的幸福時光。
11:30～13:30、17:30～21:00
休 不定休 ¥ 特上壽司2800日圓、主廚精選握壽司3900日圓等 P 10輛
MAP 103A-1

購物 公路休息站 みさわ（みちのえきみさわ）

0176-59-2711

休閒設施規劃完善的公路休息站。有展示以前農機具等物品的紀念館、迷你高爾夫球場、卡丁車場等設施。
9:00～18:30（11～3月為～17:30）、餐廳為10:00～16:30（11～3月為～15:30）
休 無休 P 460輛 MAP 103C-4

自駕MEMO

- 行駛距離長，狹窄區間和彎道區間很多
- 縣道4號的孔山周邊冬季禁止通行
- 佛浦附近的國道338號有連綿不斷的彎道和高低起伏

話題景點 燈塔和寒立馬的風景讓人倍感親切

這處海角的北邊朝向津輕海峽，東邊朝向太平洋，並以突出在海原的白牆尻屋埼燈塔為地標。威風凜凜地佇立在翠綠草原的燈塔，是自點燈起已跨越140年的磚瓦建築，並獲認定為全國第31座「戀愛燈塔」。說到尻屋埼燈塔，就屬「寒立馬」最為有名。寒立馬能耐風雪和粗食，富含持久力，夏季會以大海和燈塔為背景吃草，冬天會在嚴寒的雪原靜待春天到來。尻屋崎口巴士站附近的大門僅白天開放，雖然冬季會封閉，但是寒立馬會移動到過冬放牧地（ATAKA），因此即使冬天也能見到牠們。

尻屋崎（しりやざき）

0175-27-2111（東通村經營企劃課）

4～11月、7:00～16:45（4月為8:00～15:45）
休 開放期間無休 P 30輛
MAP 103C-1

棲息在尻屋地區的寒立馬

景點資訊  賞花名勝  紅葉名勝 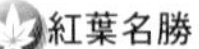 觀景點  有餐廳  有咖啡廳  有商店  有溫泉 

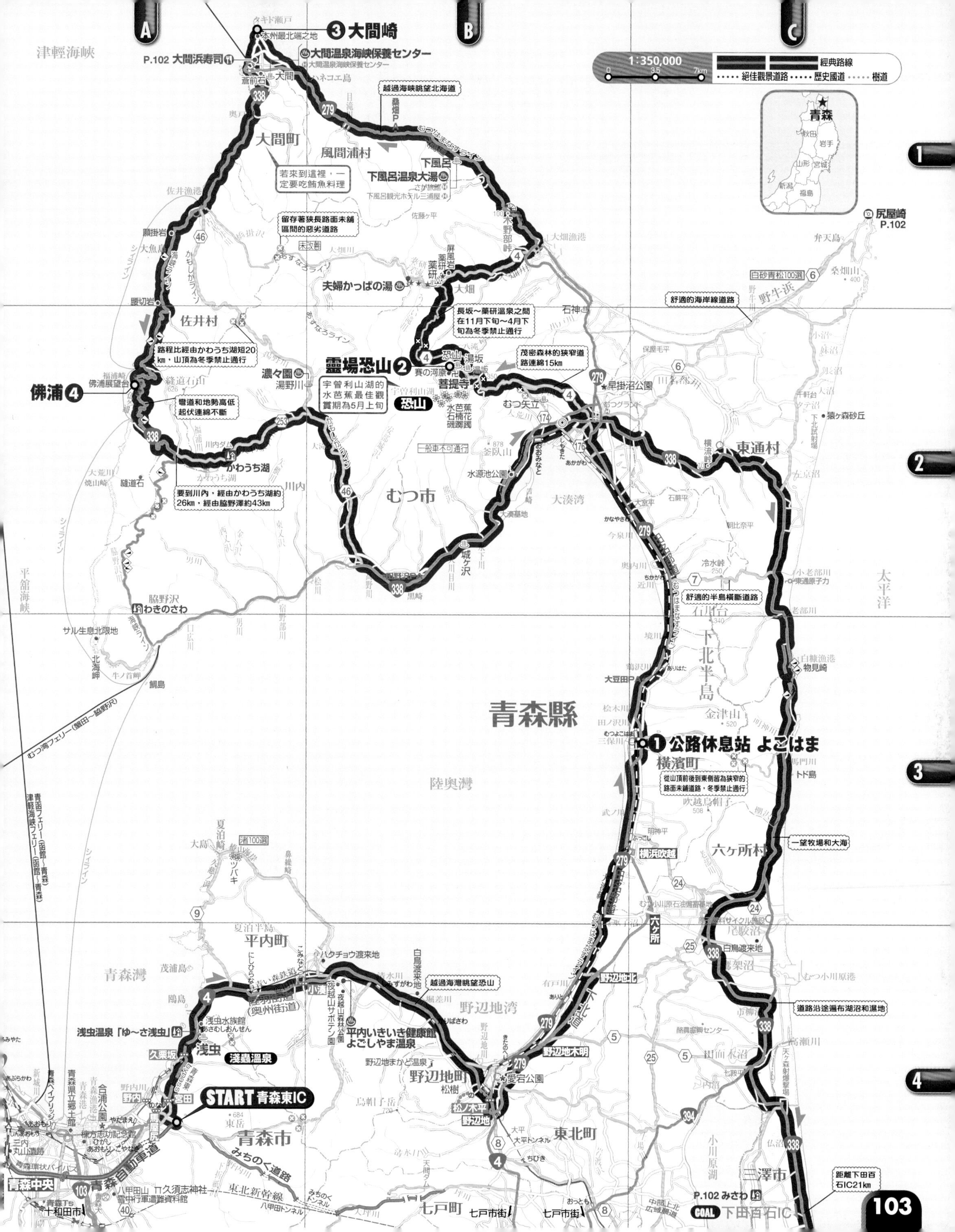

A
B
C
1:350,000
0
3.5
7km
經典路線
絕佳觀景道路
歷史國道
樹道
青森
秋田
岩手
山形
宮城
新潟
福島
1
2
3
4
津輕海峽
③ 大間崎
本州最北端之地
P.102 大間浜寿司
大間溫泉海峽保養センター
大間
弁天島
越過海峽眺望北海道
大間町
風間浦村
若來到這裡，一定要吃鮪魚料理
下風呂
下風呂溫泉大湯
佐井漁港
留存著狹長路面未鋪區間的惡劣道路
願掛岩
大魚島
未改善
夫婦かっぱの湯
薬研
大畑
大畑漁港
尻屋崎
P.102
白砂青松100選
桑畑山
野牛浜
舒適的海岸線道路
腰切岩
佐井村
長坂～薬研溫泉之間在11月下旬～4月下旬為冬季禁止通行
石神
路程比經由かわうち湖短20km，山頂為冬季禁止通行
靈場恐山 ②
恐山
湯坂
茂密森林的狹窄道路連綿15km
賽の河原
菩提寺
福浦崎
佛浦展望台
佛浦 ④
縫道石山
濃々園
湯野川
宇曽利山湖的水芭蕉最佳觀賞期為5月上旬
恐山
早掛沼公園
彎道和地勢高低起伏連綿不斷
むつ矢立
東通村
かわうち湖
要到川內，經由かわうち湖約26km，經由脇野澤約43km
一般車不可通行
釜臥山
水源池公園
むつ市
大湊灣
川內
城ケ沢
舒適的半島橫斷道路
太平洋
脇野沢
わきのさわ
サル生息北限地
北海岬
下北半島
大豆田PA
白糠漁港
物見崎
青森縣
金津山
① 公路休息站 よこはま
横濱町
從山頂前後到東側皆為狹窄的路面未鋪道路，冬季禁止通行
陸奧灣
吹越烏帽子
六ケ所村
一望牧場和大海
横浜吹越
夏泊崎
六ケ所
平內町
青森灣
越過海灣眺望恐山
野辺地北
道路沿途遍布湖沼和濕地
浅虫溫泉「ゆ～さ浅虫」
浅虫
浅蟲溫泉
平内いきいき健康館 よごしやま温泉
野辺地湾
野辺地町
野辺地木明
愛宕公園
START 青森東IC
松ノ木平
野辺地
東北町
青森市
青森自動車道
みちのく道路
青森中央
東北新幹線
七戸町
三澤市
距離下田百石IC21km
P.102 みさわ
GOAL 下田百石IC

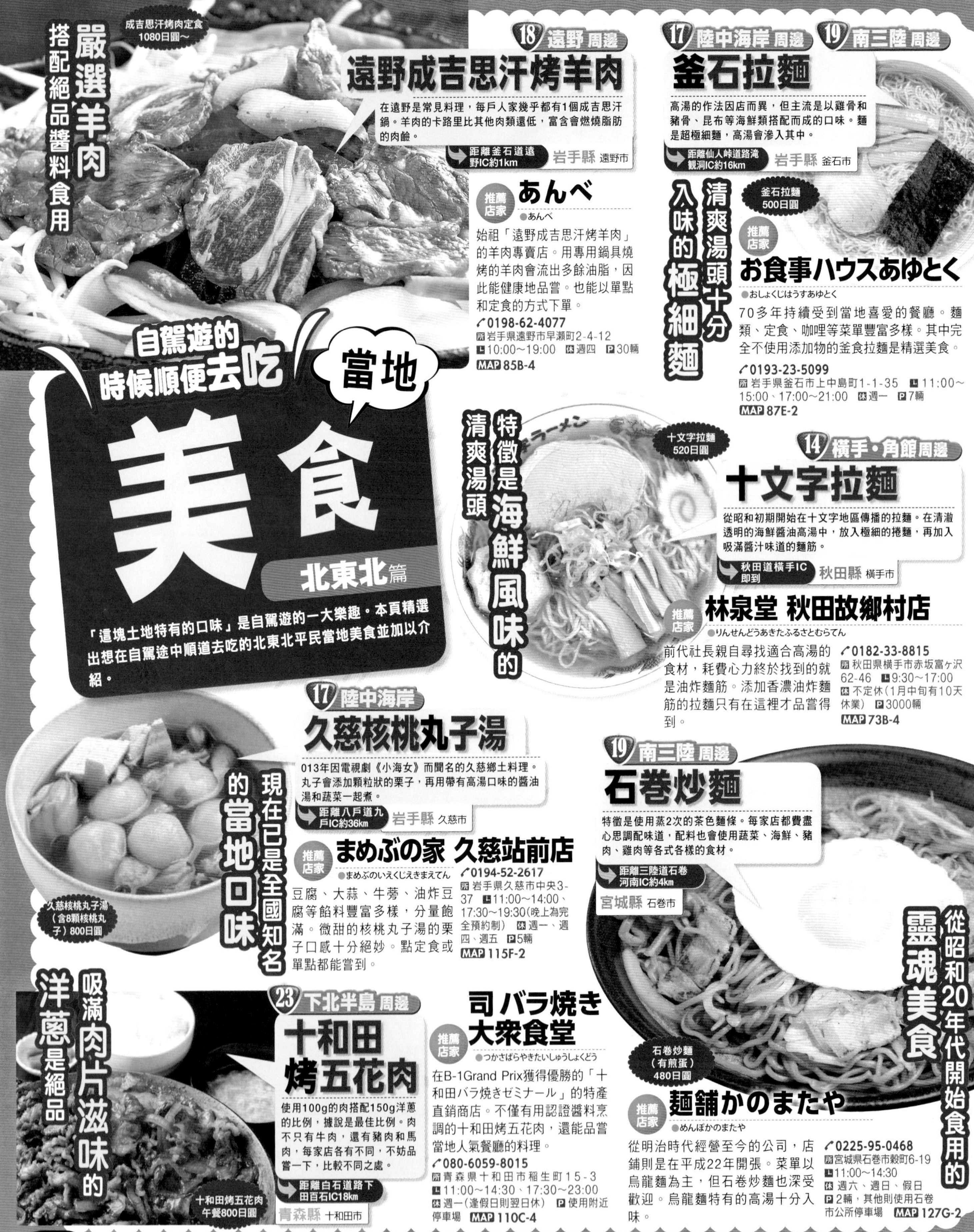

自駕遊的時候順便去吃當地美食 北東北篇

「這塊土地特有的口味」是自駕遊的一大樂趣。本頁精選出想在自駕途中順道去吃的北東北平民當地美食並加以介紹。

18 遠野周邊 遠野成吉思汗烤羊肉

嚴選羊肉 搭配絕品醬料食用

成吉思汗烤肉定食 1080日圓～

在遠野是常見料理，每戶人家幾乎都有1個成吉思汗鍋。羊肉的卡路里比其他肉類還低，富含會燃燒脂肪的肉鹼。

距離釜石道遠野IC約1km　岩手縣 遠野市

推薦店家 あんべ

●あんべ

始祖「遠野成吉思汗烤羊肉」的羊肉專賣店。用專用鍋具燒烤的羊肉會流出多餘油脂，因此能健康地品嘗。也能以單點和定食的方式下單。

☎0198-62-4077
所 岩手県遠野市早瀬町2-4-12
L 10:00～19:00　休 週四　P 30輛
MAP 85B-4

17 陸中海岸周邊 19 南三陸周邊 釜石拉麵

清爽湯頭十分入味的極細麵

釜石拉麵 500日圓

高湯的作法因店而異，但主流是以雞骨和豬骨、昆布等海鮮類搭配而成的口味。麵是超極細麵，高湯會滲入其中。

距離仙人峠道路滝觀洞IC約16km　岩手縣 釜石市

推薦店家 お食事ハウスあゆとく

●おしょくじはうすあゆとく

70多年持續受到當地喜愛的餐廳。麵類、定食、咖哩等菜單豐富多樣。其中完全不使用添加物的釜食拉麵是精選美食。

☎0193-23-5099
所 岩手県釜石市上中島町1-1-35　L 11:00～15:00、17:00～21:00　休 週一　P 7輛
MAP 87E-2

14 横手・角館周邊 十文字拉麵

特徵是海鮮風味的清爽湯頭

十文字拉麵 520日圓

從昭和初期開始在十文字地區傳播的拉麵。在清澈透明的海鮮醬油高湯中，放入極細的捲麵，再加入吸滿醬汁味道的麵筋。

秋田道横手IC即到　秋田縣 横手市

推薦店家 林泉堂 秋田故鄉村店

●りんせんどうあきたふるさとむらてん

前代社長親自尋找適合高湯的食材，耗費心力終於找到的就是油炸麵筋。添加香濃油炸麵筋的拉麵只有在這裡才品嘗得到。

☎0182-33-8815
所 秋田県横手市赤坂富ヶ沢62-46　L 9:30～17:00
休 不定休（1月中旬有10天休業）　P 3000輛
MAP 73B-4

17 陸中海岸 久慈核桃丸子湯

現在已是全國知名的當地口味

久慈核桃丸子湯（含8顆核桃丸子）800日圓

013年因電視劇《小海女》而聞名的久慈鄉土料理。丸子會添加顆粒狀的栗子，再用帶有高湯口味的醬油湯和蔬菜一起煮。

距離八戶道九戶IC約36km　岩手縣 久慈市

推薦店家 まめぶの家 久慈站前店

●まめぶのいえくじえきまえてん

豆腐、大蒜、牛蒡、油炸豆腐等餡料豐富多樣，分量飽滿。微甜的核桃丸子湯的栗子口感十分絕妙。點定食或單點都能嘗到。

☎0194-52-2617
所 岩手県久慈市中央3-37　L 11:00～14:00、17:30～19:30(晚上為完全預約制)　休 週一、週四、週五　P 5輛
MAP 115F-2

19 南三陸周邊 石巻炒麵

從昭和20年代開始食用的靈魂美食

石巻炒麵（有煎蛋）480日圓

特徵是使用蒸2次的茶色麵條。每家店都費盡心思調配味道，配料也會使用蔬菜、海鮮、豬肉、雞肉等各式各樣的食材。

距離三陸道石巻河南IC約4km　宮城縣 石巻市

推薦店家 麵舖かのまたや

●めんぽかのまたや

從明治時代經營至今的公司，店鋪則是在平成22年開張。菜單以烏龍麵為主，但石巻炒麵也深受歡迎。烏龍麵特有的高湯十分入味。

☎0225-95-0468
所 宮城県石巻市穀町6-19
L 11:00～14:30
休 週六、週日、假日
P 2輛，其他則使用石巻市公所停車場　MAP 127G-2

23 下北半島周邊 十和田烤五花肉

吸滿肉片滋味的洋蔥是絕品

十和田烤五花肉午餐800日圓

使用100g的肉搭配150g洋蔥的比例，據說是最佳比例。肉不只有牛肉，還有豬肉和馬肉，每家店各有不同，不妨品嘗一下，比較不同之處。

距離白石道路下田百石IC18km　青森縣 十和田市

推薦店家 司 バラ焼き大衆食堂

●つかさばらやきたいしゅうしょくどう

在B-1Grand Prix獲得優勝的「十和田バラ焼きゼミナール」的特產直銷商店。不僅有用認證醬料烹調的十和田烤五花肉，還能品嘗當地人氣餐廳的料理。

☎080-6059-8015
所 青森県十和田市稲生町15-3
L 11:00～14:30、17:30～23:00
休 週一（逢假日則翌日休）　P 使用附近停車場　MAP 110C-4

自駕導覽地圖

高速道路
交流道 服務區 免費
多車線 4車線 2車線 停車區

汽車專用道路
交流道 服務區 收費
多車線 4車線 2車線 停車區

國道
多車線 2車線 國道編號 狹窄路段 收費

都道府縣道
多車線 2車線 路線編號 狹窄路段 收費

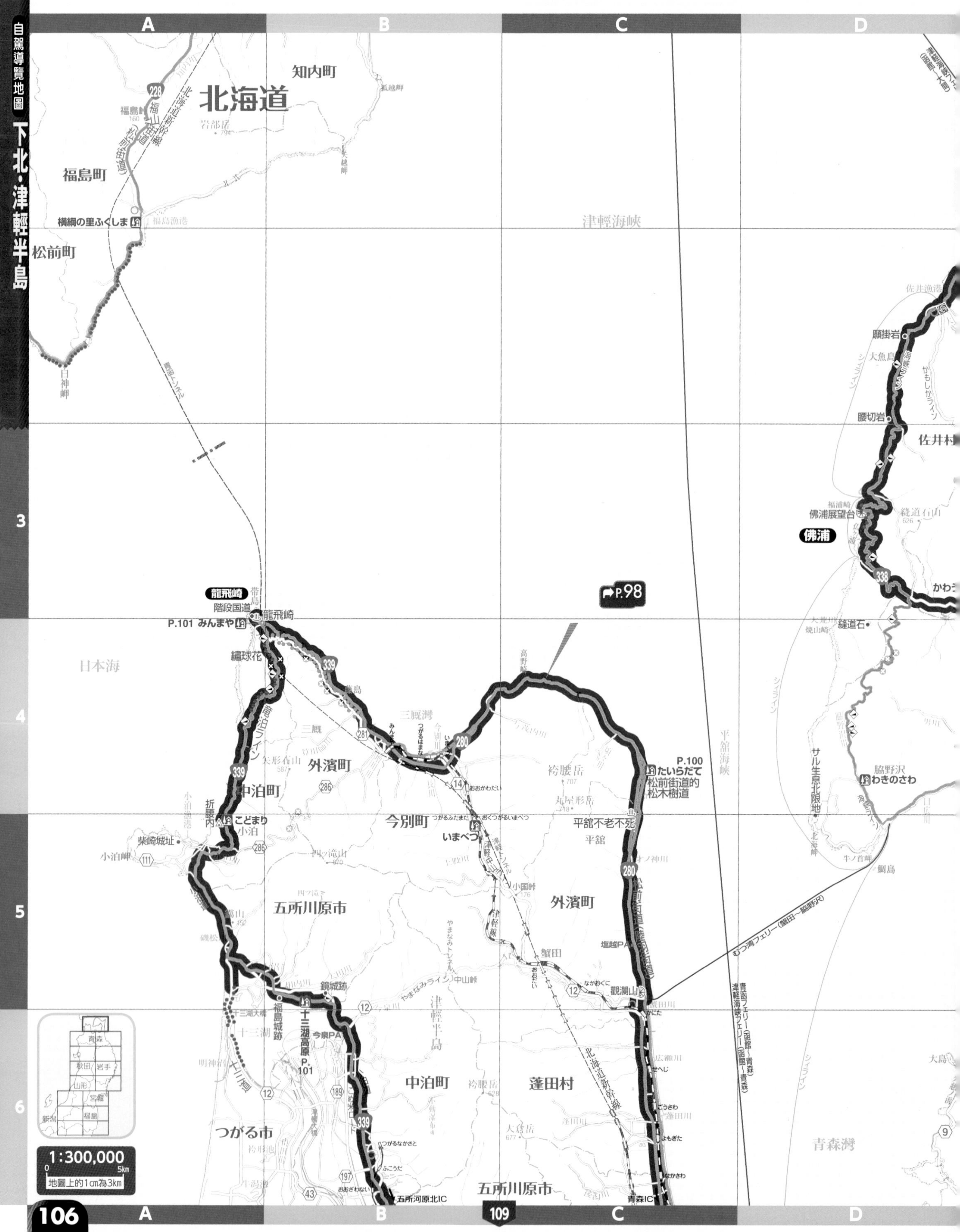
北海道
知内町
福島町
松前町
横綱の里ふくしま
津輕海峽
日本海
龍飛崎
階段国道
P.101 みんまや
P.98
外濱町
中泊町
今別町
いまべつ
こどまり
五所川原市
外濱町
P.100 たいらだて
松前街道的松木樹道
平舘不老不死
平館海峽
観瀾山
鏡城跡
福島城跡
十三湖高原 P.101
今泉PA
中泊町
蓬田村
つがる市
五所川原市
青森IC
五所河原北IC
青森灣
佐井村
佛浦
佛浦展望台
願掛岩
腰切岩
縫道石山
脇野沢 わきのさわ
サル生息北限地
むつ湾フェリー（蟹田～脇野沢）
青函フェリー（函館～青森）
津軽海峡フェリー（函館～青森）
北海道新幹線
1:300,000
地圖上的1cm為3km

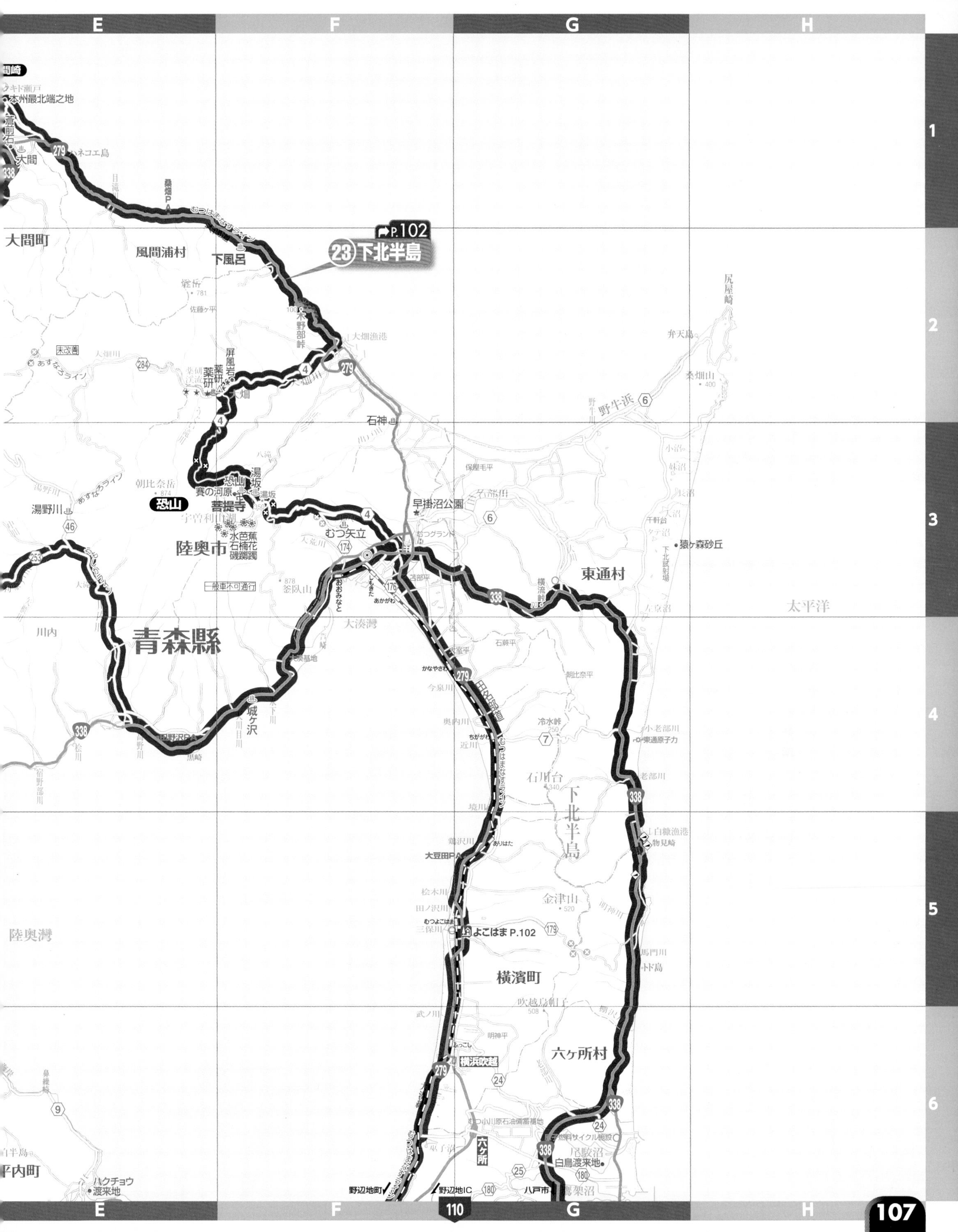

23 下北半島
P.102
大間町
風間浦村
下風呂
陸奥市
恐山
菩提寺
青森縣
東通村
下北半島
橫濱町
六ヶ所村
陸奥灣
太平洋

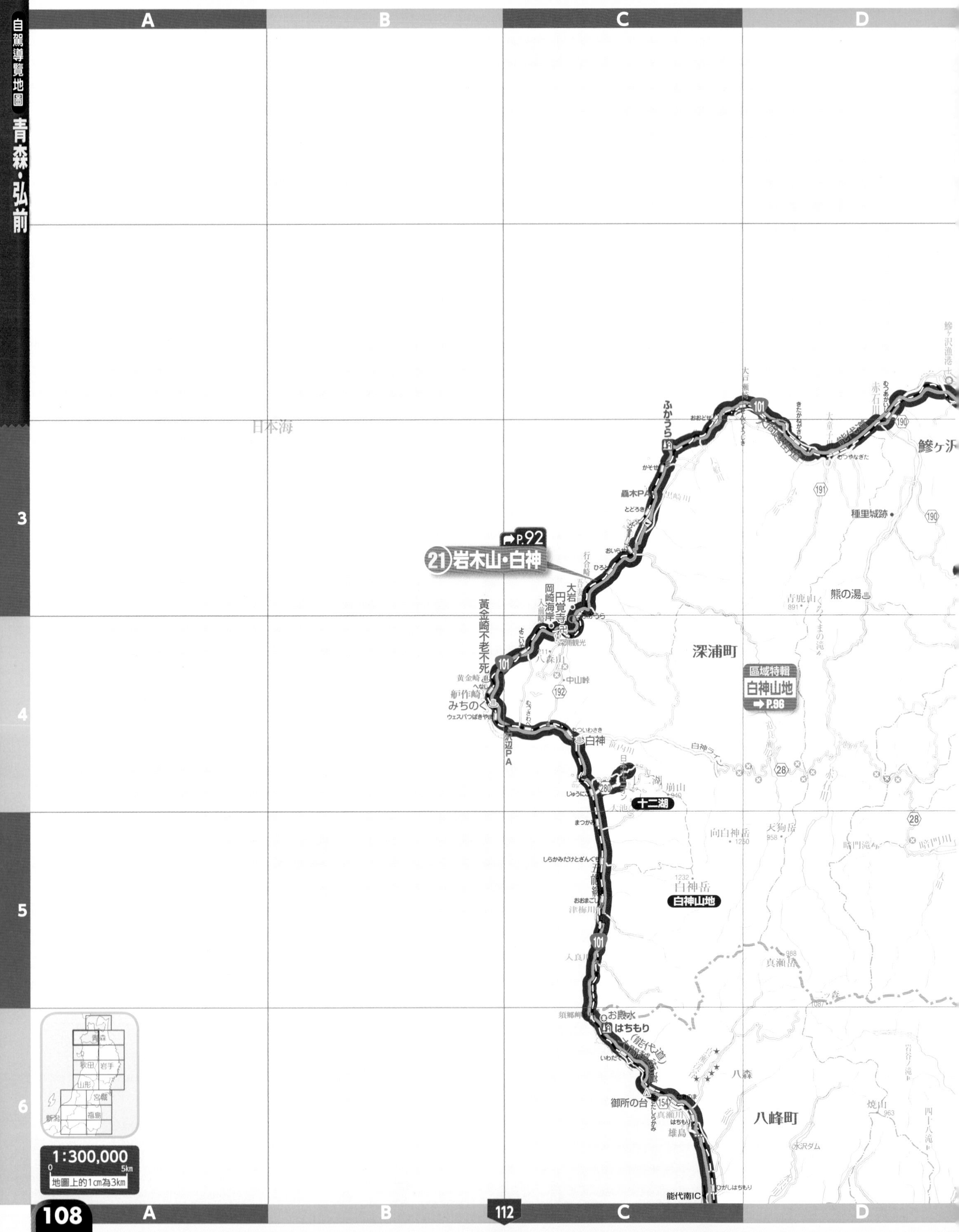
日本海
ふかうら
鯵ヶ沢
種里城跡
21 岩木山・白神
P.92
大岩
円覚寺
岡崎海岸
黄金崎不老不死
みちのく
ウェスパつばきやま
熊の湯
青鹿岳
深浦町
區域特輯
白神山地
P.96
中山峠
白神
十二湖
崩山
向白神岳
天狗岳
白神岳
白神山地
真瀬岳
お殿水
はちもり
御所の台
八森
八峰町
能代南IC
1:300,000
地圖上的1cm為3km

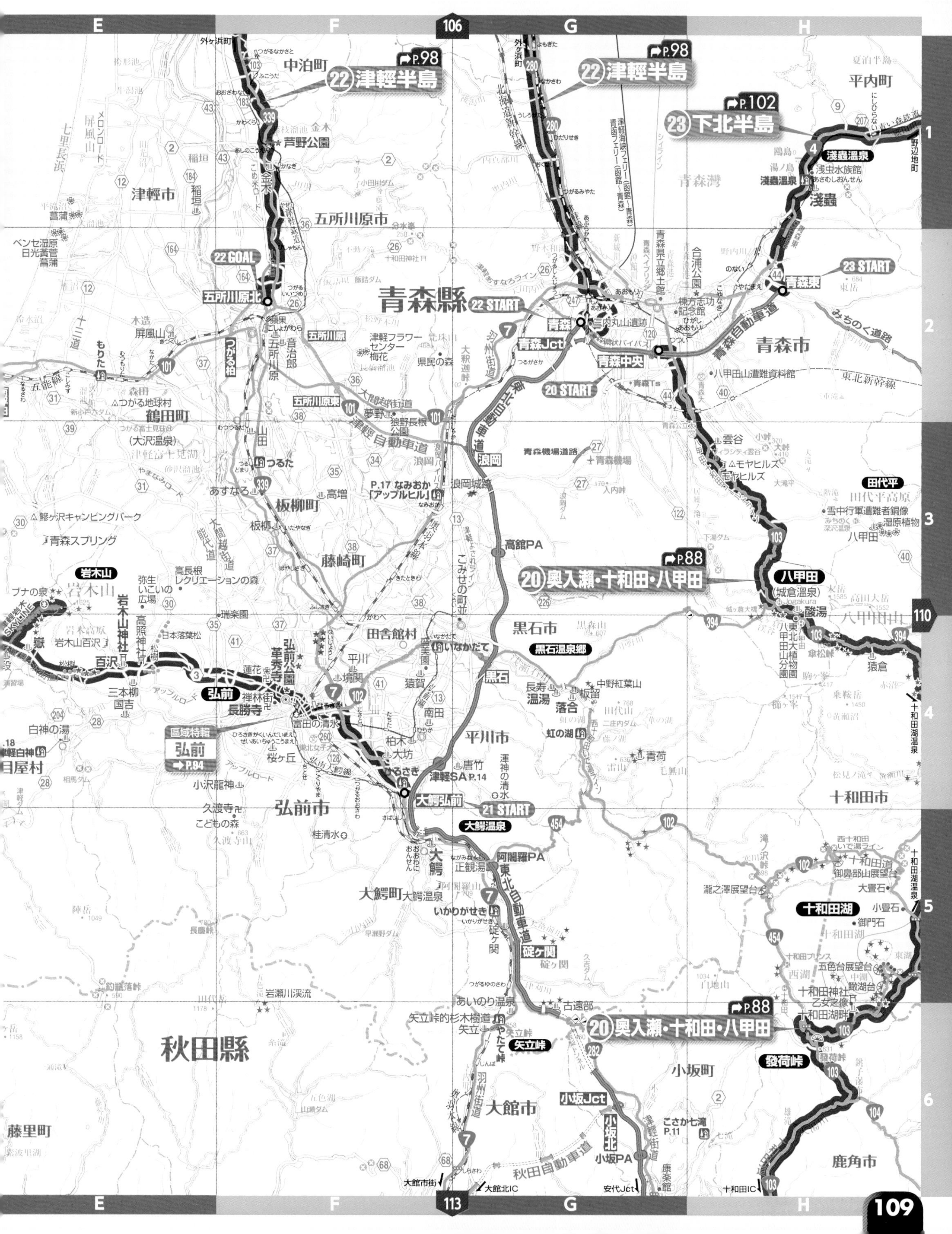

E
F
106
G
H
22 津輕半島 P.98
22 津輕半島 P.98
23 下北半島 P.102
中泊町
平内町
金木
芦野公園
津輕市
五所川原市
22 GOAL
五所川原北
青森縣
22 START
23 START
青森東
青森
青森Jct
青森中央
20 START
青森市
淺蟲溫泉
淺蟲
浅虫水族館
青森灣
三内丸山遺跡
青森県立郷土館
合浦公園
棟方志功記念館
東北自動車道
津輕自動車道
みちのく道路
東北新幹線
八甲田山遭難資料館
青森機場道路
青森機場
雲谷
モヤヒルズ
田代平
田代平高原
雪中行軍遭難者銅像
八甲田
20 奥入瀨·十和田·八甲田 P.88
八甲田
(城倉溫泉)
酸湯
110
東北大植物園八甲田山分
傘松峠
猿倉
五所川原
五所川原東
つがる柏
もりた
鶴田町
つがる地球村
(大沢溫泉)
つるた
板柳町
あすなろ
藤崎町
浪岡
浪岡城跡
P.17 なみおか「アップルヒル」
高館PA
黒石市
黒石溫泉鄉
黒石
津輕フラワーセンター
梅花
縣民の森
夢野
狼野長根公園
鰺ヶ沢キャンピングパーク
青森スプリング
岩木山
岩木山神社
嶽
百沢
岩木山百沢
弥生いこいの広場
高長根レクリエーションの森
日本落葉松
瑞楽園
弘前
弘前公園
革秀寺
禪林街
長勝寺
富田の清水
區域特輯 弘前 P.94
白神の湯
目屋村
田舍館村
いなかだて
平川
境関
猿賀
南田
柏木
大坊
ひろさき
津輕SA P.14
唐竹
運神の清水
平川市
大鰐弘前
21 START
大鰐溫泉
大鰐
大鰐町
阿闍羅PA
正観湯
いかりがせき
碇ヶ関
長寿溫泉
板留
落合
中野紅葉山
虹の湖
青荷
十和田市
瀧之澤展望台
御鼻部山展望台
大畳石
十和田湖
小畳石
御門石
五色台展望台
十和田神社
乙女之像
十和田湖畔
發荷峠
弘前市
小沢龍神
久渡寺
こどもの森
桂清水
岩瀬川溪流
秋田縣
あいのり溫泉
矢立峠的杉木樹道
矢立
矢立峠
やたて峠
古遠部
小坂町
小坂Jct
小坂北
小坂PA
こさか七滝 P.11
大館市
秋田自動車道
藤里町
鹿角市
大館北IC
十和田IC
安代Jct
113

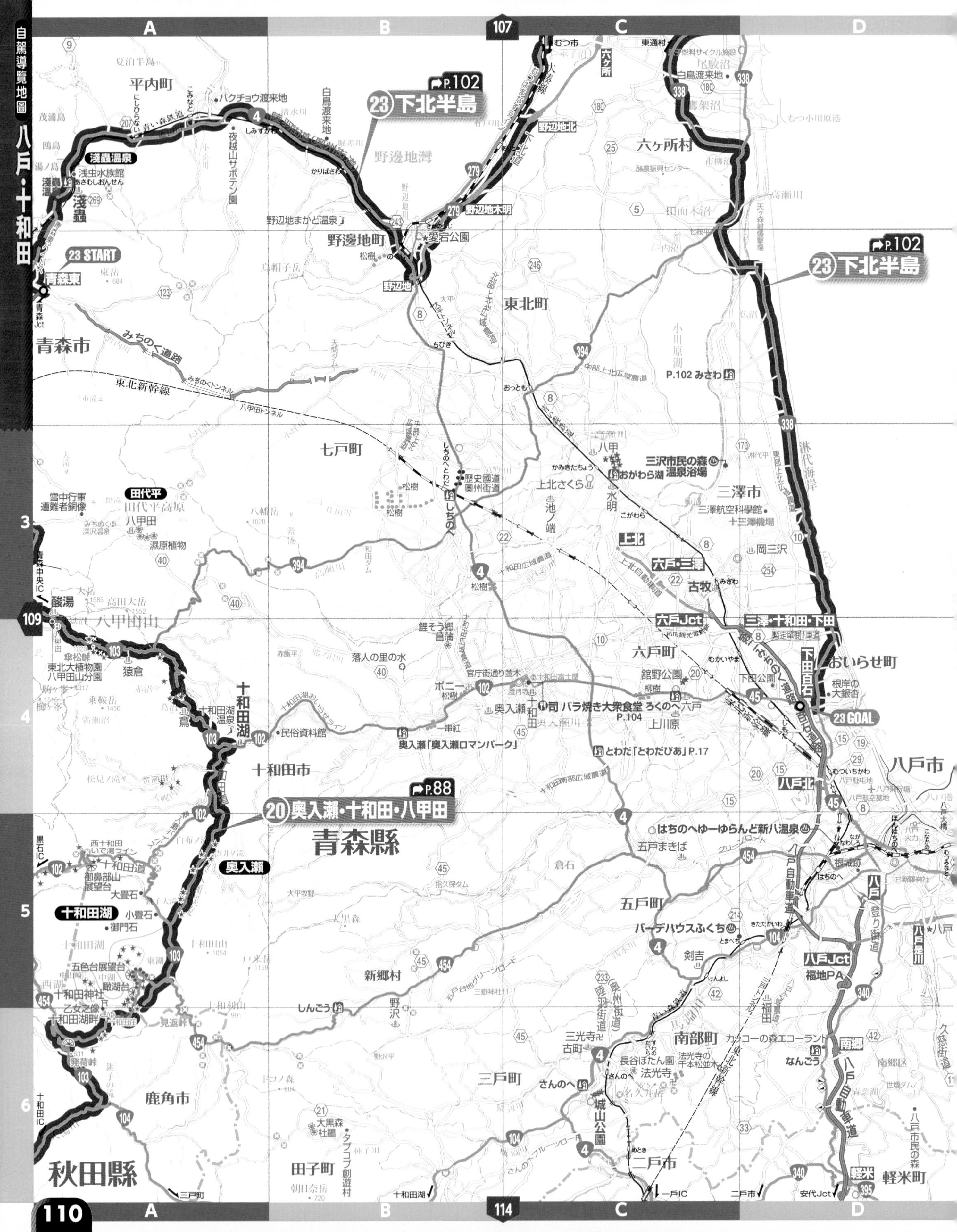

自駕導覽地圖
八戸・十和田
110
A
B
C
D
107
114
23 下北半島 P.102
20 奧入瀨・十和田・八甲田 P.88
23 START
23 GOAL
青森東
青森Jct
青森市
青森中央IC
平内町
夏泊半島
茂浦島
鴎島
湯ノ島
浅蟲温泉
浅虫水族館
淺蟲
ハクチョウ渡来地
夜越山サボテン園
白鳥渡来地
野邊地灣
野辺地まかど温泉
野邊地町
野辺地
野辺地北
野辺地木明
愛宕公園
烏帽子岳
東岳
みちのく道路
みちのくトンネル
東北新幹線
八甲田トンネル
むつ市
六ヶ所
東通村
核燃料サイクル施設
尾駮沼
白鳥渡来地
鷹架沼
六ヶ所村
酪農振興センター
高瀬川
東北町
小川原湖
P.102 みさわ
三沢市民の森温泉浴場
おがわら湖
上北さくら
七戸町
しちのへ
歴史國道奥州街道
田代平
雪中行軍遭難者銅像
田代平高原
八甲田
湿原植物
三澤市
三澤航空科學館
三澤機場
岡三沢
上北
六戸・三澤
古牧
六戸Jct
三澤・十和田・下田
下田百石
おいらせ町
根岸の大銀杏
六戸町
舘野公園
下田公園
上川原
酸湯
八甲田山
109
猿倉
東北大植物園八甲田山分園
傘松峠
鯉そう郷菖蒲
落人の里の水
十和田湖
十和田湖温泉
蔦
民俗資料館
官庁街通り並木
十和田富士屋
奥入瀬
十和田
バラ焼き大衆食堂 ろくのへ
P.104
奥入瀬「奥入瀬ロマンパーク」
とわだ「とわだぴあ」P.17
十和田市
八戸市
八戸北
青森縣
奥入瀬
黒石IC
十和田湖
御鼻部山展望台
大畳石
小畳石
御門石
五色台展望台
十和田神社
乙女之像
十和田湖畔
発荷峠
十和田IC
鹿角市
秋田縣
はちのへゆーゆらんど新八温泉
五戸まきば
倉石
五戸町
バーデハウスふくち
剣吉
八戸Jct
福地PA
新郷村
しんごう
野沢
三光寺
古町
長谷ぼたん園
法光寺
法光寺の千本松並木
カッコーの森エコーランド
なんごう
南部町
三戸町
さんのへ
城山公園
二戸市
田子町
大黒森
タプコプ創遊村
八戸自動車道
八戸市民の森
軽米
軽米町
十和田湖
三戸町
一戸IC
二戸市
安代Jct

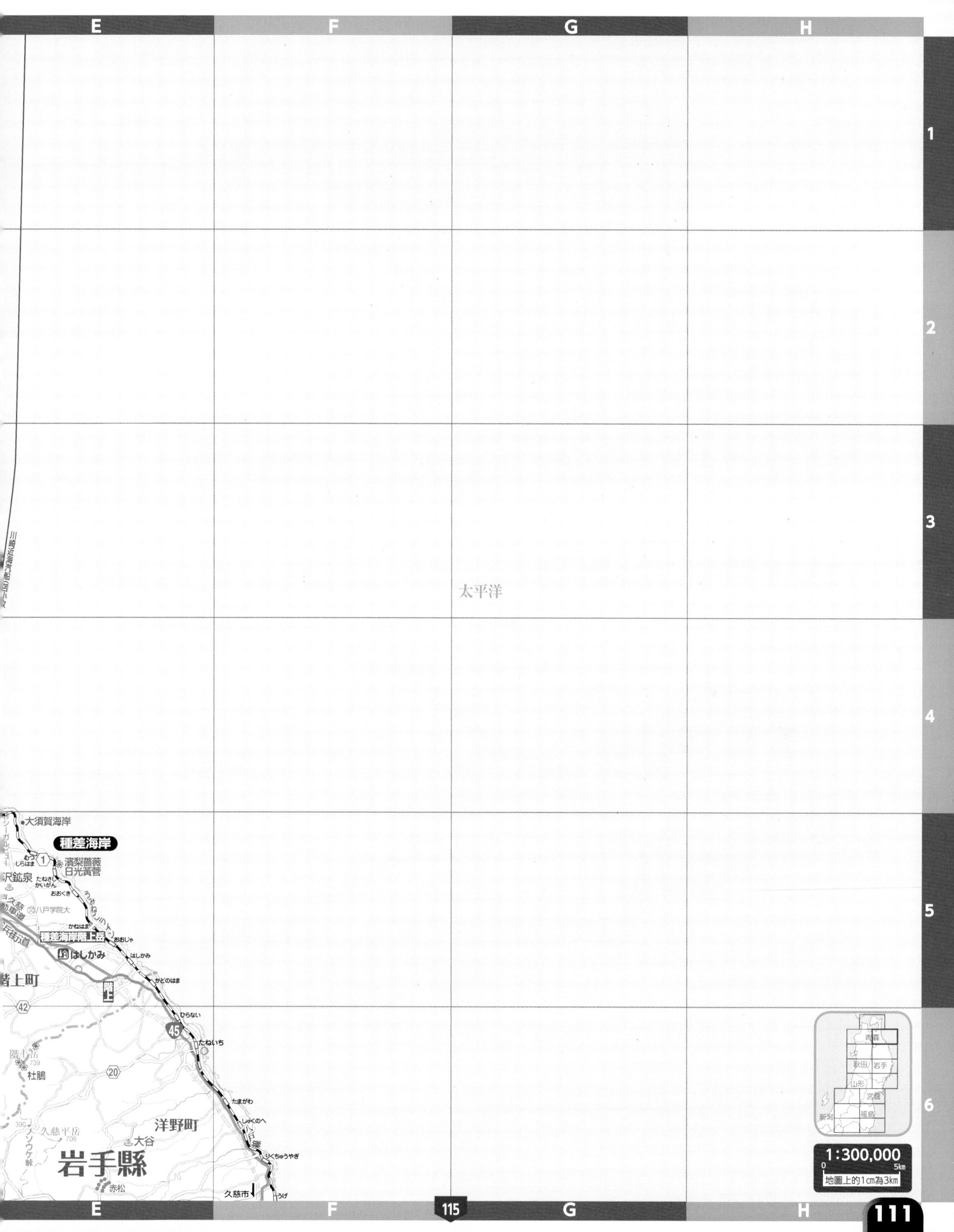

E
F
G
H
1
2
3
4
5
6
川崎近海汽船
太平洋
大須賀海岸
種差海岸
むつしらはま
1
濱梨薔薇
日光黃菅
沢鉱泉
たねさしかいがん
おおくき
うみねこレール
八戸学院大
かねはま
種差海岸階上岳
おおじゃ
はしかみ
はしかみ
階上町
かどのはま
階上
42
ひらない
45
たねいち
階上岳
739
杜鵑
20
たまがわ
しゅくのへ
八戸線
洋野町
久慈平岳
706
390
ソウケ峠
大谷
りくちゅうやぎ
岩手縣
赤松
久慈市
うげ
青森
秋田
岩手
山形
宮城
新潟
福島
1:300,000
0
5km
地圖上的1cm為3km
115

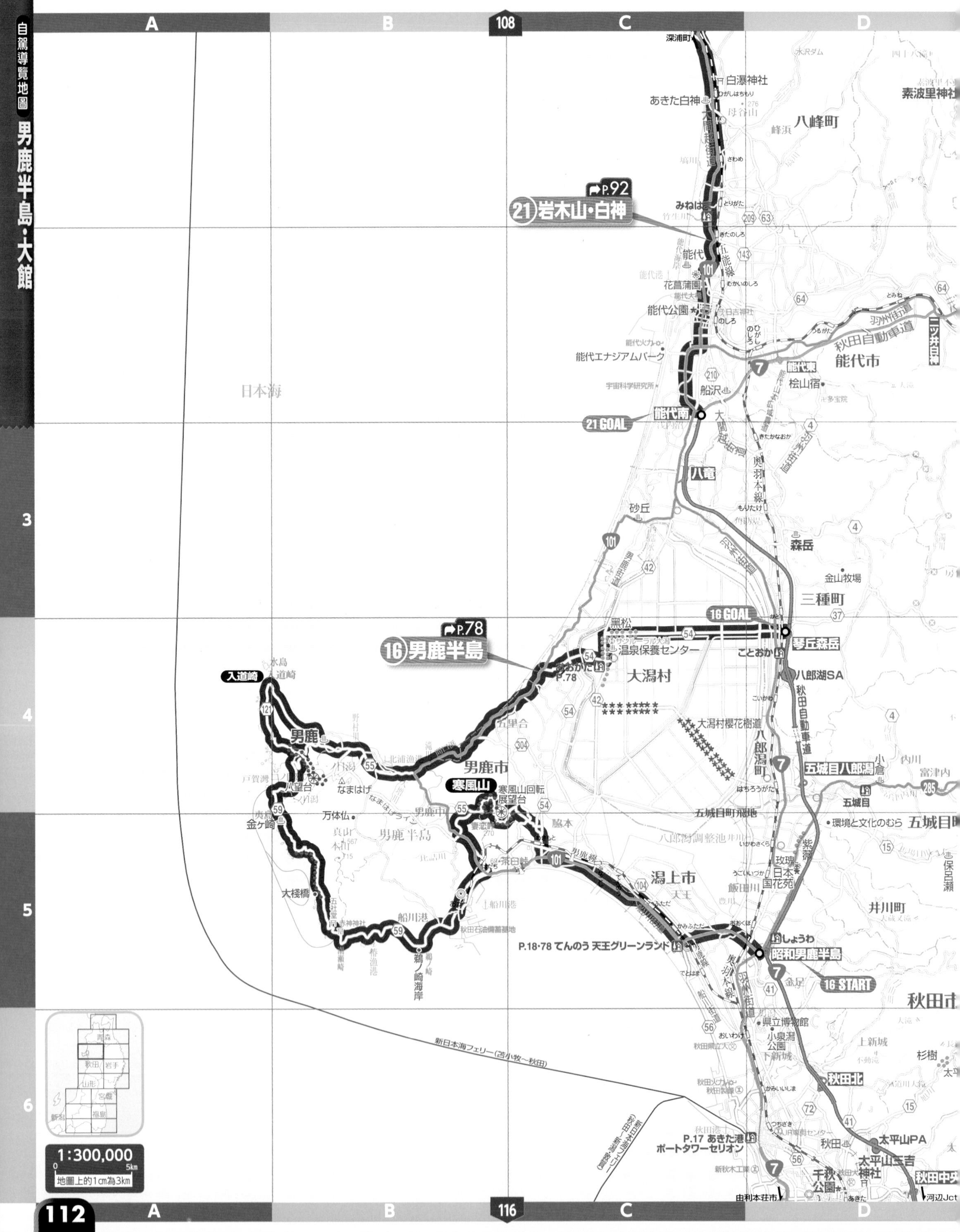

A
B
108
C
D
深浦町
白瀑神社
あきた白神
八峰町
素波里神社
P.92
21 岩木山・白神
みねはま
能代
花菖蒲園
能代公園
能代エナジアムパーク
秋田自動車道
能代市
羽州街道
能代東
桧山宿
日本海
船沢
21 GOAL
能代南
八竜
奥羽本線
砂丘
森岳
金山牧場
三種町
16 GOAL
黒松
P.78
16 男鹿半島
温泉保養センター
ことおか
琴丘森岳
八郎湖SA
入道崎
水島
大潟村
大潟村桜花樹道
男鹿
五里合
男鹿市
八郎潟町
五城目八郎潟
戸賀湾
八望台
なまはげ
寒風山
寒風山回転展望台
五城目
万体仏
男鹿半島
脇本
五城目町飛地
環境と文化のむら
五城目
金ヶ崎
八郎潟調整池
潟上市
玖瑰日本国花苑
大桟橋
船川港
秋田石油備蓄基地
しょうわ
昭和男鹿半島
P.18・78 てんのう 天王グリーンランド
鵜ノ崎海岸
16 START
井川町
秋田市
新日本海フェリー（苫小牧～秋田）
県立博物館
小泉潟公園
上新城
杉樹
秋田北
P.17 あきた港 ポートタワーセリオン
太平山PA
太平山三吉神社
千秋公園
秋田
秋田中央
由利本荘市
河辺Jct
1:300,000
0
5km
地圖上的1cm為3km
3
4
5
6
116

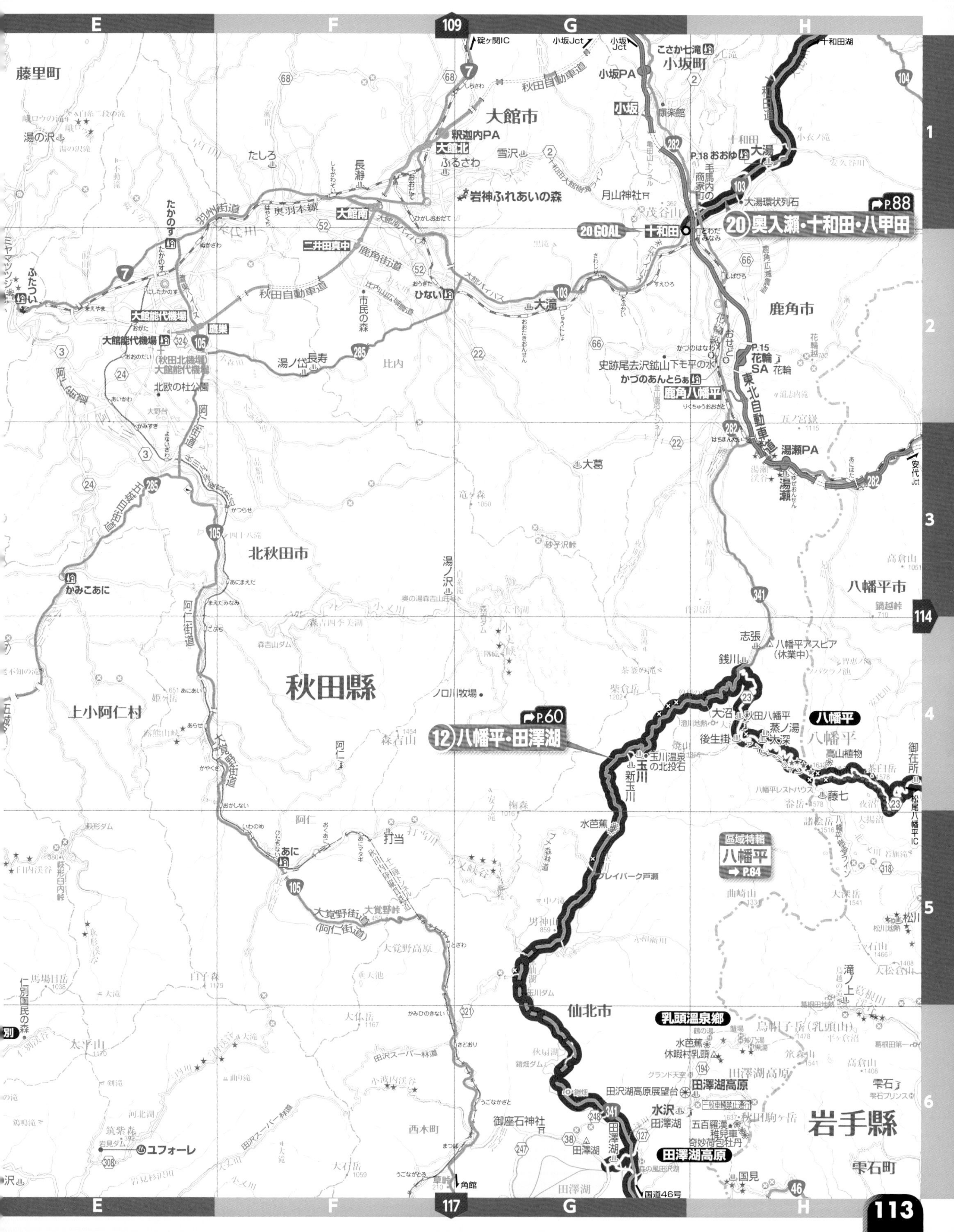

E
F
G
H
109
藤里町
大館市
小坂町
小坂PA
こさか七滝
十和田湖
秋田自動車道
釈迦内PA
大館北
たしろ
長瀞
雪沢
岩神ふれあいの森
月山神社
大湯
毛馬内商家町の
大湯環状列石
P.88
20 奥入瀬・十和田・八甲田
20 GOAL
十和田
大館南
二井田真中
鹿角街道
ひない
大滝
鹿角市
たかのす
奥羽本線
羽州街道
ふたつい
大館能代機場
鷹巣
湯ノ岱
長寿
史跡尾去沢鉱山
下モ平の水
かづのあんとらぁ
鹿角八幡平
花輪SA
東北自動車道
湯瀬PA
湯瀬
安代Jct
北欧の杜公園
大葛
北秋田市
かみこあに
湯ノ沢
八幡平市
114
志張
八幡平アスピア（休業中）
銭川
秋田縣
上小阿仁村
ノロ川牧場
森吉山
P.60
12 八幡平・田澤湖
大沼
秋田八幡平
蒸ノ湯
大深
後生掛
八幡平
玉川温泉の北投石
新玉川
高山植物
藤七
水芭蕉
阿仁
打当
あに
區域特輯
八幡平
P.64
大覚野街道
大覚野峠
（阿仁街道）
仙北市
乳頭温泉鄉
水芭蕉
休暇村乳頭
田澤湖高原
水沢
田澤湖
御座石神社
田澤湖高原
岩手縣
雫石町
ユフォーレ
角館
国道46号
117
113

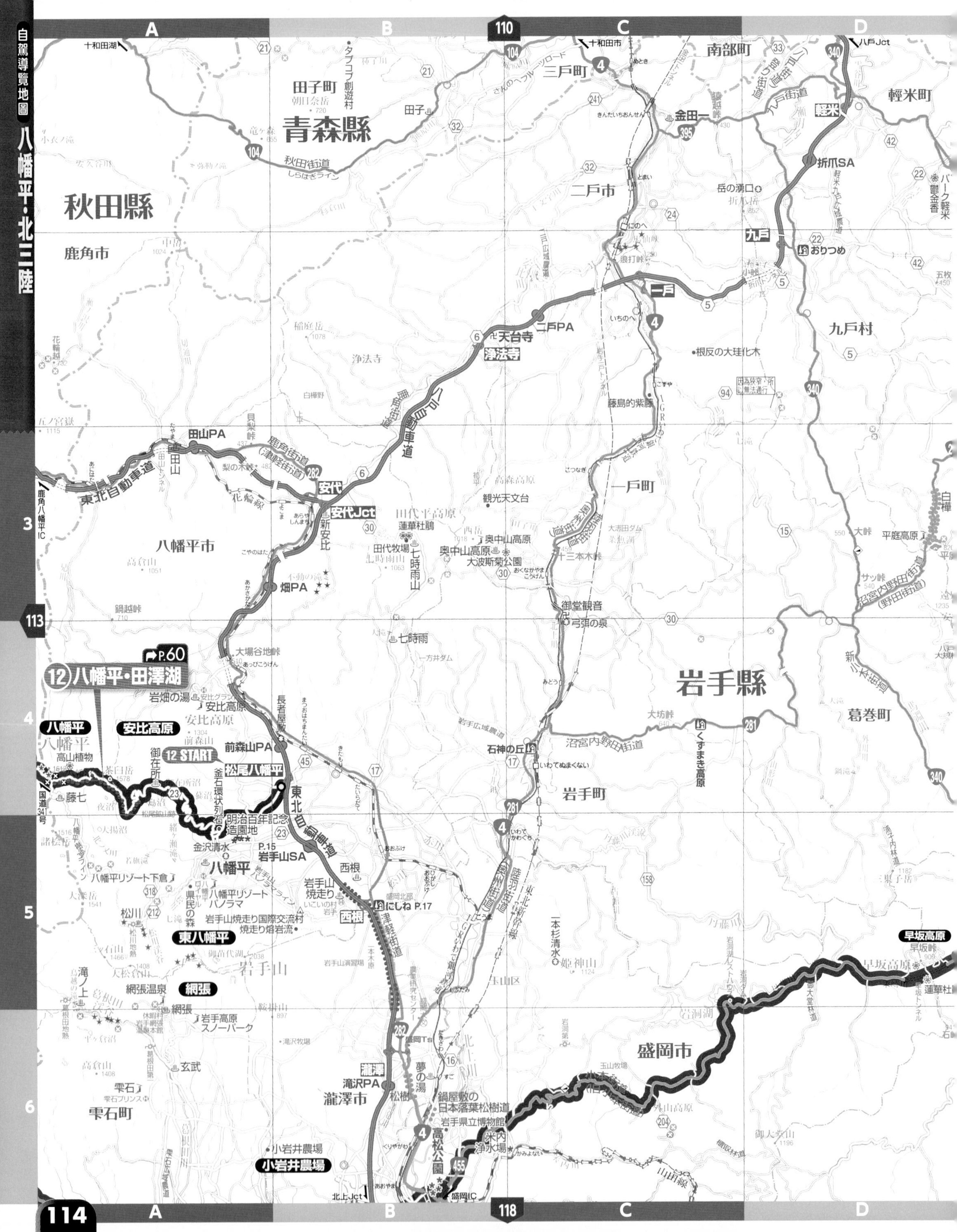
A
B
110
C
D
十和田湖
十和田市
八戸Jct
南部町
三戸町
田子町
田子
青森縣
秋田縣
軽米町
金田一
二戸市
岳の湯口
折爪SA
折爪岳
九戸
おりつめ
鹿角市
一戸
九戸村
稲庭岳
天台寺
二戸PA
浄法寺
根反の大珪化木
藤島的紫藤
田山PA
田山
東北自動車道
安代
安代Jct
一戸町
高森高原
観光天文台
田代平高原
蓮華杜鵑
田代牧場
七時雨山
奥中山高原
大波斯菊公園
八幡平市
畑PA
御堂観音
弓弭の泉
七時雨
岩手縣
P.60
12 八幡平・田澤湖
岩畑の湯
安比高原
八幡平
前森山PA
12 START
松尾八幡平
石神の丘
くずまき高原
葛巻町
沼宮内野田街道
岩手町
御在所
藤七
明治百年記念造園地
金沢清水
岩手山SA
西根
八幡平リゾート下倉
八幡平リゾートパノラマ
県民の森
岩手山焼走り国際交流村
焼走り熔岩流
にしね P.17
松川
東八幡平
網張温泉
網張
岩手高原スノーパーク
岩手山
姫神山
早坂高原
蓮華杜
玄武
盛岡市
雫石
雫石町
瀧澤
滝沢PA
瀧澤市
夢の湯
鍋屋敷の日本落葉松樹道
岩手県立博物館
高松公園
米内浄水場
小岩井農場
北上Jct
盛岡IC
118

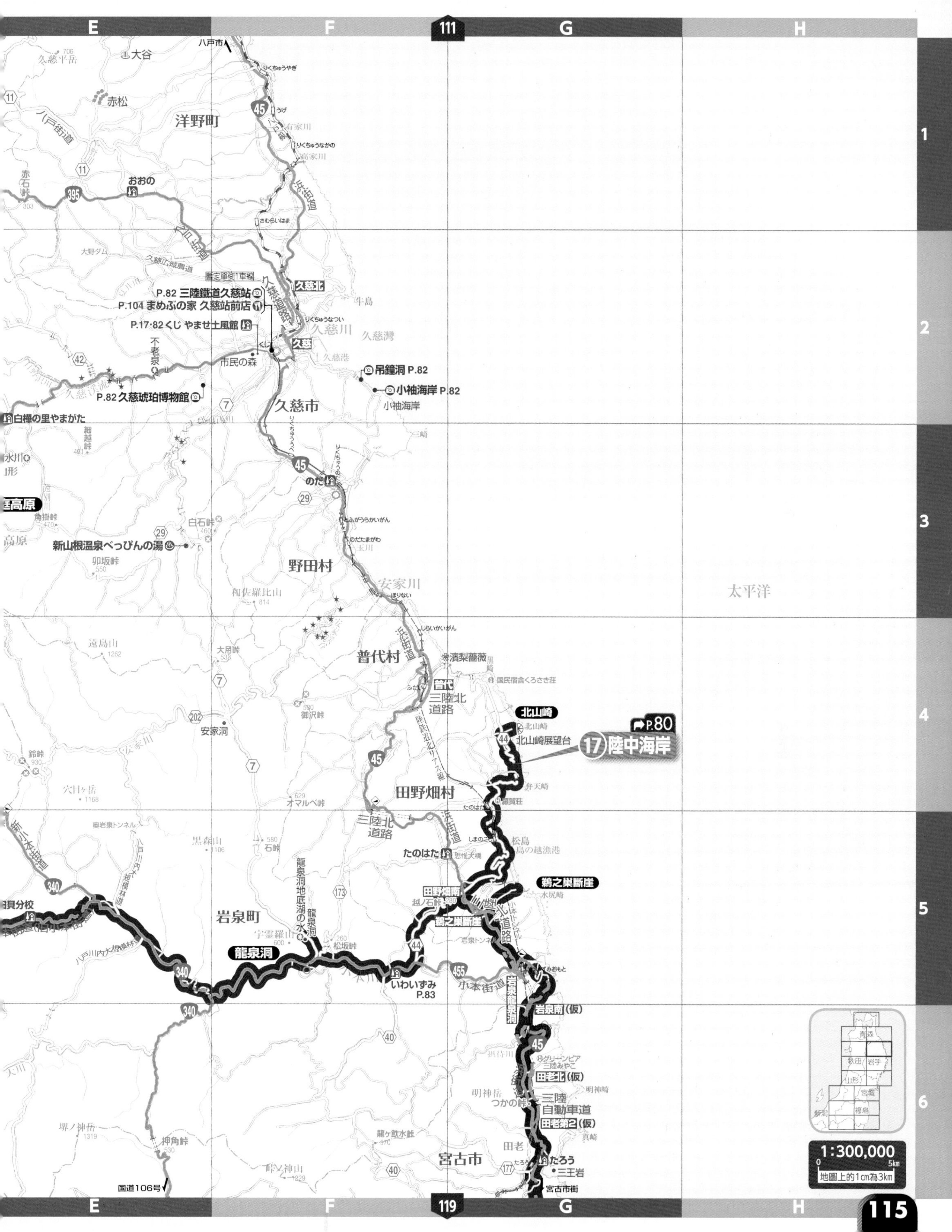

八戸市
久慈平岳
大谷
赤松
洋野町
八戸街道
おおの
久慈北
P.82 三陸鐵道久慈站
P.104 まめぶの家 久慈站前店
P.17·82 くじ やませ土風館
久慈川
久慈灣
市民の森
吊鐘洞 P.82
小袖海岸 P.82
P.82 久慈琥珀博物館
白樺の里やまがた
久慈市
のだ
新山根温泉べっぴんの湯
野田村
安家川
太平洋
普代村
三陸北道路
北山崎
北山崎展望台
P.80
17 陸中海岸
田野畑村
たのはた
鵜之巢斷崖
岩泉町
龍泉洞
いわいずみ P.83
岩泉南(仮)
田老北(仮)
三陸自動車道
田老第2(仮)
宮古市
たろう
三王岩
宮古市街
国道106号
1:300,000
地圖上的1cm為3km

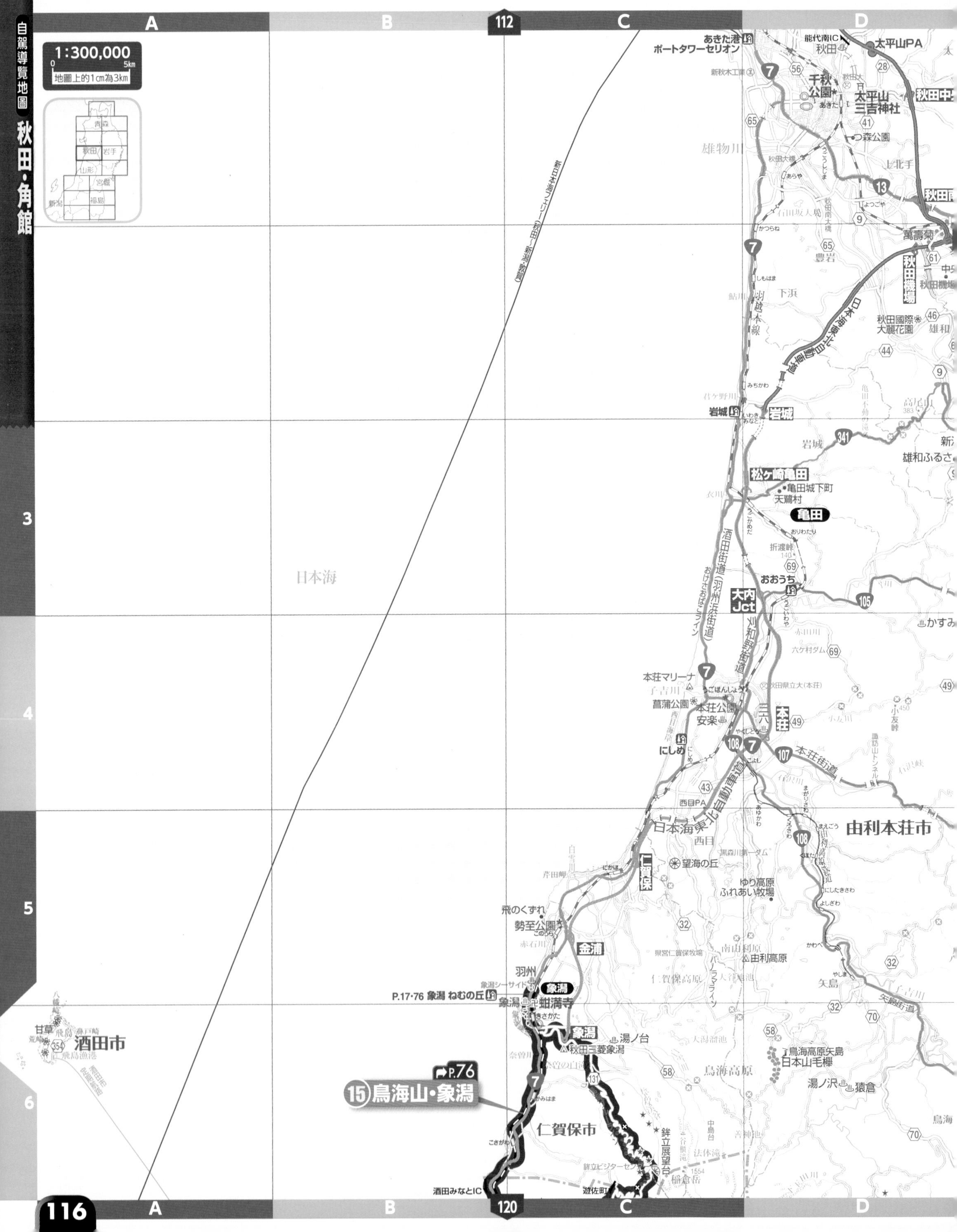
1:300,000
地圖上的1cm為3km
A
B
C
D
112
120
3
4
5
6
日本海
新日本海フェリー(秋田〜新潟・敦賀)
あきた港
ポートタワーセリオン
能代南IC
秋田
太平山PA
千秋公園
太平山三吉神社
秋田中央
雄物川
つ森公園
上北手
秋田南
萬壽菊
秋田機場
豊岩
下浜
羽越本線
日本海東北自動車道
秋田國際大麗花園
雄和
岩城
松ケ崎亀田
亀田城下町
天鷺村
亀田
折渡峠
おおうち
大内Jct
酒田街道(羽州浜街道)
おばこライン
矢島街道
本荘マリーナ
菖蒲公園
本荘公園
安楽
三六
本荘
にしめ
本荘街道
西目PA
西目
由利本荘市
仁賀保
望海の丘
ゆり高原ふれあい牧場
飛のくずれ
勢至公園
金浦
南由利原
由利高原
仁賀保高原
羽州
象潟
P.17・76 象潟 ねむの丘
蚶満寺
象潟シーサイド
湯ノ台
秋田三菱象潟
鳥海高原
鳥海高原矢島
日本山毛欅
湯ノ沢
猿倉
矢島
P.76
15 鳥海山・象潟
仁賀保市
鉾立展望台
鉾立ビジターセンター
稲倉岳
遊佐町
酒田みなとIC
酒田市
飛島
甘草
荒崎
鳥海

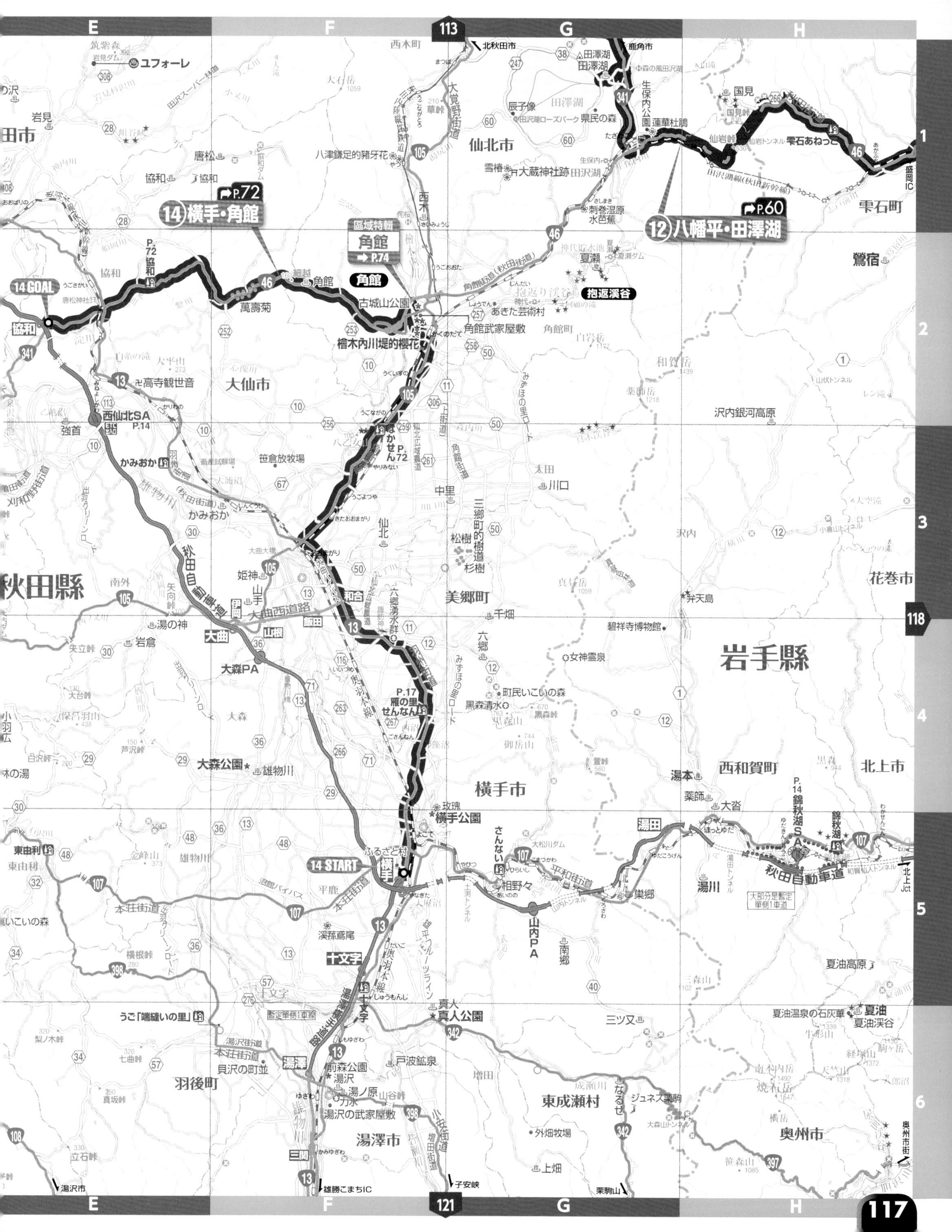

14 横手・角館 P.72
12 八幡平・田澤湖 P.60
區域特輯 角館 P.74
14 GOAL
14 START
仙北市
大仙市
美郷町
横手市
西和賀町
北上市
雫石町
花巻市
秋田縣
岩手縣
湯澤市
羽後町
東成瀬村
奥州市
角館
田澤湖
抱返溪谷
角館武家屋敷
檜木内川堤的櫻花
古城山公園
あきた芸術村
横手公園
真人公園
十文字
湯澤
大曲
西仙北SA
大森PA
山内PA
錦秋湖SA
秋田自動車道
夏油高原
沢内銀河高原

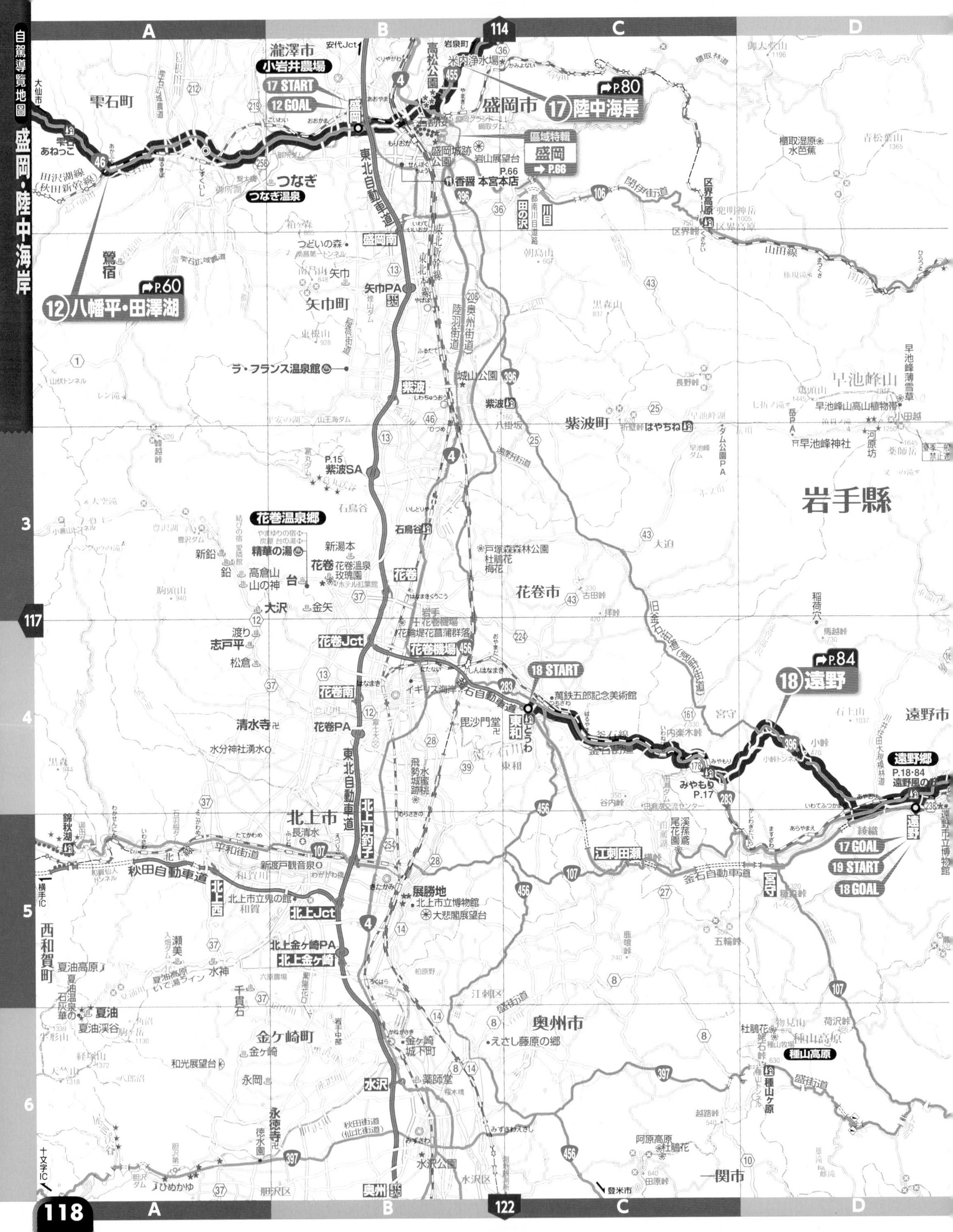
A
B
C
D
114
瀧澤市
小岩井農場
17 START
12 GOAL
雫石町
盛岡
盛岡市
17 陸中海岸
P.80
區域特輯
盛岡
P.66
つなぎ
つなぎ温泉
東北自動車道
盛岡南
12 八幡平·田澤湖
P.60
矢巾PA
矢巾町
ラ・フランス温泉館
紫波
紫波SA
紫波町
はやちね
早池峰山
岩手縣
花巻温泉郷
精華の湯
花巻
花巻市
大沢
志戸平
花巻Jct
花巻機場
18 START
18 遠野
P.84
花巻南
清水寺
花巻PA
東和
遠野郷
遠野市
みやもり
北上市
北上江釣子
江刺田瀬
秋田自動車道
北上西
北上Jct
展勝地
北上金ケ崎PA
北上金ケ崎
遠野
17 GOAL
19 START
18 GOAL
宮守
西和賀町
夏油
金ケ崎町
奥州市
種山高原
水沢
永徳寺
一関市
奥州
117
122
3
4
5
6

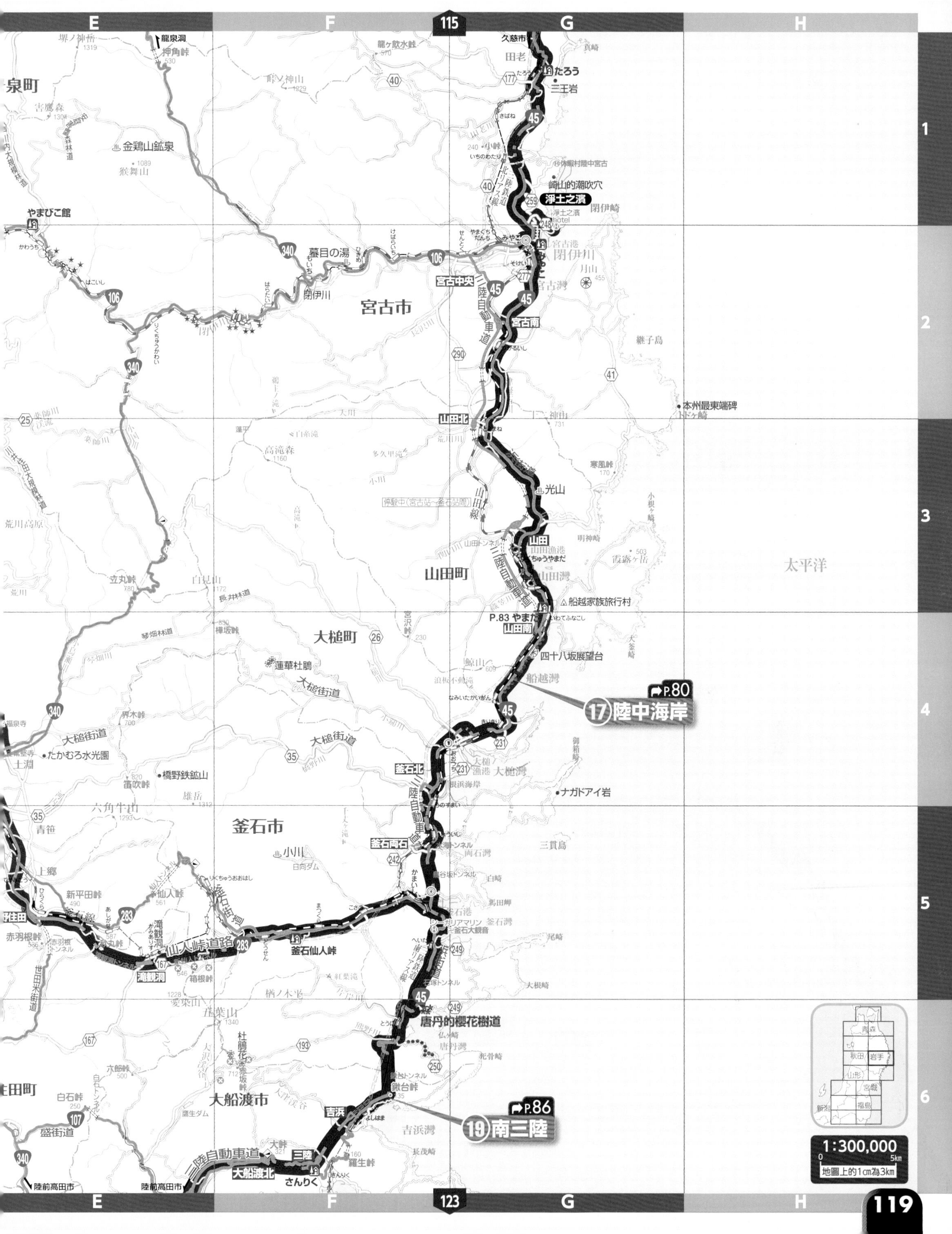

E
F
115
G
H
1
2
3
4
5
6
久慈市
田老
たろう
三王岩
泉町
金鶏山鉱泉
やまびこ館
崎山的潮吹穴
淨土之濱
閉伊崎
宮古市
閉伊川
宮古中央
宮古南
宮古湾
継子島
本州最東端碑
トドヶ崎
山田北
光山
山田
山田町
船越家族旅行村
P.83 やまだ
山田南
太平洋
大槌町
四十八坂展望台
船越湾
P.80
17 陸中海岸
釜石北
大槌湾
ナガドアイ岩
釜石市
釜石両石
三貫島
釜石仙人峠
仙人峠道路
滝観洞
唐丹的櫻花樹道
大船渡市
吉浜
P.86
19 南三陸
三陸自動車道
大船渡北
さんりく
陸前高田市
123
1:300,000
地圖上的1cm為3km

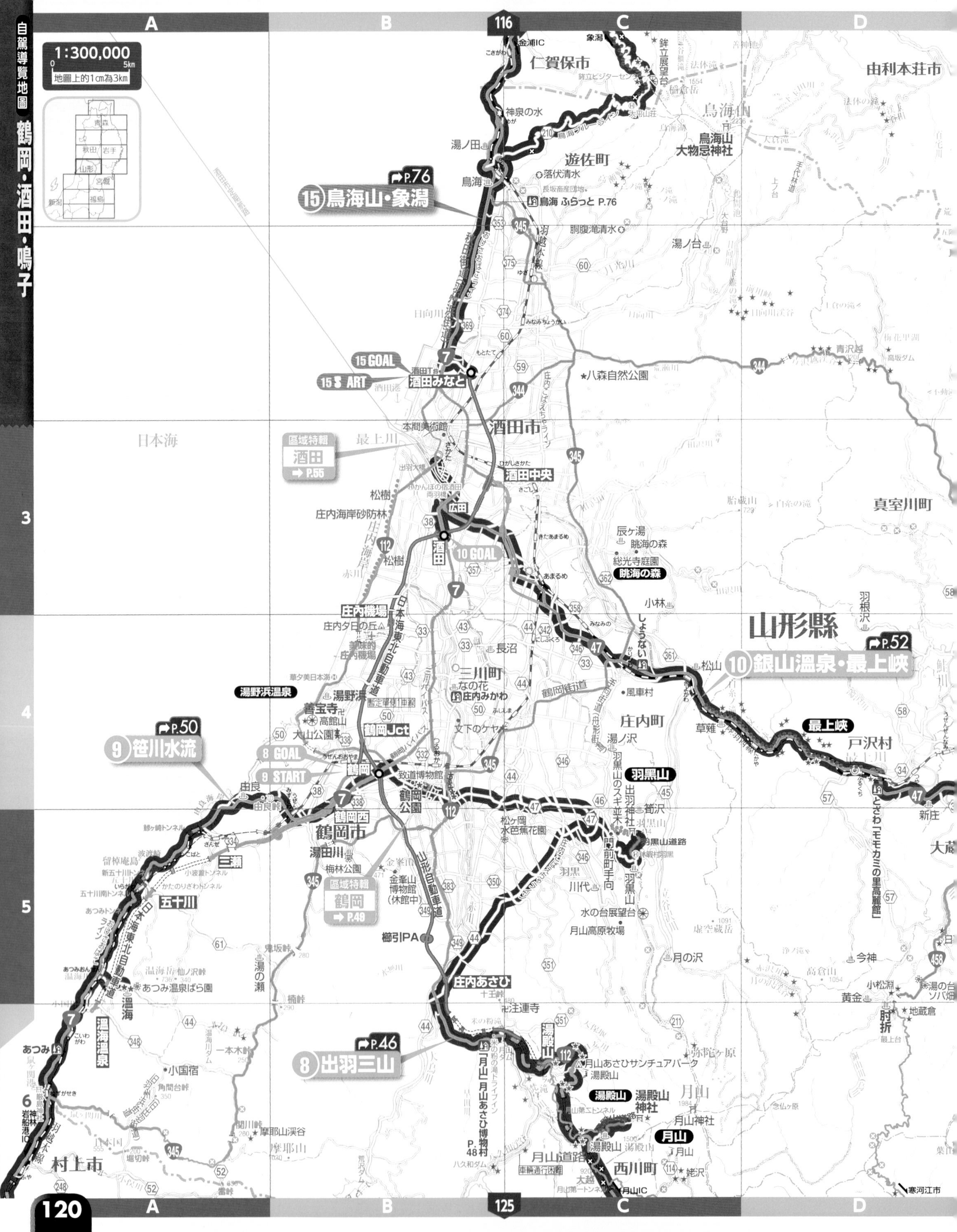

1:300,000
地圖上的1cm為3km
仁賀保市
由利本荘市
鳥海山
遊佐町
鳥海山大物忌神社
15 鳥海山・象潟 P.76
鳥海 ふらっと P.76
15 GOAL
15 START
酒田みなと
酒田市
日本海
最上川
區域特輯 酒田 P.55
酒田中央
真室川町
10 GOAL
酒田
眺海の森
庄内機場
山形縣
10 銀山温泉・最上峡 P.52
最上峡
戸沢村
三川町
庄内町
湯野浜温泉
9 笹川水流 P.50
8 GOAL
9 START
鶴岡
鶴岡Jct
羽黒山
鶴岡西
鶴岡市
三瀬
五十川
區域特輯 鶴岡 P.48
庄内あさひ
8 出羽三山 P.46
湯殿山
月山
西川町
村上市
あつみ
温海温泉

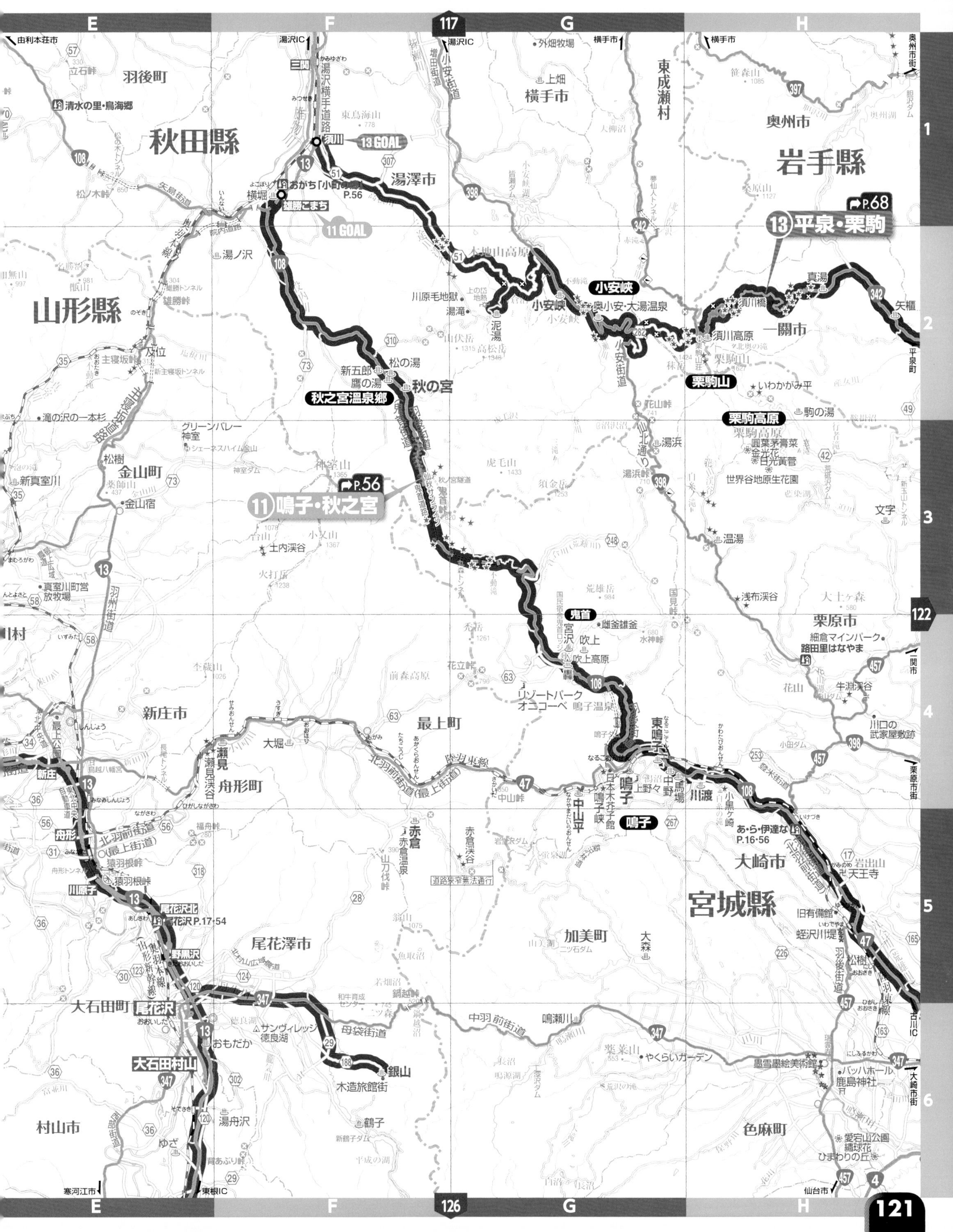

秋田縣
山形縣
岩手縣
宮城縣
湯澤市
横手市
奥州市
一關市
栗原市
大崎市
新庄市
最上町
舟形町
尾花澤市
大石田町
村山市
加美町
色麻町
金山町
羽後町
東成瀬村
13 GOAL
11 GOAL
13 平泉・栗駒
P.68
11 鳴子・秋之宮
P.56
おがち「小町の郷」 P.56
雄勝こまち
秋之宮温泉郷
秋の宮
小安峡
奥小安・大湯温泉
栗駒山
栗駒高原
須川高原
鬼首
鳴子
鳴子峡
中山平
川渡
東鳴子
あ・ら・伊達な道の駅 P.16・56
尾花沢 P.17・54
銀山
木造旅館街
新庄
舟形
川原子
尾花沢北
野黒沢
大石田村山

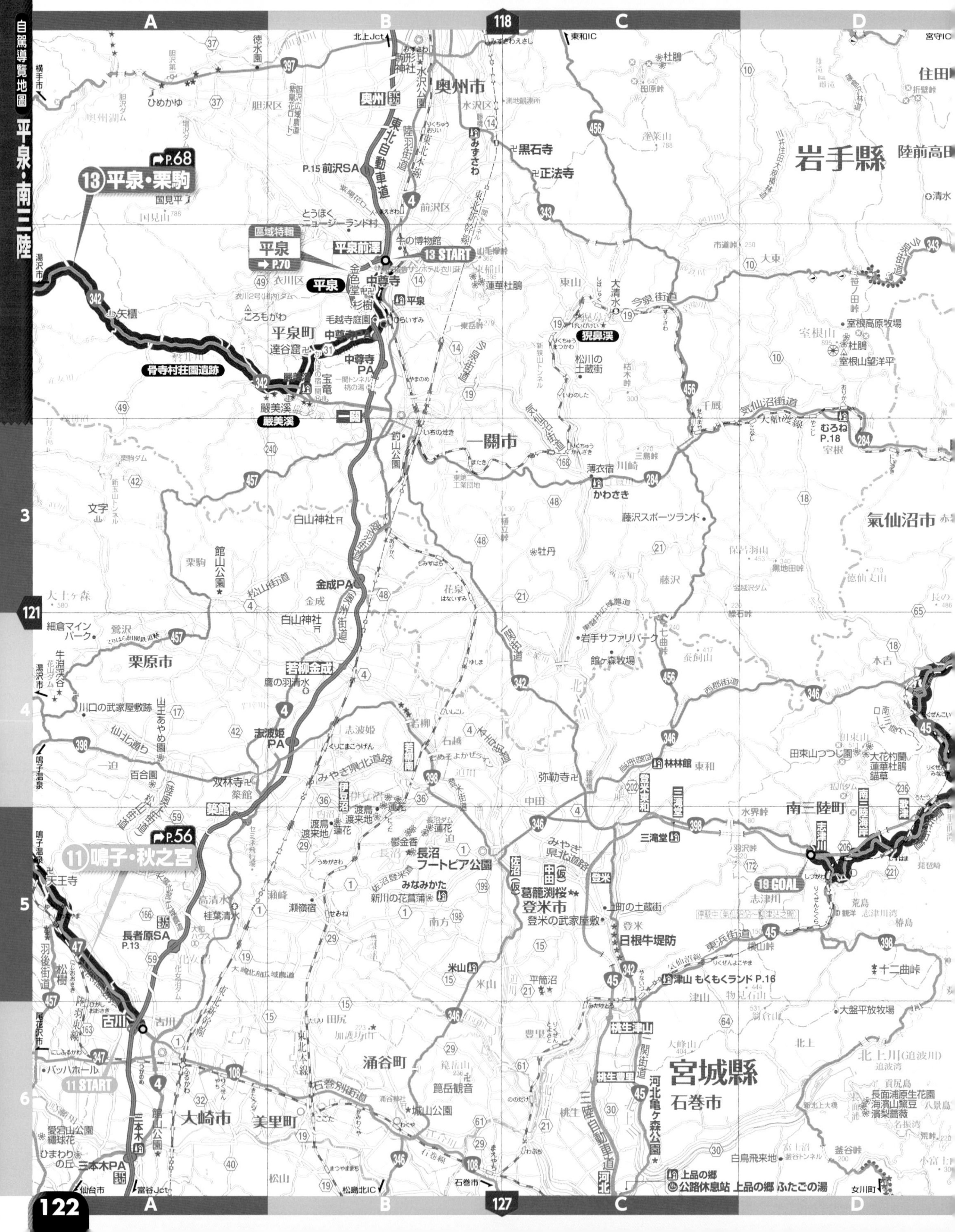

13 平泉・栗駒 P.68
區域特輯 平泉 P.70
13 START
11 鳴子・秋之宮 P.56
11 START
19 GOAL
奥州市
岩手縣
一關市
氣仙沼市
栗原市
南三陸町
登米市
宮城縣
石巻市
大崎市
美里町
涌谷町
平泉町
中尊寺
毛越寺庭園
厳美渓
猊鼻渓
上品の郷 公路休息站 上品の郷 ふたごの湯

E
F
119
G
H
1
2
3
4
5
6
吉浜
吉浜灣
大船渡北
三陸
三陸自動車道
大船渡
長安寺
さんりく
今出山
杜鵑花
大船渡市
越喜来灣
綾里富士
綾里灣
綾里岬
氷上山
陸前高田
大船渡碁石海岸
通岡
通岡峠
珊瑚島
三陸鉄道南リアス線
穴通磯
大船渡市立博物館
碁石海岸
高田松原（休業中）
モビリア（休業中）
広田灣
広田
大森山
大理石海岸
三陸自動車道
P.86
19 南三陸
石割峠
巨釜
半造
透百合
濱菊
九九鳴き浜
漁火パーク
唐桑半島
亀山
休暇村氣仙沼大島
大島
御崎岬
氣仙沼灣
大島
大谷海岸
太平洋
青森
秋田
岩手
山形
宮城
福島
新潟
1:300,000
0
5km
地圖上的1cm為3km

1:300,000
地圖上的1cm為3km
粟島浦村
日本海
村上市
9 笹川水流
P.50
笹川水流
P.51 笹川水流
瀨波溫泉
瀨波
朝日まほろば
朝日三面
村上山辺里
村上瀨波溫泉
9 GOAL
神林岩船港
神林
荒川胎内
乙宝寺
下越の松林
中条の土蔵街
中条
加治川
胎内市
聖籠町
聖籠新發田
新發田城跡
新潟市
豊栄新潟東港
新潟機場
豊栄SA
新潟市美術館
マリンピア日本海
新發田市
五十公野公園
二ノックススノーパーク
新日本海フェリー（小樽・苫小牧・秋田～新潟）
佐渡汽船カーフェリー（両津～新潟）
新日本海フェリー（敦賀～新潟）
新潟西IC
新潟中央Jct
新津IC
阿賀野市
米沢街道（小国街道）
米坂線
羽越本線
日本海東北自動車道
大満虚空蔵尊
県民いこいの森
諸上寺公園展望台
石船神社
港町岩船
城下町村上
村上城跡
中央区
東区
北区

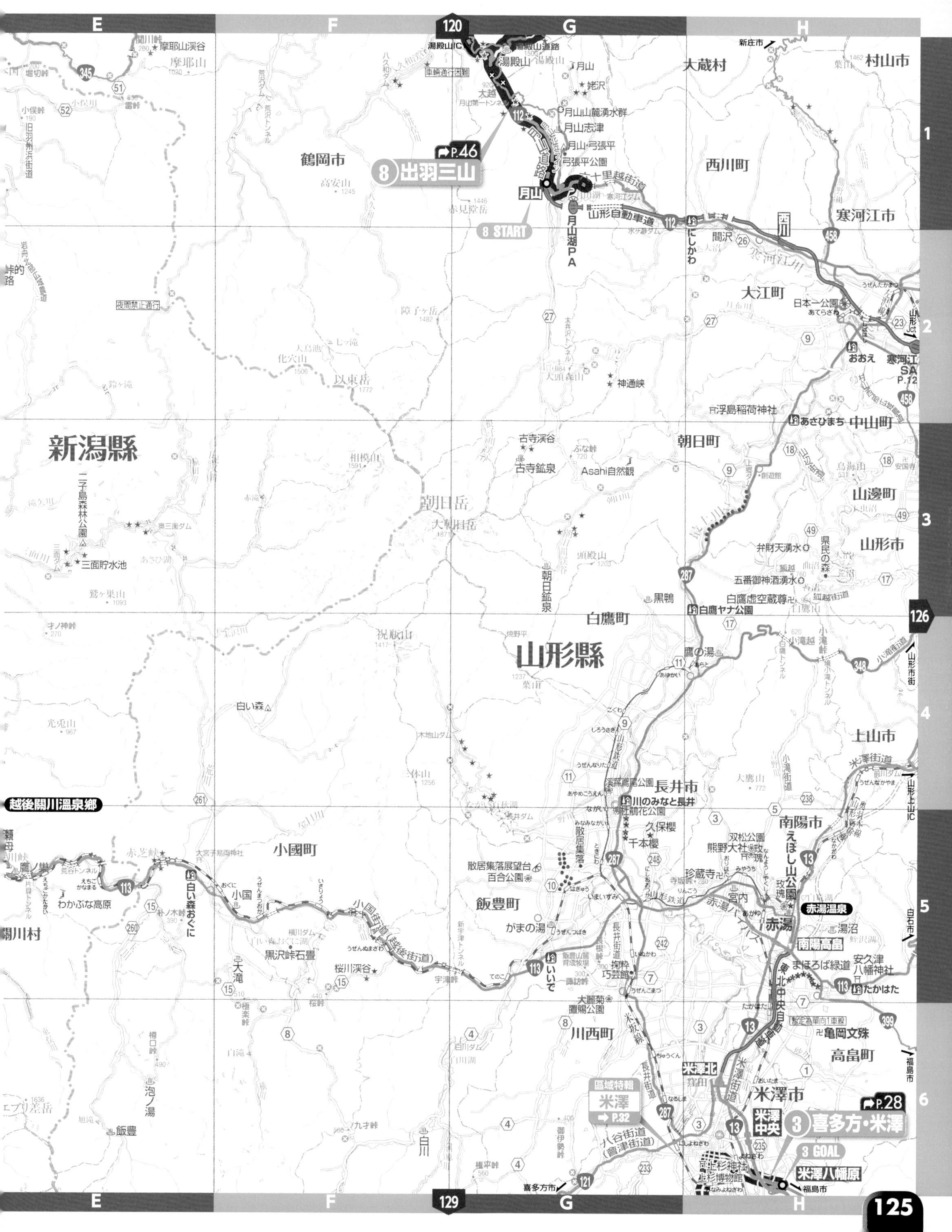

新潟縣
山形縣
鶴岡市
8 出羽三山
P.46
月山
8 START
山形自動車道
西川町
大蔵村
村山市
寒河江市
大江町
朝日町
中山町
山邊町
山形市
白鷹町
長井市
南陽市
上山市
小國町
飯豐町
川西町
高畠町
米澤市
3 喜多方・米澤
P.28
3 GOAL
米澤八幡原
米澤中央
米澤北
南陽高畠
赤湯温泉
越後關川温泉鄉
關川村
區域特輯 米澤 P.32
朝日岳
以東岳
大朝日岳
月山湖PA
湯殿山IC
湯殿山
月山志津
弓張平公園
古寺鉱泉
朝日鉱泉
黒鴨
白鷹ヤナ公園
川のみなと長井
いいで
白い森おぐに
たかはた
あさひまち
おおえ
寒河江SA
にしかわ
三面貯水池
黒沢峠石畳
桜川渓谷
散居集落展望台
百合公園
がまの湯
熊野大社
双松公園
亀岡文殊
上杉神社
上杉博物館

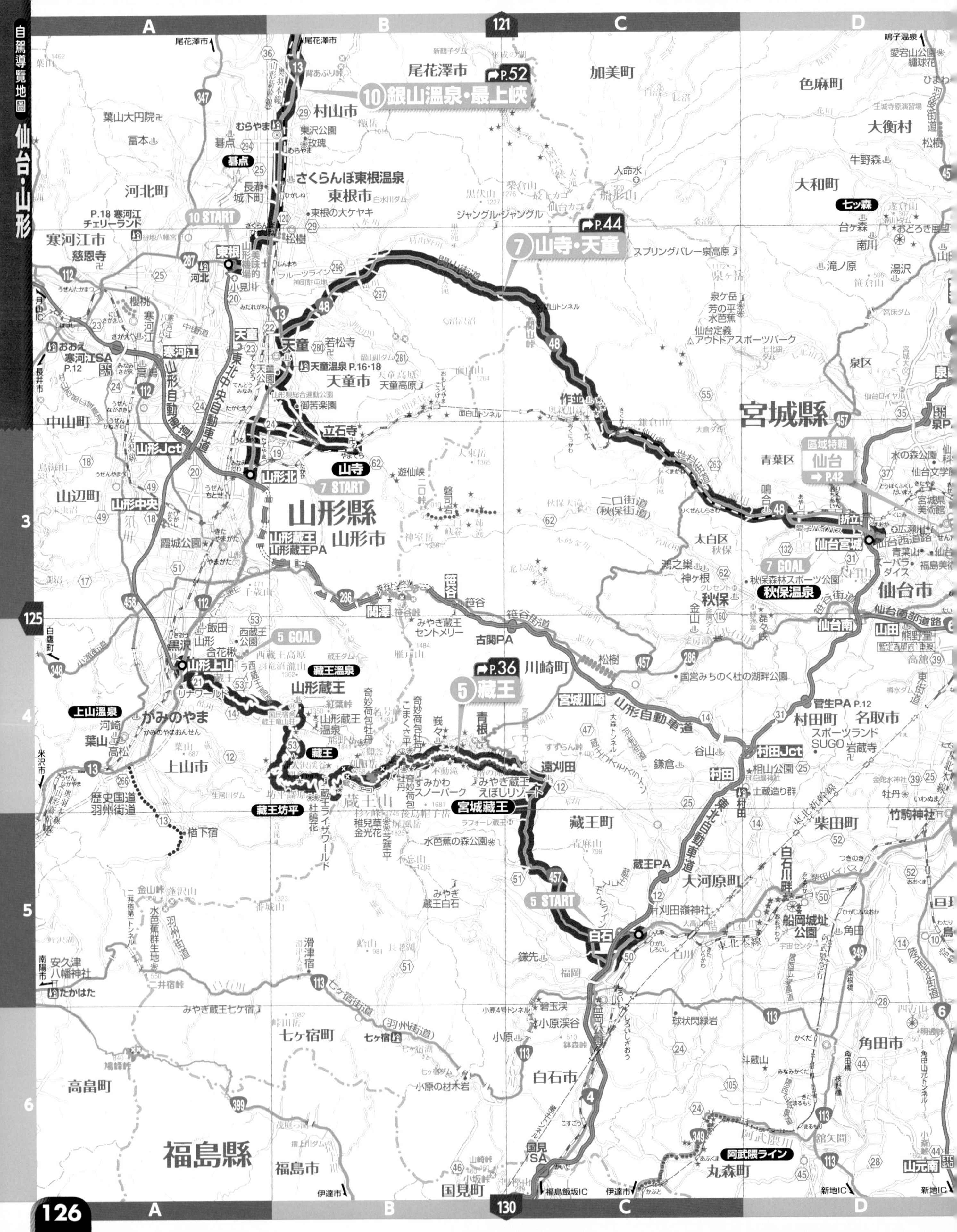
A
B
C
D
121
125
130
1
2
3
4
5
6
尾花澤市
加美町
色麻町
10 銀山溫泉・最上峽
P.52
村山市
葉山大円院
大衡村
東沢公園
冨本
碁点
さくらんぼ東根温泉
東根市
河北町
大和町
東根の大ケヤキ
P.18 寒河江チェリーランド
10 START
7 山寺・天童
P.44
寒河江市
慈恩寺
東根
河北
スプリングバレー泉高原
七ッ森
南川
滝ノ原
湯沢
フルーツライン
泉ケ岳
芳の平
水芭蕉
仙台定義
アウトドアスポーツパーク
天童
若松寺
寒河江
おおえ 寒河江SA
天童温泉 P.16・18
天童市
天童高原
御苦楽園
泉区
中山町
作並
宮城縣
立石寺
山寺
山形Jct
山形北
7 START
遊仙峡
青葉区
仙台
P.42
山辺町
山形中央
山形縣
山形市
山形蔵王
山形蔵王PA
二口街道（秋保街道）
太白区
秋保
仙台宮城
霞城公園
7 GOAL
秋保森林スポーツ公園
秋保温泉
仙台市
笹谷
関澤
みやぎ蔵王セントメリー
古関PA
仙台南
山田
5 GOAL
西蔵王公園
山形上山
蔵王温泉
P.36
川崎町
5 蔵王
宮城川崎
上山温泉
かみのやま
山形蔵王温泉
青根
村田町
名取市
スポーツランドSUGO
葉山
高松
上山市
蔵王
遠刈田
みやぎ蔵王えぼしリゾート
村田Jct
村田
歴史国道 羽州街道
楢下宿
蔵王坊平
蔵王山
宮城蔵王
蔵王町
竹駒神社
蔵王ライザワールド
水芭蕉の森公園
柴田町
蔵王PA
大河原町
みやぎ蔵王白石
5 START
白石
船岡城址公園
角田
安久津八幡神社
たかはた
みやぎ蔵王七ケ宿
碧玉渓
小原渓谷
七ヶ宿町
七ヶ宿
小原
角田市
白石市
高畠町
小原の材木岩
福島縣
国見SA
阿武隈ライン
丸森町
福島市
国見町
山元南
伊達市
福島飯坂IC
新地IC

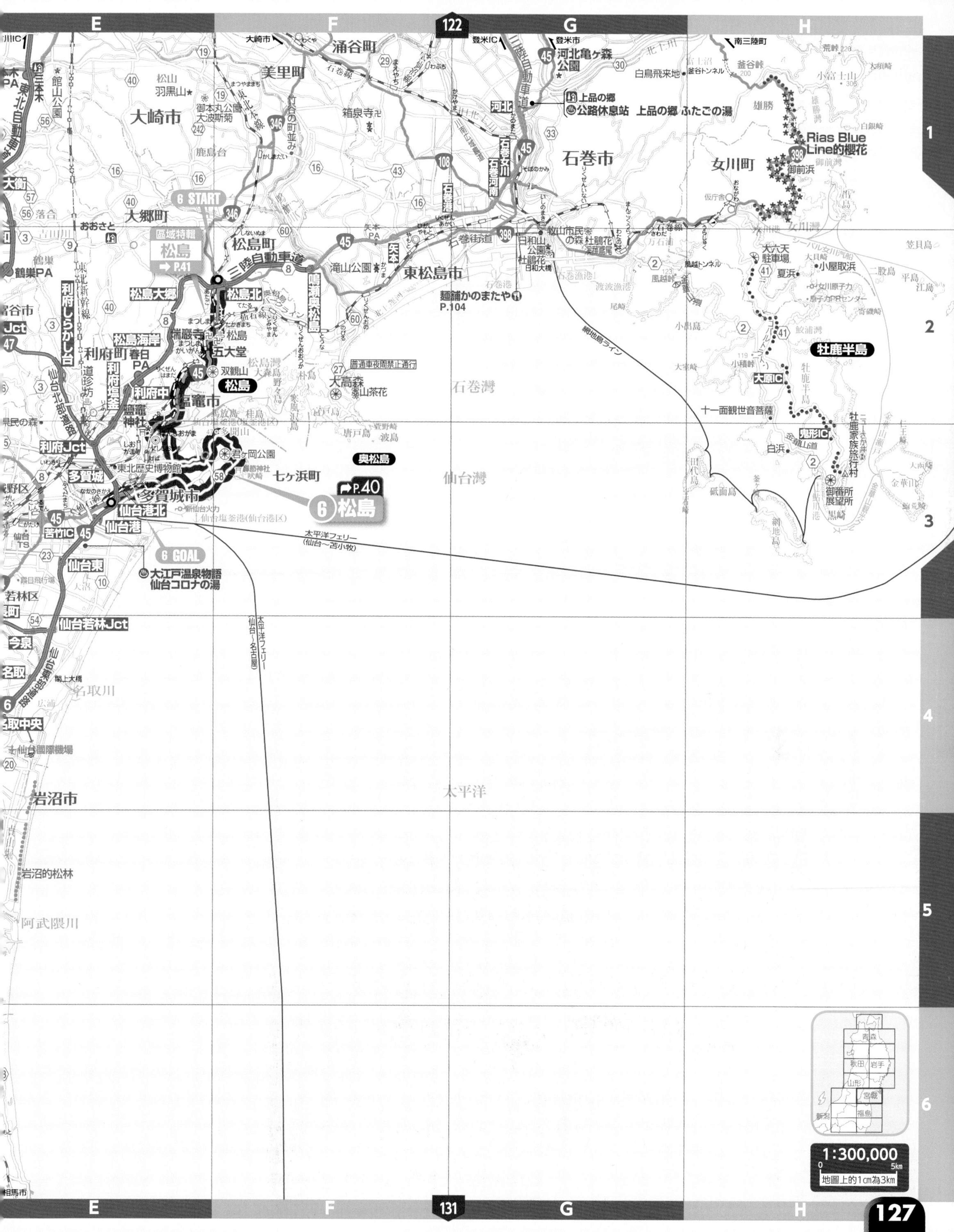
E
F
G
H
122
涌谷町
美里町
大崎市
松山
羽黒山
御本丸公園
大波斯菊
箱泉寺
河北亀ヶ森公園
白鳥飛来地
釜谷トンネル
釜谷峠
上品の郷
公路休息站 上品の郷 ふたごの湯
石巻市
女川町
Rias Blue Line的櫻花
御前浜
雄勝
鹿島台
大郷町
6 START
區域特輯
松島
➡ P.41
松島町
三陸自動車道
東松島市
滝山公園
矢本PA
鶴巣PA
松島大郷
松島北
松島海岸
瑞巌寺
松島
五大堂
双観山
利府町
利府Jct
塩竈市
鹽竈神社
多賀城
多賀城市
東北歷史博物館
仙台港北
仙台港
仙台東
6 GOAL
大江戸温泉物語
仙台コロナの湯
七ヶ浜町
君ヶ岡公園
奥松島
➡ P.40
6 松島
大高森
麺舗かのまたや
P.104
石巻湾
仙台湾
牡鹿半島
大原IC
十一面観世音菩薩
鬼形IC
御番所展望所
牡鹿家族旅行村
白浜
網地島ライン
太平洋フェリー
(仙台～苫小牧)
太平洋フェリー
(仙台～名古屋)
仙台若林Jct
若林区
今泉
名取
名取中央
仙台國際機場
岩沼市
岩沼的松林
阿武隈川
名取川
太平洋
1
2
3
4
5
6
青森
秋田
岩手
山形
宮城
新潟
福島
1:300,000
0
5km
地圖上的1cm為3km
E
F
131
G
H

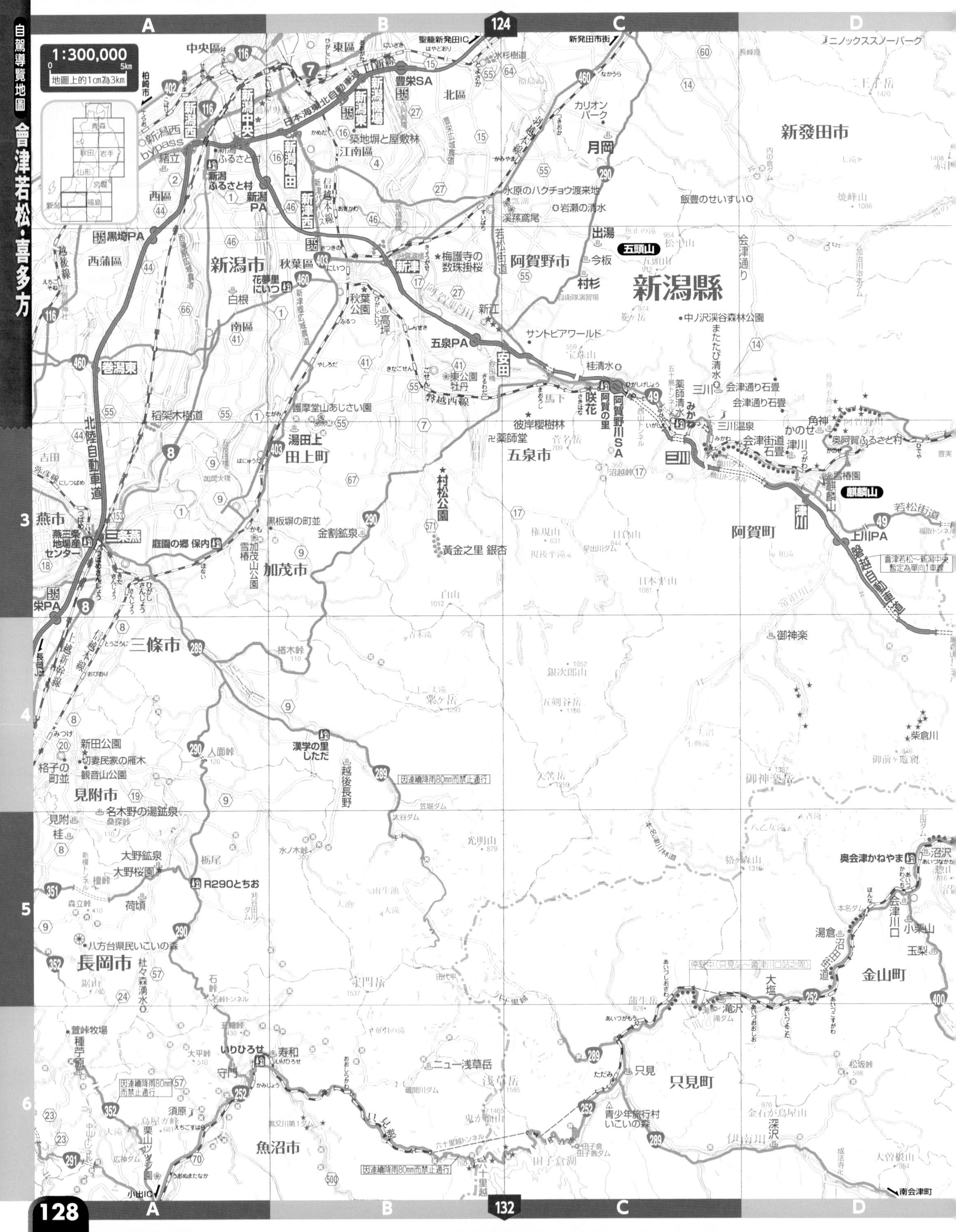

自駕導覽地圖
會津若松・喜多方
1:300,000
地圖上的1cm為3km
128
124
132
新潟縣
新潟市
新發田市
阿賀野市
五泉市
加茂市
三條市
見附市
長岡市
魚沼市
阿賀町
只見町
金山町
中央區
東區
北區
江南區
西區
西蒲區
秋葉區
南區
燕市
田上町
聖籠新発田IC
新発田市街
豊栄SA
新潟中央
新潟西
新潟亀田
新潟東
新潟空港
新津
新津西
安田
三川
津川
黒埼PA
巻潟東
三条燕
栄PA
五泉PA
阿賀野川SA
上川PA
北陸自動車道
日本海東北自動車道
磐越自動車道
新潟ふるさと村
花夢里にいつ
庭園の郷 保内
漢学の里 しただ
R290とちお
いりひろせ
奥会津かねやま
燕三条地場産センター
月岡
出湯
今板
村杉
五頭山
麒麟山
水原のハクチョウ渡来地
岩瀬の清水
飯豊のせいすい
中ノ沢渓谷森林公園
サントピアワールド
桂清水
薬師清水
またたび清水
会津通り石畳
三川温泉
かのせ
角神
奥阿賀ふるさと村
梅護寺の数珠掛桜
東公園牡丹
護摩堂山あじさい園
彼岸桜樹林
村松公園
黄金之里 銀杏
金割鉱泉
黒板塀の町並
加茂山公園
雪椿
御神楽
柴倉川
新田公園
切妻民家の雁木
観音山公園
格子の町並
名木野の湯鉱泉
大野鉱泉
大野桜園
荷頃
八方台県民いこいの森
杜々森湧水
萱峠牧場
種苧原
栗山ツツジ園
寿和
守門
須原
ニュー浅草岳
青少年旅行村いこいの森
只見
滝沢
大塩
湯倉
会津川口
小栗山
玉梨
沼沢
深沢
越後長野
因連續降雨80mm而禁止通行
會津若松～新潟中央暫定為單向1車線
停駛中(只見站～會津川口站之間)
ニノックススノーパーク
二王子岳
焼峰山
菱ヶ岳
宝珠山
菅名岳
白山
粟ヶ岳
銀次郎山
五剣谷岳
守門岳
浅草岳
鬼が面山
御神楽岳
日本平山
光明山
蒲生岳
金石が鳥屋山
大曽根山
松坂峠
八十里越
田子倉湖
小出IC
南会津町
長岡Jct

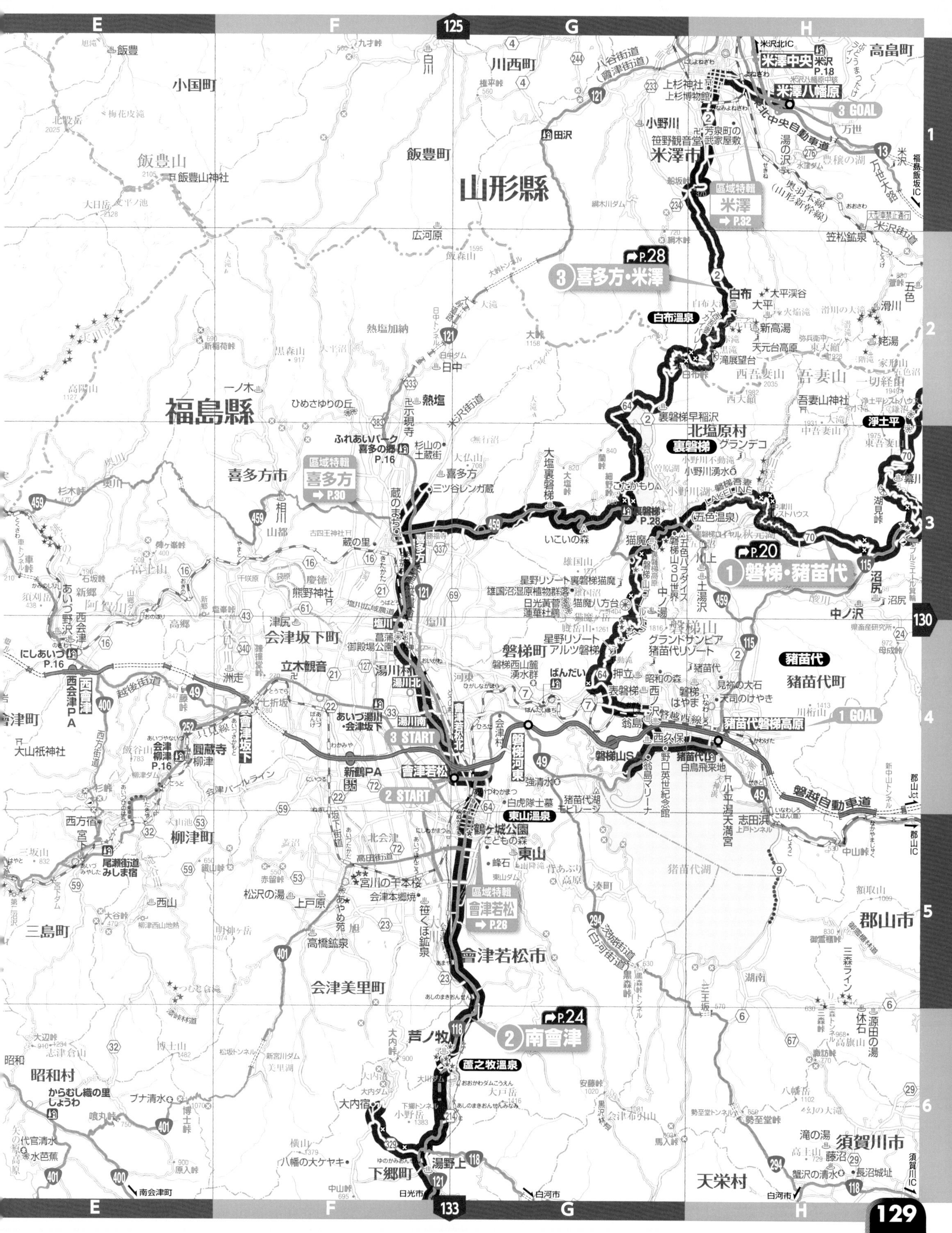

E
F
G
H
125
1
2
3
4
5
6
130
133
山形縣
福島縣
小国町
飯豊
飯豊山
飯豊山神社
大日岳
北股岳
梅花皮滝
川西町
飯豊町
田沢
米沢北IC
米澤中央
米沢 P.18
米澤八幡原
3 GOAL
高畠町
上杉神社
上杉博物館
小野川
笹野観音堂
芳泉町的武家屋敷
米澤市
東北中央自動車道
万世
湯の沢
福島飯坂IC
區域特輯 米澤 ➡ P.32
奥羽本線（山形新幹線）
米沢街道
笠松鉱泉
広河原
飯森山
P.28
3 喜多方・米澤
白布
大平渓谷
大平
新高湯
白布温泉
滑川
姥湯
天元台高原
滝展望台
西吾妻山
吾妻山
一切経山
熱塩加納
日中
熱塩
示現寺
ひめさゆりの丘
一ノ木
ふれあいパーク喜多の郷 P.16
杉山の土蔵街
三ツ谷レンガ蔵
喜多方
大仏山
大塩裏磐梯
裏磐梯早稲沢
北塩原村
裏磐梯
グランデコ
小野川湧水
吾妻山神社
浄土平
東吾妻山
區域特輯 喜多方 ➡ P.30
喜多方市
杉木峠
相川
山都
蔵のまち
蔵の里
熊野神社
慶徳
いこいの森
裏磐梯 P.28
五色沼温泉
猫魔
五色沼
磐梯山3D世界
川上
P.20
1 磐梯・豬苗代
沼尻
中ノ沢
星野リゾート裏磐梯猫魔
雄国沼湿原植物群落
日光黄菅蓮華社鵑
猫魔八方台
中ノ湯
土湯沢
磐梯山
グランドサンピア猪苗代リゾート
星野リゾートアルツ磐梯
磐梯町
磐梯西山麓湧水群
ばんだい
押立
昭和の森
表磐梯
豬苗代
猪苗代町
見祢の大石
天司のけやき
翁島
西ノ沢
磐越西線
磐梯山SA
西久保
猪苗代
白鳥飛来地
猪苗代磐梯高原
1 GOAL
野口英世紀念館
小平潟天満宮
翁島マリーナ
志田浜
磐越自動車道
郡山Jct
郡山IC
中山峠
にしあいづ P.16
西会津
西会津PA
会津坂下町
津尻
御殿場公園
湯川村
湯川北
湯川南
塩川
立木観音
七折坂
あいづ湯川・会津坂下
3 START
会津柳津 P.16
圓蔵寺
柳津
会津坂下
新鶴PA
會津若松
2 START
磐梯河東
強清水
白虎隊士墓
猪苗代湖モビレージ
東山温泉
鶴ヶ城公園
こどもの森
東山
会津パールライン
柳津町
西方
宮下
尾瀬街道みしま宿
三島町
北会津
高田街道
宮川の千本桜
赤留峠
松沢の湯
上戸原
会津本郷焼
笹くぼ鉱泉
あやめ苑
高橋鉱泉
區域特輯 會津若松 ➡ P.26
會津若松市
会津美里町
猪苗代湖
湊町
白河街道
黒森峠
湖南
三森ライン
郡山市
休石
源田の湯
高旗山
昭和
昭和村
からむし織の里しょうわ
ブナ清水
博士山
芦ノ牧
P.24
2 南會津
蘆之牧温泉
大内宿
大内ダム
小野岳
安藤峠
八幡の大ケヤキ
下郷町
湯野上
中山峠
日光市
白河市
天栄村
勢至堂峠
滝の湯
藤沼
須賀川市
長沼城址
須賀川IC
代官清水
水芭蕉
原入峠
南会津町

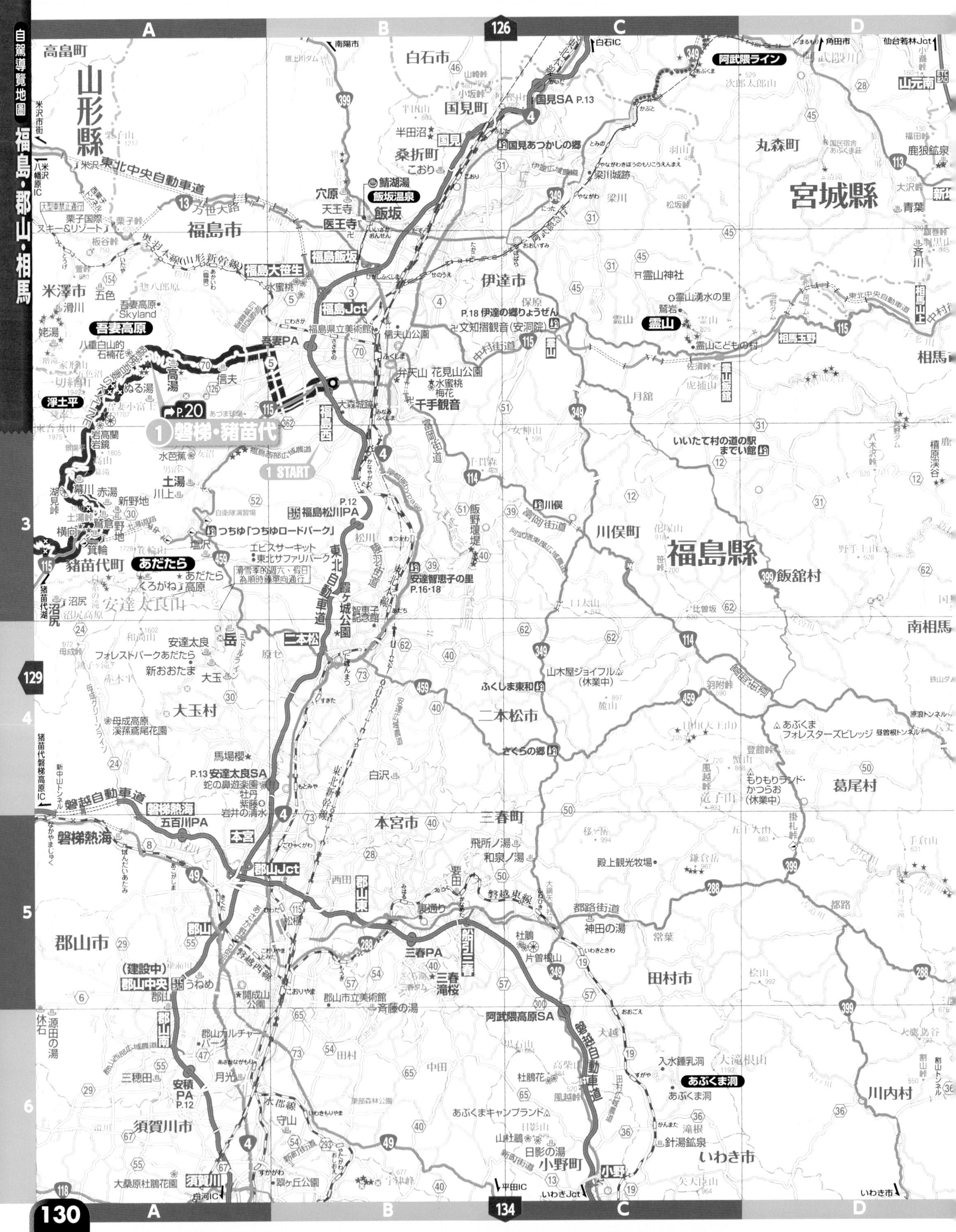

A
B
126
C
D
高畠町
山形縣
白石市
國見町
國見SA P.13
阿武隈ライン
丸森町
宮城縣
桑折町
半田沼
國見あつかしの郷
梁川城跡
東北中央自動車道
福島市
飯坂温泉
鯖湖湯
穴原
天王寺
飯坂
医王寺
栗子国際 スキー&リゾート
福島飯坂
福島大笹生
伊達市
霊山神社
霊山湧水の里
米澤市
五色
吾妻高原 Skyland
吾妻高原
福島Jct
福島県立美術館
P.18 伊達の郷りょうぜん
文知摺観音(安洞院)
霊山
霊山こどもの村
相馬
八重白山的石楠花
吾妻PA
信夫山公園
花見山公園
浄土平
ぬる湯
高湯
信夫
弁天山
水蜜桃
梅花
千手観音
P.20
1 磐梯・猪苗代
大森城跡
福島西
1 START
いいたて村の道の駅 までい館
水芭蕉
土湯
川上
赤湯
新野地
P.12 福島松川PA
川俣
川俣町
福島縣
飯舘村
横向
鷲倉野地
つちゆ「つちゆロードパーク」
エビスサーキット
東北サファリパーク
猪苗代町
あだたら
くろがね
あだたら高原
滑雪季的週六、假日為順時鐘單向通行
安達智恵子の里 P.16・18
東北自動車道
霞ケ城公園
智恵子記念館
安達太良山
沼尻
岳
二本松
南相馬
129
安達太良
フォレストパークあだたら
新おおたま
大玉
山木屋ジョイフル(休業中)
ふくしま東和
二本松市
大玉村
母成高原 渓蓀鳶尾花園
あぶくまフォレスターズビレッジ
さくらの郷
馬場櫻
P.13 安達太良SA
蛇の鼻遊楽園
牡丹
岩井の清水
白沢
もりもりランド・かつらお(休業中)
葛尾村
磐越自動車道
磐梯熱海
五百川PA
本宮
本宮市
三春町
飛所ノ湯
和泉ノ湯
殿上観光牧場
郡山Jct
郡山東
磐越東線
都路街道
神田の湯
郡山市
郡山
三春PA
三春滝桜
片曽根山
田村市
(建設中) 郡山中央
うねめ
開成山公園
郡山市立美術館
斉藤の湯
阿武隈高原SA
郡山南
郡山カルチャーパーク
磐越自動車道
入水鍾乳洞
大滝根山
三穂田
安積PA P.12
月光
あぶくま洞
川内村
須賀川市
あぶくまキャンプランド
守山
日影の湯
針湯鉱泉
いわき市
小野町
須賀川
大桑原杜鵑花園
小野
いわきJct
134

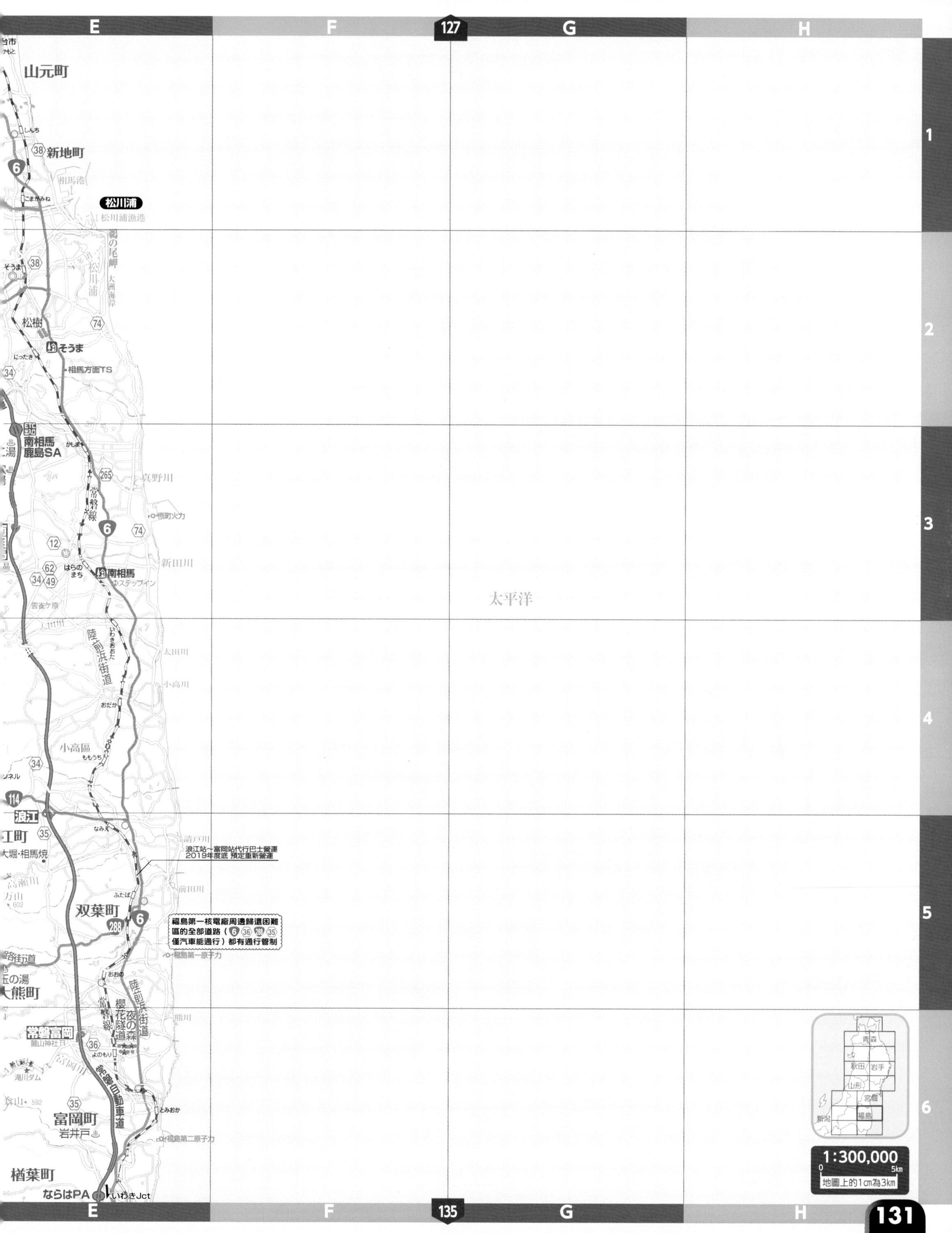
山元町
新地町
松川浦
相馬港
松川浦漁港
鵜の尾岬
松川浦
大洲海岸
松樹
そうま
相馬方面TS
南相馬
鹿島SA
真野川
常磐線
原町火力
新田川
はらのまち
南相馬
太平洋
陸前浜街道
太田川
小高川
小高區
浪江
請戸川
浪江站~富岡站代行巴士營運
2019年度底 預定重新營運
大堀·相馬燒
前田川
双葉町
福島第一核電廠周邊歸還困難區的全部道路（6 36 288 35 僅汽車能通行）都有通行管制
福島第一原子力
大熊町
陸前浜街道
夜の森
櫻花隧道
常磐線
常磐富岡
熊川
常磐自動車道
富岡川
富岡町
岩井戸
福島第二原子力
楢葉町
ならはPA
いわきJct
1
2
3
4
5
6
青森
秋田
岩手
山形
宮城
新潟
福島
1:300,000
地圖上的1cm為3km

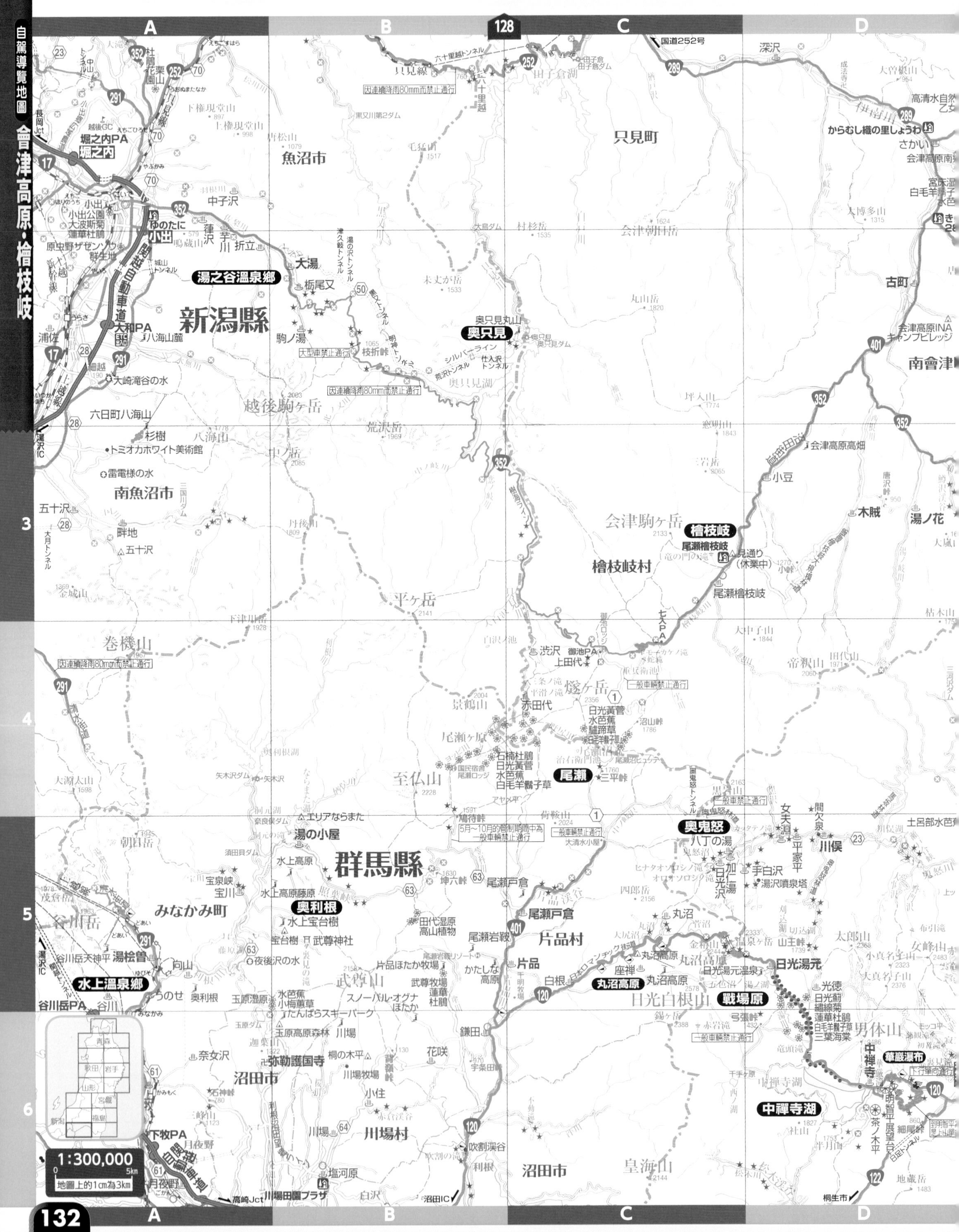
128
國道252号
深沢
只見線
六十里越トンネル
田子倉湖
田子倉ダム
六十里越
因連續降雨80mm而禁止通行
下権現堂山
上権現堂山
黒又川第2ダム
毛猛山
青松山
魚沼市
只見町
大曽根山
高清水自然
伊南川
からむし織の里しょうわ
さかい
会津高原南郷
宮床湿
白毛羊鬍子
大博多山
越後GC
堀之内PA
堀之内
長岡Jct
中子沢
小出
小出公園
大波斯菊
蓮華杜鵑
原虫野ザゼンソウ
群生地
ゆのたに
小出
薮神
大鳥ダム
村杉岳
会津朝日岳
大湯
栃尾又
湯之谷溫泉鄉
未丈ヶ岳
丸山岳
古町
新潟縣
大和PA
八海山麓
浦佐
駒ノ湯
枝折峠
大型車禁止通行
奥只見丸山
奥只見
奥只見ダム
シルバーライン
荒沢トンネル
奥只見湖
会津高原INA
キャンプビレッジ
南會津
大崎滝谷の水
越後駒ヶ岳
坪入山
六日町八海山
杉樹
八海山
トミオカホワイト美術館
荒沢岳
中ノ岳
窓明山
会津高原高畑
雷電様の水
南魚沼市
三岩岳
小豆
五十沢
唐沢峠
木賊
湯ノ花
丹後山
会津駒ヶ岳
畔地
檜枝岐
尾瀬檜枝岐
見通り（休業中）
檜枝岐村
金城山
平ヶ岳
尾瀬檜枝岐
七入PA
大中子山
枯木山
下津川山
巻機山
帝釈山
田代山
白沢ノ池
渋沢
御池PA
上田代
景鶴山
燧ヶ岳
赤田代
一般車輛禁止通行
日光黃菅
水芭蕉
驢蹄草
沼山峠
尾瀬ヶ原
奥利根湖
石楠杜鵑
日光黃菅
水芭蕉
白毛羊鬍子草
尾瀬
三平峠
大源太山
矢木沢ダム
至仏山
奥鬼怒トンネル
鳩待峠
5月～10月的管制期間中為一般車輛禁止通行
大清水小屋
奥鬼怒
女夫渕
八丁の湯
間欠泉
川俣
土呂部水芭
朝日岳
エリアならまた
湯の小屋
須田貝ダム
水上高原
群馬縣
坤六峠
尾瀬戸倉
加仁湯
日光沢
手白沢
湯沢噴泉塔
平家平
宝泉峡
宝川
みなかみ町
谷川岳
水上高原藤原
奥利根
尾瀬戸倉
四郎岳
丸沼
切込湖
刈込湖
山王峠
太郎山
女峰山
水上宝台樹
田代湿原
高山植物
尾瀬岩鞍
片品村
宝台樹
武尊神社
谷川岳天神平
湯桧曽
向山
夜後沢の水
片品ほたか牧場
かたしな高原
片品
丸沼高原
座禅
菅沼
日光湯元温泉
日光湯元
小真名子山
大真名子山
水上溫泉鄉
ちのせ
奥利根
玉原湿原
水芭蕉
小梅蕙草
武尊山
スノーパル・オグナほたか
武尊牧場
蓮華杜鵑
白根
丸沼高原
日光白根山
戰場原
光徳
日光蓟
繡線菊
蓮華杜鵑
白毛羊鬍子草
三葉海棠
谷川岳PA
谷川
たんばらスキーパーク
玉原高原森林
川場
鎌田
弓張峠
錫ヶ岳
男体山
奈女沢
迦葉山
弥勒護国寺
桐の木平
背嶺峠
花咲
中禅寺
華嚴瀑布
川場牧場
中禅寺湖
沼田市
小住
中禪寺湖
明智平展望台
茶ノ木平
細尾峠
下牧PA
月夜野
川場
川場村
吹割渓谷
社山
半月山
1:300,000
地圖上的1cm為3km
月夜野IC
高崎Jct
川場田園プラザ
白沢
塩河原
沼田IC
利根
沼田市
皇海山
桐生市
地蔵岳

E
F
G
H
會津美里町
昭和村
下郷町
湯野上
塔のへつり
福島縣
駒止湿原
冷湖の霊泉
大内宿
羽鳥湖高原
羽鳥湖高原レジーナの森
グランディ羽鳥湖
二岐山
二岐
天榮村
季の里天栄
須賀川市
滝の湯
藤沼
長沼城址
盤梯河東IC
しもごう
甲子
新甲子
西郷村
阿武隈川渓谷
南會津
P.24
古内平民家群
会津高原だいくら
会津高原たかつえ
たかつえ
会津高原
三滝
たじま
P.16・24
番屋
那須岳
三斗小屋
茶臼岳
那須どうぶつ王国
マウントジーンズ那須
那須湯本温泉
弁天
高雄
八幡
那須湯本
新那須
那須高原
那須ブレリー
キャンプラビット
深山湖
矢沢の滝
板室
南ヶ丘牧場
那須ハイランドパーク
那須高原リバーガーデン
那須高原SA
那須りんどう湖LAKE VIEW
那須オルゴール美術館
ファミリーパーク那須高原
那須高原友愛の森
キャンプ・アンド・キャビンズ
那須鹽原市
明治の森・黒磯
那須
那須町
山茶花
白河
白河中央
阿武隈PA
白河市
白河関跡
南湖公園
134
上塩原
古町
塩釜
畑下
福渡
大網
塩原
湯の香しおばら
那須たかはら
ハニー牧場
2 GOAL
西那須野塩原
黒磯板室
黒磯PA
河島野目
ハイランド牧場
芦野
東山道伊王野
元湯
大塩沢モミジ
奥塩原新湯
塩原グリーンビレッジ
塩ノ湯
ハンターマウンテン塩原
八方ヶ原
エーデルワイス
高原山
蓮華杜鵑
湯西川
湯西川温泉
川治温泉
川治
尚仁沢ブナ・イヌブナ植物群落保護林
赤滝鉱泉
小滝鉱泉
寺山鉱泉
県民の森
尚仁沢湧水
オーキャン宝島
鳥羽ノ湯
龍王峡
鬼怒川
鬼怒川温泉
栃木縣
東武ワールドスクウェア
霧降高原
日光江戸村
つつじが丘
東照宮
輪王寺
日光
日光市
日光口PA
今市
土沢
大沢
日光杉並木街道
日光宇都宮道路
宇都宮市
宇都宮IC
矢板北PA
矢板市
やいた
矢板
塩谷町
和気記念館
湧水の郷しおやす
東照
コリーナ矢板
上河内SA
那須野が原博物館
西那須
烏ヶ森公園
大田原
那須野ケ原
那須与一の郷
三角楓
銀杏
大田原市
東北自動車道
東北新幹線
さくら市
喜連川ファミリー
サンタヒルズ
太陽の丘
喜連川
きつれがわ
弥五郎坂
那須烏山市
那須いなか村
南那須
小砂
那珂川
アヤメ園
小口
那珂川町
ばとう
茂木町
大子町
常陸大宮市
1
2
3
4
5
6

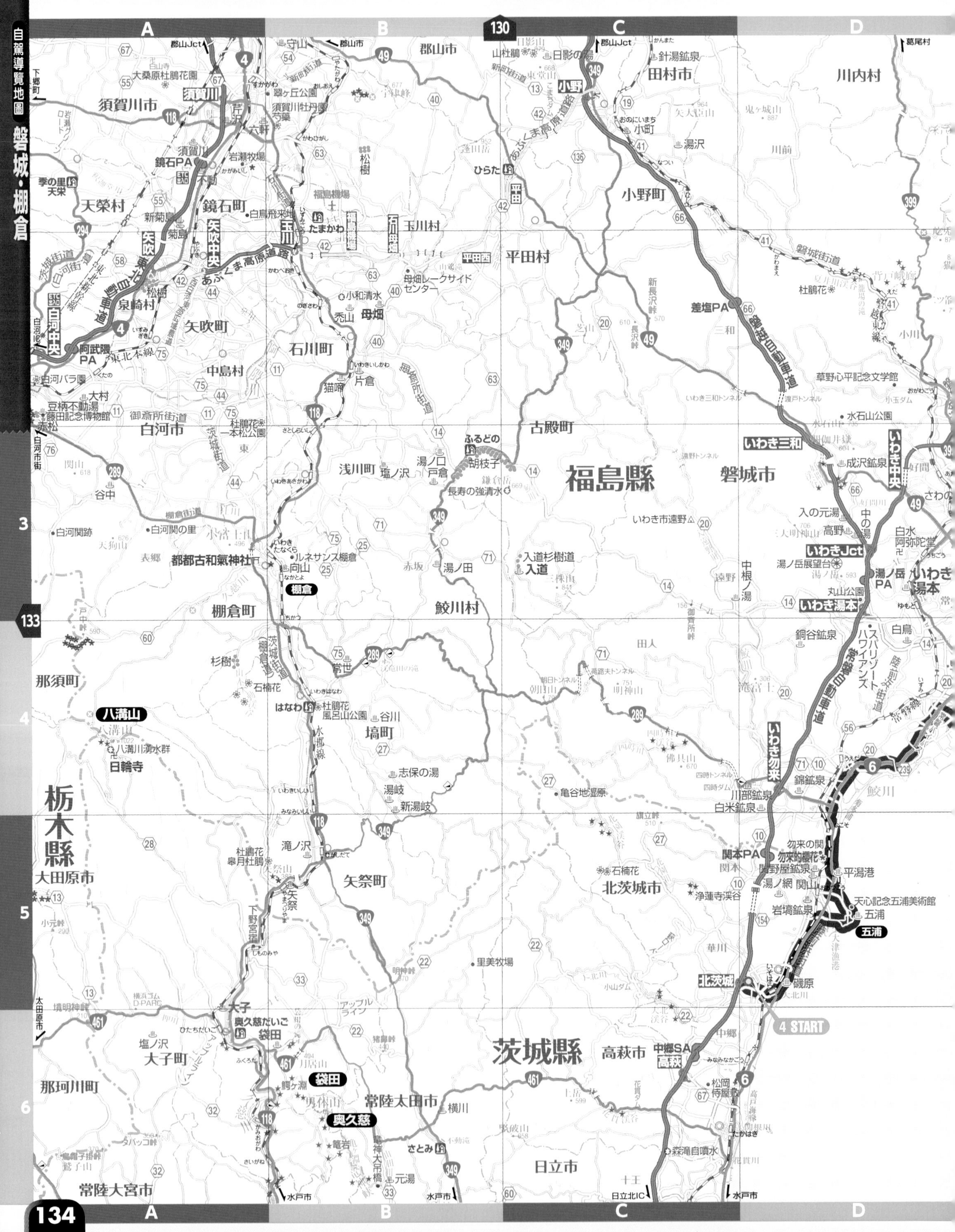

A
B
C
D
130
133
郡山Jct
郡山市
須賀川市
須賀川
鏡石PA
鏡石町
天榮村
季の里 天栄
矢吹町
泉崎村
白河中央
阿武隈PA
白河市
中島村
石川町
玉川村
玉川
たまかわ
母畑
母畑レークサイドセンター
平田村
ひらた
平田
小野町
小野
田村市
川内村
小町
湯沢
針湯鉱泉
日影の湯
差塩PA
古殿町
ふるどの
胡枝子
長寿の強清水
浅川町
塩ノ沢
湯ノ口
戸倉
福島縣
磐城市
いわき三和
成沢鉱泉
いわき中央
入の元湯
高野
中の湯
いわきJct
湯ノ岳展望台
湯ノ岳PA
いわき湯本
丸山公園
いわき湯本
白鳥
銅谷鉱泉
スパリゾートハワイアンズ
いわき市遠野
入道杉樹道
入道
鮫川村
湯ノ田
赤坂
棚倉町
棚倉
都都古和氣神社
ルネサンス棚倉
向山
白河関跡
白河関の里
表郷
谷中
那須町
八溝山
八溝川湧水群
日輪寺
杉樹
石楠花
はなわ
杜鵑花
風呂山公園
塙町
谷川
志保の湯
湯岐
新湯岐
滝ノ沢
矢祭町
矢祭
杜鵑花
皐月杜鵑
栃木縣
大田原市
亀谷地湿原
佛具山
川部鉱泉
白米鉱泉
錦鉱泉
鮫川
勿来の関
勿來杜鵑花
関本PA
関野屋鉱泉
湯ノ網
関山
平潟港
天心記念五浦美術館
五浦
岩塙鉱泉
北茨城市
石楠花
淨蓮寺溪谷
華川
北茨城
磯原
里美牧場
4 START
中郷SA
高萩
高萩市
松岡
侍屋敷
茨城縣
常陸太田市
横川
さとみ
日立市
森滝自噴水
日立北IC
水戸市
大子
奥久慈だいご
袋田
袋田
奥久慈
大子町
塩ノ沢
那珂川町
常陸大宮市
鷲子山
元湯
草野心平記念文学館
水石山公園
杜鵑花
磐城街道
棚倉街道
御斎所街道
茨城街道
あぶくま高原道路
東北自動車道
常磐自動車道
東北本線
水郡線
福島機場
石川母畑
平田西
豆柄不動湯
藤田記念博物館
杜鵑花一本松公園
白河バラ園
大桑原杜鵑花園
須賀川牡丹園
翠ケ丘公園
岩瀬牧場
白鳥飛来地
小和清水
猫啼
片倉

E
F
131
G
H
常磐富岡IC
福島第二原子力
ならはPA
郭公山
天神岬
木戸川
歷史國道海濱街道
楢葉町
ならは
廣野
広野火力
北迫川
廣野町
折木鉱泉
常磐自動車道
谷地
入間沢
いわき四倉
久之浜
殿上崎
大久川
白岩
四倉
四倉漁港
よつくら港
4 GOAL
舞子
松樹
夏井川
新舞子展望台
松樹
太平洋
吉野谷鉱泉
元湯
鹿島
塩屋埼
神白鉱泉
豊間海岸
合磯岬
P.34
4 鹽屋埼・五浦
三崎公園
1
2
3
4
5
6
青森
秋田
岩手
山形
宮城
新潟
福島
1:300,000
0
5km
地圖上的1cm為3km
E
F
G
H

東北區域 高速公路MAP

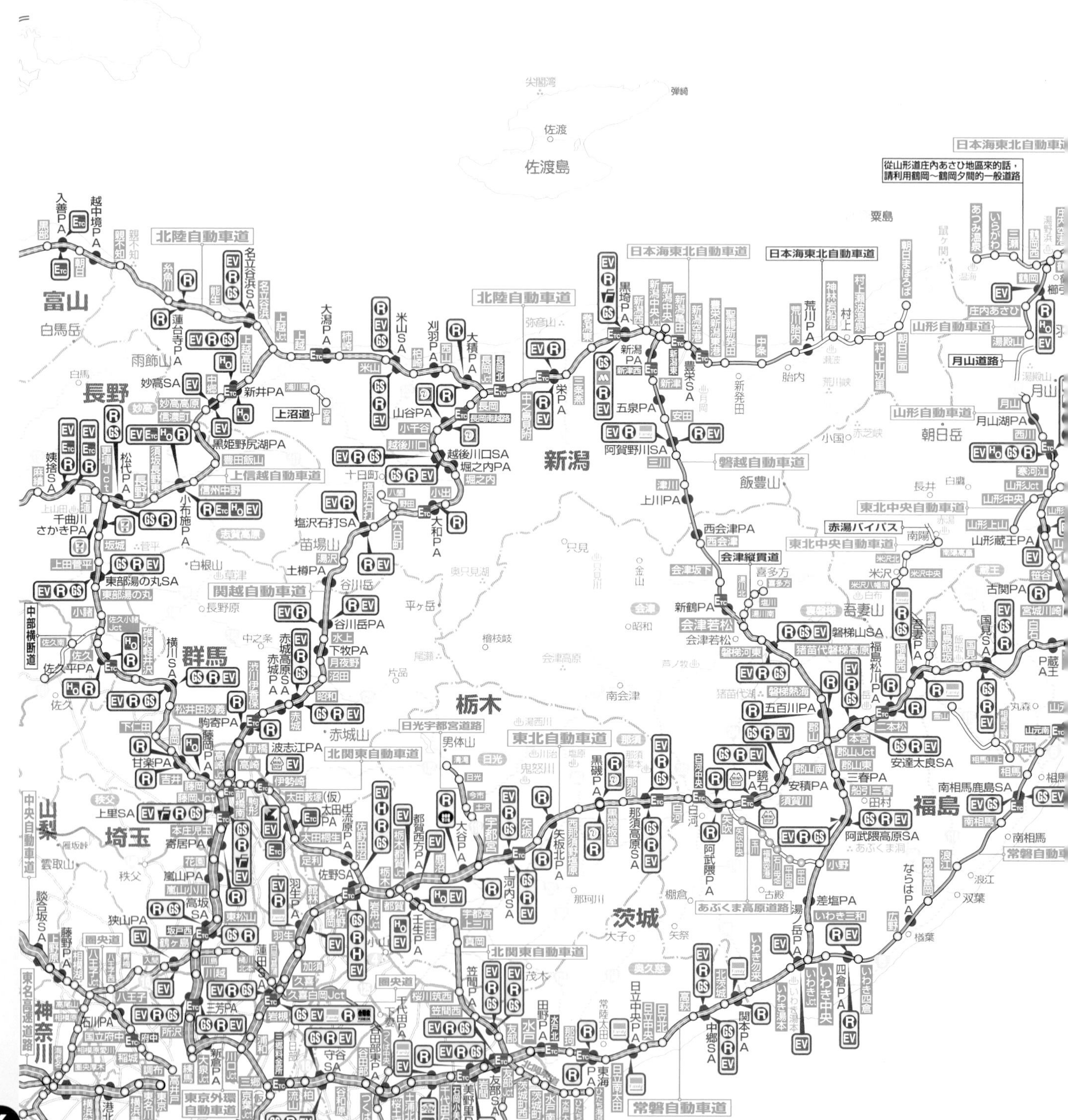

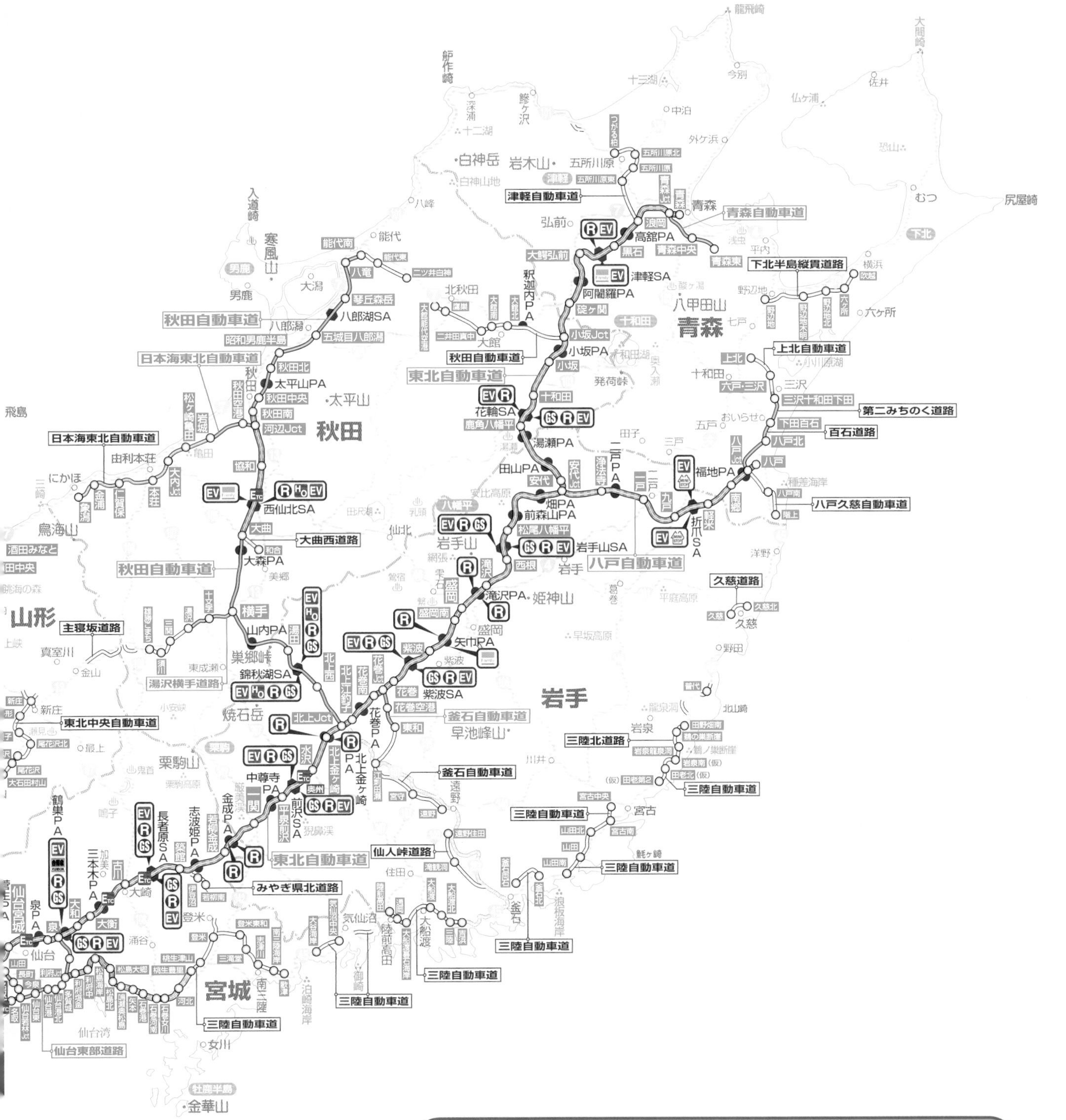

龍飛崎
大間崎
艫作崎
十三湖
今別
佐井
仏ケ湖
中泊
深浦
十二湖
鰺ケ沢
外ケ浜
白神岳
岩木山
五所川原
白神山地
津軽
五所川原東
五所川原北
津軽自動車道
恐山
むつ
尻屋崎
八峰
入道崎
青森
青森自動車道
弘前
浪岡
高舘PA
黒石
青森中央
青森東
下北
下北半島縦貫道路
能代
能代南
能代東
八竜
二ツ井白神
男鹿
寒風山
大潟
男鹿
大鰐弘前
碇ケ関
津軽SA
阿闍羅PA
釈迦内PA
北秋田
横浜
野辺地
六ケ所
八甲田山
青森
琴丘森岳
八郎潟
八郎湖SA
五城目八郎潟
昭和男鹿半島
秋田自動車道
大館
二井田真中
大館南
大館北
秋田自動車道
十和田
七戸
小坂Jct
小坂PA
小坂
日本海東北自動車道
秋田北
秋田
太平山PA
太平山
秋田中央
秋田南
河辺Jct
秋田
東北自動車道
上北自動車道
上北
小川原湖
十和田
六戸・三沢
三沢
三沢十和田下田
第二みちのく道路
下田百石
百石道路
花輪SA
鹿角八幡平
湯瀬PA
十和田
発荷峠
飛島
日本海東北自動車道
由利本荘
松ケ崎亀田
岩城
協和
田子
五戸
三戸
おいらせ
八戸北
八戸
八戸Jct
にかほ
大内Jct
本荘
金浦
仁賀保
象潟
西仙北SA
田山PA
安代
安代Jct
一戸
二戸PA
浄法寺
九戸
福地PA
種差海岸
八戸南
八戸久慈自動車道
階上
鳥海山
大曲
大曲西道路
和合
大森PA
秋田自動車道
美郷
酒田みなと
八幡平
安比高原
畑PA
前森山PA
松尾八幡平
岩手山
岩手山SA
岩手
西根
滝沢
八戸自動車道
南郷
折爪SA
軽米
洋野
仙北
山形
主寝坂道路
横手
十文字
湯沢
山内PA
滝沢PA
姫神山
盛岡
盛岡南
矢巾PA
葛巻
平庭高原
久慈道路
久慈
久慈北
早坂高原
野田
真室川
雄勝こまち
三関
湯沢横手道路
東成瀬
巣郷峠
錦秋湖SA
湯田
北上西
北上江釣子
花巻南
花巻
花巻Jct
花巻空港
紫波
紫波SA
岩手
釜石自動車道
東和
早池峰山
龍泉洞
北山崎
普代
新庄
東北中央自動車道
尾花沢北
尾花沢
大石田村山
最上
焼石岳
北上Jct
水沢
北上金ケ崎PA
北上金ケ崎
岩泉
田野畑南
岩泉龍泉洞
鵜ノ巣断崖
岩泉南（仮）
田老北（仮）
（仮）田老第2
三陸北道路
三陸自動車道
栗駒山
鬼首
栗駒高原
中尊寺PA
一関
前沢SA
平泉前沢
奥州
遠野
釜石自動車道
宮古中央
宮古
宮古南
山田北
山田南
三陸自動車道
鶴巣PA
長者原SA
志波姫PA
若柳金成
金成PA
築館
三本木PA
大崎
加美
古川
大和
泉PA
仙台宮城
大衡
泉
仙台
登米
登米東和
南三陸
気仙沼
陸前高田
大船渡
住田
仙人峠道路
遠野住田
滝観洞
釜石
浪板海岸
三陸自動車道
みやぎ県北道路
宮城
松島海岸
松島大郷
桃生津山
桃生豊里
三滝堂
河北
石巻女川
三陸自動車道
仙台湾
女川
仙台東部道路
牡鹿半島
金華山
唐桑
御崎
泊崎海岸
三陸自動車道

MAP的使用方式
高速汽車國道
交流道
系統交流道
和仙台宮城的距離
6車線以上
水戸北
（智慧型交流道）
仙台宮城
村田Jct
7
免費
服務區
停車區
4車線
国見SA
區域內設施（詳情請參照右側）
蔵王PA
2車線
其他道路
收費
西目PA
免費
汽車專用
6車線以上
4車線
2車線
幹線國道
其他道路
幹線國道・其他道路
部分的IC・SA・PA視情況省略。
服務區設施資訊
餐廳
入浴設施
住宿設施
加油站
Highway Oasis
智慧型交流道
EV急速充電站
便利商店
7-11
LAWSON
全家
sunkus
Daily Yamazaki
Three F
MINISTOP
OK
SAVE ON
Seicomart
POPLAR
其他
速食
麥當勞
摩斯漢堡
肯德基
Mister Donut
儂特利
羅多倫咖啡
吉野家
松屋
Sukiya
其他

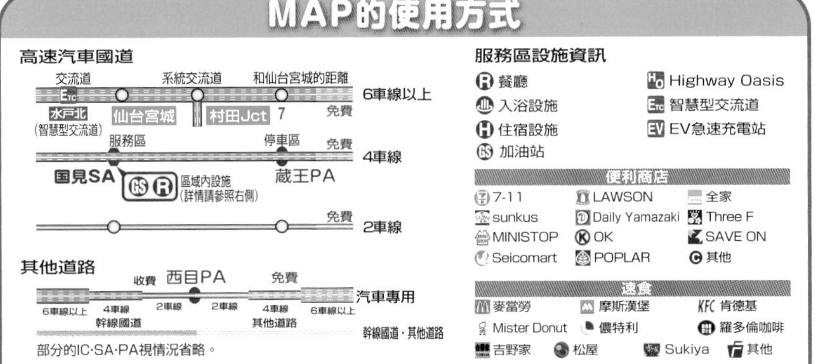

租車資訊

若要開車前往遠方，長距離的移動十分辛苦。請務必聰明地利用租車。

租車的基本知識

租借

租借前只要事先預約，就能選擇適合自駕計畫的車種，讓人十分安心。租車公司的地點依照機場或車站而有所不同，因此事先調查好才保險。也別忘了攜帶駕照。

出發前

借好車之後，為了防止事故發生，出發前請確實地聆聽工作人員的說明和注意事項。為了避免返還時出現糾紛，車體上的痕跡也務必確認清楚。

返還

返還時把油箱加滿再還車是常規。依照租車公司的不同，可能會有指定加油站的情況，因此請務必確認清楚。

保險免責

一般而言，租車的基本費用已包含事故時的基本保險和保障。若要增加保障額度的上限，各家公司的情況可能不同，但仍會有追加方案，因此只要投保該方案即可。再者，只要投保「免責保障制度」的方案，就算萬一發生事故，修理費等費用也不會對自己造成負擔。若是初次租車，請仔細聆聽保險的說明。

租車的服務內容

❶ 鐵路&租車

這種服務是在JR總計201km的車程中，若從出發站到有租車服務的車站搭乘共51km以上，並和車票一起預約租車，全員的JR車資就會打8折，而特快、綠色列車的費用會打9折，就連租車費用也會有折扣。不過，黃金週和盂蘭盆節、過年等期間皆無法使用，敬請留意。

❷ 租車方案

在旅行社所準備的方案當中，有搭配使用租車的自由行程。這種實惠服務是把抵達目的地為止的交通機關和住宿變成套裝方案，不僅能節省行前手續，還能享有比一般租車費用便宜1折到2折的折扣。

❸ 活用網路

各家租車公司的官網會準備各種特惠，比如：折扣活動、導航等追加項目為免費的服務。從網路也能預約，因此請至官網查詢吧。

※營業時間基本上為8:00～19:00或20:00（視部分店鋪而異）

機場的租車

機場名稱	租車公司名稱	洽詢專線
青森機場 MAP 99C-4·109G-3	歐力士租車	017-762-3543
	TOYOTA租車	017-739-0115
	日產租車	017-762-2323
	NIPPON RENT-A-CAR	017-739-7310
	Times租車	017-762-2311
岩手花卷機場 MAP 85C-1·118B-4	歐力士租車	0198-26-0543
	TOYOTA租車	0198-26-0100
	日產租車	0198-26-3555
	NIPPON RENT-A-CAR	0198-26-3255
	Times租車	0198-26-0555
秋田機場 MAP 116D-2	歐力士租車	018-881-0543
	TOYOTA租車	018-886-4100
	日產租車	018-886-4123
	NIPPON RENT-A-CAR	018-886-3788
	Times租車	018-881-3451
大館能代機場（秋田北機場） MAP 113E-2	歐力士租車	0186-60-0543
	TOYOTA租車	0186-60-0100
	日產租車	0186-49-3284
	NIPPON RENT-A-CAR	0186-63-2956
仙台國際機場 MAP 45E-2·127E-4	歐力士租車	0223-29-4163
	TOYOTA租車	0223-22-0100
	日產租車	022-383-2823
	NIPPON RENT-A-CAR	022-382-0971
	Times租車	0223-24-6933
美味的山形機場 MAP 44A-1·126A-2	歐力士租車	0237-53-6943
	TOYOTA租車	0237-47-0100
	日產租車	0237-47-2311
	NIPPON RENT-A-CAR	0237-47-1111
	Times租車	023-622-5656
美味的庄內機場 MAP 52A-2·120B-4	歐力士租車	0234-91-1353
	TOYOTA租車	0234-92-4100
	日產租車	0234-92-3894
	NIPPON RENT-A-CAR	0234-92-4014
福島機場 MAP 134B-1	歐力士租車	0247-57-5243
	TOYOTA租車	0247-57-1371
	日產租車	0247-57-1373
	NIPPON RENT-A-CAR	0247-57-1377
	Times租車	0247-57-1375
新潟機場 MAP 124B-6	歐力士租車	025-275-0543
	キャルレンタカー	0120-154-846
	TOYOTA租車	025-270-0100
	NICONICO RENT A CAR	025-274-8825
	日產租車	025-272-3623
	NIPPON RENT-A-CAR	025-272-0956
	Times租車	025-270-0199

JR站的租車

縣名	站名	MAP	洽詢專線
青森	新青森站	99C-4·109G-2	017-761-5515
	七戶十和田站	89C-1·110B-3	0176-60-8113
	八戶站	110D-5	0178-27-2882
	下北站	103B-2·107F-3	0175-23-6675
	弘前站	93B-4·109F-4	0172-35-0074
岩手	盛岡站	67·118B-1	019-624-5212
	新花卷站	85C-1·118B-4	0198-31-2327
	北上站	85B-1·118B-5	0197-64-6264
	水澤江刺站	85A-1·118B-6	0197-23-7176
	一之關站	69E-2·122B-3	0191-21-5570
	遠野站	85B-4·118D-4	0198-63-2515
	宮古站	81C-2·119G-2	0193-65-1955
	釜石站	80A-1·119F-5	0193-22-5007
	岩手沼宮內站	114C-4	0195-61-1080
	二戶站	114C-1	0195-23-1151
秋田	秋田站	79C-4·116D-1	018-833-9308
	大曲站	73B-3·117F-3	0187-66-2935
	角館站	73B-1·117F-2	0187-52-2188
	田澤湖站	61A-4·117G-1	0187-43-1081
	羽後本莊站	77B-1·116C-4	0184-24-3033
宮城	仙台站	43·45E-1·126D-3	022-292-6501
	栗駒高原站	122B-4	0228-22-7163
	古川站	122A-6	0229-23-0248
	白石藏王站	37A-4·126C-6	0224-24-5309
	石卷站	127G-1	0225-93-1665
	鳴子溫泉站	57B-3·121G-4	0229-83-3441
山形	山形站	37B-1·44A-2·126A-3	023-646-6322
	新庄站	53D-1·121E-4	0233-23-0526
	村山站	126B-1	0237-52-5222
	櫻桃東根站	44A-1·126B-2	0237-43-8220
	上山溫泉站	37A-1·126A-4	023-679-8486
	赤湯站	125H-5	0238-27-0205
	米澤站	29B-1·129H-1	0238-22-8161
	酒田站	55·120B-3	0234-26-4313
	鶴岡站	49·120B-4	0235-24-2670
福島	福島站	21C-1·130B-2	024-525-6512
	郡山站	130B-5	024-932-2082
	新白河站	133H-2	0248-27-1842
	會津若松站	27·129G-4	0242-24-5171
	磐城站	35C-2·135E-3	0246-22-5460
	泉站	35B-3·134D-4	0246-56-8501
新潟	新潟站	128B-1	025-245-4292
	燕三條站	128A-3	0256-35-6351
	長岡站		0258-36-3521
	後越湯澤站		025-785-5082
栃木	那須鹽原站	133G-4	0287-65-1680
	日光（東武日光）站	133E-6	0288-53-0938

租車費用的標準

車的等級	代表車種	6小時為止	12小時為止	24小時為止	之後每1天
660cc的輕型車	鈴木Wagon R、大發Move等	4536日圓	5508日圓	6480日圓	5508日圓
1000～1300cc的小型房車	Honda Fit、鈴木Swift等	5292日圓	6480日圓	7560日圓	6480日圓
1500cc的轎車	Toyota Corolla、馬自達3等	6480日圓	7776日圓	9180日圓	7776日圓
1800cc的轎車	Toyota Allion、Toyota PREMIO等	7560日圓	9180日圓	10800日圓	9180日圓
2500～3000cc的轎車	Toyota Crown等	16632日圓	20196日圓	23760日圓	20196日圓
1 BOX廂型車	Honda Stepwgn、MPV等	13608日圓	16524日圓	19440日圓	16524日圓
旅行車	Subaru Legacy旅行車等	11340日圓	13824日圓	16200日圓	13824日圓

※各租車公司的設定各不相同，預約時請確認清楚。可能有設定暑假和過年等季節費用的情況，敬請留意。

按筆畫順序 INDEX

外文字母

Al Ché-cciano …… 49
Aqua Green Village ANMON …… 97
Aroma Terrace …… 23
AtoZ Memorial Dog …… 94
AWONE白神十二湖飯店 …… 97
Café de Ami …… 101
COFFEE SHOPさんべ …… 39
HERB SPACE BANDIA …… 23
Le pot-au-feu …… 55
LIZA RESTAURANT …… 39
Marine Gate 鹽釜 …… 40
Restaurant Monterey …… 23
Rias Ark 美術館 …… 87
Studio Sedic庄內電影村佈景 …… 48
TRATTORIA NONNO …… 54
Yamagata Steak&Cafe Restaurant飛行船 …… 33

日文假名

あべ食堂 …… 30
あんべ …… 104
いわき・ら・ら・ミュウ …… 34
おおほり …… 23
お食事ハウスあゆとく …… 104
お食事処 すき焼き 登起波 …… 33
お食事処水峰 …… 23
きゅうけい処 民家 …… 71
グルメ小僧万吉 …… 33
サン・フィッシュ釜石 …… 83
さんとり茶屋 …… 41
しじみ亭奈良屋 …… 101
ジンギスカン・シロー …… 39
すたんど割烹みなぐち …… 48
ステーキハウス・オルガン …… 33
すてーきはうす伊勢屋 …… 43
たけまるの傳々 …… 58
とちの茶屋 …… 11·91
ドライブイン和歌山 …… 101
パン工房ささき亭 …… 23
ぴょんぴょん舎盛岡站前店 …… 67
ヒロのお菓子屋さん LAKEWOOD店 …… 23
フランス食堂Chez-moi …… 95
まこと食堂 …… 30
まめぶの家 久慈站前店 …… 104
まんじゅうふかし …… 9
やぶ屋フェザン店 …… 66
やまぶき亭 …… 58
よし寿司 …… 83
レストラン ポルトブラン …… 95
レストランこかげ …… 63
レストランなかやま …… 63
レストランやすみや …… 91
レストラン山崎 …… 95
レストラン味彩 …… 63
レストラン浜処いっぷく …… 83

二劃

二森路線 …… 97
入道崎 …… 78
八甲田山雪中行軍遭難資料館 …… 91
八甲田纜車 …… 91
八望台 …… 78
八森Bunakko樂園 …… 97
八幡平山頂休憩小屋 …… 63
八幡平山頂遊歩道 …… 62
八幡平高地溫泉飯店 …… 65
十二湖 …… 92
十二湖庵 …… 96
十二湖散步路線 …… 96
十三湖中之島Bridge Park …… 100
十六羅漢 …… 76
十和田湖的展望台 …… 11
十和田湖遊覽船 …… 91

三劃

三內丸山遺跡 …… 100
三王岩 …… 83
三津谷集落・若菜家 …… 28
三陸鐵道久慈站 …… 82
三澤屋 …… 24
上杉伯爵邸 …… 32
上杉家廟所 …… 32
上杉神社 …… 28
上杉神社寶物殿「稽照殿」 …… 32
久慈琥珀博物館 …… 82
千疊敷海岸 …… 92
大內宿 …… 24
大同苑 …… 67
大和川酒藏北方風土館 …… 31
大沼遊步道 …… 63
大間浜寿司 …… 102
大間崎 …… 102
大寶館 …… 49
小田野家 …… 74
小安峽 …… 69
小岩井農場 …… 62
小袖海岸 …… 82
山のはちみつ屋 …… 63
山寺立石寺 …… 45
山形市野草園 …… 39
山形縣觀光物產會館-ぐっと山形 …… 39
山居倉庫 …… 54
山菜料理 出羽屋 …… 48
川の駅ヤナ茶屋もがみ …… 54
川原毛地獄 …… 69

四劃

不来方じゃじゃめん …… 66
中国料理 龍亭 …… 43
中津川溪谷 …… 22
中尊寺 …… 70
五大堂 …… 41
五百羅漢 …… 84
五色沼湖沼群 …… 22
五浦海岸 …… 34
仁賀保高原 …… 76
元祖会津中華そばめでたいや …… 58
元瀧伏流水 …… 76
公路休息站 あきた港ポートタワーセリオン …… 17
公路休息站 あ・ら・伊達な …… 16·56
公路休息站 いわいずみ …… 83
公路休息站 おおがた …… 78
公路休息站 おおゆ …… 18
公路休息站 おがち「小町の郷」 …… 56
公路休息站 くじ やませ土風館 …… 17·82
公路休息站 こさか七滝 …… 11
公路休息站 たいらだて …… 100
公路休息站 たじま …… 16·24
公路休息站 てんのう 天王グリーンランド …… 18·78
公路休息站 とわだ「とわだぴあ」 …… 17
公路休息站 なかせん …… 72
公路休息站 なみおか「アップルヒル」 …… 17
公路休息站 にしあいづ …… 16
公路休息站 にしね …… 17
公路休息站 ふれあいパーク喜多の郷 …… 16
公路休息站 みさわ …… 102
公路休息站 みやもり …… 17
公路休息站 みんまや …… 101
公路休息站 むろね …… 18
公路休息站 やまだ …… 83
公路休息站 よこはま …… 102
公路休息站 十三湖高原 …… 101
公路休息站 天童溫泉 …… 16·18
公路休息站 伊達の郷りょうぜん …… 18
公路休息站 会津柳津 …… 16
公路休息站 安達智恵子の里 …… 16·18
公路休息站 米沢 …… 18
公路休息站 尾花沢 …… 17·54
公路休息站 協和 …… 72
公路休息站 津山 もくもくランド …… 16
公路休息站 津軽白神 …… 18
公路休息站 笹川流れ …… 51
公路休息站 鳥海 ふらっと …… 76
公路休息站 寒河江チェリーランド …… 18
公路休息站 象潟ねむの丘 …… 17·76
公路休息站 雁の里せんなん …… 17
公路休息站 裏磐梯 …… 28
公路休息站 遠野風の丘 …… 18·84
公路休息站「月山」月山あさひ博物村 …… 48
六郷湧水群 …… 72
刈田岳 …… 38
勿來關遺跡 …… 34
天元台纜車 …… 28
天主教弘前教會 …… 94
天童溫泉 …… 45
太宰治紀念館「斜陽館」 …… 101
戶澤藩船番所 …… 54
日本基督教團弘前教會 …… 94
月山湖大噴水 …… 48
毛越寺 …… 71
水の食卓 百けん濠 …… 49
牛たん炭焼 利久 西口本店 …… 43

五劃

世界遺產路徑 日本山毛櫸林散步道 …… 97
仙北市觀光情報中心「角館站前藏」 …… 74
仙台市博物館 …… 42
仙台城跡 …… 42
北山崎 …… 82
司 バラ焼き大衆食堂 …… 104
四村梯田 …… 54
外ヶ浜総合交流センター「かぶと」 …… 101
尻屋崎 …… 102
巨釜・半造 …… 87
平田牧場 とんや 酒田店 …… 55
平泉 …… 69
平泉文化遺產中心 …… 71
弁天島 …… 51
弘前市まちなか情報センター …… 94
弘前櫻花祭 …… 95
末廣酒造 …… 27
本合海 …… 54
本間美術館 …… 55
本間家族舊邸 …… 55
玉川溫泉 …… 64
玉川溫泉自然研究路 …… 62
甘味処 彥いち …… 42
田代平濕原 …… 91
田澤湖 …… 62
田澤湖香草園HEART HERB …… 63
由良海岸 …… 51
白神ふれあい館 …… 97
白神之森遊山道 …… 96
白龍本店 …… 66
石戶休憩所 …… 10

六劃

休屋 …… 11·90
休暇村探勝路 …… 23
休暇村裏磐梯 …… 23
会津ブランド館 …… 26
吊鐘洞 …… 82
地獄谷 …… 56
地獄沼 …… 90
多聞山 …… 40
安達太良SA …… 13
安積PA …… 12
安藤釀造北浦本館 …… 72
安藤釀造本店 …… 74
米沢牛・レストランヴェルデ …… 33
羽黑山 …… 48
老舗 鳴海屋 …… 31
老麺まるや …… 30
西仙北SA …… 14
気仙沼 海の市 …… 87

按筆畫順序 INDEX

七劃

佛浦……102
作並溫泉站Lasanta……45
坂内食堂……30
妙乃湯……65
男鹿水族館 GAO……78
角館しちべぇ……75
角館歷史村·青柳家……74
角館櫻花祭……75
赤神神社五社堂……78
車站內的牛舌通……43

八劃

和飲蔵……31
国見SA……13
国指定史跡 庄内藩校 致道館……49
奈曾白瀑布……76
岩井崎……87
岩手山SA……15
岩木山……92
岩木山神社……92
岩船港鮮魚中心……51
岩橋家……74
東家 本店……66
松ヶ岡開墾記念館……48
松尾八幡平遊客中心……62
松島 表禅房 おりこ乃……41
松島……40
松島魚市場……41
松楓荘……65
林泉堂 秋田故鄉村店……104
武家屋敷の茶屋……75
武家屋敷石黑家……75
武家屋敷通……72
河童淵……84
直江堤公園……32
直利庵……66
芭蕉·清風歷史資料館……54
花輪SA……15
金木觀光物產館MADENY……101
金雞山……70
長者原SA……13
阿修羅之流……10
青函隧道紀念館……100
青森魚菜中心……101
青森銀行紀念館……94

九劃

信州屋……91
前沢SA……15
城倉大橋……8·90
後生掛溫泉自然研究路……62
後生掛溫泉旅館……64
星野集團 奧入瀨溪流酒店……9
泉屋……71
洗心庵……41
津軽SA……14
津輕三味線會館……101
津輕海峽冬景色歌謠碑……100
皆瀬観光物產館……69
秋之宮溫泉鄉……56
秋田白神體驗中心……97
秋田角館 西宮家……74
秋田故鄉村……72
秋田藝術村……63
致道博物館……48
若松榮町教會……27
若喜レンガ蔵……31
食事処きくち……58
食堂 いなほ……75
食道園……67
香醤 本宮本店……66

十劃

宮古市魚菜市場……83
宮古淨土之濱遊覽船……83
宮城蔵王木芥子館……39
峽雲莊……65
旅之藏 遠野……84
栗駒山……69
氣仙沼魚市場……87
海濱休息站わんど……92
海藍寶石福島水族館……34
神町觀光果樹園……45
酒造資料館 東光的酒窖……32
酒蔵くらしっく 小原酒造……31
釜石大觀音……83
釜石市立鐵歷史館……87
骨董俱樂部 昭和懷舊館……26
鬼首間歇泉……56
鬼首滑雪場……56
亀乃家……101

十一劃

梅屋……58
淨土之濱……82
淨土之濱休憩小屋……83
淨土平……22
渋川問屋……26
盛美園……92
盛楼閣……67
眼鏡橋……84
笹川水流……51
笹川水流遊覽船……51
野口雨情生家·資料館……34
野口英世青春館……26
野口英世紀念館……22
魚彩亭すみよし……83
鹿の浦展望所……92

十二劃

割烹しが……34
富貴寿司……42
富樫蠟燭店……49
寒河江SA……12
寒風山……78
最上公園……54
最上峽芭蕉LINE觀光……54
森のカフェ 時の河～優しい時間～……28
森之物產館「KYORORO」……96
湖畔の杜レストランORAE……63
湯之花茶屋 新左衛門之湯……38
湯殿山……48
満田屋……27
満腹……58
無量光院跡……70
發荷峠展望台……90
童之鄉歷史文化美術館……39
紫波SA……15
菅生PA……12
階梯國道……100
須川高原……69
黑谷地濕原……63
黑森館……96

十三劃

傳承園……84
傳國之杜 米澤市上杉博物館……32
塔崖……24
奧入瀨湧水館……91
奧入瀨溪流……90
奧入瀨溪流館……10·91
感覺博物館……56
新玉川溫泉……64
新富寿司……42
會津田島祇園會館……24
會津彼岸獅子……27
會津喜多方拉麵館……28
會津葵絲路文明館……27
源七露天溫泉……38
源太岩展望台……63
源吾茶屋……43
源来軒……30
源泉秘湯之宿 蒸之湯……64
溫海溫泉……51
瑞鳳殿……42
瑞巖寺……41
碁石海岸……87
義經浪漫觀光……54
萱野高原……8·90
裏磐梯遊客中心……22
溪流休息站 おいらせ……91

十四劃

熊之鼻……82
睡魔之家WARASSE……8
福島松川PA……12
舞娘茶屋 雛藏畫廊 相馬樓……55
遠野故鄉村……84
酸湯溫泉鬼面庵……9
鉾立展望台……76
銀山溫泉……54
銚子大瀑布……10
駅Cafe……26
鳳鳴四十八瀑布……45

十五劃

暮らしのクラフトゆずりは……91
磐梯山3D世界……23
磐梯山噴火紀念館……23
穂波街道緑のイスキア……48
蔦沼……9
蔦溫泉旅館……9
蔵王おみやげセンターまるしち……39
豬苗代香草園……23
豬苗代湖……22
駒草平……38
麺舗かのまたや……104

十六劃以上

獨鈷沼……39
錦秋湖SA……14
龍泊線……100
龍泉洞……82
龍飛埼燈塔……100
龍飛崎……100
檜原湖……22
瞰湖台……11
舊弘前市立圖書館……95
舊東奧義塾外國人教師館……94
舊風間家住宅 丙申堂……49
舊鐙屋……55
藏王HEART LAND……38
藏王山頂REST HOUSE……39
藏王中心廣場日式旅館……38
藏王中央纜車……39
藏王溫泉公共浴池……38
藏王坊平高原……38
藏王溫泉大露天浴池……38
鵜之巢斷崖……82
藤七溫泉 彩雲莊……65
蟹場溫泉飯店……64
關山大滝……45
嚴美溪……69
露天風呂水沢溫泉……65
鶴乃江酒造……26
鶴之湯溫泉……64
鶴岡天主教會天主堂……49
鶴城……24
靈場恐山……102
鹽屋埼燈塔……34
鹽竈神社……40
觀自在王院跡……70
觀瀾山……100
觀瀾亭……41
觀瀑台……38

為了更進一步地享受自駕遊！

自駕的有益資訊

若完全沒有規劃，也許會捲入意想不到的糾紛！請確實地收集資訊，
做好萬全準備！再出門享受愉快的自駕遊吧。

傳授享受自駕遊的祕訣

享受自駕遊的祕訣是事前要確實地收集資訊，制定合理的計畫，然後當天也要一邊即時確認資訊，一邊從容地行動。這裡將會介紹最好事先掌握的重點。

STEP1 制定保有「寬裕」的計畫！

難得出一趟遠門，在當地碰見了美味的當地美食，結果卻因為錢不夠而吃不到……這種情況真讓人難過。要享受自駕遊，請先和錢包裡的錢商量一下吧。仔細地探討自己想在當地做什麼、吃什麼，並制定預算寬裕的計畫吧。

今後在規劃預算時，關鍵要點就是高速公路的通行費。請至NEXCO的官網等處確認最新的費用和折扣內容。

再者，最好制定一份能充分確保時間寬裕的計畫。本書中刊載著距離和時間，但那些不過是在能順暢行駛的情況下的標準。遭遇大雨和降雪、強風等惡劣天氣，計畫可能會因此無法順利進行，或是因為碰上塞車而造成計畫延宕，特別是要自駕前往旺季假日的人氣景點，更是經常遇到上述情況。為了避免碰上這些情況，建議先鎖定絕對想去的主要景點。

聰明地利用高速公路吧！

高速公路網絡十分發達，不僅前往各地的交通方式變得更加輕鬆，周遊路線的制定也變得更加簡單。不要只是依賴導航，事先仔細調查怎麼繞會更快、更便利、更安心，再出門享受自駕遊，這樣才能「更進一步地享受自駕遊」。在掌握「選擇什麼樣的路徑」、「距離怎麼樣」、「位在路線上的SA・PA的設施怎麼樣」等資訊時，本書刊載的高速公路MAP（→P.136）肯定能幫上忙。只要排除行經均一費用區間的情況，高速公路費用不論選擇哪一條路徑都一樣，因此請仔細地研究選擇哪一條路線比較好吧。

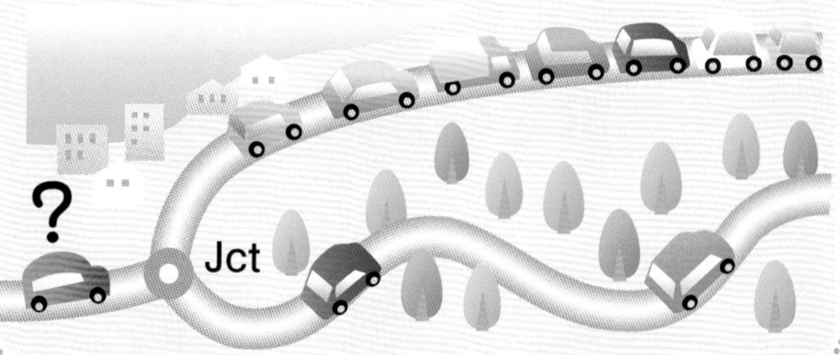

STEP2 確實地「收集資訊」！

利用本書決定好目的地之後，務必在自駕遊之前活用網路，確實地收集相關資訊，像是目的地和當地周邊道路、往返的交通路線和順道前往的景點等。會經過什麼樣的道路、景色如何等問題，只要看一下影片網站，就能以尋找外景的心情模擬自駕遊的情況，而事前先知道旅遊情況也會產生安心的感覺。

紅葉和花卉的時間視地區而異，每一年的情況也都不同，因此事前請確認清楚。當地觀光協會的網站等處，對於獲取當地周邊資訊十分有幫助。制定計畫時，事先觀看自駕遊當天前後的天氣預報也十分重要。「如果下雨的話，只要撐傘不就好了！？」，這種天真的想法絕對不能有。為了避免因為惡劣天氣時的交通規則和禁止通行等情況，而造成「特地預約好住宿了，卻抵達不了當地」的窘境，請務必仔細地確認天候狀況吧。

再者，除了惡劣天氣和自然災害之外，也可能碰上交通管制和禁止通行的情況，因此務必利用JARTIC的網站隨時掌握路況。此外，事先調查完當地的停車場和交通路線途中的公路休息站等資訊之後，只要注意隨時確認資訊，就能如虎添翼。

請多加注意降雪！

即使在春天過後和冬天之前，北部地區的高處仍然必須攜帶雪鍊。比如，位在秋田和岩手縣境的八幡平，每年4月都會開放通行，但是在黃金週的時期也會降雪，若沒有雪鍊就會無法通行，也曾有預定橫越八幡平前往另一側的汽車因此進退不得的情況。

此外，若認為南部地區和降雪無緣可就錯了。九州的山並高速公路和四國的劍山周邊等地，高處在冬季也會積雪。再者，若認為「如果是連結大都市之間的縣幹道路就能安心了」，那就大錯特錯了！比如，連結大阪～名古屋的名阪國道為4車道的汽車專用道路，但在冬季也常因為積雪而禁止通行。

除此之外，不只是降雪，也常有因為大雨、強風、大霧等因素，而造成禁止通行或限制通行的情況，因此自駕遊之前和行駛中都務必確實收集資訊。

利用這些 CHECK!

若是費用和塞車預測等高速公路的資訊
●DoRaPuRa E-NEXCO ドライブプラザ http://www.driveplaza.com/

若是塞車和交通規則等道路的整體資訊
●JARTIC 日本道路交通情報中心 http://www.jartic.or.jp/

若是天氣預報
●日本氣象協會 http://tenki.jp/
●氣象廳 http://www.jma.go.jp/

若要尋找停車場（投幣式停車場）
●Times http://times-info.net/
●コインパサーチ http://coinpa.jp/

若是公路休息站的最新資訊
●國土交通省 http://www.mlit.go.jp/road/Michi-no-Eki/index.html

自駕途中的 SOS!

若遭遇落石或崩塌等道路的異常事態
●道路緊急專線 …… #9910

自駕途中，若汽車出現狀況
●JAF（日本自動車聯盟）
道路服務救援專線 ……☎0570-00-8139
手機快速專線 …… #8139

【 MM 哈日情報誌系列 28 】

東北自駕遊

作者／MAPPLE昭文社編輯部
翻譯／吳冠瑾
校對／顏若伃、顏可歆
責任編輯／林德偉、林庭安
發行人／周元白
排版製作／長城製版印刷股份有限公司
出版者／人人出版股份有限公司
地址／23145 新北市新店區寶橋路235巷6弄6號7樓
電話／（02）2918-3366（代表號）
傳真／（02）2914-0000
網址／www.jjp.com.tw
郵政劃撥帳號／16402311 人人出版股份有限公司
製版印刷／長城製版印刷股份有限公司
電話／（02）2918-3366（代表號）
經銷商／聯合發行股份有限公司
電話／（02）2917-8022
第一版第一刷／2019年6月
定價／新台幣360元
　　　港幣120元

國家圖書館出版品預行編目(CIP)資料

東北自駕遊 / MAPPLE昭文社編輯部作 ；
吳冠瑾翻譯. -- 第一版.-- 新北市：人人,
2019.06 面； 公分. --（MM哈日情報誌系列；28）
ISBN 978-986-461-182-9（平裝）

1.旅遊 2.日本

731.7109　　　　108004661